A
HISTORY
OF
THE
HUMAN
COMMUNITY

文明启示录

[美]威廉·H.麦克尼尔（William H. McNeill）◎著

田瑞雪◎译

PREHISTORY
TO
THE
PRESENT

前　言

本书围绕一个简单思想叙述阐发：人们之所以改变方式和方法，主要是因为某些陌生人带来了某种新东西，引起了他们的注意。这种新东西可能让人害怕，也可能令人愉悦。但不管是什么，这种东西有力量说服社群中的关键人物，让其觉得有必要以不同的方式做事。

如果这种看法是真实的，那么不同文化中陌生人之间的联系便是驱动历史车轮的主要动力。因为，这样的联系启动或维持了重要变革。而变革是人类历史的中心主题——怎样以新法行新事；如何做好充分准备，应对新情况。

因此，世界史可以也应该这样写：去展现一个又一个时代里，不同人类群体是怎么获得非同寻常的创造力的，而他们又是如何隔着遥远路途，带动或迫使周围人改变自己惯常的生活方式，打量进入自己视野的新事物的。人类学家将这种从创造力中心改变的过程称为"文化传播"。这里的神秘之处主要在于：重要的创新从何而来？偶发事件、天才构思、打破旧习惯模式都有助于激发创造力。但更重要也更普遍的是，创新者从外人那里借来一些东西，重新调整日常生活需要。所以在这里，我想再次强调，陌生人之间的联系是一种基本力量。这种力量为各种各样的创新创造增加了类型类别，打开了空间缺口。

从人类学中，我得到了这种关注人类事件的视角。20 世纪 30 年代，人类学家以形式简单、相互隔绝的社会为研究主题。只有少数学者才会思考"原始"民族和复杂文明社会之间是否存在关联。后者占据了地球的绝大部分空间。这些学者中有一人汲汲而为，探寻简单社会和复杂社会之间的关系。他就是罗伯特·雷德菲尔德。我的根本思想见解就是在 1936 年夏天坐在芝加哥大学听他讲课时形成的。

但即便是最简单、最普遍的思想在应用于历史数据时，也应小心谨慎，才能最终确定有无大益。为此，我研究了 25 年。写完《西方的兴起：人类共同体史》（1963 年出版）这本书后，我才知道如何把现代学者研究的人类历史融入这样一种人类学框架中。

自此之后，许多新研究增进了我们对历史的理解。多数研究着眼于纠正微小细节。而足够多的细节叠加起来，就能让我们看清上一代人还了解甚少的东西。比如，修正后的非洲历史让我们有了更为宏大的视野。但世界史全局视野的最大变化源于学者对下述事实的认识。各路学者指出，中国在贸易网络发展中扮演了关键角色。公元1000年后，将欧亚各大文明紧密联系在一起的是中国。这意味着，在西欧掌握世界领导权前，有大约500年时间是中国扮演着同样角色。当然，中国影响的地理范围较为局限。因为，在那时候，中国人对美洲还一无所知。

这种认识和其他许多修正后的理解见识都汇进本书里。本书为学子而写。但与《西方的兴起：人类共同体史》不同的是，本书不仅在时间上更新，也对基本信息给出更为详尽的阐释。这些信息是历史学研究的基础。书中出现的新名称、新术语可能会增加学习负担。如何达到总体结构和局部细节的平衡是世界史作者面临的主要挑战。我尝试恰如其分地描绘细节，以便让框架充实有意义。如果读者想要关注世界每一部分如何在时代演进下与总体均衡相符相融，就会发现细节不再是阅读的负担。因为，在细节入脑入心的过程中，这本书可以满足读者天然的好奇心，了解我们怎样变成了今天的自己。这种好奇心人皆有之。我邀请你去找寻，去发现。

威廉·H. 麦克尼尔

目录
CONTENTS

001　第一部分　历史发轫

- 003　第一章　历史发轫
- 027　第二章　河谷文明
- 053　第三章　雨水浇灌土地上文明的兴起
- 077　第四章　中东的帝国和宗教
- 097　第五章　希腊文明风范
- 123　第六章　印度文明风范
- 147　第七章　中华文明风范

175　第二部分　欧亚文化平衡

- 177　第八章　古典地中海世界及其扩张
- 207　第九章　文明宗教和蛮族入侵
- 233　第十章　远东和美洲
- 255　第十一章　欧洲
- 283　第十二章　草原民族和欧亚文明
- 307　第十三章　西欧

339 第三部分　远西挑战世界

- 341　第十四章　欧洲大发现
- 369　第十五章　欧洲的自我转变
- 397　第十六章　欧洲之外的世界
- 427　第十七章　欧洲旧制度
- 453　第十八章　世界对欧洲扩张的反应
- 477　第十九章　民主革命和工业革命

507 第四部分　世界主义发轫

- 509　第二十章　关键之年
- 529　第二十一章　欧洲
- 553　第二十二章　世界对欧洲成就的反应
- 573　第二十三章　20世纪的世界战争
- 599　第二十四章　1945年以来的世界公共事务
- 621　第二十五章　思想和文化

第一部分　历史发轫

史前　　　　　　　　　　　　　公元前 500 年

第一章
历史发轫

法国马格德林岩洞艺术

大约 15 000 年前,有人类走进法国南部一处岩洞里,在岩壁上画出了动物形体。也许,他们是想确保自己猎取的动物能在地球上繁衍生息、绵延不绝。他们之所以走进岩洞深处作画,可能是希望把动物的种子撒播到地球母亲的子宫里。

通过对岩石的深入研究，地理学家发现地貌不断发生变化。地球年龄大约为 45 亿年。与人类的一生相比，这样长的时间简直不可想象。在漫长的岁月里，地表变化得非常缓慢。然而在几亿年里，高山耸峙，随后又在风和水的缓慢作用下，逐渐剥蚀。海洋覆盖干燥的陆地，后来又在陆地重现的过程中，往后退却。冰川时代来了又去，气候发生改变。新形态生命得以进化，老的物种消失不见。就连海洋和空气的化学成分也发生了改变。

✈ 人类的出现改变了地貌

在漫长悠远的地质时期中,地球环境似乎在很长一段时间里保持不变。这段时间有 5000 万年到 1 亿年之久。但与急遽变化时期相比,这段稳定期又可分为几个不同时期。最近的百万年构成了地质时期的更新世,即冰川时代。在这一时期里,变化来得相对急速、突然。当然,以人类时间标准来衡量,即使是这种剧变也进行得非常缓慢。这也许是因为我们生活其中,无所知觉罢了。

在更新世中发生过四次变化。巨大的冰层足有数百米厚,在欧洲和北美形成,后来又向南推进。这些冰川又融化了四次。最近一次融化时间始于 25 000 年前,而且很有可能至今仍在格陵兰和南极洲继续着。不过,在上述两地,陆地仍然被厚厚的冰冠覆盖。

对所有动植物来说,冰雪的生成与消融意味着生存条件发生急剧重大变化。只有适应这种变化的物种才能生存下去。实际上,已经有很多物种消失。比如,剑齿虎和乳齿象寂灭无存。马曾驰骋于欧洲和北美草原上,也在美洲消失过好几千年。后来,西班牙人把马从旧世界引入新世界,马才重新活跃于美洲大地。

这些变化不可谓不惊人。然而,在冰面进退的几百万年中,人类的出现也给环境带来了深远显著的变化。因为人类挑选、驯化平原和草原动物,取代野生物种,从而改变地球生态平衡。

伴随这些成就而来的东西常常出乎意料、不如人意。比如,病虫害肆虐谷仓农田。又比如,农民为种植谷物或其他作物,破坏了自然植被,导致地表侵蚀。有时整个地区的表层土都被剥离。近代,人类甚至开始改变地球的自然地理。这些活动不局限于建造城市,修筑高速公路和堤坝,铺设管道,开凿运河,也包括制造各种废弃物,污染水和大气。

从所有这些方面来讲,人类改变地貌的速度比之前要快得多。大自然不自觉的慢速改造力量与人类自觉的协作力量无法相提并论。

在研究地质化石,并分析世界不同地域生命形式差别之后,达尔文于 1859 年发表《物种起源》一书,提出生物进化论。1871 年,他又发表《人类的由来》,认为人类也是由其他生命形式进化而来。对达尔文同时代多数人来讲,这种思想惊世骇俗。但自此之后,有越来越多的证据支持达尔文理论。不过,达尔文关于一个物种如何转化为另一物种的观点也于随后被证伪。

科学思想常在新证据出现时得到修正。因为证据之间还存在较大缺口,人类起源说尤为不明确。但不管怎样,多数人类进化专家都赞成如下观点:和我们极为相似的生物可称为"类人猿"。100多万年前,地球上已经出现了类人猿的足迹。

目前,人们对类人猿及其产生原因了解不多。在世界很多地方,从英格兰到中国,从爪哇岛到非洲,都发现了类人猿骨骼残片。虽然还存在很多未知,但这些已经发现的骨头能够告诉我们一些事情。比如,50万年前,类人生物种类很多、区别很大。其相异程度远比今天的人类要大。在那时的类人生物中,既有巨人,也有侏儒。他们的骨骼牙齿兼具现代猿类和人类的特点。

从类人猿到人类

据推知,类人猿实现了生物进化。也就是说,基因演变比习得行为演变更重要。没有人知道,学习以新方式做事的进化是从什么时候开始变得比基因演变更重要的。但我们可以肯定的是,类人猿必须先学会说话,才能在学习方面取得关键进展。此外,还必须学会如何手持木棍石头,以御敌务工。

但在我们的类人猿祖先变得手足强壮,能够直立行走,解放双手,借助眼睛和舌头之力,探索世界之前,有一些关键性的生物变化必须先行来到。同时还必须发生其他变化,能让舌头自主发挥作用,帮助他们自如无碍地进行口头表达。与这些生物学变化相关的是脑容量的增加。当然,这些变化并非一蹴而就。而且,我们不知道,类人生物是否在单一地点、时间最终完全变成人类。我们也不知道,在人类转变关键期,在世界不同地域,是否有基因片段组合、重组后形成不同群体。

不只是人类会使用工具。在与现代人类迥然不同的骨骼旁,发现了火和石头的使用痕迹。石头是凿过的,用来粗制工具。事实上,黑猩猩和其他动物都会使用简单工具。

因此,人类和非人生物的关键区别可能有两方面,这两方面出现有先后。首先是舞蹈;其次是语言。众人同舞让人心感温暖,有利于一大群人团结协作。随后,语言让协作变得更有效率,更精确。有了语言,人们就会提前制订计划,分工配合，指派一个人待在一地，另一人诱敌深入，出其不意，把猎物赶进提前布下的陷阱中。正是得益于捕猎中语言的使用，食物供应才大量增加。语言的功效还在于，我们最早的祖先能够猎杀越来越庞大的动物，而不必仰赖瘦小的猎物维持生存。

有了这种改变，类人猿狩猎者才有可能完全变成人类。他们可以把抚养训练孩子的时间延长到出生数月甚至数年之久。也就是说，孩子们有更长时间学习生存技艺和行为方式。学得多，遗传得少，让类人猿变成人类。

语言的第二个作用是，提高人们对周围世界的反应能力。各色各样的动植物、石头，甚至是动作都有了名字，就更容易辨别，是好是坏就能提前知道。我们的远古祖先借助词语，根据合适的图像和声音，对世界分门别类。而知道每一类别的具体内容后，就能在特定情况下快速行动。

在类人猿变成人类的过程中，语言还有第三个作用。正如人们用双手摆弄小件物品，并将其组合或重组成新的工具、模式、形式一样，词语也可以组合和重组。也正如摆弄东西可能会启发人们创造出新的武器、工具、艺术品一样，搭配组合词语也可以生发新思想、新感情。因此，凭借语言分门别类之力，双手灵活操作之能，思维能力得以缜密完善，发明创造能够自由驰骋。正是靠着思维能力和发明创造这两个独特能力，人类最终完全出现。地点很有可能在非洲。时间大约是在公元前 50 万年至公元前 5 万年之间。

人种起源

现代人种可能是由不同祖先类型杂合而成。今天的我们之所以存在肤色等明显差别，是因为我们适应了不同的气候。比如，蒙古族人的肤色和面部特征能够很好适应寒冷气候；非洲人和印度人皮肤黝黑，不容易被热带紫外线灼伤；而欧洲人的白皮肤是适应多云气候、阳光稀少的结果。

种族不仅在美国成为政治和社会生活问题，在全世界许多地方都是如此。肤色显而易见，因此我们对一个人的皮肤颜色不无敏感。但仅靠肤色划分人种会歪曲和误解事实，因为人种有别其实是由基因决定的。基因不同远比肤色不同更复杂。人类不可能被清楚划分为单一的种族。有很多中间类别存在，而这些类别又包含每一种可变特点。另外，一种体貌特征的变化，如肤色等，不一定与发质或头型等特点相匹配。

迄今为止，还没有设计出根据体貌特征划分人种的办法。目前普遍认可的是白色人种、黄色人种和黑色人种。但这种分类体系也不尽如人意。因为这三大类又包含许多亚类，而且当地人口存在重要区别。比如，日本阿伊努人虽然是白皮肤，但在体貌特征等其他方面又不像欧洲人。再比如，澳大利亚土著人很明显是黑皮肤，但仍与世界其他地方的黑人有显著差别。

有时，小型孤立的群落能够在几百人或几千人中建立起一个近乎均一的基因模式。但这些群落从来没有在长时间里离群索居，从而变成一种迥然不同的生物物种。或者可以说，就算有这样的群落存在，当他们与外部世界接触后，就会失去原有特征，从而走向消亡。

两个或两个以上不同人种共居共处几代后，生物学界限不再分明。随时间流逝，越来越多的混血人兼具不同人种特点。这一点可在美国找到实证。那里黑白两个人种共居共处的时间已经有 300 多年。在印度，浅肤色和深肤色人共处了 4500 多年。

不论人们迁往何地、交会融合，都会产生各种中间杂合人种类型。尤其是近几个世纪以来，人口迁徙融合的频率越来越高。几百年前，多数人还生活在小村庄或部落里，与外界联系非常有限。往上倒推十代或十五代，我们的祖先很少见到与当地体貌特征明显不同的人。但随着轮船、火车、飞机等交通工具日渐发达，出行越来越方便，上述情景不会再出现。如今，不同类型的人交会融合的速度比之前要快得多。

在人丁兴旺的群落里，从来没有出现过种族纯化。当然，肯定存在外貌上的不同。人们也对此反应不一，认为有些人长得漂亮，看着顺眼，而有些人面目丑陋。但关于长相的看法因时不同，因地而异。

人们因长久隔离，对现代种族带有自己的感情。在越来越多的地方，不同体貌特征的人们共居共处。虽然这听起来不是太合乎情理，但有些时候，我们就是害怕、不信任那些看起来奇怪的人，或者对方祖先与自己先人交恶的人，甚至是（或者尤其是）隔壁的人、相邻几个街区的人。但事实上，因为不同人种共居共处的概率比以前要大得多，长久以来形成的生物学和社会学融合进程也比以往要快。如果没有出现新的障碍阻挡人类迁徙融合，则人种之间的体貌区别最终会变得比今天小很多。就如同今天的人类与类人猿时代的人类差别在变小一样。

⚔ 狩猎者时代：旧石器时代

最早的人类靠采集可食用果实、猎捕巨兽为生。他们以小群体形式聚集一处，每群多在 20～60 人之间。领导权掌握在骁勇果敢、熟知猎物习性和捕猎技巧的男性手中。每一组都在严格划分的区域里捕猎，很少遇见陌生人。这些群落很可能有固定的宿营地，便于晚归栖息。但因食物难觅，整群人有时需要迁徙到别处，寻找下一个狩猎场。

这种生活虽让人心满意足，但饥饿和恐惧从未远离。感染疾病或摔断腿极有可能危及生命。人们随时有可能遭遇猛兽，即便是最骁勇的猎手也可能难逃一死。或者，陌生人突然闯入，夺走狩猎场，迫使整群人不得不做出抉择，是坚决反击，是走为上策，还是握手言和。

群落活动

女人终其一生，不断劳作。她们的主要任务是寻找食物：种子、浆果、草根、树根、昆虫，以及其他能吃的所有东西。女人还用树枝和草编制篮筐，守卫宿营地，看护婴儿，教幼儿听话、守规矩。忙碌之余，还得随时盯着，防范危险来临。

男人承担着需要体力和耐力的任务。比如，制作或修理矛枪、刀子，以及其他由尖锐岩石和木质手柄拼凑而成的工具；跟踪猎物。这些猎物跑得比猎手快，有的比人高大强壮，防御能力高出人类。因此，捕猎这些猎物不仅要有耐心，还需要众人同心协力，所以花费时间更长。猎手在猎物关键器官裸露的状态下，猛力给猎物突然一击，既要勇气当先，还要有精准的肌肉协调能力。

猎杀之后，一片欢腾。猎手各自炫耀战绩，回味着征战厮杀的每一个环节，对每一位猎手的行动或赞扬，或指责。猎物在猎手和家庭间分配，由此，群组成员更加团结。享用肉食后，围着篝火载歌载舞。充满节奏感的动作表达和巩固着团结之心，弥合了白日发生的个人摩擦或不快，让每一个人都酣然入梦。一两天后，这一循环重新开始。宿营地上还留着上次捕杀的猎物的骨头，它们被啃得干干净净。

❧ 史前信仰

远古狩猎者很可能认为神灵无处不在。我们不知道，人类从何时开始相信神灵一说，只能靠研究当代狩猎者的行为方式，考察远古狩猎者遗留下来的些微证据，对远古人类的信仰做一番猜测。

迄今为止，关于这方面最为确凿的证据当属法国中南部和西班牙北部的岩洞壁画。大约 15,000 年前，远古艺术家在这些地方画出了动人心魄、栩栩如生的动物，记载下了他们所捕杀的猎物。这些画作位于地下深处，走上半千米才能重见天日。绘画者可能想要安抚被猎杀的动物神灵，或者是想让"地球母亲"生产鹿、水牛、猛犸象等野兽，供人类猎杀食用。

我们可以这样猜测，不论在世界哪个地方，当人们看到四季更迭，猎物迁徙，月亮阴晴圆缺，人体生长衰亡，技能增强退化之时，都会感到神秘。

❧ 旧石器时代的工具

目前看来，法国和西班牙的岩洞壁画独一无二。在世界很多地方，我们发现了大量经过磨制的石头工具，散落在远古宿营地或岩洞周围。为了对这些工具分门别类、排序列位，专家学者对岩洞地面表层出现的鱼叉头和鱼钩进行研究，发现制作这些工具的人比使用矛枪和刀具的人来岩洞的时间要晚。矛枪和刀具是在地下深处发现的，样式与鱼叉头和鱼钩不同。再向深处挖掘，会发现更粗糙的工具，应该是由更早一些的人类制作的。

这种精确的排序列位工作最早由考古学家对多尔多涅河谷岩洞遗迹对比后完成。多尔多涅河谷位于法国中南部，离岩洞壁画不远。因为对其他地方了解甚少，所以我们不应该假定，在法国发现的以序列呈现的工具类型与世界其他地方情形相符。

但不管怎么样，现代学者掌握了足够证据，认为大致情况是这样的：在世界各地，随时日迁移，狩猎者使用的工具越来越多，性能越来越强。这一点在骨头、鹿角、生皮等新材料使用上体现得尤为明显。但通观狩猎者时代，学者发现基本工具一直都是利刃工具。制作方法是：找到一块易碎的石头，一点一点地凿刻，直到凿出合适的形状和尺寸为止。在欧洲和西亚，狩猎者从一大块石头中敲下一片，再不断凿刻，最终成型。在东亚，狩猎者持续敲击岩芯，再把岩芯塑造成最终样式。这种技艺上的不同持续了上万年之久。因此，我们几乎可以肯定，人类做事方式的不同由此开始。

不过，无论远古狩猎者使用石片还是岩芯制作工具，最终产品都差不多。他们不用费多大气力就可以制作出尖锐好用的矛枪、箭头和刀片。我们现在仍然可以找到许许多多这样的工具，制作轻易程度可见一斑。如果旧刀片丢失或损坏，手边又有现成的石头，一个熟练的狩猎者花不了几分钟就能做出一个新刀片。

人类后来学会把石头磨成光滑的形状。正是基于这种显而易见的差别，最早研究远古工具的学者将工具类型分为旧石器和新石器。这种差别具有重要意义。因为我们即将要看到，人类是在找到新用途的情况下，才打磨石头工具的。毕竟，旧石器时代简单快速凿刻出的刀片完全可以满足远古狩猎者的需要。因此，工具设计变化进展得非常缓慢。

如果我们假定，人类群落是在100多万年前发展起来的，则人类在地球上近99%的时间里，差不多都按上述模式生活。即便将人类出现的时间往后推，我们仍可认定，人类在地球生涯的4/5的时间里，都在按照这种方式生活。在这段漫长的时间里，很少有迹象表明人类谋生方式发生过任何改变。实际上，直到现在，我们的本能和天生行为特质都与狩猎采集小队伍的日常轨迹相契合。文明社会常常需要审视的问题是，如何在远古狩猎者必备的暴力习性和大规模复杂群落所需的和平有序之间达成和解。

现代人类的出现

到更新世第四冰川期时，人类已经走过漫漫长途。随着气候变冷，一些狩猎队伍学会了缝制兽皮，制作衣服，御寒取暖。有了衣服，即便没有动物皮毛保暖，几乎所有人类也可以在气温降到零摄氏度以下的地区生活上几个月。为抵御寒冷，人类还需要建造更加精巧的栖居场所，或是住在山洞里，或是搭建兽皮帐篷，或用泥巴和木头搭建房屋。

气候变化可能也促使人类大规模迁徙。有了更精良的工具，又具备了建造房屋、缝制衣服御寒保暖的技巧和知识，人类就能开拓地球新区域，尤其是欧亚大陆部分地区。这块大陆北以冰川为界，南有高山为屏。人类穿过覆盖白令海峡的坚冰，到美洲大陆定居。关于南半球人口分布变化，我们现在知道得比较少。很早以前，人类就曾乘船、坐独木舟前往澳大利亚的塔斯马尼亚岛。那时的情况可能是，大量海水冻结在冰川中，缩短了澳大利亚和东南亚之间的距离。

这一时期在欧洲和旧世界的其他地方出现了新人种。其中以尼安德特人最为世人瞩目。该人种骨骼最早在德国尼安德河谷被发现，因此得名。尼安德特人矮小敦实，勾腰驼背，前额低，须发浓密。他们生活在岩洞里，以挨过冰川时期的严寒。

随着冰川消融，"现代"人类移居欧洲，尼安德特人消失。可能有两种原因：第一，新来者将原有人种捕杀殆尽；第二，两类人种杂合而居。但第二种可能性不太大。因为从"现代"人类后代的骨头上看不出任何尼安德特人的特征。

在现代人种分散于地球各地、繁衍生息大约三百代以前，狩猎队伍掌握了在各种气候条件下生存的本领，学会了猎取种类繁多的动物。但在自然平衡中，他们的人数相对稀少。他们四散各地，因食物匮乏，族群规模一直不大。而且猎手人数增多，意味着食物变少。换句话说，特定区域出产的动植物品类和数量已有界定，当时的人类仍受自然平衡摆布。

几万年里，这种由自然平衡设置的局限似乎绝对固定、不可逾越。但人类在下一个阶段取得的伟大进展让他们跳脱出了这种局限。人类学会了培植作物，饲养牲畜，自觉改变了自然平衡。这样一来，可支配食物来源大大增加，人口随之增长，为后世所有文明发展奠定了根基。

✂ 食物生产者时代
——新石器时代

没有人确切知道,人类族群是在何时学会犁耕土地、培植作物的。很可能是女性迈出了重要的第一步。男性外出狩猎时,女性捡拾种子和浆果。而且,女性可能在很早以前就知道拔去没用的植物,为结子挂果的品种腾挪空间。但只要狩猎队伍需要来回往复数千米寻找最佳狩猎场,女性的工作就只能是保证可食用浆果、结子草类和根茎茂盛生长。

谷物农业和放牧

不过,快到公元前 7000 年时,发生了一种基本性的变化,影响到了我们今天称为中东的地方。这种变化最明显的结果是,出现了生活在简单小村庄里的农民。但是没有人知道这种变化是在何时、何地发生的。

最适宜农业出现的地点位于地中海东岸山岭西坡,局限于今天的伊朗中央沙漠区以西。在这一区域,西向山岭雨水充沛,树木繁茂。而在平原地区,土质干燥,树木难生,仅能长草。沿河道或地下水流出地面的地方,偶有几丛树木。再往南去,土地愈加干裂。在伊拉克南部和阿拉伯半岛北部,形成了寸草不生的沙漠。

至于农业是如何发明的,我们仅能靠猜测。真正的突破在于,人类发现如何把小麦和大麦等结子草类种植在非自然生长区。草类通常不能在林地生长。但平整林地后,人们可以种上合适的种子,确保粮食作物长成结子。而且在林区,杂草等天然竞争者不会旁生、挤占结子小麦和大麦的生长空间。原因在于,杂草种子很难突破树林屏障,在人工平整的土地上生长。

巧妙之处就在于,人们可以随心所欲为有用植物创造茁壮生长的环境。方法是:割下一圈树皮,让树木枯萎不长,再清空林地,让阳光照射进来。在这种精心布置的地方,小麦和大麦长势良好。

但在农业兴盛之前,还有一种变化必须发生。如受风吹,或遇有动物穿过,成熟的野生小麦和大麦种子就会散落一地,导致收割不易。为此,人类挑选出茎秆粗壮、经手抓镰砍也不会摇掉成熟麦穗的植株。显然，只有那些留在麦穗里的种子才能带回家，只有能够顺利收割的种子才能留到来年播种。因此，人类必须快速挑选合适品种，满足自身需要。

种植者发现，在林地上种植两到三年后，应将枯树桩烧毁，把木灰撒到土壤上。这种办法能提高土壤肥力，多种一到两种作物。但种上五六年后，这些地块通常蓟草丛生（草种经风而来），不值得耗时费力再去种粮。于是，远古农人到森林其他区域砍树清地，重新开启另一轮刀耕火种。原来弃而不用的田地很快树木葱茏。

新石器时代的工具

林地土壤松软，几乎不需要翻挖。只要用尖头木棍搅动腐叶土，保证种子能与下面的潮湿土壤接触，就能发芽结实。当时，人类已经发明特制镰刀，砍割茎秆，收获野生谷物。这些步骤无须从根本上改变工具类型。

但绕树割树皮就是另外一码事了。要想完成这项任务，需要一柄锋利坚硬的斧头。锋利到能砍到木头里，坚硬到在与树干碰撞时不会破碎。因此，亟须找到与制作狩猎工具不同的石料。磨尖后的脆性石料可以制成箭头、刀具、矛枪，砍割柔软的动物组织。连类人猿都知道如何碎石，制作合适的刀刃。但加工脆性石料的工艺在制作斧头时派不上用场。人类需要找到坚硬、不易碎裂的石料，使其承受住砍割树干时产生的冲击力。解决方法是，找到玄武岩及其他硬度大、密度大的石材，并打磨抛光。

从外观上来看，用这种方法制作的工具与凿取燧石制作的工具有很大不同。打磨抛光过程很慢，需要极大耐心。完工之后，石头的自然表面变成了光滑尖锐的利刃。很显然，这种制作办法花费时间更长。但一柄精工制作的石斧能用上一辈子，变钝后，还能磨快，所用方法与初始制作工艺一样。此外，这些斧头非常好用。现代实验证明，加上手柄后，远古石斧砍倒一棵树的速度同现代钢刃斧一样快。

毋庸讳言，尽管人类发现林地培植谷物办法，却不会放弃狩猎。而且，在离中东林区很远的地方，生活方式依然保持不变。但不管怎样，自然平衡已经受到严重破坏。从林地里长出的谷物越发繁茂，越来越多的人能填饱肚子。不久之后，很多狩猎者开始一边打猎，一边在新田地上种植谷物。农业群落里的野生动物几近灭绝。

❈ 驯养牲畜

对狩猎者而言，和农人之间的这种不平衡蕴藏着一场巨大的危机。为应对危机，一些狩猎者从日常追逐猎杀的动物中挑选几种，进行驯养。起初，这些动物仅供食用。但到公元前 4000 年左右，中东及其周边的一些群落想出办法，将牛羊用作别途。动物奶源成为重要新食物；动物皮毛剪掉后，能制成衣服；动物体力可扛拉重物。在黑海以北的草原上，牧马人可能已经学会了骑马。但在很长一段时间里，没有人敢甩缰射箭。因此，马背攻城略地推迟了两千多年。

虽说如此，这些驯养动物的新办法赋予了农业群落宝贵新资源。人类在谷物主食之外，还能享用富含脂肪、蛋白质的奶、奶酪、黄油、酸奶等奶制品。粗纺毛织物可量身定制，适应当地气候。硝过的兽皮衣服可无法做到这一点。

那些人类役使的动物很快与它们的野生祖先区分开来。它们的骨骼发生了改变。因此，专家不难判断出散落在远古居民点附近的骨头是野生动物，还是驯养牲畜。

事实上，人类靠培植作物、驯养牲畜获得食物，而培植的作物、驯养的牲畜也开始依赖人类。小麦和大麦不会把种子自然散落在地，不经人们种植便不会生长。而驯养的牲畜失去了野生动物的凶猛本性，不经人类保护便难以存活。

当然，这其中依赖性更强的还是人类。依赖付出的代价是，与狩猎者和采集者相比，种植饲养者能享受的闲暇时光不多。而且，在一地定居后，易受多种传染病影响。

代价也好，影响也罢，只要新品种动植物出现，男人女人掌握良耕巧养之道，人类全新生活方式快速扩展的场景就会上演。不论在哪里找到合适的阔叶林地，小小的农业村落就能开辟田地，养家糊口；不论在哪里发现丰美的野草或带叶植物，人类都会赶着牛群羊群前去放牧。北方寒冷，沙漠干燥，给这种生活方式造成了限制。但在位于这两种极端环境之间的广阔地带里，一个完整的世界展现在首批新石器时代农牧人眼前。

有了粮田，就能养家糊口。随着粮田重要性的凸显，人类开始成群结队在一处定居，一住就是好几年。住的时间一长，就有必要建造结实房屋。这些屋子常用泥土糊制，或用泥土加砖搭建，屋顶可能覆盖茅草。造好屋子后，用陶器等器物装饰一番也可能不无必要。而且，谷物要存放在干燥的地方，以防受潮发芽。因此，大储藏罐显得很重要。

自陶器首次出现后，不同群落采用不同方法塑形、装饰陶罐及其他器物。因为烘干后的陶器可以保存很长时间，装饰风格因时因地而异，陶器为专家提供了研究考古遗址之间文化传统和联系的主要证据。

远古农人面临的三大问题

最早的农民很可能过着平静的生活，但持续时间不长。一些人类群落学会了培植作物，但对于生活在干旱草原地区的群落而言，刀耕火种行不通。不过，这些群落可以驯化动物，到位于中东林区南北两方的广阔草原上放牧。牧人居无定所，为寻找草场四处迁移。这些群落里的男人还和早期狩猎队伍一样，充满斗志，有组织观念。他们的日常任务就是守护饲养牲畜，防止野兽和其他人袭击。有了这种日常生活经验，善战习性和协作纪律自然而然成型。

与牧民的关系

农民的日常生活经验与之相反，每个家庭分散在田间劳作，当人们每日忙于砍伐树木、挖掘土地、收割谷物时，就不会养成多少好战习惯。久而久之，牧民发现自己能袭击打败农民，逼迫他们交出宝贵的谷物或其他有用物品。

农民和牧民之间的平衡非常复杂。通常，农民人多势众，但组织松散，不善交战。因此，中国等地修城墙，设守卫，保护农民村落不受突然袭击，但很难既备战事，又务农事。

但农民和牧民之间的关系也不全是敌对冲突。牧民会用奶酪、羊毛、牲畜换取谷物或农民手工制作的其他产品，而不是武力抢夺粮食和其他货物。有时，牧民能提供一些奇特的石头、贝壳，或在放牧游荡过程中找到的罕见物品。在这种交换方式下，玉石等珍品常跨越迢遥路途，几经易手，因此价值不菲。

精确计算时间

远古农人需要解答的第二个关键问题是确定作物种植时间。在中东，只有冬季几个月才会降雨。所以农人必须在秋天种上谷物，来年初夏成熟时收割，以避开随之而来的干旱天气。如果种得太早，偶下阵雨后种子发芽，而此时骄阳烈日，新苗枯萎；如果种得太晚，夏季旱情来临时，作物还没有完全成熟。

种植时间不当会导致灾难性后果。何以避免？答案就是：观察月亮，根据月相标出月份。当然，月亮的阴晴圆缺与太阳年并不完全相合。而决定四季变迁的是太阳年。所以，数月相的群落常在自制历书上另加一月，使之与太阳轨迹相符。

怎样制出精确历法？早期农人没能找到满意的答案。与狩猎者对时间的感知相比，早期农人更需要精确时间。在这方面，他们取得了不小进步。在狩猎者的生活中，日复一日，变化不大。该做什么就得做什么，晴天雨天，酷热严寒，无关紧要。而农民得往前看，数日子，计算时间。一家人得吃多少粮食？得留下多少种子？吃粮食时得精打细算，确保新粮下来之前，手中不断粮。年，而非日，变成了人类时间的基本单位。每年计算时间变得至关重要。

很可能会出现这种情况：在早期农业村落里，有一些人善习礼仪，其角色与最早的祭司相当。他们会决定什么样的月相适宜种粮。但对此我们还没有确切信息。我们能够确定的是，农民对种植收获的关注反映在了宗教中。太阳和月亮，尤其是月亮，被供奉为神，专司生殖繁育。地球也被看作是一位伟大的母亲，出产人类所需食物。

令早期农人着迷的是，人的生命和植物的生命模式之间有什么相似之处。种子播种后，焕发生机，随后死亡，再次播种后，重现生命。种子能这样，那人呢？人被埋在墓地里，会不会复活？既然死去的亲戚朋友总在梦中出现，因此死而复活似乎是符合逻辑的。人死后，生命应该像是影子，活在阴暗漆黑的地下世界。不只是有农人这样想，旧石器时代的狩猎者很可能也相信死后有生，把地球当作母亲。因此，二者对死亡的看法仅仅是重点不同而已。

❈ 缺少适种地

远古农人面临的第三大实际问题是越来越缺少的适种林地。随着人口增加，未经开发的林地日益稀少。过了一段时间后，他们发现有必要重新使用废弃的田地，而且循环利用土地的间隔越来越短。土壤肥力下降，作物长势减弱。同时，控制杂草蔓延也越来越难。田地之间挨得越近，杂草就越容易从一块开阔的向阳地上蔓延到另一块。土壤肥力下降，杂草丛生，意味着，虽然出的力是一样的，收获的粮食却变少了。因此，每一家必须多垦地，而这只能让情况越来越糟。

临近公元前 3500 年时，人类想出了一条良策，解决了土地短缺问题。这就是犁的发明。犁很可能不是在林区发明的，而是在沿河开阔地带。毕竟，最早的农田树桩遍地，犁怎么能在这样的地方发挥作用呢？但当人类开始使用畜力拉犁耕地时，新的可能开始显现。犁地便于除草。可以说，犁最重要的功能就在于此。使用犁后，仅凭一家之力就能耕种更大面积的土地，这比使用木棍挖掘要好得多。除了上述两个益处外，犁过的田地能无限次种植。犁使用后不久，农人们就发现，在播种季节，将休耕过的田地犁一两次后，来年就会有好收成。简易轮耕办法由此产生，即先休耕一年，明年再种植。一家人有了合适的犁，套上牛或驴之后，就可一年多季在大多数土地上耕种粮食作物，还能留下一些余粮。

犁的发明对中东、印度和欧洲文明具有根本性意义。在美洲，没有人知道犁为何物。在中国，犁从来没像在欧亚大陆西部地区那样重要。犁以一种新的方式，将畜牧业和谷物栽培结合起来。犁投入使用后，主要从事作物栽培的是男性，而非女性。而在此之前，很可能是女性承担了田间地头多数工作。

犁也创造了我们今天知道的田地类型。同一块土地连续种植几年后，地里的树桩烂掉。这时候犁派上用场，将这些自然"小山丘"犁平。土地变得平整开阔，块块相连，且多以常规几何图案形式布局，变成了今天我们心目中"田地"的样子。

最后，有了犁耕地，农民就能永久定居某地。田地一经犁耕栽培，农民就没有必要四处迁徙。永久的村庄住址，特定田地所有权的固定模式和村庄生活结构就是在那时成型，一直延续至今日的欧洲和西亚。与此同时，帝国的曙光开始显现。无力迁徙的农民不得不缴纳税款；税金用于法庭司讼，供统治者花销，养活军队，建造城市。一句话，文明有了可能。

⁂ 种植块根作物的农民

在谷物种植和畜牧业从中东传播开来以前，世界其他地方的人们也在以不同方式培植作物。事实上，东南亚等热带地区种植块根作物的时间可能要早于中东谷物种植。但没有人有确切证据。

与谷物农业起源认识相比，我们对块根农业的产生了解较少。我们仅能猜个大概，猜想这种形式的农业是由东南亚河域和海岸生活的渔民兴起的。根据是，渔民摇船出海后，经常返回大陆，为船找到遮风避雨之处，以防暴雨损毁。尽管狩猎者四处游荡，但捕鱼群落需要在风平浪静的港口永久居住。渔家女专注寻找优良作物，将其种植在船舶停靠处。

木薯、芋头、山药等块根作物丰富了捕鱼群落的食物来源，增加了渔民人口。遇有鱼少人多，渔民就多吃这些含淀粉丰富的块根。但和中东狩猎者驯化动物不同，渔民没有办法养殖鱼类。

与谷物农业对比

谷物农业和块根作物种植之间存在着明显而重要的差别。种植谷物的农人收获种子，种下余粮，以待来年收割；而从事块根作物种植的农民是将母体植物上生出的活苗另栽一地，等待新苗长出，块根长到足够大时，人们就挖出来吃掉。因此，在同一块地里，会发现不同生长阶段的作物。有的刚栽上不久，有的差不多能挖出食用，还有的处于中间阶段。

块根农业仅适用于夏冬两季温差不大，作物能够全年生长的地方。而在种植谷物的地方，一年中有一段时间作物不能生长。因为只有在这种气候中，作物才能长出可用作粮食的种子，并在下一季萌芽结子。因此，块根作物种植适合热带地区，肯定是从那里兴起的；而种子农业起始于温带地区。

块根农业兴起之初很可能并未给人类生活带去多大改变。因此，我们无从得知起始时间。也没有迹象表明，块根农业兴起后，人口大规模增长，就像谷物农业给中东带去的变化一样。东南亚块根作物从来都不是欧亚大陆文明社会的主食。因此，与出现在中东的第一批农人相比，块根作物种植的发展没有产生显著影响。

稻田农业

然而，在后一阶段中，亚洲季风区发展了一种农业形式，极大改变了人类生活。亚洲从事块根作物种植的农民发现，发洪水时，水下长出了一种名叫"水稻"的喜水植物，这种植物的种子很好吃，单独栽培有利无弊。于是，他们采用老办法，把长成的水稻苗移栽到田里，而不是把种子撒到地里。

时至今日，亚洲人还是用这种方法种植稻米——先让种子在苗圃里发芽，再移栽到溪水淹过的田地，直至成熟收获。今天，稻米养活了地球 1/3 以上的人口，构成了中国和日本的农业根基，哺育了中华文明和日本文明。

要想种出大米，有赖于两大技术：第一，水稻喜清浅水域。人工开辟水田，可防杂草侵占水稻生长空间。水淹后，可除去多数杂草。这种方法可与中东刀耕火种相媲美。中东农民也是清理林地，为小麦大麦生长创造隔离杂草的人工环境。第二，流进流出的活水为田地带来了可溶解矿物质。同时，流动缓慢的水可以创造出一种环境，便于光、水及数不清的微生物发生复杂作用，持续保障稻田肥力。只要平整出稻田，年年都会有好收成。这与刀耕火种不同。稻农绝对不用四处迁徙，绝对不会把精心平整的稻田一弃了之。

人类因此发现了彻底改变动植物自然平衡的办法。公元前8000年至公元前6000年，中东的人类群落发明谷物种植，驯化动物，饲养牲畜。东亚稻米种植是在什么时候开始的，还没有人知道。我们可以肯定的是，快到公元前2400年时，稻米种植很可能已相当发达。因为在此时，最早关于稻米种植的确切证据在中国出现了。

农业技术的传播

在世界其他地方，人们对农业重要性的认识较晚。这种认识可能是这样得来的：当地人从陌生人那里听说，栽培、种植、收获种子或块根有一定的办法。稻田农业比刀耕火种式的谷物种植传播更慢，覆盖区域更小，但一旦得到发展，这种农业比早期谷物种植更深刻地改变了地貌。

按我们今天的标准衡量，在200～300人组成的极小农业定居点里，生活变化得非常缓慢。在对新石器时代村庄遗址中的点滴线索进行对比时，考古专家发现，虽然地层之间或遗址之间有些微不同，但总体印象还是整齐划一，区别不大。这大概是因为，农民需要掌握的技能工具一旦成型，便不需要大改。年复一年，他们干着同样的活，做着同样的事。种下谷物，收割回家，开辟新田，修缮重建房子。整个群落不时迁到几千米外的地方。那里有新的林地，唾手可得。

虽然新石器时代村庄的日常生活没有发生多大改变，但刀耕火种的农业这种新生活方式的传播极大改变了地貌。为开辟新田，人类经常迁到别处。以一生时间来衡量，一个群落需要迁移二十多次。与人类此前改造地球的力度相比，刀耕火种的农业生活方式给自然环境带来的转变是快速而巨大的。附近的狩猎队伍很快也学会了这一种植新法。谷物农业从中东发源地传播到世界各地。公元前4500年初，用刀耕火种法种田的农民到达了俄罗斯南部和巴尔干半岛。一千年后，抵达欧洲大西洋海岸。随后穿过北非，到达西欧，与北路而来的人交会聚合。

我们对东南两个方向的迁徙情况知道得不多。很早以前，新石器时代的农民群落就迁到了印度西北部。但相关记录还很零散，找不出当地最早村庄遗址的确切时间。在中东建立已久的新石器时代农业痕迹也在中国发现，但中国农民最早种的是小米。远古近东地区还没有这种作物。所以，中国可能独立发明了农业。公元前2400年左右，小麦和大麦也在中国出现。这些作物有可能从西亚传来。但因为中亚考古发现数量很少，又支离破碎，我们还讲述不出一个完整的故事。

美洲人和非洲人很可能也独立发明了农业。哥伦布抵达美洲时，发现居住在墨西哥、今日美国和加拿大的印第安人种植玉米、南瓜和豆类。这也是种子农业,与中东农业很像,但作物种类完全不同。在加勒比群岛和南美洲,也存在块根作物种植,以红薯为主。在秘鲁高地,我们称之为"土豆"的作物一片繁茂。

研究农业问题的多数学者认为,美洲印第安人独立发明了农业,没有受到欧亚大陆的任何激发。但有学者持反对意见。他们认为,很早以前,就有南亚(可能还有非洲)的船漂到了美洲海岸。还有一些从风暴中逃生的人登陆美洲。这些人原本就知道如何栽培块根作物,到美洲后,自然而然会尝试种植当地品种,由此发现了赖以为生的新食物。

但玉米种植更复杂,耗时更多。因为,野生玉米植株必须从根本上加以改造后,才能提高产量,供大量人口食用。不过,这一种子种植方法可能也是从亚洲传到美洲的。有两条途径:一是陆路传播;二是风把一些船员吹到陌生的土地。这两种情况都不会留下什么证据,因此我们也无从得知详情。

学者认为,还有一些地方独立发展了农业。比如,西非。西非既有块根作物,又有结子作物。这种情况在别处见得不多。这表明西非是另一个农业发明中心吗?或者说这是一个将农业应用于新环境的例子,证明中东谷物不适应西非环境,而西非另有作物新品种?对此,学者看法不一。要想解决这个疑问,必须对西非农业产生和发展的前前后后做更深入研究。

中国新石器时代陶罐(Neolithic Pot from China)

这个典雅精致的陶罐于公元前1500年左右在中国制作,很可能用于盛放液体。但旋涡纹饰表明,制作者兼顾实用美观。新石器时代的农民在一个地方一待就是几年,需要罐子盛放东西。这种将泥土塑形后放在炉中烘烤,制作坚硬防水陶器的技艺和农业一起传遍整个欧亚大陆。图中的这个陶罐与俄罗斯南部发现的器物很相像。因为田地杂草丛生,不长庄稼,远古农人每隔几年就要开垦新田。他们带着这些装饰图案,以及其他技巧和想法迁徙到各处。

历史发轫

随着各个群落发展出迥然不同的生活方式,就像农牧民生活有天壤之别、农牧民与狩猎采集者生活又大相径庭一样,人类社会开始显得五彩斑斓。不同人类群体之间的互动可以也曾经强有力地推动了创造发明和交流互鉴。

起初,陌生人的方式方法似乎不起作用,让人觉得滑稽好笑。但每隔一段时间,就会有一种新工具、新想法、新艺术风格、新音乐、新食物、新消遣受人青睐,风靡一时。凡借鉴之物都应与群体原有知识和做法相契相合。因此,常需做不少调整,以在新环境中应用无碍。有时,环境本身也需要做调整。所有这些变化又可能激发出前所未有的新创造。因为,每出现一种新情况,都会让人更自觉地审视此前所为,并慎重抉择。

远古时期,一群人与另一群人生活方式几乎没有任何差别。这些群体之间的联系和冲突不会对彼此的行为方式造成多大改变。但当两个群体显著有别时,不同人群之间的联系和冲突开始具备新的意义。人们能够而且已经开始利用别人知道的东西,想出新办法保护自己不受侵害,或是找到更有效的攻击模式。一个行动——回应的自我保存过程由此启动,人类社会处于时时

约公元前 6000 年巴勒斯坦杰里科的新石器时代头像

该头像是在头骨上打上石膏制成。石膏代表脸上的肌肉。头像制作原因尚不明确。在新石器时代农民眼中,死亡与重生事关重大。既然谷物死去后,埋在地里的种子还能吐绿结子,人也应该能死后回生。因此,制作该头像也许就是为了实现重生。

变动之中。换言之，历史变化具备了一种新速度。历史，狭义上由文明群落留下的书写记录，即将呈现。

　　人类很快就意识到创造首批文明的可能性。他们是怎么做到的，将是下一章主题所在。

⚔ 结论

类人猿最终完全进化为人类得益于团结协作。最开始，类人猿在舞蹈中相互配合，后来也在语言上相互协调。团结协作增加了食物供给。因此，类人猿可以花上几年时间抚养孩子，直到他们自己能填饱肚子。这样一来，孩子们就有更长时间学习如何生存，不用倚重于遗传来的直觉意识。学习反过来也通权达变。但一开始，变化确实非常缓慢。狩猎者和采集者明白了哪些植物适宜食用，怎样去跟踪猎物，怎样编制篮筐，怎样制作利刃工具。换句话说，他们明白了所有应该明白的东西，再把学过的所有东西完完整整教给自己的孩子。

这样的巨变最初发生在中东。居住在山林里的人发现了如何让谷物在林地中央茁壮生长。食物增多意味着猎手队伍壮大。而猎人一多，多数猎物很快消耗殆尽。后来人们发现可以把原先猎捕的一些动物驯化成家养牲畜，由此一些群落成为专职牧民。他们跟随牧群来往于中东北部和南部山区的草原上。

很快，农民要跟牧民打交道。方式不外乎两种：要么和平贸易，要么采取防御措施防止突然袭击。农民面临的另外一个问题是：如何知道播种时间，而且随着人口渐增，如何找到良田沃土，在来年收获。在第一批文明社会出现之前，人类还没有学会精确认知时间。但土地短缺问题解决时间要早，原因是犁的发明。犁耕不仅遏制了杂草生长，也大大扩增了单个家庭的耕种面积。农民只在耕过的一半田地上播种，便能每隔两年在同一片田地上种植作物。常耕地、安定的乡村生活图景在公元前 3000 年就已经出现。时至今日，欧洲和西亚大部分地区依然如斯。

在东南亚，一种建立在块根作物基础上的农业类型出现。这与欧洲、西亚有所不同。后来，这些栽培块根作物的亚洲农人发现了稻米，发展了水稻栽培。直到今天，亚洲人仍以大米为主食。

农业也在地球其他地方得到发展。原因可能有两种：一是独立发明；二是借鉴中东或东亚，并根据当地气候和本土粮食作物品种做出适当调整。

农业发展的净效应是人类数量的剧增。我们的祖先一开始是最好的猎手，是万兽之王。后来，他们靠种植饲养改变了自然平衡，实现了人类族群数量的多倍增长。

从那时起，人类社会之间的关系变得比人与自然的互动关系更为重要。与智人自然史相对立的人类历史从此开始。

第二章
河谷文明

公元前 3500 年　　　　　公元前 1500 年

苏美尔祭司在做祈祷

这些小雕像表明，苏美尔人对神意很是在意。神时而送福，时而降祸。为博得神的青睐，很有必要精心设计祈祷和公共仪式。祭司最重要的工作就体现在这里。

远古农民还没有开化，也不可能开化。文明需要建立在大型群落的基础上，而刀耕火种不足以支撑。古老文明中心的典型特征是：万人协作建造宏伟的神庙、陵墓和宫殿。而且，只有大型群落才能培育在相关领域有专长的人，从而开发知识技能，使开化人与未开化人鲜明有别。

起初，这种大型群落仅在地理条件得天独厚、土地丰饶肥沃的环境下产生。在中东，大河形成了冲积平原，谷物种植勃兴，这种环境浑然天成。近河处，灌溉便利，作物繁茂。

最早的文明开化社会在中东三大河冲积平原诞生。这三大河分别是：位于今天伊拉克境内的底格里斯河和幼发拉底河，位于现今埃及境内的尼罗河，以及现属巴基斯坦管辖的印度河。

每一个古老的大河流域文明都有自己独有的行为方式、思想观点、艺术创造。虽然相隔甚远，但船可以载着人和货物穿梭于每一文明社会之间。这种联系部分说明，为何三大文明几乎同时勃兴。公元前3500年至公元前3000年，底格里斯河－幼发拉底河流域文明出现。公元前3000年至公元前2500年间，尼罗河流域和印度河流域文明齐头并进。公元前4000年至公元前2000年，中国黄河中下流的大中原地区形成了中华文明。

✄ 苏美尔文明

  第一个已知文明诞生于底格里斯河和幼发拉底河下游。坐标苏美尔，距波斯湾伊拉克现辖海岸线仅有几千米远，整个地区常被称为"美索不达米亚"，为古希腊人命名。在希腊语中，"美索不达米亚"意为"两河之国"。该词不仅指的是南部的苏美尔，也包括绵延至北的阿卡德、巴比伦和亚述三地。这四地东接底格里斯河，西临幼发拉底河。

  在人类尚未改变自然地貌前，底格里斯河和幼发拉底河途经沼泽，汇入大海。沼泽两侧为干燥沙漠，仅沼泽中和沼泽四周生有植物。此地几乎全年无雨，沼泽有充足地下水供给植物生长。每年春天，高山雪水融化，河水泛滥，形成沼泽。夏天一来，北部干旱，河水逐渐干涸。秋冬降雨后，河道再次充盈。

  发洪水时，河水漫出常道。离开主流后，水流缓慢，泥沙迅速沉积河底，在主流高地附近形成自然堤坝。堤坝又在河床两侧生成自然盆地。每遇洪水，水困盆地中，形成沼泽。

  这种地况非冲积平原独有。河水在群山间流得很快，穿过平坦的陆地时流速变慢，山上流下的沙砾碎石沉积到主流水底，幼发拉底河的河床因此成型。河水流过自然堤坝时，稍高于周围平原。每隔一段时间，山洪暴发，河水冲破两岸堤坝，形成新河床，在入海处改道，仅留下几处凝滞不动的水塘。

  这种环境为人类献上了一些有用资源。鱼类水禽丰盛。堤坝沿岸生有天然椰枣树，果实富含营养。沼泽中芦苇葱郁，提供了建造简易棚屋的材料。虽有洪水之患，但家家有船，就算某年水漫成灾，也会很快消退。而且多数年份里，总是地面高出水线。不言而喻，船是必备之物。因此，我们可以猜测，最早在底格里斯河–幼发拉底河冲积平原定居的人类群落学会了如何造船。

  不幸的是，芦苇棚屋没有留下任何痕迹供考古学家研究。捕鱼人和套鸟人的船只网索也极易腐烂。首批在这一流域定居的居民不太需要石头工具，留下来的石器也深埋在淤泥中。因此，现代学者仅靠阐释后世宗教符号，猜测冲积平原形成之初有人类群落生活在这里。

⁂ 苏美尔文明发轫

大约在公元前 4000 年,场景开始发生变化。村庄规模变大,泥砖房拔地而起。一千年中,在苏美尔大地上,超过一定规模的群落变成城市,有高墙坚门把守。与此同时,文字系统形成,可供现代学者阅读,一条理解古代生活方式的路径就此开辟。我们将这种生活方式称作"文明"。

⁂ 灌溉农业的突破

灌溉是这一切发展的关键。灌溉不兴,作物不长。浇灌不到活命水,骄阳下新抽芽的谷物枯萎死亡。作物成熟时,也需要引水灌溉。只要适时灌溉,年年大丰收可保无虞。苏美尔的土壤由河泥淤积而成,水分充足,丰美肥沃。

我们可以想象,起初,灌溉范围很小。底格里斯河－幼发拉底河下游的特殊地貌利于灌溉。农人穿堤坝而过,挖出水渠,把河水引流到相邻平原的低洼地段。田里注满足够水后,填上堤坝。需要水时,再挖开。

但随着务农人口增多,需要在离河更远的地方浇田。因此,采用更完善的灌溉方法势在必行。在上游几千米处取水,修建人工河道,离河流越来越远的田地也能灌溉得到。水渠上游选的位置越高,灌溉面积就越广。但是,新开凿的水渠和护堤长度增加后,维护灌溉系统的任务就愈加繁重。很快,每年都需要千千万万人一起疏通灌溉水渠,监修护堤。

灌溉系统覆盖的范围越广,风险越大。一年一度的春洪会突然毁掉整个系统。河水冲垮护堤,新沉淀的沙子堵住沟渠。偶然情况下,河流还会在上游某处改道。这时候,就要调动男男女女,让河流重入原渠。要不然,整个灌溉系统都得重新设计。废旧渠、挖新渠得用上好几年时间。

如占尽天时地利人和,回报相当可观。适时适量灌溉的农田比靠雨水浇灌的普通农田收成要好。因此,灌溉农业可以年复一年在同一地域养活相对大量稠密人口。好处不止于此,河流淤泥十分适宜犁耕。一家人只要搭上几头牛,就能多产。收获的谷物供全家人食用后,还有剩余。农民必须能够生产余粮,才能开启文明进程。因为,只有在这种情况下,才会有足够多的人专辟时间,从事其他活动。由此,专长精艺成倍发展,新思想充分涌流,整个社会足够复杂、富裕、强大到可以被称之为文明。

第二章　河谷文明

⁂ 青铜时代苏美尔人取得的成就

公元前 3500 年至公元前 3000 年间，这三个因素首次在苏美尔齐备。在这五百年间，古苏美尔人很快发展了新技艺，掌握了新知识。那些专奉神明、专造沟渠、专制陶罐的人有时间专注手头工作，精益求精，变成全职行家里手。新手艺很快涌现：车匠制作结实的圆形车轮；船匠、制帆工建造船舶、安装风帆；珠宝雕刻匠雕琢首饰挂件；书吏保管书面记录；金银匠人术有专攻；青铜铸造匠人将烧得滚烫的液态金属倒进泥土模具中，制作式样繁多的工具、武器。在这些专职人员中，可能要数青铜铸造匠人最为重要。

与旧石器时代和新石器时代的石制工具、武器一样，青铜也不易腐坏。因此，首批研究人类起源的现代学者创造了"青铜时代"一词，用来描述这样一个人类用青铜而非石头制作重要工具、武器的时期。这一时期也涵盖之后铁器的使用。但近年来，专家认为青铜时代和石器时代之间的差别没有之前想象得那么大。因为，在武士国王使用青铜剑斧的很长一段时间里，石头工具一直都有人用。另外，金属也不像学者原来想的那样，是在文明诞生之时才开始投入使用的。

在第一批苏美尔城市形成之前的很长一段时间里，新石器时代的中东村民已经了解到了这样一种知识：把某些类型的岩石投进烈火中，会有闪亮的金属渗出来。只要找对石头，就能用这种方法制出铜锡铅银。还能在小溪河床上捡到纯金颗粒。这种闪闪发亮的东西很适合做首饰，但用作工具、武器硬度不够。

快到公元前 3000 年时，中东金属匠发现了一种更坚硬的金属——青铜。按铜九锡一的比例混合，可冶炼出青铜。把滚烫的青铜汁倒进模具后，可制出任何一种形状。而且，青铜器具非常坚硬，遭重击后，依然不坏。

这种金属非常适合制作武器。此后不久，苏美尔人开始制作青铜剑、斧子、矛枪以攻敌，制作头盔、盾牌、铠甲以防守。战事愈发重要，对锡铜永无休止的寻找从此开始。这种寻找促使开化和半开化状态下的商人深入到美索不达米亚的北、西、东三面山区。不长时间后，他们又走到更远的地方，比如塞浦路斯和撒丁岛，远涉多瑙河，游走于今日罗马尼亚境内喀尔巴阡山的莽莽山峦之间。

这些技术进步促进了新型知识的积累。知识以更系统的方式加以组织。关键突破是全职祭司群体的发展。通过传授和学徒两种正式形式，祭司将智慧传授于人。

祭司的主要任务是处理好与神祇的关系。此外，还要积累各种知识。他们招募了人类历史上第一批书吏，让其管理神庙收入开销账目。他们学会了更加精确地计量时间和空间。没有精确的空间测量，就难以建成宏伟的神庙。在每一座苏美尔城市，神庙建筑最为瞩目。而且，如果不能精确计量空间，也不可能修建精妙复杂的沟渠系统。因为，肉眼不能测量地平面，也看不出斜坡的坡度。在时间计量上，祭司的智慧体现在两方面：一是计算四季更迭；二是阐释天体运动对未来的象征意义。

通过获取并保存这样的技艺和知识，古苏美尔人在公元前 3000 年获得了文明的精髓。与孤立隔绝的小村落中每个人怀着差不多一样的能力，干着差不多一样的活不同，苏美尔的城市更加复杂。有人在专门领域有专长，有人一无所精。大多数人继续种田、挖土，干别的重体力活。对他们而言，新石器时代祖先不知道的东西，自己也不用了解。虽然术有专攻的人数极少，但他们为人类能力增加了全新维度。他们的技艺和知识为一个人类历史新时代打开了大门。这个时代就是文明。

文明面临的问题

公元前 3500 年至公元前 3000 年间，在苏美尔人成功解决底格里斯河 - 幼发拉底河冲积平原的农业灌溉问题后，一系列新问题接踵而至。处理做不同事情的人和生活在不同环境的人之间的关系问题成为重中之重。城市中不同社会阶层的兴起构成严峻的挑战。怎样去调和不同的利益和见解，让争吵不合让位于团结协作？还有，怎么处理文明社会和文明之外人群之间的关系？这些问题一点都不简单。比如说，如果苏美尔人在自己的冲积平原上找不到木材、石料、金属矿石，该怎么办？抢掠是一种解决方法。北方和西方山区森林繁茂，矿藏丰富。与当地居民做交易也是一种方法。但选择哪一种方法的主动权并不总在苏美尔城市人手中。远方的山里人可能会突袭冲积平原，也可能会和平贸易。但前提是城市必须做好防御准备。

不论新的技艺专长对整个人类历史有多么重大的意义，我们都不要忘了，生活在这个冲积平原上的绝大部分居民还是农民。构成这一切的根本是灌溉农业。有了这种农业形式，只要河流不发生异常，只要没有外敌入侵，就能保证更多的人从更小面积的土地上获得更多食物。为了能够活下去，这些人更卖力地劳作，听从一些人的指令，把要做的事情做好。

⁂ 苏美尔的社会结构和技术进步

如果苏美尔人不愿重组社会结构，迎接新的可能，则灌溉技术不会带来多大改变。对于刀耕火种的农民来讲，一家一户清理林地，在分散的地块上自己播种，自己收割，再为来年留足余粮，如若不然，就得饿肚子。但同一条灌溉水渠有很多家庭在用。因此，用灌溉法种田的农民就要找到新的协作和控制模式，并确定人均用水量。还要想出办法，让每一家都出份子维修水渠堤坝。另外，如果苏美尔人没有找到合适的方法途径，把谷物和其他食物从劳动者手中转移给不劳而食的人，那么让苏美尔走向文明之旅的新技术和专门职业根本不可能出现。

没有人确切知道，苏美尔人如何获得了新的生活模式。公元前4000年至公元前3000年这一千年间，这种新型社会缓慢形成，但还没有人学会书写。没有文字告诉我们苏美尔人的所思所为。我们对苏美尔人的习俗，以及定义社会关系的财产、职责、法律和道德一无所知。很多个世纪之后记载的宗教神话为我们提供了一些线索，让我们了解到了苏美尔人对当时世界的看法。那时，他们正在学习如何修建更大型的沟渠，如何建造复杂的文明社会，以便团结一致，保护自己不受外部攻击。但是神话仅仅提供了事件线索，现代学者对如何阐释事件意见不一。

⁂ 苏美尔人的起源

一种理论认为，苏美尔人沿波斯湾或更远地方从海上侵入。他们有很多海船，可控制水路战局，迫使原住民种田劳动。苏美尔神话中有几处说他们从南方海上抵达，为这种理论提供了支持。还有一个事实可以作为论据。在苏美尔宗教符号中，高山和驯养的牲畜占一大部分。很难想象，生活在平坦冲积平原上的人会使用这些符号。

其他学者认为，苏美尔人在沼泽地生活了很久，才开始从事灌溉农业。根据这种观点，苏美尔人学会灌溉后，在祭司的带领下发展文明。祭司劝诫苏美尔人，如果不把部分或全部收成交给神庙、敬献于神，定会遭到神罚。

这里的问题是，古苏美尔农民把自己种植的谷物奉献于人，是受一些入侵的陌生人迫使，还是害怕获罪于神？

现在还没有足够证据证实哪种理论为真。重要的一点是，苏美尔人渐渐习惯了看着自己种植的大部分作物让别人占为己用。而且，面对这种情况，这些远古农民不仅没有少种粮、少收粮，反而年复一年更辛苦劳作。因为只有这样，才会生产更多的谷物，社会才有余力保有技艺专长，维持特别职业，也就是不同的社会阶层。而这是文明的显著标志。

农民的地位

苏美尔农民从劳动中没有得到多少直接回报。他们可能远远地看着宏伟的神庙举办仪式。他们知道，神庙作坊里生产的珍品敬献给神，以及神的大仆人——祭司，非庸常凡人所能享用。和新石器时代的农人一样，苏美尔农民也常自己制作工具和家用物件。但当地没有犁所用的木料和镰刀上装的锐利燧石齿，必须到远地去找。因此，苏美尔农民可能会用余粮交换这些必备品。有时候，他们可能有足够的余粮，去换一些城里来的小首饰。但这两种交换不是主要形式。一般而言，农民把谷物上交给他们的尊长是为了免遭神人唾弃。

祭司的角色

苏美尔人的宗教思想涵盖甚广，对祭司制度也有阐释。之前我们谈到过，苏美尔神话认为，世界是由几个神祇统治的。这些神与人的行为几乎无二，但比人更有权势，且永生不灭。每个神都是伟大自然力量的人格化。地球、天空、太阳、月亮、风暴、淡水、咸水皆为神。诸神皆有庙。庙中的塑像是神的居所，正如人体是人的灵魂居所一样。与凡人一样，神也要吃饭穿衣，娱乐消遣。实际上，神创造人就是为了让人服侍于神，做这些事情。苏美尔人的城市围绕神的宅邸或庙宇而建。如果市民把神服侍得很好，就可能会讨得神的欢心，得到神佑，免遭灾患。如若不然，大难临头。洪水饥荒，外敌入侵绝不可免。只有恳切祈祷才能让神回心转意，收回罪罚。

苏美尔人坚信，神力无边，且喜怒无常，同有权势的人一样。因此，每日记录神的感受非常重要。特别仆人，即神的佣人，不仅满足神的日常所需，还要悉心观察，揣摩神的每一个用意。只有通过这种方式，群落才有望避开灾难。

当然，这些特别仆人就是祭司。

祭司采用多种方法探察神意。第一种方法是，在神的宅邸——神庙中安寝，等待神进入梦境，直接传授。第二种方法是，研究献祭给神的绵羊肝脏的形状。第三种方法是，观察行星运动轨迹。祭司会认真查看之前对不同征兆的记录，对同一征兆下的神意进行预测，并采取预防措施，抵挡灾祸。

鉴于苏美尔人对世界的基本假设，这一制度可谓万无一失。如预测成真，则证明征兆阐释正确无误。在这种情况下，任何人改变神旨的行为明显没有效用，或是行动太晚，或是软弱无力，无法更改神意。另外，如果预测与现实情况不符，祭司会以行动迅速、驱走灾祸为由，为自己揽功。很显然，这些说辞让祭司权倾位重。

考古发现表明，受宗教思想激发，苏美尔人不断建造修缮神庙，工艺愈发精湛。起初，神庙一般建在低台上，用泥土和砖石搭建，非常简陋。后来，越建越高。再后来，传说苏美尔人建造了金字形神塔，高达上百米，耸入云端。神庙四周是一间间仓库，祭司在此收集神庙日常运行所用之物。能工巧匠制作宝石和半宝石物件，供神享用。他们可能也制作其他物品，与远道而来的人交易，换成宝石、金属、熏香、青金石、珍珠母、染料等其他奢侈物，以取悦神灵。

新手工技艺的兴起

因此，神庙仓库在促进新技艺方面发挥着核心作用。比如，那些只雕琢宝石、别的什么都不用做的手工艺人学会了如何精工细作。实际上，苏美尔人很快让这项技艺找到了用武之地。在后来的美索不达米亚历史上，珠宝交易成为重要贸易活动。苏美尔人在圆筒上雕刻图案，装上手柄后可自由转动。在一块柔软湿润的黏土上轻轻滚动圆筒，就可以复制图案。由此，圆筒变成"印章"。黏土干后，可以永久记录所有者的名字。由于没有两个圆筒印章完全相同，一个人随身携带印章，滚压出相符的印记，就可以证明自己的权利。很显然，任何有财产的人都想证明自己有某项所有权。因此，千千万万个刻有图案的圆筒的发现也就不足为奇了。有些印章是将图案反面刻在硬石上，图形设计巧夺天工。今天看来，这些印记仍可称得上精美绝伦。

对古神庙中其他手工技艺的发展情况，我们了解得比较少。纺织印染占有重要地位。布料似乎是苏美尔人对外交易的主要物品。几件金器艺术品，几尊

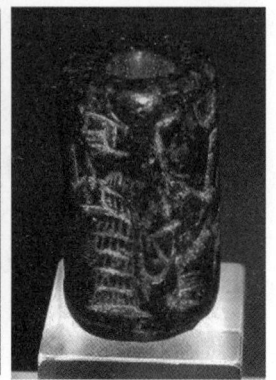

苏美尔圆筒印章

苏美尔人以贸易立身，需要标明财产归属于某一人或某座神庙。办法是，拿一块特别雕刻的印章在软泥上滚动印出标记。因为每块印章都不相同，留下的标记独一无二，可用来证明所有权归属。如右图所示，苏美尔人将图案反面刻在小圆筒上，制成印章。把软泥放在圆筒下一滚，筒上的图案就印了下来，形成左图中的印记——人正在向坐着的神祈求。边上写着楔形文字，以另一种方式标明了印章主人的身份。

石雕像也保存了下来。但在我们看来，这两种苏美尔手工艺品并不算太美观。庙宇里的崇拜石像，也就是众神居住的塑像，很可能是用稀有材料制成，但没有一尊保存下来。也就是说，苏美尔人的艺术杰作已经遭到无可修复的损毁。这让苏美尔艺术与埃及艺术对比时不占优势。因为在埃及艺术中，石头发挥着更大作用。埃及的石制杰作保存至今，几乎完好无损。

文字的发展

随着苏美尔神庙规模和财富的增长，祭司必须记录仓库物品往来情况。为系统性做好这项工作，他们发明了世界上最早的文字。我们可以想见，找到一块湿泥，再用一枝削尖的芦苇做上标记并不难。发明一套符号代表大麦、篮筐，以及其他出入物品也不难。但是怎样在泥板上写下标记，证明人们正在付款收款呢？人肯定有名字，但这个名字该怎么写呢？大祭司怎么知道谁付款谁没付款呢？

纳税人越来越多，单靠一个人的脑子记不清楚谁欠下了什么东西，谁又支付了什么东西。而如果不能精确记录，整个体系就会崩溃。因为，如果一个农民不用上交东西，别人又发现不了，其他人肯定都会效仿。这样一来，神庙收入减少，诸神动怒，灾难将至。

苏美尔人用图片符号代表声音解决了这一问题。一个人的名字可以分解为几个声音，每一个声音或音束由一个符号标明。就拿"Mitchell"这个英文名字来说，我们看看怎样用符号做标记。"mit"与"mitt"相近，而"mitt"在英语中意为"棒球手套"，因此"mit"可用棒球手套表示。"chell"与"shell"相近，而"shell"意为"贝壳"。所以，"Mitchell"这个名字可用棒球手套加一片贝壳表示。用这种方法，再加上一些双关语（这些双关语让今人难以理解），古苏美尔书吏可以写下每个人的名字，画出具体物品的图像。

下一步是找到方法，表达意思和整句话。在这方面，苏美尔人将一些图片符号总结为可发音的音节。回到我们上面举过的例子中去。"棒球手套"（mitt）这个图片符号可以在很多英语单词中使用，只要发音为"mit"就没有问题。如"承认"（admit）一词中的mit，"允许"（permit）一词中的mit，"间歇"（intermittent）一词中的mit，等等。而且，这些符号用多了之后，可能会完全丧失最初的含义。发生这种情况的原因是：书吏在对原有图形简化时，会改几笔，漏几笔。渐渐地，这些符号跟原有图形相去甚远。

在灵活变动几百个符号后，书吏将音节符号和无数个代表具体特定物体的图片符号结合起来，写出普通的句子。

公元前3000年左右，这种文字得以完善发展。因所用符号总数之多，需要专门花工夫学习读写。苏美尔人建立了书吏学校，教男童抄写旧泥板。书写开始变成日日练习的技艺，可识别的图形消失。书写符号简化成寥寥数个标准简单的笔画。苏美尔人用芦苇秆在湿泥上留下印记。因芦苇秆留下的印记呈三角形或楔形，这种文字被称为楔形字体，英语为"cuneiform"，取自于拉丁语中的"cuneus"，意为"wedge"（楔形）。

用楔形文字可写出任何语言。但前提是，读者必须熟稔特定发音，以及文字中图形元素代表的名称，才能读懂苏美尔语。因为这个原因，阿卡德语后来取代苏美尔语成为美索不达米亚的标准书写语言。但在唱咏圣歌时，说阿卡德语的祭司还要熟悉原有苏美尔发音。学习工具是阿卡德语和苏美尔语双语对照的字典和文本。通过这些字典和文本，现代学者也可以读懂苏美尔语。当然，要先学会读阿卡德语。学习方法包含两部分：一是与希伯来语和阿拉伯语作对比。因为阿卡德语和上述两种现代语言一样，都属于闪语族。二是阅读波斯语和阿卡德语双语对照碑文。

文字的发明标志着史前和历史的分野。通过阅读古代石板，现代学者充分了解了苏美尔人的思想、风俗和行为。但是我们应该记住，文字发源于神庙。因此，保存下来的文字很可能夸大了神庙在古代社会中的作用。我们可以肯定的是，神庙和神祇祭献非常重要。但我们不能肯定的是，在苏美尔文明之初，那些没有被书面记录的其他团体和社会阶层是否也发挥了重要作用。

虽然这些还不能确定，但清楚无疑的是，公元前3500年至公元前3000年间，苏美尔古城建立了一种社会制度，让术有专攻成为现实。随后，技艺快速发展，其他一些基本新发明层出不穷。比如，四轮车发明后，人们可以陆路运输重物，把收获的谷物运到神庙仓库。船装上风帆后，可顺风快航。再加上龙骨和舵桨后，逆风也能航行，并随意停泊。有了四轮车和加装改进的船，人们可以从遥远的地方运来木材和金属。这意味着，苏美尔人能够建造更高大的建筑，制作更精良的工具、武器。

最早的文字

文字的发明为苏美尔祭司记录神庙仓库进出之物提供了便利。就算物件有成千上万件，也不会落下。这些图显示了文字的起源。起初是小小的图形，后来图形简化，最终简略为三种不同的标记：竖线、横线和斜线，用芦苇秆在软泥上写成。文字惯例固定后，就能写出任何一个词。即便是那些从一开始就没有确定图形的词也不在话下。因为需要上千个符号做标记，学习起来颇费周章。这意味着，只有极少数祭司和书吏会读会写。知道得一多，就有了特权。

和平秩序的问题——王权的兴起

神话故事告诉我们，在鸿蒙之初，每到新年那一天，诸神聚首，为来年"决定命运"。也许这种故事可以追溯到祭司每年聚集在尼普尔的时代。尼普尔是风暴之神恩利尔的宅邸所在地。诸位祭司聚在一起，讨论各种事务，交换想法，做出必要决定。只要各个城市还是被成片沼泽和漫漫荒漠相隔绝，这种形式的非正式组织就很可能起到了实效。但当临河的绝大部分土地都得到开发，一个城市的灌溉工程干扰到另一城的供水,激烈争吵随即爆发。内部纷争之外,外敌入侵危险叠加。因为城市越大越富庶,对蛮族掠夺者的吸引力就越大。

军事首领的兴起

紧张局势下,纵横捭阖的外交手腕派上用场。与临城结怨的城市自然会寻找盟友。这些盟友可能是苏美尔其他城市,还有可能是蛮族。尼普尔进行的老一套祭司磋商办法已经不能应对这种局势,需要的是孔武有力、精明强干的男性带领民众迎战,夺取救命水。起初,这些领袖临危受命,紧急情况过后便回归原有身份。但很快,领袖一职不可或缺。实际上,一个有为首领可能会建造像神庙那样的私人宅邸。遇到从败敌处得来的战利品不足的情况下,这位强人可能会动用自己的奴隶、仆从和预备军,强迫本应该由他保护的公民交出手中所有为他调用。

在巩固城市控制权时,战争领袖或国王不需要创建新形式的政府。他们可以调拨神庙收上来的谷物或其他形式的收入维持自家日常开支。这样做有可能

乌尔标准:和平

在这里,苏美尔工匠用青金石镶嵌,向我们展示了苏美尔人的世界观。石板上方,坐着统治宇宙的七位主神,分治风暴、天空、地球、淡水、咸水、太阳和月亮。他们聚在一起为人类决定来年命运。随行者为他们演奏音乐,舒缓身心,并呈上饮料。底部两列向神敬献礼物。在苏美尔人看来,神创造了人类,人理应服侍神,满足神的每一个愿望。因此,帮助祭司,愉悦诸神,人人有责。如其不然,神祇动怒,来年谕旨厄运降临,让不听训教的人类蒙受死亡和毁灭。

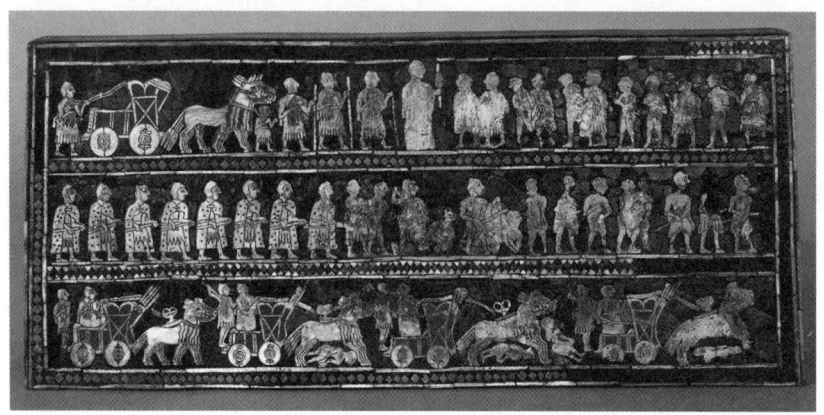

乌尔标准：战争

将描绘诸神商议新年命运场景的艺术品翻到背面，我们就能看到苏美尔文明的另外一面。石板上方，两军交战。个子最高的那位是国王。他面向外族人而立。这些人有可能是俘虏。中间一排，步兵手持矛枪列队向前，右面是他们的敌人。底部一排，战车滚滚向前，碾压敌军。战时领袖对苏美尔祭司的领导权构成了挑战。随时日迁移，军方权势渐增。原因是，相邻城市之间为夺取灌溉水权而战，而没有灌溉，诸事皆休。

惹怒祭司，当然也可能让神祇动怒，但却让战争领袖省去了另起炉灶、创造税收制度的麻烦。另外，祭司也不总是和国王对着干。他们有时会对神祇给出的迹象做出解读，让民众追随国王战胜来犯的敌人。换句话说，在古苏美尔人中，军事首脑和祭司头领常协作共事。只有在决定城市资源用于战事还是祭献神庙时，祭司和国王才会发生争执。

虽然每个城市都建有王权，却并未能解决一个大问题，即如何在苏美尔各城之间建立和睦关系。早期的国王战胜敌对城市后，迫使败方上交谷物或其他贵重物品。但过了几个星期后，国王面临两种选择：要么回归故土，要么在该城建立永久中心。不论做出哪种选择，国王的军队仅能控制近在手边的群落。分散军力是自取败绩。而且，军队在攻克的城市待的时间太长，食物供给可能难以维持。更重要的是，战败城的神祇不愿见到陌生人围攻自己的子民，而战胜方的神祇远居他域，无力庇佑国王。

第二章 河谷文明

❧ 帝国发轫

❧ 阿卡德王萨尔贡一世

约公元前 2350 年,第一个帝国征服者出现。他的名字叫萨尔贡,来自阿卡德。该地区紧邻苏美尔上游。萨尔贡曾一度攻陷苏美尔冲积平原上的所有城市,长驱直入相邻土地。他的士兵可能到过地中海沿岸和黑海岸边。在美索不达米亚,萨尔贡所向披靡。

赫赫战功部分原因在于军队规模。萨尔贡士卒之多为任何一个敌手所不及。因常年经历战事,萨尔贡的亲信很快变成沙场老手。他们比敌军更训练有素,经验丰富。换句话说,萨尔贡的军队变成了职业常备军。但他的权力也有致命弱点。每到一处,军队给养不能持久。且帝国都城给养有限,不能维持军队常年征战需要。因此,这个伟大的征服者只能四处征战,哪里能找到食物和战利品,就把军队开到哪里。

虽然有此缺陷,萨尔贡在世之时,权倾苏美尔和阿卡德两地。死后,后嗣威权难继。美索不达米亚很快分裂为政治军事小单位。一些变成部落,一些变为城邦(由一个独立城市和周边境地组成),其他一些采取什么形式,我们还不清楚。长治帝国的秘密尚有待发现。

萨尔贡统治时,美索不达米亚文明的社会结构开始发生重要变化。这些变化为建立稳固帝国铺平了道路。当时发生的事情是,原为蛮族的阿卡德人以平等身份,参与了苏美尔文明生活,并带来了社会秩序新原则。阿卡德人说闪语,在底格里斯河-幼发拉底河流域定居前,以狩猎为生。他们很可能有首领,以部落形式聚集。

萨尔贡出生前和在世时,阿卡德已有灌溉农业。在这里,农民不把收获的粮食献给神庙。当地军事首领派奴隶仆从去田间劳作,以租子或纳贡形式上缴所得。对于辛苦劳作在田间地头的家庭来说,余粮奉献神庙也好,交给兵器在握的主子也罢,差别不是太大。

但对整个社会而言,阿卡德模式意味着,更多资源用于军事目的,而非宗教祭祀。为了扩大武器盔甲生产规模,武士需要手工匠人,尤其是金属匠。这些匠人也为武士提供了奢侈品。此前,工匠只为祭司效劳,生产奢侈品供神祇享用。对于工匠来说，将手工制作的产品交给祭司也好，献给有地收租的世俗军事阶层也罢，也没有多大差别。

但对一个即将统治所有土地的人来说，一个职业军事阶层的发展让统一灌溉土地的任务变得简单。单个地主不够强势，在服兵役和交税方面无法违抗王意。如有不遵，就很容易被换掉。因为等着收租，给国王当兵服役的人大有人在。但对于那些远离皇家而居的地主，国王如何保证君意无违？

乌尔第三王朝

解决远地子民统治问题的第一套系统性步骤似乎由乌尔第三王朝君主付诸实施。该王朝在苏美尔古城乌尔建都，统治时间是公元前2050年至公元前1950年。乌尔第三王朝君王将苏美尔和阿卡德全境纳入麾下。为巩固王权，乌尔国王在所有重要城市委任官员，代表自己执政。这些代表之所以获职，是因为讨得了国王欢心。他们发出常规命令指示，将一整套统治规则付诸实行。君臣之间常有书信往来，便于在重大事项中执行国王意志。这样，即便君臣相隔甚远，国王没有亲见臣子，也依然能贯彻王意。

换言之，乌尔第三王朝通过基本的官僚制统治臣民。官僚制原则是所有现代政府施政之基。在官僚制下，官员获委任取有某种权力，并依据职权命令他人遵守。谁人任职无关紧要。也就是说，官员扮演一个角色，普通民众对这一角色做出适当回应。通过这种方式，一个庞大、非人格社会中的复杂关系得以常规化，安定秩序得到维护，互未谋面、萍水相逢的陌生人之间也能有一定程度的可预见性。

今天，这种中央权威向首都外官员授权的问题似乎显而易见，无须赘言。但对于那些经历磕磕绊绊，摸索尝试官僚制原则的君王来说，授权与否远非显而易见。说服众人，让每个人都明白王权可以也应该授予给一些大家不了解的人，并非易事。叛乱当然时有发生。官员或许不忠、无能。而且，在那个依赖信使上传下达，且信函可能被叛乱分子截获，也可能因突发事件而延迟的时代，要对远地实施有效的中央控制可谓困难重重。但不管怎样，这样一套制度在大多数时间里起到了应有作用。

❋ 巴比伦王汉谟拉比

几百年后,另一位名君汉谟拉比发现,不仅可以把部队派驻到美索不达米亚农村,还能随时掌握每位将领去向和带兵人数。汉谟拉比把这些情况都记录在案。每位将领有权对特定地区居民征收自己想要的任何东西,但条件是必须提供一定的作战人员,响应国王或国王派驻的地方官员代表发出的参战命令。参照这些记录,国王能将部分或全部军队召集到位。

通过这种方式,汉谟拉比解决了阿卡德王萨尔贡无力解决的问题。汉谟拉比自己不带兵,也不用四处出击寻找补给,而是把将士派到粮多的地方,让他们自给自足,自力更生。如有一员大将不听召唤,则立等可查,严惩加身。鉴于此,每个人都会遵守王命,至少在原则上是这样。

从农民和市民视角来看,虽然国王的将士要他们供养,但汉谟拉比制度仍要优于萨尔贡统治。萨尔贡军队过境,如同蝗灾肆虐,不可捉摸,毁坏一切。而在汉谟拉比制度下,兵士在多数时间里驻扎一地不动。而且汉谟拉比部队给养虽然超出萨尔贡偶尔犯境造成的破坏,但因负担均摊到全年而比较容易承受,就算驻上几年,对市民生命财产造成的损失也比较小。

由汉谟拉比及其他君主制订或系统梳理的法律为处理臣民之间的关系,甚至是陌生人之间的关系提供了重要的手段途径。人际关系由此变得可以预见、预料。一个由商人组织跨区物品交换的初级市场也在汉谟拉比时代形成。这是另外一种远距离协调人际关系的手段,对交易双方不无裨益。但是,我们很难判定这两种手段的实际效用。比如,有文字记载的法律讼决似乎不是按照著名的《汉谟拉比法典》判定的。而且,自由市场交换可能也非常罕见。

尽管汉谟拉比时代在贸易、行政管理和军事组织方面都取得了进展,但冲积平原居民和相邻蛮族之间的势力均衡仍然非常不稳定。蛮族学到了不少美索不达米亚文明圈的生活方式。他们最感兴趣的是,夺取制作精良的武器铠甲,突袭尽享灌溉之利的富庶农村。

其他一些因素也改变了苏美尔人和邻人的势力均衡。苏美尔人使用的灌溉方法是让河水在田地里自然蒸发。因此,每年都有少量盐留在地里。盐在多数土壤中都存在,极易溶于水。雨水把地表盐分带走,形成稀释溶液,通过溪流江河汇入大海。盐水汇入海洋的结果是海水变咸。但如果水没有流走,而是蒸发变成水蒸气，盐就会留在土壤里。因此，在苏美尔的灌溉田地上，盐分渐渐累积。数百年后，盐分沉积到了一定程度，原先肥沃的土壤因盐度太高，寸草不长。这个文明的摇篮渐至人烟罕见。财富和权力稳步移往北方，先是到了阿卡德，后来在汉谟拉比统治下，移至巴比伦。

但文明中心北移的地区降水充沛，无须灌溉。在这些国家，灌溉区和非灌溉区界线不再泾渭分明，灌溉之利和不用灌溉之间的差距缩小。慢慢地，只能在灌溉土地上才能发展起来的文明社会结构也在雨水浇灌的土地上生根发芽。这种渐进转变从公元前 2500 年一直延续到公元前 1500 年。我们将在下一章中对这种渐变的性质和结果进行考查。但在审视这种突破之前，我们首先必须看看另外两种大河流域文明。同苏美尔文明和阿卡德文明一样，这两种文明也建立在灌溉农业基础上，而且非常古老。

✄ 埃及文明

出美索不达米亚不远，就有冲积平原。几条小河流过，灌溉便利。但这些平原面积较小，不足以独立发展为新文明。比如，约旦河流域。人类虽然在此定居已久，但自约旦农民了解苏美尔人的成就和思想后，其生活方式就深受美索不达米亚文明的影响。

但尼罗河和印度河与苏美尔文明中心相距甚远。这两大流域地广水丰。因此，在美索不达米亚东南和西南两方，继苏美尔人开辟文明之路后不久，另外两大古老流域文明也开始出现。比如在埃及，修建高大建筑物的方法很明显是从苏美尔人那里传来的。我们之所以确定这一点，是因为埃及最早的纪念性建筑就是模仿美索不达米亚的泥砖结构而成。但不论埃及人借鉴到了什么东西，他们都很快发展出属于自己的独特文明形式。古印度人和印度河流域也是如此。

⁂ 尼罗河流域

尼罗河下游与底格里斯河-幼发拉底河的冲积平原迥然不同，河水流得更缓，常发洪水，但水势不猛，尼罗河冲积成的狭窄平原夹在高耸的石崖之间。石崖之外是荒漠，比美索不达米亚南部沙漠还要贫瘠。因此，尼罗河流域因封闭而受到保护。对早期居在尼罗河流域的农民而言，时常侵扰美索不达米亚的突袭掠夺影响不大，无关紧要。

尼罗河还有一个独特之处，使得政治统一出奇容易。与底格里斯河-幼发拉底河不同，尼罗河自南向北流，与第一瀑布通航。古埃及素以该瀑布为界。埃及地处信风带，常年刮东北风，且风势和缓。因此，升起风帆，风吹向船尾，便可驶向上游。落下风帆，轻舟顺流而下。因尼罗河仅有几千米宽，控制尼罗河通航的人就控制了整个埃及大陆。对古埃及人来说，把土壤出产的果实运往一地储存不费气力，船只可载巨量大麦和其他商品穿梭于尼罗河上。

即便洪水来袭，也因尼罗河水流动缓慢，不足以冲毁堤坝沟渠。实际上，古埃及人从来没有像美索不达米亚人那样，发展出一套完备的沟渠系统。他们是靠漫灌种田，在田地四周修建低矮的堤坝。发洪时，开堤让尼罗河水流进来。

土里渗透水后，堤坝上开出口子，让多余的水径流到附近地势稍低的田地。这种灌溉办法可防止盐分积聚，避开苏美尔人灌溉技术的致命缺陷。因此，时至今日，埃及依然坐拥沃田，而苏美尔的土地已变成盐滩，堆满干泥干沙，一片荒芜。

埃及人在洪水到来之前播种田地。种子发芽后，水平面下降，需要农人自己动手浇田。水分随后蒸发。即便农人卖力多浇水，与每年洪水量相比还要少很多。因此留下的那点盐分都被洪水冲走了。

古王国

差不多是因为这种环境上的不同，埃及早期历史与苏美尔和阿卡德历史泾渭分明。首先，埃及在没有完全开化之前就已经受武力征服而实现了统一。征服者的名字是美尼斯。他得胜而建的疆域被称为埃及第一王朝，持续时间为公元前3100年至公元前2890年。在这段时期内，埃及实现了政治统一，仅在朝代更迭、权力置换的过程中，出现过短时动乱。古王国定都孟斐斯，离现今开罗不远。

埃及文明的生活方式和艺术风格远比苏美尔发展迅速。约公元前2650年，第四王朝国王建造了气势恢宏的金字塔，古埃及象征由此写就。当时，埃及文明臻至完美，成为后世楷模。

法老的角色

埃及国王，或法老，扮演着苏美尔诸神的角色。埃及人确信法老是神。所有土地均为法老所有，受其统治。法老永生不灭。死后，他的灵魂会居住在极乐世界。雄浑壮美的金字塔即为保存法老遗体而建。古埃及人认为，法老的灵魂想时时造访尘世家园，死去的法老仍需要奴仆服侍，就像在尘世一样。因此，良仆获许在金字塔附近建造自己的陵墓，为的是能与法老在来世相见，继续服侍法老，获得永生。很显然，这种信仰促使古埃及人严遵法老旨意，巩固了埃及的政治统一。

法老朝廷类似于苏美尔神庙。灌溉农业普及后，埃及农民要向法老仓库交付大量谷物。部分谷物拨付给能工巧匠及朝臣食用。这些朝臣满足法老所需，管理国家日常事务，身份同苏美尔祭司和神庙仆役差不多。

法老卡夫拉

这尊雕像中的人物是法老卡夫拉。约公元前2500年,卡夫拉兴建了埃及第二大金字塔作为自己的陵寝。古埃及人认为,法老人神一体。在这具人面神雕像中,卡夫拉呈人形,受鹰头神荷鲁斯双翼护佑。一尊雕像,两种形象,强有力地证明了法老人神一体的双重角色。只要埃及文明延续下去,法老形象就会遵循金字塔时代确立的这种模式。

在埃及,堤坝沟渠工程占用时间不像苏美尔那样多。因此,在尼罗河处于低水位,没有农活可做时,埃及全境的劳动力都可以调动起来,修建金字塔。运到法老仓库的大麦转付给切割搬运巨石、修建金字塔的农民。农忙时节,金字塔停工,或者是慢工。收获之后,重新召集劳工,继续完成这项庞大工程。

财富和技艺全面集中于法老家族之后,古王朝有能力创造令人惊叹的艺术极致。从现存的许多雕像和壁画中,我们可以领略古埃及艺术家的精湛技艺。

象形文字

象形文字具备和埃及艺术同等高度的艺术水准。虽然象形符号与美索不达米亚所用的标记完全不同,但原理是一样的。音节符号和词语符号混在一起使用,晦涩难懂。但得益于罗塞塔石碑的解读,现代学者可以精确读出象形文字的含义。1799年,法国侵占埃及,罗塞塔石碑由此发现。

从古文字中,现代学者对埃及宗教有了充分认识。在法老之外,古埃及人尊崇多位神祇。有些神祇呈动物形体,其他以人形出现。只有少数神祇被供奉在像苏美尔一样的宏伟神庙里。只要神王一体的法老统治埃及大地,供奉地方神祇的祭司就不能获得大量收入,修建壮丽的神庙。但在古王国走向衰亡之后,地方神庙和祭司获得了更大的权力和收入。

中王国

地方权力和祭司权力的增长给埃及带去了不少麻烦。祭司贵族之间互相恶斗，埃及四分五裂，艺术和手工技艺衰落。权力之争从公元前2200年一直持续到公元前2050年。后来，在一位新法老带领下，埃及再次统一。这位法老建立了中王国，将国都从孟斐斯移到上埃及的底比斯。

中王国时期的法老模仿古王国先人，也宣称自己为神。虽然外在标志没变，中王国的法老不再手握极权，需要和祭司以及新崛起的地方诸侯分享收入和权力。埃及受单一中央权威控制的局面再也没有出现过。因为法老不能使役埃及全部劳动力，这一时期没有新建金字塔。农民不得离土离乡，要受地方诸侯和主子使唤。这些人尽全力维护古王国时期法老确立的艺术和其他文化传统。

从公元前2050年至公元前1800年，这种政治秩序持续了大约250年之久。此后，地方新贵拒绝服从法老权威，埃及再度陷入诸侯割据时代。随后，埃及人遇到了一些新情况。大约在公元前1730年，外族希克索斯人穿过西奈沙漠，征服埃及大陆。希克索斯人可能受到了美索不达米亚文明影响，其行为方式和思想看法与埃及人不同。埃及人痛恨征服者的外法异道，于公元前1570年左右，把侵略者赶回亚洲。埃及再次统一，建立"新王国"。

保存记录

埃及人创造了与美索不达米亚不同的书写方式。苏美尔人是在软泥上标记符号，再把泥板烤干。埃及工匠将纸莎草秆编织在一起，生产出一种类纸材料，供书吏用笔墨书写。

⚔ 印度河文明

相比底格里斯河－幼发拉底河文明和尼罗河文明，我们对印度河文明知道得不多。跟底格里斯河和幼发拉底河一样，印度河从高山而泻，穿过沙漠，汇入大海。两河哺育了苏美尔文明，印度河下游也是文明的摇篮。幼发拉底河下游形成天然堤坝，印度河也有这样的堤坝。其春洪虽来势凶猛，但不常发作。主流时常改道，冲破堤坝。因此，20世纪20年代发现的摩亨佐·达罗古城遗址坐落于荒漠之中，离现在的印度河河道有数千米之遥。与其相似的哈拉巴古城建在印度河上游约960千米的地方，毗邻主支流河岸。

有两个障碍阻挡着现代学者深入了解两个古城一度繁荣兴盛的文明。第一个障碍是，受地下水之扰，考古学家无法挖到底部一探究竟。想要深挖就得把水抽干，工程造价昂贵。因此，印度河文明发轫之初的物理遗迹直到现在还没有发现。

第二个障碍是，没有人能读出哈拉巴和摩亨佐·达罗使用的古文字。类似学者解析苏美尔人和古埃及人书写的双语铭文还没有找到。实际上，印度河文明留下的书面记录非常少。书吏很可能是在棕榈树叶及其他容易腐烂的材料上写字记录的。仅有一些像苏美尔圆筒印章一样的铭文，证明古印度人的确有自己的文字。但因手头材料所限，即便有再巧妙的解析方法也不可能破解古印度河文字之谜。

在印度河遗址，发现了一些美索不达米亚圆筒印章，而几枚印度河印章也出现在美索不达米亚。很显然，商人在商旅途中，随身带着印章，证明船舱中囤积的货物为自己所有。苏美尔印章样式在每个世纪都有变化，据此可大概确定某印章的制作年代。另外，还可以通过苏美尔发现的印度河印章所在的考古层次大致确定制作日期。这种交叉定年法表明，印度河流域这两大城市是在公元前2500年建立的，一千年后遭毁。毁灭可能是由喜马拉雅山之外的侵略导致，那时，讲印欧语系的蛮族第一次闯入印度河流域。

哈拉巴和摩亨佐·达罗两城规划完备，精准的几何布局和巧妙组织的卫生系统表明强有力中央权威的存在。统治者极有可能是祭司或祭司兼国王。但他们的宗教信条,以及指挥控制普通民众的方法手段还不得而知。

摩亨佐·达罗和哈拉巴令人感到奇怪的地方是,开展挖掘工作的考古学家在地层之间找不到太大差别。在美索不达米亚和其他地方,通过观察物品制作方法的变化,专家能精确判断出各种物品所在年代。就算是陶罐碎片也不例外。这种工作在印度河遗址没有取得进展。部分原因是,负责挖掘的人太匆忙,没有仔细记录物品出土位置。另一部分原因是,关于两城的所有东西似乎在几百年里维持原样。我们可以肯定的是,洪水常冲毁建筑物。每发一次洪水,所有被毁建筑物都会在原地按原样修复。只是到了后期,才发生了一些变化,粗制滥造的建筑取代了原有建筑,原因可能是,统治者没有资源、手段再维持旧传统。

在印度河两大城市遗址的瓦砾中,考古学家找到了几尊小雕像,但没有发现其他类型的精美艺术品。古代手工技艺痕迹几乎荡然无存。所以,我们没有多少材料,判断古印度河的工艺风格和品质。奇怪的是,这几具雕像各不相同,但风雅有致。印章雕刻达到了美索不达米亚的水平。印度河文明的技艺和知识很可能与同时期的埃及文明和美索不达米亚文明极为相似,但我们获得的信息太少,因此无法确定。

摩亨佐·达罗遗址

这幅摩亨佐·达罗主街图表明,古建筑用砖打地基相当普遍。城市设计师似乎知道,一个大帝国的都城应该是什么样子。除此之外可供推断的线索不多。有两方面原因:一是,最初发掘这一遗址的人是要寻找工艺品和其他珍宝,无暇完整记录所有发现。二是,地下有水,挖掘者无法挖到瓦砾堆底,对这个曾经荣耀一时的印度河城市一探究竟。现在还没有人知道地下到底有什么东西。

目前,人们已经对印度河文明时期的许多村庄遗址进行了发掘,也了解到阿拉伯海沿岸有几个小城镇。这些群落是否附属于两大主要城市?印度河流域居民与他们多个邻居之间有着什么样的关系?这种关系的重要程度如何?这些问题依然成谜。在这些谜团的背后,可能屹立着一个复杂精彩的文明,在古埃及文明和美索不达米亚文明之外别有洞天。但是没有可供参读的记录,我们对塑造这个文明的思想和制度一无所知。

⚔ 结论

　　古美索不达米亚人，古埃及人和古印度人创造了世界上最早的文明。在河流冲积平原这一特殊环境下，他们创建了足够富庶的社会，把少数人从食物生产中解放出来，让这部分人有余力术有专攻，发展一大批新技艺：书写文字、制作青铜器、雕刻印章、兴建大规模建筑，等等。

　　起初，这些技艺多数敬献于神祇。美索不达米亚的神祇无影无形，永生不灭，但在其他一些方面又与人非常相像。而埃及最重要的神祇是法老。至于印度河文明供奉什么样的神祇，我们还不知道，也不清楚祭司是否是社会的组织者和领导者。但考古发现未对此观点做出反驳。

　　公元前3000年后不久，文字记录形成。在美索不达米亚，战争成为上述专项技艺的第二大消费者。埃及有天然屏障，比美索不达米亚更有能力御敌，因此在军事技艺方面未能取得进展。在印度河文明遗址中，也没有证据表明备战御敌、建立军功格外重要。但埃及文明和印度河文明未能逃过军事侵略之灾。公元前1750年至公元前1500年间，两大文明均被武士部落征服，印度河文明因此被摧毁。这些部落通过观察两群人之间的边境战争发展了自己的战术战备。这两群人中，有一群生活在底格里斯河－幼发拉底河的冲积平原上，以务农为生，处于开化状态；另一群生活在底格里斯河－幼发拉底河周边的高山和草原上，以旱地种植和放牧为生。下一章，我们将对文明社会与相邻民族之间的交流互动做一审视。这种互动不仅征服了奴役，也促进文明社会的技艺和组织向雨水浇灌的土地转移。

第三章
雨水浇灌土地上文明的兴起

公元前 2000 年　　　　　公元前 1200 年

克里特岛克诺索斯宫（又称米诺斯宫）

这是克里特岛米诺斯宫的正殿。英国考古学家阿瑟·埃文斯爵士发现此殿,并对其进行了一定程度的修复。米诺斯宫曾用做神殿,其廊柱可与古埃及卡纳克神庙巨柱相媲美。克里特文明在与埃及和地中海沿岸各地相交流时兴起。统治者从海上贸易获利,并向当地农民收租。就数额上而言,他们收缴的贸易利润大于或等于地租。这使得克里特文明与尚武的赫梯文明有着根本性的不同。

|||||||||||||||||||||||||||||||||||||||||||||||||||||||||||||||

最初，我们称之为文明的复杂社会形式只能在河流冲积平原的灌溉土地上产生。在其他地方，农民生产不出足够的粮食，只能自给自足，没有余粮养活从事专业技艺的人员，如士兵、工匠、祭司、地主等。快到公元前3000年时，犁的发明改变了这种局面。有了犁，再套上几头牛，普通土壤也能产出足够多的粮食，养活一家人。前提是只要有充沛的降雨、适宜的温度即可。因此，河流冲积平原这一特殊环境不再是文明社会产生的必要条件。

这意味着，地球温带地区的广袤大地都有可能产生文明。简单的新石器时代村落要想转变为文明社会，需要获取专门技艺、革新社会结构。到公元前2000年时，这些变革在中东绝大部分地区实现。在接下来的五百年间，也就是公元前2000年至公元前1500年间，一个又一个或独立发展，或衍生进化的文明在古美索不达米亚中心的每一处蓬勃兴盛。我们了解最多的是小亚细亚的赫梯社会，以及叙利亚和巴勒斯坦的迦南群落，但在伊朗东部和底格里斯河－幼发拉底河流域北部的亚美尼亚也有文明兴起。

文明、蛮族和文化传播

文明是如何从灌溉土地传播到非灌溉土地的？这一问题的答案再清楚不过。一些人高高在上，使唤农民耕种收获、上缴余粮，供给士兵、祭司、工匠、船员、驼队、矿工、伐木工，及其他从事专业技艺的人员。随着这些人数量渐增，技艺日精，一个我们称之为"文明"的社会由此形成。这种转变并不简单。生活在村庄上的人做着同样的工作，过着差不多一样的生活，而文明社会结构更为复杂。要充分了解这种转变，我们必须考查文明民族和未进入文明社会的民族有着什么样的关系。

蛮族社会和文明社会何以有别

我们可以这样假设，大多数人希望能够享用或使用任何比已有的东西看起来要好的新东西。因此，能工巧匠所制妙物，专家学人所发奇思常被相邻民族视为高超不凡。而当一个民族发觉相邻民族在重要方面都比自己高超不凡时，做出这一发现的民族可适当被称之为"蛮族"。

"蛮族"（barbarian）一词为古希腊人所创，用来形容所讲语言让希腊人听不懂的民族。在希腊人看来，这些人似乎只会发出毫无意义的音节——barbarbar。到了古罗马时代，"蛮族"主要指生活在古罗马帝国疆域之外的日耳曼人和斯拉夫人。英语"蛮族"一词含义即发端于此。在概括早期基督教世纪日耳曼人和古罗马人之间的关系时，如果我们使用"蛮族"指代那些虽与文明中心产生联系（如日耳曼人），但所怀技艺无法比肩其文明近邻的民族，那么"蛮族"一词可以用来描述一种关系。这种关系贯穿整部有文字可考的历史，出现频率极高。

如果我们认同"蛮族"的这种定义，就会发现，每一种文明的发展都拉开了文明中心民族和文明之外民族之间的技艺差距，导致野蛮未开化状态的产生。文明的发展也建立了一种难解难分、又爱又憎的关系。蛮族希望享用文明成果，却不愿承认自己低人一等。他们常称文明方式腐坏堕落。另外，创造文明的民族对蛮族近邻常怀恐惧鄙视之心，但他们有时也羡慕蛮族吃苦耐劳、自由勇敢。

只要社会不平等凸显，社会不公显现，文明民族对自己的生活方式失去信心，这种羡慕之情就体现得更为明显。在古代，所有文明社会都建立在经济和社会不平等基础上。多数人辛苦耕种，一贫如洗。只有少数人生活富足，还有一些人尊享奢华。相比之下，蛮族社会虽然生活贫穷，技艺不精，但更简单，也更团结。

与蛮族社会的贸易往来

跟其他地方一样，在古代中东，文明社会和蛮族社会之间的关系常处于紧张状态，但二者不可能长时间相互隔绝。冲积平原上的城市需要蛮族地区产出的木材、石料、金属矿石。为获取这些资源，他们有时会动用武力。但更多时候，他们还是觉得一买一卖来得更方便。美索不达米亚城市的商人和外交人员很愿意拿工具、布匹、小首饰等精工细制之物，换来冲积平原上找不到的原材料。但采集东西满足文明民族所需，并运输到位，需要蛮族改变自己的行为习惯。只要经常有贸易、重要贸易，就不可避免会产生专业从事这一行当的人。这种蛮族社会内部的专业有别意味着不平等开始出现。

新的不平等也在蛮族村庄里产生。比如，到公元前2000年时，得益于贸易往来，中东高山地区产生了专以开矿伐木为生的群落。这些人常需从别处寻找粮食。因此，住在高山里，靠采挖原材料为生的人，与生活在附近村庄和远方城市手中有粮的人之间有着一种微妙脆弱的关系。如果战争或自然灾害打破了这种关系，矿工和伐木工就得饿肚子。为避免挨饿，他们袭击山下村庄，夺走自己不能生产的粮食。

结果是，中东生性平和的农民愈发感觉自己两面受敌。南面是游荡在沙漠边缘、尚武崇战的游牧人，北面是抢人东西的山里人。要想找到职业"保护人"也不难，这些人专门习武制暴。但他们要收取重租强赋，才肯充当常备守卫。相比遭遇不可预测的破坏，支付这种经常性费用会让生活更安全方便。公元前3000年至公元前2000年间，中东平原上的村庄愈发面临这种两难抉择。

文明社会和蛮族社会之间的战争

战争暴力也在文明民族和蛮族关系中扮演重要角色。像阿卡德王萨尔贡手下组织程度高的军队可以深入蛮族腹地。文明社会的士兵每到一处，就把一切有价值的东西抢走。但是蛮族居住在郊外，可抢的东西不多。食物供给稀缺。当地加工制作的产品很难比得上文明社会出产。文明社会的军队得到的不过是些原材料，而要把这些东西弄到手，与其筹集战备、调兵遣将大费周章，还不如说服当地居民挖矿伐木来得容易。

但对于蛮族武装来说，深入文明疆土收获颇丰。他们能把新品珍品纳入囊中。要是缺粮的话，也能在这里得到满足。文明社会仓廪充实，远胜己方。

对蛮族社会而言，劫掠和贸易效果相同。只要劫掠到手，有利可图，蛮族武装就不会罢手，并把此当作营生。文明社会制作的物品传之四方，新品味形成，文明习俗渗入蛮族社会。总而言之，劫掠让双方联系更加密切。而且，随着蛮族内部专业化和社会分歧的产生，蛮族社会也变得日益复杂，向文明开化社会靠拢。

一般来说，文明社会的统治者无力制敌入侵。在这种情况下，劫掠者开始和受害者共处，很快变成统治阶层，收取租金，役使众人。反过来，这些征服者也要保护老百姓，让他们不再受到侵害。实际上，美索不达米亚最有名的统治者一般都是蛮族或半蛮族。比如，一度驰骋沙场、所向披靡的阿卡德王萨尔贡原本就是苏美尔边境阿卡德人的头领。大约500年后，汉谟拉比率领亚摩利人，从西北沙漠边缘挺进美索不达米亚腹地，于公元前1700年左右巩固了自己的统治。汉谟拉比死后不久，另一路蛮族来犯。这一次是从东北方侵入，为首的是喀西特人。

一场政治循环由此开始。一群又一群蛮族接踵而至，征服了文明开化的民族。但这些统治者在位时间不超过几代。原因不外乎两方面：要么是原有文明社会的王位继承人发动暴乱夺权，要么就是新出现的边境蛮族颠覆政权。

乌尔第三王朝的建立就是原有文明一族成功夺权的结果。喀西特人后出现的巴比伦帝国和亚述帝国也是这样诞生的。但文明社会很难组织起反抗力量抵挡蛮族统治者，而蛮族武装却有强烈意愿反击。因此，古代中东政治史是由一波又一波边境蛮族侵略写就。

但值得一提的是，随着时日迁移，这些边境离美索不达米亚文明腹地越来越远，而美索不达米亚文明一直都存在于底格里斯河和幼发拉底河中间地带。这种情况反映了一个基本事实：文明民族和蛮族之间的复杂互动稳步推进了文明社会模式向新疆域的传播。这一点也可以在另外一个事实中得到佐证：蛮族社会是在与文明社会交战或通商后才出现专业分工和贫富差距加大。

文明传播遭遇诸多挫折。有时,整个文明覆亡,在接下来的章节中我们就能看到。但着眼人类历史全局,有一点确定无疑:文明常常传播到新的疆域,这种过程从文明发轫之初即已开始。文明社会内部出现专业分工,产生社会不平等,使得一些人能在结构简单的社会下积聚更多财富和权力。在古代文明群落,农民和工匠常遭受残酷剥削,统治者和祭司不劳而获。但总体而言,文明社会比简单群落更有能力控制环境,获得更多资源。

因此,如果有机会选择的话,多数蛮族都会选择踏上文明之路。文明民族和蛮族之间交流的净结果是,非开化一方借鉴文明技艺和知识,将其应用于己方特定社会和物理环境。由此,蛮族社会沿文明脉络不断重塑,文明传播绵延不绝。

美索不达米亚影响范围

我们已经在底格里斯河-幼发拉底河冲积平原上看到过这个过程。文明始于苏美尔最南方,沿河流上游传播。先是到了阿卡德,后来是巴比伦,最后抵达亚述。每次传播都会有新地区、新民族进入美索不达米亚文明圈中,原有的生活方式发生微变。比如,在汉谟拉比时代,巴比伦成为政治中心。祭司立足本地,将苏美尔人的神祇加以改造,创造出自己的神马杜克。风暴雷电之神原为恩利尔,现由马杜克取代。

几乎在同一时期,巴比伦祭司在数学和天文学方面也取得重要进展。他们学会了测量行星、太阳和月亮的位置。所使用的度分秒球面网格法,今天用来,依然十分精确。有了对三个天体的精确记录,他们就有能力在过去未来任一时点,预测出这些"苍穹移动光"的位置。祭司天文学家还可以相当精确地预测月食。天文预测需要大量复杂计算,但大费周章似乎很有必要。因为每个巴比伦人都相信,只要了解天体运动规律,就能预测地球上将要发生的事情。通过仔细观察太阳、月亮、行星位置,统治者得出了发动战争、修建宫殿、签署条约的最佳时机。汉谟拉比时代取得的数学突破让祭司能做出比前任更精确的预测。但这种成就并未能促进任何全新概念的产生。

这种情况阐明了一个基本事实:只要灌溉农业仍然是美索不达米亚人的生活根基,由古苏美尔人首次创立的思想和技艺仍将适用。政治中心北移后,这些思想和技艺被忠实保存了下来。阿卡德人、巴比伦人、亚述人欣然将古老的神庙仪式和传统知识拿来为己所用，仅变动、阐发了个别细节。

❁ 寻找新金属

美索不达米亚文明的影响从未局限于这块冲积平原上。很早以前，就有人远行千里，走进大山伐木挖矿，开采石料。《吉尔伽美什史诗》中就有对这种探险的描述。我们可以肯定，金属贸易从苏美尔文明发轫之初就已经存在。文明社会征战讨伐，对锡、铜有不竭需求。这两种金属可以合成制作武器盔甲的最佳金属——青铜。为了满足这种需求，勘探、开采、冶炼工作渐趋专门化。探矿者、矿工和冶炼工这一专业社会群体的业务范围分布在美索不达米亚以北大弧线周边山区。此后不久，塞浦路斯岛等更远的地方也发现了铜、锡。公元前2000年后，撒丁岛已有铜矿开采。英格兰康沃尔郡的锡矿差不多是在同一时期，向美索不达米亚市场供应锡矿石。

太阳神沙玛什前的汉谟拉比

这尊雕像矗立在一块高大的石头上方。石头上刻有著名的《汉谟拉比法典》。雕像上，汉谟拉比国王正朝贺太阳神沙玛什。沙玛什答礼后，将权杖赐予汉谟拉比。这很可能意味着，沙玛什根据石头上所刻法律授予汉谟拉比统治权。在汉谟拉比时代，美索不达米亚的君主已经学会了依法管理边境，并授权官员执行法律。对各方而言，官僚制帝国下，日常生活更安全，更可预见。初来乍到的陌生人也多多少少知道如何为人处世。

一旦找到矿石，某地就建立了与美索不达米亚市场的联系。这种联系有时跨越很长距离，并涉及多个中间人。有一个证据很有意思，可以证明苏美尔影响之广。公元前2500年左右，生活在现今俄罗斯南部的武士喜用石斧作战。这种武器的形状就是比照苏美尔青铜样式制成的！

❧ 叙利亚和巴勒斯坦

离底格里斯河-幼发拉底河流域越近,美索不达米亚的影响就越强。一般来说,叙利亚和巴勒斯坦的所有居民,连同阿拉伯半岛北部沙漠边缘的人,都在一定程度上受到美索不达米亚的影响。可以肯定的是,游牧民与文明方式关联不大,但他们在篝火边听说过这样的故事,比如,巴比伦创世故事有对滔天洪水的描述,有对美索不达米亚神庙的稚拙描写,说这些神庙摩天碍日。《圣经》中保留了这些传说故事,希伯来人也对此口口相传。对比美索不达米亚文字版本,就能看出这种关于文明社会的神话流传范围非常广。比如,希伯来神话中诺亚和洪水的故事与《吉尔伽美什史诗》中的洪水故事非常相像。

凡有农耕的地方,就有可能传播美索不达米亚的生活方式。地方首领、国王和祭司倾尽所有,效仿美索不达米亚宫廷神庙的华美精致。就连比布鲁斯这样的地中海港口(毗邻今天的黎巴嫩首都贝鲁特),也因陆路通行美索不达米亚比海路通航埃及方便,在文字样式和宗教神话元素上借鉴两河流域。语言相近是美索不达米亚文明模式行之四方的原因之一。叙利亚和巴勒斯坦人都说闪语,跟汉谟拉比时代取代苏美尔语、成为美索不达米亚日常语言的阿卡德语同属一个语系。

❧ 伊朗、安纳托利亚和西部草原

再往远去,美索不达米亚文化失去了语言相近带来的优势。在埃兰和伊朗高原,人们讲的是完全不同的语言。不过在这里,美索不达米亚文明模式也为所有安事农耕人的生活增色添彩。我们很快会看到,就连住在欧亚草原上养马养牛的边地牧民都在借鉴美索不达米亚的某种技艺,并进行改良。这种情况也在安纳托利亚(今土耳其)出现。考古学家不经意间发现了不少书信。这些信写于公元前 1900 年左右,是居住在安纳托利亚小镇上商人的家书。他们的家位于美索不达米亚北部的亚述城(后成为亚述帝国首都)。从这些家书中可以看出,地方王公割据,安纳托利亚四分五裂。原因就是,这几大王公都想与美索不达米亚做贸易。

士兵、祭司和工匠聚集在安纳托利亚统治者的宫廷中。他们认为美索不达米亚的商品、风格和思想理应受到推崇。在这种观念的影响下,安纳托利亚在艺术学术风格上没有自己的独创。即便在赫梯帝国崛起，并于公元前1800年左右掌控安纳托利亚大部分地区后，也还是比照美索不达米亚标准，把首都哈图沙建成了小城镇。赫梯艺术也是在美索不达米亚风格基础上做过变动，但稍显凌乱。当地语言和神祇与美索不达米亚不同。但在文字上，就连偏僻地区的书吏都在使用美索不达米亚的楔形文字。

再往远走，我们对美索不达米亚的影响仅有一些间接证据。俄罗斯草原上那些按照苏美尔样式制作战斧的蛮族，在听说苏美尔人神御万物的描述后，也对自己的宇宙论进行了修正。后来，这些蛮族雄视欧洲，把自己讲的印欧语系传遍欧洲全境，还传到了印度大部分地区。所以可以这样说，苏美尔人的宗教思想具备持久影响力。希腊人、罗马人、凯尔特人、日耳曼人供奉的绝大多数非基督教神祇都与苏美尔诸神遥相呼应（诸神"pantheon"一词来源于希腊语）。这些神祇的名字和特质进入到文学语言中，流传至今。比如，斯堪的纳维亚半岛的雷神托尔，希腊主神宙斯，罗马主神朱庇特，印度主神因陀罗等都是古苏美尔人风暴雷电神——恩利尔的变身。

埃及文明和印度河文明的影响范围

埃及以沙漠为屏障，减少了与蛮族的接触。因此，埃及文明的影响范围不及古美索不达米亚大，但也不是没有影响。向西沿地中海岸边走是利比亚。跟今天一样，那时的利比亚也是人烟稀少，完全受埃及文化影响。但因地处条件恶劣的沙漠，利比亚在文化方面没有取得多大进展。

关于埃及文明对南方的影响，我们了解得更少。高度发达的埃及文明从未穿过尼罗河第一瀑布向外拓展。原因是，瀑布水深流急，无法通航。但中非大湖地区和西非的酋长制与埃及法老角色相似。问题就出在这里：是非洲人借鉴了古埃及的神圣王权，还是最初在尼罗河流域从事农耕的埃及人把这种观念带给了非洲狩猎者，随后又传到中非和西非？没有人知道答案。

巨石文化

这种海路文化的刺激特性在另一种高雅文化传播史中清楚显现。公元前2500年至公元前2000年间，这一文化传遍地中海西部，在大西洋沿岸的欧洲和非洲落地生根。我们从石墓和其他建筑中了解到这种文化的存在。这些建筑物常被称为"巨石"（希腊语意为"大石头"）。我们可以这样推测：有一些圣人从埃及人的观念中得到启发，宣扬死后有来生。他们渡海而来，受到当地农民和渔民的欢迎。这种信条肯定很有说服力，信徒成千上万。为了证明自己是虔诚信徒，他们将巨大石块塑造成型，并拖到一地，建造纪念墓地。

因此，正如苏美尔人的宗教思想在俄罗斯草原找到归宿一样（本章已有讨论），埃及部分宗教思想也在欧洲最西端和北非传播开来。公元前2000年后，这两种宗教思想碰撞在一起。祖居草原的武士抵达欧洲大西洋海岸，征服了建造巨石的农人和渔民，强迫他们使用巨石加工技艺，竖立石圈。英格兰的巨石阵就是这种形式的纪念碑典范。据推测，征服者原本熟悉的某种神圣建筑以树干圈形呈现，所以便用石头修建石圈。石头所在的位置就是太阳升沉的方位。基于每对石头的照准线，祭司可以在每年太阳和校钟星到达关键点时，计算出准确的天数，制作精确的历法。

这种务求精确的技艺让人想起美索不达米亚的天文成就。但开采搬运巨石的技艺很明显来自埃及。因此，埃及文明和美索不达米亚文明通过这种惊人的方式，在公元前1900年的巨石阵相会交融。

印度河文化

当我们试图追踪美索不达米亚文明和埃及文明对周边民族的影响时，会碰到许多不确定性情况。但因为我们对印度河文明影响印度及非洲东岸等地一无所知，这些不确定也就算不了什么。没有充足的考古学证据，连猜测都不太可行。但印度河城市在鼎盛之时，肯定令蛮族近邻深为折服，就像美索不达米亚城市的宏伟壮美曾让苏美尔人和阿卡德人大为震撼一样。而且，因为印度河流域通过陆路对外交流开放，与底格里斯河-幼发拉底河流域差不多，所以类似的群落很有可能在别处形成。目前，人们已经在印度中部和南部发现了几十个带有印度河文明痕迹的遗址。不过，调研工作尚处于起步阶段，不经过细致研究，谁也不能确切说明印度河文明的传播方式。

战车革命

公元前1700年初，一项基本性的变革打破了蛮族和文明民族之间的势力均衡。生活在美索不达米亚影响圈外围的蛮族发明、改进了一项新的战争工具——两轮轻战车。

怎样兼顾速度与攻击力

战车的发明是设计上的卓越突破。公元前3000年前，苏美尔出现了四轮车。轮子固定在轴上，轴拴在车底，紧贴车板转动。摩擦一起，车子行驶缓慢，无法负重，而且，只能把车轮塞到侧面后才能转弯。

与笨重不便的四轮车不同，战车只有两个轮子。这就解决了转弯问题。两轮车能迅速大幅度转弯，让一个轮子留在后，另一个轮子滚向前。另外，全新的车轮设计让车子轻便有力。车轮不再是厚制实心，而是采用独立成件的轮毂、轮辋、辐条组合制成。轴固定在车身上，轮毂沿轴端转动，这样一来，摩擦大大减小，拉起车来也相对容易。

战车改善后，要想用于战事，面临两大局限：第一，建造战车需要精工细料，工本很高。只有富人才用得起。特别是好轮子制造不易，每一部分都要精确咬合。轮辋必须做成圆形，同时还要结实耐用，扛得住快速行驶产生的颠簸震动。要想造出这样的轮辋，非技艺娴熟的工匠不可。这种人专门从事车轮制作，深谙木料蒸汽处理之道，并将其弯成曲线形状，再用紧密贴合的皮革或金属轮胎把所有部件组装到一起。

第二，马匹价钱不菲。公元前4000年前，很可能还没有驯化马。在很长一段时间里，仅北方草原有野马栖息。

关键的排列组合可能是在公元前1700年初在伊朗高原完成。善饲马匹的蛮族遇见了精于轻便结实车轮制作的工匠。第一批战车得以设计建造。蛮族牧马人很快发现自己手中有了一件强大武器。

两轮战车上狩猎

这一场景取自于宫廷壁画。该宫殿为亚述国王阿淑尔纳西尔帕二世（在位时间公元前883年至公元前859年）建造。画中猎狮场景是为了彰显国王勇力过人、伟大圣明。但让我们饶有兴味的是，古代战车驾驶细节在本图清晰显现。群马奔腾，车轮滚滚向前。一名车夫侍立于国王一侧，紧握两股缰绳。国王专心迎敌，是人是狮，格杀勿论。带轮辐的轮子、车轴，以及车身下部的护框清晰可见。但我们不太明白马是如何驾驭的。围在马前胸和肩膀上的织物似乎是系在从战车上突出的一片榫舌上。但有马尾盖着，很难看清楚。榫舌式样，参见本书第七章关于中国战车的描述。采用这种方法驭马，车夫使不上太大劲，不太容易驾马。但因为车子轻便，速度可观，驾马的这种不便也就无关紧要了。

※ 战车作战术

可能是在过了一段时间之后，第一批制作战车的匠人才意识到可将战车的移动性能和攻击力派上用场。战术得到充分完善，每一辆战车上都配有一名车夫，一名弓箭手。万车齐进，弓箭手射箭攻敌。如敌军没有受惊，车夫猛驱战车，深入敌军前线。弓箭手在飞速向前途中继续射箭。随后，战车停到安全距离，让马匹稍事休息，弓箭手补给装备。接着继续向前进攻，或转到敌军后方，从背面袭击。很快，敌人四处逃散，溃不成军。战车步步紧逼，直至将其擒获。

从理论上来讲，这种战术能克敌制胜，所向披靡。没见过马的士兵看见攻击的阵势就被吓住了。战车在战场上疾驶而过，步兵很难伤及马匹或车夫。当然，修建城墙能防御战车攻击。但城外无防可守，只能落于敌手。而且，即便城防固如金汤，也不能闭门不出，因为粮草在城外。

没有了马匹，战车御者极易受到攻击。为防止突然袭击，他们很快学会加固营地。营地呈四边形，入口设在每边中间。这种营地格局后来为罗马军团采纳。公元前 1300 年左右，中国商朝都城殷（今安阳）的平面图也采用这种模式。中国到欧洲，远隔千山万水，战车之力可见一斑。旧式军队对这种新战术无计可施，战车武士所向披靡。遇有众多人口、擅耕田种地之处，他们就命令当地老百姓交租纳税。但在北欧和西欧大部分地区，他们遭遇了当地人的反抗。战车在这些地方不仅是实用的作战武器，更是身份荣耀的象征，以至于公元前 1200 年左右，瑞典偏远地区的首领竟用战车陪葬。

战车的政治影响

在世界其他地方，战车的使用完全产生了不同的影响。比如，在遥远的中国，距今 4000 多年前建立的夏朝已有战车及小规模车战。商朝的战车御者于公元前 1523 年至公元前 1028 年间沿黄河中游打败了，建立商朝，并使役当地农民。印度则刚好相反，讲印欧语系的战车御者在公元前 1500 年左右从伊朗草原来到这里。他们摧毁了印度河城市，开启了印度"黑暗时代"。

对米诺斯和迈锡尼文明的影响

约公元前 1400 年，爱琴海锡拉岛附近火山大爆发，引发猛烈海啸，火山灰遮天蔽日。克里特岛上的米诺斯文明湮灭。当然也有可能是，火山爆发后，希腊大陆的侵略者趁机而来，将克诺索斯神殿洗劫一空后废弃。不管是哪种情况，海上控制权从克里特岛转移到希腊大陆上的迈锡尼。

克诺索斯的覆亡、迈锡尼的崛起与希腊战车御者的出现极其巧合。海盗出身的迈锡尼国王既能驾船，又善御车马。不过，在荷马史诗中，迈锡尼人似乎并不擅车马战事。荷马认为，迈锡尼武士驾车上战场后，又下车步行，使用矛枪击敌。也许，迈锡尼王在听说战车之前，就已经发展了自己的矛枪作战法。虽然从叙利亚传来的新武器——弓箭威力强大，但他们并不愿意使用。因为就像荷马所言，从远处射杀敌人是懦夫行径，为英雄所不齿。

迈锡尼文明与米诺斯文明很相像。通过解析古克里特岛两种文字之一,我们知道,说希腊语的统治者在克诺索斯风雨飘摇之际就控制了政局。迈锡尼的统治者也说希腊语,并带有亚该亚口音。而且两种艺术风格高度相仿。专家认为,迈锡尼的宫殿很可能是克里特工匠装饰的。这些匠人可能在战争中沦为俘虏,被押往迈锡尼做工。

米诺斯文明和迈锡尼文明的最大区别是战争的重要性与日俱增。迈锡尼宫殿四周布有重防,而克诺索斯根本没有城墙。从荷马史诗中,我们也可以窥见迈锡尼社会的尚武好战习性。当然,荷马生活在迈锡尼湮灭几个世纪之后,当时,关于迈锡尼的说法很多,而且,诗人是从口口相传的史料中选材,这些材料可以追溯到迈锡尼国王阿伽门农征战四海的时代。但荷马认为,关于阿伽门农远征攻打特洛伊人的事实确凿无疑。就连公元前1184年这一日期也与现代学者所

迈锡尼狮门

图中遗迹保存完好,鲜明展现了战车时代都城防护之坚。同赫梯帝国都城哈图沙一样,狮门是希腊国王权力和勇烈的象征。后世希腊人对迈锡尼防御工事中所用巨石甚为叹服,认为是巨人所建。实际上,这些巨大的石块同埃及金字塔的石块一样,建造起来省时省力。虽然搬运不易,但与雕琢小石块难度相当。

迈锡尼死亡面具

这个薄如纸片的黄金死亡面具是由德国考古学家海因里希·施里曼在迈锡尼城墙外的一处皇家墓地里发现的。看到这个面具的时候,施里曼立刻断定,这就是《伊利亚特》中名垂千古的英雄——阿伽门农的面部印记。施里曼的判断也许是对的。但事实上,谁也不知道这个金面具上印刻的是哪位国王的面容。

知高度相符。在这一年，特洛伊被攻陷、烧毁。至于是谁毁灭了特洛伊，我们也只能依据荷马的说法。此后不久，迈锡尼也走向灭亡。从北面而来、讲希腊方言多利安语的侵略者于公元前 1100 年左右摧毁迈锡尼，希腊从此走向"黑暗时代"，就像几个世纪前，雅利安人将印度带入"黑暗时代"一样。

▧ 近东的战车帝国

因为美索不达米亚文明和埃及文明势力范围很广，战车征服者并未造成多大破坏。公元前 1700 年初，喀西特人乘战车入侵美索不达米亚，像汉谟拉比一样，将都城定于巴比伦。北去不远，米坦尼人统治了亚述和叙利亚。从米坦尼人那里，安纳托利亚的赫梯人学会了如何建造使用战车。希腊的迈锡尼人很可能也是从米坦尼人那里学到了这门手艺。借战车之威，赫梯人很快在安纳托利亚建造了一个宏大的帝国。

公元前 1730 年至公元前 1570 年间，埃及受另一个名叫"希克索斯"的武士队伍统治。希克索斯人吸纳了几个不同的语言群体。在其统治后期（可能从一开始），他们使用战车，让躁乱不安的子民就范。

虽然有战车在手，喀西特、米坦尼和希克索斯王朝仍不堪一击。他们人数不多，抢到土地后，占地而居，成为地主。从每个地产中收取的租子金额不小。他们把这部分收入不仅用在了保养战车上，还用在享受文明生活的奢华上。不出几代，这些征服者的后裔对豪家美室钟爱有加，把兵旅生活的艰苦和战争的风险抛在了脑后。

这种情形对叛乱者有利。约公元前 1570 年，埃及人把希克索斯人赶出了自己的土地，建立了新王朝。此时，法老不再满足于仅仅统治埃及这一块疆土，希望把巴勒斯坦和叙利亚也纳入囊中，因为这两块土地就是希克索斯人的老家。最终，埃及战车军队穿过沙漠，征服地中海，并向北挺进托鲁斯山脉。在南面，埃及军队越过尼罗河瀑布，深入努比亚军事要地。努比亚盛产黄金，法老拿黄金付给战车御者。这些人多数来自外邦，由他们组成的常备军可随时出动，攻击敌人。再没有别的统治者能坐拥这么多黄金，让这么多士兵随时待命。因此，在一段时期里，埃及军强兵足，无人能敌。后来，远在北方的赫梯人也对叙利亚产生了兴趣。公元前 1298 年，赫梯人和埃及人在叙利亚北部卡迭石发动战车大战，埃及撤兵。不过，法老拉美西斯二世在退兵时，命人刻下铭文，宣称埃及得胜。

卡迭石战役前不久,米坦尼王国被亚述人推翻。跟埃及人差不多,亚述人也是采用新式战车击溃了旧主子。在这期间,喀西特人一直稳坐巴比伦,直到亚述人南进"解放"了美索不达米亚其他地区,结束了外族统治。不过,巴比伦人也不太情愿被亚述人统治。

战车时代的宗教、文字和艺术

传统信仰

在驼队、军队和外交官往来穿梭于中东各地的背景下,有一种情况便难以想象。比如说,被叙利亚某小镇供奉的神祇会召唤文明世界一端的埃及人,以及文明世界另一隅的亚述人,让他们去惩罚不给他献祭的当地居民。这听起来虽然不可思议,但按传统解释办法,灾难就是这样降临的。

战车入侵促进了各民族交往,加快了沟通交流,促使人们重新审视原有的宗教信仰。大家开始意识到,不能保护虔敬信徒的神祇不值得崇拜。与此同时,各地区关于世界形成和诸神统治的传统互相冲突。如果说,一个为真,其余为假,那么,是不是也可以说,一个为假,其余都为假?

荒唐归荒唐。人们不会很快把原有礼仪信条弃之不用。相反,他们会完完整整遵照传统拜祭程式。这样做一半是出于习惯,一半是为了确保自己没有在神前怠慢,惹得神灵降罪。但如果事情是在很远的地方发生,怎么可能只有一席神力统治全世界?一神论产生的时机已经成熟,但原有信仰纷纷攘攘,阻碍新事新境。能做的就是舍掉其他各神,强调一神法力无边。因此,在巴比伦,祭司极力颂扬马杜克,将其推到巴比伦主神位置,别的神祇显得无足轻重,可有可无。

一神论起源:对太阳神阿托恩的崇拜

一神还是多神,曾让埃及人大伤脑筋。希克索斯人入侵之前,埃及人洋洋自得,对尼罗河之外发生的事情置若罔闻。但当法老将统治版图扩展到巴勒斯坦和叙利亚时,就不能再漠视埃及边界之外的世界。但把埃及的政治宗教观念强加给别的土地也并非易事。这些土地上没有尼罗河,当地人对法老神力闻所未闻。

但是太阳无处不在。凡是穿越埃及和巴勒斯坦间茫茫大漠的人都不可能忽略太阳的威力。因此,埃及宗教改革者得出了这样一条结论:太阳神阿托恩是大自然唯一真神，其他诸神均为虚假。公元前 1380 年，新一任法老走上王位，接受了这样的观念。为表示对阿托恩的尊崇，他给自己起了一个新名字——阿肯那顿，并禁止其他任何崇拜形式。因为法老宣称自己具有神力，阿肯那顿的改革从严格意义上来讲并非一神论，但这场改革进行得相当彻底。石匠被派到埃及各地，凿掉太阳神阿托恩之外所有神祇的名字。底比斯的造物之神——阿蒙神就是此次清洗的主要目标。原因是，底比斯的祭司带头反对阿肯那顿。新都选在今天的泰尔埃尔阿马那村附近。定都后，阿肯那顿着手重造传统埃及艺术和建筑风格，以取悦阿托恩。要做到这一点，阿肯那顿必须抛掉严肃正规，关注当下，做到思想和行为开放。这种风格与埃及传统艺术中的正襟危坐和庄重尊严形成了巨大反差。

阿肯那顿死后，改革运动即告终止。宗教反对势力占据上风。首都迁回底比斯。新一群石匠被派往各地，将所有能找到的阿托恩的名字擦掉。阿蒙神祭司独立于法老存在，握有更大权力。阿托恩崇拜湮灭无存。直到现代学者发掘阿肯那顿废都时，才发现了阿托恩的一些碎片。学者将这些碎片拼在一起，发现了几首献给阿托恩的赞美诗，还有一个详细记录法老与远在叙利亚、安纳托利亚的统治者之间的外交函件。

阿托恩革命

这两具半身像中的人物是法老阿肯那顿和妻子娜芙蒂蒂。阿肯那顿想清理埃及各路神祇，仅以太阳神阿托恩为尊。他以神圣法老特权之便，推行宗教革命。因法老宣称自己拥有神力，所以从严格意义上来讲，阿肯那顿观念中的阿托恩崇拜并不是一神论，但却在朝着这一思想方向迈进。埃及新信仰的原则之一是，真实和开放压倒一切。这一原则体现在雕塑上便是，娜芙蒂蒂天生丽质、美艳非凡。而她的丈夫面部畸形，与之形成鲜明对比。值得注意的是，阿肯那顿面容怪异，神情紧张。戴着头饰，蓄有胡须，手拿曲柄权杖，这三者是法老传统象征。

卡纳克阿蒙神庙

阿肯那顿死后,埃及宗教反对势力将阿蒙神及其祭司复权。卡纳克的阿蒙神庙保存至今,向世人展示神庙雄伟壮丽、祭司权力如日中天。法老成为祭司的傀儡或附属。本图中神庙施行的礼仪正是阿肯那顿革命要极力推翻的。阿肯那顿死后,阿蒙神成为至高无上的神祇,而深谙唤神祈福的祭司也拥有了无上权力。图中柱子上雕刻的是宗教神话,附有象形文字解释。

埃及与以色列关系之谜

帝国时期的埃及和以色列的关系一直是个未解之谜。《圣经》记载了这样一个故事。约公元前1950年,乌尔第三王朝末期,亚伯拉罕离开苏美尔乌尔城,和他的追随者、羊群云游四方,最后抵达迦南地。亚伯拉罕死后,以撒和雅各先后率领子民逃往谷物丰裕的埃及。雅各在与一位天使较力后,更名为"以色列"。《圣经》上还有这样的描述,雅各之子约瑟因见宠于父亲,遭诸兄嫉妒,被卖身为奴。多年后,约瑟成为法老幕僚长。他把谷物赠给父兄,并揭露了自己的真实身份。雅各喜不自禁,一直居留埃及,直到离世。雅各的后裔也在埃及生活多年。后来,埃及一位"不认识约瑟"的法老开始迫害他们。上帝命摩西返回这片乐土。摩西遵照上帝谕旨,但在"以色列之子"实现目标前去世。于是,摩西的子民定居迦南。这块土地正是很久以前亚伯拉罕的放牧之地。

现代学者还没能找到埃及文字中任何与《圣经》故事相关的记述。有些学者认为,关于约瑟及其兄弟的故事可能是与希克索斯人侵被逐有关的民间记忆。但二者日期不符,而且希克索斯人是以征服者身份踏上埃及大地的,并非饥荒灾民。一些学者认为,有着埃及语名字的摩西从阿托恩崇拜者那里得到了一神论的灵感,但这似乎也牵强附会。因为阿托恩崇拜并非严格意义上的一神崇拜。而且,摩西敬拜的神——耶和华与阿肯那顿尊崇的太阳神阿托恩完全没有相似之处。简而言之,不论从哪方面来讲,埃及的文字记录与《圣经》记述都不相符。如果没有新的考古发现填补我们的认知空白,这一谜题将永不可解。

更简单的文字形式

在战车帝国时代，许多不同背景的民族聚合交融，促进了更简单文字形式的发明。埃及和美索不达米亚设有完善的教育体系，专门培养书吏。因此，复杂的象形文字和楔形文字继续存在，发挥作用。只要这种培养学习一直持续下去，就不会有重要变化发生。但在埃及和美索不达米亚的中间地带，尤其在叙利亚和巴勒斯坦，存在某种混乱现象。比如，在叙利亚乌加里特镇，考古学家发现了用六种文字写成的文本。这里没有建立教育体系，来解决如此复杂的文字教学问题。所以，那些没有受过专门培训的书吏发挥聪明才智，将书写彻底简化，发明了字母文字。

最早的字母

公元前1700年至公元前1500年间，在西奈和叙利亚北部某地，有人发现，不到30个符号就可以完全表达口语中的全部发音。秘诀在于将元音的变化忽略不管。比如，一个简单的符号"b"可以代表"ba"、"be"、"bi"、"bo"和"bu"。因为叙利亚和巴勒斯坦所用闪语经常变换辅音和元音，读者不难把正确的元音和辅音组合在一起。比方说，"b-n-n"和"banana"看起来可能不像，但只能读作一个音。因此，书吏发明的东西实际上是只记录辅音的字母。

这种发明让学习变得相对简单。相比原来的书吏动辄背诵记忆成千上万个符号，只学习不到30个符号可谓简单之至。其实早在公元前1300年，陶器碎片上的文字片段就证明，普通老百姓已经学会了如何书写。他们有时还用这种方式记下不少鸡毛蒜皮、家长里短。

而且，更简单的文字形式让知识从专业人士传播到普通百姓成为可能，但这种传播进展得非常缓慢。祭司不太乐意记下圣歌圣事，让平头老百姓阅读。实际上，埃及和美索不达米亚的祭司和书吏执意使用过去那种复杂文字。一直到基督纪元，象形文字和楔形文字才寿终正寝。同样，其他一些知识也为特殊群体所把持。他们觉得传之大众对自己没什么好处。因此，虽然文字形式简化了，却并没有发生多大变化。直到文学脱胎而出，新思想才得以开放，新知识得以获取。这种显著变化在公元前1000年后姗姗来迟（见第四章）。

❋ 纸莎草和羊皮纸在书写中的应用

除文学外,第二个书写形式的变化也值得注意。美索不达米亚人使用泥板写字,烘干后坚硬易碎。埃及人把文字刻在石头上。后来,人们开始用笔墨在展平的莎草纸上写字。莎草纸呈条形,卷在一支木棍上。写字的人一列一列书写,边写边打开纸卷。读的人不用翻页,而从一支木棍上摊开纸卷来看,读完一卷后,再从下一支木棍上展开读下一卷。莎草纸跟现代纸张很像,但更厚,表面也不很光滑。只有埃及才长有纸莎草。莎草纸制作业在埃及是重要产业。

许多个世纪以后,人们发明了羊皮纸,取代莎草纸。制作办法是:把羊皮割成薄薄的一层,再不断揉搓,直到表面光滑为止。在不生长埃及纸莎草的地方,羊皮纸尤为重要。

❋ 使用笔墨

把芦苇秆从中段以上劈开,通过毛细管作用控制墨水流量,可以制成笔。不过,使用笔墨后,字体形状也跟着发生改变,圆润流畅的草写体由此产生。这种字体多应用于正式函件书写,就像今天的书面文字采用打印字体一样。

公元前1200年,新一轮侵略开启了中东历史的新篇章。人们手中备齐了所有的书写工具,文字学习变得至关重要。但是关键性突破是在很久以后才实现的。突破的契机是,古犹太人编纂了自己的宗教经典,并围绕学习经典、恪守上帝训教,建立了一种全新的生活方式。

❋ 艺术和社会

中东人生活的其他方面还没有受到战车侵略的太大影响。战车御者没有制订重大的新法和准则。埃及人、赫梯人和第一个亚述帝国没有在汉谟拉比建立的政府体系下取得进展。经济关系也没有发生根本改变。绝大多数人仍以务农为生,无法积极参与到文明更高层次。遥远地区之间的商业和军事联系大大增多。但军事行动毁灭了安定平和的文明(此类文明可能受祭司管理),如克里特文明和印度河流域文明,也给宣扬巨石神力的祭司出海远航、传播教义增加了不安全因素。陌生人不再被视为远道贵客,反而有可能遭劫被害。小船不敢在晚上停泊在不熟悉的海岸。出海远游变成了军事远征。船员兼做海盗。到了荷马时代,"船员就是海盗"这一观念已经司空见惯。

这一时期也没有出现引人入胜的艺术新风格。除了阿肯那顿开展的短期试验外,埃及艺术几乎没有发生变化。拉美西斯二世等多位法老曾在短时间内新建了大量纪念碑。为赶工期,追求大体量,不求高雅精致。不过,图坦卡蒙墓装饰精美绝伦,展现了埃及高超的手工艺水准,让人想见法老宫殿的富丽奢华。图坦卡蒙是阿肯那顿的儿子,在位时间仅短短几年,死时尚未成年,陵寝一直不为人知。1922年,图坦卡蒙墓重见天日。考古学家发现整整一间屋子里堆满了家具和奇珍异宝。黄金之多,前所未见,超乎想象。

在文明世界其他地方,艺术一如既往,映照整个时代。在美索不达米亚文明中心及周边所有地区,艺术风格交会融合,各地差别不大。

⚔ 结论

公元前 2000 年至公元前 1200 年间，中东人学会了如何在灌溉不兴之地上建造复杂的文明社会。贸易和战争促使文明向蛮族边地传播。另外，地中海为海路联系提供了便利，激发克里特人创造了一个独特不凡的新文明。

公元前 1700 年左右，文明拓展遭遇挫折。生活在草原上或比邻草原而居的蛮族学会了御马驾驶轻便灵活的战车，将机动性和攻击力合二为一。乘马力之快，这些战车御者可在保全自己的同时，击溃任何敌人。因此，在这种新式战争兴起之初，战车侵略者所向披靡，将中东纳入麾下，又将兴盛于印度和克里特岛上几百年之久的文明毁于一旦。但在埃及和美索不达米亚，因当地文明发展较早，发展水平更高，侵略者未能建立新帝国。后来，这些地区的民众学会了制作和驾驶战车，奋起反抗，推翻了侵略者。

在战车侵略时代及随后一段时间里，不同地域民族交往加深，中东许多人开始质疑原有宗教观念。埃及经历了宗教革命，一度将太阳神阿托恩尊于万神之上。后来反对势力居上，旧礼仪信条复辟。埃及和美索不达米亚的祭司和书吏殚精竭虑保护复杂古文字。但在两地区之间的其他地方，书吏培训教育体系的不完善反成有利条件。公元前 1300 年，字母系统成为新文字，简化了文字书写。今天我们所用的字母就是从这一古老的发明延续而来。

战车时代及其后帝国兴衰产生的最大影响不在于中东之变，因为这样的变化相对来说并不出奇。公元前 1700 年至公元前 1200 年这五百年间，印度、中国、希腊三地的战车征服者为三个崭新独特的文明风格打下了根基。这三个文明注定要在世界史涂上浓墨重彩。我们将在以后的章节中逐一考查。但最开始，我们还要继续讲述中东古代史，一直讲到公元前 500 年。因为正是从这个地方，希腊和印度汲取了重要的技艺知识，塑造了各自卓异不凡的文明风范。

第四章
中东的帝国和宗教

公元前 1200 年　　　　公元前 500 年

处理政务的官员

这幅画曾饰于亚述宫的墙壁上,表明亚述艺术风格传遍亚述帝国,传到整个中东地区,也说明官员从不同民族收集资源,建造宫殿,精兵强军。由此,帝国缔造成为可能。

公元前1200年至公元前500年间,中东开化地区经历了社会和政治变革循环。在这一时期之初,侵略四起,旧的战车帝国覆灭。最初,侵略者分裂为许多小部落,但大王国、大帝国很快崛起。到公元前750年时,中东绝大部分开化地区统一于新的亚述帝国。后来,亚述人溃败,波斯帝国取而代之,将整个中东地区及外延区域纳入一个政治版图。这种大一统局面一直持续到公元前330年。在亚述帝国和波斯帝国统治者那里,乌尔第三王朝和汉谟拉比时代的政府管理艺术得以完善改进。

政治变革伴随着两大根本变化:经济关系和宗教。在经济上,铁制农业工具使农事更加便利,粮食产量增加。宗教方面,公元前1200年至公元前500年间,新的信仰模式出现。人们不再认为世界由数不清的神祇掌控,诸神互相争斗,一些人思考一番之后,认为只有一位上帝统治全宇宙,且公正无偏倚。这种观点被称为"伦理一神教"。称之为"伦理",是因为上帝按照公正或伦理原则管理诸事;称之为"一神教",是因为这些人认为只有一个上帝掌管世界。"一神教"英语写为"monotheism"。在希腊语中,"mono"意为"一个","theos"意为"神、上帝"。

旧有的宗教观念继续存在,但不再具有说服力。人们充分认识到,不同宗教神话互相矛盾,难以自圆其说。不过,只有犹太人和先知琐罗亚斯德引领的一支波斯改革教派迈出了根本性的一步,信奉逻辑严密的一神论。而且,只有犹太人充分利用了宗教经典的优势。一大批市井百姓能够读到宗教经典,整个犹太民族恪守经典给出的信仰和行为模式。一个以宗教文字蕴含的广博知识为根基、备受平民百姓欢迎的宗教是人类历史上的全新现象。

这一现象与帝国统治吏术是古代中东社会和文明取得的两项最重要成就。这两项成就都传至后世,依然深刻影响着我们今天的生活。虽然,那个时代距当世有三千年之隔,那个地方跟我们有半个世界之遥。

铁器时代——铁的重要性

金属的使用是文明民族的特征。当然,一些原始社会也知道如何炼制铜和其他矿石。多数金属用于首饰。只有青铜因坚硬结实,可制作工具、武器。但青铜由铜锡合成,而铜锡数量稀少,因此造价不菲。

在很长一段时间里,没有人知道铁有什么实际用途。跟其他金属冶炼方法一样,铁熔化后倒入磨具,冷却结晶。但铁器又硬又脆,经不起猛击。此外,铸铁极易生锈,很不美观。因此,尽管铁在地壳中最常见,但早期的铁匠却不知道铁能派上什么用场。

公元前1400年左右,一种全新制铁工艺在安纳托利亚东部某地发现。很久以来,赫梯帝国统治者和铁匠对这种新工艺秘而不宣。公元前1200年后,赫梯帝国瓦解,铁匠四散各处,用普通铁矿石制作工具、武器的知识随之传播开来。铁派上用场后,大大丰富了人们可利用的金属量,让这些新应用服务于日常生活成为可能。农业和战争发生根本变化。一个全新的时代——铁器时代展露曙光。战车时代,那个贵族武士把持青铜武器的时代退为过往。

让铁变成有用金属的秘诀在于,混合少量碳进去。这种方法显著改变了铁的性质。原先硬脆的铸铁与碳混合后,变得有弹性,可延展。碳铁混合物跟青铜一样坚硬结实,价钱又几乎和铸铁一样便宜。当然,古代的铁匠不知道火炭中含有少量碳元素,把铁放在炭上加热时,碳会进入熔铁中,改变铁的性质。但他们知道,如果把一块铸铁放在炙热的炭床上加热至发红变软时,就能敲打成各种想要的形状。当然,要想让这块铸铁成型,需要不断敲击,才能制成剑刃、头盔、犁头等等。而且,如果将敲打成型的铁器再次加热后,突然扔进一盆冷水中,最终制作出的产品坚硬、结实、耐用。我们把这种终端产品称为"熟铁"。新金属的一个弱点是容易生锈,而且没有任何办法能除锈。但因为铁储量丰富,弥补了这一劣势。

铁器时代的迁徙

铁制武器工具比青铜武器要多得多,很多人都能得到。这改变了中东文明社会和南部沙漠居民及北部山里人之间的军事力量平衡。在世界开化区域，受封土地的人不敢武装佃户。毕竟，这些穷苦劳作的农人就是交租子的下人，不是武士。一旦武装在手，他们可能会攻击主人，而不是反抗蛮族。但沙漠里的游牧人和山里的部落情况与之不同，每一个成年男性都是预备军，听从首领命令，渴望出外劫掠。

结果就是，战车帝国迅速被推翻。战车虽有箭镞之利，但遇有戴盔持盾的步兵，则威力丧失大半。当然，步兵无法与战车的机动性相匹敌。不过，如果步兵装备精良，军纪严明，可在战车发起最猛烈进攻时依然守住阵地。而且，如果战场设在峡谷或其他一些不利于战车发挥攻势的地段，步兵甚至能让这种一度战无不胜的军队溃败。

铁器时代的侵略者从陆海两路来袭。比如，非利士人从小亚细亚、爱琴海某处乘船出击。他们甚至有可能在黑海沿岸招募船员。在几次入侵埃及无果后，非利士残兵于公元前 1190 年左右驻扎巴勒斯坦。他们征服了岛上的迦南农民，并沿海岸修筑戍城，实施统治。几乎在同一时间，沙漠里的希伯来人从东面而入，占领了俯瞰巴勒斯坦海边平原的高地。

公元前 1200 年，赫梯帝国分裂。公元前 1100 年左右，埃及帝国开始走向衰落。但居住在地中海以北的腓尼基人没受多大影响。他们很快成为地中海东部最活跃的海上贸易商，承袭了原来由克里特人和迈锡尼商船扮演的角色。在内陆，沙漠部落阿拉米人崛起，占据了叙利亚大马士革周边境地。阿拉米人也以善营贸易闻名。他们领着驼队，穿梭于腓尼基和美索不达米亚诸城间。在美索不达米亚南部，还有一个部落渗入文明土地，攻取了原来苏美尔建城的疆域。这群人名叫迦勒底人，同希伯来人和阿拉米人一样，也说闪语。

这些闪语族部落从阿拉伯沙漠北部而来。当地不产铁，也没有炼铁的燃料。因此，他们首次侵入文明地区靠的不是铁制武器。之所以得胜，是因为赫梯帝国和埃及帝国同时受到手中有铁的非利士北方蛮族的袭击，因此有机可乘。大体来说，从南部沙漠而来的侵略者是在定居巴勒斯坦、叙利亚、美索不达米亚之后，才知道铁这种新金属的。

北方侵略者讲的是印欧语系。他们祖先中有一部分是尚武好战的游牧人，生活在黑海和咸海之间的草原上。因此，在公元前 1200 年至公元前 1000 年间占据希腊的多利安人仍习游牧、善驯养。几乎在同一时间，米堤亚人也迁到伊朗高原，起初仍以牧养牛马为生。在这两个群落之间，有两个重要新民族于铁器时代出现在中东：一个是生活在安纳托利亚、推翻了赫梯帝国的弗里吉亚人；另一个是居住在高加索山脉塞凡湖附近的亚美尼亚人。

回归文明社会图景

公元前 1000 年后，民族迁徙趋于静止。在成立较早的政权中，只有埃及和亚述存续下来，变成独立王国，但因无法控制外围疆土，帝国之位不保。赫梯帝国和迈锡尼帝国湮灭。但关于如何治理大国的记忆并没有消失，官僚制原则也未全然忘却。假以时日，新帝国必将在旧帝国废墟上崛起。

话虽如此，在铁器时代侵略到来前后，吃苦耐劳、独立自主的农牧民分散生活在中东大部分地区。这些民族表面上注重部落纽带联系，推崇兵士平等，但时间一长，差别开始形成。一些家庭富裕有权，另一些贱为寒门，依附于富人。这里的统治者也发现了维持常备军于己有利，学会了收取税赋以养兵习武。换句话说，文明社会的所有特征再次齐备。发展速度之快，令人称奇。不要忘了，这些民族尚未开化，思想守旧，平等观念根深蒂固。

之所以会出现这种情况，是贸易、战争和人口增长共同起作用的结果。侵略者定居一地后，人口增加，不再饲养牲畜，转以务农为生。人口继续增长。一些农民发觉良田太少，富足生活无保；遇有灾年，可能还要从比自己富裕、节俭的邻居处借种粮。如果偿还不上，就有可能失去土地，变身为奴，糊口度日。

节俭、冷酷的出借人很快变成地主。这些人可能会把余财换成远地出产的各种奢侈品。一种更为奢华的生活方式成为可能。为此，有必要获取越来越多的土地。富者愈富，贫者愈贫。手中所得越多，就越容易占有更多。

战争有着相同的效用。地方首领需要贴身侍卫贯彻自我意志。时间一长，贴身侍卫变成常备军，以应对两方面危险：一方面，邻居可能作恶；另一方面，大家族内留恋自由平等部落传统的人也会作乱背叛。

很显然，建立军队需要税收。税收要从普通农民身上征收。如有必要，可武力征税。从简单淳朴的部落到体系完备的官僚制政府，这一转变进行得非常迅猛。而且模式就在手边，拿来即可使用。埃及和美索不达米亚的施政技巧毫无间断地保存了下来。所以，到公元前 900 年时，闭塞落后如巴勒斯坦的希伯来王国也具备了文明社会的所有特征。

✄ 村民和市民的新关系

这样说来，铁器时代的侵略似乎没有产生多大变化，但事实上并不是这样。尽管地主、税吏、常备军和官僚制政府在中东各地再次出现，但社会结构与青铜时代并不完全一样。原因有以下几点：

首先，铁制犁头、镰刀和长柄大镰刀扩大了耕种面积。木制犁翻不动重黏土，但铁制犁头完全无碍。用铁制镰刀和长柄大镰刀收割庄稼能大大节省劳动力。这三种工具的使用具备两方面意义：第一，粮食产量增加；第二，农民需要经常去市场购置新工具，修补旧家什。铁匠活是一门专门手艺，一般农民学不会。因此，有了铁活，就要去找专业手艺人完成。

这是人类历史上一座真正的里程碑。在早期文明群落里，农人一般自己制作农具家什。但有了铁制工具后，农民第一次从劳动专业化和人类技能拓展中得到了直接实在的收益。而劳动专业化和人类技能拓展早在2000多年前第一批城市和文明兴起时就已经实现。

曾经，只有社会特权阶层——祭司、士兵、统治者、地主才能享用这些技能带来的收益。处于社会阶梯底层的农民终日在田间劳作，被迫把收成的大半部分交给别人。而现在，有了铁器，每个农民都有自己的工具。一买一卖交易形成。一点余粮就能换一点铁，换一柄锋利称手的新镰刀。临到季末，手中碰巧攒有余粮的农民会买下手艺人做的物件。可能是一个罐子，盛点什么东西。或者是一块好看的布，当成嫁妆。在各地，人们都接受了这样的观念：连最穷苦的农人都能买点什么，卖点什么。

值得强调的是，城镇手艺人和农村农民的这种新关系很重要。此前，遇有战事，城镇满目疮痍，民生凋敝。当地农民却觉得自己没什么损失。相反，他们觉得自己获得了自由，至少有一阵子不用再给城里人交租纳税。

这种城乡居民之间的敌对关系一直处在半压抑状态。城镇生活脆弱不堪一击，没有安全感，易遭侵害。这就是希腊和印度城镇遭侵后迅速毁灭的原因。入侵者对城市生活一无所知，漠不关心，所到之处，尽行劫掠。掳完一城，继续前进寻找新目标再行劫掠，为的是给牛羊找到新草场，给自己找到良田。

但当农民依赖城镇手艺人制作必备补给时，两个阶层开始形成互利关系。毕竟，铁匠需要金属，而金属仅凭贸易可得，尤其是那些矿石、燃料供应不利的地方。贸易需要一定的公共秩序才能达成。政府、军队必不可少。祭司也不可或缺，因为神祇不容轻慢。要养活这些专职人员必须收税收租。简而言之，对于农民占人口大多数的人类来说，铁器的价码就是接受文明产生的所有负担。

这并不意味着，文明世界的农民觉得租税公正合理。但却意味着，他们开始认识到，城里人的生死存亡与自己休戚相关。一旦城镇被毁，就有必要重修重建，或另起一城，以便为所有人提供服务。

因此，在铁器时代，城镇生活牢牢扎根于雨水浇灌的土地上。这是以前从来没有过的。新的经济基础形成。维持城镇生活对游牧民之外的每个人都有实实在在的利益。文明因此而勃兴。

恢复官僚制政府：以希伯来为例

公元前 1100 年至公元前 900 年间，中东政治结构重回官僚制政府。从其转变速度，可见向文明复杂性过渡的压力有多重。我们对希伯来人的政治转变了解颇多。《旧约》史实部分对迦南人征服、希伯来国王出征等细节均有描述。

希伯来人初到迦南地时，分成了十二个部落，组织松散。只有在特殊场合，这些部落才会联合起来。遇有问题，"士师"出面解决。士师的权威建立在个人威望圣明基础上。但要打败非利士人需要更严密的组织。因此，一位名叫撒母耳的士师把所有部落召集在一处，为勇力过人的扫罗涂圣油，让他做希伯来人的国王。这件事情发生在约公元前 1020 年。扫罗曾立下赫赫战功，但与手下良将、耶西之子大卫发生争执。最终，扫罗在与非利士人斗争中战败而亡。大卫继承王位，果断应敌，挫败非利士人，从耶布斯人手中夺得耶路撒冷，并建都于此。

在大卫统治的公元前 1012 年至公元前 972 年间，王国相对稳定。赖税收之利，常备军有极强的作战能力，与邻国建立了重要的外交关系，商贸得到发展。

大卫之子所罗门带领希伯来王国走向繁盛之巅。他从腓尼基王国找来工匠在耶路撒冷修建耶和华庙。另外，所罗门也因妻妾成群、治政有方而为世人所知。

所罗门死后，希伯来王国一分为二：北部的以色列和南部的犹大。以色列定都撒玛利亚，犹大定都耶路撒冷。在近 200 年的时间里，两个王国时有战争，外交军事实力不济。公元前 722 年，亚述人征服以色列王国，将市民尽数俘虏，移至巴比伦。只有农民留了下来，服从亚述君主委派的税吏和官员统治。

以色列上层市民再也没能回来，成为以色列王国"十个消失的部落"。他们可能融入了中东人之中。留下来的以色列农民被后世的犹太人称为"撒玛利亚人"（当时的国都为撒玛利亚）。他们的信仰与后世犹太人的信仰礼仪有几处重要不同，这让犹太人感到恐慌，觉得撒玛利亚人的宗教特别危险。原因就在于，虽存在差别，但撒玛利亚人的信仰与犹太教在很多方面上都是相同的。

帝国统治术：以亚述人为例

公元前 722 年，亚述帝国征服以色列，但并未赢取铁器时代的侵略战争。

在文化方面，亚述人承继了巴比伦人。亚述王国位于美索不达米亚古文明最北端，与蛮族为邻，最易受袭。但亚述灌溉农业发达，具备人力财力优势。因此，亚述势力起初增长缓慢，后来发展迅速。在攻击以色列之前，亚述人已经占据了美索不达米亚和叙利亚所有地区。又经过几次战役后，亚述人远侵埃及、亚美尼亚和伊朗。如此幅员辽阔的帝国前所未见，亚述帝国的政治管理也更加系统化。不过，因暴虐为政，百姓怨恨，亚述帝国存续时间不长。

亚述人之所以能征伐四海，有赖于在军事组织和政府管理方面所取得的一些重要进展。特别值得一提的是，亚述人首次将整军统编成队。这些小分队或十数人，或上百人，或上千人，规模统一，标准武装，士从将令，勇猛有功者擢升，无能无为者贬黜。亚述军内还设有专门部队，工兵修建包围工事，骑兵和战车兵负责侦察追捕，主力军是由长枪兵和弓箭手组成的步兵，受职业军官团统率。

现代所有军队都建立在这些原则上。后来的波斯帝国和罗马帝国军队也不例外。为何仿效？当然是制度起到实效。采用亚述军队管理模式，可将三教九流整编为标准队伍，把市井百姓转变成听从指令、行动迅捷的战士。而依军功擢升的制度让将领甘于甚至是急于为君主役使、效力。因为军官常流动作战，其仕途直接由国王决定。他们也直接效忠于国王。在戎马生涯中，军官在某地驻留的时间不会超过几年，持有某项财产的时间、统帅某支部队的时间都是短短几年而已。

这些治军原则使得中央集权控制成为可能，直到今天依然行之有效。成千上万人统一行动，高效配合，参与整场战役，赢得胜利。每级都设有长官。这些得到上下一致认同的将领实施包围、伏击、越野行军、突袭等战术，全面筹划、全局指挥。亚述人正是靠着这种军事管理体系屡战屡胜，在那个时代无人能敌、无人敢敌。

亚述人也修建道路，便于军队开进边境。这些路宽阔得足以让轮车驶过险塞，穿越凸凹不平的乡村，也为国王节省了时间，使他能够率领军队开往任何一个敌军来犯区域。另外，亚述帝国还建有信使系统。不论有何要情，都有马匹接力传讯，便于中央政府快速响应，应对危险。

亚述完善的军事制度靠征收税金、招募身强体壮的青年人实现。税金由各省首长征收，其任命方式与国王委任将领相同。亚述人也有自己的法典，似乎以行省为辖区实施。这些原则并非新立。汉谟拉比和以前的王朝都有过类似安排。因此，亚述人取得的主要突破在于军事组织，而非民事行政。

虽战事告捷，但被统治者并不顺服。巴比伦人和埃及人都觉得亚述人得意一时，不愿归顺。暴乱接踵而至。亚述人武力镇压后不长时间，叛乱又起。常年战乱，很多亚述人丧生。到了最后，亚述军队不得不从敌人败兵中招募兵卒。也许，这些战士不会像亚述本族人那样卖命作战。

虽然如此，经过六年战争后，亚述帝国才被推翻。公元前 612 年，亚述帝国首都尼尼微陷落。7 年后，最后一个亚述武装被摧毁，亚述全境覆灭。有三股势力毁灭了亚述人：东部伊朗高原上的米堤亚人、南部的巴比伦叛军、俄罗斯南部草原的斯基泰人。

骑兵革命

斯基泰人的出现标志着中东和世界历史新纪元。同战车御者一样，斯基泰骑兵深得马疾箭精之利，但没有战车御者所用的精良贵重装备。

今天看来，骑兵肯定要骑马似乎再明显不过。但在人类第一次与马建立联系时，骑马征战似乎是有勇无谋之举。要在马上射箭，必须丢掉缰绳，让马自由奔腾。但在公元 200 年马镫发明之前，骑者想要在马背上做任何动作，都有可能摔在地上，被敌人擒获。只有人和马建立起足够长时间的亲密联系后，马背射击风险才会降到最低。

实际上，关于骑兵参战的最早记录出现在公元前 875 年，是亚述军队自己所为。照这样说来，亚述人御马作战是自掘坟墓。因为，只要草原游牧人掌握了这种简便廉价利用马力马速的方法后，就具备巨大的军事优势。这些人骑着马四处劫掠。防御的步兵追不上马匹前进的步伐。只有同样装备的军队才能与之匹敌。不过，我们之前已经讨论过，如果找不到天然草场，养马花费不菲。

草原游牧人占尽地利，不用花费多少就能养活马匹，因此每人手中都有 2 至 3 匹坐骑。再加上弓弩箭镞，以及击跑配合战术，一切齐备。就算是遇到猛烈反击，快马加鞭跑到别处即可。中间不过是让马休息一两天，蓄养体力。

亚述军队无力应对这种威胁。因此，斯基泰人的战术、后方大规模的暴乱合力导致了亚述帝国的覆亡。公元前 612 年，尼尼微陷落，斯基泰人返回故土。原因是，文明社会土地上没有宽广的草原喂养马匹，离开草原的时间不能太长。

第四章 中东的帝国和宗教

亚述骑兵

这件作品是亚述宫殿壁刻,展现了骑兵战斗之姿。成画之时,马背射击很可能还是新生事物。弯弓射箭时,骑者必须丢掉手中缰绳稳坐在马上。当时,马镫还没有发明。有马镫相辅是一千年以后的事了。

但是,不管是米堤亚人、巴比伦人,还是再次尝试将犹大王国纳入帝国版图的埃及人,都无力阻挡草原骑兵袭击。

亚述人可能是第一个将马用于战事的民族。不过,受益最大的是北方草原游牧人。一旦这些人学会马背骑射,就能做到随心所欲,集中优势兵力。从公元前750年起,游牧人突袭征战越来越频繁,规模越来越大,并在接下来的2500年里继续主导欧亚政治史。

波斯帝国的巩固

亚述帝国的覆亡和斯基泰人的离去创造了中东的权力真空。得胜的叛军在分赃后争执不休。巴比伦人想要和亚述人一样,控制巴勒斯坦和叙利亚。埃及人希望和上述两地区保持安全距离,并开始向小王国犹大施加影响。此举促使巴比伦王、迦勒底人尼布甲尼撒(即尼布甲尼撒二世)攻取犹大。埃及人置之不顾。公元前586年,尼布甲尼撒夺取耶路撒冷,摧毁所罗门神庙,将犹大市民带回巴比伦。

耶和华信徒极度震惊。自公元前722年以色列被毁后,耶路撒冷的祭司和宗教改革者得出了这样一个结论:地处北方的以色列王国因不尊上帝而被罚。因此,他们着手改革犹大王国的宗教和政府,却不期招致相似的灾难。不过,我们即将看到,犹大王国流民的沮丧惊慌促使人们重新加强对上帝意志的认识。正是这种认识推动犹太教在世界范围内流行传播。

在"巴比伦河边哭泣"、缅怀耶路撒冷的犹太人很快就等到了巴比伦主子的覆亡。公元前539年,波斯人居鲁士(即居鲁士二世,又称居鲁士大帝)征服巴比伦。居鲁士原为米堤亚王国封臣。在进入巴比伦之前,他已将米堤亚帝国纳入麾下,并占领了小亚细亚小国吕底亚。到公元前530年离世时,居鲁士的国土西至爱琴海,东到阿姆河(奥克苏斯河)。

居鲁士之所以功勋卓著,是因为手下的波斯人好战尚武,吃苦耐劳。波斯人讲印欧语系,与一千年前侵略印度的雅利安人所说语言紧密相关。另外,居鲁士授予亲信特权,并借助这些人掀起的暴乱壮大势力。比如,他允许被尼布甲尼撒掳掠到巴比伦的犹太人返回犹大。当然,仅有少量犹太人离去,大部分人被幼发拉底河的富庶所吸引,留了下来。

波斯帝国日益强大。居鲁士之子冈比西斯二世于公元前525年占领埃及。下一位波斯国王,大流士一世于公元前513年攻打俄罗斯南部的斯基泰人,将波斯疆域东扩至印度河。大流士一世采纳了亚述的民事和军事管理模式,并以亚述为典范,组建海军。

波斯人在北疆遇到重重困难。居鲁士在攻打里海附近的游牧部落时战死沙场。大流士一世侵入斯基泰,但从未取得任何决定性胜利。为此,他想出了这样一个办法——"雇贼制贼",即向斯基泰周边的游牧部落纳贡,把草原人挡在波斯边境之外。

和亚述帝国一样,波斯帝国也外受强敌侵扰,内有叛乱患朝。灾难一次又一次袭来,埃及和巴比伦的自豪感也逐渐消失殆尽。公元前330年,来自马其顿的外部进攻推翻了波斯帝国。当时,波斯帝国疆域辽阔,将中东所有民族囊括于内。仅版图之大就可见其成就之著。

大流士一世之声势

右图是波斯帝国都城波斯波利斯宫殿壁画。大流士一世高坐于宝座之上,使节臣子卑身以求召谕。身后站着儿子兼继承人薛西斯一世,及其他王公贵胄。如果要把这一场景与第59页中太阳神沙玛什前的汉谟拉比做比较,就会发现大流士一世完全取代了1000年前美索不达米亚中神祇的位置。国王被拔擢于万人之上,宗教中只有一位神祇统管世界。这两种思想互相契合,两种地位相辅相成。

伦理一神教的兴起

在亚述帝国和波斯帝国时代，中东各民族融合交会，相互借鉴，地方特点逐渐消失。祭司保存了苏美尔和埃及旧王朝时代传承下来的礼仪信条。但这些遗产中大部分开始显得空洞无意义，遭到所有人质疑，就连代代传承古文字的祭司也作如是观。世俗生活领域发生巨变。行政和军事效率提升。在宏大的宫殿里，在新建的都城中，如亚述帝国的尼尼微和波斯帝国的波斯波利斯，艺术家用作品称颂君王的伟大和荣耀。但在埃及和美索不达米亚，宗教思想和新发现落于人后。古代传统的分量过于沉重。

在巴勒斯坦的希伯来人和伊朗东部的波斯人看来，情况完全不同。这两个地区出现了先知。从先知那里，人们得到了这样的认识：只有一位仁爱公正的神统治宇宙。人在处世之时也应仁爱公正。两个新宗教成型：东部的琐罗亚斯德教和西部的犹太教。自此，琐罗亚斯德和希伯来人先知的思想改变了人们的希望和期待，塑造着人类生活。相比之下，政府和军队的影响仍然在表层发挥作用。但只要统治者仅要求绝大多数臣民表面顺服，不求内心忠诚，这种影响

新旧政治和宗教

这是一个圆筒印章拓印。印章主人是波斯帝国的国王大流士一世。经短暂内战后，大流士掌权即位，随后便以各种方式证明王权归属于己。这枚印章用意也在此。拓印左侧用三种语言写着"大流士大帝"，便于人人知晓。主场景并不鲜见。美索不达米亚艺术中展现国王乘战车猎狮的形象已有几百年的历史了。但在中心上方出现了一些新东西：阿胡拉·马兹达的象征。他曾神示先知琐罗亚斯德，力倡在全宇宙贯彻法律和正义。因此，通过将古老的王权象征与新的宗教激进理想合二为一，这枚印章旨在展现大流士一世的统治合法性。

就只能局限在外,不能深入内里。因此,宗教获得了威力。

犹太教

到公元前 500 年时,犹太教也具备了先知、伦理、一神论三个特点,向个体灵魂晓谕神示。但犹太教历史远比琐罗亚斯德教复杂。希伯来先知从来不否定过去。他们常常召唤听众回归上帝最初向摩西和亚伯拉罕发出的启示。另外,这些先知还要与耶路撒冷所罗门圣殿的祭祀传统抗衡。因为,先知有时对圣殿的祭司献祭仪式持批判态度,所以圣殿的宗教遗产要在一定程度上和先知启示达成和解。

祭司和先知传统的和解是通过收集律法、宗教、历史等多种文献,并精心汇编成宗教经典实现的。在犹太人看来,将这些文献分门别类收集成册的书是上帝意志的唯一权威启示。但基督徒认为,这些书只是上帝启示的一部分,即《旧约》。《旧约》后来经过多次重要增改。上帝的新启示被记录在《新约》中。

虽然犹太经文是认真采集编纂而成,但原有许多矛盾似乎并没有得到解决。这给评论家留下了无穷无尽的问题。没有什么比解决这些矛盾问题更重要了。因为经文给出了唯一一条稳妥的办法,能让人们找出不同情况下上帝的旨意。因此,每一位虔诚信徒都有责任认真研读经文,发现真理。一代又一代的犹太人就是通过这种学习方式得到塑造,时至今日依然如此。

《旧约》中的历史

当《旧约》整理完毕,被视为圣书之后,一幅宏伟的世界历史全景便展现在信徒面前。整理过程颇为漫长,到公元 150 年时,尚未完全结束。创世纪、大洪水、洪水退去后人类重新在地球上居住等《圣经》故事与美索不达米亚的神圣故事很相像。但在开始叙述亚伯拉罕、以撒、雅各,以及旅居埃及的故事时,《圣经》故事变得独一无二。

据《圣经》描述,亚伯拉罕的神在以色列人出埃及之前,还没有完全显露自己的特殊性格。不管我们信不信《圣经》中的神圣启示,我们从中可以知道,以色列人在摩西带领下逃离埃及,聚集在沙漠中的西奈山脚下,当时的他们需要规则指导日常行为。数代旅居埃及的他们已经忘记了沙漠生活的习俗,传统的口传律法也已消失。现在,要重回旧有的游牧生活方式,必须立下成文律法。

这就是摩西登上西奈山时面临的形势。《圣经》中说，摩西从上帝手中拿到了《十诫》。在回到以色列的旅途中，摩西让人们发誓遵守《十诫》，接受上帝的律法。后世认为，这份上帝与人所立的契约标志着犹太教的真正开始。

尽管如此，人们对这份契约的原意仍有疑问。摩西在西奈山遇见的神——耶和华是以色列人的神，这一点无可置疑。但我们不清楚的是，以色列人是否把他视为高于一切民族、统管全世界所有地区的神。《圣经》的一些段落读来似乎是上帝仅护佑以色列人，其他民族有别的神相助，且这些神与耶和华互相争斗。

先知传统

公元前1300年至公元前1100年，希伯来人定居迦南地。最初，他们信奉迦南人的生殖神巴力。耶和华是沙漠和战斗之神，怎么可能知道农事呢？但有一些希伯来人认为，不供奉耶和华是在行恶，迟早会激怒他，引起祸端。这些人时而聚集成队，以"先知"面目呈现，将巴力崇拜、财富贪欲斥为作恶。

巴力崇拜与耶和华宗教之间的平衡在与非利士人之战中达到关键点。公元前1028年至公元前973年间，希伯来人挫败非利士人，在迦南建立了自己的王国。这一功绩正是在战神耶和华的帮助下才得以实现。因此，扫罗和大卫再次请求耶和华帮助他们打赢战争，将其视为特别的神祇。但到后来，大卫和所罗门都允许其他形式的崇拜在本王国内存在。他们的继承者实施了类似的政策。

尽管如此，原有的先知传统从未消失。公元前865年，以利亚领导了一场伟大的复兴运动，在一段时间里中止了异神崇拜。以色列王国和犹大王国因此成为耶和华的土地，让耶和华喜悦变成所有人的宗教义务。当王国的命运不再倚重于国内情势，而取决于与埃及、亚述，以及中东其他强国之间的战事和外交往来后，耶和华的信徒得出了这样一条结论：他们的神统管世界。是他筹划了亚述之兴和埃及之衰，是他指引了一切生灵的步伐，一切大小事情都在耶和华的看护和掌控之下。

这些思想在一个又一个伟大先知的诗歌中得到了表述。公元前750年传道的牧羊人阿摩司开创了这一先河。他所说的话在生前身后记录成文。其他先知效仿阿摩司，或自己动笔，或让别人代劳，让思想情感留为后世观瞻。跟琐罗亚斯德一样，希伯来先知也宣称自己为唯一真正的上帝使者。很多听过他们启示的人都对此深信不疑。渐渐地，他们的诗歌变成了圣典的一部分，让每一位认真聆听、悉心领会上帝意志的人受益。

先知的中心思想非常简单。只要人们还在作恶，上帝就会降下可怕灾难，惩罚他们。应把虚假的神祇丢弃，行仁义事、敬奉上帝至为重要。那些对先知警告充耳不闻的人会在耶和华日受到上帝的惩罚。等到那一天降临时，世上所有不公不正都会得到纠正。

在这种背景下，以色列于公元前722年陷于亚述人之手似乎是先知警告得到了部分验证。为此，犹大王国成立改革党，全力净化宗教，以免遭受此类厄运。人们开始阅读古代典籍。虔诚的学者把神对人的晓谕整理为权威文本。今天，《旧约》许多章节即是由此而来。学者汲汲而为，发现了完整的《申命记》，并做了很多阐发。因此，这次运动常被称为"申命改革"。

但我们已经了解到，宗教改革并未能抵挡灾难来袭。尼布甲尼撒攻克犹大。同亚述人一样，公元前586年，他把犹大的有识之士带走。现在，改革者能做什么？他们寄托于上帝护佑的希望似乎落空了。耶和华还想要什么？

两位伟大的先知——以西结和以赛亚解决了这个问题。以西结宣称，上帝想让人更加一丝不苟追求自身圣洁，比申命改革者所想象的更圣洁。人应每日严遵行为规范，每日研习《圣经》，准确领悟上帝意图。如果犹太人能悉心学习上帝的话语，并做到知行合一，到那时，也只有到那时，他们的王国才会重新统一、重拾荣耀，就像大卫和所罗门时代一样。

在第二个先知以赛亚生活的年代里，居鲁士征服了巴比伦（公元前539年）。面对这种形势，以赛亚给未来勾画了一幅更宏大的愿景。他宣称，上帝会在荣耀中来，把以色列人的儿女置于万国之首。被放逐在巴比伦的人会称王称雄，承担无上职责，引领所有人学习上帝的真理。在以赛亚看来，原有先知所称的为非作歹者受惩、人人恐惧的耶和华日是希望滋生、夙愿成真之时。原有的耶和华日之所以让人心生恐惧，是因为在一定程度上，我们每个人都是为非作歹者。

从这个观点来看，恶人横行、欺凌遍地程度愈甚，审判日来得愈快。有了这种信仰，犹太人就能忍受各种失望沮丧、不公不正，仍能信心满怀，想到惩恶扬善的世界末日并不遥远而感到宽慰。犹太人的任务就是悉心钻研圣典，了解上帝意图，耐心等待，直至上帝意愿得到满足。

❧ 犹太会堂的重要性

当他们还在巴比伦时，或者说离开巴比伦后不久，流亡的犹太人创造了一种新的崇拜模式，与他们重新点燃的希望相契合。这就是犹太会堂。每周，信徒都会在这里聚集，虔诚诵读《圣经》，互相讲述含意，巩固信仰。要让每个人都成为解读《圣经》的专家并不容易。时间一长，每一座犹太会堂形成了这样的惯例：将经过专门训练的老师或拉比请来阐释经文难点。直至今日，这种活动仍在犹太人中进行。

哪里有犹太人，哪里就有犹太会堂。后来，设立会堂的法定最少人数被定为十名成年男子。通过这种方式，分散在各地的犹太人也能时时心有念想，成为与上帝签立契约的特殊民族。他们没有与普罗大众交聚杂融。不论遭遇顺境逆境，不论与怀有敌意的人相居，还是与热情友好的人为邻，不论走到世界哪一个国家，他们都能保持民族个性。犹太教不再局限在巴勒斯坦的土地上，也不再与耶路撒冷的圣殿产生关联，而是独立于所有的外部环境。信仰犹太教，就是学习、遵照《圣经》上所昭明的上帝意志，满怀希望，等待邪恶的最后清算。

当居鲁士允许流亡的犹太人返回巴勒斯坦后，有人回到故土，重修圣殿，重拾传统仪式。有人寻找王室后裔，拥其为王，复兴大卫王国，但遭到波斯人反对。因此，回来的犹太人围绕耶路撒冷圣殿建立了聚居区。但这并没有影响到犹太会堂里的生活。留在巴比伦的犹太人，以及在中东其他城市定居的犹太人每周继续聚集在犹太会堂里，构建他们的宗教生活。

今天，我们把宗教属于私人事务这种观念视作理所当然。看到世界各地的信徒各行其道崇拜上帝，我们不觉得有什么怪异。但这些现在看来似乎司空见惯的想法在公元前600年前完全不可想象。那时的人们总觉得他们的神与某一特殊地方相关，必须施行特殊的神庙典礼才能接近神。琐罗亚斯德将神圣话语作为自己创建的宗教核心，但他没有创造出一个像犹太会堂一样的地方，让虔诚信徒每周聚集一处学习教义，诵读、聆听、反思，就像犹太人所做的那样。

因此，当犹太教历经流亡磨难而再现后，变成了一种更加坚韧的信仰。耶和华崇拜始于沙漠中订立的契约。这一上帝与人订立的契约将希伯来人团结起来，同仇敌忾；启发先知，向不公不正发起责难；让流亡巴比伦的犹太人延续不绝。这样一种宗教在任何一地都能蓬勃兴盛。

犹太教对寓居大都市的人格外有价值。身处大都会，人们来往不多，对邻人漠不关心。在这样一种环境下，犹太会堂的信徒关系，以及《圣经》中昭示的美好未来，为身处艰难境地的信徒提供了慰藉。这是那个时代其他宗教所做不到的。

犹太教变成了有《圣经》的宗教。《圣经》中许多优美壮怀的段落，不仅深刻影响了犹太教，也影响了基督教。故事、譬喻、英雄、恶棍、象征、短语，以及上帝统管世界、将仁爱施于每一灵魂的这一核心思想，成为西方文明的基本要素。没有人能预见这样一个历史。几亿犹太人、基督徒、穆斯林相信，上帝的意志就藏在经文圣典的字里行间。

⚔ 结论

得益于帝国治理之术的充分发展和与之相契合的伦理一神教的发展,中东古代史实现了逻辑上的完满。自波斯帝国建立以来,人类在管理不同环境下说不同语言的大量人口方面并未取得根本性进展。当然,现代通信交通设施为治国理政提供了不少便利,缩短了应对威胁和其他挑战的反应时间,但施政原则仍承袭波斯帝国时代,并未发生改变。

由琐罗亚斯德和犹太人阐发的一神教先后发生重大变化。但这方面的情况与上述相同。能让信徒充分表达信仰的根本思想和基本制度也已在公元前500年时创制形成。

这两点就是中东对世界所做的主要贡献。其他文明将重点放在别的方面。下面就让我们将目光投向这些文明,看看古希腊人、印度人、中国人如何发展出独有的文明生活风范。

第五章
希腊文明风范

公元前 500 年

德尔斐战车御者,约公元前 480 年至公元前 475 年

这具真人大小的雕像是为纪念战车比赛优胜而制。当时,希腊已经很长时间不用战车作战。但有少部分富人,就像今天的游艇一族一样,驱驰战车庆祝宗教节日,或以其他运动比赛形式纪念神祇。我们现代的奥运会就是古希腊最负盛名的运动比赛的复苏(和改制)。该比赛于公元前 776 年创始,每四年在奥林匹亚举办一次,持续时间超过一千年。

希腊多山，气候与中东肥沃地区差不多。夏天刮东北风，每天都有日照。冬天，从大西洋吹来的西风带来了雪或暴雨。在刀耕火种流行以前，希腊山脉植被繁盛。平地也有树木。降水较少地带分布有草原。

大约于公元前4500年，新石器时代农民到达这块陆地。但在很长一段时间里，这里人烟稀少，不足以创造文明。快到公元前2000年时，讲希腊语的部落从巴尔干半岛北部进入希腊。这些人原以习武放牧为生，很快令希腊原住民臣服。渐渐地，入侵者所讲的希腊语成为全体居民的通用语言。但前希腊生活痕迹一直存留到公元前500年。

约公元前2100年，米诺斯文明在克里特岛兴起。金属及其他文明成就开始在希腊大陆居民中传播。公元前1600年左右，迈锡尼等要塞成为文明兴盛地。但周围农田所产出的资源从来都是紧紧巴巴，不足以为工匠、士兵、仆役、朝臣提供支持，让迈锡尼走向辉煌。国王和他的武士倚靠海盗劫掠，维持宫廷开支及都城运转。

建立在海盗基础上的文明注定岌岌可危、无法长久。如果在几次远征中不能得手，迈锡尼王的财富和权力可能就会因此丧失殆尽，没有人会再听命于他。类似的事情肯定发生过，但我们不清楚详细情况。我们能确定的是，公元前1100年左右，迈锡尼遭到新一波北方讲希腊语的侵略者的掳掠，被毁之一炬。护卫国王宫殿的高墙深垒变成了一具空壳。这些城墙均为巨石建造，后世希腊人认为这是巨人垒制，口口相传，流传至今。

希腊的黑暗时代：公元前1100年至公元前600年

摧毁迈锡尼宫殿要塞的部落讲希腊方言多利安语。他们以农耕放牧为生，手中握有铁制兵器，比初到希腊的人数量更多，生活条件更原始。他们一来，宫廷城市消失。但不管怎么样，他们在此定居，人口开始增长，土地告缺，但多利安人没有采取种上几年再迁徙换地的办法，而是年复一年耕种同一块田地。在同一时间，这种情形也在巴勒斯坦及中东其他遭遇铁器时代侵略者的地方出现。

贵族政府

定居从事固定农业的社会后果也与中东相同。首领及少数人变得越来越富，多数平头老百姓生活拮据，没有能力武装自己。有些人失去土地，只能卖身为奴。

在铁器时代的迁徙中，希腊社会由部落组成。如果时机良好，能迁到别处找到良田，所有身强力壮的男性会聚集在一起，听取首领，即世袭族长的意见办法。通常情况是，如果需要整编成军，动用武力，那么所有人都会去了解行动计划。这些计划是在理事会议上确定的。最高长官或国王先与族长商议，主事者随后通知所有参战男性，告知作战事宜。

部落定居后，动员全体居民投入战事的情况越来越少。家庭分散各地，每位族长自主处理家事。在这种情况下，国王的威严和权力被削弱，与别的族长平起平坐，不比他们强到哪去。

贵族族长仍不时举行理事会议，以解决家庭纠纷，安排诸神献祭，防备有敌意的邻居等等。但普通老百姓只能在情况万分紧急时才会被召集参加这种会议。多数事情由贵族讨论决定。这些贵族理事会不太信任大权在握的国王，而是从自己中间委任一名代表，使其承担特职。瓦解国王权力的下一步骤是委任贵族议事会成员，令其在一年之中或特定时间段里处理公共事务。王权有时也是通过这种方式委任的。由此，权力落到暂时获委任的议事会成员或地方行政官手中。该职位人选在一年一度举办的贵族理事会成员中产生。

这种特权政治地位是在贵族新经济权力的支撑下实现的。贵族地多粮丰，有能力借粮给饥民,供来年播种。借粮人以两种方式偿还。要么还本付息,要么卖地为仆为奴。

权力集中在贵族阶层的局面也因军事策略的变化而进一步加深。公元前975年至公元前600年,骑兵革命席卷中东,波及希腊。学会马背作战的希腊骑兵机动性无人能及,比只能安步当车的步兵具备决定性优势。但希腊草原稀少,只有富人才有粮食喂马。因此,骑兵革命后,只有少数特权阶层才能参战。其他老百姓太穷,买不起剑矛盾盔武装自己。

伊利亚特和奥德赛

希腊黑暗时代珍视的思想观念在诗歌中得到了表达。有些诗作一直流传后世。早期最伟大的诗人荷马生活的时代约为公元前9世纪至公元前8世纪。当时的希腊大陆上,地方小氏族首领互为割据。荷马向更遥远的古代选取主题。那时,迈锡尼王雄视天下。从口头讲述的传统中,诗人对这些悠远年代有了认识。在迈锡尼时代,武士喜欢听游吟诗人诵读战争历险传奇故事。多利安人的入侵没能摧毁艺术。希腊人认为自己是迈锡尼英雄的后裔,游吟传统一直没有间断。

渐渐地,新材料进入歌曲中,与古老的宗谱、地理、战争和骁勇功绩交会融合。跟其他讲故事的人一样,古希腊游吟诗人没有把自己写的诗句一字不落地记下来。他们记下的是那些深刻隽永的固定短语,能填入诗句中,或拿来作为故事下一章节的标题。

从这些材料中,诗人荷马创作了世界上最伟大的文学杰作——《伊利亚特》。随后不久,《奥德赛》写成。关于这本书的作者,众说纷纭。自古流传这两部著作同为荷马所作,但一些现代学者认为另有其人。《伊利亚特》讲述了围攻特洛伊的故事。《奥德赛》讲的是一位参与围攻特洛伊的英雄在战争结束后,回到希腊西部家乡伊萨卡岛,途中所历奇闻逸事。

实际上,关于围攻特洛伊的整个故事,《伊利亚特》只讲述了很小一部分。后世诗人试图填补荷马著作,讲述阿伽门农如何集结部下,攻打特洛伊。战争起因是,特洛伊王子帕里斯与阿伽门农兄弟之妻海伦私奔。传说特洛伊之战打了整整十年,最后靠计谋攻取。

根据古老传说,奥德修斯即《奥德赛》的主人公,让希腊人假装驾船撤退,留下一个藏有希腊兵的巨型木马。正如奥德修斯预计的那样,特洛伊人认为这具木马是给神祇的祭品,认为马入城后,会有神祇赐福,于是将其拖到城内。当晚,特洛伊人庆祝解围脱困后安然入睡。正当熟睡之时,被一阵声音惊醒。原来,藏在空木马里的士兵乘夜色打开城门,让城外希腊人冲进来,双方里应外合。

这些情节《伊利亚特》里都没有。《伊利亚特》只讲了希腊最伟大的武士阿喀琉斯的愤怒。在分配特洛伊战利品时,阿喀琉斯和阿伽门农发生争执。气愤之下,阿喀琉斯赌誓再也不会为这样一个不讲公道的国王出征打仗。神祇同情阿喀琉斯,决定让特洛伊人暂时得胜。希腊人被赶回船上,出特洛伊城几千米。

灾难即将临头。危急之下,阿喀琉斯同意让部下参战。他的爱卒、朋友帕特洛克罗斯穿上他的铠甲,假扮成主帅带军出征,但被特洛伊第一勇士赫克托耳杀死。阿喀琉斯盛怒。他运用神力穿戴新铠甲,杀死了赫克托耳,并把他的尸体系在战车上,拖着这个倒地不起的英雄回到希腊兵营,向众神和凡人展示他已为帕特洛克罗斯报仇雪恨。

这就是《伊利亚特》的结局,一个骄傲逞豪、血腥暴力的残忍故事。这一材料虽然不那么让人痛快,但在荷马手中变成了有血有肉饱满的故事。尤其是对赫克托耳和妻子安德洛玛刻告别、被阿喀琉斯杀死的刻画,饱含辛酸,让人难以释怀。赫克托耳预见了死亡和灾难,但仍勇敢无惧直面命运。因为他是一个英雄,不管前方是吉是凶,都要谨遵武士操守。死亡是人生的终点,或早或晚,人人都要面对。最要紧的是英勇地活着,无惧无畏,从不退缩,随时为捍卫荣耀而战,随时准备勇敢面对死亡。这些都是英雄生涯的要义。

以这种理想为标尺,荷马的神祇缺乏英雄的姿态。从定义上来说,他们有永生不灭之躯,不用为逃脱死亡付出代价。但在荷马的笔下,这些神没有任何尊贵可言。他们为鸡毛蒜皮的事情吵个不休,将斗士玩弄于股掌之上。在他们背后,命运森然若现,比男男女女、比高高在上的神都要大。不管人神有何希冀、作何筹划,命运总是如期而临,让永生的神或凡人意料不到、愿望落空。

《奥德赛》是一个魔法历险传奇故事。主人公奥德修斯从特洛伊返程途中经历了各种奇遇。他在海上遭遇风暴,船只失事,与巨人术士相会。返乡后,发现多名要人显贵争着向妻子珀涅罗珀求婚,但妻子不为所动。见此情景,奥德修斯悄然回到家中,挽强弓将这些求婚者杀死在餐厅里。

与《伊利亚特》所用素材相比,贯串于《奥德赛》中的旅行传奇出现的时

英雄之死

这个坛子于公元前750年左右制作于雅典,目的是纪念一位荷马史诗般的英雄。坛子上部中间位置是英雄尸首,悼念者站立两侧。下方的战车和长枪兵已做好出战准备。该坛制作工艺不佳,与当时希腊所处的黑暗时代相称。但其表现的英雄价值观正是希腊文明的典型特点,已被制作装饰这个坛子的匠人视为理所当然。

间要晚得多。一些学者据此认为,《奥德赛》成诗时间要晚于《伊利亚特》,不是荷马作品。但古代传统认为这两部史诗均为荷马所作。现代研究"荷马问题"的学人认为,同一个作者寻找新素材,创作出《伊利亚特》和《奥德赛》两部截然不同的作品是可能的。

荷马的影响

不管对作者有何争论,我们可以确定的是,《伊利亚特》和《奥德赛》自面世以来就一直是文学杰作。据传荷马双目失明,和前人一样使用口头创作。但荷马离世后不久,希腊人从腓尼基人那里学会了如何书写,遂将荷马诗作记录成文。当然,这里面会有一些修正改动。荷马逝去200年后,两部史诗的官方文本在雅典确定,传阅至今。

荷马史诗对后世希腊人的影响之大难以尽述。这两本书之所以被称为希腊《圣经》是有充分原因的。在过去,男孩们在学校里要背会这些诗句。荷马英雄人物人尽皆知。即便到了现在,在整个西方世界,对荷马史诗的引用都非常普遍。

荷马的观点塑造了希腊人的思想。每一个希腊人都对荷马诗句耳熟能详,对神的行为有特定看法,祭司便不能重新阐释神学教义。这样一来,有思想的希腊人完全放弃了传统宗教。希腊哲学大门由此洞开。

虽然抽象思想只对少数人有吸引力,但荷马的英雄理想深植于古典希腊社会,使身处其中的每一个人耳濡目染。崇尚暴力和一意孤行,勇气和狡诈,对功利的精明谋算和天真欢悦，所有这一切都构成了荷马定义的英雄生活的方方面面。这些特质和态度受到一代又一代人尊崇，为希腊文明定下了特殊基调。简而言之，殚精竭虑超越对手占据了希腊人的头脑。怯懦、耐心、屈服不在希腊美德之列。希腊人的这些观点看法大多受荷马影响而成。

希腊城邦的发展

荷马在中东无人能敌,希腊城邦雄视四邻。希腊的政治制度与中东发展成就形成深刻对比。这种制度与大卫王和所罗门王的官僚运转、税收维持的皇室政府截然不同,与亚述帝国和波斯帝国幅员辽阔、帝制一统的官僚结构更有天壤之别。在希腊土地上,小城邦林立,相当一大部分成年男性积极参与政治与战事。

在发展全盛期,每一个城邦都由城市和周边疆土组成,以法立邦,依法执政。但并不是每一个人都能参与城邦管理。女人、孩子、奴隶和外国人常被排除在外。在很多时候、很多地方,贫穷的男性也遭到排斥。每一个城邦都有公共事务中心,通常设在安全、有水的地方,如山顶上。这样即便遭遇数天或数周围攻,参与议事者仍能存活。时间一长,这些要塞变为城堡,下面建有城市。但在最初,城邦只是一个行政单位,不是手工艺和商贸中心。

以伊奥尼亚为例

形式完备的城邦沿小亚细亚爱琴海岸,在伊奥尼亚人中发展起来。伊奥尼亚人在多利安人入侵时逃出希腊大陆。在黑暗时代,统治希腊大陆的是贵族主导的部落理事会。这些人也组建了城邦。不过,他们的城邦比爱琴海诸岛形成的这种新政治机构要晚。

在越洋渡海前往伊奥尼亚的路途中,部落和其他传统纽带遭到破坏。逃到伊奥尼亚的人可能来自希腊各地。初来乍到,自然问题不少,需要多方帮助,没有挑挑拣拣的自由。

危急之下,古典城邦诞生。移居伊奥尼亚的人在法律规则和选拔领导人程序方面达成一致意见,并承诺只要领导人按规矩办事,他们就会言听计从。这一安排形式起源于为作战队伍制订的纪律惯例。但在伊奥尼亚人眼中,不只是士兵要遵纪守法,家庭成员也概莫能外。定下的规矩不仅适用于战事,还应成为永久安排。在这种观念的指引下,伊奥尼亚移民者同意制订永久性法律,而非暂时性规定。所以,这样的群落不再是作战队伍,而是政治联盟——城邦(英语"政治"一词即源于"城邦")。

▧ 法律的作用

在此二三百年前，摩西率领以色列人建立了另一种政治联盟。这种联盟的协议基础与伊奥尼亚人不同。希腊伊奥尼亚人是彼此之间达成协议，而以色列人是与上帝订立契约，承诺遵守摩西从西奈山上传回的上帝律法。

当然，早期希腊人也不认为律法是自己制订的。在他们看来，良法应永久地发挥作用，不应变更。但希腊人没有通过祈求神灵找到这样的法律付诸实施。因为他们的神灵就是荷马史诗中的神灵，而这些神灵秉性凶恶，反复无常，互相倾轧，戏弄人类。因此，希腊人没有求助于神，而是坚信智慧仁爱之人能运用自己的力量，发现良法。这样的法律与事物本质相契合，指引日常行为思想，决定真正、真实的人性。良法之下，万物欣荣。良法创造公正平和，促进团结协作。良法之惠不仅施于人类，还上达诸神，下及自然物体和自然力量。

在希腊大陆，城邦法律和政府一开始并没有取代部落组织。在很长一段时间里，地方首领的传统权威继续施加影响，没有必要制订成文法律。但当穷人极力抱怨为富不仁时，地方行政官觉得把拟定的习俗惯例写下来不失为明智之举。因此，到公元前600年左右，希腊大陆部落开始借鉴伊奥尼亚模式，实施城邦之治，设立地方行政官，制订法律，规定不分部落亲缘关系和当权者的个人喜好，所有公民均应守法。

到公元前560年左右时，伊奥尼亚城市落于吕底亚王克罗伊斯之手。后来，克罗伊斯败给了波斯王居鲁士大帝。因此，伊奥尼亚城市又成了庞大波斯帝国的一部分。这意味着，他们要向波斯王纳贡，派工匠远涉波斯波利斯，为大流士一世的宫殿塑造雕像。与此同时，一位希腊船长受大流士一世之命前往印度河探奇猎宝。换言之，伊奥尼亚希腊人似乎即将成为多民族波斯帝国的部分。

▧ 方阵的作用

爱琴海彼岸发生的事情最终将这一希腊人被中东文明同化的趋势逆转。埃维亚岛上有两座城市——哈尔基斯和埃雷特里亚，他们为争夺两城之间平原控制权长期征战。战争中，一种新的军事队列得以完善。这种队列名为"方阵"，对希腊语世界产生了深刻的军事政治影响。

方阵的构想很简单。重装步兵排在一起，纵深为八列。每排士兵肩并肩排成密集阵线，右手持矛，左手持盾，保证自己手中的盾牌能对右手边的战友起到保护作用。将军一声令下后，每个士兵都开始向前跑，尽可能保持紧密队形不乱。当这样一种聚合威力的队形遭遇组织松散的敌军时，方阵中每名士兵将矛尖刺向前方，形成冲锋动能，轻轻松松就能把敌人击得溃不成军。战马即便能闯过一列矛尖，也无法突入接下来的七列重装步兵挺出的长矛。而且，方阵士兵只有眼部一小块没有铠甲保护，箭击几无大碍。一个战士倒下，行列后一个迅速填补缺口。

自希腊人发现训练有素的方阵具备优势后，战争性质开始发生改变。马背上的贵族不再主导战场。虽然骑兵仍然能够追上落单的敌兵，让其束手就擒，而且在敌军方阵没有配置骑兵防卫侧翼和后方的情况下，骑兵还能在战争打响之前和进行之中发挥威力，但不再能打赢战争、坚守阵地。胜利成了披坚执锐的步兵方阵的特权。

既然训练有素的方阵可决敌制胜，而且在铁器时代，铠甲、盾牌和长矛又比较廉价，因此每一位体格健全的公民都要在年轻时苦练长矛作战和队列奔跑出击法。这种训练创造了一种不太近乎情理，却又十分强烈的归属感。为保持队列整齐紧密，年满18周岁的男性公民都要去训练场集训。在那里，城邦青年站成长长的一列，随节奏大声呼喊，希腊人称之为"唱赞歌"，一直喊到所有人都能合上拍子。下一项是披挂全身铠甲，一齐往前跑，有时是全速奔跑，有时要慢一些跑以维持队形。

凡是参加过军训的人都知道，让一大群人保持步调一致该有多难。和别人一起有过载歌载舞经验的人也知道，众人跟着同一节奏同舞是一种多么强烈的体验。人类的祖先很可能在每次打到猎物、用完美餐后，都要和伙伴一起跳舞，大声快乐呼喊。这种行为能激发潜藏在我们每个人身上的同伴情谊。大规模、有节奏的运动对参与者有极为强烈的影响，能唤起人们内心深处的情感。在现代军队，密集队形操练、仪仗队的嘹亮乐声能创造集体荣誉感。而在那个时代，当人们意识到，个人生死和城市兴亡都有赖于方阵中的每一人能否保持队形时，这种有节奏的运动所产生的情感影响远比今天的列队行军要大。因为，今天的列队行进与战斗无关。

另外，人类最原始的体验直接被迅猛激烈、需要调动肌肉力量的战斗所激

方阵战斗

在古希腊,战争胜负取决于重装步兵能否在冲锋时保持队列不乱。整支军队站成八列,士兵互相紧挨,形成坚不可摧的盾墙。尖厉的号角声中,军队齐声呼喊,跑步冲向前,以威力压倒敌军。如果初次冲锋未能挫败敌军,每人要严守自己所在方位,使用长矛决战。最终,肯定有一方溃散而逃,另一方宣布战事告捷。要在开阔地带跑步冲锋且保持盾墙不散,必须经过艰苦训练。从这个瓶绘上,可以看出,前一列向前迎战,后一列迎着号角声集合。

发。在准确把握时机刺出长矛、亮出剑刃之间,生死胜败已定。这种格斗形式是远古猎人技艺的再现。在战斗中,人们生死与共,联系紧密。个人安全和集体胜利都有赖于每个人保持队形,勇猛迎敌,把敌军击溃。

方阵激发的情感凝聚力很快颠覆了盘踞在希腊所有主要城市的贵族政治权力。士兵不再被排除在决策过程之外。这意味着,富人不能再夺走穷人的土地。因为,如果公民一贫如洗,就没有钱买装备参加方阵作战,导致城邦方阵规模太小,无力防范邻邦,灾难即将临头。因此,为加强防御,很有必要遏制公民之间的不平等现象。这种防御上的需要很快激起强烈回应,给希腊人生活打上了独特印记,与中东情况迥然有别。

斯巴达

这种倾全社会之力、适应方阵之需的极端例子发生在希腊南部伯罗奔尼撒半岛主要城市——斯巴达。公元前 610 年左右,斯巴达人与邻邦麦西尼亚殊死搏战。为击败敌人,斯巴达推出新法,规定斯巴达人人平等。还规定,所有男孩,只要年满 7 岁,就要离家接受严格训练。20 岁时,被征入特殊兵营,参加模拟战斗。30 岁时,准予回家和妻子团聚。但只要不满 60 岁,只要斯巴达方阵征召,就应该服兵役。后世认为,这些法律可追溯到远古时代,由一个叫莱克格斯的神话人物制订。

这套法律制度起到了实效。斯巴达人不仅打败了麦西尼亚,还一跃成为希腊最强大的城邦。斯巴达方阵训练有素，有精兵锐卒，无人能敌，但代价不菲。斯巴达公民除了参战备战，无事能做。为填饱肚子，他们强迫战败的麦西尼亚人（现称为"希洛人"）为他们种地耕田，将过半粮食交给斯巴达主子。

在很多个世纪里，斯巴达政体没有再发生变化。公民为赢得战争而接受训练，在家中蓄养希洛人，在相邻城邦建立傀儡政府。斯巴达还与伯罗奔尼撒半岛几乎所有城市订立盟约，规定凡斯巴达有战，每个加盟城邦都应派兵援助。如其不然，各城自保。

即便如此，斯巴达人从未战胜对希洛人叛乱的恐惧。实际上，"平等人"变成了驻扎在自己土地上的职业军人。斯巴达严苛的组织纪律压制了一切不满抱怨。他们从来不敢发生激烈争执，害怕弱化自己在希洛人面前的地位。

雅典

我们对希腊另一城邦——雅典了解甚多，发现他们对方阵的态度不是那么极端，但方阵仍然产生了巨大影响。和其他城市一样，雅典也面临着这样一个问题：如果贫者负债，可能失去土地，卖身为奴，无法武装自己，为方阵服军役。这一问题极其严峻，不容小觑。

公元前594年，梭伦出任执政官，被赋予修改法律的特别权力。他免除债务，认定因债为奴属于非法。按照每年粮油产量划分公民等级，并界定每一阶层在战争和平中应有的权利和义务。除赤贫阶层外，所有公民都有权投票选举地方法官。但该法官人选必须来自较富裕阶层。另外，梭伦还允许普通公民组成大陪审团，审查地方法官所做的司法裁决，如有必要，可以驳回该裁决。

梭伦改革让雅典城邦权力从贵族和富裕阶层转移到普通农民和方阵士兵身上。正是后者保证了这个城市的福祉繁荣。因为，没有一支强有力的方阵，谁都得不到平安富足。

但梭伦改革未能阻止雅典人之间的激烈争执。下一代中的首要政治人物是一名大贵族，名叫庇西特拉图，他在雅典和墨伽拉两个城邦争夺萨拉米斯岛统治权之战中崭露头角。公元前565年，战争结束，雅典取胜。此后不久，庇西特拉图控制雅典。他将梭伦制订的法律付诸实施，或者说是表面迎合。他满足于从幕后操纵选举。

庇西特拉图施惠于贫穷公民，让他们帮助自己对抗其他贵族。他把田地分给亲信，鼓励种植葡萄、橄榄，发放低息贷款，使他们能够撑过种植和第一次收获之间的困难。他还积极兴建殖民地，缓解雅典人口拥挤，发展黑海地区贸易。

城邦精神

希腊城邦能开发出人的能量。从一定程度上来说，这一创举空前绝后。一个普通平凡的男性公民能够感觉到城邦就是自己的延伸。他和城邦结成一体，休戚与共。人们从来没有感受过政治共同体与个体之间的同一性。城邦需要每个公民贡献时间、财富和服务，因此公共事务优先于私人事务。城邦让人们感到，有了良法，再加上自身努力，就能达成夙愿，同时保持自由之身。

为此，人们转变行为方式，适应城邦精神。巨富不被认可。炫富夸饰被视为蛮族行径。富者布施财富，让公共宗教庆典办得更壮观，或者捐助城邦公共事业。但若用于私利，则为人不齿。不论贫富，私人生活领域局限于城邦之中。不论是去方阵服兵役、参加公民集会和宗教庆典，还是议短论长，都吸引着每

雅典卫城

在古希腊，农民需要安全避难场所，以避开海盗和陆上两面突袭，于是选址建造防御工事。此后不久，他们习惯性聚在这里解决宗教、政治、经济等其他事务。由此，要塞变成中心，古典城市环绕而建。在这幅图中，我们可以看到，雅典人在这座嶙峋多石的小山上建造了避难所或"卫城"，字面意为"高城"。主体建筑是雅典守护女神——雅典娜神庙。

位男性公民的目光。但女性被严格排除在公共事务之外。外邦奴隶以及各种陌生人都没有公民权利。

僭主、殖民地和贸易

虽然方阵训练把农民转化成了热情参与的公民,但希腊仍面临几大严峻问题。人口不断快速增长是首要问题。农民生养几个孩子后,就要把土地平均分配。但是一块土地仅能养活一家人。一家之主既想武装自己,参加方阵,又想养活三四个新组建的家庭,显然不可能。

我们刚才已经了解到,在雅典,庇西特拉图靠贫苦公民的支持掌权。其他一些城市也拥戴一人执政。希腊人将这些新贵称为"僭主"。后来这一词也用来形容邪恶暴虐的统治者。在希腊一些城市,僭主虽然从政治对手那里夺得土地,重新分配给亲信,但无力解决经济问题。因为,土地重新分配后不久,人口继续增长,抵消了此番努力。

殖民

显然,应对"食众地寡"问题的第二个办法是人口迁移。伊奥尼亚在这方面做了表率。从公元前 750 年起,伊奥尼亚人殖民黑海海岸、西西里岛和意大利南部。后来,希腊大陆其他城市也纷纷仿效,将上述沿海地区变成希腊殖民地。每个殖民地变成了新的城邦,与母城仅以感情纽带相连。每座城邦都有自己的法律和政府。殖民社群通常临肥沃农田而设,以满足自身需要。

贸易的增长

几年后,殖民定居点兴旺发达,为贸易创造了可能。富裕的殖民地用余粮及其他产品换取葡萄酒、油料和制造品。此外,这些殖民地也在希腊和内陆多个蛮族之间扮演中间人角色。

数量庞大的工匠阶层在有地理之便、适合发展手工贸易的城市兴起。希腊商人驾船出海,往来于爱琴海、黑海和地中海各地。

农民在贸易发展中有利益关系。因为,希腊城市出口的最重要商品是葡萄酒和油料。跟很久以前的米诺斯时代一样,这些出自希腊土地的珍品在地中海和黑海沿岸销售紧俏。地方首领和地主争相用粮食、鱼类、金属、木材或其他原材料换取葡萄酒和油料。而进口的粮食和鱼类为希腊增长的人口提供了食物；进来的木材和金属为希腊船匠和手工店铺提供了保持贸易运转的材料。

这种交易模式与盛行于中东的经济模式有根本区别。在中东，农民进入市场的机会很少，交易量也很小。中东城市从乡村收取租税获得食物，但几乎没有送回任何商品作为交换。

斯巴达的希洛人和中东农民处于相同的经济地位。但在古希腊商业贸易活跃地区，不存在这种受压迫的农村阶层。恰恰相反，拥有小规模田产的农民一直都是理想的城邦公民，即便他们在某一时间段、某一区域人数较少时也不例外。手中没有田产、依靠贸易糊口，尤其是那些靠手艺吃饭的人常遭人鄙视，没有公民应有的尊严。奴隶承担了大部分苦差事，没有公民权利的外邦人多做手艺活，而公民仅仅在穷不得已时才干这些活计。

殖民地开拓活动的衰微

当油料、葡萄酒贸易和制造品出口在希腊占主导地位后，海外殖民活动开始减弱。部分原因在于，在近海找到良田、找到组织涣散的顺民越来越不容易。公元前535年，北非的迦太基人和意大利中北部的伊特鲁里亚人联手将刚刚扎根的希腊殖民者赶出科西嘉岛。经过这一败，希腊西向殖民运动几乎销声匿迹。吕底亚和波斯先后征服小亚细亚也在黑海地区产生了类似影响。在大流士一世统治下，波斯势力获得了达达尼尔海峡（古称赫勒斯滂）控制权，扼占爱琴海和黑海间通道。希腊不能随意进出，除非与海峡新主人达成相关条款。

与此同时，希腊人对新土地的需求也在减少。出口贸易增长，需要更多的人承担相关工作。要造船驾船、酿酒榨油、分级定等、储藏运输。要制作风帆、绳索、船桨。还要生产大量瓶瓶罐罐装酒装油。贸易增长、人口增加后，金属加工业也蓬勃发展。

总之，新的贸易模式为希腊创造了重要的经济新机遇。在贸易发达的海边小镇，商人、工匠、船员人数多，政治地位高。这些新社会群体改变了土地所有权基础上尖锐的贫富差别。

趋向民主的发展

在少数几个城市，尤其在雅典，直接或间接依赖海洋为生的新社会阶层成为推动政治民主浪潮的力量。不过，只要水手没有在政治事务中扮演军事角色，这些群体的存在多多少少还要靠方阵重装步兵。毕竟，打赢战争、保家卫城的还是步兵。

雅典舰队

但在公元前500年后不久，雅典人决定建造战船，专门满足快速机动性需求。舰首装有铁嘴，仅伸出吃水线，能撞沉敌军船只。这种设计并不算新颖，但雅典战舰数量比希腊或腓尼基任何一个城市都要多。雅典市民划桨驾船。加以练习后，他们能熟练驾驶船只，可与任何一个方阵相媲美。公元前480年，雅典舰队在希腊其他城市的帮助下力挫强悍的波斯军。随后几年里，这些驾船人建造了一个帝国，雅典比任何一个希腊城市都要富足强大。

雅典的强盛主要得益于海军取得的胜利。船员主导了雅典政治生活，就像一百多年前的方阵士兵主导雅典和希腊其他城市一样。这意味着，权力向贫穷的公民阶层转移。原因是，划桨手只需腰背有力便万事俱备。船只和船上设备由最富裕的公民提供。他们把这项任务视为一年一度的特殊荣耀。任何公民，只要四肢健全，都可划桨驾船。连那些手中没有田产、没有一丁点营生的自由人也能去当划桨手，全面积极参与雅典政治生活。

划桨是一个繁重的体力活。但那种有节奏的运动、共担风险、共怀振奋的经历与方阵将士大致相同。因此，雅典划桨手与步兵一样，在战事中受到教育，成为积极主动、坚定忠诚的公民。他们对集体价值和尊严怀有强烈意识，随时准备为城邦效力，防范外来者。

雅典民主特例

一种赋予无产公民阶层政治权利的纯粹民主之所以能在雅典行得通，是因为舰队成为雅典实力的中坚力量。其他城市没有走上雅典的道路。希腊多数城市将完整的公民权利限制在中产阶层。因为这些人买得起武器铠甲，能在方阵效力。

虽然是特立独行，但雅典民主冒险大获成功，成绩斐然。普通雅典人也能参政议政。每位公民都有权参加公民大会，讨论各项要务，以多数票作为决策方向。大多数雅典公民一生中必须轮流参加"五十人委员会"，主持公共事务。

委员人选以抽签形式决定。每一委员会以一个月为限管理城邦事务，到期后，由新委员会接手。

时至今日，这种政治参与强度仍让人惊奇赞叹。公元前510年，雅典改变投票规则，雅典人第一次拥有完全民主，能自主管理城邦事务。公元前431年，雅典与斯巴达爆发战争，雅典战败。在这段历史里，成功与毁灭同惊世人。

但我们需要注意的是，即便在巅峰时期，也只有半数成年男性能参与公共事务，领略雅典民主。没有投票权的那一半是奴隶和外邦人。其中多数是外邦人。他们自己选择住在雅典，且受到良好待遇。但奴隶生活悲惨，被迫去雅典48千米之外的劳瑞姆银矿做工，工作条件极为恶劣。

在希腊人眼里，城邦一直都为享有特权的自由人而设。女性被彻底排除在政治事务之外。以雅典为代表的民主城邦和以斯巴达为代表的非民主城邦之间的唯一区别就是：有权参与公共事务的男性人口比例。希腊人从未想过，每一个男性，不分出生地域，不分父母身份，均应享有完整、平等的城邦特权。这种权利几乎都为出生即享有公民权的人预留。

城邦文化

公民权利与义务同在。这一理念首先体现在战争中，但和平时期也不例外。没有公民能长期脱离于身份所赋予的任务。因此，城邦给希腊的宗教、哲学和文学留下特殊印记也就不足为怪了。

希腊宗教

希腊的宗教传承让人迷惑。希腊神祇可追溯到新石器时代。当时的村民不说希腊语，但他们敬奉的东西仍被希腊人尊崇，如冥王哈得斯、冥后珀耳塞福涅、丰收女神得墨忒耳等。这些神祇专司田地肥沃、物产丰厚。后来，说希腊语的部落来到希腊，带来了自己家族信奉的神祇，如主神宙斯、海神波塞冬、宙斯之妻赫拉等等。据说，这些神在不四处游历、不到凡人中惹是生非的情况下，就住在希腊北部奥林匹斯山的雪峰上。最后来到希腊的一群神祇宗系混杂，如太阳神阿波罗、智慧女神雅典娜、酒神狄俄尼索斯等。

这种万神崇拜很难行得通。各种神的职责和权力相互交叉，非常混乱。而且，荷马史诗给许多神赋予了凡人的性格，给人的印象是，神恶意满怀，小肚鸡肠。因为每一个受过教育的希腊人都在学校读过荷马史诗，后世便没有一个祭司或诗人有能力厘清万神体系，给诸神分配权力责任，赋予他们高尚品格，让人心生敬仰。

另外一个产生混乱的因素是，希腊没有独立的专家群体对宗教事实进行维护或阐发。部落首领、地方王公、家族首脑在特殊场合都能承担宗教职能。在一些特别神圣的地方，还有祭司和专司礼仪的人士。这些人中，地位最高的要数德尔斐阿波罗神庙的传神谕者。祈祷者会向他们询问神意，以获得神助。另外，还有一些游吟诗人和预言者声称自己受到启示，万事皆知。

神秘社团组织也造成了信仰混乱。个人加入这些组织后，可学到一些宗教知识，获得某方面的收益。在这些崇拜中，最出名的当属厄琉息斯秘密仪式。但流传最广的是俄耳甫斯教，该教派崇拜酒神狄俄尼索斯。

这一片混乱能给人带来什么？答案是，益处不多。但可以肯定的是，希腊人从来没有把自己的宗教简化为一种逻辑体系，而是求助于经验法则。投票成为多数宗教仪式举办的框架。各种起源的神祇崇拜、多种宗教仪式由公众控制，由地方法官决断。

比如在雅典，雅典娜崇拜与厄琉息斯秘密仪式参加同一个游行大典，即泛雅典娜节。游行队伍从厄琉息斯一路走到雅典娜神庙所在地——雅典卫城。与此相似，在阿提卡举办的狄俄尼索斯崇拜仪式上，会有戏剧表演。演出由城邦经办，由城邦官员指定的私人捐赠者付款。

帕特农神庙

雅典第一大神庙是帕特农神庙，专为雅典娜女神而建。公元前480年，波斯人入侵，夷平雅典卫城。公元前447年至公元前432年间，雅典人重建神庙。此后，帕特农神庙先后变成教堂和清真寺。1687年，威尼斯人围攻雅典，土耳其反抗军曾在庙内储藏火药。一枚炮弹被引爆，烧毁了神庙屋顶和中心部分。后来，埃尔金勋爵将大部分遗留雕塑拆掉，运往英格兰，留下图中这个比例优美的空壳。

其他城邦也有类似安排。没有人尝试解决宗教理论的差异和矛盾。掌管宗教仪式的政治家和地方法官对这种问题当然不感兴趣。他们只关心庆典是否能按时举办，并尽可能把场面做得盛大隆重。重大活动和主要节日由城邦实施管理。原有的部落和家庭仪式照常举办，但与公共宗教的宏大场面和繁复仪式相比，声势不再。

典礼性比赛

在古希腊所有宗教庆典活动中，数竞技比赛最为重要。为纪念诸神，年轻男性全身赤裸，参加赛跑、摔跤、拳击，以及其他考验力量和技能的比赛。优胜者受人钦羡，专门有人谱曲敬献殊荣，有时还会立像纪念。为了祭拜宙斯，

撼地之神波塞冬

与古苏美尔人一样,希腊人也把诸神想象成人形,认为他们住在希腊北部奥林匹斯山巅。但古希腊人还认为,神可以在隐形后随意走动。如果神发现某雕像看起来不错,会将其作为临时居所。因此,为诸神塑造雕像非常重要,因为雕像可以为附近的人带去神灵庇佑。受这种观念影响的希腊人擅长雕刻塑像。照片中是撼地之神兼海神波塞冬的雕像,在希腊海岸一处古代失事船舶中发现,找到时完好无损。雕像高约2.13米,肌肉健美,与波塞冬撼地之神的身份相称。面部表情平和高贵,显示其超脱于庸常琐节之上。

全希腊所有健将都会来参加这一著名庆典,举办地位于伯罗奔尼撒半岛西部的奥林匹亚。根据后世记录,奥林匹克运动始于公元前776年,每四年举办一次。对于古希腊人来说,科林斯举办的其他庆典活动也同等重要,但现代国际体育赛事以奥林匹克命名,于1896年恢复了这一古老传统。

与德尔斐伟大神谕者一样,体育竞技也让希腊人聚在一起。在这一重要竞赛节日里,来自不同城市的人相聚交谈。在这种场合伤害任何人,甚至是(或尤其是)敌人都被希腊人视为重罪。而德尔斐神谕者也因能决断城邦重大事项,发挥着团结希腊人、遏制城邦间战争暴力的重要作用。

虽然存在逻辑上的缺陷,希腊宗教通过在各城举办私人家族典礼和公共庆典的形式,与奥林匹克运动、德尔斐神谕等希腊特有的典礼制度一道,恰如其分地满足了希腊人的实际需要。

希腊哲学

虽然宗教发挥了一定作用,但古希腊有一小部分人不满足于这种神学上的混乱迷惑。最初,诗人尝试为神的传统建立秩序。比如,赫西俄德写了一首长诗《神谱》,阐释诸神系谱。赫西俄德晚荷马两三代出生,当时希腊人多数生活在农村。后来,贸易促进了希腊与其他民族的交流。希腊人开始意识到,他们的宗教传统既与别人有相似点，又有一些怪异之处。如果当权者产生分歧，孰是孰非？谁真正了解诸神？怀着这样的想法，少数伊奥尼亚人不再从宗教角度胡乱猜想，转而以法律形式解释自然世界。毕竟，治理城邦的是法律。也许，天堂、海洋、地球也受法律统管。不论从哪个角度出发，这个问题似乎都值得探索。出发探索这一问题的人被称为"哲学家"，字面意为"爱知识的人"。

根据后世传说，第一位哲学家是泰勒斯（公元前624年—公元前546年），居住在伊奥尼亚最重要的城市米利都。泰勒斯认为，世界是由水组成的。水凝结成地球，化成空气后变得稀薄，形成太阳、星辰、行星等炽热物质。泰勒斯没有证据证明自己的理论，仅仅是声明而已。在将水作为起始物质时，他借鉴了古老的美索不达米亚思想，即天地万物起始于原始海洋。从这一观点来看，泰勒斯的确是将神忽略在外，不论是美索不达米亚诸神，还是希腊诸神。

但从另外一种意义上来讲，泰勒斯与旧创世说彻底决裂。原因是，在他眼中，水变成其他物体的过程遵循常规模式，无须神力作用。凝结作用和稀疏作用司空见惯，在小范围内天天可以看到。泰勒斯的高明之处在于，他认为这些作用在很大范围上持续了很长一段时间，所以最终形成世界。

后世哲学家尝试对泰勒斯的这一思想进行改良。有人认为，空气是基本物质。还有人认为，基本物质具有无穷性或无限性。这有点像我们今天对外层空间的看法。再后来，土、空气、火、水四种基本物质理论得到广泛认可。该理论认为，包括动植物在内的世间万物都由四种物质混合而成。对于这些乐观的思想家来说，万物起源并不复杂。

通过排除诸神，将自然万物归功于普通法则的作用，泰勒斯和后世哲学家从一定程度上解释了不可捉摸的命运。荷马认为，人和诸神都受命运主宰。如果命运经常发挥作用，那么就有可能解释清楚这一作用的实现方式。这个方式就是自然法则。但在泰勒斯面前，还有城邦法律这一模型。米利都公民的行为受到看不见的法律纽带的控制和指引。而法律已当众宣布，人人知晓。所以，公民虽然是自由人，却仍然是法律的奴隶。是不是自然也一样？哲学家的回答是肯定的。因此，这些哲学家抛弃了诗人讲述的诸神故事，勇敢尝试用自然法则解释事物。

几个世纪以来，这种黑暗中的摸索成效斐然。现代科学就是建立在假设自然法则存在的基础上，并认定这样的法则能够以文字或数学符号来表达。没有科学，现代生活不可想象。就像古希腊人认识到的那样，科学的潜在基础是对自然法则的信仰。直到今天，我们依然作如是观。

在希腊后世，泰勒斯的基本思想仍然主导哲学发展。后世哲学家提出的问题范围更广：人类思维、语言和认知方式、行为方式、城邦治理等等。但在发问的过程中，哲学家始终坚守这样一个假设：只要努力寻找，就能发现自然法则，解答这些问题。

中东人得出了截然不同的结论。对他们来说，这一基本假设始终都是一神或多神掌控自然界和人类行为。上帝的意志，而非自然法则，才是统治宇宙的原则。

这两种世界观蓬勃发展至今。是让二者达成和解，还是将其组合在一起，做到皆大欢喜？这一道选择题仍然是西方文明的核心思想问题。

⁂ 希腊文学

希腊富豪贵胄发现，遵守方阵中农民步兵定下的基本行为准则不无必要。在此之前，希腊文学已自成一体。荷马史诗中的英雄是自我主义者，纯粹简单，与城邦毫无关联。后世诗人也将探索领域集中在个人对荣耀和爱情的追求上。

当时，所有正式文体均采用诗体，便于读者记忆。雅典立法者梭伦写诗阐明自己的政治理想；最早的哲学家也用诗歌立论。赫西俄德用长诗撰写《工作

德尔斐剧场

在希腊大地上，五月收割谷物，十月、十一月采摘葡萄橄榄。这种工作节奏给希腊人留下了充足的自由时间。他们利用夏日闲暇投身战事、出海航行、庆祝民间节日。为酒神狄俄尼索斯献祭的节日逐渐发展成为精心制作的戏剧节目，与现代歌剧很相像。因为这种节目大受欢迎，所以需要特设座位，让人们能够坐下来欣赏。像本图中的德尔斐剧场，就设有座席，方便观众看到、听到中央圆环里合唱队的舞蹈和歌唱，并对本图右方高台中上演的诸神和英雄故事进行评论。

与时日》，揭示农耕法则。赞颂方阵军旅生涯的诗歌流传久远。但除了这些特例外，大多数希腊诗人游离于城邦框架之外，沉浸于探索个人内心情感。

然而矛盾的是，在荷马史诗中得到淋漓尽致表达的英雄行为理想构成了希腊城邦生活的质地。读着荷马史诗长大的公民和士兵把荷马及其他诗人赋予武士的英雄特质投射到他们的城邦。雅典人对城邦的看法与阿喀琉斯、赫克托耳对自身的感怀相同。斯巴达人、科林斯人、阿尔戈斯人和其他所有希腊人都对他们自己的城邦有相同的看法。城邦的荣耀和伟大成为他们自身存在的目的，要不惜一切代价去追逐。胆小怯懦不可原谅。为成就城邦宏伟大业，人的体力和技能不应有丝毫保留。

因此，城邦在塑造希腊文学方面并没有起到多大作用，是希腊文学塑造了城邦。

希腊艺术

在艺术方面，这种关系颠倒了过来。城邦赋予希腊独特的艺术风格和技艺。虽然只有几个残缺的雕像保留下来，但是早期希腊雕塑让我们深刻洞察到公共用途如何影响雕像制作。

早期希腊雕塑深受埃及影响。有几尊雕像是埃及人形象，体态僵硬，充分说明当时的希腊石匠尚处于技艺不精阶段。一旦起步，希腊雕刻工艺迅速提升。公元前600年至公元前500年间，贵族赞助人委托石匠制作雕像。在雅典卫城就发现了许多这样的作品。雕像中的妇人衣着华丽，似乎沉浸在贵族奢华气息中，这与随后流行的城邦理想有很大不同。另一类型的雕像刻画的是全身赤裸的比赛选手——奥林匹克和其他著名赛事的冠军。

从公元前500年起，雕塑家将技艺倾注在以神庙为代表的公共建筑装饰上。人像艺术不再流行。为诸神塑像需要表现出那种更为抽象、更为理想化的美感。雕塑家学会了营造这种效果，创造出的古典风格时至今日依然广受钦慕赞颂。

在其他小艺术门类中，瓶饰画随着葡萄酒和橄榄油出口贸易的发展找到了更广阔的空间。因为葡萄酒和橄榄油常装在饰有漂亮彩绘的罐子中，从希腊装船运往地中海各地，所以在整个地中海世界，发现了很多这样的罐子。

因为彩绘罐发掘数量之多，我们可以从中观察艺术风格的变化。在黑暗时代，瓶饰呈几何图样。在接下来的一个时期里，希腊瓶饰画匠大量借鉴中东风格，动物行列和类似设计成为主要样式。公元前 600 年左右，独立崭新的希腊风格出现。人像描绘成为主流，有些作品技艺娴熟。画工多从荷马等诗人的故事中汲取灵感。战争、狩猎场景和体育比赛是常见主题。但与埃及壁画不同的是，日常生活主题很少出现。因此，即便从事的是相对卑微的艺术门类，希腊瓶饰画匠仍忠实于描摹人生的英雄愿景。

结论

到公元前 500 年时，希腊人发展的文明风格在一些重要方面上与其他已知地域都不相同。这种生活样式动人心魄、强大有力，足以与中东最高度发达的文化相媲美。城邦高明的制度设计，以及对所有公民的严苛要求，几乎主导着希腊生活的方方面面。自然法则的天才构思开始在几个哲学家手中成型。这种思想脱胎于城邦环境，并为其提供滋养。在这样的城邦里，公民能依照法则自主管理事务。这种所有形式的人类组织都必须忠于领土国家、国家必须受公民管理的思想，是西方乃至全世界从古希腊人那里得到的最根本的遗产之一。现代自然法则观念也源于古希腊人对世界创始的猜想。

中东吏治术、一神教与希腊城邦、自然法则迥然有别。因此，当希腊人开始构建他们独特的生活方式时，有一种情况不可避免。希腊新文明既要同中东更古老、更庞大、根基极为深厚的文明相竞争，又要与其相交融。

这一人类图景的丰饶之状与公元前 500 年时的印度发展之态相互辉映。在那一方土地上，一种伟大新文明经久不息。我们要在下一章看看这种文明是如何兴起的，又有什么样的特点。

第六章
印度文明风范

公元前 500 年

巴特那博物馆的药叉女

这尊雕像是在恒河河床上发现的，出土时几乎完好无损。为什么会沉到河里？是什么时候制作的？这些都还是未解之谜。但有一点确定无疑：该雕像是已知最早的古印度雕塑作品。其精湛工艺充分体现了当时印度艺术家的高超技巧。今天的印度教徒将这种雕像称为"药叉女"，认为其与生育仪式相关。

古印度流传下来的文学作品不太关注战争杀伐，也不太钟情国王帝国。作者创作的是他们自己认为重要的东西。比方说，他们认为真相隐藏在表面之后，这个世界的一切排场仪式不过是一次空洞的表演。当然，认定所有印度人都赞同流传下来的这些文字肯定也不对。印度多的是国王、武士、商人、舞姬，农民人口达上百万。在他们眼中，俗世意义非凡，那些对俗世之外感兴趣的人的思想枯燥无味。但我们不知道他们做过什么，想法如何，因为留下文字记录的是祭司和圣人，他们把自己不感兴趣的东西全都舍弃了。

同时，印度文学以口头形式传播，也给历史学家增添了困难。流传下来的著作靠人脑记忆，记下某部作品的大师将这些内容教给自己的学生，由此传诵下去。通过这种方式传递的文字在代际传播中发生了变化。意义不太大的段落被人遗忘，新的解释和故事被添加进去以阐发某一观点，一些旧词不再使用，新词逐渐流行，语言发生改变。因此，当这些作品最终变成文字时，已经没有办法再分辨出哪些章节自古就有，哪些章节是后人添加的。"荷马问题"之所以困扰研究希腊文学的学生，是因为荷马史诗背后的口述传统。但荷马在希腊自成一家。而印度几乎所有的早期文学全是靠无数代人口头传播积淀下来的。结果就是，在整理欧洲史料时，使用学术技术推算成稿时间非常方便，但应用到印度文学上则完全行不通。

考古学虽然能填补上一些空缺，但还处于起步阶段。而且，我们手头已有的信息片段很难与文学产生关联。考古学家必须要在废墟碎砾堆里翻翻捡捡，思考研究，但想要从这里面对思想观念和社会结构做透彻理解，难度常常很大。更加棘手的是，文学记录本身几乎没有任何关于日常所用材料和工具的信息，对政府、统治者更是只字不提。

因此，历史学家在书写古印度时面临重重困难。变化主线只能靠猜测而得。

✈ 印度的黑暗时代

在讨论已知信息、猜测印度早期历史之前,我们有必要首先弄明白在人类活动改变自然地貌前的印度地理条件。

⁑ 古印度地理

印度河下游是一片沙漠,与底格里斯河 - 幼发拉底河、尼罗河下游的周边环境很相像。印度河的这片沙漠名叫"塔尔",东南两方多降雨,长有类似阿拉伯半岛以北的草地,沿山体和河道生有树木。所有这些都与中东、希腊环境相似。不同之处在于,印度气候更炎热,没有哪一季节的气温降至冰点以下。

印度东、南两部的气候条件和自然植被与别处不同。两地全靠雨季降水生活。

冬季,中亚来的季风从北方吹向印度大陆,降雨变少,植被枯萎。夏季,风向逆转,从印度洋吹向内陆,带来丰沛降水。这种风从喜马拉雅山、印度北部阿萨姆邦和孟加拉国吹过时,产生了世界上最充沛的降水。印度其他地区的山脉也对降水和植被分布产生了影响。如印度南部德干高原气候极其干燥。原因就是,来自阿拉伯海和印度洋的湿气随两侧海岸山脉抬升时,逐渐消散。因此,葱茏茂密的森林和沼泽地沿两侧海岸延伸,而在内陆,地表主要为稀疏的森林、草原,甚至是半荒漠。

印度最肥沃、最重要的地区是东北部的恒河流域。恒河发源于印度北阿坎德邦的根戈德里等冰川。虽然长度相对较短,但比印度河水量大。另外,恒河流域尽享雨季便利。在丛林未清之前,恒河流域树木繁茂,地表潮湿松软。因土地浸水,不太适宜刀耕火种。但在恒河冲积平原两侧,林木较少,土地排水较好,为原始农民提供了良田。这与中东农耕起始的山岭地区条件很相像。

⁑ 雅利安人入侵

这一地区也是雅利安部落翻山越岭后发现的土地。公元前 1500 年左右,雅利安人开始渗入印度。当时,除了灌溉农业兴盛的印度河城市之外,印度其他地区人口稀疏。因此，在雅利安人摧毁哈拉巴和摩亨佐·达罗后，文明技艺从印度消失了几个世纪之久。当时的情况也许是，印度河文明仰赖的灌溉系统遭到破坏，但没有得到迅速修整，所以人们要么忍饥挨饿，要么逃到东部和南部的森林里。总之，印度河周围城市遭到废弃。

雅利安神圣赞美歌中有多处提到了牛和露天迁移的生活，似乎说明这些人在到达印度之后一段时间里仍然过着游牧生活。天然草场在印度西北部并不难找。在很长一段时间里，印度河及附近区域依然是雅利安人主要生活中心。但最终，这个说印欧语系的民族来到东部和南部茂林地区。在那里，刀耕火种的农民、狩猎者和采集者生活在一起。

虽然这些群落中没有哪一个能抵挡住雅利安武士，但雅利安人没有办法动用武力强迫这些人交租纳税。原因是，刀耕火种的农民几乎没有余粮。如果有陌生人来收租，他们可以一逃了之，走进森林里，藏在几千米外的小块空地上，很难被人找到。从狩猎者那里获得的东西就更少了。因为他们捕到猎物后随即吃掉。因此，雅利安人的军事优势并未迅速体现在建邦立国上。

如果这种历史复原是正确的，那么在雅利安人侵入印度的第一个阶段里，雅利安人和早于雅利安人来到印度林区的民族没有多大交集。狩猎者必须小心留意，不能猎杀雅利安人的牛群，以免招致猛烈报复。也许，雅利安人发现，可以动用武力强迫狩猎者为他们制作弓箭，还发现林中居民有祭司巫师，会祛病消灾。因为雅利安人武艺精熟，所以会以武力相胁，索取这两种服务，也很可能最终得到了满足。

❧ 农耕

早在翻越高山到达印度之前，雅利安人就已经知道了如何种植小麦大麦。渐渐地，就像欧洲和中东发生的情况那样，这些新来者定居下来，从事农耕。印度森林面积广阔，用刀耕火种开发环境廉价高效。因此，务农的雅利安人采用了原住民的种植方式。

说印欧语系的雅利安人几乎遍及整个印度。(唯有南部是特例，语言是泰米尔语。该语言变成了文学载体。)这种情况是雅利安人不断寻找新林地种植作物，再荒弃不用的结果。

战争

在印度部分地区,雅利安人创造了一种贵族式的好战尚武的社会,这与迈锡尼很像。贵族出身的战车御者单打独斗,决意与对手一争高下。吠陀赞美诗中有一些诗句就反映了这种崇尚英雄、以暴制暴的生活。我们几乎可以肯定,这些诗句是现存最古老的雅利安文学。如果长篇史诗《摩诃婆罗多》真实可信的话,我们从中可知,这些战车御者在征战时,没有像荷马英雄那样从战车上走下来,而是在疾驰的战车上射箭攻击。《摩诃婆罗多》全诗围绕两大部落之间的武装争斗故事而讲述。不过,在这一英雄框架之外是大量教人虔诚信仰的训教和传说,以揭示某一寓意,或阐明一些地方风俗、宗教活动。很显然,宗教专家从世俗游吟诗人那里获得素材,又添加了不少别的材料,以丰富原有主旨。但不容置疑的一点是,《摩诃婆罗多》中的战争场景很可能反映了雅利安贵族和战车御者所熟知的生活方式。

铁器流行后,战车不再主导战场。但在随后很多个世纪里,战车仍在典礼仪式上发挥重要作用。骑兵也参与战争,但似乎从来没有成为重要军事力量。印度气候炎热,不利于马生存繁衍,因此常从域外引进马匹。这限制了骑马作战的武士数量。因为,从印度北部一路绵延而来的山道漫长艰险,而通过海路运输马匹既费事又昂贵。

君主国的崛起

印度出现的一大变化是,大型集权君主国在恒河流域崛起。这是怎么发生的,甚至说国家建制是从什么时候开始的,仍然不为人知。我们可以猜测,铁制工具使用后,清理丛林、开垦新地变得更加容易。我们也知道,恒河流域的主粮是大米,而不是印度河流域的小麦和大麦。

要想种植大米,必须修建灌溉工程,精心准备田地。恒河冲积平原平坦湿润,非常适宜种植大米。在这种地形上巧妙布以沟渠堤坝后,就能随心所欲地控制供水。稻米生长时,可以把稻田置于浅水之下。成熟后,把水抽干,便于收获。只要建了沟渠堤坝,一年两熟就不成问题。

我们现在还不确定,这种集约式稻米种植方式是如何在恒河流域形成的。时间应该不会太长。要不然的话,肯定能在该地区找到古代城市留下的一些痕迹。当然,一些考古新发现可能证明上述推测不实。但在证据不足的情况下,我们最好还是假设,大米种植是在公元前 1000 年后不久在恒河流域确立下来的。过了几代人之后,恒河流域国家兴起。

公元前 800 年左右,讲印欧语系的雅利安人在恒河流域建立了强大的君主国。正是从这一点出发,我们可以假设,在大米种植确立后几代人的时间里,摩揭陀王国、拘萨罗王国等政权形成。稻农不可能因为躲税而搬走。为了种好稻田已经投入太多人工修建合适的沟渠堤坝水闸。与此同时,稻农也有能力交出一大部分收成。稻田产量高,一个家庭只要肯下力气,就能收获超出自己营养所需的产品。有了这样可靠的税收来源,统治者、士兵、管理者、工匠,以及其他所有与城市和文明社会相关的专业人士就能迅速出现。这似乎就是恒河流域发生的情况。

在印度地区兴起的城市和国家将文明生活注入一种真实的社会环境中。这种环境与原有雅利安文化和古印度河文化中心——印度河流域存在显著差别。造成这一差别的主要原因是印度的季风气候。后世印度文明的某些特质就是对这一气候特点的反映。比如,印度在种植时间上不存在模糊、不清楚现象。只要雨季来了,就能播种栽培。这种情况很可能促使印度人把世界看成是一场循环不止的戏剧,或者是同一经历的重复再现。在印度,时间和特定的时刻似乎

印度的帝国和宗教

这些石狮子曾高踞于印度鹿野苑 21 米的柱子上,是皇权的象征,为歌颂阿育王的丰功伟业而建。公元前 269 年至公元前 232 年间,阿育王统治了印度大部分土地。但在统治早期,他曾投身数场恶战。胜出后,皈依佛教,弃绝杀伐,视其为恶。这尊雕塑即是他信仰佛教的明证。狮爪下有轮,象征佛祖讲经弘法中,疲惫的灵魂得到解放,不断重生。柱端展现的宫廷文化的优雅和尊荣充分证明印度宗教超凡脱俗、专注来世。

无关紧要。而在中东，农民总在为何时播种而忧虑，他们需要制订精确的历法，避免犯错遭灾。

官僚制政府的发展

我们只能假设，恒河流域新王国逐渐建立起了官僚制国家机构，设立了行政人员、税吏、士兵，出现了一大批商人工匠，武装并养活了统治阶层。公元前800年左右，西印度和美索不达米亚之间的海上贸易成为常态。如果恒河流域国王想要弄清楚如何通过官僚制政府扩大权力，可从往来于中东的贸易商那里得到一些启示。这些商人对巴比伦人和亚述人的政府运转有所了解。

在恒河流域所有王国中，摩揭陀国力最强，最终崛起为帝国，版图覆盖北印度绝大部分地区。但在这之前，拘萨罗等王国分恒河流域而治，并将国土扩展到相邻区域。这些王国互相争斗，开疆拓土，将那些组织比较松散、不能抵御恒河流域国王精兵强卒的民族纳入麾下。

其他地区变革缓慢

在印度其他地方，没有发生相对快速的社会政治变革。印度河流域仍在雅利安部落或部落组群的控制之下。这些人以迁徙农业和放牧为生。南印度的真实情况无从知晓。很久之后这里才出现稠密人口和强权政治单位。原因可能是，这里有足够的土地供放牧、狩猎、采集、刀耕火种，因此不需要发生多大变革依然能维持原状。

疾病可能是阻碍印度人口增长、制约发展水平的一大因素。温暖气候容易滋生多种致病微生物，而一年之中有几个月温度降到冰点以下的地区则不会出现这种情况。因此，从寒冷气候迁到温暖气候下的人和动物往往容易因自身免疫力不足而患病。移民人数增多后，新的"热带"疾病会给这些移民带来毁灭性打击。但只要人类群落保持稀疏状态，就能抑制疾病传播。原因很简单，传染病宿主减少，人际传播次数减少，发病率就会降低。

实际上，如果说疾病是导致早期印度人口稀少的重要因素，那么很显然，恒河流域诸王国要想崛起，必须发展一定数量的人口。而且，这些人要对地方传染病有一定免疫力，能在人口稠密的定居区里生活。也许雅利安人到来之前的原住民在这方面具备优势。他们在季风气候的特殊条件下生活时间较长。另外，古代印度文化的一些方面似乎与早期雅利安文学表达的态度相左。所以，我们似乎可以得出这样一条结论：在古印度，原住民的观点和价值观保存了下来，导致上述分歧产生。但因为我们对原住民一无所知，也只能是猜测而已。

  我们能确定的是，在古印度社会里，众多族群在一地相安无事，且各自保留独特的生活方式。这种情况之所以可能，是因为印度社会由种姓组织而成。每一种姓都有特殊的风俗习惯、制度规则，与其他种姓鲜明有别。"种姓"这一概念对西方人来说非常陌生，我们将对其做出细致界定。

✈ 种姓——古印度第一制度

从现代追溯到有文字记录的时代,印度社会一直是由种姓组织而成。种姓对一个人的过去和现在至关重要。每个人见面时,第一件事就是确定对方种姓。有了这条信息之后,就多多少少知道了应做出什么样的行为,不用经历纠纷或摩擦就能做成手头上的买卖。相比而言,一个人所属的国家或王国就微不足道了。除国王税吏外,没有人在意国家体制。当然,他们两种人也各有自己归属的种姓。

今天的印度种姓是一群人食就一处,内部通婚,不与外种姓羼杂。因此,种姓身份靠世袭而得。而且在大多数情况下,每一成员都带有一定标记(一般在前额上),以亮明种姓归属。种姓的形成极其灵活。如果一群陌生人出现后,别的人都拒绝与其共餐、通婚,那么这群陌生人就能变成一个种姓,无论个人愿意与否。

大多数现代种姓与职业相关。如果有新的工作出现,如驾驶、维修汽车等,那么从事这种工作的人可能会组成一个种姓。因为,别的职业种姓群体把这种人当成局外人,不愿让他们进入自己的圈子,所以他们只好吃在一起,群内婚配。

现代种姓体系的另一个特点是,严明规则,界定种姓之间的交往方式。因此,即便与低等种姓的成员有过间接接触,高等种姓也会觉得受到"污染"。所以必须在接触之后清洗身体,或做其他仪式,让自己重新变"干净"。

有一些种姓正式制订纪律,规范成员行为。如果有人视种姓规则而不顾,则会被逐出,失去种姓,以流浪者身份处世,没有人会去接纳他。在小村庄、小城镇里,这是一种极其严厉的处罚,这种事情一旦发生,尽人皆知。但在大城市,人与人之间联系不紧密,这种处罚的意义要小一些,许多关于"污染"的种姓规则也不会得到执行。

⁂ 关于种姓社会的早期记录

当然,从现代种姓出发,我们了解不到印度历史之初的种姓情况。麻烦在于，从其他途径，我们也找不到太多关于种姓的资料。从一些随意援引的文献中，我们得知，现代种姓制度在很早以前就已经存在了。约公元前 300 年时，希腊人麦加斯梯尼出使摩揭陀王朝，并写了一本关于印度的书。他在书中提到，印度社会按照七个世袭阶层划分。一些佛经故事和讲经集也以一种完全理所当然的口吻提到种姓。这些文字很可能成于公元前 300 年前。

种姓的理论基础

比佛经故事更早的文字叫《梵书》。该书是对最古老、最神圣的梵文——吠陀的说明注解。《梵书》提出了种姓理论，认为每个人出生时身份已定，要么是专司祷告的婆罗门，要么是征伐迎敌的武士，要么是做工的农民手工艺人，要么就是最低等种姓——首陀罗。首陀罗只能做不洁净的工作，如捡拾垃圾、鞣制皮革。根据《梵书》，前三等种姓为雅利安人所有。第四等种姓专属于非雅利安人。后来，在这四等划分之外，又加上了另外一个群体，即"被放逐者"或"贱民"。在现代印度社会，贱民地位最低。

《梵书》也发展出一套理论，解释种姓不同的原因。书中写到，人生命之初并不洁净。每一个新生儿的灵魂都曾生活在别的躯体中。这种灵魂有时出自人身，有时从动物躯体而来。不管从哪里来，都在积累因果报应。这种报应有点像灰尘，在灵魂生活的过程中不断累积。只有智慧慈善之人在净化仪式的帮助下，才可避免大量积尘。在前世累积沉重因果报应负担的人会托生成最低等种姓；前世仅累积一点因果报应的人有权投生为婆罗门；介于其中的人获得中间种姓地位。不管身处哪一个种姓，都有望在来生提高种姓等级。同理，滥用一己地位，不遵守种姓和宗教行为规则的人会投生成低等种姓的人，甚至是动物或昆虫。

这些思想也许很怪异，但是谁都不应该将一个百万人信仰的东西视为荒诞不稽，不管其表面上看起来有多么不寻常。实际上，重生的信条，即轮回转世一说解释了睡眠、出生和死亡现象。只要人们假定万事万物都有灵魂，而且灵魂能随心所欲从肉体中脱离出来，那么这种解释就足以让人信服。人人都会做梦，在睡眠中"看见"东西，醒来时记住古怪遥远的场景和非同寻常的经历。因此，似乎只有相信灵魂在睡眠时离开肉体，归来后人才会再次醒来，才能解释得通睡眠现象。那么死亡是怎么一回事呢？很显然那是因为灵魂永远离开肉体，不再回来。死去的人或动物的灵魂去了哪里呢？投胎转世到新的躯体似乎是解决这一问题的有力答案。

一旦得到认同,轮回转世的信条就具备了另外一重优势。它透彻精辟地解释了人世间不可避免的不公正现象。人们不必像琐罗亚斯德教和犹太教宣扬的那样,一直等到世界末日,才能看到善者得赏、恶者受罚的图景。死亡、转世总是近在眼前。穷人和受虐待者只要耐心向前看,在种姓制度分配给自己的位置中安分守己,就能获得重生,上升到更高的等级。既然文明包含着不公正,那么轮回转世的思想就能让每一个人心平气和,忍受人生的苦痛悲伤。文明生活由此变得更加稳定。

但是《梵书》并没有告诉我们,种姓原则是在什么时候、以什么样的方式在印度确立的。情况很可能是这样的:印度从来不只有四个种姓,婆罗门祭司在很大程度上是一厢情愿,想要超越于武士和统治者之上。换句话说,我们看到的是一个祭司理论,而非对真实情况的描述。

现代印度种姓

没有人知道种姓何时在印度形成,也不知道演变的确切情况。婆罗门是印度的最高种姓。在种姓结构的另一端是所谓的"贱民",他们的地位卑下之至,不属于任何种姓,只能从事扫大街之类的不洁净工作。1947年印度脱离英国殖民统治独立后,就正式废除了贱民这一身份地位。但旧习惯消失得非常缓慢,印度生活的种姓结构仍然影响着婚姻和日常行为,尤其是农村社会。

种姓的社会和心理基础

吠陀中没有关于种姓的明确记载。有一些句子描述了雅利安人肤色和印度原住民肤色的不同。这很可能是因为,雅利安人初到印度时,还是白皮肤,清楚意识到了自己与深色皮肤人的不同。肤色不同可能是种姓产生的重要因素。

但如果就此认为种姓原则的产生仅仅是因为或主要是因为雅利安征服者想要在自己和被征服者中间设一道屏障,那么这种想法就是错误的。相反,种姓形成的最大因素很可能是,每一个群体成员都希望自己做事情时不受外界干预。狩猎者、采集者、刀耕火种的农人发现身边多了不少与自己风俗习惯不同的人。这些人大部分说的语言也跟自己不一样。如果各自成为一个种姓,就可以和睦相处。有了种姓,就能在与形形色色的人保持日常紧密联系的同时,还能保留自己的生活方式，保存家庭风俗。每一个这样的群体在大社会中占据独特的位置，具备独特的优势。这些群体成员只要弄明白自己在种姓制度中的位置，知道谁比自己高，谁比自己低，就没有生存之虞。

实际上，这很可能就是印度社会发展壮大的方式。在现代，阿萨姆邦等偏远地区正是通过这种方式融入印度社会的。有一些山区部落还处于原始状态。他们在与外界接触时，因扮演渔民、搬运工等特殊角色而形成种姓。这些群体之所以能融入印度社会，得益于定居农业的稳步发展。而定居农业之所以能实现发展，是因为人口不断增多，原有土地资源使用方式无力为继，中东、欧洲的情况就是这样。

如果将这种过程追溯到印度历史之初，则可以做出这样的推论。公元前800年后，城市开始在印度土地上出现，社会种姓结构面临危机。城市开辟了种种新可能。和乡村生活不同，人们不再一起长大、彼此熟识。到处都是陌生人，一个人可以在别人毫无知晓的情况下改变种姓。

这种移根别土式的生活场景曾在中东上演。农民进城变成工匠、搬运工和士兵，开启新生活。这些人或早或晚会将村庄生活方式抛在身后，养成新习惯，形成新世界观。在印度早期历史上肯定也发生过类似的迁移。一些佛经故事就讲述了种姓的变化。这在理论上是行不通的。在恒河流域王国城市出现的头几百年里，种姓变化可能经常发生。

尽管如此，种姓最终留存下来，并成为印度社会的主要制度。那种与卑下种姓接触后受污染的宗教观念可能促成了这一结局的产生。宗教文学清楚表明，污染是种姓制度首要考虑因素。另外一个原因可能是，印度民族亚群体数量多、种类多。时至今日，印度仍有两百多种语言，过去可能更多。石器时代的森林狩猎者、采集者仍然生活在印度一些偏僻地区，过去肯定更多。

当如此多不同的人聚集在犁耕农民的阡陌上，变得越来越密不可分时，他们能做些什么？印度给出的答案很简单：变成一个种姓。城镇吸引着四面八方的人聚到一起，各自承担不同的功能，以满足大型人口中心的需求。这些群体各个有别，组成不同的种姓后，就能在城市环境中保持独立性。因此，印度社会与希腊城邦不同。印度没有将公民同化，使其生活模式大致相同，而是为所有不同的亚群体和民族创造了最大限度的自由和多样性。

种姓组织的政治和文化影响

种姓社会组织产生了深远影响。只要人们忠于自己的种姓,政治和国家就只能起到表层作用。统治者不能像希腊城邦那样,让普通老百姓与国家同心同德。老百姓觉得,政府作为与否是当政者自己的事情。吃了败仗也好,得胜回朝也罢,只与兵卒官吏相关,与市井商贾、乡野农人没有关联。在种姓框架里,生活照旧,朝代更迭只跟最新战局有关。平头百姓对这种事几乎不闻不问,写的人不愿费神费力记录成文。我们对印度政治史的巨大认知差距由此产生。虽然政治和战争错综复杂,风云变幻,波诡云谲,对多数印度人来说意义不大。

在文化方面,印度社会的种姓组织为远古思想和巫术仪式的永久性保存提供了便利。只要祖先崇拜的宗教没有干涉到其他族群的生活,就能一代一代传之久远。受教育的少数人的思想和运动无法对崇拜仪式产生特定影响。这些仪式有的是在家里秘密举行,有的是在底层种姓集会上以半公开状态举办。但这些崇拜观念和仪式也常为受教育阶层所用。他们时常求助于原始巫术,满足自身需要。

对整个社会而言,种姓划分产生了一定程度的僵化。种姓结构强化了人类固守窠臼、墨守成规的行为习惯。如果一个人生来就是垃圾清洁工,对他来说,除了清理垃圾外无事能做。所以,种姓限制了社会流动。不过,其他文明社会也相去不远。在中东、希腊和中国,人一出生,身份既已划定。但印度种姓,以及随之相配的宗教理论让个人社会地位的变动愈发艰难。

但种姓也有正面价值。首先,它让每个人都有了自己认同的确定群体。犹太人在和陌生人一起生活时,可求诸犹太会堂。印度人在和陌生人一起生活时,或者与跟自己风俗习惯差别很大的人共处时,可求诸种姓。另外,转世和种姓理论比其他信条更有效地解决了社会不公问题。只要在自己的种姓里安分守己,就有希望在来世上升到高一等级。亚述国王曾用过相同的激励形式,创造了一支作战有力、效忠于己的军队。

这种形式不仅在亚述人身上起到作用,还让效仿的别国军队屡试不爽。对于全体印度人而言,在严格划定等级和阶层的社会中获得上升通道的前景也具备同等吸引力。因此,他们将转世投胎视为理所当然、无可非议。只要能在未来显贵,遵照地方风俗、种姓规定行为处事,又有何妨?

种姓的负面影响是削弱印度社会的军事效能。印度政权不能像希腊城邦,甚至是中东帝国那样,得到子民的拥戴和忠诚。因此,一波又一波的侵略者轻而易举地征服印度。但只要侵略者是蛮族,他们很快接受了印度文明,融入印度社会结构,变成了另外一个种姓。

因此我们可以这样说,种姓是印度第一制度。和官僚制帝国塑造中东社会、城邦塑造希腊社会一样,种姓制度塑造了印度社会。

⚔ 超验论宗教

强调存在有隐藏或超越于我们感官世界的真实领域是印度宗教的典型特点。之所以称之为"超验论",是因为这种宗教超越于普通人的经验之上。景物、声音、我们彼此之间的日常交流,以及寻常之物构成了感官世界、表面世界和物质世界,简而言之,构成了人们生活的普通、普遍和庸常的世界。但印度圣人都认为,这个世界是一场幻觉,现实是别物,隐藏于别处,完美纯洁,与精神灵魂有关。他们是怎么得出这一结论的?除了经验之外,还有什么是真实的呢?

答案是,人们不时会有非同寻常的超凡体验,如做梦、恍惚出神、狂喜入迷等。印度圣人珍视这些体验,并经历各种修行让这些体验上身。一个简单的办法是服用各类药物,但印度人并不经常采用这种办法。他们的做法是,屏住呼吸,让血液供氧量降到极低,有时还会不吃不喝很多天。这些戒身法会让人产生幻觉及其他超凡体验。当然,服药后也能做到。

这些体验唤起强烈的情感,似乎打开了一扇通往庸常世界之外的大门。简而言之,幻觉揭示了一种新层次的现实,一个隐藏和超越于寻常体验的精神真谛。这种真谛让百万印度人,让基督徒、穆斯林,以及后世的佛教徒奉为信仰。

实现这些幻觉的身体戒律被称为"苦行主义"。这种幻觉经验本身常被认为神秘玄妙,因此拥有这些幻觉的人被称为"神秘主义者"。

美国人可能会对苦行主义、神秘主义不以为然。人们总是很容易漠视别人看重的那些东西,因为我们自己的习惯、价值观和制度与这些行为经验相去甚远。但真正的任务是,尝试理解人类在与周围世界打交道时,曾经使用过的许多不同的方式方法。做出这种尝试的任何人很快会明白,印度超验主义尽管初看起来不可理喻,但曾经是、如今依然是一个吸引力十足的世界观。

⚜ 超验宗教和种姓

正如我们预料的那样,种姓和超验论宗教相辅相成、互为支撑。既然宗教教义已经阐明,万事万物不过是幻象,那么追逐财富、权力、声名、荣耀显然愚蠢可笑、徒劳无功。当然,并不是所有印度人都不要这些东西。但大部分印度人都认可这样一种观念：追名逐利之人不睿智、不良善、不高贵，比不上为求索神圣和宗教真谛而抽身出世的贫穷苦行者。这种态度同种姓一样，削弱了当政者在军事政治方面所做的努力。

将种姓划分合理化的轮回转世信条也与超验论高度契合。通过神秘幻觉接近的精神现实领域与游离于身体的灵魂居所是同一个地方。因为，神秘主义者的灵魂很显然是在迷幻之时脱离肉身的。一种超凡世界观由此形成，日常生活似乎变得琐碎不堪，无关紧要。与之相比，在灵魂居住的精神世界里，一些灵魂纯洁无瑕，摆脱了物质羁绊；一些灵魂与生活在表象物质世界的特定肉身偶然产生关联。

超验主义的发展历程

印度宗教成为独具一格的超验主义并非一蹴而就。入侵印度的雅利安人带来的宗教与原住民信奉的宗教相似之处很少，或者说是完全不同。雅利安神祇跟印欧民族相像，是对太阳、空气、天空、雷电、火焰以及其他自然力量的模糊拟人化。祭拜仪式在室外特别准备的场所举行。但这些祭坛适应游牧人的生活方式，用完一次后即遭废弃，不太容易变成神庙。宗教仪式的中心环节是，屠宰动物向神献祭，饮用一种名叫"苏摩"的酒精饮料。这种饮品取自一种植物的汁液。具体是哪一种植物，如今已不得而知。祭司准备献祭活动，通过声音和手势呼唤诸神享用祭品。

这些描述依据《梨俱吠陀》赞美诗和其他三部吠陀文献而得。现今流传于世的四部吠陀文集由祭司整理而成。祭司在准备祭坛、举行献祭仪式时要朗诵这些赞美诗。但编成之初用作何处，我们还不太清楚。尽管吠陀曾经用作祭祀场合，但现存的一些吠陀文献资料似乎与祭祀仪式关系不大，或者是完全没有关联。这些赞美诗存在了多长时间，我们也不太清楚。有一些可能是从雅利安人侵时代就已留存。

雅利安人到来之前的宗教

关于印度宗教的另一主要元素，我们知道得更少。整个印度河文明的宗教思想完全不为人知。从印度河遗址发现的两三处印章雕刻图案与后世印度教主神湿婆极为相像。这表明，印度河崇拜和后世的印度教存在连续性。这种连续是完全可能的。因为，哈拉巴和摩亨佐·达罗覆亡后，村庄一直存续，村民原来信奉的诸神还在。我们可以这样认为，印度河祭司宣称自己有惊人魔力，可以在每次献祭时重新创造世界。我们还可以这样假设，神秘幻觉对雅利安人入侵之前的印度宗教非常重要，但我们对此还不能肯定。后来的印度宗教之所以宣扬转世轮回，重视神秘幻觉，可能是重新创造，而非对雅利安人入侵之前思想风俗的肯定。

后世印度宗教文献之所以与吠陀梵语相去甚远，很有可能是因为，雅利安人放弃了居无定所、尚武好战的游牧生活方式，改为定居农耕。

激进转变是由特别的宗教研究流派推动的。这些流派创立的目的就是将神圣传统在一代又一代祭司中传播下去。在献祭仪式上，祭司必须在正确的时机说正确的话语，给出正确的手势，否则整个仪式起不到应有的作用，会让神祇怏怏不悦。更糟糕的是，如果把仪式搞砸，还可能让神祇动怒。因此，祭司的头等大事是对做什么、说什么一清二楚，没有半点含糊。这就需要一个将宗教经文牢记于心、记忆得一字不差的大师传授指导。

我们不知道这样的流派是在什么时候产生的。但自其产生之后，吠陀即具备了固定的形式。那些将古老、不常用词语的发音熟稔于心的师父坚持认为，只有一字不差地诵记经文才能取悦神祇，此外别无他法。而且，随着日常口语不断发生变化，古老的词语含义和语法形式开始变得晦涩难懂，很有必要对梵文这种宗教语言进行系统性学习。但印度祭司完全依赖口头记忆保存和传播梵语文学典籍。在他们眼里，神祇不愿意听人诵读，必须把圣文牢记于心。

这种对书写的偏见阻碍了书面文字的发展。即便到后来，文字成为政府管理日常事务的载体，书本典籍也从未用在宗教仪式中。教育体系建立在记忆的基础上，其他别的形式都被视为低劣卑下、不足为道。这就意味着，几乎所有的文学形式都必须以诗句形式呈现，便于诵者记忆，并起到提示下文发展的作用。

想要弄明白吠陀的含义，只掌握梵文语法是不够的。尤其是那些随献祭仪式诵读的诗句，原本是为其他场合而作，要想读懂更是难上加难。对于祭司而言，必须事先挖掘这些诗句的神秘内涵。为此，博闻多学的祭司和学生自创解释，以便读通古老诗句的"真实"含义。这些解释穿凿附会之至，很难让我们信服。但是，解释工作也为祭司自由发展自己的宗教思想创造了机会。他们将吠陀肤浅直白的含义弃之不用，把自家之言处理成具备深刻内涵的符号或暗示，宣称只有专家学人、有识之士才能够揣摩领悟。

《梵书》

深入阐发祭司思想的文字被称为《梵书》，其主旨是颂扬祭司权力。神祇的重要性退去。实际上，吠陀中原有诸神几乎与傀儡无异。如果献祭活动没有纰漏，则享祭的神祇必须将长寿康体、繁盛牛群赐给献祭人，并满足任何由祭司代表献祭人提出的要求。《梵书》的极端形式表现在，其信条声称祭司创造世界，每承担一次祭祀典礼，就会赋予诸神新生。简而言之，万事万物都仰赖祭司，以及他们能正确无误举办献祭活动的能力。如果献祭人吝啬小气，不愿支付祭司要求的全部费用，祭司只要在仪式上加上一两个字，就能把祝福变成诅咒。

苦行主义

并不是每一个印度人对这种祭司一手遮天的宗教满意。一些苦行者只身遁入丛林，逃脱庸常生活的苦痛烦扰。他们常遭受饥馁之苦，采用各种自我克制之法，抑制七情六欲，志在断除肉体欲望。通过这种方式，苦行者能做到不少令人称奇的事情。比如，控制心跳呼吸，及其他"自主"生理活动，降低生理活动速度，最终完全停止。

印度苦行主义的基本思想是，肉体欲望作恶不善，干扰人们对真理、欢喜和美好的追求。而苦行者可以在迷离出神中发现这些至高无上的价值观。在不同的时间段里，他们还可以进入狂喜状态，彼此结合，找到无限无上的真实。但过一段时间后，狂喜之感渐渐消散，神秘主义者重归庸常感官世界。

在印度，神秘主义者和圣人备受尊崇，常有弟子跟随，即便身居僻远森林，也受人慕名拜望。这些弟子想要模仿大师，学到如何产生神秘幻觉。因此，这种大师与弟子的关系与吠陀学校中的老师与学生的关系不同。吠陀学校培养的是祭司，教授的是祭祀圣文。不长时间后，圣人的话语似乎也值得用心诵记。因为圣人一生苦行修身，其经验见解为人敬慕，值得记录成书，印度文学的另一种形式——《奥义书》由此成型。

《奥义书》

从上述起源可以看出,《奥义书》不关注祭司、仪式和典礼,与《梵书》形成鲜明对比。不过,两书的成书时间可能大致相同。《奥义书》的中心教义可用一个短语表达——梵在各别事物中的呈现。这个短语很难译成英语,因为英语词语无法确切形容梵语含义。大致意思是,每一个人类灵魂(各别事物)都是宇宙精神(梵)的一部分。精神是唯一真实的现实。物质肉体均为虚幻,把芸芸众生蒙蔽于事实之外。学习如何抑制肉体、解放灵魂,就能达到梵我合一的境界。进入这种境界的人可在游历之后回到庸常现实,再告诉别人。这就是《奥义书》的要义。

神秘主义者通过这些语句,阐释自身奇幻经历的含义,并从这一简单的逻辑出发,继而阐述人生。在他们看来,依照吠陀从神祇那里获取财富长寿并非好事。相反,正当合理的宗教目标应该是逃离生活,让一己灵魂回归本原——梵。

重生和因果报应的信条与这种框架完美契合。有了这种框架,人们就有希望上升到层级最高端,将因果报应的重负一并舍弃。灵魂不必轮回,而是实现梵我合一,完全摆脱任一形式肉体的羁绊桎梏,逃离物质世界人生的一切苦痛不适。

这种观念认为,逃脱自我后可实现永世极乐。一个人可能要经历许多化身才能上升到这样的高度。而邪恶之人会在一次又一次转世投生中下滑堕落,离解放肉身苦痛的终极目标渐行渐远。智慧慈善之人知道目标之所向,也知道如何快速实现终极目标,那就是,模仿圣人苦行,出神入定。

婆罗门祭司认为这一修行理想适合老年人。因为人年轻时,需要履行家庭职责,参加献祭净化仪式。苦行是一种折中方式,对贫穷的农业社会很有意义。老弱之人不能再做工,成为家庭的重负。他们走到森林里,可加速死亡,缓解亲人赡养负担。同时还能解脱入圣,转世重生,或许还有望摆脱转世,完全逃离生命之苦。最终,这些观念与吠陀仪式,以及个人虔诚信仰特定某神的新思想结合在一起,创造出了印度教。

佛教

长期来看,这一结合最终在印度流行起来,但印度教用去了几百年的时间才完全成为核心信仰,而其元素早在公元前500年时就已在印度广泛存在。印度教渐进式流行的一个原因是,另一种信仰——佛教在公元前500年前形成,而且在几个世纪里主宰印度和亚洲大部分地区。

佛教之所以兴起,是因为并不是每个人都愿意过婆罗门祭司推崇的、分裂于日常活动和苦行抽身的生活。有年轻人觉得日常生活完全无可留恋,希望即刻抽身而逃。乔达摩·悉达多王子,也即佛陀,便是其中之一("佛陀"也是一种称谓,意为"开悟之人")。佛陀生于公元前500年前,很可能卒于公元前485年。

乔达摩·悉达多的性格和权力可解释他的教义所产生的影响力。他不止一次有过神秘体验,即佛教徒所说的"开悟"。有一天,他在一棵树下入定,并在灵光一闪中看到了宗教的所有基本真理。佛陀的幻觉与《奥义书》的目标一致,即自我毁灭,逃脱转世投生的所有苦难。这一点可通过八正道实现,即正见、正思维、正语、正业、正命、正精进、正念、正定。

佛教所有流派都建立在八正道基础上。不过,要想弄明白每一正道的内涵并不容易。据推知,佛陀立下的这些短语是他自己的生活写照。信徒听法时,会询问佛陀应该如何行为立身。佛陀以常识的形式一一解答了这些问题。渐渐地,一整套关于美好生活的规则从这些问答中形成。但这些规则只适用于那些寻找涅槃解脱的人。"涅槃"是佛教徒对达到无我境界的叫法。因此,佛陀的教义只适用于虔心礼佛、不惜一切发展精神力量的人。我们通常把这种人称为"修道士""僧侣"。当然,这一叫法从基督教而来。但佛教僧侣归属的组织、尊奉的规则与基督教修道士迥然不同。

比如,佛教僧侣不常立誓,佛教徒团体也不单独设立首脑或管理者。因特殊目的,可能会有一名僧侣承担特殊职责,但每一位僧侣都独立自主,根据自己的意志和判断管理自身活动。佛陀在世之时享有这样的尊荣。信徒在重要事情上都服从于他。新皈依者要参加非正式谈话,看有无诚心、动机何在。每隔一段时间,僧侣们都要聚在一起,诉说自我精神体验,袒露一己弱点。

这种非正式的共同生活形式强调所有成员平等无二,可能是效仿佛陀青年时代所在的贵族部落。如果是这样的话,则佛陀之所以信徒无数,秘诀之一就在于僧侣所维护的佛教团体。因为,当时出现了这样一个新背景:摩揭陀等官僚制王国权力越来越大,个人自由独立越来越难以坚守。而佛教团体正好解决了这一问题。

佛教建筑

为了给自己的信仰找到公共表达方式,佛教徒兴建佛塔,盛放释迦牟尼和一些圣僧的骨灰,以示纪念。这张照片中的佛塔位于印度中部,目前处于失修状态。原因是,佛教的影响力最终从诞生地消退,没有人再愿意修缮佛塔。但在佛教全盛时期,印度普通老百姓常去此地朝圣观瞻,在肃穆的仪式中绕佛塔而行,因到过圣地而心满意足归家。

也许是因为这一点,同时也因为佛陀阐明的宗教日常生活具有吸引力,其在世之时即有信徒追随,离世后依然没有解散。不仅如此,佛教不断吸纳新教徒,分支遍布印度各地。因此,在佛陀离世200多年后,印度俨然变成了佛教之国。

僧侣分散而居,对佛陀教义各有阐释,各有侧重。因此,今天存在于佛教徒之间的巨大分野可能很早以前就出现了。但佛教运动之所以持续无衰,就在于佛陀立下的生活规则和团体组织。僧人团体一直都是佛教的组织形式。发展信徒团体,而非执于教条细节,这就是佛教发展壮大的秘诀。

但这同时也是佛教的一大缺陷。佛教并不适用于所有场合,即便是普通老百姓向僧侣布施斋供,去圣人骨灰供奉处、佛陀开悟等神圣事件发生地朝拜也并不足够。虽然,相关各方各自如意,但不如意的是佛教缺乏仪式典礼纪念出生、婚配和死亡三件人生大事。在这方面,印度家庭不得不求助于婆罗门祭司。因此,印度从来没有成为一个纯粹的佛教之地。掌握吠陀教义的婆罗门继续在印度日常生活中占有一席之地，吠陀学习依然没有中断，与佛教寺庙，以及形式更为极端的苦行者群体形成了竞争关系。

但印度为所有宗教留下了一个空间。任何一个对成员有特殊要求的宗教团体都可以融入种姓制度，化身为另一个种姓。在不信佛的印度人看来，僧侣组成的佛教团体就是一个种姓。佛教徒或因圣洁受到尊崇，或因神力为人所惧，所以自成一体，与其他种姓不同。

而且，正如各个种姓调整自己的风俗习惯以相互契合一样，婆罗门祭司、佛教僧侣、隐居森林的苦行者也各自相互借鉴，适应对方的行为方式。这种适应并没有按计划或设计进行，而是在相遇后点点滴滴改变而成。此后不久，婆罗门也接受了佛教徒和苦行者信仰的超脱尘世的宗教目标。印度各宗教流派由此具备了超验性质。献祭和仪式被重新阐释为帮助灵魂摆脱轮回的手段。旧有注重实用功利、鼓励虔诚的激励办法不再显得那么重要。宗教的注意力从现世移开。信奉各宗教的圣人、祭司、司仪都认同这一观念：摆脱轮回、超越庸常才有修为。

结论

公元前500年后不久，当印度各宗教流派在战胜苦痛这个问题上达成一致认知，后世印度文明的特点之一就此形成。环视全球，唯有印度成为灵性和超验愿望的家园。

然而印度生活的这一面只写成了一半故事。一边是对感官和物质价值的淡化，一边是奢侈无度的宫廷生活。没有书籍文字对这种生活大加称扬，所以我们对此知之甚少。印度在手工技艺和吏治术方面也取得了很高的成就。许多印度人对现世抱以极大关注，一些人为满足感官享受无所不用其极，所用精力与苦行者探索清寒俭朴修行之道相当。

也许，这两个极端构成了相辅相成的关系。苦行者和耽于感官享乐者之所以存在，部分是为了向对方证明自身存在的价值。不管这个判断正确与否，身处其他文明的人对印度感官生活的印象不如苦行超验深刻。从这个意义上来讲，是宗教传统而非宫廷文化进入了我们今天所看到的印度文学记录。因此，如果把宗教传统视为印度文明最主要、最典型的特征也许不无合理之处。

公元前500年，佛陀弘法生涯行进过半。印度文明的特殊品质清晰显现。与此同时，人类伟大的教师孔子正在中国施教育人。下一章中，我们必须把注意力转向那一部分世界，看一看与我们已经研究过的文明相媲美的第四种文明如何在黄河流域形成。

第七章
中华文明风范

公元前 200 年

中国御龙

在中国古代,神权和世俗权力融为一体,从未分离。超自然野兽——龙是这种结合的象征。图中所示的龙用青铜铸成,在1911年前的漫漫中国史上一直是皇权的象征。

||||||||||||||||||||||||||||||||||||||||||||

  中华文明发源于黄河流域。黄河越过崇山峻岭，穿过冲积平原，东流入海。上游半沙漠地区是内蒙古，外有雪峰耸立，黄河由此发源。在北部中亚高山发源的诸多溪流中，黄河位于最东面，水量最大。其他多数溪流途经山脚下的沙漠时蒸发殆尽，但在从沙漠断流之前，创造了大大小小的绿洲，灌溉农业蓬勃兴起。黄河川流不息，奔腾入海。

中国地貌

黄河之所以水量更大、水势更猛，部分是因为中下游河道处于季风性降雨区北部边缘。该地区降雨季节分布不均，不时降下倾盆大雨，但有些季节很少降雨，或根本无雨。在到达冲积平原之前，黄河流经一种特殊的土质，地质学上称为"黄土"。这种细沙尘土壤是在冰川时代由北部沙漠吹来的风沙堆积而成。在世界其他地方，也有黄土形成的小型堆积区。黄土的特点是，土质肥沃，利垦殖，但易遭腐蚀。实际上，黄河正是因为在流经黄土区时，携带大量淤泥而得名。

黄河到达平坦的冲积平原后，淤泥沉入底部，河床抬高，因此时时改道，跟幼发拉底河情况一样。雨季刚下过第一场雨，遥远的中亚雪峰融水也流到黄河下游，导致洪灾肆虐。但它也是中国的摇篮，被中国人称为"母亲河"。在这种反复无常的气候下学会农事的人们从根本上塑造了中国社会。只要能把黄河治理好，管理中国南方流域就相对容易得多。原因是，黄河流域旱涝不断，农事艰难，人们已经养成了辛苦劳作的习惯。

随后，中国人向南迁入另一大河流域——长江流域。这里的地理环境比黄河优越，种田更有保障。在流过三峡下游的湖泊时，长江水流得以清理，因此下游携沙很少，不易发洪。另外，长江流域降水季节分配均衡，所以也很少发生旱灾。自然状态下，长江流域植被茂密，冲积平原非常湿润。再往南去，地形多山，起伏不平。因降雨充沛，中国南部山区在受人力开垦之前，被繁茂丛林覆盖。

中国农耕形式

考古工作在中国还处于探索阶段。实际上，我们对中国的块根和稻米种植情况一无所知。这种农耕形式应该是在公元前 2400 年时就已经存在于中国的中南部河岸地区。那时，在黄河中游地区，水稻已经成为比较重要的粮食作物。但因为水稻必须长在淡水浅塘或每年春洪形成的沼泽地里，黄河流域早期农人没有将大米作为主粮。他们的基本作物是小米，长在黄土地上，无须灌溉。除了小米之外，这些农人还种植小麦和大麦这两种西亚主粮。因此，情况看起来似乎是这样的：在新石器时代，中国北方农民种植的作物和使用的农耕技术既吸收了西亚的做法和庄稼品种——小麦和大麦，又采用了独具一格的农耕办法，种植中国特有的粮食作物——小米，可能还有大米。

中东、欧洲和印度的文明社会与中国的根本区别在于犁的使用。梨耕在中华文明中发挥重要的作用。中国在春秋战国时期，已广泛使用犁。犁耕在中国农业中的重要性比不上欧洲大部分地区。即便在今天，中国农民不用畜力依然能耕田。一些农田面积太小，所有者只能自己动手耕种收割。因此，中国农耕不论过去还是现在都像是园艺劳动，即大量投入人力，畜力只占次要位置。相比之下，中东、欧洲和印度的文明民族使用犁，利用畜力种田。这样一来，开垦的田地多了，就能支撑农耕之外的专业人士，依靠他们的技艺创造文明。

为什么犁耕没能在中国快速推广？原因不难找到。中东和黄河流域之间的绿洲地狭人多，沃土有限。背着锄头、铁锹的农人有的是时间占上所有良田，而当时这些开拓者还没听说过犁这回事。占地之后，他们也完全没有理由从人嘴中夺粮，饲养个子大、食量大的牲畜。因此，虽然犁是在中东发明的，但犁耕农业仍未能在中东和古代中国版图间的中亚绿洲区快速传播。

但如此一来，中国人怎么可能在不用犁耕、不能增加人均粮食产量的情况下创造文明呢？第一个方面的原因是，黄土地非常松软，容易挖掘。黄河流域的农民只要肯下力气，就能多垦地、多种粮。而且，下足了雨后，黄土特别肥沃。

另外一个因素可能也特别重要。因为黄河流域黄土区特殊的地理特点，早期中国农民比多数地区的农民更容易征税。在黄河流域黄土区农业发展之初，适合种植的土地非常有限。北方西方两面有沙漠，冲积平原地区又太潮湿，必须先建上完备的沟渠堤坝才能种粮，只有中间地带的黄土地适合种田。但这些坡地、块田涵养不住水分。在大多数年份里，必须依靠充足降雨，才能长上庄稼。另外，河谷严重受蚀，地块之间彼此分割。沼泽地或陡峭难以耕种的坡地将地貌切割成一块块良田"岛屿"。

税吏一来，在这些"岛屿"上种庄稼的农民很难避之不见。他们没有别的地方可去，这里没有欧洲和印度那样的广阔森林，能让他们花上几个星期的工，就能清理出一块新地来。黄河流域的沟渠堤坝要花上很多年才能建成。待这项巨大工程完工后，才能把单个的黄土"岛屿"连成片，开启中国农业进程。但是这种宏大的工程项目是由统治者及其官吏组织的,干活的当然是穷苦农民。

园艺式种植需要投入大量人力,给中华文明留下了永久印记。在大多数历史时期内,因所费人力之巨,中国农民开垦新田的速度很慢。但维持中国式农业的人力之巨也意味着,当中国人迁往新区域时,不论从字面意义上来讲,还是在内涵上,他们将自己深深地掘入了新地形之中,完全改变了土地原来的使用模式。

实际上,中国农民就像一块巨大的冰川一样移过东亚。从公元前2400年左右开始,他们从黄河流域黄土区的特殊环境里小本经营起步,然后缓慢但坚定地向东南两方迁移,并于近代北移至东北地区。在这一巨大的扩张过程中,中国园艺式农民与土地的关系比使用犁的农民更为紧密。他们在开垦每一座山谷、每一片山坡时,都需要体力为艰,一寸一寸,胼手胝足。

这种农业形式产生的一个结果是人口密度极大。虽然一家一户上交的余粮相对较少,但把家庭总量计算在内后,数目相当可观。一个以规模庞大、极度稳定为特点的文明便可建立在这种剩余的基础上,在中华大地上勃兴。而且,处在中国社会底层的农民极能吃苦耐劳,依靠畜力耕作的农民无法比及。

古代中国的家国一体

我们对中国古代的认识多依靠历史文字描述。跟印度人不同，中国先民注重历史记录，以宏伟篇幅详细记载过去发生的事件。这些记录根据帝王在位时间和朝代编制。如今，依据这些时间轴线划分中国历史依然是惯例。即便有些时候，统治家族或王朝更迭不太明显，也仍遵照此例。

采用编年法研究中国历史必然会产生这样一种结果：研究者只能将注意力集中在宫廷生活和朝政上，很难察觉出地方各省发生的根本变化，以及中国社会整体结构出现的渐进转变。但这些史料至少为中国的政治历史做出了界定。现代学者应用的各种测试显示，早在公元前 1000 年左右，中国帝王在位日期就已被极为精确地记录成文。这在希腊或中东非常少见，印度更为罕见。所以，我们十分感谢中国古代学者和历史学家兢兢业业记录朝政。

中国统治王朝

根据成文记录，中国先是受五帝统治，多数实用技艺均由其发现发明。这些传说可能是对文明生活兴起的解释。后来，人君统治夏朝。商朝接替，存续时间为公元前 1523 年至公元前 1028 年。考古学家目前还不能确定夏朝定都何处。但可以肯定的是，在许多新石器时代的村庄里发现的精致黑陶和结实土墙可能就是这个笼罩着神秘色彩的王朝的产物。

考古学在研究商代历史时派上了大用场。20 世纪 20 年代末，考古学家在安阳开展发掘工作，认定此地即是商朝第三座也是最后一座都城所在地，建都时间从公元前 1300 年开始，至公元前 1028 年覆亡。安阳城为长方形，每面城墙中段设有城门，城中两条主街交错。这种布局与中东战车御者设计的军营一模一样。二者关联之处还有：战车和马匹配套使用；兵器由青铜制成；专门针对战车作战时战场空间促狭而设计短弓劲弩。

这似乎表明，中国在商朝之前就掌握战车作战技巧。

商文字

不管与西亚可能存在什么样的联系，安阳文明为中国独创。也就是说，安阳的商朝统治者所用的艺术风格和书写方法一直传之后世，并蓬勃兴盛。当然，商朝也有一些风俗后来被弃之不用，比如，活人献祭、甲骨占卜术等。后者是把写有问题的绵羊肩胛骨、龟甲加热后，由专人根据一种特别的传说"读取"裂纹，给出是与否，回答问题。最让人称奇的是，在安阳发现了上万片布满裂纹的动物肩胛骨和龟壳，写在上面的文字与现代汉字极为相像，学者不用费多大力气就能读懂古代安阳统治者向神灵提出的问题。

现代汉字和古代安阳文字都是象形文字，建立在上千个简化了的小图形基础上。这些图形，以及若干图形组合形成单个"字"的方式，与已知任何一种文字系统都不相同。这种文字形式肯定是在中国发明的，创始者可能在发明之前听人说过词和句子能被书写下来。总之，安阳发现的文字系统非常完整，能记录下任一句子或思想。美索不达米亚文字是通过渐进发展而来。但中国考古资料极不完善，我们不能确定汉字是一次创造出来的，还是逐渐发展而来的。从已知情况来看，像是一次成型。

安阳考古发现证明，公元前 1600 年至公元前 1300 年时，黄河流域的的确确已经是一个相当庞大的帝国所在地。这里的城市很大，设有专门的手工艺人生活区。从此地出土的一些物品表明，当时的手工技艺已经达到相当高的水平，尤以青铜器皿为佳。器物上饰有复杂图案，精美绝伦。其铸造技术之精，至今

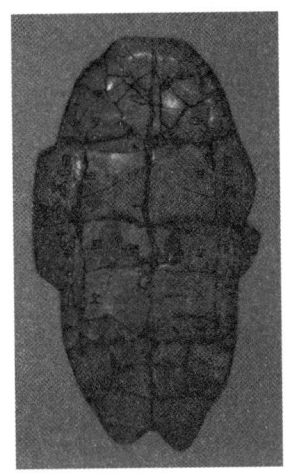

安阳甲骨

如果中国统治者需要探查未来吉凶，会把问题写在一块特制的骨头或龟甲上，并将其加热，直到出现裂纹。从裂纹走向可以得出肯定或否定答案。20 世纪 20 年代，在安阳发现了上万片刻有文字的骨头，如本图所示。令人称奇的是，甲骨上的文字与现代汉字非常相像，学者由此可以了解到早在 3400 年前的问题，诸如"会下雨吗？""蛮夷会来攻城吗？"等等。没有任何一个文字传统能延续这么长时间。甲骨文是中华文明一脉相承的证明。

无人超越。这些用于宗教庆典的青铜器皿与早期黑陶罐造型相似。这说明，如果夏朝确实与黑陶遗址存在对应关系的话，则说明夏商两朝存在一定的宗教连续性。

商朝的宗教和家庭生活

我们只能从甲骨文占卜中得到关于商朝宗教的可靠信息。但龟甲和动物肩胛骨上的文字只揭示了整幅图画的一个片段，其他的行为思想我们不得而知。从甲骨文中可以知道，商朝信奉与各种自然物体相关的神灵，如山、湖、河等。他们也敬奉祖先之灵，希望先人保护后嗣不受自然灾害之苦和蛮族突袭之难。

商朝统治者对祖先魂灵的重视反映了家庭在中国人生活中的关键作用。当然，每一个社会都有一定的家庭组织，否则也无法养育子女。但中国的家庭非同寻常，自远古时代起似乎就对家庭成员产生重大影响。一个中国家庭并不单由父母子女组成，而是一直延续到无数代。生者只是一个更大、更有力群体的一小部分，这个群体还包括祖先之灵。只要后代能尊敬纪念祖先，就会得到他们的指点、奖励和庇护。没有祖先保佑，什么事情都办不好。有了祖先保佑，就能交到好运，发达兴旺。

在生者之间，中国家庭也严遵礼仪家规。长者有威，不得违逆。男性为尊。妇从夫，弟从兄。表兄姊、堂兄姊之间也有严格的规矩，根据年龄及父母仔细划分，做到长幼有序。尊卑高下人人皆明。长者吩咐，幼者服从。这种听命服从的心理压力会随年岁渐长得到补偿。为长者必有尊，辈分较低者必须服从。

很显然，并不是所有的中国家庭都遵守这一套规矩。中国当然也有悍妇逆子。但是这一理想清晰明了，其塑造老幼言行的力量曾经非常强大，直到今天依然如此。从近代旅居海外的中国人身上就可以看出这种力量之强。大多数中国人遵守礼仪家规，即便移居美国也不例外。公开与父亲作对的行为非常少见。旧有的家庭习俗传统一代一代传之久远。

疑问在于，这种家庭生活模式是在什么时候、通过什么方式在中国形成的？自商朝开始吗，还是商朝以前就已经出现？商朝与祖先祭祀有关的文字表明，两者皆有可能。但祖先崇拜似乎只局限于社会上层。历史上，农民家庭规模从来都不大，跟富人家庭不一样。只有相对富足的家庭才有能力举行耗时的典礼，在亲戚族人之间确立家庭纽带。起初，可能仅有王公贵胄之家才会祭奠自己的祖先。情况到底是什么样的，我们还不清楚。

家庭的重要性在以下事实中得到强化，即中国古代似乎没有身份鲜明的祭司阶层。在所有普通场合中，家族族长担任祭司一职，与鬼神打交道，与祖先沟通。族长从父亲那里学到传统的典礼仪式，再传给长子。中国古人似乎主要通过家庭渠道寻求超自然庇护，而不像其他文明社会那样，从外部寻求力量。父亲的权力由此大大提升，成为祖先魂灵和生者之间的纽带。不遵父命者可招鬼神共诅。

为担负起祭司职责，族长很有必要学会书写。原因是，历史之初，中国人即已认定，向祖先征询意见的最好办法就是写祭书。我们已经看到，商代的文字是写在龟甲和绵羊肩胛骨上，但很可能只有王公贵胄才会使用这种办法，特制的甲骨写不下所有人的愿望。后来，通用办法是将问题写在一张纸上，再把纸烧掉，使其"死亡"，以传信于鬼神。在发明纸张前，中国人可能也使用过其他容易腐坏的书写材料，但因无法保存，我们无从得知。

在古代，教育机会自然更是少之又少。不过，我们知道，早在周朝时，即公元前1028年至公元前221年间，帝国王侯将相之子就已经在宫廷学校学习射御、礼仪、书写，为未来担任族长重臣做好准备。

这种识字、祭祀、掌握军权、担当家族族长互有联系的现象为中国特有。在其他文明社会，会写字的武士非常少见，直到现代才出现。而会写字、懂得祭祀之礼、会利用超自然力量的武士仅中国才有，其他任何一个社会都未曾发展出像中国家庭生活模式中族长身兼数职的家庭体系。正是这一体系塑造了中华文明，使之从远古一直延续到现在。同印度种姓和希腊城邦一样，中国家庭成为第一制度。

但我们并没有足够的证据，确切证明中国家庭组织的这一独有特点是在什么时候、以什么样的方式形成。历史学家遇到的麻烦是，因为社会的基本方面常被人们视为理所当然，记录文字的人自然也不愿意大费周章，解释人人皆知的事实。虽然存在证据缺失，但我们似乎可以得出这样一条结论：在中国古代，家庭承担的职能非常宽泛。如果是这种情况的话，则家庭塑造中国人行为的深度，要大于那些把宗教政治事务放在家庭生活框架之外进行处理的国家。

我们可以把古代中国社会看作是听命于皇帝的家庭集合。当然，皇帝自己也是家族族长。只不过他的这个家族更大、更重要，所有子民都是家庭成员。

换句话来说，家庭结构和皇室结构并没有多大不同。皇帝同子民的关系与家庭中族长与生者的关系等同。皇帝集祭司、父亲、首领、长官、庇护人于一身。而且，正如每个人在家庭结构中有合适位置、对尊卑贵贱了然于胸一样，帝国中的每一人也各守其位、各担其责。

尽管如此，皇帝和中央政府的权力在一定程度上与单个家庭族长的权力相互冲突。只有家族族长听命于皇帝，皇帝的权力才能体现出来，但族长可能并不愿意俯首帖耳。当然，家庭内部也会出现类似紧张局面。

忠于国还是忠于家

我们对商王朝如何形成一无所知，也找不到当时家庭结构的直接证据。商朝的疆域、附属部落的名字、地点、民族、家庭、省份等所有信息都不甚了了。

周朝（公元前1046年—公元前256年）建立后，可用信息增多。周人居住在西边的渭河流域，曾被商朝视为蛮族，即中华外邦。但新来者急于学习中华文化传统。因此，在艺术、文字等多个方面上，新王朝与旧王朝并没有显著区别。但周朝做了一些重要的阐释和深化。比如，将商朝的一周十天改为一周七天。这种变化可能与巴比伦存在根本联系，因为每周七天制起源于巴比伦。

我们可能应该先停一小会儿，问问为什么一周七天变成了人类基本生活模式，得到了普遍认同，促使希腊人、印度人、中国人都使用这样一种历法？一周定为七天有两大好处：第一，与月亮循环周期高度契合。月亮绕地球旋转的周期为二十八天多一点。对古人来说，月相是计算时间的最明显工具。因此，与月亮形状变化相合的历法显然要好于别的历法。第二，天空中有七个游走的"发光物"——太阳、月亮、水星、火星、金星、木星和土星，每一个代表一天，七个就是七天。每一个"发光物"以复杂方式绕固定的星星运动。比如，行星似乎要向前向后运动一段时间后，再往前运动。因为其运动方式不规则，早期天文观测者做出了这样一个结论：这些游走的"发光物"肯定拥有特殊的力量，别具重要性。所以谨慎起见，应为每个发光物各分配一天。

在另一个更为重要的方面，周朝可能也借鉴了巴比伦的思想。巴比伦人认为，天上的变化与地球上的变化存在系统性关联。因此，仔细观察行星、太阳和月亮运动就能预测事件、预见危险。

中国施政论

周人的中心思想是，上天将统治人间的权力授予给了一个至德之家。只要这个家庭的成员能继续布德施仁，就能保有天命。皇帝即天子，是天人之间的纽带。而且，就像整个天空围绕北极星转动那样，人世万物也应围绕皇帝而转。

这种施政理论成为中国后世所有政治思想的绝对根本，产生了几大重要的逻辑影响。第一，既然上天和北极星只有一个，皇帝也只能有一个。皇权应施行天下。如果一些边远蛮族不认天子之德、不服管制，则诸事不妙。这种无知会让他们自绝于天恩，享受不到遵照得体有序的文明生活所带来的实惠便利。

第二，这种理论为任一谋反暴乱行为提供了合理性。某王朝覆亡证明天恩已收回。在此之前，常常会出现许多征兆表明旧统治家族运数已尽。庄稼歉收、流星出现、双头牛降生等非常之变都可能是上天愠怒的征兆。侵略、叛乱也可能具备象征意义。面对着这些可能性的皇帝必须谨言慎行，免得获罪于天。如其不然，则要立刻想出补救办法，挽救王朝倾覆命运。这意味着，他要留神遵守每一个传统仪式。

皇帝面临的一个最凶险事情是，激怒权势家族的祖先魂灵，使得自己对王公诸侯的权力严重受限。比如，从权势家族手中褫夺土地，必将得罪祖先，激惹其与上天作乱，导致帝位不保。也许，宗教上的这种顾忌反映了军事现实。

得罪太多权势家族肯定会危及中央权力。因此，周朝分封诸侯，割据而治。分到土地的贵族家庭理应向皇帝尽忠。很长一段时间里，他们把子弟送到宫内学习。这种做法可能有助于保持帝国统一，因为这些幼年即入宫受教的王公贵胄可能终其一生都会顺从于皇帝。

周朝衰落

尽管如此，过了一段时间后，周朝分崩离析，并于公元前 771 年遭受致命一击。远方蛮族突然来犯，攻陷周朝在渭河流域的都城，杀死了当政的皇帝。这场灾难发生之后，另一名皇室成员自立为王，定都洛阳，建立东周（公元前 770 年—公元前 256 年），西周时代（公元前 1046 年—公元前 771 年）结束。但皇帝的威望和实际权力再也没能光复。地方贵族称王，仅在名义上效忠周天子。诸王互相争斗，开始发展自己的官僚制政府、常备军和税收体系，以护权固势。

这种现象之所以成为可能，部分是通过快速开辟土地实现的。铁制工具出现后，可能有助于将黄河广阔肥沃的冲积平原投入农业生产。不过，铁制品生产是从什么时候开始在中国起到重要作用的，我们还不清楚。为保护低地不受洪灾，需要开凿挖渠，修建大型堤坝。王公贵族组织该项工程付诸实施，为的是能从沼泽地开垦出的农田上收取高额租金。没过多长时间，地多势大的地主王公开始攫取周边境地，置祖先魂灵和传统的权利义务于不顾。比邻而居的王

第七章 中华文明风范

公之间爆发战争，加速了权力向少数统治者手中的集聚。随着财富权力增加，诸王之间的战争变得更加惨烈。传统中国史学家将周朝风雨飘摇、行将倾覆的时期，即公元前475年至公元前221年称为"战国时代"。

一场场争斗所产生的重要副产品是中华文明面积的拓展。千千万万老百姓生计不保，逃出拥挤的中华世界中心，将各种技艺带给渴望运用这些技艺的邻近民族。另外，在北疆拥有封土的王公有能力开辟版图，直入蛮族边境，在新土地上推广中华文明生活方式。在拓展中国疆域方面，除上述两种方式外，农民系统性迁居效率最高。因为，他们不仅扩大了中国疆土面积，还教会了蛮族如何像普通农民那样农耕生息。

在东向上，这种形式的扩张延伸到山东半岛，及北部沿海地区。自此之后，该地区一直是中国咽喉要地。南向长江流域的扩张也同等重要。东周时期，中国人定居长江流域，中华文明在此扎根。但因为这个地区面积广阔，需要投入大量人工垦殖农田，因此中国人花了几百年的时间才将这一中间地带开发完毕。

公历纪元开始后不久，长江流域与黄河流域相匹敌，随后超越后者，成为中国人口和农业生产中心。

中国农业形式未能实现北向和西向拓展。原因是，北部草原地区和戈壁沙漠供水不足。可以肯定，这些地区一直地广人稀。公元前300年后不久，中国史料中第一次提到中国西北边境有骑马游牧人。随后，保护中国农民不受这些骑兵突袭的问题愈发尖锐。

边境政权秦国位于周朝兴起的渭河流域，最易受游牧人攻击。秦国王公发展骑兵常备军解决了这一问题。这些骑兵像游牧人一样，配有马匹弓箭，兵饷由税收维持。因常与草原游牧人交锋，久经磨炼，

中国骑兵革命

本图中，陶质士兵和战马是秦始皇陪葬品，意在守护这位于公元前221年统一中国的皇帝陵寝。20世纪70年代，上千个兵马俑重见天日，让我们得以窥见这支一统中华背后的军事力量。秦国毗邻蒙古草原，曾向草原游牧人学习骑御之术，建立了一支像图中这样的骑兵。秦王因此一扫天下，被尊为始皇帝。

所以比中国其他所有军事力量都要强大。公元前 221 年，秦王嬴政统一中国，自称天子，号始皇帝。

但新统治者并未站稳脚跟，到秦始皇之子时便气数已尽。秦始皇未能将原有诸侯政权的亲信旧臣斩草除根，实施苛政严刑又激起众愤。因此，到公元前 210 年秦始皇驾崩时，叛乱四起，新一轮战争爆发。到公元前 207 年秦二世驾崩时，仍未决出胜负。公元前 202 年，混战局面结束，刘邦正式称皇帝。

汉朝在一定程度上实现了帝国统一和家族忠诚这两大竞争性需求之间的平衡。要想对这种平衡关系有更深认识，我们必须对公元前 770 年至公元前 221 年间，周朝日益名存实亡、诸侯连年混战的局面进行审视，看看在这期间中国人在智识和道德方面做出了什么样的回应。

中国三大思想流派

尊敬鬼神是古代中国家庭生活的核心。这种观念从根本上解释了，为什么有些人理所应当发号施令，而其他人必须遵守，不得违逆。因为忤逆之人会遭到超自然力量的惩罚。但在东周时期（公元前770年—公元前256年），一些强势统治者肆意剥夺家族土地。对他们来说，祖宗魂灵似乎不起作用。施行仁德似乎只会招致失败。奸诈小人往往得逞，而虔敬仁厚之人则会遭遇各种困境，没有鬼神庇佑。

这种经历足以让人深深困惑。遇到这些情况，仁智之人能做什么，应该做什么？对这个问题众说纷纭。一些人尝试解决，并诉诸文字。这些著作贯穿后世整部中国历史，为人传诵，受人钦敬。因此，从这个角度来讲，饱经战患的东周时期是中国思想的黄金时代。中国古典世界观中那些流传久远的语句就是在这时成型。

后世认为，当时形成了六大思想流派。但我们在这里仅讨论其中最重要的三种。这三家学派分别是法家、道家和儒家。后来，儒家调整了教义，吸收了法家和道家学说，成为主导思想。

法家

法家与秦国有深厚渊源，为秦始皇残酷暴虐、统一中国提供了合理性。法家的中心思想非常简单：君意即法。凡皇帝传诏，均为明德。遵旨而行是臣民之职。国家首要任务是创建维持军事实力。唯有如此，才有和平安全，国泰民富。法家无视超自然力量，也不关注家庭，认为人性本恶，受到武力方可驱动。

法家认为君权不受限制。为实现国家强大，他们推行书籍审查和教育严控举措，认为随意征募劳役，为国出力理所应当。这些思想并没有流于纸面，秦始皇大批征募农民参军服役，修建长城，修筑栈道，审查书籍，压制包括儒家在内的所有异己思想。

总之，根据法家学说，国君至上，家庭个人不足为道。在中国社会的两极之间，法家独以国家为重。

道家

道家完全抵制这些思想。道家以老子为始祖,而法家没有始祖,也没有声名卓著的作者阐述自家观点。最知名的法家都是实践派,提倡为吏参政、带兵为将,鄙视夸夸其谈、大讲理论,认为道家就是执于清谈。传说老子曾经于公元前 600 年后不久在小国为相。但这个说法可能是人为杜撰,目的是让老子和孔子履历大致相同。实际上,现代学者甚至不确定是不是真有老子其人。

我们能确定的是,有一本据称是老子写的书一直流传至今。这本书主张"无为而治",认为良君不劳人为,顺应自然。美好的生活应该摆脱一切外在强迫,获得完全的自由。在战争暴力司空见惯的世界,睿智善良的人应该为每一刻而活,无须恐惧,自由平静。

只有这样的人生才合乎道。"道"这个词很难翻译。字面可译为"道路、途径"。但这一译法并不能涵盖"道"的全部内涵。道是宇宙之法,并非消极人为,而是让道去作为。如果人不顾道而行,则会行事紊乱,功业尽毁。但如果人遵从道而生活,则会兴旺发达,万事向吉。

换言之,"道"既有自然之意,又有超自然含义。"道"是所有自然之物的集合,无人可以逃脱,纵使用尽气力,仍是徒劳无功。如能通晓"道",一个人便可拥有非同寻常之力,尤能延年益寿,甚或永生不灭,随心所欲自由行动。道家所说的这些神奇功力被后世中国人详尽阐述生发。不过,老子的《道德经》薄薄一本,并未提到这些神力。

从根本上来说,道家是一种私人化的教义,将普通人对社稷家庭的所有责任尽数舍弃。但是,也许正是因为中国人的生活备受责任所羁绊,道家思想才具备了永恒的吸引力。纵贯中国历史,道家一直都是重要思想流派。很多中国人认为,顺应自然和"道"是一种令人愉悦的转换,是从对己克制、对上服从尽责的惯常步调的抽离。应用于这种转换和抽离时,道家令人信服。但在日常人事中,多数中国人想要一种更为具体的教义指导行为。而法家冷酷追逐国家力量,道家则否定人为干涉"道",二者无法调和。

儒家

第三个学派——儒家的始祖为圣人孔子,生活在公元前 551 年至公元前 479

年间。孔子是鲁国贵族，年轻时曾任相职，但因未能说服鲁公施行仁政而辞官。孔子余生未再入仕，他喜欢与人谈论自己的看法观点，得到一群弟子的爱戴。他们记录下孔子的言谈逸事，编纂成书，即为《论语》。

令人奇怪的是，孔子在后世的地位与他本人所写所言关联不大。中国人尊崇他，是因为他编写了五经，成为一代又一代学童的教科书。五经是诗歌、年表、历史和圣人圣行杂集。现在还不太清楚这些书是在何时编写、用作何途。现代许多学者认为，五经并非孔子编写。不过，他可能了解这些书的部分或全部内容。

后来，这些书和《论语》，以及一些评注文本、独立著作一道阐释孔子的观点，构成了一套学说，供每一位中国知识分子熟读详味。孩子们在阅读这些著作、背诵许多段落之后，学会了写字作文，并对构成文明中国人的行为规范和价值观念有了贴切深刻的了解。孔子一生似乎没能取得这样的成果。他觉得自己的人生是失败的。因为在他看来，贤者施德的唯一途径是治国理政，辅佐君王。实际上，孔子并没有创新。他想要的是重返先祖之道，就像他在书中看到的那样。要实现这一点，必备要件当然是实现国家统一，服从上天选出的一位皇帝，家庭长幼有序，子从父，父尊鬼神。孔门教义的这一方面可归结为一个字——礼。孔子认为，如果人人都能各尊其位，则天下大治。

因此，首要任务是明礼。可通过阅读五经，学习古人如何修身行事，做到知礼。第二个任务是在每一情境下，做到行为得体。孔子似乎感觉到，如果人人都通晓人伦之节，则得体举止可自动呈现。因此，通过学习获得知识成为关键环节。孔门一直对读通五经赋予重大价值。

孔子这种强调书本学习的态度，改变了旧有不重视学习的观念。在西周朝廷，也就是孔子眼中的治政典范，射箭和军事操练是年轻贵族的训练项目。孔子赞同学习射箭。不习射何以忠于古人？但他憎恶战争，认为诉诸武力是人不尊礼的结果。既可能是上者不能让下者服从，也可能是下者不尊上者，两种情况都是不尊礼的表现。儒家不认同为免遭败绩而刻意准备的做法，认为智慧和秩序才能更好避免战争。因此，在孔子的美德排序中，作战技巧地位很低。所以，后世的中国知识分子即便再热衷仕途，也常将军事指挥权交于蛮族雇佣军手中。

孔子认为，高贵德行不必由世袭而来。一个人不管出身如何，通过学习训练都可以成为有德之人。这种观念也与古代做法迥然有别。其影响是，儒家成为官方学说后，为有才者打开了事业之门。任何一个年轻人只要受到一定教育，走上仕途后，都可能因才能和皇帝恩遇升到高位，谋得高职。

孔子不愿对超自然力量做过多阐述。让生者知晓如何立身行事已是艰难非常，思考鬼神世界可谓徒劳无功。他认为，原有论及超自然力量的观念方法已经足够，无须详加阐述，遵守先祖礼仪才至关重要。

孔子的思想主旨是，拒绝在公共生活和私人生活之间做出任何区分。公德私德是同一种德行，不论身居高位，还是庸如庶民，无论贵贱，都要修德。皇帝高居庙堂之上，其他所有人各得其位。在孔子看来，社会金字塔上下的关系与家庭内部关系并无二致。当然，社会关系更加复杂，需要细加揣摩多种角色。但和谐秩序是两种关系的根本。帝国是扩大了的家庭，社稷只要遵循家庭生活模式就能得到善治。理想情况是，统治者无须惩罚威胁，就会使得臣民顺服。原因是，每个人都各安其位。

把儒家观点和法家、道家比较之后，就很容易理解为什么儒家最后成为主导学说。因为，儒家认为家国一体，二者同等重要。家和国是古代中国社会的两大核心现实，直到今天依然如此。儒家并没有像法家那样美化暴政，而是认为统治者和臣民一样，要行使自己的职责，扮演传统角色。与道家相比，儒家没有对人类社会报以绝望，认为美好的生活只能在社会中实现。每个人都应日复一日，时时刻刻准确、优雅地扮演好自己的角色。

儒学的地位

孔子在世时，他的弟子并不具有特别影响力。尽管如此，孔子的理想一直活在熟读五经和《论语》的人身上。官僚制政府的发展有赖于儒家弟子。国君需要有识之吏，而接受五经观念的有识之士有可能成为可靠忠诚的侍从。

中国社会结构发生的另一重大变化更有利于让儒学变成显学，力压其他学说成为主导思想流派。在公元前475年至公元前221年战国时代，动乱四起，大多数旧地主权势不再。这不意味着，农家可以逃脱地主之威。相反，新地主阶层兴起。这些人不是贵族后裔，却有权从农民那里征收租税。这种"乡绅"阶层是如何兴起的，我们还不太清楚。原因可能是，一些手头富裕、行事谨慎的农民靠放贷、积聚地产提升地位，成为乡绅。也可能是，地方税吏把从农民处收到的租税扣留一部分，这一部分后来也成为租子的一种。

乡绅不能靠立军功而显贵。对他们来说，入仕为官似乎是一条自然而然的上升渠道。这种态度与儒家完全契合，或者也可以说是儒家表明了这样的态度，因为孔子和他的第一批弟子大多具备乡绅背景。

公元前221年，秦始皇统一中国。儒学似乎第一次遭受重大挫折。新皇帝没有耐心听儒家谏言，认为儒学尊古的思想核心间接表达了对统治的抵抗。公元前213年，秦始皇下令烧毁所有儒学书籍，仅在皇家档案处留下一套，只有得到授权才可翻看参阅。

秦始皇还下令简化文字，这对延续博学旧传统更具破坏性。几乎在同一时间，人们不再使用尖笔刻刀，而改用毛笔写字。书写习惯的变化导致汉字形式迅速改变。为适应毛笔笔画，汉字必须重新造型。在很短的时间里，这种简化了的新文字流行于朝野，旧文字几不可辨。因此，即便有五经书逃过秦始皇焚书一劫，也很少有人能再读懂，只有极少数渊博的学者才明白文意。

秦王对臣服之国施行虐政。秦始皇在中国所有战略要地部署军队，残酷镇压异己。把土地划分为省区，委派官吏到每一行政单位任职。统一轴长，实现车同轨。整顿肃清不服从管制的社会上层人士，并使役百万农民铺栈道、修长城。只有俯首帖耳、不介意秦王厉行苛政的乡绅才能成为他的得力奴才。但这样的人并不多。因此，秦始皇驾崩后，怨怼变为公开反抗，新一轮战争爆发。

胜者统一中国，于公元前202年建立汉朝。这位皇帝成功的部分原因在于开明用贤，谦恭待人。主动寻求乡绅支持似乎是他施政方针的组成部分。虽然秦朝的许多举措仍付诸实施，如新文字、新省份划分等，但汉朝政府允许自由传播书籍。

乡绅和汉王朝达成的默契同盟将儒学提升到官学高度。公元前134年，汉武帝推行罢黜百家，独尊儒术。

然而在那时，官方儒学已经做了广泛调整，吸收了法家最初认同的做法。动用重兵四处征伐的皇帝与儒家的仁君并不相合，将儒学定为国学的汉武帝因尚武好战才被戏称为"武术皇帝"。儒学之所以具备官方地位，就是因为适应了秦朝推行的一些重要变化，吸收了法家思想。

尽管有汉武帝的诏谕，道家和其他思想流派并没有消失，他们的信徒也没有受到儒家迫害。相反，道家在庙堂之外、市井百姓中蓬勃发展。而皇帝身边位高权重者必须学习五经，修身克己。因此，官方的儒学和非官方的道学相辅相成、互为补充。也许，正是因为儒家礼仪的正统限制无所不在，才需要道家提供另一种选择，让人们逃避严密组织的社会，与自然亲密与共。

因此，通过吸收法家思想，并为道家留下发展空间，儒家最终成为帝国时期中国的官方意识形态。从汉朝起一直到 20 世纪，儒家学者治理中国。一代又一代的儒学教育培育出了看法观点和生活方式惊人一致的人，使中国实现了保守稳定，令其他任何文明无法匹敌。成千上万户乡绅遍布中华大地，从百万户农民手中收取租税，期望谋得一官半职，为皇帝效劳。这种境况成为中华文明赖以存在的人情现实。结果是，家族忠诚与帝国理想达成了强有力的和解，以至于似乎完全没有必要进一步推动基本变化。

结论

中华文明相对独立于希腊文明、印度文明和中东文明而产生。劳动密集型、园艺型农业为中国社会奠定了与其他文明世界不同的经济基础。更为不同的是中国家庭结构的特性。这种特性为中国历史大多数时期内的公共生活和私人生活提供了模型。

商朝（传统纪年为公元前1600年至公元前1046年）时，一种独特的艺术风格和文字形式在中国出现。但对中国学术传统的经典界定是在周朝（公元前1046年至公元前256年）时完成的。各种思想流派竞相回答人如何行为处世这一问题。法家美化国家君主，无视个人生活和家庭纽带。道家则与之相反，强调个性自我，不言公共家庭职责。儒家处于中间立场，为公制订得体的行为准则，为私提倡悉心研读古书典籍。

周朝末年，中国社会发生重要变化。公元前771年后，皇权弱化。地方诸侯争相建立官僚制政府，整编军队，互相厮杀。秦国征服诸国，使中国重回大一统局面。秦始皇依照法家思想，重新组织政府，实施多项改革。虽然叛乱又起，战争爆发，公元前202年汉朝建立，但新皇帝保留了秦始皇的多项改革举措。后来，汉朝另一位皇帝将儒学定为中国官方意识形态，同时为法家和道家思想留下了发展空间。

这种变革的正面影响是，中国建立了保守稳定的文明形式。教育模式培养出了精攻儒学的专家，也为帝国输送了忠诚有为的官员。占人口绝大多数的地主和农民发现，儒家倡导的家国一体与自身利益需求高度契合。结果是，虽然中国在汉朝时既拥有辽阔疆土，又在几百年里不断开拓，但仍保持了惊人的同一和稳定。

同一和稳定的秘诀似乎在于，中国家庭有能力塑造家庭成员，适应传统角色要求，不论家住何处，仍代代不休。这个"第一制度"与帝国体系紧密相连。因为在中国人眼中，理想的帝国就是一个大家庭，将所有人包纳在内。

第一部分结语：世界情势

⚠ 公元前 500 年

公元前 500 年，中东、希腊、印度和中国四大文明只占地球很小一部分区域。虽然与每一文明临近的蛮族开始察觉到文明的魅力，但世界上还有很大一部分地区没有感受到文明的影响。几千年来，狩猎者和采集者遍布澳大利亚，生活方式没有发生明显改变。居住在南非、东南亚和印度尼西亚群岛的人仍以狩猎采集为生。北极海岸、北美和南美广大地区也概莫能外。

⚠ 农业的传播

还有一个地区，虽然进入了农业和游牧社会，但是没有出现高度发展的文明。因为没有文字记录可供解读，而且对这些社会的考古研究还未深入内里，所以很难看清楚在这片曙光区域发生了什么。我们可以推测，只要能找到适宜种植的新地，农业就会持续传播下去。但到公元前 500 年时，刀耕火种的农人很可能遇到了多种气候障碍。比如在欧洲，大西洋边缘气候潮湿。北欧平原面积广阔，但含水太多，无法种植小麦大麦。只有排水良好的坡地才适合用刀耕火种法垦殖。沼泽平原上的茂密丛林为狩猎者占据。但在波罗的海沿岸，养牛人清理了大片区域作为草场。

是什么限制了东南亚种植稻米和块根作物的农民开辟新地？我们对这方面的情况完全不了解。疾病可能是因素之一。公元前 500 年前，稻米种植在恒河、长江的冲积平原上广泛推广。在别的地方，我们没有看到稠密人口种植稻米的迹象。我们知道的是，公元纪年初年，印度尼西亚的块根作物到达非洲。山药、香蕉和芋头在今天的尼日利亚、加纳及附近区域生根发芽，一个人口众多的农业社会在西非草原兴起。

⚠ 航海和迁移

这种令人惊讶的植物迁移凸显了海路的重要性，虽然在那时，船还很小、很简陋。大约在公元纪年开始时，说马达加斯加语的人已经在非洲东南海岸的马达加斯加岛上生活。这种语言是印度尼西亚语的一种，与今天加里曼丹岛的语言联系紧密。语言的转移暗示着，曾有一大批人横渡印度洋来到这里。印度洋相对比较平静，因此这种航行不无可能，也不足为怪。季风每半年变换一次方向，为返航创造了便利。上岸后，只需把又小又轻的船拽到岸上，随便找一个地方做顿饭，喝上几口淡水，再美美睡一觉，就能消除旅途的困顿。因此，一旦发明出适合出海的帆船，在不遭受当地人攻击的情况下，印度洋上的长途航行就不会遇到实质性障碍。

我们有充足的理由相信，从遥远的古代开始，适合出海的船只就已经出现在东南亚的岸上河里了。中国人所指的"长船"是从南方而来。印度尼西亚人定居马达加斯加这一事实不容置疑。这两点构成了上述观点的主要证据。令人遗憾的是，木制小船很少留下痕迹，因此不利于考古研究。而且，在这些船只起航的村庄和河口地段，目前也没有发现特别具有考古价值的遗址。因此，在阐明东南亚航海发展史方面，考古学帮不上什么忙。

但越南北部东山村的考古发现揭示出，从公元前 750 年起，当地人开始使用青铜器，驯养马匹。原产于欧亚草原的马竟然能在那种环境下生存让人吃惊不小。但更让人迷惑的是，考古学家还在东山发现了马镳头碎片和其他骑兵装备。这些物品与黑海北部斯基泰人的墓葬品很相像。为此，我们可以提出这样一种假说：在骑兵战术兴起之初，生活在中亚阿尔泰山和周边地区的斯基泰人突袭中国，于公元前 771 年推翻西周。有一队侵略者继续南下，抵达东山，称王建邦。当时的东山人经常往返于中国南海，集聚了大量财富。大约又过了一代人之后，斯基泰人主体离开阿尔泰故土，向西迁入黑海地区，与远东切断联系。在东山站稳脚跟的那一小部分斯基泰人与本族人隔绝生活。做出这种假说的根据是，斯基泰人从远北的欧亚草原迁入远东村落并不是没有可能，但已有考古发现一鳞半爪，不足为证。

不论早期行遍亚洲的这支骑兵真相如何，有一点无可置疑，即东山人经常出海远航，从亚洲大陆据点驶往印度尼西亚诸岛。甚至还有人认为，东山人掏空大木头做成独木舟，横渡浩瀚无边的太平洋，与远在墨西哥和秘鲁的美洲印第安人建立了联系。

做出这一大胆猜测的原因是，公元前500年左右，美洲开始制作青铜器，与中国南海沿岸所制器物高度相仿。但大多数研究美洲考古学的学者都认为，美洲印第安人文化的演进独立于亚洲进行。

在更多证据出现之前，仅靠猜测效果不大。比如，要想在太平洋上做远距离航行，关键突破似乎是舷外浮杆独木舟的发明。有了舷外浮杆，就算遭遇恶劣天气，独木舟也不太可能会倾覆。在这些工具发明以前，只有发生独木舟偏离航向等偶然情况，船员才有可能穿过辽阔海洋到达彼岸。但把舷外浮杆安装到位后，就有可能航行上千千米。后来发生在波利尼西亚人身上的事情可为此提供证明。但问题是，没有人知道舷外浮杆是在什么时候发明的。缺失了这条信息，我们就很难猜测出太平洋和印度洋早期航行范围及其重要意义。

⚠ 内陆变化

除了在文明民族留有文字记录的区域外，我们对公元前500年前的世界内陆历史几乎一无所知。内陆地区肯定也在发生变化，而且变化的速度很可能随着人类对自然环境控制力度的加大而加快。

比如在非洲，农业变得更加重要。狩猎采集的简单生活方式向南退却，隐藏在刚果热带雨林里，但具体细节不得而知。就连印度尼西亚作物引入西非等重要事件的时间也得不到明确验证。山药和其他块根作物是通过哪种路径到达西非的，我们也不清楚。有人认为，这些作物在内陆民族间传播，路线是从东到西。还有人认为，块根作物经由海路传到西非。孰是孰非，无法断定。但有一点似乎可以明确，即公元前500年前，撒哈拉以南没有一个非洲社会达到一定的复杂程度，可被称为"文明"。

但美洲并不一定是这种情况。在公元前500年前很长一段时间里，玉米就已经是美洲的重要粮食作物。安定的村庄生活下，陶器及其他新艺术得到发展。一些规模宏大的祭祀中心在墨西哥和秘鲁出现，时间可追溯到公元前1150年。其中以奥尔梅克人留下的遗址最令人叹为观止。奥尔梅克人生活在墨西哥韦拉克鲁斯以南的沿海低地，创造了大量带有头盔的巨石头像，造型栩栩如生。情况可能是这样：西非人乘船出海，跨越大西洋到达这里，建立了崇拜形式，留下了这些纪念石像。可以确定的是，这些巨型头像长有非洲人面孔，但因为在奥尔梅克人遗址没有发现文字记录，所以没有人知道是否有祭司或国王组织人力为各种仪式中心修建巨型通道及其他建筑。多数专家认为，美洲社会的发展没有受到非洲或旧世界其他地区影响。

在亚洲，发生了两种有趣的变化，显著改变了人类关系。公元前 1000 年后，骆驼变为重要饲养牲畜。人们利用骆驼适应沙漠环境的能力，组织驮畜队穿越阿拉伯半岛原先难以逾越的沙漠天险。此后不久，双峰骆驼在中亚和东亚的寒冷沙漠里得到役使。有了骆驼，穿越亚洲沙漠地带做长途贸易就比以前容易多了。渐渐地，骆驼传到北非。公元纪年开始后，经常有驼队来往穿梭于撒哈拉沙漠。

我们已经看到，类似情况在更远的北方草原上发生。公元前 700 年前不久，那里的人们第一次学会骑在飞驰的马背上射箭。

骑术在俄罗斯南部有着非常古老的历史。在那里发现的马匹残骸最早可追溯到公元前 4000 年。但双手脱开缰绳弯弓射箭的习惯是在很晚以后才形成的。原因是，只有骑马者和坐骑彼此非常熟悉，才能安全完成这项动作。第一群射箭骑兵出现在历史记录上的时间是公元前 690 年，希腊人称之为辛梅里安人。但他们很快被居住在中亚阿尔泰山附近的斯基泰人取代。公元前 600 年左右，斯基泰人在黑海西北两岸建立起了一个松散的"帝国"。几乎与此同时，生活在德国南部和波西米亚的凯尔特人也学会了骑攻。但他们更喜欢使用超长刀剑刺杀，而非马背射箭。凯尔特骑兵很快征服了西北欧大部分民族，占据意大利北部、法国全境、西班牙大部和不列颠群岛。在一些地区，凯尔特骑兵遇到了比他们先来的草原人。比如，在西班牙，他们遇见了跟自己语言不通、风俗迥异的人。这些人就是现代巴斯克人的祖先。

马背作战术也沿亚洲草原东传。公元前 300 年前不久，这些骑兵到达整个欧亚草原自然条件最恶劣的地方——蒙古。这里冬季严寒，雨水稀少，草场不丰。生活在这种环境下的人必须像自己养的瘦骨嶙峋的马驹子一样，能吃苦耐劳、勇猛坚强。越往西去，气候越温和，草场越丰美。最丰美的草地位于黑海北部和西部、俄罗斯南部和罗马尼亚。

尚武好战的骑马人占据整片草场后，有强烈意愿向西迁移。没有人愿意去

奥尔梅克雕塑

这尊面似非洲人的头像制作于公元前900年前。所用石料从80多千米外运送而来。该头像高约两米，重达多吨。在那个没有轮式车辆和动物牵引的时代，工程难度不可谓不大。头像上可能戴有头盔，对参加球类运动的参赛者头部起到保护作用。这种运动可能是长曲棍球的前身，在奥尔梅克的宗教和文化生活里似乎起到重要作用。但因为缺乏文字记录，没有人知道奥尔梅克社会是怎样运转的，为什么会雕刻这些头像，这些雕塑是否真与非洲有关联。

蒙古，谁都想迁到水草丰美的草场。因此，遇有战事，统治者或难民都西去碰运气。这其中肯定有很多人死在了草场主的手中。但每过一段时间，总会有新来者在草场争夺战中取胜。其净效应是，语言和民族沿草原纵向西移。

同样，只要条件适宜，北方森林里的狩猎人也向南迁入草原。而草原游牧人当然也被生活在富饶南方、从事农业的民族所吸引。在大半部成文历史上，从森林到草原，从草原到中国、中东、印度和欧洲耕地的人口迁移与自东向西沿草原迁移的运动同时进行。其中，与中国、中东和印度三地相比，欧洲方向的人口迁移次数较少。

在接下来的1500年里，这种迁移和征服的图景深刻影响了欧亚大陆的政治军事生活。草原民族因游牧不定，靠养牛马为生，人口一直相对较少，且技艺不精，不能像文明民族那样过上富足生活。但他们机动灵活，几乎可在任意一点上集中优势战斗力。文明国家和统治者很难与之抗衡，防御失败后即被征服。然而，这些得胜的游牧人受城市生活吸引，很快丧失了练武备战、吃苦耐劳的习惯，被新的政治力量推翻。这种政治力量来源于两种渠道：第一，草原上其他游牧民族。第二，被征服者中的叛乱势力。

⚠ 思想交流

所有这些迁移、征服,以及沟通方式的完善带来的净效应是,欧亚两地比以往任何时候联系都要紧密。撒哈拉以南非洲仍与北非处于完全隔绝状态。美洲保持独立。澳大利亚完全不受影响。但到公元前 500 年时,在绝大多数人生活的欧亚大陆上,各民族交往更加频繁。只要出现重要新发明、新发现,就会或早或晚、直接间接地影响到这一广袤地区所有人的生活。发明发现意味着变化、混乱、危险和不适。没有哪一个民族能长时间处于凝滞不动状态,总会有一些新东西出现在他们面前,改变常规故俗。没有人能预见到一个新思想、一项新技术会产生什么样的结果。创新从一地传到另一地,从一个群体传到另一个群体,时而缓慢,时而迅疾。每一次借鉴都会产生新的转折。因为,新法新俗与借鉴者熟悉或习惯的事物有时契合,有时不相契合。

我们在第一部分已经看到,在这个互动"定居区"(该词源于希腊语,意为"有人居住的世界")内,四种主要文明生活方式在公元前 500 年时得到界定。每一种文明都自成一体、自给自足。即便出现了问题,也可参照其他文明业已形成的思想和技术,从实践和理论两个角度进行解答。在接下来的两千年里,这几大主要文明按照公元前 500 年时定下的基本路线,各行其道。

交流沟通不仅没有停止,相反却与日俱增。在每一条边境线上,越来越多的疆域被纳入文明社会圈子。但这种不同文明之间以及文明民族和蛮族之间的互动从来没能打破公历纪元前 500 年时界定的旧世界文化的四重平衡。这就是《第一部分:历史发轫》想要展现的人类历史的基本事实。

第二部分　欧亚文化平衡

公元前 500 年　　　　　　公元 1500 年

第八章
古典地中海世界及其扩张

公元前 500 年　　　　　　公元 200 年

伊特鲁里亚人像，约公元前 150 年

希腊艺术技巧在意大利得到了略微不同的运用。希腊雕塑家视神祇和英雄刻画为理想类型。在意大利，这些技巧被应用到人像刻画上，并达到了栩栩如生、惟妙惟肖的境界。这种形式的变异常常在高超技艺越过文化边界时出现。古典希腊文明向西拓展到意大利时就出现了这种情况。

到公元前 500 年时，中国、印度、中东和欧洲各具文明风范。在接下来的两千年里，每一文明继续兴盛发展，虽然遇到一些挫折，但仍将周边蛮族囊括在内，拓展了文明的边界。除了这种文明中心和蛮族边缘土地之间的互动外，四种文明也在不同时间，以不同方式相互作用、相互反应。

欧亚文明接连达到鼎盛阶段，并向世界其他地方输出成就。欧亚大陆其他民族接受了让自己大开眼界的部分，拒绝了其他方面。

第一个经历特殊鼎盛期并对文明和蛮族四邻产生影响的欧亚文明是希腊文明。本章将描述希腊成就，并追踪其他民族在了解古典希腊文化时有着什么样的反应。

希波战争和伯罗奔尼撒战争

公元前499年，希腊伊奥尼亚人奋起反抗波斯人的统治。当地波斯军队数寡势弱，希腊人首战告捷。随后，叛乱城市结盟，派远征军攻打吕底亚都城、统治者所在地萨第斯。

伟大的希波战争

但没过多久，波斯君主集结帝国军队，镇压希腊叛军。叛乱城市再度陷落，只留下米利都孤军奋战。公元前494年，米利都覆亡。虽然叛乱告以终结，但希腊人和波斯人之间的战争才刚刚开始。在叛乱中，爱琴海两小城——雅典和埃雷特里亚派遣战船支援伊奥尼亚。波斯人见其插手，决意严惩。

波斯大将、大流士一世的女婿马铎尼斯率军复仇。他先是在爱琴海北岸光复了波斯政权。公元前490年，他又派一支远征军小分队渡过爱琴海，攻打埃雷特里亚和雅典。一周后，攻下埃雷特里亚，将市民尽数遣往波斯帝国远地苏萨。此后向雅典进军。

马拉松战役

波斯军以一位流亡的雅典人做向导，抵达雅典以北约32千米处的马拉松平原，等待城内的波斯军打开城门，里应外合，一举攻陷雅典城。雅典军走出城门，封锁陆路通道，但不敢发起进攻。双方对峙。几天之后，波斯军决定乘船绕过阿提卡角，正面袭击雅典。雅典人看穿了波斯人的计谋，组成方阵迎敌，跨过马拉松平原发起冲锋。波斯军溃乱，登船败走，雅典大胜。波斯军伤亡惨重，而雅典军仅有190人阵亡。波斯舰队终于起航。但当绕过阿提卡角、迫近雅典城时，马拉松捷报已传遍雅典。城内波斯叛乱分子无望就中取势，马铎尼斯不得不撤退战船。雅典人仅凭一己之力，就挫败了波斯大军。后世雅典人将这一战视为最辉煌壮丽的篇章。

☷ 波斯人再次来袭

公元前 486 年,大流士一世驾崩,其子薛西斯一世即位。埃及、巴比伦叛乱军起,薛西斯一世自顾不暇,因此在马拉松战役十年后才开始考虑希腊问题。公元前 480 年,他集陆海两军之势侵略希腊,战船多达 600 多条,兵卒可能多至 15 万。薛西斯一世为此做了周密部署,从萨第斯出发,沿线收集给养,用重索固定战船,沿赫勒斯滂(今称达达尼尔海峡)铺开,派使节前往希腊诸城劝降。波斯强敌压境,大有并吞囊括之势,连希腊人最为尊崇的德尔斐神庙都下了神谕,奉劝希腊人不战而降。

危急之下,希腊 32 城结成松散联盟,拒不屈服。联盟以斯巴达为首。雅典虽然在联盟中处于次要地位,但因备有舰队而成为关键力量。

雅典舰队是城邦内部激烈政治斗争的结果。关键转折点于公元前 493 年到来。政治家地米斯托克利通过了一项名为"陶片放逐法"的制度成为雅典之主。这种投票表决反对某一公民的程序具体实施如下:投票人将自己心目中的城邦头号危险人物写在一块陶器碎片上。"陶片放逐法"一词即由此而来。投票后开始计数,得票最高的人将被放逐十年。两场投票下来,地米斯托克利的政治对手被逐出雅典城。掌权后,地米斯托克利意识到,应筹建海军迎战波斯人。此时,雅典城 48 千米外新开采了一处银矿,地米斯托克利便调用采矿收入建造战船。200 艘三层划桨战船(桨手排成三行划船)备战迎敌,其他希腊城市贡献的战船数量不到百分之一。

☷ 温泉关战役

公元前 480 年,波斯兵入侵希腊。斯巴达人在一处名为"塞莫皮莱"的山隘迎敌。此地有温泉涌出,又名"温泉关"。波斯人派精兵越山而来,从后方袭击希腊人。斯巴达王列奥尼达一世下令所有盟军撤退,仅以 300 位斯巴达"平等人"拒敌,这些人后来全部战死。

与此同时,在海路上,双方舰队已经在温泉关附近、埃维亚岛和希腊大陆之间的海峡交战过三次。斯巴达人战败后,占据有利地形已经没有意义。因此,希腊舰队撤往萨拉米斯湾,雅典孤立无援,全城疏散。波斯军到达后,毁掉了这座空城。

此时，季候渐晚。希腊舰队主力和陆军尚未战败。波斯军兵多粮寡，爱琴海风浪滔滔，难以行船，冬季远从波斯本土调粮风险重重。薛西斯一世急需赢得关键性胜利。

在希腊兵营内部，对战事如何进展争议很大。有人主张撤到南方，在那堵尚未完工、横亘科林斯地峡的城墙后布军，对伯罗奔尼撒形成防守之势。而地米斯托克利则希望海战决胜负。他估计，仅需一战，希腊战船就能毁掉波斯舰队大部，危及薛西斯一世爱琴海补给线，迫使波斯撤军。

伯罗奔尼撒战争

所有问题要靠城邦自主决定。斯巴达撤军，雅典年年派出海军远征，继续同波斯人交战，并邀请其他希腊城邦也派船出征，但指挥权总是落在一个雅典人手上。雅典海军远征行动一直持续到公元前 449 年，几乎每年都派舰出海。波斯人被完全赶出了爱琴海和黑海。在小亚细亚南海岸，两军未能分出胜负。但在埃及战场上，雅典人惨败。后来经过塞浦路斯岛一战后，和平最终于公元前 449 年降临。自此，雅典人将海上控制权牢牢掌握在自己手中。

❀ 雅典帝国的兴起

在这些年的征战过程中，希腊城邦结成自由联盟。这一联盟最开始为抵御波斯强敌而设，渐渐转变为雅典帝国。公元前 467 年，波斯威胁减弱，纳克索斯岛人厌倦战事，不再派出舰队。雅典认为这是叛国行为，便攻打纳克索斯，迫使其出钱纳贡，而非像以前那样出兵参战。希腊其他城邦，或出于自愿，或迫于武力，也开始向雅典进贡。雅典将这份收入发给划桨手做军饷。成千上万的贫苦雅典人开始靠连年战争维持生计。因为一旦没有敌人可打，就指望不上划桨这份收入，也得不到战利品。

在这种情况下，公元前 449 年的和平在贫苦的雅典人眼中就是一场灾难。为此，雅典找到了解决方法，把贡金拿来修复公元前 480 年波斯侵略造成的破坏。帕特农神庙就是通过这种方式修建的。该工程让夏日赋闲在家、不能去船上当桨手的许多雅典人找到了活计。

这项政策解决了雅典城邦内部存在的严重问题，却让雅典人成了其他希腊人眼中的暴徒。毕竟，是大家齐心协力赶走了波斯人，获得了自由。而向雅典人纳贡的城邦已经失去自由。另外，雅典人经常插手希腊其他城邦的政治斗争，赶走政敌，帮助朋友掌权。

❀ 斯巴达人的反应

起初，斯巴达人不置可否。他们继续在希腊最南端城邦中组织"伯罗奔尼撒联盟",忧心忡忡地看着雅典势力渐增。公元前460年,斯巴达的一些盟友响应雅典号召,参加对波斯人的战争。斯巴达最后也加入了战斗,但并未全身投入,而是把和平作为第一选项。公元前449年,希波战争结束,双方讲和。但雅典人并没有沉寂太长时间。他们沿爱琴海北岸开疆拓土,并将权力触角伸向西西里岛和意大利南部。在那里,几个富庶的希腊城邦争执不休,急于邀到勇悍的雅典舰队加入争斗。

当时,雅典已经在爱琴海和黑海地区所向无敌。如果雅典海军又在希腊西部站稳脚跟,则会危及伯罗奔尼撒半岛上部分城邦的经济繁荣。如果出现这种情况,这些城邦的进出口贸易将完全受雅典海军摆布。

雅典和斯巴达之战

一想到会有这种威胁存在,起初并不情愿的斯巴达人开始行动起来。公元前431年,斯巴达和雅典开战,一直打到公元前404年,可谓漫漫苦战。人们常将这场战争称为"伯罗奔尼撒战争"。当然,从斯巴达人角度来讲,应该是"雅典战争"。记下这段历史的是雅典人修昔底德(公元前460年—公元前400/396年)。作者见证了战争始末,并在战争之初亲赴沙场。起初,雅典人占优势,但无力阻止斯巴达军队侵入阿提卡,烧毁农田。公元前415年,急躁的雅典人不顾自身实力,向西西里派遣大型舰队,妄图吞并,结果全军覆没。随后,波斯参战,给斯巴达提供金钱扶持,供其雇佣桨手。最终,几场恶战之后,斯巴达人反败为胜,摧毁了雅典最后一支舰队,雅典臣服。

雅典人伯里克利

这尊半身像制作于罗马时代。从雕像中可以看出,时任雅典元帅的伯里克利戴着头盔,但并不是在带兵作战。其沉思的神态彰显了伯里克利因富于政治和战略远见而名垂青史。

斯巴达人于公元前 404 年的胜利标志着希腊"黄金时代"的结束。因为在此之前，经历过纷飞战火的雅典人在希腊其他城邦的帮助下，创造了古典希腊艺术和文学。哲学和科学虽然是在后期达到巅峰的，但在这一时期也得到了蓬勃发展。古典希腊文化成为后世典范，对今天的我们仍有影响，因此值得玩味。

古典希腊社会和文化

雅典社会

雅典成为帝国城邦后,爱琴海、黑海的贸易和贡物开始流向港口城市比雷埃夫斯。来的还有整个希腊语世界的陌生人。在伯罗奔尼撒战争前夕,雅典城邦居民加上附近农村人口大约为 30 万,其中近半数为没有政治权利的奴隶和外邦人。成年男性公民人数不超过 5 万,但他们能以民主方式实现自我管理,把帝国掌控在自己手中。大约有 3 万公民有能力武装自己,去方阵服役。这些人多数为农民,在乡村有小块田地,除特殊场合外,平常很少进城。其他人很少有或根本没有田地,靠在军舰上摇桨为生。如舰队不出征,这些公民有很多时间参加公民大会。因此,除非出现紧急情况,需要农民放下手中的农活前来商议,主导城邦决策的人通常是这些划桨人。

很显然,靠分得战利品、从划桨中拿工钱谋生的人不可能阻止一年一度的战事。这就是雅典倚重武力型外交政策的原因。只要能打胜仗,能有新财富进益,那么较为保守的乡下人也会拥护这种民主帝国主义式的政策。从公元前 461 年开始执政到公元前 429 年离世,伯里克利一直主导雅典议事会,是舰队划桨手和雅典方阵士兵联盟的主要设计者。

伯里克利死后,两群体迫于伯罗奔尼撒战争压力,出现利益分歧。在一段时间里,无地的城市分子成为主导力量,克里昂就是他们在公民大会上的主要发言人。伯里克利的外甥阿尔西比亚德斯曾试图恢复舅父设计的利益联盟,但保守的农民怀疑他别有用心。正当他要实施最危险的项目——远征西西里时,被赶下台。雅典社会两大政治力量之间的真正信任和互相协作再也没能恢复。

在希腊大多数城邦公民间,也出现了类似的社会裂缝。到伯罗奔尼撒战争结束时,与雅典结盟的民主人士几乎处处遭到怀疑。后来,出现了少数人把持的寡头政府。富裕的公民成为政治主导力量。即便在恢复民主的雅典,原有公民参政议政的热情也挥发殆尽。贫穷的公民不再去划桨,更愿意去收费敛赋,参加陪审团和公民大会,把打仗参战推给从希腊世界穷地方招来的雇佣军。

如此一来，公民和城邦间的紧密联系，那种让希腊与其他文明社会有别的特质开始消失。阶层分裂和私人利益占据上风。希腊社会变得更像是中东。公民合力御敌、共担战争风险的经历再也不能重现，让人们对辉煌往昔感怀眷恋。

文学、艺术、科学和哲学

对雅典人来说，在波斯战败后和伯罗奔尼撒战争爆发前之间的五十年似乎一切皆可为。他们汲汲而求，希望造就城邦的伟大辉煌，以批判眼光关注政治演说和公共宗教节日。而宗教节日创造了希腊戏剧。

希腊戏剧

这些节日是从酒神狄俄尼索斯祭祀典礼演变而来。起初，合唱团表演村野质朴的歌曲和舞蹈。随后，采用主唱和舞蹈演员对话形式。再后来，加入了故事情节，两三个演员同时登台，互相交谈，并与合唱团成员交流。因此，悲喜剧都是从普通群众中产生的。

在一年一度的公共宗教节日上，雅典人向两种人颁发奖项：一是文采斐然的诗人；二是准备充分、表演出色的合唱团。受公众赞誉的激励，三位伟大的悲剧诗人相继出现，检验着雅典人的品位。他们分别是埃斯库罗斯（公元前525年—公元前456年）、索福克勒斯（公元前496年—公元前406年）和欧里庇得斯（公元前480年—公元前406年）。每位诗人都从希腊古代史的神祇英雄故事中取材，加工成戏剧形式。希腊悲剧以诗歌为声乐，气势恢宏，深刻表达了人类、诸神、命运与自然万物之间的真实关系。歌唱、舞蹈、服装和彩绘场景强化了表演的情感影响力。至于表演最初采用何种形式，我们只能想象。

虽然我们感受不到，也不能准确再现这些古代盛景，但流传下来的希腊戏剧文字仍让人钦敬不已。在整个古希腊和古罗马时代，一个受过良好教育的人的标志是，不仅能吟诵荷马史诗，还能恰切引用雅典三大悲剧诗人的诗句。

古希腊悲剧诗人关于人类境况的看法是对荷马理想的修正。他们笔下的主人公建下了丰功伟绩，为人敬慕，但又骄傲自大，不愿受到人力和知识的庸常局限。这种傲气受到应有的惩罚，方式不外乎两种：一是神祇直接谴责刁难；二是因果错综，自然降灾，难逃一劫。换言之，英雄主义既让人崇敬，又会导致危险。而只有遵守人类规则，才能拥有智慧。这种结论与城邦对公民投身战争、维护和平的需要完美契合。

但神祇给戏剧家带来了难以解决的问题。荷马等人描绘的传统故事无法与当时的道德标准相融合。在传统故事里，神祇的行为处事方式就像是被宠坏的孩子。有思想的雅典人越来越难对这样的神祇产生敬意。还有一些人开始怀疑是否真有神祇存在。但当很多事情都与人的意愿背道而驰时，似乎真的有超自然力量在起作用。

喜剧与悲剧截然不同。喜剧关注当下，滑稽好笑，还有荤段子谐然成趣。阿里斯托芬（公元前446年—公元前385年）是唯一一位作品流传至今的希腊喜剧家。他在伯罗奔尼撒战争期间创作，每一个名人都是他尽兴调侃的对象。

艺术和建筑

艺术也达到了新的完美境界。这个时代最伟大的建筑是雅典卫城，供奉雅典娜的帕特农神庙是其主体结构。神庙线条简约，精工细琢，和卫城其他建筑一道成为后世典范。这些建筑遗存至今，清晰地显现了古希腊人在设计和建造公共典礼建筑方面的精湛技艺。

帕特农神庙外矗立着很多雕塑。但古希腊人对雅典娜尤为尊崇，使用黄金及象牙为其塑造巨像，置于神庙内。这尊雕像的创作人菲狄亚斯（公元前480年—公元前430年）也受托为奥林匹亚雕刻了"万神之父"宙斯像。这两尊赫赫有名的雕像都失踪了很长时间，至今依然不见踪影。不过，从帕特农神庙现存的浮雕饰带上可以推知，菲狄亚斯给神祇赋予的形象应该是于平静淡漠中显现高贵。

古希腊历史学家

没有什么著作能比古希腊两位伟大的历史学家希罗多德和修昔底德的作品更撼人心魄了。希罗多德（公元前484年—公元前425年）生于小亚细亚哈利卡那索斯，广泛游历于埃及和亚洲，很可能在雅典也短暂停留过。虽然旅居时间不长，但他把雅典作为希波战争中的英雄所在地。修昔底德以悲剧视角讲述了伯罗奔尼撒战争。他擅长分析行为动机，以及战时希腊世界内部环境的交互作用，为后世历史写作创立了标准，至今无人能及。同时，两位历史学家也是伟大的作家。实际上，正是其文学风格让后世希腊人和罗马人最为珍视。

❀ 医学

和最早的伊奥尼亚哲学家一样，希罗多德和修昔底德把神祇排除于历史之外。同样的思想也运用于医学，产生了希波克拉底医学派。希波克拉底医学派的创始人为科斯岛的希波克拉底，生活在公元前400年左右。在希波克拉底的著作或其学派所写的书里，医者仔细描述了各种疾病的症状和病程，并认为疾病是自然产生的，休息静养可以治病。

今天的医学院毕业生常常要宣读《希波克拉底誓言》。该誓言要求医生只能将医术用于治病救人，为从医者定下了职业守则，因此一直沿用至今。

❀ 希腊哲学家

虽然希波克拉底及其学派不再认为疾病由某种外来"幽灵"进入人体导致，但古希腊医生在了解自然生理这条路上没有走出多远。同样的情形也出现在哲学家这里，但他们触动了一些非常深刻的思想，比如原子论，并不断提出新问题思考摸索。哲学家恩培多克勒（约公元前495年—约公元前435年）阐释了元素组合和重组后发生的物理生物变化。另一位哲学家阿那克萨哥拉通过比较炽热的石头和天体，探讨了天体属性。公元前440年左右，阿那克萨哥拉被逐出雅典。

哲学的第二条发展脉络是将逻辑作为解决一切问题的核心。这一学派的创始人是巴门尼德（约公元前515年—约公元前445年）。巴门尼德自圆其说，证明所有变化皆是一场幻象。一件事物要么"是"，要么"非是"。换言之，如果一件事物真的是"存在"，则该事物永远不会变成自己的对立面——"非存在"，否则就会出现"非存在存在"的逻辑矛盾。他的结论是，不论什么事物都是"是"，是永恒的、唯一的、不动的。

巴门尼德的逻辑谜题启发了阿布德拉的德谟克利特（约公元前460年—公元前370年）。德谟克利特认为，世界是由原子构成的。原子微小不可见，且每一个都不会发生改变，就像巴门尼德描述的存在那样。生长衰败是由原子束的聚合分离导致的。当然，为了解释原子运动，德谟克利特假设存在一片虚空。

其他哲学家大胆地将逻辑运用于解释人情世故。这些哲学家被称为"诡辩派"，以教育年轻人参与公共生活为己任。在像雅典这样的民主城邦里，他们教授学生公共演讲辩论之术。诡辩派部分人士坚信,熟练运用词与话语能解决任何问题。跟巴门尼德一样,他们认为词语自然也必然与存在相关。因此,如果一个人能有条不紊地遣词,有逻辑地行文,就能了解自然界和人类的一切知识。

其他诡辩派人士认为,真理无关紧要,务实之人不必担心词语是否在一些终极意义上与存在相关,因为词语就是说服别人的工具而已。在抱有这种观念的诡辩派人士眼中,政治家口中的真理、正义和其他道德标准不过就是为了达到一己目的,取悦普通老百姓的工具。

这种思想动摇了城邦忠诚理念的根本基础。如果世界不过就是精明政治家蒙骗亲信、夺权取势的场所,那么让雅典人无论战争和平,均同心协力,献身共同事业的那种甘愿就是受人迷惑的产物。真正的人会无视他人,追随一己之利。

是伯罗奔尼撒战争带来的灾难产生了这种态度。但诡辩派也激起了强烈反响,推动了重要思想的产生。苏格拉底(公元前469年—公元前399年)和学生柏拉图(公元前427年—公元前347年)是这一思想的核心人物。他们认为,应该在万物属性中寻求真理和正义之基。苏格拉底没有只字片纸流传后世,我们主要通过柏拉图的对话了解柏拉图心目中的苏格拉底。柏拉图在对话中也阐述了自己的思想,有时候借苏格拉底之口说出来,虽然这些话苏格拉底本人可能从未说过。

但我们可以肯定的是,苏格拉底经常出现在雅典街头和公共场所,同路人交谈,询问他们关于真理、知识、美好人生和行为处事的大问题。通过提问,他让人很快发现,多数常识都站不住脚。关于他本人,他说他唯一知道的事就是自己的无知。

苏格拉底履行公民义务,以普通士兵身份参加了伯罗奔尼撒战争,并通过抽签在议事会任职。他从未违背自己心中的正义和权利。但在伯罗奔尼撒战争后期,一些听过苏格拉底批判民主政治家和未来政客的年轻人参与了推翻雅典民主政府的军事政变。

因此,在战后民主秩序恢复后,苏格拉底被控败坏城邦青年,并被判饮毒自杀。虽然朋友们一再劝他逃出雅典,但遭到苏格拉底的拒绝。他说他不能违抗滋养保护他终生的城邦法律。公元前399年,在一群凄楚悲伤的朋友面前,苏格拉底饮下毒酒,安静死去。这群人中,有一个人是柏拉图。

通过与苏格拉底交游，柏拉图成长为一名哲学家。跟他的老师一样，柏拉图主要关注人怎样行为处事。他认为，要想举止得体，必须先知道什么是善，什么是真，什么是美。所有被普遍认为具备真善美特质的事物虽然各不相同，但肯定有共通之处，正像是所有桌子都有共通之处，所以才成为桌子一样。因此，哲学家的任务是发现所有相似之物的共通之处。只要经过一定研究，人就能瞥见变化无定、无形无状的实质。这一实质隐藏在任一物体类型的每一特定实例背后，柏拉图将其称之为"理念"。人只有了解理念后，才知道如何行为处事。没有理念的任何事物只能是一种"意见"，不必然比其反面要好。

柏拉图在《理想国》中设计了一场与苏格拉底的著名对话，从而发展了理念论。但他从未满足于用这样一个答案解决自己的主要问题。怎么才能确切证实纯粹不变理念的存在？即便有这样的理念，事物如何"分受"这一理念而变成善、真或别的什么东西？因为解决不了这些问题，柏拉图留给后世的不是明确的答案，反而是一连串的问题。但柏拉图的问题界定了西方哲学家至今仍关注的大部分问题。最根本的问题有：我们如何认知？词语和思想如何与事物产生关联？柏拉图的得意门生亚里士多德找到了答案。亚里士多德（公元前384年—公元前322年）掌握了自己所在时代的所有知识，并按逻辑分门别类。他事无巨细，面面俱到，几无遗漏。他根据逻辑规则完善论证方法，并运用这些规则回答了柏拉图提出的所有问题，以及我们称之为"科学"的事项——物理、生物，甚至是天气。实际上，我们今天视为理所当然的许多分类办法，如政治和经济等，都由亚里士多德制订。

柏拉图创建了一个学院，亚里士多德在其中求学多年，后来创建了自己的讲学堂。两位哲人去世后，他们的学生维持着这两个教育机构的运转。实际上，柏拉图学院持续了900多年，比当世任何一所大学的建校时间都要长。后来，其他哲学学院也在雅典创立，类似机构在希腊其他城市创建。但雅典一直是古代世界最著名的大学城。全希腊罗马的富家子弟纷至沓来，继续恣意而为，直至学到足够多的哲学知识，再敛身正行。渐渐地，哲学和希腊文化的其他方面逐渐成为富家绅士的行为准则。

这种变化只有在城邦框架解体后才会出现。接下来，我们必须要去审视，创造如此高雅的希腊文明的城邦何以衰落瓦解。

马其顿崛起和希腊文化东扩

公元前 338 年,处于半蛮族状态的马其顿王国从北面而入,征服了希腊,断送了希腊的政治独立。但在马其顿人通过这种方式改变希腊生活的政治基础之前,马其顿王国自身必须要发生深远变化。

马其顿帝国

公元前 480 年,波斯人入侵希腊,途经马其顿时,未遇任何抵抗。雅典人据此认为马其顿国王与波斯结盟,依附于波斯。公元前 359 年至公元前 336 年腓力二世在位期间,马其顿国力快速增长。饱受贵族仇隙走向衰退的马其顿王国,第一次在腓力二世的统治下实现了团结。

腓力二世成功的秘诀是,让青年贵族入宫,习惯希腊式生活的奢华精致。几年下来,很少有人愿意再回到山林里,而是留在国王身边,行吏政,执军务。腓力二世由此迅速调动王国所有资源投入战事。马其顿人停止互相厮杀,学会

亚历山大大帝

图中这位年轻的马其顿国王亚历山大于公元前 334 年至公元前 323 年间征服波斯帝国。此处描绘的场景是公元前 333 年的伊苏斯战役,亚历山大正向波斯人发起冲锋,最终建立第一场军功。这幅镶嵌画是在意大利南部小城庞贝发现的。公元 79 年,维苏威火山爆发,庞贝湮灭不闻。创作这幅画的艺术家从未见过亚历山大本人,其他现存画像也是想象作品。但画中的这种形象应该就是亚历山大的模样,后世艺术家均以此为蓝本创作。亚历山大的军队将希腊生活方式向东传播到印度河流域,以及更远的地方。他本人成了英雄理想的象征。直到今日,在阿富汗偏远村庄的口述传统中,在我们的教科书里,亚历山大大帝依然享有盛名。

如何运用方阵，人数优势开始显现。

在希腊人这一边，团结很难实现。公元前 404 年，雅典战败。在一段时间里，斯巴达势力最强，但很快走到了希腊其他城邦的对立面，被自己以前的盟友、以底比斯为首结成的联盟推翻。而联盟内部迅即分化瓦解，各自为战。这让马其顿有机可乘。公元前 338 年，在喀罗尼亚战役中，腓力二世轻松击败希腊。

亚历山大的赫赫功名

腓力二世亲自担任希腊所有城市联盟总领，计划率希腊军攻打波斯，实施"报复"。但公元前 336 年，腓力二世遭到暗杀，踌躇满志未曾实现。其子亚历山大（即亚历山大三世，又称亚历山大大帝）时年仅 20 岁。底比斯叛乱，北方原被腓力二世征服的色雷斯蛮族也掀起动乱。亚历山大迅速应对，证明了自己的勇气才略。底比斯被攻陷，其他希腊城市很快慑服。此后，亚历山大重拾父亲的计划，攻打波斯。

这场伟大的历险始于公元前 334 年。亚历山大屡战屡胜，深入波斯腹地。公元前 333 年，在小亚细亚东南角的伊苏斯，亚历山大挫败兵强势壮的波斯野战军。随后，进军埃及，建造亚历山大港，再次迎战波斯王大流士三世，并于公元前 331 年，在美索不达米亚北部的高加米拉击败敌手。

在接下来的一年中，大流士三世被亲信所杀。亚历山大顺理成章成为波斯帝国的合法继任者。在波斯帝国东部，他极力证明统治的合法性。随后，亚历山大翻越高山，到达印度，直逼恒河流域，但遭部下兵变，不得已返回。他并未原路折返，而是沿印度河行军，到达印度河口，深入沙漠不毛之地，沿波斯湾海岸继续前行，终因将疲兵乏，止步美索不达米亚。公元前 323 年，亚历山大在巴比伦发热而亡，终年 33 岁。

亚历山大的赫赫功名令世人瞩目。年轻的亚历山大执意要与《伊利亚特》中的英雄阿喀琉斯一争高下。他比阿喀琉斯创下了更为卓著的功勋。他在埃及时，阿蒙神祭司曾以神礼相待，就像礼遇埃及旧王朝的每位统治者一样。亚历山大自己对这种身份可能半信半疑，但他的很多新子民深信不疑。不过，这令多数希腊人和马其顿人大为震惊。

亚历山大去世时，帝国一片混乱。但他在十一年的时间里，以骁勇之姿，将广阔疆域尽数征服，改变了历史进程。他的威名不仅立于赫赫战功，更显于以个人之力每行一处传播希腊文化。他在征服的土地上建立了无数的城市，使其成为希腊和马其顿人口中心。因为，每定居一处，征服者都会带去自己的习俗制度，所以在接下来的几百年里，中东、印度北部和中亚人有充分的机会学习、借鉴、吸收希腊文化遗产的可取之处。希腊文明和中东文明由此实现了融合。我们将这种希腊元素趋于主导地位的局面称为"希腊化"。

很显然，亚历山大希望团结希腊人、马其顿人和波斯人，实现帝国一统。他甚至还安排许多士兵与波斯妇女成婚，自己则迎娶波斯公主为妻。但亚历山大死后，这项政策随之消亡。

希腊化君主国

亚历山大的继任者是一群久经沙场的马其顿将军，鄙视希腊人和波斯人，靠马其顿士兵效忠维持权力。没过多久，这些将军争吵不合，大帝国四分五裂。埃及落入托勒密家族之手。亚洲大部分地区被塞琉古一世及继承人掌控。马其顿最终听命于安提柯一世家族。

希腊重新走向独立，但各城邦不过是庞大的新希腊化君主国的玩物。虽然组成联盟、抵抗新帝国的运动取得了一定成功，但希腊统一局面再未能出现。主要城市不断与托勒密王朝和安提柯王朝结盟解盟。因为前者坐拥强大舰队，后者握有精兵锐卒。希腊城邦在军事上不再具有重要性。但希腊人对统治亚洲和埃及的新君主来说很重要。体现在两个方面：第一，新君主信不过当地人；第二，他们急需招募训练有素的士兵和精于吏治的管理者。大规模迁居由此成行。希腊部分地区出现人口一空现象。奴隶和贫穷的陌生人承担农事，在城邦政治中都没有发言权。

在希腊城邦内，政治权利越来越集中在富人手中。换言之，希腊社会图景与古代中东文明社会愈发相像。与此同时，中东人则渴望吸纳希腊文化的许多特质。再往东走，印度人和中亚人也钦羡、模仿希腊成就。

希腊化东方的文化融合

亚历山大攻城略地所产生的文化融合问题非常复杂。巴比伦和埃及两地抵制希腊文化，犹太人也一样。但在叙利亚和小亚细亚，希腊的服饰、语言和礼仪慢慢渗进社会各阶层，多数市民在某种意义上说希腊语。亚历山大曾在东部边疆周边建了不少戍城。生活在那里的波斯人等认为希腊文明比他们之前了解到的所有文明更具吸引力。帕提亚帝国在伊朗崛起后，宫廷和城市仍以希腊文化为贵。再往东去，受希腊人统治的巴克特里亚王国从公元前250年至公元前50年一直兴盛繁荣。该王国横跨印度和中亚的山脉分界线。

从巴克特里亚，希腊影响进入印度，并向东传播，沿贸易通道抵达中国。雕塑风格是文化邂逅遗存的主要证据。但印度和中国的雕塑家并没有全盘照搬，而是对希腊造型进行了改造和转化，就像是希腊古代的雕塑家借鉴埃及造型，并创造出自己的艺术风格一样。

至于希腊文化在其他方面产生了什么影响，我们知道得比较少。天文学部分思想似乎从爱琴海一路辗转来到印度，可能也到过中国。世界大帝国观念可能进入到了印度的政治理论中，激发印度仿效波斯帝国或希腊化帝国治国理政。印度人还借鉴希腊图书交易模式，撰写书籍，形成对口头学习传统的补充。但希腊对这些遥远地区的影响仍流于表面，比较微弱，零碎不全。

但往西去，情况截然不同。古典希腊文明达到巅峰时，意大利人和西欧人还是蛮族。随着希腊文化的传播，这些地区的富有阶层全面吸收希腊生活和奢侈风格。接下来，我们将对这一伟大运动进行审视。

罗马兴起和希腊文化西扩

希腊被罗马征服。但正如罗马诗人贺拉斯所言,被俘虏的希腊人让他们的征服者深深着迷,从而实现了复仇。然而,这只是事实的一部分。罗马人早在对希腊高雅文化着迷之前,就已经有了自己的一整套生活方式。这种方式混合了拉丁本土文化和其他文化分支,尤其是伊特鲁里亚文化。伊特鲁里亚人在公元前900年左右入侵意大利北部和中部时还处于半开化状态。他们很可能来自小亚细亚,因为他们给罗马带来的一些重要技艺习俗似乎与古美索不达米亚传统存在紧密关联。比如,神圣艺术。此外,古罗马人在意大利海岸沿线与希腊和腓尼基商人有过接触,从中学到了新知识、新技艺。

早期共和国

相传,罗马于公元前753年由罗慕路斯和雷穆斯两兄弟缔造。后来,伊特鲁里亚人入侵,并在罗马建都,罗马城逐渐成为重要中心。公元前509年左右,罗马发生叛乱,推翻伊特鲁里亚王塔尔昆,建立新共和国。此时的罗马夹在两个世界之中。一边是伊特鲁里亚、希腊和腓尼基为代表的城邦文明世界;另一边是由村庄部落松散联合组成的旧拉丁世界。在随后的几年里,罗马尝试将政治组织的这两种原则合二为一。他们从伊特鲁里亚王那里继承了城邦形式,但也保留了简单村落组成的"拉丁同盟"。

罗马社会

每年夏天,一到收获季节,罗马几乎都有战事。在很长一段时间里,罗马人过着简单的乡间生活,很难制服装备精良的伊特鲁里亚人。但罗马最终以人多势众占据上风。因为,即便是最穷的罗马人也愿意参战,胜利对他们来说意味着找到新土地开垦定居。在意大利各城市,伊特鲁里亚和希腊统治者多靠收取地租维持吃穿用度。但他们很难将交租的臣民调动起来,因为这些人说的语言跟他们不一样,不愿意为主子卖命沙场。

罗马社会也存在特权贵族和平头百姓(即平民)之间的尖锐矛盾。平民常与贵族发生争执，要求分得更多政治权利。但当外患降临时，罗马人停止内争，结成统一阵线，一致对外。意大利其他城市都做不到这一点。也没有哪个统治集团能像罗马人那样调动农村人力迎战。因此，最开始罗马权力扩张得很慢，后来迅速扩张到意大利全境。

长期以来，罗马人秉持保守行为观念。传统宗教仪式得到一丝不苟的维护，公开显贵露富为人不齿。多数公民从事农耕，生活简单。早期，甚至连贵族都要躬耕于田，从辛辛纳图斯于犁耕之际受召为罗马临时执政官这个著名故事就可见一斑。只要这种生活图景维持下去，罗马各阶层之间就一直互有同情体恤，能战胜一切敌手。

首征

公元前 396 年，罗马攻陷伊特鲁里亚维爱城，获得第一次重要军事胜利。罗马人摧毁了这座小镇，并对占领的土地进行分割。这项政策让平民在军事行动中得到了实实在在的利益。对穷人而言，只要打了胜仗，就有土地可分。但胜利到手没多长时间，罗马权力即遭遇重大挫折。公元前 390 年，一队高卢人突袭北下，洗劫了罗马城，仅朱庇特神庙因建有防御工事而幸免于难。但在高卢人撤离后，罗马迅速恢复，并在接下来的五十年里开疆拓土，成为意大利半岛"列强"之一。75 年后，即公元前 265 年，再打胜仗的罗马在亚平宁山脉以南的意大利所有地区首屈一指、无人能敌。

共和国政体

罗马政体极为复杂。三种公民大会职能不同，权力常有交叉。库里亚会议以"部落"为单位进行组织，行使立法权。对行使行政权的执政官的选举由百人会议执行。这是一个以军事力量配置为衡量标准的公民团体，装备精良者拥有更大投票权。为了对按财富分配权力的体系形成制衡，平民组建了自己的公民大会，即平民会议。该会议选举产生护民官，可对任一执政官做出的决定行使否决权。

除公民大会外，罗马还设有元老院。最初，只有贵族才能参加元老院。但到了公元前 367 年，平民也可竞选执政官，平民出身、原任执政官者也可参加元老院。元老院的影响力非常大，很大一部分原因在于，其成员几乎都是罗马城最活跃、最有能力的公民。遇有任何重要问题，元老院成员可自行商议后再提交到公民大会。

罗马军事组织

罗马军事组织从希腊方阵发展而来。但意大利中部和南部多山，战争难打，方阵队伍太长且队形不易改变，因此不适宜山地战。为此，罗马人将军队分为200～300人不等的战术分队，每一分队独立调遣，并可根据地形调整队形。罗马人将这种分队称为"步兵支队"。在开阔地带，步兵支队可组合形成坚固战线，就像希腊人刻苦训练维持的队形那样。在凸凹不平的乡村，每一步兵支队可单独作战，与侧翼其他分队保持松散联系即可。步兵支队可集合组成更大的军团，人数一般在6000人左右。骑兵和轻装步兵组成的特别分队补充了军团力量，但罗马军力始终掌握在重装步兵手中，这跟希腊情况相同。罗马军团的巨大优势在于，既能在开阔平原作战，又能胜任地形崎岖的乡村战事。这种优势很快让他们称霸整个地中海盆地。

同盟原则

另一关键因素是采用同盟原则，将附属盟友与罗马政权捆绑在一起。罗马人在战略要地建立罗马公民的殖民地。这些殖民者仍然享有完整的公民权利，但只能到罗马行使投票权。因为罗马公民人数有限，不可能占据意大利全境，所以在多数情况下，罗马不得不与被征服的城镇或部落缔结条约，要求签署方"与罗马人共同抗敌"，且不论何时何地受召，均应派出部队支援。

除此之外，其他事宜均按当地风俗自主决断。这些安排产生的净效应是罗马城邦可将全意大利的男性组织起来，参加日常军事事务。到公元前265年时，在整个地中海地区，没有任何一个政权能像罗马一样，拥有如此庞大的军事人力储备。

罗马征服地中海东西两部

布匿战争

当时，罗马共和国面临的最大考验是与腓尼基人的北非殖民地——迦太基展开长期斗争。罗马人将这场冲突称为"布匿战争"("布匿"与"腓尼"同源，拉丁语意为"腓尼基")。

在罗马将意大利团结起来的同时，迦太基人也建起了一个帝国，而且在某些方面上与罗马同盟相像。跟罗马一样，迦太基的权力也有赖于城邦政府与本地兵力结合。努米底亚人，也就是今天的突尼斯人和阿尔及利亚人是迦太基的兵力来源。后来，迦太基又从西班牙（古称伊比利亚）和法国南部征兵。但迦太基与罗马的最大不同是：迦太基以贸易立邦，建有海军，没有与城邦领导人持相同观点态度、支持官方政策的农民储备，而罗马有这样的储备。这就是罗马的关键优势所在。

公元前264年，两国在西西里岛控制权上发生冲突，战争爆发。为打赢战争，罗马首次成立舰队。虽然损失惨重，但罗马拒不退让。公元前241年，迦太基将西西里岛割让给罗马。胜利带给罗马人的一个新问题是如何管理一个由腓尼基人、希腊人和各种原住民杂居的海外领土？最终，他们决定向西西里岛派驻总督。自治结盟的办法虽然在意大利本土行之有效，但西西里人成分复杂，让其自主管理罗马人信不过。

迦太基人没有消极接受失败。他们在巴卡家族的领导下，沿西班牙海岸重建帝国。巴卡家族在本地征募凯尔特人和伊比利亚人，让其自主指挥，从而建立了一支威猛之师。他们借此攻城略地、扩张权力，就像罗马在意大利做的那样。这让罗马人心生恐惧。因此，当西班牙南海岸埃布罗河畔的希腊小城萨贡杜姆（今称萨贡托）请求与罗马结盟、对抗迦太基时，罗马人并没有回绝。这种行为让迦太基帝国建造者觉得"过分到无以复加"。

继任父亲、统领迦太基西班牙军队的汉尼拔不愿受这种限制。公元前219年，他攻下萨贡杜姆。罗马就此宣战。汉尼拔旋即从伊比利亚（今西班牙）出兵，途经高卢南部（今法国），携战象翻越阿尔卑斯山。在意大利北部两场大战中，挫败罗马军。胜利似乎在汉尼拔掌控之中。

但罗马人态度强硬，拒绝求和。公元前216年，在意大利南部坎尼战役中，罗马军再次战败，伤亡惨重，决定改变战略，不再与汉尼拔交手，而是年复一年派军盯梢汉尼拔的每一步行动计划，阻截掉队落单士兵，给对方制造麻烦。对那些与罗马解盟，自愿或受武力胁迫向汉尼拔打开大门的城市，实施围城行动。在人数上，汉尼拔怯于罗马。渐渐地，意大利的平衡均势不再倾向于汉尼拔。

在布匿战争中，迦太基和罗马均使出浑身解数。最终，战争蔓延至整个地中海地区。比如，迦太基与马其顿结盟，但对方贡献不多。罗马调遣远征军攻打西班牙，与西努米底亚（今阿尔及利亚）国王达成同盟，抗衡迦太基。

迦太基最终不堪重压。公元前 207 年，罗马人击败了从西班牙来意大利增援汉尼拔的部队。第二年，罗马将军、"非洲征服者"西庇阿（即大西庇阿）把迦太基人赶出了西班牙。西庇阿还与迦太基前盟友、东努米底亚国王秘密结盟。公元前 204 年，西庇阿兵入北非，得到努米底亚全国支持。迦太基北非地位受到威胁，情势远比汉尼拔出征意大利、危及罗马紧急，迦太基不得不调汉尼拔回国。公元前 202 年，汉尼拔在离迦太基国不远的北非扎马打了最后一战。在那里，所向披靡的汉尼拔第一次折戟沙场。迦太基求和。

罗马人希望迦太基人永不犯境。西班牙成为罗马行省。努米底亚宣布自由。迦太基人同意偿付战争赔款，毁掉己方战舰，与罗马"休戚相关"，也就是说，变成罗马的附属同盟。

一代人之中，迦太基实现了贸易复兴。罗马再次警觉。汉尼拔兵临城下的记忆仍历历在目。有一派罗马老者坚持要求完全摧毁迦太基，以绝后患。公元前 149 年，迦太基和努米底亚发生冲突。罗马派兵救援。迦太基人求和，遭到罗马拒绝。迦太基城被洗劫一空。相传，罗马人还在迦太基土地上撒盐，以防其东山再起。迦太基城周边地区变成罗马行省，北非其他地区移交努米底亚。罗马完全控制了地中海西部。

汉尼拔在意大利的几年，当地发生了很大变化。他的士兵生活在乡下。年复一年，意大利小农被征召入伍，田地荒芜。许多老兵不愿再回到艰苦沉寂的乡村生活。手中没有农耕工具，没有牲畜使役，甚至没有房屋栖身，想重新开始生活几乎无望。对很多退伍老兵而言，在城市晃荡，看看有没有什么机会，比回去重新种地置家当强得多。西西里的贡粮让这种生活成为可能。而且，只要发生新战事，就有望收获战利品。这样比较下来，在城市谋生计显然比回到农村受穷要好得多。这也意味着，许多罗马公民渴望远地发生战事，分得肥胀。

罗马征服地中海东部

罗马与地中海东部国家争执不合是有充分理由的。公元前 215 年，汉尼拔踏破罗马门槛，马其顿与迦太基结盟。迦太基战败后，罗马切盼与希腊城邦联手讨伐马其顿，以雪心头之恨。公元前197年，罗马兵入希腊，在库诺斯克法莱（希腊语"狗头山"）战役中，打败马其顿方阵。罗马开出的条件是马其顿赔款，裁军至5000人，未经罗马同意，不得参战。至于希腊人，他们和努米底亚人一样宣布自由。

这种解决方法不可持久。罗马对希腊一切内部争执都很感兴趣。虽然一些罗马人不同意插手希腊内政，但有些人急盼干预，尤其是将卒之辈。在他们看来，打赢东部战役轻而易举，丰厚战利品岂能拱手相让。公元前148年，罗马和马其顿战事又起，马其顿沦为罗马行省。战后，罗马雄视地中海东西两向。

罗马经济政治生活的变化

当时，原有简单淳朴的罗马生活遭到舍弃。在被汉尼拔洗劫一空的意大利南部和中部，元老院议员攫取大片土地，蓄奴耕种田地，放牧牛羊。商人和钱贩新阶层兴起，靠组织征收各行省贡物日益富裕。换言之，罗马很快变成了一个富豪和穷人、自由人和奴隶、公民和非公民、士兵和平民尖锐对立的社会。内战动乱随之四起，色雷斯角斗士斯巴达克斯发动的奴隶起义即是其中一例。

改革毫无成效。公元前133年，护民官提比略·格拉古划分地产田产，分给城市贫困人口，但在一次选举暴乱中被杀。他的弟弟盖约·格拉古继承衣钵，重新推行改革，却在公元前121年被政治对手杀害。市井无赖开始在选举中扮演重要角色，但最终被军队镇压，平民政治游戏宣告结束。

罗马军队的职业化程度越来越高。公元前106年，罗马颁布政策，规定服役后不再具备地产资格。这意味着，士兵退役后无家可归，无田可种。如果近期没有发生战事，不用招兵，就必须为这些老兵另找田地。因此，对罗马而言，部队凯旋，反生危机。这种令人忧心的事实在公元前100年凸显。盖乌斯·马略打赢北非和法国南部战争后，杀死了元老院内部几位政治对手，把他们的土地分给了部下。很快有人以其人之道还治其人之身。公元前83年至公元前79年间，苏拉暴力镇压马略组建的人民党，旧政府复辟。

庞培和恺撒：为政治权力而斗

对立集团的仇隙一直延续到下一代，以格涅乌斯·庞培和尤利乌斯·恺撒为主要代表人物。庞培征服了地中海东部，在叙利亚和小亚细亚大部分地区设立罗马总督,并于公元前 65 年至公元前 62 年间在巴勒斯坦及其他地区委任代理国王。恺撒于公元前 58 年至公元前 51 年间征服高卢,远涉莱茵河,还曾短暂侵入英国。公元前 60 年,恺撒、庞培,以及罗马富翁、政治家马库斯·李锡尼·克拉苏组成政治同盟,统治罗马城邦。

这种政治安排,即"前三头同盟"一直持续到公元前 53 年。同年,克拉苏出征帕提亚时阵亡。

克拉苏死后,庞培和恺撒不合,内战爆发,恺撒得势。但一直到公元前 45 年,恺撒才挫败所有对手。回到罗马后,他面临的任务是如何有序施政。恺撒很可能希望幕后操纵罗马政治,但他的敌人说他有称王野心。一群人秘密合谋,认定维护共和别无他法,只有除掉恺撒。公元前 44 年,恺撒迈上台阶、走进元老院时遭刺。

内战再次爆发。恺撒的朋友团结一致,打败了刺杀者组建的军队。随后,他们出征瓜分地中海世界。恺撒手下猛将马克·安东尼攻取地中海东部。他希望像恺撒那样,大胜帕提亚人,掌控罗马,向对手发号施令。恺撒养子、继承人屋大维身兼意大利和平安定重任,但必须与恺撒另一员大将马尔库斯·雷必达分权。

这一次的政治安排被称为"后三头同盟",持续时间是公元前 43 年至公元前 32 年,最终因安东尼和屋大维公开宣战而结束。公元前 31 年,屋大维舰队在亚克兴海战中大获全胜。安东尼逃亡埃及大本营,并自杀。他的情人兼盟友克娄巴特拉发现,虽然自己能让恺撒和安东尼神魂颠倒,却无力讨得屋大维欢心,因此也自尽身亡。

罗马帝国之初

到公元前 30 年时,整个地中海盆地重新回到屋大维一个人的军事统治之下。屋大维又被尊称为"奥古斯都",意为"伟大神圣之人"。罗马世界的这位新统治者行事谨慎,亲自指挥罗马大部分军队。他在边境地区设立驻军,用其钳制蛮族,使他们无暇插手政治。在担任军队统帅期间,奥古斯都登上权力巅峰。

但奥古斯都将自己权力中的军事基础小心翼翼地掩藏了起来。公元前 27 年,他名义上"光复共和"。体现在两个方面:启用执政官选举程序;遇要事咨询元老院。奥古斯都也为罗马城组建警察队伍,提供消防服务,并亲抓粮食供应。

由此，罗马城免遭内战惨烈破坏，生活更加安定有序。身兼元老院首席公民和大将军的奥古斯都对城邦和行省实施严密控制。不过，在理论上，元老院和罗马人民根据原有的共和国政体实施自主管理。理论和实践的落差在于，只有被奥古斯都认可的人才有望当选执政。其他人均被逐出政坛，但鲜有抱怨之声。为了原有的共和自由，罗马人已经为内战混乱付出了巨大代价。

罗马和平

元首政治，即奥古斯都开创的政治制度持续运转了 200 多年。在这一时期的大部分时间里，罗马帝国民众安享和平。当然，在这期间，蛮族部落频频犯境，边疆硝烟不断。犹太人两度掀起叛乱，摧毁巴勒斯坦。罗马军团有两次被调离边疆防哨，参与内战，决定皇权归属。但 6000 万人享受 200 年太平岁月，人数之多，时间之长，在欧洲历史上空前绝后。对罗马和平的记忆延续了几个世纪。

元首政治的弱点是，皇位继承存在不确定性。理论上，皇位由元老院和罗马人民自由授予。实践中，每一位皇帝在挑选后嗣或亲属担任继承人上殚精竭虑。共和自由的记忆久久不散。那时，选举真实存在，控制城邦的不是一个人。只要罗马贵族还继续存在，行省里的地主没有取而代之成为罗马帝国的主要支持者，这些美好的记忆就不会褪去。公元前 100 年左右，一个又一个"贤"帝登台，为人们留住了这些美好记忆。这些皇帝中，第一位是于公元 96 年即位的涅尔瓦，最后一位是卒于公元 180 年的马可·奥勒留。

希腊和罗马风格的文化

只要罗马社会由小农和保守派贵族组成，艺术和高雅文明的发展空间就十分有限。但在布匿战争期间和结束后，罗马社会快速发生变化。一少部分富有的罗马人对希腊艺术、文学和思想产生了兴趣。在这些地中海新主人中，更多人感兴趣的是新奇烹饪法、流行音乐和高雅生活。新财富也让罗马人发展了独有的新风俗，如角斗。该活动原本是在逝去英雄墓地上表演的宗教仪式，现又风行于世，变成了观赏性体育。在角斗表演中，既有人与人互相殴打厮杀的场面，又有人兽对峙环节，观看的罗马人大声呼喊，兴奋之至。对一个有远大抱负的政治家而言，要想赢得选票，最好的办法就是组织一场特别惊险刺激的角斗表演。罗马实施元首政治后，举办角斗表演变成了皇帝的责任。

剧作家和历史学家

在罗马重量级剧作家中,只有普劳图斯(约公元前254年—公元前184年)和泰伦提乌斯(约公元前190年—公元前159年)的作品流传到今日。两人在创作喜剧时,大量借鉴希腊化时期希腊喜剧作家的写作风格。罗马最伟大的两位历史学家分别是李维和塔西佗。李维(公元前59年—17年)写了一部关于罗马共和国的长史,但只有一少部分篇章传之后世。李维对古罗马淳朴美德的衰败失落扼腕叹息,但其实他对罗马共和制的瓦解也负有责任。塔西佗(55年—120年)写的是罗马帝国史,字里行间难抑对奥古斯都及其继承人统治下罗马丧失自由一事的满腔悲愤。

罗马诗人

在罗马世界,仅居西塞罗之下的文学家是诗人。在拉丁语诗歌中,既有抒情诗诙谐热情地解释了人为什么无须惧怕神祇,又有对私人生活之乐的沉思,还有对罗马奠基和命运的恢宏描述。这些诗人中,以维吉尔(公元前70—19年)最负盛名,影响最为深远。他模仿荷马,写出了不朽史诗《埃涅阿斯纪》,让罗马人也能跟希腊人一样,拥有令人敬重的渊源。在这部诗中,维吉尔回顾了特洛伊王子埃涅阿斯从故土出发行至意大利的云游之旅,并讲述了埃涅阿斯后裔最终在罗马建城立邦的故事。维吉尔在他的伟大诗作中界定了罗马的角色:不是要与希腊争当艺术文学家园,而是要统治世界、睥睨群雄。

人物传记、哲学和科学著作

公元100年左右,希腊语写作复苏。普鲁塔克(46年—120年)写出了希腊和罗马名人比较列传,读者甚多。罗马皇帝马可·奥勒留(在位时间161年—180年)用希腊语创作《沉思录》。医生盖伦(129年—约200年)和数学家、地理学家、天文学家托勒密(约90年—165年)撰写的科学著作,对后世影响深远。盖伦的书是伊斯兰教和基督教世界从医者的必读书目,声名传至1700年。托勒密的权威一直到1500年欧洲做出地理大发现、哥白尼和伽利略取得天文成就后才被推翻。

罗马法

古代世界赋予中世纪欧洲的另一项伟大遗产——罗马法是在后来成熟定型的。罗马法始于罗马共和国初期。当时，司法官在上任伊始要按照惯例公布拟实施法律。帝国时期，这种做法得以维持，但司法官颁布的法令具备了标准形式。

当罗马法必须要在分散帝国各处的公民中广泛实施时，变化开始出现。这一变化促使法学家思考希腊哲学家强调的自然法则和执政官应付诸实施的真实法律之间的关系。最终，他们认为应采用简单根本的原则调节法律关系。比如，对于每一份有形财产，只承认一人有充分使用和销售的权利。根据这种原则制订的法律可调节世界任何一个地区的民事关系。这种法律让陌生人之间的关系变得更灵活，更精确，更具预见性，增强了社会适应新环境的能力。

不过，罗马法的持久形式是在公元200年后才确定下来的。明确的罗马法典最终由查士丁尼皇帝（即查士丁尼一世，又称查士丁尼大帝，在位时间527年—565年）下令编纂。

罗马建筑

罗马人对希腊在建筑和公共工程上取得的技术成就进行了完善，还使用拱门和穹顶，制作水泥加固建筑石材，这是希腊人从未做过的。罗马人留下的最令人惊叹的建筑形式是四通八达的路网，以及图中这样为数众多的高架引水桥。该引水桥位于法国南部尼姆附近，因拱门设计精巧、结构稳固，水泥黏合效果佳，矗立2000多年仍完好无损。

公元180年时，罗马法仍在继续发展。但罗马上层文化世界并未发生多大变化。伟大的艺术家、作家、哲学家和科学家不再涌现。礼貌规矩和文明生活的奢华在罗马帝国各行省的地主中广泛普及。在罗马世界各地，希腊模式得到修正调整，迎合了共和国后期和帝国早期的拉丁品味。但问题是，没有人再去关注希腊文化和精神。

雕像和庞大的公共建筑遍布罗马统治下的西班牙、高卢以及西欧其他地区（奥古斯都曾征服多瑙河以南土地，他的继承人将英国和达契亚纳入帝国版图，美索不达米亚也曾于短时间内受罗马控制）。演说家发表雄辩演讲，精心阐发观点，但主题无关宏旨，琐碎平淡。行省城镇纷纷效仿罗马，推出角斗士表演。

所有让雅典人和罗马帝国奠基人赖以维系、觉得生活充满意义的政治奉献精神消失殆尽。社会下层对主子的哲学艺术不感兴趣，而主子对自身、对自己沉湎怀恋的奢华生活方式也不无迷茫。人类的抱负志向从古典表达形式偏离，转而向文明发轫之初的宗教寻找出口。在下一章中，我们要看一看这种情况是怎样产生的。

结论

公元前500年至公元200年间，古希腊和古罗马的古典文明大获成功。公元前500年，希腊人，这一居住在庞大的波斯帝国外围、不听管教的小民族竟将局面反转。亚历山大攻城略地，整个中东地区都感受到了希腊文化的冲击，就连遥远的印度和中国也对希腊成就不无兴致。在罗马征服希腊及地中海世界后，希腊思想、艺术和生活方式向西远播。

希腊和罗马古典文明的精髓是什么？在雅典全盛期，全体公民积极热心参与城邦政治文化生活是希腊的典型特征，令后世难以忘怀，亦难以企及。在罗马早期，公民也能参与战事政治决策，程度远比意大利多数城邦要深。古罗马人坚信，政治自由——每一公民参与政治辩论，根据一些已获得认可的法律条文做决策的权利是他们与众不同的核心所在。虽然权力实际集中于少数人手中，甚至在罗马帝国时期为一个人所把持，但自由参政的理想始终是古代古典世界的显著标志。

古典艺术和思想也有自己的显著特点。雕塑家的作品越来越写实，更加关注细节，连胳膊和腿上的血管都成为描绘素材。多数古典思想家注重自身推理和辩论能力，不再相信神圣启示。当然，这种理想并没有完全得到认同，尤其是在希腊世界东部。但即便推理和辩论不能让公民达成多少一致意见，人们也并未忘记理性争论之益。

政治自由、自然主义艺术、理性主义思想，这三个方面可能是古典文明的精髓所在。这些价值观被伟大的古典作家尊奉在书页里，生发为一支有生命的力量，激荡涌流至今。在埃斯库罗斯、希罗多德、修昔底德、柏拉图、亚里士多德、西塞罗、维吉尔等人的不朽杰作中优游涵泳，英雄主义和深沉绝望，为一代又一代欧洲人和他们的海外后裔提供了典范和滋养。从这种意义上来讲，很久以前发生在马拉松、萨拉米斯、扎马和亚克兴的事件，时至今日影响犹在。因为，古希腊人和古罗马人就是我们的过去。和世界各地的人一样，我们在自己选择铭记的过去里，既是囚徒，也是受益者。

第九章
文明宗教和蛮族入侵

公元前 200 年　　　　　　　　　　公元 600 年

马超龙雀

这匹神采飞扬的马从中国甘肃出土。那里既有农田，又有草原。在这尊雕塑创作的年代——公元 200 年左右，骑兵战事主导亚洲全境。马之类的役畜驮载着蛮族侵略者攻入中国和罗马帝国东部，印度幸免于难，但好景不长。几个世纪后，印度也饱受蛮族侵略之苦。

公元前 100 年至公元 200 年间，欧亚文明民族组织商队和海上贸易的效率远超以往。因此，货物、疾病和思想在整个欧亚大陆上传播交会，西至不列颠群岛，东达日本群岛，涵盖印度和印度尼西亚群岛，触及东非和西非。

公元 200 年后，新疾肆虐，人口减少，欧亚大陆各民族间的经常往来和密切交流被迫中断。随后，草原蛮族攻城略地，将这一远距离和平贸易切断。

但在欧亚各文明迫于情势，不得不依靠本土资源实现发展之前，商人于无意间激发了传统的交融，促进了世界三大新宗教的产生：大乘佛教、基督教和印度教。在随后的几个世纪里，这三大宗教部分通过有组织的传教活动，得到了广泛传播，为一大部分文明开化的人类提供了持久文化模式。公元 200 年后，蛮族迁居达到新规模，语言和文化边界得以划定。直到今天，这一边界仍适用于欧洲大部分地区和亚洲部分区域。

因此，新信仰的兴起和民族的迁徙成为公元前 200 年至公元 600 年间的世界历史主旋律。

商队路线和欧亚帝国

欧亚大陆远西地中海沿岸罗马帝国的崛起和远东中华帝国的强势统一在时间上高度重合。公元前 206 年,汉朝建立。公元前 202 年,汉尼拔兵败北非扎马,罗马主宰地中海西部。四百多年后,公元 220 年,汉朝覆亡。同一时期,罗马帝国遭蛮族强兵压境,几近分崩离析。这些同时期发生的事件并非毫无关联。两大帝国通过贸易建立了间接联系。此外,两国都与欧亚草原接壤。蛮族游牧人和文明近邻存在着作用和反作用关系。本章我们将首先审视欧亚商队路线沿线各文明之间的相互影响,再去看看草原蛮族的征服和迁徙活动如何改变了公元前 200 年至公元 600 年间的文明历史进程。

公元前 221 年,秦始皇统一中国。受塔里木盆地沙漠所障,远东与西亚相互隔绝。公元前 102 年,汉武帝派军开发西部,抵达中东世界前哨——费尔干纳(今乌兹别克斯坦)。因此,汉武帝的军队使中国第一次与中东文明民族建立了经常性的交流联系。而在此之前二百多年,马其顿亚历山大大帝征服印度,中东和印度联结在一起。亚历山大的亚洲继任者塞琉古王朝与印度保持了外交贸易往来。亚历山大时代结束后不久,印度摩揭陀国王旃陀罗笈多征服恒河和印度河流域全境,缔造了孔雀王朝。因此,在中国人出现在费尔干纳、加入到旧世界文明圈时,中东文明地区已经与希腊和印度世界有经常性接触。

贸易增加

在接下来的百年历程中,中国和地中海东部地区组织开展了经常性的商队贸易。开展这种活动需要花费不少气力。组织、供给、保护商队与装备船只出海远航的复杂程度相当。地方当局需要设立商队客栈,且不能对往来商人课以重税,免得商人赔本破产,政商双方得不偿失。而且,要想让贸易发展成为重要经济形式,还必须在商队路线两端找到金融贸易和货物配送手段。我们对此一无所知,但所有条件在当时已经齐备,贸易得以顺利开展。到公元 1 年左右,罗马人所称的"丝绸之路"成型。这条路起于中国渭河流域,贯穿中亚,途经美索不达米亚,终点设在叙利亚奥龙特斯河畔的安条克城。成千上万的人和牲畜开始往来于这条近 6437 千米长、被骆驼四脚磨平的道路上。货物、思想和疾病随商队旅行传播。三者叠加，对沿线文明社会影响巨大。

几乎在同一时间，地中海地区和印度之间的海上航线发挥了新的重要作用。公元前 120 年左右，一位从红海驶来的船长发现，在远离陆地的情况下能按星辰指引远行，便直接从亚丁湾海峡来到印度南部。这种办法比绕海岸沿陆地行驶节省不少时间，而且，还不用交过路费，无须担心海盗袭击。季风风向逆转后，就能轻松返航。在这一发现后不久，有人开始雇舰队往返于埃及和印度之间。富于冒险精神的船长继续探索孟加拉湾。公元 180 年后不久，一位自称是罗马皇帝马可·奥勒留使臣的旅行者经陆路穿过克拉地峡，又从东面搭船抵达中国南方地区。东南亚与地中海航海者通过这种形式建立了牢固联系。地球南部海洋变身为单一贸易网络。

沿丝绸之路和海上航线往来的货物各式各样、种类繁多。中国首次派往费尔干纳的远征队伍带回了葡萄、苜蓿和战马，后来又进口了金属、玻璃和白银。罗马人最想要的是丝绸，这种织物在罗马极为风行。在安条克城，中国丝绸布料被拆开重纺成更为稀疏、几近透明的织品。印度出产的是香水和香料。亚历山大港把多种制成品，如批量生产的希腊神祇小雕像等运往印度。从罗马土地上出口到印度的还有硬币。

还有几条贯穿欧亚大陆中部的商队路线在这一时期成型。这几条路将南北两方蛮族与沿线文明疆域连接起来。比如，沿河道北起波罗的海、南到黑海的"琥珀之路"。驼队也开始穿过撒哈拉沙漠，将西非和罗马帝国统治下的北非连为一处，把尼日尔河地区出产的黄金换成盐和其他产品。印度与东南亚、印度尼西亚的贸易联系变得相当重要。公元 600 年前，中国同蒙古游牧民族开展贸易，并与朝鲜和日本建立了政治商业关系。总之，文明的影响范围明显超越了每一条边境。

疾病传播

但随商品而来的是新的疾病。有一些病对稠密定居的文明社会产生了毁灭性影响。究竟是哪种病菌导致了古代瘟疫和传染病的流行，我们现在已经无从得知。相关记录并不完善，而且这些文字很少描述症状，现代医生无从判断。但我们知道的是，在现代，麻疹、腮腺炎、天花等儿童期疾病，甚至是普通感冒，都足以让没有该病史的人死亡。在历史上某一时期，文明民族肯定和现在一样对这些疾病产生了一定抵抗力。公元前 100 年至公元 300 年这四百年间，上述疾病至少有一些已经在欧亚大陆流行。而且随着欧亚和非洲频繁开展长途贸易，疾病也越传越远。我们手中有一些重症流行病资料，以罗马和中国方面的信息最为完善。许多证据表明，公元 100 年后不久，罗马帝国和中国汉朝都曾出现过人口大减。

值得注意的是，疾病肆虐，情况变得岌岌可危时，一切会出现自我调整。人口稀疏，亲密接触次数变少，疾病感染力度减弱。另外，发生严重疫情后，长途贸易和旅行被迫中断。人口减少意味着财富变少，贸易利润下滑，携带新疾病的陌生人不再到来。而且，患病人口对所染疾病获得了一定程度的生物免疫力。当特定人口中足够多的人都具有免疫力后，这种疾病就不再流行，但没有完全消失，而是变成儿童期疾病，只感染还没有免疫力的人群。虽然这种病没有绝迹，但孩子可以从父母处遗传部分免疫力，所以该病致死人数减少。

这种类型的自然循环很可能在古代世界发生过。新型疾病传播，欧洲和中国成为重灾区。最初，大量人口患病死亡。在随后的三四百年里，免疫力增加，隔离加大，致命传染得到遏制。但在此之前，罗马帝国和汉朝已双双覆灭。疾病导致的人口减少很可能是两个帝国国力削弱的原因之一。但因史料不全，这种解释只能算是猜测，不是既定事实。

思想交流

对后世历史来说，沿旧世界商队路线开展的思想交流远比商品交换和疾病传播更重要。

这些思想以宗教观点为重。不过，有一些宗教思想带有科学成分，曾被当成是科学学说。比如，欧洲人后来称之为"炼金术"的思想起源于中国道家。中国道士曾尝试调制神奇饮品，以达到延年益寿之效。炼金术西传后，其姐妹"科学"占星术从埃及的亚历山大港东传到印度和中国两地。占星术综合了希腊和巴比伦的天体学说。

炼金术和占星术多多少少算是神秘科学，有很多魔法成分在内。与之相反，新的宗教思想面向大众，影响到每一个人。公元前 200 年至公元 200 年，三个世界性新宗教——大乘佛教、印度教和基督教兴起。而在波斯，摩尼教差一点成为第四种世界信仰。摩尼教于公元 3 世纪中叶由波斯先知摩尼创立。这几种宗教都表达了相似的思想，即每一位信徒只要和人神合一的救世主建立亲密关系，就能得到救赎。对这些宗教的信徒而言，坟墓另一边的永恒世界要比凡世重要。此外，三大宗教都认为，女性也有灵魂需要拯救，应和男性一起平等信教。虽然有以上几个重要相似点，但三大宗教也存在重大差别。

大乘佛教

大乘佛教将重心从早期佛教宣扬的最高宗教目标——"无我"中转移开来，认为慈悲行善者的灵魂能进入多个"天堂"中的任一个，永享极乐。最终，宇宙中的每一个灵魂都会摆脱轮回之苦。在那个遥远的时空里，所有灵魂都会一起进入涅槃，完成宇宙循环。但在那个时间点到来之前，已经得到拯救的灵魂有义务帮助他人，攀上人生阶梯，逃脱轮回，进入天堂。能够净化自身、到达天堂的灵魂被称为"菩萨"，和基督教的圣徒相像。

从现实角度来看，普通人可向菩萨祈祷，或以别的方式敬献菩萨，遇到难处时，就会得到菩萨庇佑。这样一来，佛陀不再是僧人猜测假想的历史人物。世界上有无数个佛陀化成肉身帮助需要拯救的灵魂。而且，因为有无数个世界不断寂灭重造，就有无数个佛陀让真法永存不灭。

印度和希腊思想的融合

为菩萨和佛陀立像是大乘佛教的重要组成部分。塑像本身即是行善，能帮助他人获得拯救。塑像林立的洞窟和寺庙变成了崇拜和祈祷中心。

毋庸置疑，大乘佛教艺术与希腊和罗马艺术存在渊源。佛陀塑像的一些细节借鉴了希腊和罗马艺术风格中的阿波罗雕像。但佛教艺术很快与希腊造型分道扬镳，并在印度、中国和日本实现了独立发展。

希腊和印度思想在大乘佛教艺术上的融合为二者在更广范围上的交会提供了直观可见的形式。人神一体的菩萨与亚历山大去世后几个世纪以来发展的希腊思想有相似之处。在这几个世纪里，埃及和叙利亚的君主都宣称自己神圣非凡，经常自称"救世主"。在希腊世界的宫廷和商队客栈里，印度世界的旅人来来往往，双方不愁找不到讨论宗教和现实的机会。正如佛教雕塑家可以从批量生产的希腊雕像上挖掘艺术风格学习借鉴一样，发展大乘佛教的僧侣可能也从说希腊语的商人那里吸收了一些流行于地中海东岸的思想观点。但因为没有人记录这些对话谈天的内容，我们无从知晓真实情况。

大乘佛教的传播

公元 200 年，大乘佛教开始沿中亚商队路线传入中国。两个世纪后，中国的佛教以大乘佛教为主，并形成了自己的风格。到公元 600 年时，中国式佛教深植朝鲜，并初步对日本产生影响。皈依佛教成为两国迈向文明的重要一步。两国宫廷和统治者对僧人持欢迎态度。因为他们不仅识文断字，还带来了中华世界的部分知识思想。即便在唐朝开始迫害佛教徒后，朝鲜人和日本人依然坚守这一从印度传入中国的信仰。

佛教向喜马拉雅山以北拓展是人类历史大事件之一。中国、印度和日本人口占当时人类总人口半数以上。时至今日，三国仍有相同背景，原因就在于有信仰佛教的共同经历。当然，佛教既不是印度，也不是中国的主导信仰，但在亚洲边缘的朝鲜、日本，东南亚和锡兰影响很大。在基督时代以前，就有佛教法师渡海抵达东南亚。他们大部分人宣扬的是早期佛教形式，因此大乘佛教在锡兰、缅甸、泰国、越南等国地位一直不高。

⚚ 印度教

大乘佛教在印度西北端最为兴盛。出该地区不远，有翻山道与丝绸之路交会。但在大乘佛教欣欣向荣的同时，另一项重要的宗教发展也在印度南部进行——婆罗门教发展为印度教。婆罗门教因规则仪式由婆罗门祭司制订而得名。教义来源于两部分：古老的吠陀和当地多种宗教习俗。演变之后的印度教仍尊奉吠陀，认同婆罗门祭司制订的所有规则仪式。但二者区别在于，印度教主要信仰毗湿奴和湿婆两位主神。普通的印度教徒只向其中一位主神献祭，相信神祇会让虔诚信徒投胎托生到高一阶的灵魂之梯。印度教认为，如果信徒至虔至诚，毗湿奴和湿婆甚至可能会与信徒灵魂合一。

由此可见，救世主神的思想也是印度教的核心。但在印度教神话中，毗湿奴和湿婆一次又一次投胎转世。印度教认为，两位主神可在任一时刻、任一地方转世成几乎任一种形式，可以是体型庞大的动物，也可以是天真无邪的牧童，还可以是一束耀眼夺目的光华。虔诚的信徒或许能看见他行于闹市，或在神秘恍惚中发现他的踪影，或根本看不到神祇。看见与否并不重要，重要的是信任毗湿奴和湿婆。神和崇拜者本来就是一对爱侣，因为出生而分离。通过私人敬奉和公共仪式表达爱意，就能得到救赎。

⁂ 印度教和佛教平衡关系的改变

围绕一尊神像而建造的宏伟寺庙是印度教徒的崇拜中心。和大乘佛教不同，印度教艺术没有受到希腊艺术的影响。另外，关于毗湿奴和湿婆的历险故事似乎更贴近农民生活，而离商人的城市生活较远。这些商人从埃及出发经海路到达印度南部。印度教远比大乘佛教更具泥土气息。也许正是因为这个原因，印度教最终比佛教更流行。

我们很难追根溯源，确定两种宗教在印度发生平衡关系改变的时间。公元前 250 年左右，阿育王统治印度几乎所有地区，佛教大有成为国教之势。阿育王虔心礼佛，试图将佛教传至印度全境，并远播他域。为此，他在帝国边远地区立柱铭刻佛经，供人观瞻记诵。一些柱子至今尚存，从中我们可以了解到关于阿育王统治的所有确切信息。但在他逝世后,信息再次湮灭。帝国瓦解,印度生活继续。

印度教不是传教型宗教。虽然印度尼西亚和东南亚其他一些国家的君主信奉印度教,或者推崇印度教形式的印度文化,但对"印度文化圈"中信徒人数最多的印度教主神——湿婆的崇拜,很可能是建立在当地原有崇拜的基础上,在印度宫廷文明传播到爪哇、柬埔寨以及其他地区前就已经存在。

笈多王朝的文化交融

印度南北再次统一历时五百年。新帝国的创造者是笈多王朝,存续时间为约公元320年至550年。笈多帝王信奉印度教。但到目前为止我们知道的信息是,他们并不热衷宗教。笈多宫廷典雅堂皇,生活奢华。梵语"诗圣"迦梨陀娑曾在笈多宫廷生活。他的剧作和抒情诗表现了笈多宫廷生活的华美精致。

在同一时期,印度两大史诗巨著——《摩诃婆罗多》和《罗摩衍那》成书,和现存形式相近。跟《伊利亚特》一样,《摩诃婆罗多》讲述了战车战争中的英雄事迹。但后世祭司又添加了不少材料,原有故事情节几乎湮没不见。民间故事、宗教教义、符咒巫术、哲学论断混杂其间,使得《摩诃婆罗多》比《圣经》还要长。之所以做这样的比较,是因为《摩诃婆罗多》就是印度教徒心中的宗教经典。《罗摩衍那》篇幅较短,语篇组织更紧凑有致。这部史诗讲述了罗摩的奇妙历险故事,但中心思想也是宗教。因为,主人公罗摩是印度教两大主神之一毗湿奴的化身。

在笈多王朝以前,这两部印度史诗历经长时间演变,有一些段落可能是后来添加上去的。但在笈多王朝时代,印度人不再口述传文,而是将文学作品记录成文。这一点是从希腊借鉴而来,因为这两部史诗中与书籍相关的术语源于希腊语。书面文学作品要流行传播,需要职业抄手机械重复工作,不太可能像口述者那样添加新材料,更改原段落。因此,书籍创作和抄写是在笈多王朝时代传到现在的。从那时起,《摩诃婆罗多》《罗摩衍那》,以及迦梨陀娑笔下复杂深刻的文字开始具备持久稳定的形式。

笈多王朝时代被认为是印度古典巅峰。因为其留存下来的艺术多与佛教相关,我们几乎都是从文学中了解那个时代。从这一点可以看出,印度教徒和佛教徒和平相处,就像佛教各宗一样。在当时的印度,没有人觉得因宗教信仰不同而迫害压制有什么意义。因此，从佛教到印度教的转变几乎没有留下痕迹。佛教寺庙继续存在，直到公元 1000 年后，外来侵略者将之损毁，但没有人想去修复。人们为救赎找到了新的表达方式，佛教寺庙变得无关紧要。

基督教

基督教由巴勒斯坦的犹太人创建，后来在地中海东部说希腊语的民族中传播。从这一中心开始，基督教迅速传至四面八方，东沿亚洲商队路线，南至印度和埃塞俄比亚，西贯罗马帝国。公元600年后，基督教已在旧罗马边界以北牢牢站稳脚跟。公元600年至1000年间，北欧几乎所有地区都信奉基督教。尽管有此佳绩，基督教和佛教一样最终被挤出发祥地。公元634年起，穆罕默德的信仰从阿拉伯沙漠异军突起。基督教只得去北欧斯拉夫人和日耳曼人中布道传教，眼睁睁看着伊斯兰教征服了自己诞生的摇篮——巴勒斯坦和叙利亚，把中东和北非所有地区变成穆斯林的疆土。

犹太背景

基督教建立在犹太教基础上。后来，希伯来先知宣称将有一位弥赛亚复兴大卫王国，匡扶正义。到基督时代时，虔诚的犹太教徒之间对如何阐释先知话语产生了分歧。他们中一些人期待超自然世界末日，天空开启，光彩四射，上帝显现，弥赛亚从上帝右手边而下，褒善惩恶。另一些人则认为，弥赛亚和大卫王一样，是上帝派来匡扶正义、捍卫真正宗教的人。

当时，巴勒斯坦生活维艰，犹太人愈发渴望弥赛亚临世。统治者奸诈不义，税吏凶狠残暴，似乎都在考验着上帝的忍耐，让他惩凶除恶。在基督时代以前的近两个世纪里，塞琉古国王安条克四世（在位时间公元前175年—公元前164年）曾让犹太人尊他为神，但犹太人不愿崇拜偶像，并掀起叛乱。在犹大·马加比的领导下，犹太军队取胜。这似乎是上帝扶助的明证。但令虔诚的犹太人沮丧的是，犹大·马加比建立的王国很快落入另外一群统治者手中。这些人对异教希腊文化更感兴趣，跟罗马人站在一道，不遵守上帝法律，不秉公执政。

公元前64年，罗马人在巴勒斯坦建立保护国，扶持新王登基。大希律王（在位时间公元前37年—公元前4年）是罗马摄政下最后一位拥有广阔疆土的君主。他死后，国土由三子分割。公元6年，长子去世，希律王国的两个中心行省——犹太和撒玛利亚受罗马直接管理。公元30年，罗马小吏本丢·彼拉多成两省总督。身为提比略皇帝代表、犹太财政长官的彼拉多下令将拿撒勒的耶稣钉死在十字架上。原因是，追随耶稣的人认为他就是那个人们期待已久的救世主，是上帝之子，被上帝派来救赎人世。人群聚集在耶路撒冷，将耶稣呼为"犹太王"。

多数犹太人不相信耶稣是弥赛亚。耶稣的凡世所行与他们的期望不符。因此，犹太人继续等待观望。公元 66 年，很多犹太人认为弥赛亚临世的时间最终到来，所以一涌而起反抗罗马统治。斗争一直持续到公元 70 年。罗马包围并攻陷耶路撒冷，毁掉圣殿，从此再未重建。战争之后，原本留在耶路撒冷的一小群基督徒四散开来。从那时起，基督教离犹太起源越行越远。132 年，巴勒斯坦叛乱又起，基督徒没有受到直接影响，但这一次罗马采取了极端措施。他们将叛乱地区完全摧毁，把耶路撒冷和犹地亚两地的几乎所有犹太人杀死。只有生活在其他地区、和陌生人住在城市里的犹太人幸免于难。犹太人仍对弥赛亚满怀热望，但自犹大·马加比时代起频发的军事暴动已销声匿迹。

基督教对政治和社会生活的影响

180 年，罗马皇帝马可·奥勒留去世。罗马帝国国运维艰。内战不断，蛮族入侵，动荡不安。由于瘟疫肆虐，罗马帝国大部分地方人口减少。税赋越来越难收取。而没有税收维持，难以强军戍边。许多基督徒相信这些灾难证明了世界末日即将临头。越来越多的异教徒接受了基督教义。但也有一些人认为，基督徒才是祸事之源。因此，罗马有几位皇帝大范围迫害基督徒。284 年至 305 年戴克里先统治期间，迫害运动达到高潮。此前，罗马曾经历五十年动乱。是戴克里先再次统一罗马。他认为，基督徒密谋引发动乱，因此决意铲除基督教。然而，最终的结局是基督教胜出。

胜出的原因是君士坦丁（即君士坦丁一世，又称君士坦丁大帝）于新内战后走上皇位。312 年，君士坦丁率军向罗马进发时，看到天空中出现了十字形亮光，拼成了基督名字的前两个字母。君士坦丁由此断定，基督与他同行，并将罗马城外米尔维安大桥战功归于基督相助。走上帝位后，君士坦丁不再迫害基督徒，反而对他们礼遇有加。礼遇很快变成了扶持。393 年，罗马皇帝狄奥多西一世禁绝一切异教崇拜，将基督教定为国教。

但这一伟大胜利很快制造了一个新问题。在基督徒还是被迫害的少数时，不论出现何种教义分歧，他们都能和平相处。当然，即便在基督教早期，也必须把极端行为和信条排除在外。圣保罗写的一些信解决的就是这些问题。但总有日常事务需要决断。比如，怎么确定会议流程；怎样为穷人分发礼物，等等。起初，十二使徒在这些事务上拥有决定权。他们去世后，主教承担了管理基督徒事务的责任。早期，每一城市的基督徒群体或教会都有主教。城市越大，基督徒越富裕、受教育程度越高，主教自然有更大威望。因此，埃及的亚历山大港和博斯普鲁斯海峡南口君士坦丁堡先后对广阔疆域行使宗教领导权。而由十二使徒亲自建立的教堂宣称自己起源纯正，了解真正教义。在这两种因素的叠加下，罗马教会享有特殊声望。首先，罗马是罗马帝国的传统首都。再者，罗马教会是十二使徒之首圣彼得建立的。

虽有这些称号宣示，却并不能解决一个问题：观点不同的神学家开始互相谴责对方误传教义。地方主教经常会面，共同商议解决纷争。325年，君士坦丁大帝召集所有基督主教赴尼西亚参加大公会议，以期对真正教义做出界定。会上通过了《尼西亚信经》。在很长一段时间里，信经是基督徒解决日常礼拜仪式，尤其是举办新入会洗礼仪式的依据。但从根本上来讲，《尼西亚信经》第一次以官方形式明确界定了圣父和圣子的关系，于简短扼要中见权威要义。

但尼西亚大公会议未能结束争吵。基督徒发现，根本不可能对三位一体的确切关系达成一致意见。在经历一个多世纪的苦辩后，说叙利亚语和科普特语的叙利亚、埃及基督徒不接受希腊语基督徒定下的信经，转而自立教会。

拉丁语和希腊语信徒也出现分歧。但不是神学教义方面上的问题，而是基督教会应该如何管理。圣彼得继任者——罗马主教宣称自己有权管理所有基督教会，但罗马以东说希腊语的主教与罗马有教义教规争议，拒不认同罗马权威。他们认为，全体主教均有权继承基督授予十二使徒的权威。

我们即将看到，378年后，蛮族入侵摧毁了罗马帝国拉丁语地区的地方政府。这意味着，虽然罗马皇帝仍然能从君士坦丁堡发号施令，但多数拉丁语基督徒不再受其有效控制。在拉丁西区，每一个基督徒群体遇有不确定情况时，可自主便宜行事。这使得主教权力范围更大，能够行使地方总督和法官原有职权。比如，罗马主教，也就是"教皇"，变成了罗马城及其周边地区的实际统治者。但蛮族入侵后，时局动乱，教皇很难在罗马城之外行使权力，就是在罗马城内也常面临诸多挑战。

✕ 希波的奥古斯丁的教义

罗马帝国西部陷落后，一些保守异教徒认为基督教是灾难元凶。为此，希波的奥古斯丁写了一本名为《上帝之城》的书予以回击。这本书用拉丁语写成，从《旧约》和《新约》出发诠释教会历史观。奥古斯丁洞察人类在俗世的生活经历，认为410年蛮族袭击罗马微不足道，与上帝拯救人类的计划无法相提并论。在亚伯拉罕和摩西时代，上帝已将该计划昭示。是基督又将这一计划大白于天下，并将于再临时完全实施。到那时，上帝将按原计划让这一大戏收场。与此同时，世界分成两部分，或者按奥古斯丁的说法，分成两个城市——上帝之城或天城，以及地上之城。

教会连接着这两个城市。借教会之力，人们有望回避俗世之恶，进入天堂荣光。上帝正是通过教会向有罪的人类施予恩宠。奥古斯丁的这种阐释比早期基督徒更进一步，给教会赋予了更为重要的角色。早期基督徒热切期冀的世界末日和基督再临在奥古斯丁这里变成了末日时上帝的选择。但在现世，以及无限远的未来，上帝建立教会让自己挑选的灵魂得到训导，获得拯救，进入永恒家园——上帝之城。

奥古斯丁对于人类状况的预见塑造了后世拉丁基督教。他对教会的看法，对罪恶和救赎的见解，对《圣经》篇章的阐释都在后世神学讨论中处于核心地位。另外，我们对时间这一现实基本维度的认识在很大程度上也要归功于奥古斯丁。

奥古斯丁去世后，神学热议渐渐停止。451年，希腊人举行迦克墩大公会议，永久性界定了正教教义，并接受教皇利奥一世制订的信经。在较长一段时间里，拉丁基督徒和希腊基督徒在教义上达成了一致。迦克墩大公会议后，埃及的科普特人和叙利亚基督徒各自制订信经，与希腊人形成对立意见。从此，基督教分为几大教派，各有官方信经，如发生争议，则由各教会自裁。

610年，穆罕默德创立伊斯兰教，基督教面临新挑战。为应对挑战，基督教做出了不少改变，与早期教义相去甚远。人们仍对基督再临抱有热望，但日常祈祷、仪式和管理常规变得愈发重要，在每日宗教活动中起着主导作用。不满意这些常规活动的基督徒成立了特别的修道团体。这些团体最初由公元 250 年后涌入埃及和叙利亚沙漠的隐士和苦修者松散组合而成。后来，出现了更加严密的修道组织。以下两个影响最大，分别是圣巴西流（330 年—379 年）管理的希腊修道院，以及公元 529 年由努西亚的圣本笃在拉丁世界创立的修道院。

蛮族入侵的影响

大乘佛教、印度教、基督教的兴起和传播改变了欧亚大陆的文明社会。人们对来世生活抱有更大期望，对现世生活兴趣减弱，这并不奇怪。当时，大多数老百姓都感觉日常生活不舒心、不舒适。原因之一是，一波又一波蛮族入侵，给文明世界造成了破坏。即便这些侵略者没能占领土地，仍将文明社会的防御力量拉到了极限。而这意味着，税赋将会增加。

如果我们去审视一下欧亚大陆上所有文明国家面临的军事问题，就会发现在这一片土地上，西至罗马帝国，东到中华帝国，一个共同因素立即显现。那就是，这些国家都要保护自己，不受草原劫掠队伍的侵袭。公元前 800 年至公元前 300 年间，游牧骑兵弓箭手先是自西向东占领了草原地区。对他们来说，突袭和贸易都是重要的生计来源。如果突袭文明民族得来的东西不能完全满足己方所需，他们便找到安全地点，将多余的东西换成所需物品。这种交换方式是游牧生活的重要组成部分。公元前 100 年后，长途商队穿梭于欧亚之间。游牧人也组成商队，从事牲畜贸易，欧亚文明自此连接。

虽然和平贸易显著增多、愈发重要，但突袭更具吸引力。因为对于蛮族来说，最快的致富途径就是抢牛抢羊，能抢到牛羊的人备受钦佩。简单来说，打仗战斗就是游牧人的生活和死亡之要。弓箭是他们的武器，天然草原上生长的骁勇战马就是他们的坐骑。相比行进缓慢的步兵来说，速度和奇袭是他们的巨大优势。但他们无法攻破设防城镇，对旷日持久的围城战更是力有不逮。原因很简单，在一地待上几周后，马匹粮草不足，只能四下寻找，好让坐骑膘肥体壮。

受蛮族突袭的村庄农田损失惨重。城市居民靠周边农村供给粮食，日子也好不到哪去。因此，从欧亚草原被蛮族骑兵部落占领之日起，如何避免遭受游牧人突袭就成为定居农业人口的关键问题。

我们已经了解到这种对峙在早期产生的一些影响。公元前 605 年，草原骑兵首次大规模突袭欧亚大陆，亚述帝国覆亡。近四百年后，即公元前 221 年，中国统一也是草原战争对文明社会产生影响的又一实例。秦军在长期边境冲突中借鉴了游牧人的骑兵作战方式，磨炼了作战技巧，因此统一了中国。

欧亚草原被游牧武士全面占据后不久，草原地区发生的大事件直接波及整个大陆。如果一群人被相邻部落赶出传统牧场，他们面前只有两种选择：要么饿死，要么效仿此道，赶走别的部落，占地为家。比如，公元前 200 年左右，匈奴与中国北部的游牧民族中强势结盟，把原先居住在中国边境上的其他民族赶走。战败的游牧人沿草原西逃。其中一支后来建立了贵霜帝国，也就是今天的阿富汗。几乎在同一时间，帕提亚部落离开欧亚草原中心地带，占领伊朗和美索不达米亚。

几代人之后，萨尔马希亚人侵入俄罗斯南部、多瑙河下游，最终抵达匈牙利。公元 150 年后不久，他们在匈牙利与罗马军队短兵相接，所产生的多米诺效应从中国边境向西传导至中东和欧洲。

文明社会的对抗措施

但在公历纪元开始前不久，文明民族改进了作战方式，能够远距离制御游牧人突袭，保证农村安全，确保农耕不受侵扰。在这一发展过程中，于公元前 247 年至公元 224 年间控制伊朗和美索不达米亚的帕提亚人扮演了重要角色。他们发现，冬季天然草料稀缺时，可用苜蓿和干草喂马。这样饲养出来的马匹体型更大，体格更健壮，不仅能驮动沉重的铠甲，还能另外承受住穿铠甲的骑手的体重。有马充当坐骑，又有坚实铠甲相护，就能轻松挡住突袭者射来的箭镞，击溃游牧人进攻。与此同时，技艺娴熟的弓箭手骑在膘肥体壮的战马上可以截住一大部分没有铠甲防护的草原骑兵。这意味着，一群装备齐全、训练有素的骑兵能守住任一地点，抵挡采用击跑配合战术的草原兵。但这种武装不能对游牧敌军采用战略攻势，原因是，一年大部分时间里，体型大的马匹在开阔草原上找不到足够吃的草料。

新式重装骑兵的一大问题是军费从何而来。培养一名箭法准、御马自如的骑兵需要数年时间。骑手必须在脱缰控制马匹的同时，向目标射箭。此外，饲料和战马护具也耗资不少。帕提亚人的解决方法是，让骑兵分散至各村庄，自主向当地农民收租。这种办法的优势在于，能把精兵锐卒留在身边，方便随时调遣。劣势在于，不利于中央政府统一控制。国王要用兵时，永远不知道有多少人可以服从调遣。

中国封建王朝永远不愿采用帕提亚式的地方防卫办法。因饲养战马代价不菲，中国人转而雇佣能像匈奴那样骑战的轻装骑兵对抗匈奴。或者，给匈奴送礼纳贡，保证他们秋毫无犯。罗马人也拒绝采用帕提亚方法，所以在面对下一波蛮族突袭时战备严重不足。374年，匈人从东而来，攻取俄罗斯南部，征服了刚立住脚跟的东哥特人，欧亚大陆大为惊恐。

第二年，西哥特人先于匈人逃入罗马，并和罗马官吏发生争执。罗马帝国派军镇压，被西哥特人击败。378年，在阿德里安堡战役中，罗马皇帝瓦伦斯战死。自此，西哥特人再未被逐出罗马土地。他们在洗劫巴尔干半岛后，进军意大利，于410年攻陷罗马，随后侵入西班牙。其他日耳曼部落从匈人强攻下逃脱后，紧随西哥特人脚步进入罗马。与此同时，匈人在匈牙利建立根据地，年复一年掳掠罗马腹地。

※ 中国复苏

但事实上，因萨珊王朝将前哨设在草原边境线中间，游牧人对文明民族的骚扰在东西两向上走入两个极端。比如，东向的中国长期遭受蛮族突袭，汉朝风雨飘摇，最终于220年覆亡。在接下来的三个半世纪里，中国四分五裂，小国林立，多数受蛮族侵略者统治。也正是在此时，佛教在中国深入传播。589年，隋朝再次统一中国，大行军事扩展，北取朝鲜，南入越南。

隋朝开辟贯通长江和黄河的大运河，第一次实现了中国两大河流域之间的廉价便利运输。长江流域的大米和其他商品可由任何通航地段运入远在北方的都城洛阳。皇家可支配收入翻了一番。大运河开通前，中国皇帝只能在黄河流域收取赋税，养兵卫都，防御北方游牧人。运河投入使用后，广阔的长江流域产出的剩余产品能够运到北方，用作同一目的，皇权因此大为巩固，长江地区快速发展，中国财富和人口中心南移。

中国再次统一持续的时间很长，开辟了中国历史新篇章。只要中国庞大的资源为一人所调遣，就不难把游牧人控制在安全距离。这期间，另一个草原同盟柔然族强势崛起，中国仍安然无患。被柔然族挫败的游牧人向西迁入欧洲草原。我们将要看到的是，这一新迁徙突破东罗马帝国，即拜占庭帝国边境，改变了欧洲的语言地图，产生了深远影响。

第九章 文明宗教和蛮族入侵

❧ 拜占庭的出现

在中国发生这些大侵略事件时，欧洲也经历了蛮族入侵、国力复苏的相似循环。375年匈人和日耳曼人入侵、罗马帝国西部沦陷。但453年，匈人的伟大领袖阿提拉去世，匈人联盟瓦解。此后，逃亡迁徙步伐减慢。日耳曼部落首领，或称日耳曼王在原来的罗马大地上建立起了相对稳定的政权。这些国家中，以北非的汪达尔-阿兰王国、西班牙和南高卢的西哥特王国，以及意大利的东哥特王国国力最强。

随着来自草原边境压力的减弱，罗马帝国东部政权复苏。在查士丁尼大帝的统治下，罗马帝国采取系统性举措，收复西部行省。查士丁尼击败汪达尔-阿兰王国，收复北非；赶走东哥特人，收复意大利；又从西哥特人手中赢得西班牙部分控制权。东罗马帝国或称拜占庭帝国取胜的原因是，综合运用海上力量和重装骑兵，按萨珊模式装备军队，训练士兵，但此项经费从帝国财政支出，不采纳波斯土地养兵办法。

只有在偏远的大不列颠岛，以及罗马帝国莱茵河和多瑙河边境地区，日耳曼军队才所向无敌。从420年起，北海海岸的撒克逊人和盎格鲁人入侵大不列颠岛，逐渐将凯尔特人和拉丁语原住民赶出去。与之类似，在莱茵河和多瑙河边境沿线，西部的法兰克人、巴伐利亚人、勃艮第人，以及多瑙河上游的日耳曼其他农民部落将覆盖在这一地区的广阔森林稳步拓展成定居区。

在查士丁尼统治末年，罗马帝国似乎在地中海地区再次实现统一。从表面上看来，这次复苏与随后的隋朝统一中国情况相似，但实际上有重大不同。大运河开通后，隋朝收入增加，政权稳固。而东罗马帝国即拜占庭帝国则无法做到这一点。相反，北方边境草原蛮族再次来犯，拜占庭政权军力物力不足，无法御敌。因此，在查士丁尼统治末年，以及其死后半个世纪里，蛮族再次迁入，如滚滚雪崩，势不可挡。

迁徙运动背后的推力是草原新民族阿瓦尔人。跟此前匈人一样，他们也把根据地设在匈牙利草原上，以此为基四处劫掠。日耳曼部落伦巴第人（意为"长胡子"）被阿瓦尔人击败后侵入意大利。拜占庭军队虽能攻克东哥特人，但与伦巴第人相比人数太少，无力还击。在巴尔干半岛，斯拉夫部落依仗众多人口向南渗入。再向西去，法兰克人和邻近日耳曼人继续侵入拉丁语原住民定居区。

而在英吉利海峡另一面，盎格鲁－撒克逊人也在做着同样的事情。这些迁徙运动永久改变了欧洲的语言地图。西面的法兰克人和盎格鲁－撒克逊人、东面的斯拉夫人占有土地，务农为生。在这些迁居中产生的语言边界一直沿用至今，几乎未变。

拜占庭帝国无力还击北方蛮族的原因之一是，其东部边境也有敌患。萨珊王朝的重装骑兵既能有效防御游牧人侵袭，也能攻取拜占庭。总体来说，拜占庭步兵人数太少，无力迎敌。另外，拜占庭一直把持海上控制权，为的是让皇帝调兵船从侧翼包抄小亚细亚方面力量，保证都城君士坦丁堡安全。

634年，就在萨珊帝国和拜占庭帝国结束旷日持久、耗资巨大的战争之际，一支新革命力量在中东兴起。同年，南部沙漠的阿拉伯人团结在新宗教伊斯兰教的旗帜下，向国力疲弱的拜占庭和萨珊两帝国发起进攻。他们在极短的时间里，将拜占庭最富庶的行省纳入囊中，并彻底摧毁了萨珊王朝。自此，阿拉伯人开启了世界历史新时期，我们将在下一章中进行审视。

文明世界外围

三大新世界宗教的兴起，以及上述所有的突袭、侵略和迁徙所产生的总体效应是，文明疆域和蛮族疆土之间的界线模糊不清。匈奴和柔然在强盛时期曾享受中国进贡的丰厚物品。显然，他们中至少有上层人士已经深谙中国品味和生活方式。对于侵入罗马的日耳曼人也是如此。提倡古典异教文化的地主阶层遭到破坏，罗马文明变得粗俗，更有利于蛮族进行改造。意大利的东哥特人和西班牙的西哥特人很快对流行在罗马臣民之间的文化了如指掌。但事实是，这些日耳曼部落所接受的基督教形式被拉丁基督徒视为异端，统治者和臣民由此区别开来。

居住在罗马旧边境以外的斯拉夫人和日耳曼人生活在农村，举止粗暴，尚武好战。在很长一段时间里，他们对希腊和罗马的基督教文明了无兴趣。但在遥远的爱尔兰，威尔士人圣帕特里克于430年（一说432年）将基督教传到这里。爱尔兰人很快认同了基督教，觉得这一宗教比当地原有的德鲁伊特教要好。该教教义部分源自古老的巨石宗教。爱尔兰的基督修道院很可能受到了德鲁伊特教的影响。根据传统，每一代德鲁伊特都要背诵长篇经文，以便胜任神圣仪式。因此，爱尔兰修道士特别热衷学习的习惯可能就是异教习俗的一种体现。在原有良好习惯的熏陶下,到公元 600 年,爱尔兰修道士在基督教义学习方面远超英格兰和西欧各地基督徒。

与此同时,罗马帝国南部出现了新文明,或者说新文明的雏形已经形成。比如,在西非,第一个有组织的政权加纳王国成立,时间可追溯到公元 300 年。在那里,从遥远的印度尼西亚引进作物种植的农民已经能够生产余粮,为统治者提供税收。另外,他们也从横跨撒哈拉沙漠、连接加纳和罗马北非属地的商队贸易中获取利润。因为古非洲帝国没有文字传世,我们对加纳的宫廷生活和高雅文化了解甚少。

在非洲东部,阿比西尼亚王国声名显著,并曾在短时间里,越过亚丁湾,将势力拓展到阿拉伯半岛。阿比西尼亚的财富大部分源于红海贸易征税。因税费太高,往来阿拉伯半岛的商队转而开展陆上贸易。埃及和印度之间的海上贸易由此衰落。但自此之后,阿拉伯商队贸易从穆罕默德的诞生地——麦加城兴盛发展,部分抵消了海上贸易不振带来的冲击。

在亚洲,新的边境政权和地区达到了一定的组织水平,可被称为文明。从公历纪元开始,东南亚和印度尼西亚诸王国借鉴了印度的宫廷文化,呈现出佛教和印度教两种形式。商业贸易、弘法讲经、和平渗入成就了印度扩张。战争暴力作用甚微。公元 200 年至 600 年间,克什米尔等山区也被纳入印度文化圈。

在这几个世纪里,中国将朝鲜和日本纳入自己的影响范围。公元 600 年左右,中国向已经接触过印度文化的地区渗透。这一区域面积广阔,南到越南,北至中亚。两大亚洲文明影响地区的扩张,填补了原来横亘在该地区之间的地理空隙。在东南亚,还有一些荒野地区未被纳入。在这些地方,人们依然和祖辈一样,世世代代过着捕猎和刀耕火种的原始生活。但在沿河交通便利地带,更高级文明的影响清晰可见。

往南去,还没有迹象显示澳大利亚和非洲南部对文明世界的变化有何反应。但在刚果雨林,人们发现从印度尼西亚引入的作物适应了当地环境,整个中非的农业社会由此发展。我们现在还不知道,该种植类型究竟是从什么时候开始在非洲传播的,但在非洲大陆确立下来的时间很可能是在公元 300 年。

让我们越过大洋看看美洲的情况。公元 200 年至 600 年间,那里已有文明蓬勃发展。主要中心之一是危地马拉和墨西哥附近地区。玛雅人在这里精工建造了一系列崇拜中心,并创造了一种文字。对这种文字的研究刚开始不久,现代学者从中了解到，玛雅人为保证玉米和其他作物高产，在沼泽地上垒土筑田。每一个玛雅中心都由当地身兼祭司和武士之职的统治者管理。他们彰显权力的办法是，举办公共仪式，屠杀败敌，同时弄伤自己，大量放血。玛雅人还制作了精巧详尽的历法，并在石头纪念碑上刻上日期。所以，相关专家能精确说出最早的玛雅纪念碑的制作时间是在公元328年4月9日。

300年后，玛雅文明达到最高发展水平，从其雕工的精致典雅、金字塔形庙宇和纪念建筑的规模上可见一斑。那时，相似的崇拜中心也在墨西哥中央谷北部出现。后来，阿兹特克人在该区域建立政权。二者艺术上的相似性表明，位于中央谷的早期文明中心与玛雅人宗教思想一致。但因为美洲印第安人流传下来的可读文字不多，确切信息目前尚不可得。

同样的情况也发生在秘鲁。公元600年前后，独立的文明风格在这里形成。秘鲁的纪念性建筑物和复杂社会的其他痕迹是在两种迥然相异的环境下发现的。一方面，安第斯山上雨水灌溉的土地出产本地特有的土豆和其他作物，养活了大量人口。这片土地上的统治者和古埃及人一样，最终学会了动员大部分劳动力把粮食堆到仓库，再奖励给农闲时听从调遣、在各种公共工程上出力的人。

但另一方面，在秘鲁近海地区，一种完全不同的生活方式成型。安第斯山上的溪流一泻而下，流过滴雨不降的沙漠，汇入太平洋。跟古美索不达米亚和埃及一样，秘鲁低地农业也靠灌溉维持，需要建立像旧世界大河流域文明一样的政治组织，以便协调人力，兴建维护堤坝沟渠。但因为秘鲁没有文字流传后世，现代学者就无法弄清这样一个有纪念建筑留存的复杂社会有着什么样的思想观念，也无法确切知道有几种不同的社会组织既相互斗争，又协作配合，最终创造了这些建筑。另外，考古学家对建造时间以及秘鲁与墨西哥能工巧匠之间联系的紧密程度都还有争议。玉米在秘鲁和墨西哥都是重要的粮食作物，但首先在墨西哥栽培繁育。这一事实表明，北美和南美肯定存在某种联系。但是否是这种联系激发了秘鲁人向文明进军，我们还不得而知。

总体来说，美洲发展出具备文明技艺和复杂性的社会比中东晚了3000多年，且从未赶上中东水平。因此，1492年大洋两岸开展经常性交流往来之后，美洲印第安人处于绝对劣势。尽管如此，美洲出现的几种截然不同的文明风格，以及文明社会沿欧亚四大文明边缘拓展的过程表明，在地球上大部分区域，狩猎采集的简单社会和勉强糊口的农人数量越来越少，而形态更复杂、技艺更精湛的社会不断开拓疆域，至少在旧世界是这种情况。这些社会相互借鉴学习，使得文明区域越来越广。

公元前100年后的几百年里，蛮族入侵加剧，地中海世界和中国、印度连接起来的商业纽带趋于断裂。每一种文明更倾向于自谋出路。我们已经了解到，公元前200年至公元600年间，各大文明交流广泛，迁居频繁，思想激荡。但在此之后的一段时期里，退缩自守和相对隔离成为主流趋势。632年后，对立宗教之间互不相容，冲突不断，再次加深了这一趋势，欧亚历史下一篇章呈现出新的特点。

结论

本章的主题是，在所有令人迷惑的事件细节背后，隐藏着进步、倒退和部分复苏的循环。首先，有了经常性贸易联系，欧亚不同文明区域之间比以前更为紧密。商队把中国和地中海连成一体，并南行进入印度。与陆路相比，地中海和印度之间的海上贸易具有同等重要地位，甚至是更加重要。一小部分罗马商人远赴中国南方开展贸易活动。

联系扩大后，新宗教思想在文明人口中广泛传播。大乘佛教和基督教信徒甚众，印度教也不甘示弱。这三种宗教都让信徒充满希望，坚信自己可得救赎，未来升入天堂。救赎之所以成为可能，是因为信徒和救世主之间存在特殊联系。每一位信徒不论出身如何寒微卑贱，都可得到神圣但又以人的面目出现的救世主的眷顾。当然，各个宗教在教义细节上相互有别。每个信仰都有自己的宗教组织，以教堂、修道院或寺庙形式呈现。

这三种新宗教不断发展传播。但在公元200年后，维持商队和海上贸易运转的复杂协约趋于瓦解。在文明世界的两端——欧洲和中国，自给自足愈发成为常态。虽然贸易活动仍在开展，但长途货物流动的规模和频率急剧下降。与此同时，罗马和中国财富衰减，政局动荡。

究竟是什么导致了罗马帝国的衰落？又是什么让中国汉朝遭受了同等程度的灾难？学界一直争论不休。其中一个重要因素可能是，欧亚大陆和非洲部分地区有商贸往来，新疾病传播，人口减少，政府财政匮乏，执政能力弱化，无法抵御蛮族侵入欧洲和中国的广大疆域。589年后，隋朝统一黄河和长江两大流域，修建大运河，把中国两大区域紧紧联系在一起，实现了国力复苏。

远西文明政权未能快速复原。毋庸置疑，查士丁尼在位期间，东罗马帝国即拜占庭帝国国力大振。但拜占庭统治者没有中国帝王手中的新资源，不能巩固权力，回到旧罗马帝国水平。

欧亚文明世界两端——罗马帝国和中华帝国的衰落复苏与伊朗、美索不达米亚、印度情况迥然不同。这三个区域调用重装骑兵，制服了蛮族突袭队伍。而重装骑兵作战形式显然是由帕提亚人在公元前100年左右改进完善的。帕提亚人和随后的波斯人成功抵御了草原游牧人侵袭，使中东免于其患，也让印度受益匪浅。因为，正是在这一时期，笈多王朝带领印度攀上古典文明高峰。而与此同时，中国和罗马都饱受蛮族入侵和连绵内战之苦。

因此，扩张、收缩和部分复苏的循环主要在文明世界的两端——欧洲和中国呈现。而中东，虽最易受草原游牧人之患，却损失较少。原因是，中东的制度体系和军事设施更加完备，有能力制服草原民族。但在随后几个世纪里，中东在一种新类型的游牧人袭击中变得脆弱不堪。这一次的攻击范围从阿拉伯沙漠延伸到阿拉伯半岛南部。激发因素是一种新的宗教信仰——伊斯兰教。

伊斯兰教以令人惊异之势迅猛崛起、迅速传播，急剧改变了欧亚文明关系图景，标志着世界历史新时期的到来。

第十章
远东和美洲

公元600年　　　　　　　公元1200年

简即是繁

在中国，书画两种艺术相通，同为君子所求。书画常为一体，从上图绘画中即可看出。这种形式的艺术品是藏家之选。画边上的标志是个人印章印记，表明该画几经易手。一幅画作经多位名士收藏后，价值会有所抬升。

中东伊斯兰教的创立促进了贸易发展。阿拉伯人素来敬重商人，惯于开展商队贸易。但和犹太教和基督教一样，伊斯兰教也注重教条教义。创立后不久，穆罕默德的追随者即制订了伊斯兰教教法。和犹太教律法一样，伊斯兰教教法对多数情况下穆斯林如何行为处事做出了规定。这就意味着，每个穆斯林只有两种选择，要么遵守教法，要么拒绝接受，不得折中将就。在这种情况下，不同文化传统虽然仍有融合妥协现象，但仅限于宗教范围之外。只要与信仰和启示相关，文化的界限就变得泾渭分明，任何人不得逾越。

中东伊斯兰教的兴起将穆斯林置于欧亚文明沟通线两端。750年，穆斯林抵达印度和中国边境，把基督教的边界收缩到小亚细亚的托罗斯山和西班牙的比利牛斯山。在这些边境线的两侧，伊斯兰教的信徒遭遇了穆罕默德信仰的敌人。一个分化程度更深的世界由此产生。

在文明世界分裂出的各个部分中，以远东人口最多。公元600年至1200年间，这里也成了商业转化中心，资源得到更高效利用，中国国力大幅提升，手工技艺很快超越其他文明水平，城市兴旺发达，可称史无前例。与此同时，农业快速发展。汉朝时，农村地主乡绅阶层占据主导地位，从未遭到诘难。这使得中华文明从根本上具有稳定性，但也限制了发展空间。即便发生社会动乱，只要不撼动官僚乡绅的利益或理想，就不会激怒官府采取行动。

在公元600年至1200年间的几个世纪里，中国艺术家和作家填补了旧有的文化框架。儒家政治道德思想从未遭到批判，但佛教为中国艺术和思想开辟了重要新思路。即便在遭到官方禁绝后，佛教影响也从未中断。新儒学思想家部分就是受佛教启发，向旧经典发问，最终找到了新答案。

适合中国君子的生活风格也实现了范围上的扩展。绘画和诗歌成为君子造诣。凡万千文人墨客之中，总有数十名大师脱颖而出。公共餐饮得到发展，佳肴优伶丰富了人们的生活。

当然，社会下层生活拮据，无风雅之资。但中国乡绅阶层乐意接纳新来者。聪颖睿智、有文学天资的年轻人可以在运气才华兼得的情况下执任官府高职，还能把财富高位传给自己的子嗣亲属。因此，时有贫寒农家倾心聚力将禀赋不凡的男孩送入学堂，希冀他后来有成，荫庇家族。

中华文化范围内的民族都尽力效仿中国人的生活方式。在本章历史时期之初，朝鲜和日本迅速进入远东国家文明圈中。此后几个世纪里，这两个国家借鉴并修正了中国的技艺和思想，以适合当地品味和环境。

这个远东国家圈相对处于自给自足状态，对远道之事充耳不闻。在有学识的中国人眼里，中国是"中央王国"，万事万物在此聚集。雄伟中华国土之外均是蛮夷之邦。每个夷狄都因能臣服于天子、与天子交流而受益。天子端居皇位，对内维护和平秩序，对外慑服蛮夷。儒家认为，政局人事本应如此。

但在太平洋另一面，远在儒家圣人的视野见地之外，玛雅、墨西哥和秘鲁新文明于公元 600 年后在中南美洲进入古典阶段。三四百年后，这些文明被崇武尚战的帝国所取代。

美洲文明与中华文明没有直接联系。但我们几乎可以肯定的是，偶然横渡太平洋的情况时有发生，从而为亚美两洲的交流创造了条件。第一批欧洲探险者发现，某些有用植物在太平洋诸岛上都有分布。这种情况只能做如下解释：亚洲和美洲属植物不时会传播到太平洋诸岛上。另外，中国和美洲艺术惊人相似。这表明，中国的陶器和青铜器曾漂洋过海到达美洲，为美洲印第安石匠和金属匠提供了一种设计模型。

✈ 中华文明的发展

⁑ 中国政治史

在本章考查的时间段里,中国经历了三次朝代更迭:隋朝(581年—618年)、唐朝(618年—907年)和宋朝(960年—1279年)。这种传统的历史组织方法隐藏了不少史实。220年汉朝灭亡后,隋朝再次统一中国。为巩固政权,隋朝在每一条边境线上实施进攻型军事政策。唐朝开国皇帝也遵循这一政策。因此,618年发生的朝代更迭并不具备重要意义。但自751年起,一系列军事灾难向中华帝国袭来。中国在中亚战场上败给穆斯林,接着又被朝鲜打败。更为严峻的是,755年,暴动四起,皇权瘫痪。在全力反击下,唐朝才免于覆亡之祸。

因此,唐朝末年政局与前一百年里蓬勃扩张、不断取得军事胜利的场景存在很大差别。皇帝手中没有军队,不能贯彻中央政府意志,实权渐遭蚕食。地方军阀蜂起,互相讨伐,不愿对远方的唐朝统治者尽忠效力。所以,907年唐朝覆灭也并未扭转时局。

但宋朝的建立标志着高效有力的官僚制中央政府在部分地区的回归。不过,宋朝从未能实现中国统一,北方几省仍被多个蛮族掌控。黄河以北的宋朝政府时时处于危患之中。1127年后,宋朝疆域收缩到长江流域。

⁑ 隋唐宋三朝

隋唐初年,中国政府强势有力,征募自耕农子孙为兵。经历了蛮族入侵和汉朝灭亡后的连年战乱,这些农民多在北方地区安家。当时,中国军队兵力强盛,勇悍善战,曾远征中亚,臣服里海部落。在一段时间里,中国人甚至控制了喜马拉雅山南坡的克什米尔。

远征边疆要靠职业军人。农民长时间离开土地后无力缴纳税赋。但中国边境上的蛮族能征善战,渴望入行伍、拿兵饷。因此,到750年时,唐朝多从蛮族征兵,甚至把统率权也交给了蛮族。征兵政策的变化产生了深刻影响。755年,唐朝接连战败,引发大规模暴动。蛮族将领率兵夺权。很多年后,唐朝军队才将该支蛮族力量剿灭。这一次,一支团结更为紧密、说突厥语的回鹘蛮族从西面骑行而来,让孤立无援的唐朝皇帝又坐上了祖先给的皇位。

自此之后,中国和蛮族关系发生倒置。皇帝不再希图保住北部和西部边境,而是将这些地区拱手让给地方部落和王国。只要中国政府能够通过税收体系会聚大量资源,就有充足的回旋空间,操纵贡"礼"分配,在部落首领之间搞外交权谋。但税收体系渐渐崩溃,地方新贵截留中央税收,自立地盘。在这种情况下,蛮族干预和突袭自然日益增多。

朝政衰败、蛮族压境搅得中国人心神不宁。为此,宋朝皇帝恢复旧制,激发臣民意识深处的排外情绪,建立起了一个高效的中央政权,并从国内征募职业常备军,使之成为自己的左膀右臂。但宋朝之所以能统一政权,靠的是官僚制改革。从本质上来说,这项改革是完全保守的。宋朝皇帝有意识重提孔子和辉煌历史,从南方各省选任官员。与以往朝代相比,这些新官更注重按儒学原则实施吏政。

但儒学理论不能让中国回归大一统局面。包括中华文明发祥地在内的黄河以北省份被突厥人、蒙古人和女真人统治。这些蛮族政权中以金朝最为突出。东北的女真族建立了该政权,于1115年至1234年间将中国北方大部分地区纳入统治版图,后来被蒙古人消灭。

中国社会和经济演进

水稻种植的推广

中国社会的一个基本事实是人口多、密度大。以世代完善的农耕技能、辛苦耕种小块土地的农民构成了中华文明的坚实基础。农田面积小，亩产量高，但每个农业人口获得余粮相对较少。这就是中国农业与欧洲和西亚的区别所在。欧洲和西亚使用畜力，耕种面积更大，人均余粮更多，但亩产量较低。年复一年，一代又一代，中国农耕面积不断扩大。新田地开在越来越高的山坡上，需要越来越多的劳力将之挖成适宜种植的平地。

长江流域得到精耕细作后，中国农村生活重心改变。这一过程出现得很早，可追溯到汉朝建立之前。但是直到605年隋朝开凿大运河后，长江流域农业才充分具备经济和政治重要性。税收成倍增加，朝廷可支配收入增多，意义非同小可。此外，长江流域的气候条件促成了小麦、大麦、小米及其他旱地作物向水稻种植的转变。前几种作物是黄河流域的主粮，塑造了早期中华文明。

稻米的一大优势是，同等面积土地产出的作物中，数稻米产量最高。与之相伴随的劣势是，备耕、种植、收获时需要投入巨大劳力。首先，要平整土地，疏通水渠，引水入田。要修堤坝、筑矮墙涵养水源。因为，水稻植株只有在根部充分浸润在死水中几厘米的情况下才能茁壮成长。在准备稻田的同时，还要把水稻种子种在特殊的苗床上。发芽长高后，再把秧苗移植到稻田里。只有在稻米成熟后，才能抽干稻田里的水，这样土地干燥，便于农民收割。

投入多少人力才能成功种植大米需要一定的想象力。农业年度是这样构成的：稻农花费很多个小时挖田修渠；艰辛劳作数日移栽秧苗；成熟时，用镰刀收割，费工较少。

没有人知道，中国人是从什么时候起，又是首先从哪个地区开始种植水稻的。商朝时，水稻种植即已成为中国农业的组成部分，但直到土地肥沃、水量充沛、面积广阔的长江流域得到开垦后，水稻种植方式才成为中国农业的标准形式。

水稻种植

如图所示，投入足够人力后，水稻种植能够改变自然地貌。但像图中这样的稻田也改变了中国中南部的人类社会，创造了充足的食物来源，养活了众多人口。

因为没有文字记录，我们不知道具体步骤是什么样的。不知道数不清的稻田如何像地毯一样，从河边湖边铺到山谷斜坡上，沿山势蜿蜒起伏。不知道开垦这些良田需要投入多少人力，需要修筑多少机巧精妙的水利工程。

整个过程可与冰川移过地球表面相比。冰川在行进过程中，沿途吞噬所有障碍，深刻改变了地形地貌。历史上的中国农业就像冰川一样行进，接管新地区，囊括其他民族，吸附征服者，改变自然地形地貌。其力度之大、程度之深，为多数人类社群所不及。在朝鲜、日本、印尼，以及东南亚一些地区，水稻种植也成为农业主要形式。只有在这几个区域，才出现了与中国相当的密集居住、自律刻苦的农村人口。

在本章历史时期内，中国农业取得了一项重要进展。约公元 1000 年时，中国人发现了一种新型早熟稻。这种水稻能让灌溉充分的田地实现一年两熟。这意味着，一年只有几个星期有水的土地也能种植水稻。原因是，有了早熟稻，稻田死水涵养时间无须超过 30~40 天。由此，粮食产量大幅提升。因为，在中国大部分地区，尤其是内陆地区，春季径流过后，河床干涸缺水。有了早熟稻后，这样的土地也能种植水稻。很多缺水的内陆地区开始从事水稻种植。

贸易的发展

但中华文明的兴盛发达靠的不是农村人口的无限增加。村庄的剩余产品必须聚在一处，才能养活手工艺人、学者、士兵，以及其他专业人士。在这方面，重要进展也在隋唐时期出现。大运河通航后，大宗廉价商品在长江黄河流域往来穿梭。一只人力或畜力拉动的驳船能够运载几吨重的货物，大大降低了长途内陆交通成本，将最丰饶富庶的中国中部和北部连接成网。

750年左右，引水渠和相连水道四通八达，朝廷对经由大运河运输的农产品需求减弱，命令地方税吏卖掉官仓中部分粮食和其他粗加工产品，换回精工细制的手工艺品。这些产品价值更高。宫廷对精美漆器、瓷器、刺绣等一切地方特色商品有不竭需求。这种政策刺激了地方手工贸易的发展。而地区专业化让规模发展成为可能。财富增加，人口增长，中国技艺开始超越世界其他地区，水平无与伦比。

新财富积聚于朝廷和国都，但也惠及他方。私人贸易与官方交易同步增长。私人贸易的发展意味着，货币使用更广泛，官府获得更多现金收入，并向私人供应商采购，以满足政府需求。零散数据显示，749年，朝廷税收中仅有3.9%以铸币形式存在。到1065年，这一比例上升到51.6%。

换言之，中国享受到了市场经济带来的灵活便利。货币得到更广泛使用，交通条件改善，运输成本降低，私人贸易范围扩大。由此，资源得到更高效的分配和开发。而在此之前，政府征收实物税，导致商品生产不均。

唐朝末年，地方军阀蜂起。但这并没有严重制约税收和商品经济的发展，甚至可以说是刺激了发展。原因是，军阀所在省份实施自治，不向远在北方的国都上缴货币税，而是自征自用，省会城市由此得到发展，南方省城尤为兴盛。

宋朝时，中国社会进入商业化高速挡。就连贫苦小农也开始进入市场，买卖粮食和其他商品。在农民眼中，哪些东西卖得好，就应该专门生产这些东西。在这种观念的指引下，农民也可以像几百年前的城里人那样提高生产效率。而当占人口大多数的农民开始在不同地区提高生产率、增加产量、应对市场价格后，整个国家的财富就会快速增长。

所有这一切都有赖于运河商船创造的廉价可靠交通。而这些商船往来的运河网络最初是为了保障水稻灌溉而建。

国内贸易的增加和生产率的提高很快超出了运河系统所在的两大河流域界限。海运开始扮演更重要的角色。南方沿海城市与东南亚各个港口开展海上贸易，挖开了另一眼财富源泉。船舶设计上的改进让这种发展成为可能。关键发明包括：加固船体；风帆改用棉布，不再使用竹子篾片编织；安装活动龙骨，一入浅水区即可提起。此外，到1100年时，中国水手开始使用磁性指南针，用于海上导航。

指南针的作用另加解释如下。有了指南针后，人们就能驾船出海远航，遇有多云天气看不到星星时，也不会迷失方向。如果船长沿指南针航线行驶，知道离预计登陆点还有多远,就可以轻松找到遥远的港口。中国南海海域属于季风气候区,一年大部分时间天气晴朗,有经验的水手看着星星航行就不会迷失方向,一般用不上指南针。但在北方海域,多云天气可能持续几周,磁性指南针的重要性凸显。在中国水手使用指南针导航三个多世纪后,欧洲航海者才发现了指南针的妙处。

中国经济的商业化意味着繁华大都市的兴起。当时中国最大城市的发展水平远远超过世界其他地区。威尼斯商人、旅行家马可·波罗记录下了1275年至1292年间旅居中国的亲身经历。他以世界其他地方作比,详尽描绘了中国都城之宏伟,中国其他城市规模之大、生活之富庶,字里行间,难抑惊叹敬畏。

在马可·波罗时代,中国领先世界,这一点无可置疑。但中国的经济和社会体系囿于重重局限,使西欧赶上并最终超越了中国成就。首先,地主乡绅阶层的社会领导地位从未真正遭遇商业变革中出现的任一新群体的挑战。儒家认为,商贾是社会寄生虫,只会抬高市价,从未增加商品价值,将商贾和兵卒两类人划为必要之恶。因此,靠贸易发家的人为了得到社会尊重,常买地置产,送子入学,使之做乡绅、走仕途。换言之,中国商人缺乏独立自主精神。如果他们的志向是成为有地产、有闲情、有学识的人,又怎么可能去挑战乡绅?

当然,地主在中国社会的主导地位靠前文所述的农业生产的发展实现。而手工贸易很大程度上也是为了满足乡绅阶层的需求,迎合他们的品味,因为只有这些人才有钱赏玩得起工艺品。手工艺人自然要竭力取悦最佳主顾,因此也不可能找到有效方式挑战乡绅。

技术的发展

王公贵胄喜欢奢华工艺品。这种品味成就了中国手工艺人无与伦比的技艺。唐宋两朝留存下来的工艺品以瓷器和陶器为主,数量不多。但从文字记录中我们了解到,丝绸、木头、金属等容易腐坏的物品曾被加工成精美的艺术品。宋朝时,中国北方以焦炭为燃料,大规模发展冶铁业。而欧洲直到18世纪才发展类似产业。但奇怪的是,蛮族侵略者洗劫宋朝都城,占领铁炉所在地区后,炼铁业未能复苏。

也许,中国四大发明之一——火药的发展历史最能说明中国的社会结构和思想观念如何促进某些领域的技术发展,却又阻碍该技术在其他方向取得进步。

从公元 1000 年起，中国军队试验了"火箭"和"火矛"。这两种兵器上的易燃物质就是火药。此后不久，他们将火药放进花瓶形状的火炮中，射出重箭。但中国人对原始火炮发展为能毁墙破壁的加农炮不感兴趣。而欧洲人从中国人那里学会制作火药后，立即着手研造加农炮。在中国人眼中，发展能摧毁防御工事的武器是愚蠢之举。他们的敌人是生活在开阔草原上的骑兵，而需要建造坚固城池避难的是中国人自己。所有弱化戍城要塞功能的东西都是中国人不想要的。因此，对中国人来说，不造加农炮是相当理性的决策。

在五百多年里，该政策成效显著。1550 年后，装有多门大炮的欧洲战船出现在中国海岸，中国人这才开始意识到没有发展摧毁防御工事的远程武器的代价。在此之前，宋朝统治者及后续朝代仅以火药为辅，以传统办法应对西北边境游牧人侵袭。方法不外乎进贡与结盟两种，如不奏效，则守城护村，能用弓弩则不用枪炮。

⚔ 中国文化生活的繁荣

在唐宋两朝,中国思想、艺术和文学最为兴盛。后世中国人将这一时期创作的书画作品奉为典范,对两朝前人大师推崇备至,自愧不如。现代学者也认可这种判断。不过,我们现在看到的许多宋朝名画都是后人临摹作品,并非真迹。

唐宋艺术文学之所以达到如此高度,原因可能是,汉朝覆灭后,蛮族入侵不断,中国四分五裂,外国思想大量涌入。唐宋两朝时,这些思想得以吸收借鉴。这首先意味着,中国思想艺术在与佛教达成和解的同时,又吸收了印度、希腊和中亚的文化元素。

中国唐宋两朝与印度笈多王朝在各自文明史里所处位置相似。两者都处于兼容并蓄的时代,都比以前更丰盛复杂;两者都奢华高贵、精致不俗;两者都发展了一种诗歌流派,关注个人内在意识的构成要素——爱情的复杂和情绪的起伏;两者都备受后世推崇。

并不只有这些相似点。在印度和中国,抽象思维是在艺术表达臻至完美、令人赞叹的几个世纪以后才得到高度发展的。因此,新儒学在宋朝末年兴盛繁荣。而在印度,印度教哲学是在公元5世纪笈多宫廷诗人迦梨陀娑登上印度教想象文学顶峰的三四个世纪后,才得到充分发展的。

中国和印度、旧世界早期大河流域文明和美洲文明之间的相似点可为以下事实提供佐证,即如果人类能在足够长的时间里不受干扰,则其所处的某种模式会得到自然发展,从而形成人类历史规则。不过,之所以会出现这些相似点,可能仅仅是因为我们在研究人类过去时眼光偏颇、顾此失彼,才做出了这一推断。社会研究非常不精确,而历史记录又支离破碎,无法得出确凿结论。

⚜ 佛教的影响

不论不同文明历史之间是否真的存在相似点,我们大体能从扑朔迷离的细节中了解到中国对佛教刺激的反应方式。

我们首先要了解的是,即便在佛教最受朝廷欢迎之际,佛教徒也从来没有迫害过儒家学者或其他持有不同见解的人。这种态度与思想保守的儒家不同。

儒家极其不信任佛教徒。一方面，因为佛教提倡出世，不强调个人对家庭和统治者尽责。一个深受儒学熏陶的知识分子绝不会认同这一点。而另一方面，佛经中提到的许多问题为儒学经典所不及。如果要对佛教徒从印度引入的详尽教义逐条批驳，儒家学者必须在这些问题上形成自己的观点，像孔子那样对鬼神世界闭口不谈是行不通的。

但一个饱读儒学经典的人不愿清谈务虚。这是希腊人的方式，是哲学的方式。孔子曾称自己并未创新，仅仅是承袭古人。儒生也必须如此而为。为应对上述困境，儒家学者学习佛教思想家，阅读古书经典，阐发新理。佛教徒惯于从故事旧经中找出隐藏的事实，并加以象征性阐释。在佛教徒眼中，一人一事代表一种抽象的思想。比如，释迦牟尼是一个真实存在的人，但他也代表成佛之人的所有特质。释迦牟尼是宇宙原则的象征，而这种象征明显比真实存在的人更重要。

这种阅读、阐发文字的办法让儒家学者从古文经典中发现了新含义。通过这种方式发展儒家思想的人被称为"新儒家"，以朱熹（1130年—1200年）为集大成者。朱熹为三四百年前佛教徒和儒家之间的所有争论提供了令人信服的答案。

道家从佛家中也有所学。我们目前了解到的情况是，道家从佛教中借鉴得不多。但佛教徒以寺庙为组织的修行模式向道家展现了如何以一种更为紧凑的形式向更多人传播道家思想。认识到这一点后，道家开始在道观修真，与佛家弟子的寺庙修行相似。自此之后，道士以善理鬼神世界为务，帮助中国普通农民和市井百姓卜占吉地建宅，解幼子病因，开卦测姻缘。

845年后，佛教寺庙被毁。佛教徒与道士在上述服务中形成了竞争关系。不见容于官方让佛教既受损又得益。穷苦农民和未考入功名的儒生在对社会心生不满时，会觉得佛教特别有吸引力，原因就在于佛教的非法地位。佛教因此在中国得到进一步发展，成为对抗儒学和新儒学思想的非官方学说。比如，强调读书致学无用、倚重顿悟的禅宗成为中国主要佛教流派。这种挑战对强调读书致学、克己自制的儒家来说是最直接不过了。禅宗与印度佛学思想的相似点很少。换言之，在中国环境中，佛教这种外来信仰和生活方式通过实现本土化而得以存留。

第十章 远东和美洲

❧ 识字率提升

到1200年时,官学儒家、私学道家和疑学佛家达成了平衡。自此之后,虽然三家学说不断变动细节,但一直保持稳定状态。造纸术和印刷术(756年首次有文字记录)确定和强化了这一平衡关系。书本走入寻常百姓家,城市居民能够充分传承文学传统,乡绅出身的学者不再是书本学习的唯一守护者。而在汉朝时,书本依靠手抄制作,售价昂贵,一般人读不起书。

印刷术可能也因佛教而得到发展。佛教徒要给数不清的圣人——菩萨传达祈祷书。在这方面,中国有一个非常古老的风俗。中国人认为,在易腐坏材料上写上问题,再烧掉,就能与鬼神世界沟通。中国佛教徒也采用了这一方法,向菩萨传达祈祷书。快到756年时,有人突发奇想,把要祷告的文字写在一块平整的木头上,把字与字之间的空隙凿空,在木头表面涂上墨水,再把丝绸或纸张(汉朝发明)压在木板上,从而重复印制祈祷文。这似乎就是中国印刷术的首次应用。后来,中国人又把字刻在石板或木板上,印刷成文,供日常生活使用。这些文字中以佛经和儒家经典居多。首批官方版儒家典籍是于932年至953年间在原唐朝都城长安印制的。纸币也进入商品流通中,让马可·波罗这样的外国旅行者大为震撼。

虽然已精通活字印刷术,但在很长一段时间里,中国人仍然使用刻版印刷法。这并不是思想保守,而是因为汉字字量庞大,一次雕刻一整页要比把成千上万片的预刻汉字组装成一页更简单方便。后来,印刷术传到使用字母文字的朝鲜,活字印刷才自成体系。朝鲜使用活字印刷术的时间大约是在1400年。欧洲采用活字印刷术的时间是1456年。

得益于印刷术,越来越多的中国人接触到了多种文学类型。史书、百科全书、散文和诗歌广泛流传。在唐宋两朝,这些文学形式中的每一种都蓬勃发展。中国文学输出总量远远超过世界其他文明。虽然自印刷术发明后,有很多文字佚亡泯迹,但唐宋两朝仍有大量著作传到今天。

❧ 诗歌和艺术的完善

在中国,诗画不分家。两种艺术都用毛笔创作,都体现了上流社会的成就造诣。一幅画加上几个字后,可以营造画面效果。同样,遒劲秀丽的毛笔字写成的诗能让纸面生色、诗情洋溢。李白（701年—762年）和杜甫（712年—770年）的诗成为后世诗人效仿的典范。李白取材街头巷尾的流行歌谣创作诗歌。如果关于他的传记文字确凿可信的话，李白品行不佳，不具备士人君子之德。但他表达了新的思想感情：爱情、向往、绝望和自我厌恶。他所表达的鲜明的自我意识似乎是早期中国作家所不具备的。李白诗歌影响深远，其风格和韵律变成了后来科举考试的考查内容。每一位想要以科举致仕的学者都要学习以李白体写诗赋文。一大批刻意雕琢但毫无新意的诗句由此问世。

中国绘画于宋朝时达到巅峰。几位绘画大师发展了我们今天认为的典型的中国风格。这种风格是在水墨画上稍微着色，并借鉴佛教手法，用人物和风景讲述故事。另外，宋朝绘画大师学会了在山水中描绘三维空间。寥寥数笔，渺远景致和雄伟山峦跃然纸上。

虽然水墨有内在局限，但中国画家可变换多种技法，创造迥异效果。他们不仅擅于展现迷蒙薄雾，也对勾勒清晰线条熟稔于心。一些画家以刻画细节见长，工于画竹；一些画家在方寸画卷之上描绘全景，舒展无穷。画材简单，变幻无尽。因绘画用具不多，画家便可集中全部精力和技巧，实现以少致多。宋朝画家艺术水准之高，至今仍鲜有艺术家能够企及。他们创造的中国绘画风格一直延续到20世纪，期间几乎未见任何变动。

⚔ 中国的亚洲邻国

宋朝时,中国疆域南移。因此,中国绘画描摹的更多是长江云天,而非黄河景致。汉朝和唐朝皇帝统治的北方部分省份再未进入宋朝的行政管理视野。不过,控制这些地区的蛮族统治者和部落首领为了换回礼品贡款,有时也会承认宋朝皇权。

中国史料掩藏了北方政权中的蛮族元素。作家以中文名字称呼蛮族统治者及所属民族,并以儒家思想为标准描写史实。所有商人和使节都被描绘成携贡品而来、急于尊奉天子的人。殚精竭虑买通蛮族、化解侵略危机的行为被描写成蛮族顺服天子,获朝廷恩准,以礼相待。

相比之下,中国东面的邻居不太容易吸收借鉴别国文明传统,来增强自己的文化独立性。满洲及周边地区和中亚商队路线相距甚远,不能引入任何异族文明宗教风格,与中华思想抗衡。但他们中有一些民族在征服中国北疆后,拒绝吸附于中国政体,而是设置特殊的政治安排,让中国人从事吏政,自己执掌军务大权。这种体制持续了几代人之久。但时间一长,即便是最骄傲的蛮族也发现中华文明深具魅力,无从抗拒。

朝鲜

朝鲜也面临类似问题。公元前 300 年左右,独立王国在朝鲜建立。但在二百多年后,汉武帝征服了朝鲜半岛大部分地区。此后,类似的拓边活动使得一个又一个朝鲜地区变成中国省区。但朝鲜最终以独立姿态屹立于中国东部。为什么会出现这种情况,我们很难说清楚。汉朝末年,蛮族再次入侵中国和朝鲜。唐朝时,朝鲜新政权成立,军事化程度远超以往。隋朝皇帝意欲复制汉武帝成就征服朝鲜,但以失败告终。唐朝也数度苦战,希望吞并朝鲜半岛。668 年,朝鲜最终向中国称臣。

此后,朝鲜具备两个特点,与中国区别开来。其一是与中文完全不同的朝鲜语。600 年初,朝鲜人开始在汉字旁边标注小符号,用于表示语法结尾以及其他需要阐明含义的话语。这种系统逐渐演变成与汉字不同的朝鲜文字。朝鲜因此发展了自己的文学传统,保留了自己的语言。

区别中华文明和朝鲜文明的另一个显著特点是佛教。在中国反佛之时,朝鲜却更加坚定地捍卫佛教,变成了佛教之国。这意味着,朝鲜人虽然学习儒家经典,热衷模仿中国流行服饰风格和行为方式,却不会变成中国行省。当然,中国人将贸易往来视为纳贡臣服。但实际上,朝鲜半岛内部虽然经常陷于诸侯割据,对外却一直保持独立。

日本

日本离中国更远,不必害怕文化吸附。根据日本神话,现今天皇是从神武天皇代代传承而来。而神武天皇是创造日本群岛和地球其他大陆的太阳女神的子嗣。相传神武天皇诞生于公元前 660 年。

据中国和朝鲜历史记载,在公历纪元开始后的几个世纪里,日本群岛在好战氏族和部落群体间四分五裂,皇室氏族只是其中之一。552 年,佛教首次传入日本,日本才开始与中华文明产生紧密联系。607 年,日本派第一批使团前往中国学习中华文化,吸收有用信息。每一个使团都由十几人组成,一次在中国待上数月甚至数年之久。因此到了 19 世纪,日本向欧洲文明学习时,完全实现了系统性输入。向中国学习的结果是惊人的。日本皇室发现中国人的方式方法很有吸引力。中国赋予皇帝重要角色,而这种角色是日本天皇急于在本土好战叛乱的氏族间扮演的。因此,日本人对唐朝宫廷文化全盘吸收。710 年至 784 年间,皇室所在地为奈良,所以这一时期在日本历史上被称为"奈良时代"。从中国引入的文学、艺术和礼仪在日本蓬勃发展。838 年,日本派第十二批,也是最后一批使团前往中国。此后,日本发现唐朝皇室腐败堕落,无所借鉴,于是切断了官方联系。

日本氏族生活现实从未与中国引入的官僚吏治相契合。相反,敌对氏族之间继续争权夺利。虽然天皇遵照儒家礼仪委任功勋卓著的武士担任各省总督,但这些官员的实际权威仍从氏族混战而得。而氏族成员之所以表示服从,并不是天皇依照官僚理论委任氏族头领的结果,而是因为这些头领生来就握有大权,或是根据某种传统升到了氏族领导位置。

氏族权力因以下情势稳步巩固。日本群岛北部和东部均为未开化的边境地区,当地武士氏族驱赶原住民阿伊努人,瓜分新领地。实际上,日本的军事氏族势力强大，经常会出现一个或多个氏族幕后操控皇室的局面。他们操纵人事任免，卖官鬻爵，满足本族利益。

794年，日本迁都京都，开启"平安时代"（794年—1192年）。新皇都的生活较少借鉴中国模式，使得日本艺术和文学独具一格。1001年至1008年间，宫中女官紫式部写了一本令人轻松愉悦的长篇小说——《源氏物语》。这部世界文学杰作以生动活泼的口吻讲述了一个爱情故事，与中国文学模式关联很小，或者也可以说是没有任何关联。之所以享誉世界，全靠紫式部对人性和日本宫廷生活的深刻洞察。

是佛教而非天皇朝廷确立的儒教在日本乡村粗暴的武士氏族中生根。日本佛教徒与乡村军事阶层联系至为紧密，常手握剑刃以捍卫寺庙利益，这在其他佛教徒看来不可思议。实际上，香火旺盛的寺庙跟人多势强的氏族在行为方式上非常相像。日本武士阶层既要恪守寺庙戒律，又要遵守氏族族规，过着与农民截然不同的生活。一些军事氏族将骁勇善战的武士吸纳为本族成员，这种现象在边境地区尤为常见。那里常需招募兵士作战。

当然，处在日本社会底层的也是农民。他们和中国农民一样，学会了栽培耕种水稻。关于水稻是如何在多山的日本得到推广，又遵循了什么样的步骤，我们不得而知。但可以这样假设，平整田地、引水灌溉大费周章，因此水稻种植推广得非常缓慢。阿伊努人被赶走后，种植面积扩大。随后向北拓展，止步于北海道。因为那里气候恶劣，不利于水稻生长。

朝廷派官吏向农民征税。显然，他们收到了税，要不然奈良和平安时代的奢华生活也无以为继。但可能一从开始，就有军事氏族控制了免税土地。这些武士团体有权向村民直接征收大米供自己食用。到后来，这种情况越来越普遍，日本封建制度成型，与近代西欧封建制极为相似。但随着日本封建制的巩固，天皇的权力和财富迅速衰减。到了镰仓时代（1185年—1333年），天皇完全变成傀儡。实权集中在某一氏族手中。随着皇室收入减少，以中国为典范的宫廷学习、艺术和礼仪走向衰败，一种粗糙的大众化的思想和感情风格逐渐形成。

因此，到1200年时，日本也舍弃了从中华文明借鉴到的精致典雅，转而青睐简单纯正的本土文化和政治风格。但如果日本、朝鲜、中亚等文化没有对中国模式做出回应、借鉴学习的话，其文化发展不可想象。中国仍然是中央王国，是整个远东地区的中心磁石。中华帝国的尊严、财富、光华和权力无人能及。

太平洋和美洲

波利尼西亚人

在中国影响圈的最外层，波利尼西亚人于公元 600 年左右开始了他们的非凡拓展。让他们能横渡浩瀚太平洋的关键发明可能是舷外支架独木舟。制作方法是，把一根树干掏空，在舷边附上支架。波利尼西亚人驾着这种用风帆驱动、用舵桨导向的船在与大陆隔绝的太平洋诸岛上建立了定居点。每一定居点相距上万千米，最北到夏威夷，最南至新西兰，离南美海岸不远的复活节岛是他们的最东端定居点。

波利尼西亚人种植块根作物，没有见过水稻。他们可能跟六七百年前定居马达加斯加岛的印度尼西亚航海者有某种联系。二者可能都与东南亚大陆上的航海民族有关联。但二者祖先是否都来自东南亚，我们还不得而知。因此，历史学家无法确切重建波利尼西亚人迁居太平洋中部的日期和发展阶段。

波利尼西亚航海者肯定也偶尔到过美洲海岸。此后，他们中的一些人（或者可能是其他航海者）又返回太平洋诸岛。这种说法的根据是，欧洲人初到夏威夷和太平洋其他岛屿时，发现当地生长着多种美洲本土作物。

美洲印第安人

此类联系可能也解释了这样一个事实：亚洲艺术形式和美洲印第安人的一些手工艺品惊人相似。但偶尔漂过太平洋的人很可能对墨西哥和秘鲁文明影响甚微。600 年左右，危地马拉的玛雅地区和墨西哥进入古典时期。没过多久，或者是在同一时期，秘鲁文化和墨西哥中部文明也进入古典阶段。在这里，"古典"一词意味着，600 年左右，神庙和其他纪念性艺术作品达到了一定规模，且工艺精湛，处于空前绝后水平（见第九章）。

稠密的农业人口建造了玛雅神庙，养活了残暴的统治者和武士贵族阶层。玛雅人在沼泽地四周挖掘排水沟渠开垦成小块田地，并将挖出的土堆回到田里。土壤由此变得肥沃，玉米等作物茁壮生长。这种田地和稻田相反。稻田是人工灌水，这种地是人工排水，但社会效果是一样的。提高土壤肥力费工费时，农民不会逃税弃田，便于统治者征粮养活自己以及所有专业工匠，雕刻石头纪念碑。这些作品后来在丛林中被发现。

但从 850 年起，玛雅崇拜中心逐个遭到遗弃。考古学家没有发现暴力征服痕迹。当地可能发生了某种类型的生态崩溃，沼泽田肥力丧失，不适宜种植作物。不管发生了什么情况，16 世纪西班牙人来到这一地区时，看到玛雅人住在简陋的村庄里，以刀耕火种方式在旱地上开垦农田。他们已经忘记了藏在丛林里的古老神庙，也失去了塑造自己文明过去的所有专业技艺。

往北去，在墨西哥中部，神庙中心似乎在玛雅神庙遭弃的同一时间被武士占领。这些征服者的宗教仪式与玛雅人不同，形式更血腥残暴。大规模的生人活祭不时成为神庙祭礼的核心环节。新的中心在尤卡坦半岛的奇琴伊察耸立。那里的神庙雕刻混合了原有的玛雅风格和墨西哥中部武士祭礼的浮雕艺术。情况似乎是这样的：征服者从北面而来，掳掠部分玛雅人，在距离危地马拉的玛雅崇拜中心和墨西哥南部几百千米处的尤卡坦半岛建立了新的宗教中心。

南美也在古典时期后进入帝国时代。这种情况为我们阐述以下事实提供了充分证据。即在每一大河流域各

墨西哥神庙

这些规模宏大的神庙体现了在公元 900 年至 1200 年间美洲印第安后古典历史时期，墨西哥高雅文化的地域传播和交会融合。此前，宗教仪式中心主要坐落于墨西哥南部和危地马拉。玛雅人建造了这些中心，并创造了一种文字，其含义已被现代专家破解。但这两处神庙一座位于墨西哥中部山谷特奥蒂瓦坎（上图），离玛雅北部很远；另一座建在尤卡坦半岛东北部的奇琴伊察（下图）。这两座建筑的整体轮廓与玛雅神庙相似，都建有祭祀崇拜神祇的高台。但在建筑风格细节上存在差别。特奥蒂瓦坎神庙似乎更像是玛雅文明的竞争对手，而奇琴伊察神庙更像是继承人，但也传承了起源于特奥蒂瓦坎的艺术浮雕。

自形成文明风格,并发展到巅峰后,会有一种新的统一的艺术类型传遍整个地区。在南美,这种"帝国"艺术风格与高耸在安第斯山上的蒂亚瓦纳科神庙群联系尤为紧密。虽然这可能只是一种传遍秘鲁全境的新宗教崇拜,但军事征服似乎也不无可能。

正如苏美尔文明改变了古美索不达米亚人的生活一样,墨西哥和秘鲁文明也影响着周边民族。比如,公元 1200 年前,在今天的美国东南部地区,出现了建筑精美的崇拜中心。生活在玛雅和秘鲁中间区域、南美最北端的哥伦比亚印第安人也从文明近邻那里学到了不少技艺,开始制作精致的金饰品。我们几乎可以肯定,农业在北美林地和南美南部都得到了推广。但和旧世界一样,美洲原始农民也很难在雨林环境中垦田种地。因此,在广袤的亚马孙盆地,似乎没有发生任何引人注目的进展。

美洲印第安人缺乏几样基本工具。这些工具对欧亚文明具有重要基础性作用。比如,美洲印第安人从未用过轮车,对金属冶炼一无所知。除了狗之外,他们也没有旧世界的家畜。安第斯山区虽饲养羊驼,但与欧亚大陆上的牛、绵羊、马、骆驼、驴、山羊、鸡、猪等家畜无法相提并论。

总之,如果我们把新世界的玛雅神庙中心简单等同于苏美尔神庙的话,则美洲印第安文明比亚洲文明晚了 3500 多年。这是美洲印第安人永远无法逾越的障碍。从发展水平上来讲,他们也远远落在亚洲人和欧洲人后面。因此,公元 1500 年后,在西班牙征服者从欧洲带来的高超技艺、复杂知识和未知疾病面前,美洲印第安人脆弱得不堪一击。

第十章 远东和美洲

⤢ 结论

本章审视了公元600年至1200年间的远东、太平洋和美洲世界,揭示了存在于这片广袤区域的巨大反差。生活在澳洲、美洲大部、亚洲北部和东南亚一小部分地区的人仍以狩猎采集为生。水稻种植重塑了中国、日本、朝鲜和东南亚部分地区的地形地貌,并为中华文明及盛行于周边境地上的高雅文化奠定了经济基础。

与欧洲、南亚和中东情况相比,远东和太平洋地区的突出特点是,因地理环境开发方式不同,出现尖锐反差。中国坐拥巨大财富,掌握高超技艺,涵养深厚学识。不管按哪种定性标准衡量,中国都超越了那个时代任一文明所能取得的成就。中国人口更盛,城市更大,商品交换量更多,长途运输更发达;更多书籍被印刷、阅读和讨论;教育组织程度更高,更多人满怀热忱求学受教;更多人参与绘画和诗歌创作。在这些方面以及其他许多领域,中国出类拔萃、卓尔不群。在自己所在的远东圈,这个中央王国更具压倒性优势,让世界其他伟大文明成就风头大减,几近湮没,不为人知。中国就像一个巨大的太阳,散发着技艺、知识和权力的光芒。其他东亚民族就像行星,围绕中国恒星旋转。在行星轨道之外,中国影响力没有被遥远的美洲人和大洋洲人感受到。这两大洲人取得的成就与中国无法相提并论。

远东文明区域和未开化区域之间的强烈反差是由水稻农业的特性造成的。凡该农业所到之处,人口稠密聚居,农业生产集约发展,高度发达的文明具备了人文基础。而不种植水稻的地方，不可能接近、更不可能达到中国的技艺水平和组织程度。这一点可为以下事实充分佐证。从公元前300年起，蒙古族和女真族游牧人即已同中国保持密切联系。但他们仅仅是通过中国进贡的丝绸和其他奢侈品才了解了中华文明。这两个游牧民族没有掌握中国的手工技艺，而且也从来没有做过这样的尝试。

西亚和欧洲没有出现如此强烈的反差。技能发展水平从最复杂区域向宜居世界边缘逐渐递减。简言之，在欧洲和西亚，文明和荒蛮的差距更小，文化边界更模糊，剧烈反差的生活方式更少并生并置。而在远东和太平洋地区，稻田设定的文明地理边界就像围护稻田的堤坝那样鲜明清晰。

第十一章
欧洲

公元 500 年　　　　　公元 1200 年

欧洲的黑暗时代

这是公元 800 年左右在爱尔兰制作的《圣经》手抄本内页。从中可以看出,在基督教黑暗时代里蛮族和罗马传统的融合。粗糙描绘的人物是对罗马艺术的模仿,而几何图案装饰则是蛮族风格,二者合一后产生了一些新东西。

在希腊和罗马时代，欧洲文明生活集中在地中海地区。但在公元500年至1000年间，欧洲人开发北方地区资源的效率远超以往。欧洲中世纪文明拓展到了人迹罕至的森林和荒无人烟的沼泽地。要想知道这种情况是怎么产生的，我们必须先要对欧洲地理有所了解，探究一下欧洲大陆自然区域为什么限制了早期农业的发展。

欧洲地中海区由每年转向的信风划定。夏天，信风移到北方；冬天，移至南方。夏天，地中海地区属于信风区，没有降雨；冬天，信风南移，地中海大地受自西向东的全球性气旋风暴的影响，风暴一来，雨雪跟随。制约这种气候的因素是湿度。庄稼必须在第一场秋雨后种植。谷物秋季发芽，最后一场春雨后成熟。只有橄榄、葡萄等深根系作物才能吸收地表深处的地下水，抵抗夏旱。在美国，只有加利福尼亚南部是地中海气候。

地中海以北地区大致可由一条线划分。这条线西沿卢瓦尔河，东到君士坦丁堡南部。线内地区不受干燥信风影响。常年刮西风，每个季节都有降雨，每隔几天都有暴风雨，冬天尤甚，夏天较少。美国大部分地区都是这种气候。

这种气候不利于早期农业的发展，这一点似乎出人意料。但谷物自然适应于地中海这种半干旱环境。地表积水时间一长，谷物植株受涝。在欧洲西北部平原，每年春天都会发生这种情况。尤其在三四月份，降水量为全年最大，平坦地区完全被水淹，不适合种植谷物。

只有坡地，尤其是排水条件好的白垩土和黄土坡地，才有利于欧洲早期农民开垦种植。很显然，如果农业只能集中在这一相对狭小的区域里，欧洲西北部就不可能出现繁荣兴盛的文明。在整个罗马时期一直到公元500年后，西北欧大部分地区仍为森林覆盖，只有一些开阔草场能放牧牛羊。

近大西洋地区湿度最大。信风自西向东移过欧洲全境，雨量逐渐递减。受墨西哥湾流作用，大西洋海水温度升高，西北欧冬季气候温和。该湾流作用强大，从棕榈树生长高度上可见一斑。离大西洋越远，长得越矮，到苏格兰西部后变成矮生植物。沿易北河向东走，在西北欧长势葱郁的橡树和山毛榉树难以寻见，

第十一章 欧洲

白桦树和针叶树俯拾皆是，土壤普遍为沙土。这一区域一路延伸到乌拉尔山脉，到达俄罗斯北部后退化成冻原，地下土处于永冻状态，只能生长矮树和苔藓。

这片区域东部为林区，土壤含水量较少，但适宜作物生长的季节太短，为早期农民设置了局限。在这个地区，小麦和大麦还没有成熟就受霜打。黑麦成熟期短，因此成为该地区主粮。这种作物原来很可能是小麦地里的杂草。与小麦相比，黑麦亩产量较低，且所留种粮数量与产量几乎相等。这意味着，种植黑麦的农民所获余粮较少，为来年留下的种粮比小麦大麦的产量还要多。因此，黑麦养活的地主人口和城镇人口较少。

换言之，在这种贫瘠的农业土地上，文明不容易发展兴盛。实际上，公元900年后，文明才传播到欧洲东北林区。

东北欧文明生活范式迟迟得不到发展的另一个因素是，西部草原将其与地中海文明中心隔绝开来。我们已经了解到，从公元前700年起，草原地区被好战尚武的骑兵占据。而在此之前很长一段时间里，这里的游牧人靠牧养牛马维持生计，把农民视为抢劫掳掠的对象。在很多个世纪里，蛮族游牧者阻断了东欧以北林区与地中海的联系，阻碍了文明的北向传播。

到公元1000年时，欧洲农业方式发生了一项根本变革。适应西北欧潮湿环境的新技术传遍了卢瓦尔河和易北河之间的渍水平原。在新技术传播的同时，肥沃的土壤、充沛的降雨，以及西北欧缓流河水带来的通航便利为中世纪欧洲文明快速惊人的崛起创造了条件。

要了解这种情况是怎样产生的，我们需要对公元450年至900年间中世纪第一阶段里欧洲政治史和民族迁徙情况做一审视。因为这一时期留传下来的文字非常少，所以常被称为"黑暗时代"。但无论识字率有多低（**在那个时代的西欧，会读书写字者极少**），无论蛮族轮番入侵，涌入乡野，一路抢烧劫掠，生活变得多么岌岌可危，黑暗时代仍然是农业取得根本进展的时代。在那个时代里，北欧农民为公元1000年后西欧文明的快速发展奠定了根基。

⚔ 蛮族入侵和迁徙

375 年，早于匈人到达罗马大地的日耳曼人只是众多侵略者中的第一支部落。在接下来的六百年间，这些侵略者深刻改变了欧洲种族模式。前几章中，我们已经看到，东哥特人、西哥特人、汪达尔人在西班牙、意大利和北非建立王国，拜占庭皇帝查士丁尼大帝在意大利和北非恢复了帝国行政管理秩序。

当这些变化在西欧地中海地区发生之时，北欧也见证了几场虽不太引人注目但意义重大的人员迁徙。大批日耳曼人渡过莱茵河，进入高卢北部，让拉丁语人口退回到今天的法语和德语分割线上。随着盎格鲁人，以及德国北海海岸的撒克逊人迁居到今天的英格兰东部和南部，大不列颠变成英语区。

与行程数万千米、各自建立王国的西哥特人和汪达尔人相比，上述迁徙运动似乎微不足道。但英格兰的盎格鲁－撒克逊人和莱茵兰自称法兰克人的日耳曼人（"法兰克"意为"自由"）获得新土地的方式与西哥特人、汪达尔人和东哥特人完全不同。后三者征服原住民后，以地主和统治者自居，把费神费力的农活留给被统治者。这些人多数说拉丁语或拉丁语系其他语言。但盎格鲁－撒克逊人和法兰克人与之不同。他们来到北欧后，即开始清理森林，整治田地。而他们开垦的土地以前大部分是荒地。

☷ 农业新技术

显然，法兰克人和盎格鲁－撒克逊人知道如何在渍水农田上种植庄稼。铧式犁是他们的秘密武器。铧式犁与中东和地中海农民使用的"刮地犁"有显著不同。正如字面意所示，刮地犁仅能刮到表层土壤，将其破碎成松散的土块，而铧式犁构造更精细。除了装有刮地犁的水平铧头外，还有犁刀和"耳朵"，即犁板。犁刀能竖直切割土壤；犁板固定在犁两侧，呈曲线形，能将土壤翻成长长的犁沟。

就工具本身看来，铧式犁似乎并不算是重大变革。要把土翻开，而不是简单切开，需要另加劳力。一对牲畜就能拉动刮地犁，而铧式犁得用上四头、六头，甚至八头公牛。此外，铧式犁更大、更结实，耗费更多金属，制作总成本更高。要想弥补这些劣势缺陷，铧式犁必须能在黏重土壤中拉得动，也就是说，要在含更多黏土的土壤中派上用场。西北欧土壤多为黏质土壤。有了铧式犁后，原来不适合种庄稼的大片低洼平原立即变成了适宜垦殖的土地。

而铧式犁还有一个优点，不太容易让人发现。犁仅能把犁沟翻到一侧。犁地时，只能先朝一个方向犁，再折返回来把犁沟翻到相反方向。如果每年都按照这种方式犁地，就会把土壤堆到"耕地"中心，两块"耕地"之间形成浅壕，从而为平坦渍水的土地提供了高效排水系统。耕地充分利用自然地形而设，每条犁沟互相平行。因此就算坡度很小，组合到一起后，也能抬高耕地。同时，每隔15米设有浅壕或"埂"，将两块耕地分开。如此一来，西欧大多数平坦渍水土地变成了适耕田。

没有人知道铧式犁和长亩种植体系是于何时何地首次发明的。450年法兰克人和盎格鲁-撒克逊人迁徙之前，这种犁和耕种办法肯定已经得到发展。到达原属罗马的土地后，他们就开始使用铧式犁耕地种田。很显然，在迁徙过程中，他们也带着铧式犁。

在莱茵河和易北河之间的平原上，人们知道带有"耳朵"的重犁可能有一段时间了。但要组成一个犁耕队，拉动如此沉重的工具难度不小。也许，铧式犁推广的最大障碍是建立合作耕田模式。如果没有农民愿意把自己手中的公牛凑到一起，组成一个耕地队伍，并在权益分割上达成一致意见，那么重犁就派不上多大用场。没有哪一家人养得起四到八头牛，买得起铧式犁这样的昂贵机械，至少在森林里生活的自由蛮族做不到这一点。因为，那里还没有出现社会不平等现象。

问题似乎是这样解决的：六个以上的农民组成一组，每人出一头公牛，组成犁耕队伍。每天收工时，将当天犁好的土地分配给其中一位组员耕种，等大家全部轮完后，下一轮分配依次开始。最终，每天犁地标准量定为一英亩（约4047平方米），长200米，宽15米，这是每一队从黎明到黄昏的实际工作量。但在找到成文记录、了解铧式犁耕作方式之前，特定耕地的永久产权已经分到各家，所以我们只能从些许痕迹中猜测合作耕种的起始方式，以及在西日耳曼人中的传播过程。

也许这种耕种方式最便于建立新定居点。在西日耳曼人到来之初，这些土地还没有确定产权。而且因为初来乍到，开拓者必须互相帮助才能生存下去。

养活中世纪和现代欧洲的犁

犁初次发明时，跟上图中的刮地犁很像。人们把绳子绑在铁锹上，再系到牲畜身上，让牲畜拽着在地里走，从而拔草松土，为撒播谷物种子做准备。要采用这种种植方式，必须做到交叉犁耕，才能实现效益最大化。而交叉犁耕后，方形田地自然而然成型。下图中的铧式犁从根本上改变了公元 500 年至 1000 年间的欧洲农业。这种犁更大更重，能将土壤翻成犁沟。因为又大又笨重，所以铧式犁

适宜翻耕狭长的田地。但铧式犁的重要意义在于，这种犁为渍水土壤创造了人工排水系统。原因是，朝一个方向犁时，犁沟翻向一侧；折返再犁时，犁沟翻向另一侧。翻出来的土堆在田里，形成比犁沟略高的埂。这种犁耕方式保证了中世纪农民能够在西北欧渍水平原上，种植中东半干旱环境下自然生长的谷物。

因此，在法兰克人和盎格鲁 - 撒克逊人沿莱茵河开拓原来的罗马疆土以及大不列颠岛之初，铧式犁和合作耕种模式不大可能得到大规模推广。但不管怎么样，这些定居点的耕地布局是已知最早的典型长亩耕地。这种土地难以翻动，必须使用铧式犁。

法兰克和盎格鲁—撒克逊王国

正如我们期待的那样，西北欧建立生产效率高的新农业方式后，强大新政权迅速崛起。起初，法兰克人不受任何一个中央权威的约束，让他们的名字——"自由"变成现实，但他们认可传统的氏族和部落领袖。在克洛维时代（481 年—

511年）以前，他们四散生活在林中空地，没有建立共同政府。克洛维原为部落首领，权小势微。但在任职初期，他就清除了萨利昂法兰克人（"萨利昂"字面意为"生活在海边"）中的所有竞争对手。随后，他利用人数相对优势，全方位扩张法兰克人势力。在他去世之前，法兰克王国囊括了高卢绝大部分地区。他的子孙继续向东扩张，将罗纳河和莱茵河上游疆域纳入王国版图。

法兰克人在这些地区的权力行使方式跟西哥特人和汪达尔人相似。一少部分地主和军事总督代表法兰克国王，而垦田种地的工作由那些对铧式犁一无所知、说拉丁语和古法语的人承担。但法兰克统治阶层与这些"罗马"人之间的关系比西班牙西哥特王国更融洽。原因是，496年，克洛维接受了基督教的教皇统治形式，被新子民视为正统教徒。相形之下，西哥特人和东哥特人信奉阿里乌教，被子民视为异教徒。

在英吉利海峡对岸，盎格鲁-撒克逊人受丹麦人侵袭，被迫于公元900年后建立了统一王国。在此之前，七个小王国割据统治英格兰南部和东部，逐渐把布立吞人赶到康沃尔、威尔士和苏格兰高地。约432年，圣帕特里克在爱尔兰建立基督教会。基督教在爱尔兰蓬勃发展，并传到英格兰。597年，罗马传教士圣奥古斯丁（与《上帝之城》的作者不是同一人）到达肯特，使盎格鲁王国改信基督教，并将肯特人都城坎特伯雷定为传教中心。

爱尔兰基督教与罗马教会在若干仪式上有差异。争论焦点围绕在复活节日期的计算问题上。664年，英格兰教会主要代表在惠特比召开会议，认定教皇计算复活节日期的办法正确无误。这一决定促使爱尔兰传教士撤出英格兰，将盎格鲁-撒克逊人带入拉丁基督教圈中。

⚔ 蛮族再度来袭

欧洲大陆上法兰克王国的崛起、英格兰改信基督教,以及查士丁尼时代拜占庭势力在地中海的复苏并未稳住东欧局势。在查士丁尼大帝统治末年,一支新的草原民族阿瓦尔人进入匈牙利,侵袭欧洲各地,并于 626 年围攻君士坦丁堡,侵略活动达到高潮,后来以失败告终。半个世纪后,另一支草原民族保加尔人沿多瑙河下游建立据点。饱受阿瓦尔人之患的欧洲人再遭掳掠。

巴尔干农民不堪其苦,土地荒无人烟。于是,阿瓦尔人和保加尔人允许(有时可能是驱赶)说斯拉夫语的部落从北方云杉针叶林里南下迁入巴尔干半岛,耕种肥沃农田。实际上,保加尔人与斯拉夫人通婚,学说斯拉夫语,变成了斯拉夫人。当斯拉夫人力结合了保加尔军事组织后,一个强大新政权形成,数度威胁拜占庭。

⸬ 阿拉伯人、阿瓦尔人和保加尔人对基督教的攻击

阿瓦尔人和保加尔人对拜占庭的攻击与阿拉伯穆斯林南面来袭是在同一时间进行。我们已经看到,拜占庭皇帝把叙利亚、埃及、北非拱手让给阿拉伯人,不得不力争地中海控制权。但在 717 年至 718 年大围攻之后,穆斯林暂时中止了对拜占庭军舰的制衡。实际上,750 年后,阿拔斯王朝完全将地中海和黑海假手于拜占庭,并与其首都君士坦丁堡发展贸易。

再往西去,阿瓦尔人将伦巴第人赶到意大利。在那里,这些强悍的日耳曼蛮族与拜占庭戍军割据占领意大利农村。日耳曼人又再次侵入法兰克王国。克洛维后裔——墨洛温家族将原有的法兰克王国一分为二:东部日耳曼语族居住的奥斯特拉西亚;西部和南部原受罗马帝国统治、居民仍说拉丁语的纽斯特利亚。但实际权力由墨洛温国王转移到承担行政管理之职的"宫相"手中。

丕平二世从父亲手中继承了奥斯特拉西亚宫相一职。687 年,他带着亲信来到纽斯特利亚王国,自立为宫相,实际上再次统一了法兰克政权的两部分。为巩固纽斯特利亚权势,丕平二世将土地分给奥斯特拉西亚亲信,导致新一轮日耳曼入侵。原因是,奥斯特拉西亚人粗暴无礼,不能让说拉丁语、文明程度

较高的纽斯特利亚人信服。

此后,另一支侵略军从南面而来,侵犯法兰克政权。711 年,穆斯林从北非经直布罗陀海峡涌入西班牙,西哥特王国于 714 年覆灭。穆斯林北越比利牛斯山,沿现属法国的地中海海岸行军,直入法兰克王国。起初,穆斯林占优势。但到了 732 年,丕平二世之子、法兰克宫相继任者查理·马特在图尔附近击败一支穆斯林突袭分队。自此之后,边境战争连绵不断,法兰克人常常得胜。穆斯林边境向南收缩至比利牛斯山南的埃布罗河。到 800 年左右,该边境线几乎稳定不变。

拜占庭复苏

我们已经了解到,拜占庭都城在 717 年至 718 年间阿拉伯围城时幸免于难。利奥三世(在位时间 717 年—741 年)临危登上皇位,将穆斯林赶到小亚细亚以东的托鲁斯山脉,收复了帝国要地。

战场得胜后,利奥三世着手改变臣民的宗教习惯,禁止教堂使用圣像。也许在他看来,只有愚昧无知的人才会不拜上帝,转而崇拜塑像和圣徒画像。但很多修道士拒绝改变基督教习俗,普通老百姓也反对损毁圣像。究竟是谁站在皇帝一边要求损坏圣像,我们还不得而知。支持这项改革的可能会有士兵。在他们眼中,穆斯林之所以建下战功,就是因为穆罕默德严禁伊斯兰教塑像。

最终,反对崇拜圣像者失势。用圣像装点基督教堂再次成为希腊正教文化的重要组成部分。但基督教塑像因与异教神祇塑像太相像,再未受到基督徒青睐。关于圣像的争吵使基督教习俗几乎重新回到原样。在与皇帝和军队的较量中,修道士和基督徒胜出。

最早的中世纪骑士

加洛林时代还出现了两个变化,深刻影响了后来的欧洲历史。第一个变化是新型骑兵武士——欧洲骑士的出现。最初,骑士以盔甲、盾牌和锁子甲为防护。后来,贴合身体轮廓的板甲取代覆盖叠叠铁环的无袖紧身皮衣成为骑士护身装备。重装骑士并不是新生事物。早在几个世纪以前,拜占庭和波斯军队就曾装备战马,驮负甲兵驰骋沙场。但 732 年后西欧出现的新变化在于重装骑兵的作战方式。早先的骑士以弓箭为主要武器,站在远处射箭攻击敌人。欧洲骑士以

天上人间的统治者

中世纪基督徒认为,谁应统治、谁应服从该由上帝裁决。当时,关于罗马帝国的记忆仍鲜活如初。而且,多数理论认为,既然天堂只受一位上帝统治,那么人间也应只受一位人君统治,至少在整个基督教世界应该如此。但从4世纪开始,罗马帝国分裂成拉丁语西部和希腊语东部。公元800年圣诞节,查理大帝被加冕为罗马皇帝。随后,东部的罗马皇帝承认了查理大帝的皇帝头衔。自此之后,罗马又有了两位皇帝,一个在君士坦丁堡,一个在拉丁语日耳曼西部。上图是希腊达夫尼修道院穹顶镶嵌画,成于1100年左右,刻画了基督这一普世统治者形象。下图是在基督教拉丁语区发现的查理大帝塑像。雕像中的查理大帝头戴皇冠,上顶十字架,表明皇帝顺服于天堂统治者基督。

长矛为作战武器。他们把沉重的长矛固定在胳膊下,策马冲锋,脚蹬马镫挺直身体,应对交战时所受冲击。通过这种方式,马和人的动能在矛头后蓄积,产生强大穿透力。这种动能势不可挡,除非另有人以相同速度反向骑马而来。如果发生后一种情况,一方或双方可能会滚鞍落马,折断矛头。但只要有平路能纵马驰骋,发起冲锋的骑士就有足够冲击力克敌制胜。最终,步兵不得不制订相应战术抵御骑士冲锋攻势,但那是很久以后的事情了。在近三百年里,欧洲骑士在西欧战场所向披靡,不仅主导整个西方基督教世界的军事领导权,还左右社会政治格局。

起初,分布在加洛林王朝疆土上的骑士数量非常少。战马、武器和铠甲价格不菲,而且要花上数年时间训练骑士,才能将长矛战优势发挥到极致。但人们对保护家园、抵御外侮的需要非常强烈。加洛林时代的第二项发明——农业采邑制最终解决了这一问题,为供养相对大量的骑士提供了手段。结果是,公元1000年后,西欧不再受侵略之苦,而是向四面八方扩张边界。

采邑制

加洛林时代发生的第二大变化是采邑制的建立。采邑是一大块农田,部分由村民自己耕种，部分代表采邑主或所有者耕种。具体安排区别如下：采邑主有时以"领地"形式占有部分土地。也就是说，这部分土地为采邑主私人所有。而且，采邑主有法定权利要求农民为他耕种，所产余粮为农民所有。其他情况下，采邑主将每个农民上交的部分粮食占为己有，但对自己直接管理的土地没有所有权。

法兰克王国的部分地区原为罗马帝国领土。在这些地区，采邑制并不是什么新生事物。农民种田、地主坐享其成的做法已经延续了几个世纪之久。但在日耳曼人中，还没有出现过这种不平等现象。因此，在加洛林时代，日耳曼土地上的采邑仅寥寥数个。但我们已经了解到，日耳曼人使用铧式犁耕作低洼地。当日耳曼的犁耕技术与罗马的采邑主役农制度合二为一后，中世纪采邑制完全成型。在加洛林时代，采邑制所有要素已经齐备。但要让日耳曼和罗马元素合成新元素，必须先克服根深蒂固的阻挠力量。

生活在原属罗马领土上的地主不太愿意当骑士，向往安逸闲适的生活。而日耳曼农民更不情愿屈服地主，哪怕这个地主是个尽忠职守的骑士。公元900年，蛮族再度来袭。摆在相关各方面前的是一个再清楚不过的事实：欧洲急需一大群骑士，能随时备战，八面出击，赶走侵略者。在这种情况下，阻挠力量瓦解，一幅恢宏壮丽的欧洲社会新图景最终呈现。

⚔ 马扎尔人和维京人来犯

在俄罗斯草原溃败而逃的马扎尔骑兵于 895 年侵入匈牙利。不久之后,他们便跟此前的匈人和阿瓦尔人一样,以匈牙利为基地,对西欧展开突然袭击。日耳曼步兵很难打败机动灵活的马扎尔人。一个痛苦的现实摆在他们面前:要想赶走敌人,必须自建骑兵。除了对付草原侵略者外,日耳曼人还要留神海上突袭。公元 800 年初,阿拉伯人在地中海东部加强海军战备。而此后不久,新的危险又在北面赫然显现。斯堪的纳维亚海盗沿伏尔加河溯流而下,于 860 年围困君士坦丁堡。拜占庭舰队通航无阻的黑海不再有安全可言。

君士坦丁堡城下闪现着斯堪的纳维亚海盗的身影。这说明,最远的一支维京人开始对文明欧洲发起攻击。查理大帝在世时,曾有几艘维京船出现在国境海岸线上。但当时,西部的爱尔兰和苏格兰更容易成为攻击目标。对这些异教徒武士而言,那里的修道院集聚大量财富,且没有任何防御设施。看到维京人满载而归,其他的斯堪的纳维亚人也造船伺机寻宝。维京船数量迅速增加。因为海上行船速度要比陆上行军快得多,维京人便沿着海岸线

维京船

图片上的这只船为挪威博物馆藏品,是维京时代的船骸遗迹。这种船曾从挪威和瑞典的峡湾出发,沿欧洲海岸劫掠、贸易。维京船小巧轻便,吃水浅,能骑浪而行,非常适于出海远航。而吃水浅意味着,维京船能沿北欧河流深入内陆。船上可载 50 名水兵,12 条船就能突袭无碍。因被袭者必须步行迎战,所以不能快速集中兵力,与维京船抗衡。

走,找到容易下手的目标后,再上岸抢走一切有价值的东西。维京船吃水浅,大约只有 0.5 米,而北欧平原上的河流速缓慢,所以这些海盗能溯流而上,划行很长一段距离,抵达欧洲大陆大部分地区。维京人到不了的地方,总能看到马扎尔人的身影。

面对上述威胁,加洛林步兵手足无措。苦于行军速度,皇帝得等上好几周才能把部队集合到位。等到出兵时,突袭劫掠的人都走远了。

拜占庭国力巅峰

相比之下,拜占庭更强。867 年,马其顿王朝崛起,在 1056 年前一直掌控拜占庭帝国。马其顿有多位皇帝擅带兵、斗志强。开朝皇帝巴西尔一世兴建海军,力挡阿拉伯和斯堪的纳维亚劫掠者。除此之外,他和继任者允许地方豪强依托大家族优势,建立职业骑兵,从而创建了一支强大的陆军。当然,这些家族中以皇室家族规模最大。地方和皇室强强联合后,拜占庭政权握有陆上强军可资调遣。

自然而然,马其顿疆域迅速扩展。当时,穆斯林四分五裂,政治衰落。马其顿皇帝乘机收复亚美尼亚和东面其他土地。但战争打得最苦、领土收益最大的战场是在欧洲。在那里,巴西尔二世(在位时间 976 年—1025 年)与保加利亚人征战多年,最终完全摧毁保加利亚政权,将疆土一直扩展到多瑙河。拜占庭还收复意大利南部和东部失地。自查士丁尼大帝以来,东罗马帝国的疆域从来没有拓展到如此远的地方。

传教活动巩固了拜占庭势力。865 年,保加利亚人接受东正教。早在巴西尔二世摧毁保加利亚王国之前,当地人就已经将祈祷书以及基督教其他经典翻译成斯拉夫语。一种新的文学语言——教会斯拉夫语由此形成。渐渐地,俄罗斯人也信仰基督教,并从保加利亚人那里借鉴仪式语言。这一局面于 989 年正式定型。那一年,基辅大公弗拉基米尔·斯维亚托斯拉维奇(后成为圣徒)命令将士把异教偶像扔进第聂伯河,接受基督教洗礼。

跟保加利亚人一样,俄罗斯人组合了斯拉夫人力和外国政治组织而建立政权。保加利亚人借鉴了草原游牧人的军事框架。而俄罗斯人是在斯堪的纳维亚海盗创建的政治体系下第一次实现了统一。

有一个原因能解释为什么斯拉夫人没能形成大型政治国家而留名史册。我们之前已经了解到，在斯拉夫人生活的东欧地区，主要植被是云杉和针叶林。与欧洲其他地方相比，农业条件不佳，只能种植黑麦。而黑麦的产量远远低于小麦。因此，东欧林地人口稀少。这种社群不能撑起强大政权，不能像草原游牧人那样结成大型战争同盟，也不能利用铧式犁推广之机，实现财富和人口倍增，从而形成日耳曼人那样的组织。

日耳曼人在没有使用铧式犁之前也以部落为单位分散居住，生活贫苦。但随着财富和人口密度的增加，法兰克人、阿勒曼尼人（意为"所有人"）等日耳曼部落组建了战争同盟。斯拉夫人也建立了类似的政治同盟，但并不是他们自己主动而为，而是遭受外族征服或侵略后产生。这并不是说，斯拉夫人懦弱怕战。而是因为在保加尔人、罗斯人等斯堪的纳维亚海盗来袭之前，他们没有足够的时间和财富发展大型军事单位。

加洛林帝国的衰落

在拜占庭帝国成功应对蛮族压力之时，加洛林帝国却分崩离析。维京人和马扎尔人年年来犯，查理大帝的继任者却无力应对，西欧统治者也爱莫能助。地方政权和豪强不得不在突袭过后收拾残局，为自己谋取最大利益，不太在意犯没犯法，到手的财产原来归属何人。他们的当务之急是守住家园，打败侵略者。

该怎么办？答案当然是骑士，那些就住在领地上，遇维京人、马扎尔人来袭，能立即披挂上阵、拍马而战的采邑主。如果每个村庄都驻有一位骑士，就能在一夜之间聚集大批作战能力极强的兵士，攻打没有坐骑的维京水手，使其蒙受灭顶之灾。因为北欧平原土地肥沃，村庄集聚，各村庄之间相距不过几千米，上述作战队伍不难组建。这样一来，维京人不再觉得突袭万无一失、手到擒来，反觉有性命之虞，所以很快消失不见。因此，让蛮族空手而归的力量不是再度恢复强权的中央政府，而是一支披甲执锐的兵士。他们扎根当地，服务于本土利益。可以这样说，任何政治强权都对他们是否效忠听命毫无把握。

法国北部是骑士制和采邑制发展中心，聚集着大量骑士。但在日耳曼社会里，变化进展得非常缓慢。加洛林家族昏庸无能，遭全体国民背弃。新君主奥托大帝在955年列希菲德战役中大胜马扎尔人，于962年登上皇位。奥托大帝的军队部分由老式步兵构成，和查理大帝的作战力量相同。不同之处是，奥托和继任者增加了骑士数量。这些骑士多是皇室亲信，按拜占庭模式整编成队，而不是法国采邑主模式。

但不论采用法国骑士制还是日耳曼骑士制，结果都是一样的——蛮族不敢再犯，欧洲骑士由守转攻，掌握战争主动权。从 900 年起，西欧开始向四面八方扩展疆域。966 年，波兰认同基督教，并采用教皇加冕、国王即位的制度。1000 年，匈牙利和斯堪的纳维亚半岛也追随波兰脚步。西欧新生活方式的吸引力可见一斑。

当然，也不是没有代价。日耳曼社会不再推崇蛮族的自由平等观念，趋同于欧洲其他文明社会。繁荣兴盛了几个世纪的爱尔兰文明被维京人摧残殆尽。盎格鲁-撒克逊人也饱受北方人侵袭之患。圣比德（672/673 年—735 年）等学者生活过的各家修道院被损毁一空。但在与维京人作战的过程中，英格兰独立王国应势而生。阿尔弗雷德大帝（在位时间 871 年—899 年）是这场争斗中的英雄。但他的继任者软弱无能，撒克逊人于 1016 年将王位拱手让给丹麦国王克努特大帝。在一段时间里，英格兰似乎要和苏格兰、挪威、爱尔兰、丹麦一道变成北方斯堪的纳维亚帝国的一部分。但克努特于 1035 年去世，帝国再次分崩瓦解，各自为政。

蛮族入侵，以及基督教世界于每次入侵后的复苏产生了这样一种净效应：北欧第一次完全融入文明圈。俄罗斯大河流域、斯堪的纳维亚半岛，以及遥远的北极圈都积极参与欧洲的军事、政治、商业和宗教生活。匈牙利最西端的草原也成为基督之地。欧洲大陆重心首次从阿尔卑斯山以北转移到北欧肥沃平原上。在那一方土地上，新式农耕供养了骑士新军事阶层，也让不断增长的城镇人口温饱无忧。

城镇和贸易的兴起

一直到公元 1000 年后，君士坦丁堡仍然是基督教世界最大、最富庶的城市。1097 年，十字军进军耶路撒冷，途经博斯普鲁斯海峡上的这座都城。这里的风采光华令他们目眩神迷。西去之路上没有哪个地方能与拜占庭皇城相媲美。自查士丁尼时代起的五百年里，拜占庭政权一直受惠于都城的地理优势。君士坦丁堡人执帝国之政。黑海和爱琴海沿岸货物齐聚君士坦丁堡码头。虽然巴尔干半岛内陆地区和小亚细亚不常为拜占庭统治，但意大利沿海地区，尤其是南部区域是拜占庭的常规势力范围。换句话说，拜占庭帝国围绕港口城市网而建。在这一点上，以及其他许多方面上，拜占庭帝国更像是希腊人而非罗马人后裔。

但在马其顿皇帝治下，权力从海边城市转移到小亚细亚内陆。巴西尔二世和继任者攻下的腹地成为边防重点。军人统治帝国，城市和海上贸易居其次。与此同时，拜占庭贸易落到了新得势的意大利人手中。意大利商人从过往贸易中抽取利润，削弱了君士坦丁堡与各行省之间的货币和商品流通。拜占庭陷入商业不景气的境地，而此时西欧的商业活力上升到新高度。

地中海市镇与北部市镇的强弱对比

在西欧，地中海地区和北部地区之间存在一个基本差别。在罗马时代，地中海地区就已经是市镇林立。越往北去，罗马市镇越少。而过了莱茵河和多瑙河，根本看不到市镇。早在公元 900 年前，意大利和法国南部就出现了贸易和市镇活动的复苏。公元 500 年左右，威尼斯建城。当时，受战争之苦的人从内陆逃往亚得里亚海海角的泥滩地。公元 800 年后，威尼斯人把亚得里亚海岸盐场出产的盐运到意大利内陆，威尼斯由此成为重要贸易中心。1082 年，威尼斯共和国赢得了拜占庭港口特别贸易权，很快占得拜占庭贸易大头。威尼斯人也为第一次十字军东征贡献了力量，因此在十字军攻克的所有城市里享有特权。此后不久，威尼斯在地中海东岸的对手只剩下了意大利其他城市，为首的是意大利半岛西部的热那亚。

意大利在拜占庭土地上的商业优势于 1204 年充分彰显。那一年，从威尼斯出发前往圣地、参加第四次十字军东征的骑士中途逗留君士坦丁堡，与拜占庭皇帝发生争执,包围攻陷了这座都城。随后,拉丁帝国建立,君士坦丁堡之战的经济外交操控手——威尼斯人占据更有利的特权地位。

这一战让参与十字军东征的基督徒广受诟病。曾有基督徒努力光复东征理想,但成效甚微。威尼斯和意大利其他贸易城市鲜明表达的商业精神与十字军崇武尚战的朴素信仰不相契合。

在阿尔卑斯山以北的日耳曼领土上,多数市镇刚刚建立。虽然罗马人建立市镇的地方后来变成要地,如伦敦、巴黎等,但在黑暗时代里,这里几乎完全没有形成城市社会。不过,即便在维京人肆虐的时代里,贸易仍持续开展。因为抢到手的东西不一定合乎心意,维京人就把这些东西换成宝剑和风帆,或者是制造这两类物品的原材料。全体船员通常在春天起航,怀抱两种目的——突袭或贸易,最终选择哪一种视具体情况而定。因为遍地都是骑士,突袭风险重重,连最残暴凶悍的海盗也不得不以贸易为营生。

此后不久,船员发现在交通便利的地方定居下来不失为权宜之计,便在此建立永久根据地。他们常常聚集在主教或采邑主控制的要塞周边。商人和采邑主的关系通常不那么融洽。商人身边跟着伙计,惯于捍卫己方利益,不希望被别人以穷苦农民相待,不愿意纳贡服劳役。但采邑主也不愿意看着别人占着自己的地盘肆意而为。

妥协并不是没有可能。做贸易的人可以一次性付给采邑主一笔款子,大家互不相扰。随着商业和手工业交易量的不断增加,经济发达市镇里的采邑主能收入一大笔款子。到1200年时,看到市镇有厚利可图,采邑主开始建立新镇,慷慨给予商人和手工艺人以"自由"。

在地中海地区,市镇在适应乡村政治模式时也遇到了一些困难。当时,城里人经常邀请贵族地主进城,赋予其市民身份。但自从古代开始,商人和手工艺人就已经在市镇事务中占据更重要位置。他们组织同业公会保护自身利益。因此,市镇政治变成了有竞争关系的同业公会之间的权力较量,以及所有同业公会与周边采邑主之间的较量。

农奴制的衰解

市镇的繁盛对农民也有益处。自罗马时代晚期开始,农民就已经处于被法定奴役状态。也就是说,在哪出生的,就固定在哪块土地上,离开土地就是违法。

而市镇不分地域对所有人敞开大门。新来的人不会遭到盘问。农奴主不得不接受这样一条规则——"市镇空气让人变成自由身"。这句话大致可阐释为：如果一个人逃到某地，整整一年不被质询，则可永久留在此地。农奴逃跑事件时有发生。留下来的人也能很快提高地位，改善自身处境。方法有两种：第一，到市镇卖粮挣钱，赎回自由身；第二，要求改善待遇，而采邑主害怕没人替自己干活，不太会一口回绝。

因此，到1200年时，在市镇生活最为发达的欧洲部分——法国北部、莱茵兰、英格兰东南部和意大利北部，大多数农民变成自由人，不再对采邑主负有强制性义务。乡村生活水平明显提升。市镇靠向普通农民提供铁具、熏鲱鱼、粗纺羊毛布料，向贵族富人出售奢侈品而兴盛。采邑主靠收取地租、征收贸易保护费而发达。农民靠出售余粮和原材料而富身。简而言之，西北欧进入繁荣兴盛期，并于1200年至1300年间攀上发展高峰，不仅在每一条边境上进行军事扩张，还实现了快速经济扩张。林地开辟为新田，贸易增长，人口增加，技能提升，西欧追赶上了发展水平更高的中东古文明。

中世纪市镇结构

中世纪市镇生活与希腊、罗马时代的市镇生活存在组织方式上的根本差别。在早期的希腊和罗马，公民即为农民。商人和手工艺人是被挤出土地、不得不另谋生计的边缘人群。古典时代后期，在罗马帝国市镇里，公民权利几乎都局限于向种田人收租子获得收入的地主身上。但在北欧，乡村的骑士地主享受不到如此显赫的地位和权利。

快到1000年时，西欧商业和手工业阶层蓬勃发展。这些人习惯自我防守，能自主决定结盟和战争事宜。当地采邑主是他们的天然敌人。而远方的采邑主，尤其是国王，或者比当地采邑主地位更高的人则是他们的天然盟友。如果市镇居民能够保护自己不受外侮，就能获得自治。

除日本外，世界上没有哪个地方能产生出这样的商人和手工艺人阶层。在其他文明民族中，商人和手工艺人安分守己，不得不迎合身份地位高的社会阶层——士兵、官吏和地主，并接受他们的控制，不可能实施自治、彰显自信。而这两种特质正是西欧文明增长的根基所在。市镇成为欧洲文明活动的主要发生地。因此，市民的习惯和期望在塑造后世欧洲文明精神上发挥着特别重要的作用。

教会和国家

公元1000年后,市镇在中世纪欧洲的重要性立即显现在政治上。加洛林时代相对简单的政治关系消失不见。西欧不再受单一帝国统治,不再与教堂合作传播、捍卫基督教,而是分裂为一大批独立的国家。

从理论上来讲,帝国继续维持统一局面。公元1000年,德国奥托三世仍以皇位为荣,但实际权力遭到重重限制。843年,查理大帝的帝国被他的三个孙子分割,法国和德国独立王国应运而生。位于中间地带的意大利和莱茵兰成为法德两国的争议领土,并一直持续到第一次世界大战。教皇将神圣罗马帝国皇位授予给德国国王,法国统治者拒绝承认。英格兰、苏格兰、丹麦、挪威、瑞典、波兰和匈牙利国王也宣布独立(他们中有些人时常与德国皇帝有特殊关系,承认后者是西方基督教世界的最高统治者)。

教皇也自称对所有主教、修道院,及其他教会组织拥有至上权威。但和皇权一样,教权也不具备普遍性。

封建制

从理论上来讲,欧洲实施封建制度。也就是说,每一个贵族都要向领主尽一定义务,而领主授予封地给贵族以示回报。封地可以是产生收入的任一种财产。当然,常以土地形式出现。法理认为,上帝选定国王为代理人,授予其最高统治权。国王再将广阔的封地授予给主要人物——封臣。封臣将小一点的封地授予给次封臣,以此类推。处于这一制度底层的是骑士,即采邑主。农民要为采邑主种地,以此得到采邑主的保护。而采邑主听从封建领主的召唤参战或参会。

在封建制的每一个层面上,位尊者与卑微者互有责任义务。效忠誓言是领主和封臣间的契约。宣过效忠誓言的封臣必须听从领主召唤,和手下兵士一道为领主荣誉而战。如果不能尽忠职守,则被领主其他封臣判定有罪。这些封臣聚集在领主法庭里,采取相应步骤惩罚不作为者。如果领主违背义务,则会遭到封臣联手反抗。在欧洲各地,政治关系被视为崇武尚战、捍卫荣誉的人之间自愿签订的契约。

实际情况从来不像这样井井有条。首先,单个骑士是多个领主的封臣。如果两个领主发生争执,骑士不可能做到兼顾。而且,很多领主拒绝效忠国王。实际上,在 1000 年这一年,法国国王仅仅是法兰西王国中十几名强权者之一。他对诺曼底公爵的统治权完全是有名无实。有时,连伯爵和公爵都不能控制自己的封臣。在这种情况下,公共管理权无法有效行使。

教权的崛起

乱局之下,市镇处境尴尬,教会也不例外。在欧洲全境,教会拥有大量土地。主教和修道院院长控制其中大部分。但跟其他大封臣不一样,他们不能把土地传给子孙,因为神职人员不得婚配,也就无子嗣可承。基于这一点,德国皇帝对多数主教和修道院院长委以重权,目的是让亲信担任要职,打赢世袭领主。法国国王没有这种权力,任命教会关键职位的权力差不多都落到了伯爵和公爵手中。

根据教会法规定,主教应由教徒和所在教区的神职人员,而非国王或世俗领主选定。修道院院长应由修道院各修士选任。简而言之,教会应独立于世俗政府。但这些规则鲜有人遵照执行。从君士坦丁大帝将基督教定为国教之初,拜占庭皇帝就对教会拥有广泛权力。查理大帝也认为自己理所当然有权委任新教皇。但在 800 年,是教皇利奥三世主持了查理大帝的加冕大典。因此,把皇权称作是上帝借教皇之手授礼给皇帝的说法也不是没有道理。

教权皇权孰强孰弱? 1054 年后,一场轰轰烈烈的改革运动赢得了教会控制权,这一问题愈发尖锐。改革始于 910 年。那一年,阿基坦公爵在克吕尼新建了一座修道院。克吕尼很快成为宗教学习中心。此后不久,该修道院修士在基督教世界各处修建姊妹修道院。克吕尼式修道院信奉的首要原则是,完全摆脱世俗统治者独立存在。为保护每一处修道院,新成立的修道院与克吕尼修道院建立了紧密联系。此外,克吕尼修士宣称教会其他组织也应独立于外部干涉。他们特别强调,教皇委任一事不应再因罗马少数强权家族一时心血来潮而决定。

1054 年,克吕尼改革者获得教权。五年后,他们确定了教皇选任方式,即先列出有选举权的罗马神职人员名单,再由其选举下一任教皇。这些神职人员就是红衣主教。每位教皇都有权委任新的红衣主教,将选民团体控制在合适规模。因为教皇是罗马大主教,所以每一位红衣主教必须负责罗马一个教区,这项风俗一直沿袭至今。

帝国和教权之争

起初,皇帝(当时是亨利四世)同情克吕尼改革者。但红衣主教认为教权的含义是,不与皇帝商议,即可选举教皇。这种阐释引发了纷争。1073年,农民出身的修士希尔德布兰德当选为教皇格列高利七世,纷争急剧升级。格列高利七世要求,德意志主教也必须跟他一样由选举产生,世俗力量不得干预。

教皇格列高利七世的改革让皇帝亨利四世看到,政权的最坚强后盾陷于瓦解。两人互相指责。1076年,格列高利七世将亨利四世逐出教会,与意大利南部的诺曼雇佣兵,以及憎恨皇室干涉的意大利北部市镇达成同盟。格列高利七世本人还结交德意志贵族,这些贵族害怕罗马皇帝一手遮天损害自身利益。

1077年,被教皇四处树敌、权势大减的亨利四世不得不来到意大利北部的卡诺莎城,对格列高利七世言听计从。但他的德意志对手仍不罢休,选出另一位"国王"取而代之。亨利四世奋起反击,却于1080年被再次逐出教会。此后,

市镇和乡村教堂

有效的地方防御为欧洲农业财富的快速增长创造了条件。基督徒的虔诚和地方荣耀在恢宏壮观的教堂上得到了淋漓尽致的表达,从这两张图片可见一斑。上图的米兰圣安博大教堂是早期罗马式建筑的代表,于公元900年左右完工。米兰市民曾经聚在这里参加主日崇拜。米兰建有城墙,所以这座教堂没有另建防御工事。但下图修道院建在开阔乡野,无防可依,因此必须在充当崇拜场所之余,建造防御设施,保护修士不受恶意攻击。1100年初,法国南部的修道院就出现了这种要塞式设计。

他动身前往罗马,把格列高利七世囚禁在圣天使城堡。教皇的诺曼盟友出手相救,同时将罗马城洗劫一空。教皇心惊胆战,不敢再回罗马,最后身死异乡。不仅未与皇帝分出胜负,反成了罗马的流放者。

1122 年,教权和皇权达成妥协。该协议规定,如果主教是经教区神职人员正当选举,并获得基督徒认可,皇帝可安排举行专门仪式,划拨土地,并授予主教职权。

但实践证明,这一计划行不通。教权和皇权再起争执。阿尔卑斯山以北地区完全脱离皇权独立。德意志四分五裂,公国和城邦割据而治,部分受主教和修道院院长控制。虽然在 1254 年前,名义上仍有皇帝这一称号,但到 1197 年后,德意志皇帝已经丧失实权。

法国和英格兰的教会改革

法国和英格兰的教会改革没有产生如此破坏性的影响。法国宗教改革的主要内容是:剥夺大封建领主对主教和修道院院长的任命权。这些领主通常不服从法国国王,因此国王乐见其成,而教皇也乐见皇室相助,推进改革。

英格兰情况有所不同。1066 年,诺曼底公爵、征服者威廉借 5000 多名骑士之力,不顾众人质疑,自立为王。坐上王位后,他将英格兰土地分给亲信。继任者也和他一样,对英格兰王国严加控制。因此,从 1066 年起,英格兰的统一程度远高于法国和德国。

在诺曼王朝初期,英格兰贵族被皇权稳稳控制。这意味着,坎特伯雷大主教虽然控制了教会任命权,但不会对皇权造成丝毫威胁。在诺曼国王眼中,只要主教能在重大事宜上与自己商议,就能接受教会内部的激烈改革。

改革的力度和教权的巩固都直接受市镇发展的影响。市民在教会中担任不同职务。有能力的人能一路升到教会高层,教皇格列高利七世的人生经历就是明证。因此,出身低微的人急于通过教会实现人生抱负。

这些人系统梳理和拓展教会法律。依据的原则是,洗礼、坚信礼、嫁娶、授圣职礼、弥撒、忏悔、临终涂油礼等圣事都受教会法院管辖。他们组织收取教会收入;向穷人布道、施舍饭食;让有抱负、有志向的神父学习法律和神学;建造大教堂;谱写教堂音乐并组织演奏歌咏;撰写教会历史。简而言之,他们构成了一个积极进取、敢作敢为的社会阶层,完全主导了中世纪的音乐、文学和思想文化。

东欧发展滞后

在东欧，人们没有围绕教会建立新生活，焕发新能量，也不太关注公民政府和其他世俗活动。铧式犁农业局限在日耳曼定居点之内。这意味着，与西欧相比，东欧农村生产效率低，市镇生活发展缓慢。1054年，基辅最后一位强权统治者去世，俄罗斯分裂为十几个小公国。当新一轮讲突厥语的草原游牧人从东面侵入时，俄罗斯王公既无力制敌，也没有办法让侵略者改信基督教。相反，这些新来者变成了穆斯林，切断了俄罗斯与拜占庭的便利沟通。

拜占庭也感到时局艰难。塞尔柱突厥人渗入小亚细亚，打赢1071年曼齐克特战役，让拜占庭边境收缩到君士坦丁堡周边。几乎与此同时，一小队诺曼底自由雇佣兵将拜占庭帝国的意大利领土纳入囊中，在意大利和西西里岛建立诺曼王国，干预教权皇权之争。1054年，君士坦丁堡主教和教皇彻底闹翻，希腊正教会和罗马天主教会自此疏远。此外，意大利商人把持了拜占庭大部分贸易份额。1024年，十字军东征骑士攻陷君士坦丁堡。拜占庭局势雪上加霜。

在巴尔干半岛内陆地区，塞尔维亚和保加利亚第二帝国在巴西尔二世原来控制的疆域上发展成为独立政权，拜占庭帝国领土所剩无几。由此，东欧和西欧关系发生惊人逆转。到1200年时，与希腊语东区相比，从前落后蛮荒的拉丁语西区变得更加富足强大，在战争贸易上更冒险求进，在艺术思想上更大胆开放。

文化生活

在欧洲黑暗时代里,拜占庭涵养的古代知识思想远比拉丁语西区更丰厚。拜占庭学者从未忘记异教希腊著作。拉丁语西区把罗马法律抛在脑后,而拜占庭仍用该法作讼案判决。在拜占庭人看来,早期的基督教文学作品分量更重。与之相比,他们自己创造的任何新东西似乎都贫乏无力。

但在艺术领域,拜占庭人展现了超凡卓越的创造力。查士丁尼敕建君士坦丁堡圣索菲亚教堂。这座教堂充分体现了建筑新原则,向世人证明,在教堂中央方形空间上构造宏伟穹顶不无可能。这种建筑风格可能取自波斯或亚美尼亚,但拜占庭将其发展成熟,日臻完美。建筑师用石头玻璃碎片拼砌马赛克,涂覆金粉,让墙壁闪现细致光泽。时至今日,多数拜占庭教堂及其他正教教堂仍将圣索菲亚教堂奉为建筑典范。没有哪种艺术形式能传承如此动人心魄的历史。

黑暗时代和拉丁西区的思想复兴

在查士丁尼的建筑师为他建造举世闻名的教堂时,拉丁西区生活困苦。人民愚昧无知。修道院星罗棋布。修士利用业余时间读书,或担任教职。爱尔兰和英格兰的知识水平较高。但在欧洲大陆,即便在意大利本土,"黑暗时代"名副其实。查理大帝宫廷里聚集了少数学者、老师,其中多数来自英格兰。他们引入了一种整齐秀丽的字母造型——"加洛林小写字体"。我们熟悉的小字体就是这种风格的直接延续。

加洛林帝国瓦解后,文艺步履维艰。910年,克吕尼修道院建成,教会改革伊始,并于150年后如火如荼,促成了整个西欧的学术和文学复兴。主教开办学校培养神职人员。1150年后,这些学校演变为中世纪大学。

南欧大学主要教授法学,部分开设医学专业。西欧大学典范——巴黎大学以神学建校。对教会来说,法学和神学至为重要。教会法律建立在以下三种文本基础上:《圣经》、神父著作和大公会议决议。后来,教皇的决定和法令也添加进去。跟伊斯兰教教法不同,基督教法律从来都不是封闭体系。基督教形势变化太快,新问题接连出现,因此教会不断颁布新法。还有一点不同是,基督教教会法律基础非常复杂,且矛盾重重,妨碍基督徒像穆斯林那样编纂具备永久形式的单一法典。

关注教会法的人很快发现了拜占庭一直在用的罗马法。《查士丁尼法典》可强化公民政府,使陌生人之间的关系更可预见、更加灵活,财产转让更为便利。在界定各种契约权利方面,该法典比各类地方习惯法更清楚明晰。因此,罗马法在教会内部和皇帝以下的各级世俗政府中得到强有力实施。

与此同时,人们深入研究修道院所藏古书,神学学习获得新生。著名神学教师阿伯拉尔(1079年—1142年)了解时人对既定权威论点的种种质疑,并开列疑点,编纂成书,定名为《是与否》。

怎么解答这些问题?阿伯拉尔等人给出的答案是运用人类理性。1800多年前,希腊伊奥尼亚哲学家在阅读传说故事,看到诸神权力互相矛盾时,也得出了相同的结论。快到公元1200年时,巴黎周边有几位学者才思敏捷,同样得出了这一结论。而当他们了解到,千年以前,异教思想就已给出答案时,他们决定深入钻研希腊哲学。

要汲取异教科学和哲学营养,就必须把阿拉伯语和希腊语译为拉丁语。拉丁西区的学者深刻意识到,希腊人和阿拉伯人保存的古代知识是一笔宝藏,于是在西班牙和意大利系统组建翻译中心。结果是,翻译作品一出炉,阿拉伯人和希腊人的知识宝藏立即变成拉丁语世界的可支配财产。这一知识储藏的再现也为完成13世纪经院哲学这一艰巨任务奠定了基础。之所以称为"艰巨",是因为经院哲学要在不牺牲人类理性和基督教信仰的前提下,实现异教思想和基督教神学的和解。

艺术和建筑

在艺术方面,西欧具备同等创造力。查理大帝敕建的最华美恢宏的教堂充其量只是拜占庭风格的微缩版。维京人和马扎尔人来袭,西欧被迫使用石料垒墙造房。到1000年时,石头城堡遍布欧洲。市镇也用石头修筑城墙,以求固若金汤。随着财富的积累,人们充分利用石匠技艺,建造巨大教堂。最早的石制教堂采用罗马式建筑风格,以圆形拱门为突出特点。因墙面多用硬石垒砌,室内昏暗不明。

1150年左右,一种新的"哥特式"风格出现。这种风格的建筑使用尖拱和弯梁将屋顶重量集中在支撑整体结构的石墩上。此外，建筑师还利用石墩之间的空间安装彩色玻璃巨窗，并在窗上装饰镶嵌画，让空间熠熠生辉。彩色玻璃窗、高高的屋顶、弧度秀美的弯梁让哥特式教堂的室内空间与拜占庭建筑一样美轮美奂。教堂门上和外立面的雕塑装饰又给哥特式建筑增加了一重维度。而拜占庭在经历圣像破坏运动后，将这种雕塑视为圣像崇拜，刻意不为。

第十一章 欧洲

结论

蛮族轮番入侵,日耳曼人和斯拉夫人在原属罗马帝国疆土上定居下来,欧洲地中海地区与东西欧北部林区趋于条件均衡。罗马文明和蛮族落后状态之间的差距在缩小。有两方面原因。第一,罗马疆域内的文明水平降低。因此这段时期也被称为"黑暗时代"。第二,基督教传教活动让北欧斯拉夫人和日耳曼人看到了第一缕人文曙光。束缚北欧文明生活的桎梏被打破。到公元1000年时,北欧,尤其是西北欧奠定了文明勃兴基础。

在黑暗时代里,适应北欧平原潮湿环境的铧式犁投入使用,新型农业得以建立和推广。到公元1000年时,欧洲又建立了农村社会新模式——采邑制度,为欧洲农民高效使用铧式犁创造了条件。在接下来的几个世纪里,西欧农业基础得到快速发展,并在中世纪动荡不定的头几百年里完全奠定。

从732年开始,欧洲作战人员发展了骑士战事,将战马和骑马者组合在一起,变成一枚炮弹。人们找到骑士供养手段,骑士采用猛击战术,西欧固若金汤。采邑制在供养骑士方面成效斐然。在这一制度下,西欧每个村庄都驻有一名骑士,各村地租集中在骑士手中。而骑士的职责是保护村庄不受陌生人侵袭。

这些要素齐备后,西欧变成了蛮族的危险之境。突袭画上句号,贸易取而代之。市镇勃兴。在北欧,市镇最初围绕要塞而建,充当船员的临时定居点。这些水手平时做贸易,到了冬季当海盗维持生计。以此为基础,自治自营的市镇行会快速发展,能随时备战抵御外侮，并实施有效的自我管理。

公元900年后，农业的进步、贸易和城镇的兴起为西欧创造了一种新财富形式，更稳定高效的政府得以发展。教皇是第一个利用这种新优势的人。从1054年开始，富有改革精神的教皇实施一系列改革举措，创建了常规管理的教会政府，并将其扩展到整个西欧，使拉丁基督教世界的宗教和法律凝聚力上升到新一层次。在教会框架内，新的艺术思想也蓬勃发展，并于1200年时达到活力和完美之巅。那一年常被认为是"中世纪盛期"的起始之年。

东欧未能取得这些发展成就。铧式犁不用，采邑制不常见，骑士制未能生根。但在公元1200年前，君士坦丁堡一直是欧洲最大城市，而且以多数标准衡量，仍然是拉丁西区最发达且复杂的文明中心。但拜占庭的辉煌已经成为过去，自西欧文明才刚刚开始。

在这一时间点上，我们没有任何理由投笔停文，让欧洲历史故事戛然而止。但当我们去审视整个文明世界的状态时，才会发现1200年这一年具备更重要的意义。因为在这一年，蒙古帝国统一中国、东欧和中东大部，一个庞大政权赫然耸现在世界场景里，开启了中国和欧亚大陆其他地区新一轮的交流互动。

因此，我们似乎应该让欧洲发展的故事暂时告一段落，去看一看蒙古征服者的丰功伟业，了解一下他们的赫赫战功给世界历史产生了什么影响。

第十二章
草原民族和欧亚文明

公元1200年　　　　　公元1500年

文化融合

上图是1320年左右所作的土耳其细密画。从中可以看出,大天使吉卜利勒来带着先知穆罕默德飞往天国。主题可能取自基督教艺术,但从画风来看,画家也深谙中国和波斯艺术传统。

|||||||||||||||||||||||||||||||||||||||||||||||||||||||||||||||

　　1200年至1500年间，两大主要进展改变了欧亚各文明之间的平衡。这两种进展并非新生事物，但在以前的时代里从未达到如此规模和力度。因此，将1200年视为欧亚历史的基准点不失为明智之举。在这一年里，欧洲中世纪文明达到辉煌巅峰。

　　上述两大进展分别是：（1）蒙古铁骑征服中亚、东欧和中东大部；（2）在亚洲最东端温带地区和欧洲最西端地区，几个独立发展的文明最终成熟定型。前者坐标日本；后者位于意大利、西班牙、法国、德国和英格兰。

　　我们将依次研究这两大进展。首先关注蒙古扩张，及其对欧亚大陆原有鼎盛文化的影响。为什么要先将目光投向蒙古？有两方面原因。第一，蒙古扩张之势可谓迅猛剧烈；其二，亚洲历史新纪元由此界定。从这点出发，我们也要审视远东日本文明的勃兴。在下一章中，我们将继续讲述中世纪欧洲故事，看一看西欧第一阶段的辉煌文明如何为欧洲在全世界拓展影响力奠定基础。这种拓展始于1500年前后的大探险。

⚔ 蒙古大征服

公元 1000 年后，来自中部草原的突厥人渗入伊斯兰世界，且人数与日俱增，从根本上改变了伊斯兰文明的政治领导地位。与此同时，中国中原地区与周边游牧人纷争不断。宋朝（960 年—1279 年）无力控制中国北方诸省。游牧人同盟统治这些土地，并在宋朝官吏的帮助下向宋朝农民征税。不过，除征税外，这些游牧统治者一般不再相扰。

采取这种政策的原因是，游牧人希望自己的政治军事组织独立于中原的税收官僚体制之外。蛮族统治者试图维护传统生活方式，就算与中原农民生活在一起时也依然如此。因为他们心里很清楚，如果不能保持习武善战的习惯，不能备足马匹，就很容易成为过惯草原艰苦生活的其他新征服部落的攻击目标。

⁂ 蒙古人之前的中国游牧统治者

第一个建立在这种双重制度上的帝国是由契丹人统治的，中国历史将这一段时期称为辽朝。从 916 年至 1125 年，辽朝统治版图涵盖中国北方边境地区、蒙古和满洲大片草原。辽朝统治者统率的是一个包含多语言群体的部落同盟。从很大程度上来说，辽王朝的执政秘诀是向宋朝臣民征税，并将这部分收入慷慨赠予游牧小头领。只要朝廷一直都有厚礼相赠，多数地方首领保持忠诚，契丹人便可高枕无忧。

契丹政权信奉的首要原则是，让游牧人和中原人分别而居。他们认为，如果让游牧人离中原人太近，游牧人首领会自行从中原人那里征税纳礼，不再归顺于契丹统治者。此外，如果让游牧人武士散布于中原农村，允许他们在某些村庄建立附属国，他们就不会随时听从召唤出征作战。最终，契丹人决定，最好是让游牧人保持游牧状态，让他们能够把女人、孩子、牲畜留在家里，随时跟从首领出入沙场。

契丹帝国设陪都北京，毗邻耕田和草原交界区。这一选址不无战略眼光，后来的北京历史可为此证。运河将北京城与黄河和唐朝兴建的水路体系连接起来，便于统治者把中原各地税收拿到自己的宅邸享用。但与此同时，北京在西北两个方向上与开阔草原近在咫尺。这两个方向正是契丹军力所在地。

让中原人和蒙古人分别而居并不难。大多数蒙古人生活在戈壁滩以北，也就是今天的蒙古国境内。这一地区遍布茫茫沙漠，不能种植农作物，因此变成了两个族群间的天然隔离带。蒙古人多与中亚绿洲民族和西向草原部落相往来，与回鹘突厥人相交甚密，因此了解到了中华文明以外的文明形式。回鹘突厥人生活在塔里木河流域绿洲地区，以摩尼教为信仰。除摩尼教外，中亚流行的宗教还有佛教、西藏喇嘛教和聂斯托利派基督教。所以，蒙古人知道，在中华文明以外，还有其他高雅文化形式。如果还有别的选择，他们就不太热衷接受中原模式。

但在东向的满洲，地理环境有所不同。在这个方向上，草原和中原农田不受沙漠阻隔。土壤得到更好灌溉，具备农耕条件。当地部落说通古斯语，只知道中华文明一种文明形式。所以，中原人和通古斯民族之间的关系比与蒙古人更密切深入。

1125 年，契丹帝国被新统治部落——女真人推翻，上述差别的重要性得以凸显。女真人生活在满洲地区。跟契丹人不一样，他们不满足于据守中原北部边境，而是一路南下，逼近长江天障，将满洲大部和中原半壁江山纳入囊中。女真人建立的金朝一直存续到 1234 年。在此期间，女真人和中原人的交流融合比契丹时期更加广泛。女真人完全被中原文化归化。

蒙古生活

与此同时，蒙古人被赶回故土，仰赖贫瘠的资源为生。蒙古气候严寒，狩猎放牧生活不无艰辛。而各敌对氏族部落之间为稀少的草场争夺不断，生活更加难熬。不过，能在这种环境下生存的人（和马）习惯户外生活，极能吃苦耐劳，骁勇善战。但只要蒙古人分裂成一个个小家族，就会把所有精力耗在内斗上。

从一定意义上来讲，他们已经了解了不少东西。他们与中原人有几个世纪的交往史。在契丹时代，他们控制了中原北方，并向中原人征税，从中积攒了财富。麻烦在于，蒙古草原牧草稀少，牧民不得不分成规模极小的组群——通常是 15 到 20 个家庭，才能找到足够的草料饲养牛羊。这些组群分散各处，常常就牲畜和草场权益问题争吵不休。

1162 年，一个男孩在蒙古小首领家降生。这个男孩注定要统一蒙古全境和欧亚草原大部，缔造庞大新帝国。他的名字是铁木真，但因立下赫赫战功，常以尊称为世人所知。这个称号是"成吉思汗"，意为"四海之内的统治者"。

成吉思汗功业之秘诀

成吉思汗做的事情非常简单，但极其彻底。他完全断绝氏族和亲缘关系，建立起一支令敌人胆战心惊的军队。吏治方面，他也不依赖传统家族亲缘，而以官僚制组织政权体系。在成立之初，他的军队规模很小，每班只有10人，班长由他亲自挑选。在选将时，他不考虑家族关系或传统社会等级，而以能力论英雄。十班组成一连，连长由立过战功的人担任。后来，1 000~10 000人也按同样原则编制队伍。高级军官有权任命班长和连长。但不按出身、委任选仕的官僚制原则一直都在发挥作用。

因精明选将、论功擢升，铁木真很快建立起一支威猛之军。他的亲信在蒙古人中所向披靡。每打一次胜仗，就能招募新军。因为，铁木真把败敌人力迅速折叠进他所创造的将帅结构中去。在追随铁木真的人眼中，这种结构还有一个好处是，能够提供快速晋升保障。只要有能力，就有充分空间施展个人抱负。

当蒙古所有作战力量都被这种方式组织起来后，蒙古人就占据了一个能让其他草原民族溃不成军的位置。此后不久，说突厥语和通古斯语的人也被征入蒙古军营，并获得了和蒙古人相同的待遇。因为突厥游牧人数量远超蒙古人，所谓的蒙古军，尤其是在西亚和东欧作战的队伍，实际上多数是由会说突厥语的人员组成。当然，最高统治权仍掌握在蒙古人手中。

成吉思汗的游牧军也将精力转向南面草原上的农业定居民族。在中亚，他的部队相对轻松地占领了一个个相互隔绝的绿洲，变成回鹘人、波斯人及其他杂居民族的统治者。在这些城市里，成吉思汗招募了一群书吏和史官，以满足军队规模增长需要。

南向到中原扩展疆土是一个更艰难的命题。女真人英勇善战，而且有中原北部全境的丰厚资源可资调遣。另外，蒙古骑兵来到城下，还要直面火药等高级武器。不过，在开阔乡村地带，女真人不是蒙古骑兵的对手。因此，成吉思汗几乎能以随心所欲之态侵入中原腹地。此外，蒙古人很快学会了借用弩炮和火药弹威力突破城防。这些武器是由中原工匠设计制造的。他们之前为女真人服务，现在也愿意为蒙古人效劳。所以可以这样说，在兵临西亚和东欧要塞之时，

欧亚草原

这张照片摄于现代,展现了草原开阔景致。这片草原横亘欧亚大陆,从西部的匈牙利一直绵延至东部的中国。远景中正在吃草的牛羊养活了游牧人口。他们统一在成吉思汗的领导下,征服了当时最大的帝国,立下赫赫战功,为当世所罕见。

蒙古军已经将中原所有攻城战术尽数掌握。而且很可能就是他们让欧洲人第一次见识到了火药的威力。

成吉思汗在世时,能随心所欲变换作战目标。在一些年份里,他南下侵入中原;另一些年份里,则调转马头,沿草原西行。他的军队攻无不克战无不胜,每到一处突袭劫掠,却不实施统治管理。到1227年离世时,他的军队向西远掠至俄罗斯南部,几乎摧毁中原北部的女真帝国,令中亚绿洲政权年年进贡。简而言之,一个基本新事实是,有能力、有经验的蒙古将领团结在成吉思汗周围,沿满洲和乌拉尔山脉沿线的整个亚洲草原布置军力,能随时调军遣将,披挂出征。这在世界历史上空前绝后。

以战功而论,只有马其顿的亚历山大大帝可与成吉思汗比肩。两人在世时都无人能敌。赫赫战功之下,两人都深刻永久地改变了原有欧洲和亚洲文明人口之间的关系。

成吉思汗的继任者

根据蒙古传统,成吉思汗要将财产分给四个儿子。其中一个先于成吉思汗去世,他的那一份直接传给儿子,即成吉思汗的孙子——拔都。为有效统一各"汗国"(蒙古每部分政权的称呼),成吉思汗将蒙古驻军统率权转交给儿子窝阔台(在位时间1229年—1241年)。虽贵为成吉思汗之子,但窝阔台仍需要蒙古军官和近卫辅佐,方能令突厥人、中原人和其他民族臣服。通过这种政权组织方式,蒙古帝国的统一持续了一个世纪之久。

在窝阔台统率下，蒙古胜绩如前。1234 年，最后一位女真统治者被蒙古人俘获。中原北方成为蒙古人的天下。他们决定恢复中原吏治办法，任用儒家弟子征收税金，管理地方事务。虽然改朝换代，但对普通农民市民影响不大。因为，中原南方地区直到 1279 年才最终平定。在此之前，草原骑兵不时出没于中原地区。1279 年南方平定后，蒙古人纵贯南北，远征缅甸（1287 年）、暹罗（1289 年）。虽征伐不断，但在日常层面上，蒙古的统治大势并不明显。儒家学者管理行政机器，中原地区除在最高层级外仍受本族人统治。

蒙古向东西两方同时扩张。1237 年至 1241 年间，征服除诺夫哥罗德之外的俄罗斯所有行省和城市。俄罗斯南部的丰美草原变成了"金帐汗国"的基地。该政权将统治中心设在伏尔加河中部城市喀山。

蒙古人要求俄罗斯人像中原人一样进贡。实际上，蒙古人可能把从中原获得的经验作为帝国管理样板。因为俄罗斯没有现成的收贡制度可用，蒙古人便将这项任务委托给中亚商行，人员是为成吉思汗记账的原班人马，但效果不好。所以当俄罗斯王公自告奋勇担任税吏时，蒙古统治者点头同意。这意味着，俄罗斯王公可自建收税队伍，并掌管人事任免权，不用听命于遥远的蒙古可汗。后世俄罗斯政权即由此萌芽。

在伊斯兰世界，蒙古人实施了和中原、俄罗斯一样的行政模式。麻烦在于，大多数穆斯林不愿自征自税，让蒙古人得益。

蒙古在中东的弱势地位还体现在，为蒙古统治王朝——伊儿汗国服役的多数士兵都是突厥人。这些人与之前穆斯林化的突厥人有很多相似之处。1295 年，伊儿汗国当权者被同化为穆斯林，遵从古老的穆斯林、突厥人和中东帝治模式。而在 1257 年，俄罗斯的金帐汗国也奉行此道，皈依伊斯兰教，与基督徒子民疏远。

※ 忽必烈统治下的元朝帝国

1206 年，成吉思汗建国。1271 年，忽必烈定国号为元。蒙古铁骑和统治阶层中的突厥元素浮出表面，远东影响减退。但在此之前，在忽必烈统治下元朝的国力达到巅峰。1251 年至 1259 年间，忽必烈的哥哥掌管帝国。在这两位可汗任下，元朝帝国西及太平洋，东抵波兰，将东欧、中东大部、中原全境及中间地区划入一个宏伟的帝国版图。

忽必烈的权力建立在对正统蒙古军的统率基础上。只有少部分军队分给了其他汗国。忽必烈所在中心与其他可汗朝廷通过高效邮驿系统保持联系。每隔32~48千米设有驿站，马匹骑兵可随时就位。在飞奔的马上，消息从一个驿站传到另一个驿站，最后抵达终点。古亚述人和波斯人也曾用过这种办法，但蒙古邮驿系统的涵盖范围前所未见。

蒙古人也精于刺探情报。他们有时利用商人或乔装打扮成市井百姓的情报人员打探消息；有时派出侦察员先行于主力部队320千米探听虚实。进攻时，每天遣送信使确保各纵队互通有无。有了通畅的信息，各队就能准时集合，做到攻守兼备，从侧翼后方围剿敌军。

商人在元朝帝国享有很高的社会地位。比如，威尼斯商人马可·波罗曾在忽必烈朝廷中数次担任要职，而他在自己的家乡不过是一介珠宝商贩。实际上，忽必烈对身怀各种技艺的陌生人敞开大门。元朝统治阶层一直对自己信得过的怀有文明技艺的人持欢迎态度，尤其是能识文断字的人。在他们眼中，这些得到厚薪要职的外人是可汗亲自委任的，不可能不遵从。这一用人原则也应用到了军队和行政管理中，都收到了实效。虽然地方税收由地方官收取，但与制订最高政策的统治者相关的文书工作和职位均由外人承担。蒙古人虽擅长带兵打仗，但

忽必烈狩猎图

在征服亚洲大部分地区时，元朝帝国的统治者希望在乐享文明舒适生活的同时守护游牧传统。在他们接触过的所有文明中，数中华文明最有魅力，这幅中原画家迎合蒙古品味的画可为证明。画面上的狩猎和草原景致再现了蒙古人的游牧历史。画上有几处彩色亮点，说明画家受到了波斯细密画的影响，但整体画风仍然是典型的中国风格。这幅画表明，蒙古促进了亚洲各地人员的频繁往来，实现了不同文明传统中技艺思想的交会融合。

不识字，不能胜任文书工作，因此不得不委用像马可·波罗这种远道而来的陌生人。

在元朝帝国的朝廷，三教九流交会融合。来自欧洲和亚洲各地的人先是会聚到成吉思汗时期的都城哈拉和林。忽必烈建立元朝后，又来到元大都（今北京）。该都城建于1264年，由忽必烈亲手创建。各种宗教在两大都城百姓中传播，这跟蒙古政策完全契合。成吉思汗和继任者认为，每一宗教必有可取之处。因此，让各种信仰的专家听命于可汗，防止神祇动怒是明智之举。

欧洲基督徒完全误解了蒙古人的宗教态度。当他们发现忽必烈允许基督徒入朝，且时而委以要职后，教皇和整个基督教世界都以为元朝帝国要改信基督教，便多次派传教士前来布道。其中有两位确实被忽必烈迎上朝堂。忽必烈对他们彬彬有礼，但继续执行原有宗教政策。忽必烈本人可能信奉喇嘛教，但在他的世界观里，从来没有宗教偏执观念。

⚔ 蒙古帝国的瓦解

仅"距离"这一个因素就能构成蒙古军取胜障碍。1241 年,在攻下俄罗斯后,蒙古铁骑进军中欧,在西里西亚挫败波兰和日耳曼军,占领匈牙利全境。但因窝阔台去世,蒙古军不得不返回家园,参与选择皇位继承人。皇位之争告一段落后,又有其他战事要处理,蒙古铁骑再未返回匈牙利。

叙利亚和印度情况大致相似。1259 年,继承危机再起,蒙古主力部队从中东撤离,再未返回,埃及因此一直是未征之地。1250 年,阿尤布王朝覆灭,马穆鲁克奴隶兵统治埃及。这些奴隶多来自黑海东部的高加索山脉,年轻时被奴隶贩子运到埃及,靠打仗为营生,少数擢升为将。1798 年前,埃及一直受这群奴隶兵统治。马穆鲁克英勇彪悍,于 1260 年从伊儿汗国手中收复叙利亚。

印度方面,蒙古主力部队从未大举进犯。1285 年至 1303 年间,伊儿汗国发动了几次小型突袭,但有喜马拉雅山相阻,且国内也要用兵,因此未能占领印度。

在元朝统治者看来,在叙利亚和印度所受的挫折微不足道,因为他们本来也不打算把大军调到如此遥远的地方攻城略地。但 1281 年征服日本不成却是元朝帝国遭遇的第一个重大挫折。忽必烈派重兵攻打日本,但日本早有防备。台风肆虐,船运不通,元朝军队补给供应受限,只得仓皇撤退。兵败之后,忽必烈心有不甘,再次备战,为此专门组织海军远征。其中一支队伍曾于 1292 年至 1293 年间远抵爪哇,部分目的就在于演练敌方海岸登陆兵法。但最终成效不佳,再次出征日本似乎不可行。1294 年,忽必烈去世。继任者忙于维护帝国已有版图和平,无暇征服日本。

忽必烈去世后,有三个因素相互叠加削弱了元朝帝国,并最终导致其毁灭。第一个因素是元朝军力减损。毋庸置疑,很多元朝军人因战阵亡、染病身亡。而且,跟生活在条件艰苦的蒙古草原上的祖先相比,战场得意的元朝军人享受着安逸奢华的生活,能吃苦耐劳的将士不多。这些将士和成吉思汗统率的横扫世界的蒙古人不一样,不能在一周多的时间里日夜兼程、不寐不食。失去了忍耐极端艰苦条件和疲惫辛劳能力的元朝军队,不再具备非同寻常的机动性。

第二个因素是,中央权力弱化,不能有效控制帝国全境。如果元朝军队不能在数周内横扫亚洲,伊儿汗国和金帐汗国的可汗便对远在中国的忽必烈无所惧怕。忽必烈一死,这种情形愈发明显,帝国统一局面无以为继。

第三个因素是,驻扎在三大主要农业区的元军分歧日深。忽必烈身边的士兵和官吏对中原情况越来越了解,与中亚文明失去了联系。金帐汗国和伊儿汗国则与之相反,越来越成为伊斯兰世界的一部分,对渗入元朝朝廷的中原生活方式日愈生疏。

到1300年时,元朝帝国的行政和军事统一局面消失。不过,亚洲各地仍在接下来的半个世纪内保持紧密的外交和商业联系。比如,元朝常与金帐汗国合作,对抗另外两个汗国——察合台汗国和伊儿汗国。1332年,金帐汗国特别招募一支俄罗斯近卫队,到北京保障忽必烈的人身安全。一直到1368年元朝被新王朝——明朝(1368年—1644年)所取代时,元朝帝国宣布瓦解。

在元朝帝国覆灭以前,伊儿汗国在一群吵闹不休的新贵面前败下阵来,失去了波斯控制权。这群人多数自称是成吉思汗后裔,但说突厥语,信奉伊斯兰教,不过在残酷凶狠方面跟成吉思汗相像罢了。金帐汗国存续时间较长。实际上,其最后一块版图是在1783年才从欧洲地图消失的。那一年,俄罗斯女皇叶卡捷琳娜二世吞并了克里米亚汗国。不过,在1480年时,金帐汗国已经失去了对俄罗斯土地的控制权。

元朝残余力量败退蒙古草原,仍然铭记着成吉思汗的丰功伟绩,但再也没有能力创造与之相当的功业。这在很大程度上是因为,明朝对蒙古部落谋求统一的每一举动都抱有高度警惕,一见有新势力中心形成,立即采用各种分化瓦解手段——贿赂、外交、贸易抵制等等。如有必要,则直接采取军事行动。明朝统治者已经牢记教训,下定决心绝不允许蒙古人再次统一。实际上,正是因为他们汲汲应付草原危险,在接下来的几个世纪里,他们完全没有意识到海上而来的新机遇和新危险。

放眼整部人类历史,大蒙古帝国和元朝帝国的影响和冲击在帝国覆灭很长一段时间后持续存在。关于草原民族的记忆深刻影响了中国周边国家的行为方式、政策走向。草原民族也冲击了欧洲各国,虽然程度不及中国周边国家,但确实存在。在本章后半部分,我们将逐一审视受到蒙古冲击的这些地区,看看这些地区的民族在应对蒙古征服者时各自采用了什么样的方式。

中国明朝的回应

1294 年,忽必烈去世后,元朝统治者开始衰败。一个曾经当过和尚的人将元朝统治集团击溃,于 1368 年建立明朝。这一朝代一直延续到 1644 年。

明朝统治者将防御游牧人作为重中之重。1421 年,明朝迁都北京,目的就是防范新一轮草原民族入侵。明朝官吏采取系统性措施,毁掉元朝时期的所有标志。在他们看来,忠实准确效仿古法显然是一条应全力以赴的正道,应该竭尽全力付诸实施。曾在元朝统治时期享受过不寻常威望的商人再次被打入社会底层。中国社会秩序恢复到人为意志和意图所能达到的最高水平。

不过,也有一些东西保留了下来。比如,元朝时,火药在战争中发挥着更加重要的作用。从蒙古人那里,明朝军队深知火炮可推送炮弹,摧毁防御工事。明朝海军也用上了"饭碗大小的炮口"。引号中的话摘自 1393 年明朝皇帝对印度洋探险船所下诏令。

有了这种武器,地方总督、新立军阀更难对抗中央政府。虽然把火炮从皇城移到战场要花上几个月的时间,但只用几枚炮就能迅速摧毁叛军据点。火药重炮强化了中央权威。换言之,新武器能巩固古老的帝国理想。对这种性质的新奇事物,明朝当然不会拒绝。

明朝的航海发现

只要新的发展不能光复原有道路和价值观,明朝皇帝会立即加以扼制,以防祸患。关于明朝,还有这样一段让人意想不到的历史。明朝的朝廷继承了元朝海军的遗产,一种忽必烈曾反复试验的海陆联合作战模式。1281 年,忽必烈攻打日本就是这种模式最著名、也是最失败的例证。但忽必烈从未放弃征服日本的念头,还为此全力支持中国造船工人和商人建造大型远航舰队。

明朝派官吏负责航海事务。1405 年至 1433 年间,朝廷七次派宦官郑和在中国南海集合大舰队,驶入印度洋。郑和不负厚望,成功返航,同船还有锡兰国王、苏门答腊王子,以及所到国至少 16 位君主的贡礼(一只东非长颈鹿也在其中)。此时,明朝皇帝处于有利位置,有能力在印度洋缔造海军帝国,就像一个世纪后的葡萄牙那样,然而朝廷却决定撤出,1424 年,下令禁止远航。虽然皇帝后来修改诏令,允许郑和于 1430 年至 1433 年最后一次出海,但中国人再未能实现最初的探险目的。不仅如此，明朝还禁止建造大船，规定任何人不得出海。

我们不知道明朝皇帝为什么会做出这样的决定。原因很可能是，朝中各派互相倾轧，反对者最终得势。毕竟，郑和是宦官出身，在儒家学者眼中疑点重重。另外，海军远征调度的人力资源完全可以用来加强国防，抵御北方草原民族。这种疑虑绝非空穴来风。1449年，当政的明朝皇帝在与蒙古部落新同盟开战时竟沦为战俘。

但是最终造成这种结果的原因肯定是，只有商人和流氓地痞在远航中得到了实惠，而这些人是最为儒家学者不齿的。或者可以这样说，因出海获得丰厚利益的商人和其他社会群体不能在朝堂上彰显自己的利益。被儒家划为社会寄生虫的中国商人习惯性地觉得自己比学者型的官员低人一等，没有自信与之抗衡。郑和出海赢得的印度洋战略地位被中国刻意抛弃。

这是中国历史上最富戏剧化的事件。明朝皇帝官吏回到万无一失的行为模式上，放手让世界其他地区追赶中国。1400年的中国和1200年一样，以人口之盛、技艺之精和人民之勤令世界其他国家相形见绌。中国学术涵养深厚，艺术顶峰造极。有精兵锐卒，有满怀惕厉之心的皇帝，有良好素养的官吏保证国家安全稳固，甚至能抵御外敌威胁。

毋庸讳言，从长远来讲，这种保守落后的政策让欧洲人迎头赶上，并把中国人甩在身后。但我们以四百年后发生的事情去评价明朝政策是极不公平的。在那个时代和明朝所知的世界里，他们取得了不错的成绩。国家安定有序，文明传承沿袭，令人憎恶的蛮族强势得到抑制。面对这样的情形，一个识大体、讲道理的人还会去质疑什么、期待什么？

日本的成熟

一直到1200年，日本文明还在模仿中国，但总与中国模式有所出入。原因是，日本社会在一些重要方面上与中国社会有区别。最明显的差别是，日本武士和地主以氏族形式组织，有尚武好战习惯，这是中国上层所完全不具备的。日本的好战氏族不断征战，并于1281年元朝攻打时，充分利用这一习性，挫败了元朝军队。

全世界都招架不住蒙古铁骑的进攻，他们却能让强悍的忽必烈望而却步，这大大提升了日本人的自信心和荣耀感。而且，沦为日本武士手下败将的不是别人，正是元朝帝国的统治者。这让日本人觉得，元朝帝国似乎也没有那么威风凛凛。

❧ 日本市镇和武士阶层

市镇和航海在日本生活中变得日益重要，滋养了日本的独立精神。假如宫廷是日本国内唯一有闲情、有财富追求文明生活的地方，日本就会自然而然模仿中国。但边境豪强和封建地主几乎将日本皇室的实权剥夺殆尽。而且，他们各自为战，没有多大精力舞文弄墨。公元 1200 年后，市镇规模扩大，经济实力增强，为少数特权阶层提供了读书、绘画和闲暇新环境。在这种环境下，日本文化呈现出地方特色，不再是中国成就的简单复制品。

在日本市镇上，有手工艺人专门为武士制作东西。日本铁匠使用特炼钢铁制作剑刃，以工艺上乘享誉世界。日本市镇也是商人型海盗的会聚地。这些人多是武士出身，在争夺产米村庄的控制权时被大氏族逐出，只好乘船出海。他们很快发现东南亚人不善作战，自己的一身武艺能派上大用场。海盗兼贸易创造的新财富源源不断流入日本港口，尤其是日本群岛的南部和西部。由此，人口增加，愿意发展独具日本特色高雅文化的城市阶层开始出现。

航海对日本市镇生活的重要性体现在，城市阶层可以独立于乡村统治阶层生活。同武士阶层一样，日本市民为追求自身利益，不惜诉诸暴力。他们不会彬彬有礼地迎合武士阶层要求，而是认为武士与自己有同等地位，时而以敌手相迎，时而拉拢为盟友。

毋庸置疑，当时，绝大多数日本人生活在陆地上的乡村里，靠种植水稻为生，受武士氏族成员控制。只有当穷苦农民和战败武士在乡村活不下去，逃到城市避难之时，市镇才会发展到新规模，具备重要意义。但当这些避难者开始靠海外冒险收入兴盛发达时，农村地主便不得不面临争夺日本社会控制权的新对手。

佛教寺庙为日本创造了第三个权力和财富中心。这些寺庙占有肥沃多产的稻田，能自给自足，而且手中握有利剑，可在武士氏族相侵时以暴制暴。一些寺庙（以禅宗为主）多从武士阶层中剃度僧人。因此，虽有僧袍加身，这些人仍保持着好战尚武的习惯。但一些佛寺（即所谓的"净土宗"）向贫苦农民敞开

1281年神风

在征服亚洲大部分地区后,元朝于1281年派远征军攻打日本,途中遇台风袭击,多数船只被毁。残余战船登岸后,即被日军击败。1281年保护日本免遭蒙古侵略的神风成为日本后世爱国主义教育主题。上图成于19或20世纪,表明日本人对战胜元朝的记忆和欢庆情绪一直延续到第二次世界大战期间。当时,面对与美国剑拔弩张的战争局势,许多日本人期望1281年的神助能再次奇迹般降临。本图中的海战场景完全误导了读者。实际上,日军在岸上就制服了元朝军队。不过,在1400年至1636年间,日本的海战和海盗活动的确非常兴盛。因此,该图把日本公众对那个时代的记忆与1281年的神风混为一谈。

大门,为日本政治社会生活增加了民主元素。禅宗和净土宗的僧人虽然人数不多,但为了守住权势,时常参与武士氏族内部权力争夺。

出面调停这幕混乱政治场景的是天皇。日本皇室在一个家族中世袭继承。传说皇室成员是天照大神后裔。第一代天皇号称"神武"。虽然日本各氏族都认同这种把权威虚构的说法,但天皇并不掌握实权。中央控制权一直都由"幕府"行使。

幕府本人既是氏族首领,也是对天皇有控制权的氏族联盟领袖。因为只有天皇有权任命幕府,对皇室的控制权成为争夺焦点。为改组幕府,各氏族争斗不断。而幕府为保住权位,常在敌友间周旋,寻求支持,打击敌手。幕府偶尔也会失利,不得不屈从对手。这一逆转局面发生在1338年。那一年,足利家族夺得幕府统治大权,连续执政到1573年,在整部日本历史上留名。

※ 文化生活

在文化方面,日本仍在巧妙地模仿中国绘画和文学。日本皇室一如既往支持这种活动。一些日本人在绘画方面取得了很高的造诣。在足利时代,又出现了一些新传统。比如,中国学者型画家所鄙夷的漫画和讽刺画在日本成型。原因是，日本画家社会地位较低，属于手工艺人阶层。这使得他们有条件在竭力模仿中国风格之余，抒发自己的观点见解。

日本文学也发展出了新形式，以能剧水准最高。能剧是一种仪式性音乐表演，舞台上设有合唱团，演员要佩戴面具。因动作精准、声音婉转、体态动人，能剧既可归属于戏剧，也可称为歌舞剧，受到武士阶层的青睐。日本还有几种著名艺术形式似乎也起源于同一时期。比如，插花和茶道。茶道也是一种仪式性艺术。沏茶、饮茶的每一步骤必须合乎一定的规矩，让参与者欣赏到高雅之美，体会到品味和节奏。在这一过程中，宾主双方都变成了演出者。

在这一时期，对日本皇室祖先天照大神的崇拜演变为有组织的宗教——神道教。该宗教是在后期才变成日本人普遍信奉的重要宗教。起初，神道教更像是儒家倡导的祖宗祭祀活动，由皇室家族主持仪式，目的是为皇室祈福。因为神道教祭司从儒学和佛教中借鉴仪式教法，后世日本普通老百姓所熟知的宗教仪式大多在这一时期形成。

市镇的兴起、武士阶层对村庄的统治，以及乡村的尚武精神与同一时代的西欧相仿。这些相似之处真实存在，且具有重要意义。但有两处差别值得强调。第一，日本社会没有革命性新技术做基础。而铧式犁农业和采邑制为西欧提供了一些新东西，改变了社会底层的日常生活经验。日本人只有耕作了几百年的稻田。对他们来说，只要辛勤耕作，就能开垦新田，再加上雨量充沛，高坡上也能种稻。虽然有稻田为生计作保，但占日本人口多数的农民依然过着一成不变的生活。中世纪欧洲的情况与之相反。从900年起，农民有新技术可供利用，有新天地可供探索。也就是说，欧洲社会底层更容易发生变动。

第二，日本和中国一样，也受制于金属匮乏问题，至少和西欧供应情况相比是这样。为什么会出现这个问题？我们不大容易解释清楚。矿石匮乏可能是原因之一。但更有可能是，两国冶金和探矿技术发展滞后。不论是什么原因，金属匮乏造成的后果不容忽视，在重炮铸造方面体现得尤为明显，使得两个民族最终和欧洲人相遇时，发现自己已经赶不上欧洲人。

当然，中世纪日本和中世纪欧洲的区别不止于此。两个文明有完全不同的文化形式和社会传统。每一个文明都独具特色；每一个文明都曾在一种更古老、更复杂文明中扮演次要角色。到1200年左右，整个世界因西欧崛起和日本独立文明的成熟而更加丰富。

伊斯兰的回应

对穆斯林来说，蒙古入侵不啻大灾一场。哈里发政权垮台。许多基督徒子民叛主投敌。但半个世纪以后，伊斯兰重回平衡、重拾自信。蒙古—突厥征服者皈依穆罕默德的信仰。叙利亚、美索不达米亚和波斯的绝大部分居民变成穆斯林，这在以前从来没有发生过。在埃及和小亚细亚，因蒙古政权从未建立，基督徒生活如常。在印度，绝大多数人仍信奉印度教。总而言之，只有在蒙古人威胁到穆斯林政权和社会主导优势的地方，宗教少数派才萎靡不振。

毋庸置疑，穆斯林社群从未能解决先知继承人这一老问题。伊斯兰腹地上的政治生活依然混乱动荡。说突厥语的军官宣称自己是成吉思汗后裔，互相倾轧，争权夺势，其中以帖木儿风头最健。他在成吉思汗版图沿线建立了一个庞大帝国，定都撒马尔罕。1370年—1405年在位期间，帖木儿在中亚和中部草原四面突袭，取得辉煌胜利。波斯、美索不达米亚、小亚细亚、俄罗斯南部和印度北部都曾是他庆功的战场。去世之前，他还准备派大军远征中国。但帖木儿撒手人寰后，帝国分崩离析。原因是，帖木儿没有按照成吉思汗的建军之道，在部落成员中构造稳固统治核心。

政局持续动荡，命运突然逆转，一群突厥雇佣兵前往伊斯兰边境。在他们看来，如果在伊斯兰腹地找不到好差事，兴许还能在印度发笔财，西去跟基督教世界打一仗也能有进益。于是，他们从中亚草原出发，四处迁移，有的南下去了印度，有的西行进入小亚细亚。在这种碰运气之行中最得利的政权是奥斯曼帝国。

奥斯曼帝国原本是个不起眼的小国，位于小亚细亚基督徒和穆斯林领土交界地带，因突厥武士奥斯曼一世（1258年—1326年）而得名。在建立帝国之前，奥斯曼侵占拜占庭帝国的小亚细亚西北部领土，成立小公国。他的继承人和继任者稳步扩展疆土。1354年，他们穿越欧洲，吞并加里波利半岛，随后迅速占领巴尔干半岛，并在1389年科索沃战役中击败塞尔维亚。这一著名战役之后，奥特曼帝国苏丹成为巴尔干半岛有史以来最有权势的统治者。

当时，君士坦丁堡仍在一位希腊统治者手中。虽然这位君主宣称自己继承了古老悠久的拜占庭传统，但在1204年第四次十字军东征中，西欧骑士攻陷君士坦丁堡，切断传承。1261年，希腊势力在君士坦丁堡恢复，但让拜占庭国力强盛的税收收入彻底枯竭。突厥人控制巴尔干内陆,逼近君士坦丁堡。1402年,帖木儿从东而来,在安卡拉附近的一场战役中击败苏丹,并将其俘虏。突厥人自顾不暇,君士坦丁堡得以喘息。但好景不长,1453年,苏丹穆罕默德二世从海陆两面围攻君士坦丁堡。三个月后,君士坦丁堡沦陷,变成奥斯曼帝国都城。

奥斯曼帝国取胜的最重要因素是,奥斯曼帝国的创建者是一群热忱信仰真主的武士。他们坚信,真主派遣自己削弱基督教势力,扩展伊斯兰疆土。在为突厥人效力的最激进的战士中,很多人原来是基督徒,后来皈依伊斯兰教。但奥斯曼帝国中的突厥元素之所以能稳步巩固,也是受到了东面新来者的影响。

但单凭宗教热忱不可能实现帝国稳固。在穆斯林边境驻军中,异教盛行,尤以苏菲派最受欢迎。这一神秘主义教派崇尚瞬间狂喜,亲身感受真主,不愿意服从苏丹之类的小权威,尤其是宗教体验和世俗义务发生冲突时,更是如此。

面对这种情况,奥斯曼苏丹求助于伊斯兰教教法专家,以规范宗教生活秩序。并将逊尼教派列为法定宗教,成为该派最强势支持者。

苏丹还任用家奴主持政务。跟其他穆斯林统治者一样,他们也组织了奴隶兵,即土耳其禁卫军,充当贴身侍卫和精锐部队,方便随时调遣。有了这样一支队伍,奥斯曼苏丹能够制衡边防军力,确保其忠诚顺从,并凭借其宗教热忱和个人能力,打赢基督徒。

苏丹还任用奴隶管理行省和中央行政事务。年轻有为者被选入宫廷学堂,读书识字,学习吏治。有才学者得以施展抱负。一个幼时被俘获为奴的农家子弟经过培养之后,有望成为位高权重的维齐尔,管理奥斯曼帝国日常事务。在很多年里,这种奴隶制度产出了高效勤奋的行政长官,使苏丹的意志在奥斯曼帝国全境得到有力贯彻。因为所有奴隶家庭都要仰赖苏丹谋得高位,获得晋升,拿到收入,维持身家性命,所以他们会全力以赴帮助苏丹对抗桀骜不驯的土耳其武士,理顺盘根错节的地方利益。

最初,苏丹家中的奴隶主要由战俘构成。但战俘数量太少,导致土耳其禁卫军兵少势弱,苏丹行政事务缺少人手。因此,土耳其人前往巴尔干半岛西部的偏僻山村,抓获青少年充当奴隶。这些村庄一般都很穷,拿不出多少税钱。但如果能从当地12~20岁之间的人中选出体格健壮者,并加以适当训练,就能打造骁勇刚毅的禁卫军,培养忠诚善政的维齐尔。

经过这种惊人的角色倒置后,奥斯曼帝国被原信仰基督教的农家子弟管理,被精通伊斯兰教教法的穆斯林自由民辅佐。土耳其武士仍是军队主力。每个人都被分到一两个村庄里休养生息。但在夏天的几个月里，必须听从苏丹指令，去遥远的边疆作战。

这意味着，与基督教地主的盘剥相比，土耳其人对巴尔干半岛村民索求较少。因此，土耳其人受到农民欢迎，可安心参战，没有后顾之忧，能将全部精力集中在边疆战事上。所以，在公元1500年后的很多年里，奥斯曼帝国年年得胜，疆土不断扩展。

伊斯兰在其他地区的扩张

公元1300年后，伊斯兰在其他战线上也占据主动。穆斯林社群在中国西南省份云南、西北省份甘肃兴起。东南亚的宣教活动也取得了新成绩。所有重要贸易城市都建有穆斯林社群，并逐渐扩展到内陆地区。1526年，棉兰老岛沿海王公联合推翻岛上的印度教帝国，把爪哇变成穆斯林的土地。菲律宾、婆罗洲（今加里曼丹岛）、印度尼西亚也在1500年前后变成穆斯林前哨。沿非洲东海岸，穆斯林市镇一直向南延伸到赞比西河口。

1400年左右，穆斯林征服信仰基督教的努比亚王国，在非洲赢得重要战略性胜利。此后，穆斯林游牧部落从红海周边地区出发，西行穿过非洲，直抵尼日尔河。这些来到西非的游牧人实际上导致了当地农业的倒退，但他们也让西非与世界其他地区建立了更全面的联系，使西非人不必再仰赖商队穿越撒哈拉沙漠联通外界。

穆斯林文化

因为在每一条战线上都取得骄人成绩，以前从蒙古人那里受到的挫折似乎变得无关紧要。但随着伊斯兰教的拓展，塑造早期伊斯兰文化的狭小的宗教理想模型崩裂瓦解。各种新艺术形式出现，原有形式不断完善。现存穆斯林建筑多数是在公元1300年后建造的。在波斯人、阿拉伯人和土耳其人的土地上，带有穹顶和秀美宣礼塔的清真寺成为伊斯兰建筑的标准形式。宏伟华丽的宫殿和清幽逸雅的花园鲜明体现了波斯建筑传统。但这些建筑保存下来得较少，现代人无缘得见。

蒙古时期后蓬勃发展的另一项高雅艺术是波斯细密画。蒙古人将中国艺术传到西方,让波斯画家受益不少。但波斯人喜用鲜艳色彩作画,与中国画风迥然有别。后来,波斯细密画传到印度。但两地细密画使用场合不同。波斯画家用细密画为诗歌和传奇故事配图,而印度画家常用这种艺术风格讲述印度教神话。

波斯细密画最终发展成为诗歌绘本。在整个伊斯兰世界,波斯诗歌是仅次于《古兰经》的最重要的高雅教育形式。土耳其人、波斯人和阿拉伯人如果想要让别人觉得自己有修养、有文化,都要从伟大的波斯诗人那里学几句箴言隽语。

菲尔多西(940年—1020年)用波斯语描绘波斯历史宏伟场景,开启了波斯语言的复兴。但波斯诗歌的最高成就呈现在赞颂爱情的抒情诗句里。有三位波斯诗人采用这一主题创作。第一位是鲁米(1207年—1273年)。他信奉苏菲派神秘主义,以华美欢悦的笔触歌颂真主对人类的爱。另两位波斯伟大诗人萨迪(1208年—1291年)和哈菲兹(1320年—1389年)在这种稍稍令人震惊的语言效果上走得更远。他们在诗中比较了人类情爱与信徒真主之爱的关系。这些徘徊于亵圣边缘的诗句撼人心魄。鲁米、萨迪和哈菲兹的诗歌为伊斯兰教内的苏菲神秘主义运动创造了既能激发灵感又充满模糊意境的文字载体。在正统逊尼派穆斯林眼中,这些诗人和苏菲派圣人一样,常常徘徊在异教边缘。

在思想领域,伊斯兰没有回归哲学和科学。但地理学家和旅行者满怀热忱,精确描述日益扩大的世界。北非人伊本·赫勒敦(1332年—1406年)的世界史见解深刻。他以游牧人和农民的差别立论,提出了政治重复模式。他认为,牧人常常征服农民,但在统治三代后,因纪律涣散失去作战能力,陷入了征服和衰败的循环。

总体来说,1200年至1500年间,伊斯兰国家实现了蓬勃发展。毋庸置疑,穆斯林旧世界中心的经济生活未能复苏。埃及和美索不达米亚的灌溉面积减少,人口减少。1492年,西班牙最后一位穆斯林统治者被西班牙人推翻。但小亚细亚和巴尔干半岛在奥斯曼帝国统治下欣欣向荣。在中部草原和伊朗东部,一座座城市拔地而起。

任何研究过1475年世界史的人都不会否认,未来属于伊斯兰。这种判断似乎再明显不过。在欧洲航海发现改变世界关系以前,中部草原的商人、圣人和武士以迅猛之势将穆罕默德的信仰传到欧亚非三洲。世界局势在公元1500年后发生转折。但虔诚穆斯林仍对真主青睐穆斯林社群的时代记忆犹新，很多人难以相信，为什么在现代几个世纪里，穆斯林会在与异教徒的斗争中突然失势。

巴尔干和俄罗斯基督徒

只要有条件，巴尔干基督徒还是更愿意顺从于土耳其人，而非西欧基督徒。有两方面原因：第一，我们刚才已经了解到，基督徒统治者压榨剥削巴尔干农民和手工艺人的程度比土耳其人深。第二，西欧基督徒不论何时获得巴尔干半岛统治权后，都要强迫子民改信天主教。这令希腊正教徒深为憎恨。在他们眼中，只有自己信仰的宗教才是基督教的唯一正确形式。

1350年左右，希腊正教教会经历了一场极为关键的变革。修士和神秘主义者在街头暴徒的支持下，宣布只有修士有资格当选主教和大主教。出台这条规定的目的是，推翻希腊教会内部主张与教皇谈判、从西方获得军事和财力支持的一派。虽有反教皇运动的压力，正教主教仍于1439年参加佛罗伦萨大公会议，认同教皇对基督教信条的定义。但这一决定在君士坦丁堡极不受欢迎，因此在1453年被奥斯曼征服之前即已遭废止。

穆罕默德二世入主君士坦丁堡后，立即委任正教新主教，并授予其照管整个奥斯曼帝国基督徒的职责。亚美尼亚的基督徒和犹太教徒也采用类似组织形式。后来，穆斯林社群也用这种办法实施管理。在信仰正教的巴尔干基督徒眼中，教会类似于国中之国。基督徒之间的诉讼不能呈递给穆斯林法官，因为后者判案的依据是伊斯兰教教法。基督徒之间的争议通过两种方法裁决。一是，教会负责人裁定；二是，参照当地基督徒社群的非正式协议和惯例。

一直都有人从基督教改信伊斯兰教。在奥斯曼帝国建立之初，穆斯林宣教活动如火如荼。但随时日迁移，宣教活动频度减弱，皈依伊斯兰教的人数越来越少。只是在穆斯林和基督徒连年征战的边境地区，大规模的改教活动才于公元1400年后上演。因此，巴尔干半岛绝大多数人口仍信仰基督教，土耳其人只是当地的统治阶层。不过，在几个小城镇里，也有手工艺人信仰伊斯兰教。

在遥远北方的俄罗斯森林里，一群基督教正教徒也变成了穆斯林的子民。起因是，1312年，金帐汗国定伊斯兰教为国教。但在蒙古人的统治下，俄罗斯王公和正教教会可以自行其是，只要能按时纳贡，就不会受到远方统治者的干涉。也许是为了交上贡金，俄罗斯不得不提高生产效率。不管是出于何种原因，俄罗斯在蒙古统治时期实现了农业和贸易的增长。在莫斯科大公掌控下，强大的行政管理新机器逐渐成型。大公的主要职责是为金帐汗国征收贡金。多余贡金可自留，而在某些年份，根本无须上贡。因为，1419 年后，蒙古内部争执不断，四分五裂。

金帐汗国的权力衰退在 1480 年鲜明展现。那一年，伊凡三世大公（在位时间 1462 年—1505 年）宣布不再纳贡。蒙古人发起突袭，但无果而终。随后，以莫斯科为政权中心的莫斯科公国重新获得独立，统治俄罗斯大部分土地。该公国具备强大中央政权，以强势税收官僚体制和虔诚顺从的教会为辅助。

如果必须在异族统治者之间做出选择的话，俄罗斯人和巴尔干半岛基督徒一样，青睐穆斯林可汗，而非西欧基督徒。

俄罗斯人对西欧的普遍不信任、不喜欢集中体现于第三罗马信条。信条思想如下：罗马因信仰异教而陷于蛮族之手。君士坦丁大帝在博斯普鲁斯海峡建立的新罗马——君士坦丁堡也被信奉伊斯兰教的土耳其人攻陷。原因是，教皇在佛罗伦萨大公会议上犯下错误，拜占庭政府却信以为真，背弃了真正的基督教信条。因此，真正的基督教只剩下一个庇护所——莫斯科。这里是第三个，也是最后一个罗马。莫斯科永远不会背弃正教信仰，会在审判日到来前永久存在。从那时起到现在，俄罗斯人一直抱有坚定信念，坚信自己在守护宝贵真理，注定拯救全世界。不过，在列宁领导下，俄罗斯开始以唯物主义为信仰。

印度的无为

因为蒙古铁骑未能侵入印度，印度社会生活没有受到席卷喜马拉雅山以北的政治风暴的直接影响。但在 1200 年至 1500 这三个世纪中，印度遭遇政治剧变。虽然在 1336 年，信奉印度教的毗奢耶那伽罗王朝在南方兴起，并一直统治到 1565 年，但控制印度大部分土地的是穆斯林。不过，在这期间，毗奢耶那伽罗王朝时而会雇佣穆斯林兵，而穆斯林统治者也经常雇佣印度教徒参战、从事吏政。

但时间一长，伊斯兰教和印度教通过交流互动改变了彼此。印度教一些宗教教师认为，印度教和伊斯兰教传达的信息在根本上是一致的——二者基本上都是一神论神秘宗教。在持有这种观点的人中，以迦比尔（生活于 15 世纪）最有影响力。时至今日，锡克教徒仍将迦比尔视为创始人。

因此，印度并未发生巨变，生活照旧，圣人仍像几百年前一样，超越纷繁的日常生活场景，追求超验真理世界。在那个世界里，痛苦与奢华，胜利与挫败都归于虚无。

结论

  元朝帝国的异军突起以及随后的崩溃瓦解对亚洲民族的影响并没有人们想象的那么大。原因是，蒙古人最初信奉异教，征服其他民族后，接受了新的文化和宗教传统。随着元朝帝国条件的改善，各民族展开了一定的交流融合，但都局限在不太重要的领域。比如，波斯细密画里出现了中国主题，却为何没有结出交流硕果？原因不难找到。在蒙古人到来之前，每一个亚洲大文明——中国、穆斯林和印度都各自发展出了高超精致的传统和技艺。所以，即便有新生事物出现，也都处于次要地位。

  这种故意拒绝吸纳新技术、新思想的观念根深蒂固。当人们感觉所有重要问题都已解决时，就会强烈反对引入新思想、新方法。异国他乡的新奇东西常常会引起麻烦，不值得引入。因此，虽然忽必烈统一了亚洲北部，但留下的痕迹并不多。在蒙古印记最鲜明的元朝，明朝君主采用系统举措，清理外来的东西。印度教徒和穆斯林基本上也是这种态度。他们更倾向于深化发展蒙古征服以前自己文明内部出现的趋势潮流。

  日本在挫败元朝军队后，摆脱了中国文化的羁绊。在欧亚大陆的另一端，西欧人面临相似境遇。不用同蒙古军短兵相接的他们抓住一切机会，殚精竭虑向周边地区求教，向遥远的中国学习。因此，欧洲人比别的民族更有能力抓住新机遇，为1200年至1500年间的全球扩张打下了根基。而那时，美洲之外的文明世界正遭受、抗击蒙古入侵。

  在下一章中，我们将去回顾在那些岁月里西欧发生的变化。

第十三章
西欧

公元 1200 年　　　　　　　　　公元 1500 年

哥特艺术和商人财富

图中这座商住两用的哥特式宫殿建于 1430 年左右，建造者是一位威尼斯商人。在中世纪的欧洲城市里，商人对财富无休止的追逐与其他市民对真理和神圣无穷尽的求索共存，令人心神不安。

1200年至1500年间，西欧经历了这样一段时期，即构成西方遗产的多元要素似乎凝结为一个综合体，呈现出平衡紧凑的模式。后来，新思想、新技术出现，打破了原有平衡，引起人们对该综合体各方面的质疑。

在初兴阶段中，教会是拉丁基督教世界的中心。教会神职人员控制着多数艺术形式、几乎所有的知识，以及日常生活的许多方面。世俗统治者、地主、手工艺同业工会和村庄各自发挥作用，但为中世纪文明打上特殊印记的一直都是教会。

因此，上述"中世纪综合体"的瓦解意味着教会权力的弱化。比如，在1303年阿纳尼事件中，皇权显然高于教权。在理论层面上，已经有人对神职人员的俗世管理权提出质疑。还有人重新学习古代异教著作，冲击了教会地位。艺术也不再单单为教会服务。

当然，在欧洲的风云变幻中，不单单是教会受到影响。欧洲各国组建步兵，严明军纪，加筑市镇防御工事，骑士制度受到冲击。就连中世纪欧洲经济发展保障——手工艺同业公会和采邑制也发生根本变化。起因是，在欧洲最发达地区的乡村，半耕半工的佃农阶层人数增加。

所有疑惑都可在1500年这一年得到清晰解答。虽然，在1500年过后很长时间，西欧才进入繁荣稳定新模式，但这一年仍然不失为一个好年份。从这一年开始，欧洲故事发生转折，并不断演变。这一转折点就是，欧洲船长开辟出地球各大洋经常性通航路径，世界历史新纪元由此开启。

中世纪综合体

1200 年至 1275 年间，中世纪教会让整个西欧文明变成非同寻常的焦点。基督徒和异教徒、罗马和蛮族遗产汇合一处。虽然这些年，社会各阶层经常发生争执，但市镇居民、神职人员、大地主和普通农民将各自能量有效聚合在一起，这种情况可谓空前绝后。历史学家常将这一时期称为"中世纪盛期"。除了这一名称外，这一时期还因各种迥然不同的元素能够和谐共存，而得名"中世纪综合体"。

到 1200 年时，欧洲黑暗时代的贫穷无知、地方自给自足已经成为过往。市镇兴起，贸易往来改善了通信条件，十字军东征和圣地朝圣活动如火如荼。所有这一切意味着，人们对世界有了更多的了解，对他人的行为和思想有了更透彻的观察。地方宗教形式多元化，许多新思想涌现，教会和基督教面临挑战。面对这种挑战，只做简单的因果推理并不够。神父教士最终成功应对挑战，并在一个多世纪里达至宗教和世俗思想理想的平衡。

中世纪教会的意义

要了解中世纪文明，就必须清楚认识教会的定义及其影响普通人生活的方式。中世纪神学家认为，教会是"恩典的渠道"，让人类得到上帝的救赎。恩典是对罪恶的宽恕，只有上帝才能施与，渠道是教会圣事。

圣事有七种。人一生中只能体验一次的有四种：洗礼，出生后即施行，目的是洗去婴孩的原罪；坚信礼，青年时施与，表明某人自觉认同基督徒身份；婚礼，这一点我们不多做解释；终傅，去世前施行，旨在去掉所有残存的罪恶。

两种不断重复的圣事为：构成基督徒崇拜中心环节的圣餐或弥撒圣祭；忏悔或告解。后者与前者相辅相成，目的是消除前次告解后犯下的罪恶。最后一种圣事是授圣职，即授予牧师主持其他圣事的权力，使之有别于普通信徒。如果不领受牧师主持的圣事，人类就会在自然冲动驱使下犯下罪恶。而这种罪恶如果没有得到上帝恩典的宽恕，灵魂会被遣入地狱，永遭痛苦。

因此，只有认真对待教会规定的宗教义务，才有望得到拯救。除此之外，

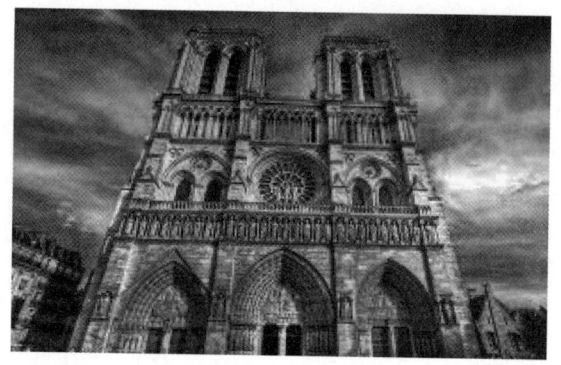

巴黎圣母院

1163年,教皇亚历山大三世代表巴黎主教为巴黎圣母院奠定基石。当时,巴黎主教想为自己、为巴黎市建造一座新教堂。建筑师采用新法建造,将屋顶与地板间距离拔高到48米,并层叠安装彩色玻璃窗,让室内沐浴彩光,取得了美轮美奂的建筑效果。但随着审美品位的改变,到了18世纪,这种风格被斥为"哥特式"。进入19世纪,艺术史家对哥特式建筑展现的审美情趣和工程造诣钦慕不已。时至今日,人们仍对这种建筑风格大为赞叹。这张照片里的立面完工于1240年。建筑师原计划在每座塔上都安装尖顶,但未能付诸实施。1240年后的整整一个世纪里,工匠在各面修建走廊,雕琢完成其他装饰细节。1200年至1500年间,拉丁基督教世界变得更加富庶,十几个市镇动工兴建巴黎圣母院式的大教堂,抒发地方自豪感。

别无他法。这意味着,信徒要顺从牧师,而牧师要遵从为其授予圣职的主教。主教权威直接来源于使徒,而使徒从基督本人获得权威。在主教中,罗马主教即教皇权力最大。教皇权力建立在这一信条上,即罗马主教是使徒之首圣彼得的继承人。基督教旧有传统认为,圣彼得被尼禄皇帝下令处死,在罗马殉难。这一说法很有可能是准确的。为此,教皇宣称自己是圣彼得继承人,拥有基督授予彼得的所有权力。

但教皇也宣称自己对普通政府的所有世俗统治者拥有至高无上的权威。这种说法部分源自"君士坦丁献土"一文。根据这份文献记载,君士坦丁大帝移都君士坦丁堡时,将罗马帝国西部行省的管理权转让给了教皇。早在1450年时,意大利著名学者洛伦佐·瓦拉(1407年—1457年)就证明这份文件纯属伪造。但在中世纪,人们对其深信不疑。

但教皇所说的对世俗统治者拥有至高无上的权威并不完全源自"君士坦丁献土"。《圣经》中也有这样的描述,说罗马士兵闯进客西马尼园捉拿基督时,圣彼得拔剑护卫,但被基督制止。中世纪评论者据此认为,圣彼得有生杀予夺的权力。他去世后,罗马教皇继承了这种权力,是人世间最高世俗和宗教权威。

教会政府

当然，这些观点只有在下述情况中才有实际意义，即教皇有能力建设一套政治体系，将自己的决定付诸实施，哪怕遇到部分地方统治者反对，依然照行不误。从1076年开始，教会与日耳曼皇帝为此展开激烈争夺。原因很简单。如果皇帝控制了德国、意大利的主教和修道院院长，教皇就不能有效施政。我们已经看到，到1200年时，皇权彻底瓦解，德国、意大利的主教和修道院院长差不多都听命于教皇。在其他地方，教皇也取得了同样的成绩，没有向国王贵胄公开发难。

教权得到承认后，整个西欧被分成若干大主教区，每位大主教各管一区。而大主教区又分为主教管区，受主教管辖。主教管区又分成教区，由牧师掌管。有多种牧师委任方式。一般来说，地主有权选择候选人，但只有主教才有权授予圣职。所以，主教对牧师候选人有否决权。

主教委任方式大体相同。主教座堂神职人员有权提名主教，但大主教和教皇有权监督选举。实际上，一般都要让大主教和教皇提前了解选举事宜。自1059年改革以来，教皇由罗马红衣主教选任，而在任教皇有权委任红衣主教。

主教是教会的关键管理者。建造主教座堂、安排宗教仪式只是主教职责的一小部分。收取租金等收入、管理教会财产才是重中之重。另外，教会法律对圣事中引起的任何纠纷都有规定。这意味着，任何法律诉讼都应提交到教会法庭，根据教会法律判决。但地方统治者从未接受这种对教会权力的宽泛阐释。为此，教会和地方政权达成了各种协议，商定哪些讼案应提交教会法庭，哪些呈递国王贵族法庭。

在中世纪，诉讼管辖权问题极其重要。审理案件的法庭以诉讼费和罚金为收入。而且，因财产所有权诉讼较多，法官权力凸显。例如，教会常在教徒死亡忏悔时，得到赠予地产。一般来说，死者没有时间走完法定手续。即便死者已清楚表明意图，其继承人不一定认同教会拿出的遗嘱受益人证据。在这种情况下，是国王法庭，还是主教法庭解决争端，就显得至关重要了。

教权的实施

教皇竭力让所有主教配合工作。信函和更为正式的训令是基本沟通手段。

遇有重要事宜需要及时处理，则委派特使行使教权。教皇也可能会召集所有主教，或选定部分主教参加大公会议，或发布训令，或就特定事务寻求主教的支持和建议。比如，1215年，教皇英诺森三世（在位时间1198年—1216年）召开第四次拉特兰大公会议。这次会议解决了多个信条问题，规定每名基督徒都应接受告解圣事，并遵从教区牧师，每年至少忏悔一次。

大部分人都尊崇、服从教会。原因不外乎三种：教会仪式恢宏壮观；基督教信条富有威力，而布道、讲解这些信条的人都是欧洲的饱学之士；地狱烈火恐怖骇人。当然，绝大部分基督徒不是在这方面就是在那方面达不到基督教倡导的道德标准，只能依靠圣事洗清罪恶。

一些虔诚的灵魂不满足于这种领受圣事即得救的粗糙解释，希望去修道院辅仁行善，过有规律的修行生活，践行严格的崇拜形式。这些人被称为"修会教士"，而牧师和主教被称为"世俗教士"。因修会教士特别神圣，身负罪恶重压的老年人常常把财产捐给修道院，换取修士为其死后祈祷的承诺，受赠的修士自然非常富有，继而放松对圣洁的追求。改革因此而起。但实行此项改革、决意推行圣洁修行的修道院乘机得势敛财，新一轮改革箭在弦上。

❋ 教会面临的挑战

自1096年至1099年第一次十字军东征以来，教会在把骑士转换为基督徒一事上成绩斐然。但响应教皇乌尔班二世召唤的骑士不仅效力于教会和基督教世界，还顺势为自己寻找新土地。那种骑士扶危济弱、匡扶正义、仅为善事而战的思想早已在现实中渺不可见，只能写到书页里，变成诗歌赞颂的主题。宫廷城堡里回响着亚瑟王和骑士、查理大帝的骑士罗兰、德国帕西法尔和尼伯龙根的传奇故事。这些故事体现了"位高应不负众望"的基督教理想。贵族和骑士阶层的孩子从小听着这样的故事长大，按照基督教理想塑造行为方式。

教会在市镇上面临更复杂挑战。因为主教是大地主头子，意图统治全城，限制地方自治权，所以遭到城里人反对。此外，城市居民对不学无术、贪婪无道的牧师也心怀不满。异教言论开始传播，尤以意大利北部和法国南部受影响最深。其激进表达形式是摩尼教，因盛行于法国南部小城阿尔比，又被称作"阿尔比异端"。跟多数异教徒一样，阿尔比派寻求更为严正的道德和宗教关系，而教区牧师无力给予。

为缓和市镇敌对气氛，教皇英诺森三世允许圣方济各组织非正式修士会。圣方济各虽是神秘主义教派平信徒，但全身心敬奉基督。他四处传道，赈穷济弱，是喜乐无私的楷模。他和追随者一道汲汲而为，致力于以简单直接的方式效仿基督和使徒。他们弃绝所有财产，凭大众施舍满足口腹之需，广行善事。

这些踏实践行基督教义的人才能满足城里人的苛刻要求。但从牧师和主教的角度来看，托钵修会修士与教会形成竞争关系，令神职人员处境尴尬。毕竟，主教才是教会认定的使徒继承人。这些平信徒有什么权力模仿基督和使徒？有什么权力按照福音书的描述规划生活方式，与教皇和教会其他管理者的奢华富足形成如此鲜明的反差？

因此，在批准圣方济各建立修道会时，教皇英诺森三世犹豫不决。他坚持认为，托钵修会修士必须隶属于明确的组织。看到教皇要对自己的追随者施加管制，圣方济各感到很为难，便辞去了修道会领导职务。圣方济各知道，要满足教会要求，就必须购置地产，建造修道会所，并设置专人负责。这与自己的初衷完全背道而驰。尽管如此，圣方济各却一直向追随者强调要顺从教皇。最终，在修道会组织一事上，圣方济各勉强同意了教皇的意见。

圣方济各的顺从和教皇英诺森三世的手腕释放了方济各会运动的能量。方济各会修士将此前通过异教渠道抒发的感情导入到教会框架内，让基督教理想在西欧市镇里变成活生生的现实。

圣道明（1170年—1221年）也组织了一个托钵修会。他希望专门培训修士，使之精于布道，比教区牧师懂得更多，信念更坚定，从而说动阿尔比异端及其他异教徒改信基督教。训练立竿见影。道明会修士在欧洲大学崭露头角。在组织机构方面，圣道明为道明会创建代议制。该制度成为圣方济各去世后方济各会的重组模型，并影响了后世王权政府代议制的发展。

教会对文化的影响

教会对所有文化生活形式都产生了强烈影响。音乐、赞美诗、教会仪式上的华袍，以及遍布欧洲的新哥特式教堂各领风骚。描述圣徒生活的文学作品不胜枚举，使基督教教义更加丰富。"圣迹剧"让圣人圣事再度上演。嘲讽挖苦牧师的传奇故事风靡于市镇。

教会控制着几乎所有的正式教育渠道。中世纪的小学生要学习拉丁语。这种语言虽然与西塞罗所讲不同，却是教会用语，西欧全境的文化人每天都在用。这种拉丁语使用简化语法，包含很多古人不知道的词汇。除拉丁语外，中世纪学生还要在上大学以前，修习语法、修辞学、逻辑学、算术、几何、音乐、天文学等古代人文学科。成绩优异者可去大学深造，为职业生涯打下根基。中世纪大学教授法学、医学和神学。医学院学生以拉丁语版的盖伦和阿维森纳著作为教科书。法学学生要研读《查士丁尼法典》，了解古罗马法，还要掌握当代教会法。英格兰另制有王室法。因中世纪大学隶属教会，学习此法的学生需前往专门机构——律师学院求学。

▶ 经院哲学

在中世纪大学的所有学科中，神学排在第一位。神学家的任务是阐释基督教教义，让信徒明白上帝拯救人类灵魂的计划。为此，必须使基督教信条有逻辑、能保持连续性。1200 年初，亚里士多德的著作被译成拉丁语。神学家发现他们想要的清晰逻辑就呈现在亚里士多德的书里。

当然，有一些神学家认为，亚里士多德的著作代表异教思想，不应受到重视。基督教一流神学家大胆借鉴亚里士多德的逻辑方法，向世人展现，基督教信条与人类理性推出的可知真理珠联璧合。巴黎大学成为此类研究中心。致力于该研究的学者因执教于大学院校，而被称为"经院哲学家"。他们的思想观点和论证方法被称为"经院哲学"。

最伟大的经院哲学家是托马斯·阿奎那，《神学大全》是他的代表作。其写作风格是：先提出问题，以多种观点解答，阐明各自利弊，再提出作者自己的观点，同时说明原因，最后以批驳或重新阐释反面观点结尾。在这本书中，阿奎那列出了当时神学家争议的所有问题，并给出了合理中肯的解答。阿奎那在世时毁誉参半。原因是，他完全信任理性，认为理性能揭示几乎所有的真理，让人类获得拯救。

▶ 但丁的《神曲》

第二个以文学形式表达中世纪世界观的是诗人但丁·阿利吉耶里（1265 年—1321 年）。但丁生于意大利佛罗伦萨，于 1302 年遭政敌放逐。这些人与教皇结盟。因此，但丁强烈反对教权，但虔诚信仰基督。

在他的不朽诗作《神曲》中，万物各归其位。诗人让自己的灵魂踏上想象之旅，历经地狱、炼狱和天堂。他将教皇卜尼法斯八世（在位时间 1294 年—

1303年)遣入地狱,让其他人各归炼狱和天堂。在描述见闻的同时,诗人也一一阐明了为什么有的灵魂能安享极乐,有的却饱受折磨。全诗生动展现了中世纪人对人类境况的看法,即人间介于两个永恒家园——天堂和地狱之间,情势岌岌可危。

但丁是最早使用意大利语创作的诗人。他和其他作家使用的佛罗伦萨方言成为意大利通用语言。在西欧其他地区,方言体文学语言形成时间较晚。比如,杰弗里·乔叟(1340年—1400年)用伦敦方言写作《坎特伯雷故事集》,促成了盎格鲁-撒克逊语、法语和拉丁语的混合,塑造了我们今天所知道的英语。

⚔ 君主国的兴起

1200年至1275年间,西欧教会之所以能发挥重要作用,创造多元化统一局面,部分原因在于其他政治单位的弱化。

中欧和东欧

腓特烈二世(在位时间1212年—1250年)放弃了德国统治权,将权力集中在西西里岛和意大利南部。这一决定引起了教皇的反对。1250年腓特烈去世后,皇位空置。一直到1273年,才有一位新皇帝登上宝座。新君是日耳曼小贵族,号称鲁道夫一世。之所以被选中,很大程度上是因为他无望靠个人权力、私人财富主导德国和意大利。鲁道夫也根本没有这方面的打算。他看到奥地利无人据守,便占地为主,巩固了家族基业。他的后代在1918年前一直统治奥地利。

从波罗的海到西西里岛,整个中欧小国林立,政权形式不一。有佛罗伦萨式的城邦,实施共和政体;有主教执政的公国;有西西里和波西米亚式的小王国。除此之外,还有一群"皇家骑士"。他们只承认远在他方、没有实权的皇帝,在自己地盘上实际处于自治状态。

但大王国在欧洲边缘形成。波兰和匈牙利据守东欧,防范草原突袭。和斯堪的纳维亚的王国一样,这两国人口稀少,经济不振。为发展市镇贸易,波兰国王鼓励犹太人从德国移民波兰,开展贸易活动。在欧洲许多市镇中,犹太人是少数族群,在十字军东征中遭到严重迫害。基督徒士兵在东行途中,经常攻击犹太人,认为他们没有信仰。因此,许多犹太人逃往东欧。到1400年左右,波兰成为欧洲犹太人聚集地。西欧市民承担的多种功能在波兰是由犹太人完成的。由此,波兰人过上了一种相对发展完备的市镇生活,开始向人口密集的西欧出口谷物、木材和其他原材料。

北方的斯堪的纳维亚王国经济乏力,不能抵御波罗的海日耳曼贸易城市的冲击。原因是,维京人袭击结束后,丹麦和瑞典(挪威常与两国合并)财政收入不多,无力维持任何一种形式的强大政权。

第十三章　西欧

⁂ 法兰西和英格兰王国

西部的法兰西王国是欧洲重地。这里是骑士制、采邑制农业、哥特式建筑风格、经院哲学的中心。简言之，欧洲文明的最鲜明特点会聚于此。但法兰西分裂为十几个封建政权，法兰西国王并未包揽大权。

从于格·卡佩（在位时间987年—996年）起，法兰西国王统治区域为法兰西岛大区，也就是塞纳河和卢瓦尔河中间区域，版图涵盖北面的巴黎和南面的奥尔良。但以属地面积和财力衡量，法兰西王国在法兰西十几个政权中位居中等。这些政权半数为诺曼底公国，是北方人或诺曼人于911年在塞纳河下游，或者在佛兰德斯建立的，因发展布匹贸易兴起，名义上隶属于法兰西。理论上，这几个政权的统治者从法兰西国王那里获封领地。但实际上，诺曼底大公和佛兰德斯伯爵比法兰西国王财力更雄厚，也就更有权势。

1066年后，这种理论和实践上的差距不断扩大。诺曼底公爵（征服者威廉）占领英格兰，集英格兰国王和诺曼底公爵于一身。在接下来的一个世纪里，王公贵戚间通婚不断，形势趋向一边倒。亨利二世（在位时间1154年—1189年）既是英格兰国王，又是安茹伯爵、阿基坦公爵、诺曼底公爵，还是法兰西多块封地地主，实际上坐拥法兰西半壁江山，比法兰西国王权力大得多。

但在某些情况下，法定型式依然有效。1199年，亨利最小的儿子约翰一世当上英格兰国王。法兰西国王腓力二世（在位时间1180年—1223年）在约翰和自己的几位封臣间挑拨是非，请约翰亲临朝廷解决纷争。这完全合乎封建法律。因此，当英格兰国王约翰拒绝出席时，法兰西国王腓力二世宣布没收约翰所有封地。这也完全合法。但这其中最让人吃惊的是，腓力二世竟然有能力将该法律付诸实施。原因是，约翰国王因坎特伯雷大主教选任问题与教皇发生矛盾，腓力二世乘势而为，没收约翰在法国的封地，占为己有。

情急之下，约翰决定与教皇讲和，以分化敌人势力。教皇英诺森三世要求约翰把王国献出，再以领地形式授予。约翰的本意是获得教皇支持，对抗腓力二世。但在1214年布汶战役中，英格兰军溃败，这一复仇计划随之化为乌有。

败局之下，英格兰贵族叛乱，要求国王约翰未经贵族同意，不得增加税收。约翰再次陷入孤立无援境地，不得不对封臣俯首帖耳，于1215年在伦敦郊外的兰尼米德签订《大宪章》（又称《自由大宪章》）。该文件指出，国王约翰及其代理人违背贵族意志,侵犯贵族利益,应停止实施诸如此类的所有举措。后来,教皇宣称约翰不必在暴力威胁下守约,但约翰之子亨利三世(在位时间1216年—1272年)在执政之初再次申明《大宪章》合法有效。自此,《大宪章》成为英国王权反对者援引的基本文件。

布汶战役大捷后,法兰西君主势力渐增。腓力二世之子发动十字军,攻击阿尔比派,吞并异教盛行的图卢兹。1202年至1216年间,受法兰西皇室直接管辖的疆域面积扩大了八倍多。法兰西国王一跃成为基督教国家势力最强的统治者。

一般来说,国王不是圣人,反之亦然。但在1226年至1270年间,法兰西统治者路易九世实现了两个角色的完美融合。路易敦厚贤明,虔诚信教。为保护教会,他发动十字军攻打埃及穆斯林,不幸战死沙场。在位期间,他与英格兰人讲和,允许前任君主吞并的公爵领地和郡县恢复独立,也就是说,实施不同税制、不同法律的各行政组织照旧运转。不同的是,此前由地方伯爵公爵征收的收入改由法兰西国王征收。为此,国王委任市政官,确保收入及时上交。中央政权自此开始,不过,仍有待于进一步发展。

自维京人入侵时代起,英格兰就已经建立了高度系统化的中央政权。征服者威廉分郡治国,亲自委任治安官,同时发展王室司法体系。国王派驻巡回法官,听取受害人陈述,并收取诉讼费用。此后不久,国王巡回法官所做判决积累成为普通法,即对整个王国普遍适用的法律。巡回法官程序便于社会下层伸张正义,即便是贵族也难逃法网。当然,前提条件是,申诉者确有冤屈,且有钱财支付必要诉讼费用。

英格兰国王失去法兰西领地后,两国渐行渐远。英格兰宫廷不再使用诺曼法语。一个新的语言——英语渐渐成型。这种语言融汇了普通老百姓说的盎格鲁-撒克逊语和统治阶层的法语、拉丁语。自此,贵族失去了与法国的联系,一个新的民族诞生。与之相比,法国的统一进程要慢得多。旧封建公国分歧日显,置法兰西国王所有子民的共通性于不顾。

西班牙王国

西班牙半岛分裂成五个独立的基督教王国,其中以葡萄牙王国、卡斯蒂利亚王国和阿拉贡王国势力最强。阿拉贡和法国南部最相似,但西班牙其他地方与法国有重要区别。比如,穆斯林和犹太人在市镇中扮演重要角色,国王和市民由此产生隔阂。西班牙君主一直抱有十字军东征念头,想把穆斯林赶出伊比利亚半岛。在同一目标的召唤下,贵族军事阶层和半岛各国王之间保持密切联系。而在西欧其他地方,国王通常与市镇联手,对抗贵族。因此,早在 1492 年西班牙发现美洲,自此在世界事务中扮演独特新角色之前,其政治社会已经与拉丁基督教世界其他地方存在根本差异。

中世纪综合体的瓦解

1270 年,法国国王圣路易(即路易九世)去世。两年后,英格兰国王亨利三世也撒手人寰。他们的继任者不太虔诚,且野心勃勃,不愿意给教皇留下太多权力空间。几乎与此同时,市镇发展变慢,贫富摩擦升级,同业公会在技术工匠和日薪工人间分裂,政治权力日趋集中在少数有影响力的人和实力强的同业公会手中,贫穷阶层被挤出。1200 年至 1275 年间那种市民、统治者、神职人员合力建设城镇,没有尖锐矛盾的开放气象和灵活态度一去不复返。

教权的衰落

新时代最具戏剧性的标志莫过于教皇领导地位的破坏。教皇卜尼法斯八世(在位时间 1294 年—1303 年)与法国国王腓力四世(在位时间 1285 年—1314 年)就国王是否有权对生活在法国境内神职人员征税而争论不休。卜尼法斯八世禁止对神父征税,腓力四世回绝后觉得此事重大,便召集法国所有权势阶层——神职人员、贵族、市民代表聚集一处,解释与教皇争执始末,并寻求帮助。这就是第一次三级会议。后来,法国国王不时召开三级会议,就特别征税等问题寻求全国支持。三级会议与一代人之前出现的英格兰政府的固定机构——英格兰议会紧密相关。

在确定自己获得国内支持后,腓力四世遣送一支小别动队进入意大利,绑架了旅居小镇阿纳尼的教皇。教皇卜尼法斯八世出离愤怒,基督教世界一片骇然,而腓力四世手足无措。虽然法国很快释放了自己手中的囚徒,但 1303 年阿纳尼教皇绑架事件迅速成为教权衰落的标志。而与之相反,1077 年亨利四世卡诺莎受辱事件标志着教皇凌驾于世俗统治者。

教皇卜尼法斯八世获释几个月后去世。红衣主教选法国人克雷芒五世为教皇。上任后,克雷芒五世立即在所有争议点上让步,与腓力四世讲和。新教皇没有去罗马,而在紧邻法兰西王国边境的罗讷河小镇——阿维尼翁建立教会中心。在长达七十多年的时间里,历任教皇一直留在阿维尼翁,与法国国王相处融洽。实际上,教皇和国王达成了一致意见,不断加重底层神职人员的税赋,并分割收入。英格兰国王和教皇也达成了类似交易,但从来没有紧密合作过。在欧洲其他地方,阿维尼翁教皇想方设法增加教皇收入,令虔诚基督教徒大失所望。

一些方济各会修士认为,这种形式的教会背离基督教义,背弃基督典范。他们铭记圣方济各对贫穷的赞美,坚信追随基督和使徒的唯一办法是放弃能产生收入的财产,依靠施舍维生。这些方济各会修士被称作"属灵派"。他们对贫穷的歌颂招来了教皇和所有富裕神父的抨击。教皇宣布,否认使徒财产的信条为异端邪说。一些坚守立场的属灵派修士被施以火刑。

但一个异端遭受迫害威胁后,另一异端又起。牛津大学教授约翰·威克里夫(约 1330 年—1384 年)持有极端观点,在英格兰备受推崇。威克里夫运动从英格兰传到波西米亚。扬·胡斯对威克里夫的一些观点深表赞同。1415 年,扬·胡斯被烧死在火刑柱上。

很显然,教皇英诺森三世和圣方济各结成的纽带伸向了两个极端。一端是官方教会追逐财富和排场;另一端是一些人怀抱强烈宗教热忱,竭力致圣。重重张力之下,纽带极有可能断裂。而双方争斗不休,仅靠搜捕异教徒、骚扰当权者不可能化解问题。

百年战争

法国君主虽然在与教权冲突中显强居上,但在 14 世纪也遭遇厄运。1328 年,法兰西卡佩王朝最后一任国王去世,继承权传到瓦卢瓦家族。但十年后,英格兰国王爱德华三世挑战瓦卢瓦王位继承权法定原则,出兵侵夺法兰西王位,"百年战争"开始。这一叫法并不准确。因为从 1337 年至 1453 年,英格兰和法兰西断断续续打了 116 年的仗,中间还有长时间的停战和休战。

因常年战事,英格兰国王不得不找雇佣兵出征法国。而法国国王也发现,骑士不顶用,要想打赢战争,必须雇佣专业弓箭手及其他专门部队。两国君主都无力支付兵饷,常在打完每一仗遣散士卒时,扣留部分饷钱。士兵解散后,无事可做,只能成群结队劫掠为生,等待再被雇佣出征。

在百年战争的大部分年头里,英格兰军先发制人,在作战时间和地点的选择上具备主动权。此外，法国各省分歧严重，也对英格兰有利。在英格兰入侵之前，勃艮第公爵经常联手英格兰对抗法国国王，希望沿莱茵河全线、在法德两国间缔造独立王国。但当敌军压境时，一种身份认知感在法国人中油然而生。大敌当前，各省分歧让位于对侵略军的共同仇恨。

英格兰国王亨利五世（在位时间 1413 年—1422 年）年富力强，英军攻击力度加大，法军战事不利。圣女贞德带领法军奋起反击，扳回法军颓势，但在 1431 年被捕遇害，初胜告一段落。不过，自此之后，法国扭转战局。1439 年，三级会议召开。法国国王可以不受时间限制自主征税，以便筹资兴兵，将英国人永久逐出法国土地。1453 年，战争结束，法国差不多完全实现了这一目标，只有加来还在英国人手上。而且，法国国王获得了自由征税权，比基督教国家任何一位君主都更富有强大。

黑死病

在百年战争之初，西欧黑死病肆虐。1347 年至 1349 年两年之中，疾疫蔓延大小城镇，西欧人口三分之一染病身亡。那时的人们不知道疾病是如何传播的，以为是自身犯下罪恶，遭到天谴。

黑死病对欧洲经济影响深远。疫情初次爆发后，仍时有发作。每次疫情过后，四分之一或五分之一的人口死亡。准确数字已经不得而知，但很可能是在 1480 年后，西欧才恢复到 1346 年的总人口规模。这期间，西欧经济严重受挫，生活水平下降，工资上涨，所有传统经济关系偏离正轨。900 年至 1270 年间的繁荣气象消失不见，经济陷入不景气，不确定性增加。而与此同时，市镇贫富矛盾加剧，百年战争旷日持久，民不聊生，西欧形势更加恶化。

经济组织新形式

艰难时局也推动了新型经济组织的产生。这些经济形式在后世扮演着重要角色。比如，在羊毛布料生产中，"家庭包工制"和"外包制"对同业公会形成了补充。在这种制度下，纺织工人生活在不受市镇同业公会管辖的乡村。他们在农闲时纺织，由资本家或中间商提供原材料。纺织工人不占有毛料，有时连纺车和织机都是雇主提供的，所得报酬按码数或绞数计算。

将毛料外包加工的中间商也只是大机器上的小零件。虽然在贫穷的纺织工眼中，中间商有钱有势，但他们也不过是佛兰德或佛罗伦萨大商人的代理人而已，任务就是买卖原材料，在欧洲全境批发销售成品布料。在这种制度下，生产效率提高，专业化程度提升。但当贫穷的纺织工人把生计寄托于百里外城市的市场条件时，一种新的风险和不确定性也随之产生。时局维艰，生计难保。面对失业，贫者没有任何保障。

中世纪晚期，矿石开采也成为大买卖。在德国中部和南部，矿主掌握了深度挖掘和抽水办法。波西米亚和匈牙利探到新矿。白银需求量最大，但因为采矿技术高度发展，欧洲从来没有遭遇过任何金属的严重短缺，而且一直都有丰富和相对廉价的铁器供应。

意大利和德国南部的大金融家管理着欧洲大部分采矿企业。因国王皇帝常需借款，金融应运而生。对一个统治者来说，贷款的最好抵押物是地下矿产开采权。罗马法规定，地下财产为国家所有。欧洲统治者乐于行使此权，以便从放债者手中筹到巨款。他们常常还不上贷款，就把采矿权转给放债者。而为了能把钱收回来，放债者不得不组织效率高、规模大的采矿活动。

那些仍然采用同业公会组织经济活动的行业常常停滞不前，甚至走下坡路。但波罗的海沿岸地区依然兴盛发展。这一地区的日耳曼市镇与瑞典、俄罗斯、波兰建立了商业关系。北欧第一次和西欧产生了紧密联系。北海和波罗的海鲱鱼捕捞量实现增长，这是因为渔船更大，设备更全，渔网更致密结实，但关键的创新还是因鲱鱼卤水保存和桶装运输体系的发展。为此，需要相对大量的资金购买盐（多数来自地中海）、桶和船舶以便捕捞、保存和配送鱼类。

从这个角度来讲，公元1300年后，欧洲市镇虽然陷于困境，但经济活动没有完全停顿。羊毛、食品、采矿产业以资本主义组织生产，区域分工加强。但也出现了贫富差距加大现象，导致教会关于经济行为的规定日益与现实情况脱节。比如，教会禁止有息放款。但欧洲的大企业运转靠的就是这样的贷款，而且包括教皇在内几乎所有的统治者都负债累累。给他们放贷的人与扶持大型产业发展、为每一笔款子收取利息的人是同一群人。不管《圣经》怎么说，现实情况就是这样。

这种邪恶行径让属灵派方济各会修士及其他反对教权王权的异教徒震怒不已。面对诘难，教会和世俗君主虽不时感到良心受谴，但仍不惜诉诸武力，镇压异己。之前形成的中世纪综合体就此分崩离析。

对中世纪综合体瓦解的回应

虽然很多人愤懑满怀、大声抱怨,但欧洲人不会任由事态发展。对他们来说,三种回应更具积极意义,足以改变欧洲生活。分别是:(1)发展代议制,防止教权皇权滥用;(2)宗教神秘主义;(3)人文主义。下面我们对这三种回应逐一解释。

代议制政府

教会会议至上制

最强烈支持建立代议制政府的是教会。原因很简单,没有人能世袭教会职位。根据教会法,主教应由主教座堂神职人员选举产生,经信徒批准后任职。同样,修道院院长应由修士选举产生。其他重要决定由主教和神职人员投票通过。方济各会和道明会发展出了一套完整明确的代议制体系,规定每一修会应派代表参加大会,就全局性政策和修道会领导的选举展开讨论。

当然,教皇君主制传统仍然具备强势,但教会也有大公会议传统。在君士坦丁大帝时代,以及此后的二三百年里,教会召集全体主教参加大公会议,就主要事宜做出裁定。教皇虽自称是圣彼得继承人,有权要求他人在一定程度上顺从自己,但也不过是罗马主教而已。

教皇的敌人一直强调大公会议至高无上。比如,法国国王腓力四世和教皇卜尼法斯八世的争执就是通过大公会议解决的。1309年至1378年教皇居留阿维尼翁期间,越来越多的人认同教会会议至上主义。1326年,巴黎大学教授、帕多瓦的马西利乌斯发表名著——《和平的保卫者》,认为所有合法的政治权力都来自人民。教会应受大公会议管理,不应插手世俗政府事务。

还有一些人批评教皇不在罗马守职。最终,有一位教皇从阿维尼翁回到罗马,于1378年在罗马逝世。新旧交替之际,一群教徒愤然呼吁新教皇必须在罗马任职。重压之下,红衣主教会面,选举新教皇。后来,他们再次会面,选举出第二位教皇,这位教皇定居阿维尼翁。两位教皇互相指责对方为假,宣称自己才是教会之首，一出愤怒敌对剧在欧洲上演。这次事件被称为"西方教会大分裂"，一直持续到1417年才落下帷幕。

解决争吵的唯一办法似乎就是召开大公会议。巴黎大学教授提倡采用这一解决方法，但第一次会议以失败告终。1409年，两大敌对阵营的红衣主教在比萨参会，另立教皇，但已选出的两位继续执任。1414年，康士坦茨大公会议召开。西吉斯蒙德皇帝（在位时间1411年—1437年）联合比萨选出的教皇召集了此次会议，主教悉数参加。

康士坦茨大公会议旨在改革教会，打击异端邪说，终止分裂。幸运的是，参会主教说服三位教皇中的两位辞职，剩下的那一位无人支持。1417年，与会者再次选举教皇。这位教皇得到了拉丁基督世界的认可。在打击异端邪说方面，康士坦茨大公会议宣布约翰·威克里夫观点虚妄不实，并将参会的波西米亚异教徒扬·胡斯烧死在火刑柱上。胡斯本不想参加会议，但西吉斯蒙德皇帝承诺保证其人身安全，结果还是遭遇不测。

教会改革难度更大。巴黎大学教授希望以后定期召开大公会议解决重要问题。因此，于1431年召开巴塞尔大公会议。但教皇认为大公会议削弱教权，双方发生争执。一怒之下，巴塞尔大公会议的主办者做出了一个不明智的决定——提议选举教皇，招致普遍反感。一个教会，两位教皇，分裂风险再次凸显。

看到形势对自己有利，教皇于1439年召集佛罗伦萨大公会议，对抗巴塞尔方。教皇组织的会议似乎取得了辉煌胜利。来自君士坦丁堡的主教代表认可此次会议，而君士坦丁堡是教皇定义中的基督教信仰中心。此后，巴塞尔大公会议声势渐弱，于1449年最后一次聚集后停会。

因无力大刀阔斧改革教会，教会会议至上运动以失败告终。教皇君主制恢复。此后，教皇插手意大利政治，与王公贵胄争权夺势，对信徒的宗教要求置若罔闻。此时的教会除了对圣事实施常规管理外，忙于为战争外交筹款埋单，忙于兴建教堂，开办医院、学校和修道院，为主教筑造宫殿。

世俗政府中的议会制

与教会相比，代议制政府的思想和理念在多数皇室政府中影响范围较小。比如，1439年后，投票表决赋予国王征税权的法国三次会议不再具备重要意义。不过，国王仍偶尔召开会议。因此，三级会议一直持续到1789年才退出历史舞台。

但百年战争对英格兰产生了相反的影响。为打赢战争，英格兰国王借款数目越来越大，但贵族平民不太乐意借给他。他们通过议会表达自己的情绪。英格兰议会是由贵族召集封臣商议、宴饮、裁定未决司法问题的习俗演变而来。在1216年至1272年亨利三世执政期间，英格兰国王的磋商圈子扩大到市镇代表和郡县小地主。

1295年的议会成为后世典范。每郡选出两名代表，持有皇家特许状的市镇也派两名代表参会。这两方面代表组成了下议院，与国王亲自邀请的大贵族、主教和修道院院长组成的上议院分立。

百年战争期间，议会仍继续召开。由于下议院在批准新税种、继续实施旧税种方面速度变慢，国王不得不承诺"化解民怨"。"民怨"都开列在单子上，得到国王认同后，由下议院批准实施新税。这种程序限制了国王权力，尤其是税收权。而与此同时，法国国王的权力却在扩大。这种程序也意味着，王室政府不得不关注议会中有产阶层的愿望和利益。

但下议院并不能钳制大地主贵族。1455年至1485年玫瑰战争期间，议会几乎不起作用。贵族结党，互相倾轧，为的是让自己的候选人坐上王位。许多贵族家庭在权力争夺战中殒命。1485年，亨利·都铎成为赢家，登上宝座，受封为亨利七世，在英格兰建立极权君主制。此后，议会仍继续召开，但常常俯首听命于亨利。

在欧洲其他地区，代议制政府也遭遇挫折。总体来说，国王和王公的势力不断增强，而制衡其权力的三级会议或议会的势力日趋减弱。但德国情况有所不同。权威得到巩固的并不是帝国中央政权，而是第二等级的王公——公爵、侯爵和主教。每位皇帝凭借家产多寡施政用权，与日耳曼其他王公处在相同层级上。当然，皇帝从未完全放弃努力，以便光复原有部分皇权。

在意大利北部和中部，市镇政府控制着大部分乡村。1250年前，这些市镇一直受同业公会联盟管理。但时间一长，共和制政府解体的次数越来越多。部分原因是，贫富矛盾尖锐。致命缺陷是，公民不愿意放下手中事务，应征入伍，所以市镇只能将军务委托给雇佣兵。如果突发政变，本应捍卫城市安全的雇佣兵司令官变身市长。但只要发生一次政变，就会有下一次政变。阴谋、反阴谋轮番上演，政局起伏无定。在意大利几乎所有城市里，帮派同盟关系错综复杂，政治生活四分五裂。

意大利三个最重要的城市是威尼斯、米兰和佛罗伦萨（教皇执政的罗马除外）。三市所行政治道路各不相同。威尼斯于1297年后落入几个贵族家庭手中。米兰于1277年至1447年间遭受维斯孔蒂家族的暴政统治，1450年至1535年间被斯福尔扎家族执掌乾坤。佛罗伦萨最初实施民主政治，允许小同业公会参与城市管理。从1434年起，金融业望族——美第奇家族成为幕后政治老板，但保留了佛罗伦萨的共和政府形式。

在欧洲一些偏远落后地区，君主制政权势单力薄，各地方首领处于相对强势地位。苏格兰和波兰就是这种情况。在阿尔卑斯山、瑞典和挪威部分地区，仍保留有自治村庄和村庄联盟。但着眼整个西欧，我们不得不做出这一结论：力图建立代议制政府的教权政权改革显然失败了。虽然代议制思想在后世获得新生，但当时存在的1500个代议制机构看起来与失序混乱的半蛮族过去并没有多大区别。

宗教神秘主义

在之前的时代里，人们满怀乐观，将亚里士多德和基督教融为有逻辑性的单一整体。但在这一时期，宗教神秘主义和对人类理性能力的质疑占据上风。比如，奥卡姆的威廉（约1285年—1349年）认为托马斯·阿奎那使用理性证明基督教信条并不充分。在他看来，信仰和理性互不相干。

怀抱正面积极怀疑论的思想家有埃克哈特大师（约1260年—1327/1328年）和托马斯·肯皮斯（约1380年—1471年）。两人都是神秘主义者，为寻求上帝而隐居。肯皮斯编著的《师主篇》一直畅销不衰。神秘主义者提倡找寻自我灵魂，培养个人美德，不关注教会和人类社会改革等复杂问题。他们认为，个人不必为公共问题所扰，应致力于宗教修行邂逅上帝，获得拯救。这一思想在莱茵河口周边的低地国家影响尤为广泛。

人文主义和文艺复兴

人文主义向古希腊和古罗马作者寻求灵感。所用方式与神秘主义者观照内心寻找上帝有相似之处。之所以创造"人文主义"一词，是为了将人类和人类事务研究与主题为上帝以及上帝与人类关系的神学区分开来。人文主义学者先后钻研了拉丁语和希腊语著作，发现西塞罗和李维的道德准则在界定理想行为方面非常有用。一些学者，尤其是佛罗伦萨学者希望建立公共道德体系，维持共和政府运转。但多数人文主义者趋从王室教皇，希望为个人生活和上流阶层创造行为模式。

佛罗伦萨诗人、散文家弗朗切斯科·彼特拉克（1304年—1374年）大半生涯在阿维尼翁教廷担任微职。他是表达人文主义思想第一人。追随他前行的人成为伟大的学者。他们流连于修道院图书馆，寻找被遗忘的经典，纠正古书中因誊写不慎出现的错误。他们发现，学术研究虽艰苦辛劳，但让人兴奋，充满价值，可博见明识，自成一家。一些富有的赞助人为他们的热情所感染，给予帮助扶持。

在潜心钻研圣书和中世纪著作时，学者们发现了一些问题。我们已经了解到，洛伦佐·瓦拉仔细研究了"君士坦丁献土"，发现其不合情理，当属伪造。这种研究无益于教权巩固。此外，《圣经》中也有不少有趣问题。但意大利的人文主义者更关注异教书籍（可能是太谨慎的缘故），无意挑《圣经》的毛病。第一个改正拉丁语《圣经》错误的伟大学者是荷兰人德西德里乌斯·伊拉斯谟（1466年—1536年）。

人文主义活动的另一成效是质疑当时的教会拉丁语。因为西塞罗的措辞风格备受后人推崇，一些学者据此认为，西塞罗没有用过的拉丁语不应投入使用。这样一来，流行于欧洲知识分子圈的大量拉丁词汇遭到排斥。虽然并不是所有人都认为西塞罗拉丁语是唯一标准语言，但将西塞罗拉丁语视为金科玉律的思想最终生根，拉丁语失去了活力。

人文主义者坚信自己正在重现古代文学和思想的荣耀。他们将自己生活的时代视为拉丁语文学的重生或复兴，并创造了"中世纪"一词，表示自己生活的新时代与几个世纪以前的黑暗截然不同。这些词汇的选用依然主导着我们今天对欧洲历史的看法。但我们不再认为中世纪真的是黑暗时代，历史学家也不再把"文艺复兴"一词局限于指代拉丁文学的重生，而用来形容整个时代。这个时代在1300年左右发轫于意大利，并于1500年后涵盖阿尔卑斯山以北地区。

因此，人文主义和神秘主义自成一体，改变了欧洲思想和情感质地。但二者都未能解决那个时代的问题。两大运动代表了欧洲思想情感的对立两极。一极强调排除万物，仅信仰上帝；另一极则完全相反，对上帝几乎只字不提。这两种极端都不能赢得广泛认同。存在于二者之间的张力表现了那个时代的焦虑和愤懑。

※ 艺术中的时代之镜

在 1300 年至 1500 年间的两个世纪里，西欧人发现绘画与 1150 年至 1300 年间的哥特式建筑一样，强大有力，具有独创性。意大利是美术发展中心，尤以佛罗伦萨和佛兰德最具活力。佛兰德美术从中世纪手稿插画发展而来，保留了插画特有的饱满色彩和丰富细节。那个时代最伟大的画家是扬·范·艾克（1390年—1440年）。他的肖像画生动逼真，构图和谐有序，反映了社会上层的审美和舒适生活。

意大利绘画从拜占庭艺术风格发展而来。因教堂和其他宗教建筑需要装饰墙壁，乔托（约 1267 年—1337 年）等画家以此为主业。意大利绘画注重写实、精于细节，与阿尔卑斯山以北画风一致。拜占庭艺术为取得超脱尘俗的效果，常将人体拉伸并做其他变形处理，不符合西欧的审美。

意大利画家马萨乔（1401 年—1428 年）创造了透视法，展现躯体的丰满圆润。几年后，莱昂·巴蒂斯塔·阿尔伯蒂（1404 年—1472 年）创造了直线透视法几何规则。技巧是，将所有平行线会聚于画面的任一消失点上。后来人们发现，也可以在画面之外找到消失点。运用直线透视法后，画家就可以根据不同比例绘制人物和建筑，创造三维空间幻觉。

画家初次使用这些原理创作艺术作品时，产生了令人愉悦神往的效果。作品看起来好像是真的，观者似乎能走进画中，与人物景色融为一体。今天的我们已经对摄影照片习以为常，所以很难想象出这种新艺术带来的视觉震撼。当时的人们从来没有见过在二维平面上还能准确绘制三维物体。

为更加准确逼真，画家需要提高技巧，学会根据距离远近改变色彩，使用真人模特为圣徒和神话人物画像，即所谓的"空气透视"。绘画主题扩大到异教和历史题材。桑德罗·波提切利（1445 年—1510 年）的《维纳斯的诞生》展现了绘画可以在世俗方向上走多远。而列奥纳多·达·芬奇（1452 年—1519 年）的《岩间圣母》展现了宗教主题可以在人性化方向上走多远。

雕塑和建筑方面的变革可与文艺复兴绘画相媲美。意大利有很多罗马遗迹，人文主义者对古风古物的热情感染了建筑师和雕刻家。他们认为罗马成就举世无双。多那太罗（1386 年—1466 年）模仿古罗马作品创作独立式裸像。一个世

资产阶级的财富和荣耀

这幅画是扬·范·艾克于1434年在佛兰德创作的。从画中镜子上方的文字可知,两位主人公是意大利商人阿尔诺非尼及其妻子。15世纪,意大利在大规模长途贸易上占据主导地位。因此,一个意大利人到佛兰德定居兴业并不算奇事。阿尔诺非尼很可能从事佛兰德出口贸易大头——布料贸易,委托这位佛兰德名家创作肖像画,以纪念新婚之喜,彰显个人财富。在15世纪,这种歌颂私人生活的行为还比较少见,让我们得以窥见当时富人安逸舒适的家庭生活。他们穿戴华美的皮毛衣饰,买得起镜子、枝形吊灯等奢侈品。这幅画的创新之处不仅体现在以私人生活为创作主题,还以技术见长。扬·范·艾克将油溶性涂料应用于小而平的画面,创作出便于手提携带,供私人宅邸观瞻的艺术作品。虽然这种油画在后来的几个世纪里非常普遍,但在1434年完全是新生事物。

纪后,米开朗琪罗(1475年—1564年)将文艺复兴的雕塑传统推向高潮。

建筑必须紧贴日常需要和教会仪式要求,因此不能过多模仿古代经典。但文艺复兴建筑在装饰细节上大量借鉴古人,使用圆柱和卵锚饰,产生了宏大和谐的效果,其中以建于1506年至1626年间的罗马圣彼得大教堂最久负盛名。

不论在绘画、雕塑,还是建筑上,神圣和世俗态度的张力随处可见。写实主义和视觉细节展现着普通人对生活的欢欣喜悦,但常常不以宗教为主题。如何驾驭二者是西欧人面临的一大未决难题。在接下来的一个世纪里,这个问题仍然是重中之重。

结论

1450 年左右，西欧看起来似乎遇到了真正的麻烦。但实际上，此时的欧洲处于最具戏剧化扩张的边缘。只有在事后我们才可能看清楚，正是欧洲社会内部运转的一些东西为 1500 年至 1650 年间欧洲的惊人拓展和自我转变创造了条件。

首先，欧洲经济激发了更大部分比例的人口，这种情况在其他地区难以找到。羊毛、鱼类、木材、锹头等原材料和常用物品进入市场买卖。这意味着，相对大量的人口因商业循环起伏而损益。随价格变化，工人进入或退出某些行业，这使欧洲经济具备了灵活性。即使是固定的农业常规也比其他文明世界经历更多变化。只要有新项目、新机会出现，就能在更广范围内调动劳动力和资源。这是其他受习俗束缚的社会做不到的。

这是欧洲的第一大优势。其劣势是经济摩擦和不确定性增大，贫富斗争加剧。但正是因为缺少单一控制中心，才不会出现中国明朝那样的情况——皇帝远在天边，一纸令下，海上探险活动即告终止。

欧洲生活的第二个元素，从长远来看对欧洲有利。农民和市民习惯自我防卫，不愿对社会上层俯首帖耳。欧洲贵族则精于战事。放眼世界，只有日本随时准备诉诸武力，以捍卫个人英雄主义准则。在中国，社会统治阶层更温和。在伊斯兰世界，农民和市民各安其位，面对暴虐统治，一般不会还击反抗。

第三个因素是欧洲掌握了三大新技术，其潜能在公元 1500 年后开始显现。这三大技术及其影响分别是：(1) 活字印刷术，实现了知识的快速精准传播。(2) 指南针，以及造船航海方面取得的进展，船舶能安全驶过浪大流急的海洋。(3) 火药和大炮，能攻破坚固城堡。

因为这些因素，以及其他我们尚不清楚的原因，欧洲在遭遇中世纪综合体瓦解后，并未走进死胡同。相反，这一时期是欧洲和全世界发生新巨变的序幕。我们将单列一章，去探索这些变化，去挖掘现代史源泉。

第二部分结语：世界情势

现在，让我们稍作停顿，审视一下欧洲航海发现前夜的世界，并与两千年前的世界情势做比较。公元前500年出现的四种文明风格在公元1500年时依然得以鲜明呈现。中国、印度、中东和欧洲继续发展自己的文明，而且在很多方面，每一种文明的基本结构与两千年前相比没有变化，很多改变形诸细节。思想技艺从文明世界的一端传到另一端。但欧洲的邦国制，中东的一神论，印度的种姓制度，中国政府和社会秩序的家庭形式仍持续塑造着身处这些文明中的每一个人的生活。

到1500年时，文明生活疆域大大扩展，在大西洋和太平洋之间形成了一个纵贯欧亚大陆的文明地带。在四大文明的北部和南部，出现了重要新分支。中世纪欧洲的崛起意味着文明区域从地中海北移，在北海流域和英吉利海峡形成焦点。俄罗斯改信基督教，北移范围扩大，基督教正教世界的重心从君士坦丁堡转向莫斯科。

公元前500年时，希腊文明还是一种非常年轻、规模很小、高度集中的生活范式，以爱琴海为活动范围。但到1500年时，其后裔和继承人大量借鉴北方蛮族世界和中东远东文明，早期的泾渭分明消失不见。希腊的欧洲后裔创造了基督教的两种分支——希腊正教和罗马天主教。两种教派迥然有别，完全可以看作是两种文明。

▲ 亚洲文明

类似的发展局面也出现在中国东北边境。我们已经了解到，到1500年时，日本文明与中华文明已经有了显著区别。因此，应被视为另一种文明。伊斯兰世界渗入亚洲西部和中部草原地区。虽然草原民族与伊斯兰文明深度交会，并与周边定居民族有显著不同的生活方式，但我们还是不能把金帐汗国及其他游牧同盟的文化视为新文明，因为游牧人从来没有发展出文明民族那样的专业分工。所以，可以这样说，西部和中部草原出现的半文明或高等荒蛮状态与伊斯兰的关系，与日本、北欧新文明和中华古文明、地中海古文明的关系是一致的。

在欧亚大陆南部，文明的扩展创造了更加多元化的图景。比如，在东南亚，生活在苏门答腊和爪哇岛上的人，以及生活在今日泰国（古称"暹罗"）、柬埔寨和越南的大陆民族于基督时代接触到了印度文明。但到600年时，他们都独立发展出了自己的艺术风格。地方生殖崇拜与佛教、印度教思想的融合产生了一系列辉煌灿烂的宫廷文化。我们主要通过宏伟的寺庙和宫殿遗迹了解到这一点。创造出能修建这种不朽建筑的社会和政治组织已经是很了不起的一件事，因此这些文化配得上"文明"一词，可与苏美尔人、印加人和阿兹特克人的成就比肩。当然，我们总免不了要做一番对比。跟大河流域古文明和美洲文明一样，东南亚每一文明都建有气势恢宏的神殿和宫廷，周围簇拥着农民搭建的简易村庄。

在爪哇和苏门答腊，船运支撑着文明发展。在内陆，大河流域为当地宫廷文明提供了背景。每一流域都有肥沃的稻田，过着近乎自给自足的生活，仅在贸易及其他领域与外部世界有限接触。印度印记随处可见，但往往与当地习俗交融在一起。公元800年后，东南亚地区也受到了穆斯林影响。穆斯林主导了海上贸易，并最终于16世纪20年代征服爪哇和苏门答腊。但内陆流域地区没有受到穆斯林的控制。原因很简单。统治者禁止上游而来的陌生人入境，切断了与外界的联系，导致内陆北部边境地区易受攻击。

高棉帝国在湄公河流域的吴哥城兴建了雄伟的神殿。1431年，尚武好战的暹罗人从北面而来，攻破高棉，在附近的湄南河流域建立起自己的政权。与暹罗人同时南下的还有缅甸人。这两群人都因中国扩张失去家园。新来者不喜欢高棉帝国的印度教—佛教混合宗教，只信奉佛教。其军事化程度更高，与外界交流更广泛，但没有创造出高棉帝国时期的恢宏建筑。

⚠ 非洲文明

宫廷文明群也在非洲成型，包括信奉伊斯兰教的东非和西非，以及内陆腹地。葡萄牙人第一次来到刚果盆地时，就发现了刚果王国。再往南走，莫诺莫塔帕帝国挺立在东海岸，坐落于赞比西河和林波波河中间地带。

这些相对大型的政权是由班图语族建立的。公历纪元之初，这些人从西非

第十三章　西欧

柬埔寨吴哥窟

这座宏伟的寺庙建于12世纪初期，是吴哥王朝国王苏利耶跋摩二世修建的。庙中供奉的神是毗湿奴，几个世纪前从印度传到柬埔寨。但这座庙同时也是国王陵寝。苏利耶跋摩二世希望死后与毗湿奴合为一体，享受极乐永生。这座庙也展现了印度教教义所描绘的世界。最高的那座塔在一定程度上可以看成是须弥山。印度教认为，此山从一个平坦、呈矩形的大地中心拔地而起。因此，这座寺庙的平面也呈矩形，周围是人工池塘，模仿的是海洋环绕大地的景致。该庙彰显了毗湿奴和国王在庙里庙外世界的伟大地位。这就是高棉统治者殚精竭虑建造吴哥窟等寺庙的原因所在。

海岸南转好望角的地点——贝宁湾出发，迁往中非和南非。班图人很可能是在发现印度尼西亚粮食作物后开始迁居的。他们擅长制作铁器，有能力清理林地，把这些作物种在刚果盆地茂密的热带雨林里。后来，一些班图人部落可能从努比亚得到了牛。牧牛人和农民为寻找新草场，继续南迁，一场沿东非高地的快速迁移运动自此开始。科伊人和桑人狩猎采集者在班图人到来之前撤出南方，俾格米人走进浓密的刚果雨林中。

非洲大部分地区与穆斯林开展贸易，从而与欧亚大陆产生了联系。商队经常往来于撒哈拉沙漠中，将西非的城市王国与地中海连为一体。商人和突袭队伍沿东西两个方向在撒哈拉以南的稀树草原上穿梭。

通过这两条路线，西非和伊斯兰国家产生了紧密联系。1076年，加纳王国覆亡。一系列寡君统治的帝国政权出现，统一了西非大部分地区。君臣皆信奉

非洲雕塑

这具精美塑像在刚果雕刻完成。15世纪80年代,欧洲航海者首次发现刚果王国。但这一作品是在此之前还是此后发现的,我们不得而知。它体现了非洲多种艺术风格中的一种,说明非洲广泛存在文化多样性。时至今日,这种特性依然是非洲大陆的典型特征。在这片土地上,地区生活方式千差万别。既有小队狩猎者和采集者,过着和远古人类一样的生活,又有强大的王国,具备文明的各种典型特征,即占人口绝大多数的农村人要向生活在城镇的统治者、税吏、专职武士和商人阶层纳税。能工巧匠正是受这一阶层资助,制作了图中这样的雕塑。

伊斯兰教,以贸易为主要收入。这些政权中最重要的是马里帝国和桑海帝国。前者在14世纪初年达到巅峰;后者于15世纪统治尼日尔河周边大部分地区。

虽然这些西非政权的统治者和商人都是穆斯林,但他们与穆罕默德的追随者不尽然相同。西非许多村庄仍笃信原有"异教"形式的宗教。新帝国的崛起对他们影响不大,仅在以下场合中才会发生联系:国都派人来到村庄,让村民做一些劳役(比如把重物搬运到市场),强迫他们交出一部分粮食纳税。

跟东南亚一样,西非皇宫金碧辉煌。尼日尔河及其支流沙金储量丰富。统治者组织人力搜寻黄金,据为己有。因此,马里和桑海的君主都非常富有。来自伊斯兰世界各地的商人都急于用各式各样的奢侈品换取非洲黄金和象牙。

非洲部分地区也从事奴隶贸易,尤以东海岸最盛。但这种非洲劳动力开发方式是在美洲发现后才具备重要意义的。

总而言之,一直到1500年,非洲仍然处在文明世界边缘。强大的政权和宏伟的宫殿在非洲大陆的几个地方出现,农牧业快速拓展,大片地区与外部世界建立了贸易关系。但因为热带地区容易滋生疾病,而且除尼罗河以外的所有非洲河流都在河口处形成瀑布,陌生人很难深入非洲腹地。大多数非洲人生活在自给自足的小村庄里，与群落之外的人接触甚少。

专业技艺、复杂的社会组织，以及文明生活的其他典型特征在非洲确实存在，但集中在少数几个宫廷中心。另外，这些中心和东南亚、美洲的神殿一样，脆弱得不堪一击。原因是，普通老百姓不仅不能分享文明成果，还要为统治者纳税、服徭役。我们可以这样假设，他们对此心有不喜。中东和世界各地的早期文明也曾遇到过同样的情况，并因具备相同的脆弱性而遭受损失。非洲和美洲、东南亚一样，处在文明发展的早期阶段。而此时，世界各大洋向欧洲航运开放，世界文明关系就此改变。

▲ 新世界文明

在大洋彼岸的美洲，"帝国"时期似乎是从 1000 年左右开始的。根据有文字可考的历史，约 1400 年，阿兹特克人在墨西哥建立帝国。1438 年左右，印加人将权力扩展到秘鲁全境，并于 1500 年左右，吞并厄瓜多尔。印加帝国严格实施官僚制管理。相比之下，阿兹特克人仅对周边民族施加松散控制。他们下大气力组织突袭，获得大量俘虏，取用心脏祈福于阿兹特克神祇。阿兹特克人和近邻的关系就是以这种观念为指导，因此不可能建立强大稳定的帝国。

不过，阿兹特克都城——特诺奇提特兰面积很大，气势恢宏。该城坐落于浅水湖中的岛屿上，通过狭长堤道与大陆相连。

宏伟的神庙、熙攘的市场、庄严的宫廷仪式掩盖着阿兹特克社会内在的脆弱。在墨西哥其他地方，宫殿和神庙中心演变成了真正的城市。在北方，也就是今天的美国和加拿大，生活着多种务农和狩猎民族。他们中一些人被组织起来，建立大型仪式中心。从这些中心上，依稀可见墨西哥昔日的辉煌文明。公元 1400 年后，玛雅最后一个帝国中心——尤卡坦失去了对周边乡村的控制。曾经建造神庙、设立祭司的玛雅人重新过回简单的农村生活。

秘鲁人也建成了宏伟壮观的城市。一些城市设有高大石墙，能实施自我防御。秘鲁的道路和灌溉工程要比墨西哥的更精巧复杂。印加统治者在皮革流苏上编制绳结，记录事件。阿兹特克人也使用象形文字，而且，跟古玛雅人一样，他们也将历法广泛应用于宗教仪式。

总之，美洲印第安人文明和非洲文明、东南亚文明一样，于 1500 年达到兴盛阶段。但他们的技艺和组织水平从来没有赶上旧世界文明中心。

▲ 世界文明的平衡

显然，东南亚、撒哈拉以南非洲和美洲文明与欧亚四大"干线"处于不同等级。中国、印度、伊斯兰和欧洲文明影响人数要比参与神殿文明的人多得多。这四大文明不会因为遭受某方面的打击而坍塌。一个中心的毁灭不足以损坏中国、印度、欧洲文明的品位和技艺知识传统。相比之下，一个或数个中心的毁灭很容易毁掉美洲文明，西班牙人的到来就是明证。东南亚文明同样也很脆弱。比如，1525年后，穆斯林征服爪哇，印度尼西亚群岛上的印度宫廷文化自此湮灭。而在此之前，暹罗人的入侵让柬埔寨的高棉文明一蹶不振。

如果神殿文明因突然暴露于残酷的外部世界而毁于一旦，可以想见地球其他民族该会多么地孤立无援！在蒙古帝国时代，欧亚大陆民族凭着尚武精神被历史铭记。但在这个文明生活中心之外，还有人过着简单原始的狩猎采集生活。澳大利亚和非洲南部就是这些部落的聚居地。因纽特人靠猎取冰面下的海豹海象，将生活半径扩展至整个北极海岸线。但总体来说，狩猎采集者的活动区域非常有限。他们的生活方式被挤推到地球偏远角落。

到1500年时，欧亚四大文明在技艺和成就方面大致处于同等地位。欧洲有金属、船舶和火炮，但在手工精湛技艺方面远远落在其他文明之后。中国为当时人口最盛，但在经历蒙古侵略后，选择退出海事，集中兵力防范草原游牧人。在所有伟大文明中，似乎数伊斯兰最能开疆拓土，连绝大多数草原游牧人都俯首称臣。伊斯兰世界因此军力大增。因为，在整整两千年里，屡次骚扰侵略欧亚大陆文明的正是这些草原游牧人。在这四大文明中，似乎数印度实力最弱。而且在很大程度上，因穆斯林占政治主导地位，印度文明呈现衰退之势。但印度对其他民族的影响力从来不是建立在军事政治实力上，而且伊斯兰教内苏菲派神秘主义的兴起再次证明了印度影响力潜移默化的特点。很显然，苏菲派与印度圣人有很多相似点。虽然遭受穆斯林侵略之苦，但印度教徒从来没有丧失让征服者具备印度传统思维方式的能力。

因此，西欧是四大文明中唯一一个既不具备强大实力，又没有取得显著成就，也没有远大前景的地区。但欧洲人愿意学习，不断实验，并依据新经验改变行为习惯。总而言之，西欧从不畏惧冲突挑战。这种姿态意味着，在 1500 年至 1850 年的三个半世纪里，一个根本性的平衡逆转即将展现。从那时起，欧洲跃居人上，创造了世界上势力最强、技艺最精的文明。这种情况是如何产生的，将是本书第二卷的主题。

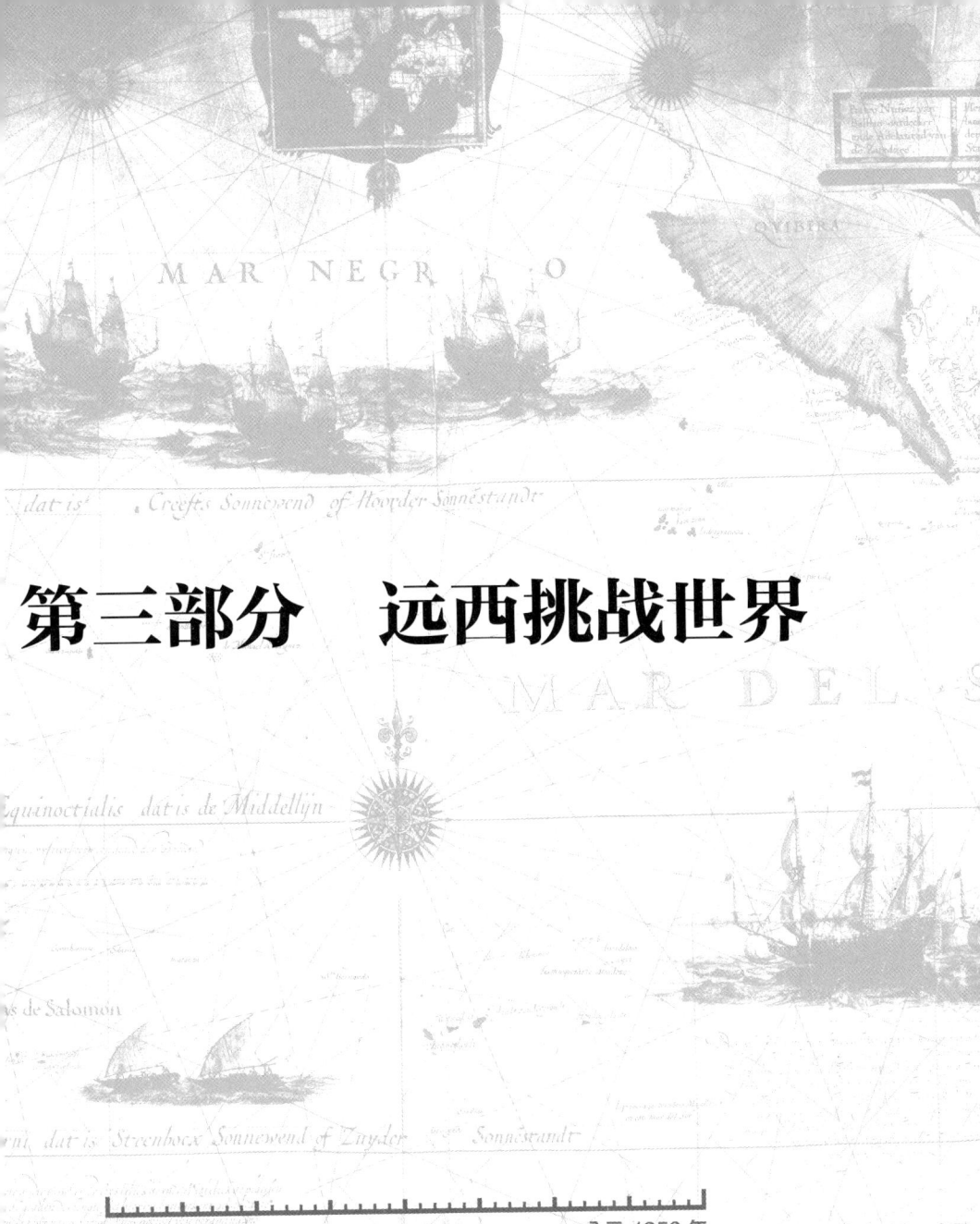

第三部分　远西挑战世界

公元 1500 年　　　公元 1850 年

第十四章
欧洲大发现

公元1480年　　　　　　　　　公元1550年

发现时代的高科技

1450年至1550年间,欧洲水手借助新仪器,横渡地球各大洋,对自己所处方位和返航路径了然于胸。指南针、星盘、沙漏以及地图、天文表让这一切成为可能。

在现代世界，计算机、电视、广播和电话使得我们与全世界实现即时沟通。现代人若想知道生活在一个四面都是灰色阴影的未知世界是什么样子，就必须借助想象力。那时，即便是消息最灵通的人，也得花上很多个月才能打听到已知世界的偏远地区发生了什么重大新闻。但这就是五百年前的先人生活的世界。

当然，有些人对遥远的国度了解得比较多。但占人口绝大多数的是农民，他们对田地之外20到50千米的区域所知甚少，关心不多。商人知道的事情要多一些。他们中一些人曾于壮年时，跟随商队跋山涉水，远行万里。每隔一段时间，就会走到原来没有到过的地方，发现一些新东西。但如果这些东西对贸易没有帮助，他们便很少再回去，关于新地方和新事物的回忆也就渐渐淡忘。

商人讲述的旅途集市、战争饥荒的故事一般是口口相传，很少诉诸文字。13世纪，马可·波罗从威尼斯旅行到中国，后又回到故乡。就连这种精彩绝伦的历险故事也是在极为巧合的情况下才被记录在案。马可·波罗晚年身陷囹圄，与一位传奇故事作家共处一囚室，所历之事才得以传世。几百年来，人们都认为马可·波罗的故事为编造虚构。经现代学者查验后，人们才知道马可·波罗所言不虚。如果没有出现这样极其特殊的情况，我们对马可·波罗到过的元大都肯定一无所知。

在长途旅行者的小道消息之外，存在另一种独立的知识传统——书本上的地理知识。从古希腊时代起，欧洲有识之士就已经知道地球是球体，并根据天文学家、地理学家托勒密于150年左右绘制的世界地图，制作新地图。穆斯林传承了这一希腊遗产，并以大量关于偏远欧亚世界的旅行报告作为增补内容。其他文明中的知识阶层较少受托勒密等人的数学计算影响。比如，中国人认为，中国是万物中心，是"中央王国"，并以距离远近作为衡量其他所有民族的标准。印度教认为地球中心是一座大厦。其他民族根据各自传统，绘制世界地图。但在那时候，即便是知识最渊博的人也跟商人农民一样，常常面临着局限。在此之外，地球表面格局一片空白。

第十四章 欧洲大发现

在 1492 年至 1542/1543 年的半个世纪里，欧洲航海者填补了长期以来存在于西欧地球地理知识中的许多空白。1492 年哥伦布偶然发现了美洲。1542/1543 年，葡萄牙船只首抵日本。随后，传教士和军人深入内陆，继续发现之旅。传教士四处布道，让亚洲人和美洲印第安人改信基督教。军人涌入美洲的阿兹特克和印加帝国，探寻美洲、非洲、印度尼西亚香料群岛（摩鹿加群岛）等欠发达地区。

虽然其他文明民族是在一段时间之后才知道欧洲做出了这些地理大发现，但在欧洲内部，消息迅速传播，就连地位卑微的人也一清二楚。欧洲人打破了原有横亘于知识传统和旅行经验间的界限。一两年之间，关于重要航海发现的消息随印刷出版物广泛传播。没有去过海外的人急于了解远方的奇闻逸事，探险书大卖。地图绘制者遵照数学法则，把地球曲面投射到地图平面上，将新发现的所有土地悉数绘出。

欧洲地理大发现的持久影响并不局限在世界地理新知识上。欧洲航运将地球各处宜居海岸紧密联系在一起，贸易顺着新路线开展。新作物、新疾病广泛传播，粮食供应增加，未知疾病肆虐，死亡率急剧攀升。

世界各地的反应明显不同。西欧直接得利。新产品、新技术、新思想和新世界观全部涌入西欧国家。正是这些国家开辟了地球各民族交往新模式。欧洲人有自由选择权，没有感到新事新物有什么威胁或危险。而其他人没有这种自由度，不得不采取守势，驱赶闯入者。所以，与其他民族相比，欧洲人更有能力大胆放手试验，自由探索。这种对变化的开放心态使得欧洲别具活力，能够在现代早期实现自我转变。

因为欧洲愿意尝试新技术，吸纳新思想，所以在一些重要方面领先于世界其他文明。但在很长一段时间里，欧洲的优势并不十分明显。远东人对欧洲人展示的任何东西都不感兴趣，仍然奉守自己的习惯习俗。他们本来就有实力、有专长，再加上离欧洲中心较远，所以在几个世纪里自行其道。

但不管怎样，当美洲第一次进入文明人类互动圈后，当欧洲不懈探索、自我革命，使得其他民族或早或晚不得不应对欧洲力量时，世界历史跨入新时代。此前，欧亚大陆远西地区处于文明世界的另一端，而现在却变成所有人类历史的中心。自此之后，现代史开篇。

⚔ 航海问题

世界各大海洋千差万别。风、浪、洋流不同,海面情况就完全不同。对于那些没有安装发动机的船舶来讲,更是如此。只有做到无论顺逆风都能安全航行,才有望在欧洲西海岸波涛汹涌的北大西洋里畅行无阻。而大西洋渔产丰富,对航海者有着永久的诱惑力。任何人只要能安全驶过汹涌海面,就能靠捕鱼维持生计,养活一家老小。

北大西洋海域危险最大。而在地中海上,大半年时间刮东北风,其间风平浪静。希腊人和罗马人就是趁这时候出海远航。后半年出海风险重重。风暴袭来,船有可能被冲回岸边,撞到岩石上。桨能帮助船出入港口。但在开阔的海面上航行,必须安装风帆。即便是百人划桨的战舰也不例外。因北大西洋随时可能掀起波浪,罗马人从未掌握这片海域上的航行技巧。就算从法国出发,穿越英吉利海峡,到英国去,也可能有性命之忧。所以很少有人尝试乘船做长途旅行。

但印度洋盛行季风气候,航海相对简单。半年中,风几乎以匀速从一个方向吹来。半年之后改变方向,返航尤为便利。太平洋和大西洋的信风带与夏季几个月的地中海信风带相似。在这些区域内,北半球吹东北风,南半球吹东南风。风力和缓平稳。只要天气晴朗,船每天都能鼓帆出海。当然,热带风暴一来,信风规律性就会被打乱。但风暴只在每年固定季节里出现(北半球是8月—10月份),一次也只影响几天时间。

但在两个信风带之间的热带地区,空气常凝滞不动。风是局部性的,一般吹几小时后便止息。在这一区域,空气经太阳温暖后变薄,遇北纬或南纬来的重冷气流后抬升,信风由此产生。

热带地区风小,风向不定,船可能连续几个星期都动不了。在热带地区行船,虽然风向是个问题,但经验丰富的船长可利用洋流航行。但如果船长既不按风向,也不留心洋流走向,则会反向行使。有了这方面的经验,欧洲航海者很快学会辨别哪种风和洋流适宜行船,哪种不宜。知识传播开来,长途航行变得相当简单。在信风带的任一地区,帆船每天至少能行驶160千米。而地球大部分洋面都处在信风带上。所以可以这样说,信风区是帆船时代的高速公路。

相形之下，在北欧水域，航海者要解决不少问题，才能横渡风急浪大的北大西洋。

欧洲造船航海术

整个中世纪，欧洲船匠和水手不断进步，掌握了北大西洋的航行暗藏的危险。但一直到1500年前几年，他们才破解了所有技术和经济问题。之所以用去这么长时间，是因为早在中世纪之初，欧洲航海者就决定尝试一些完全不同的新东西，造出足够大、足够坚固，能够劈波斩浪的船，而不像轻型小船那样，只能漂浮在海面上。

早在中世纪取得航海进展以前，就有人另想办法，稳渡北大西洋。这种办法是，用柳条编制船体，上面覆盖密不透水的动物皮革，造出碟形小船。这种船学名叫"科拉科尔小艇"。虽然一次只能载3~4人，却能在浪大风急的海面上航行，随波涛起起落落，就像是一只软木塞。中世纪早期，爱尔兰传教士就是乘坐这种船远行到冰岛传教。从公元前2000年起，类似的船载着巨石时代的人沿大西洋海岸，往返于欧洲和非洲之间。科拉科尔小艇小巧轻便，两三人就能抬起来，安全送回岸上。配上桨后，可作短距离逆风行驶。简而言之，科拉科尔小艇非常适宜航海。船员只要紧贴海岸行驶，就算遇到逆风，也能找到避风处。实际上，在1900年以前，一直有人在爱尔兰海岸用科拉科尔小艇捕鱼。

到900年时，受维京人影响，科拉科尔小艇不再用于长途航行。原因是，维京船比科拉科尔小艇大得多，能承载40~100名船员，且装备先进，攻打小艇不在话下。乘坐小艇做长途旅行有性命之忧。

维京船的先进性体现在龙骨和船后的舵桨上。顺风时，龙骨和舵桨能防船体横斜。但跟科拉科尔小艇一样，维京船也不能逆风行驶。遇风向不利，只能在岸上等待。不过，维京人航行的海域常年刮西风，盛行气旋风暴，风向变化很快，所以待航时间很短。

刚性船体和多桅的发展

在维京船基础上，中世纪船匠取得了两大主要进展。

第一，船体更坚固，更具刚性。做法是：将维京船体结构整体放大，加重龙骨，加固肋骨，在肋骨内外铺设双层外板，安装甲板，以增加强度，防止海水从舷缘外溅入。最终造出的坚固船体能抵挡船头和船尾两股大浪产生的压力，让很少的水、甚至无须有水承担船体中部重量。这种船体积大，坚固结实，能破浪前进，安全航行，不会像轻型小船那样上下颠簸。

欧洲水手还发现，安装船舵，替代舵桨，能让船更安全，更易操控。船舵比舵桨体积大，可直接装在船尾，便于水手施加更大力量，在任一方向操控船只。

第二项主要改进是，根据风力风向调整风帆。做法是，安装多根桅杆，把每根桅杆上的风帆拆分成几个粗帆布块。如风势强劲，则将多数风帆撤下。强风中仅需使用厚帆布制成的小风帆，就能达到舵效航速。即便遭遇暴风雨天气，也能保持航向。如风势微弱，多展开几张帆布，就能最大化利用气流。

人们无意中发现，按照这些原则造出的船不仅坚固结实、易操控，还有另外一个好处。在欧洲枪匠开始制作火炮时，欧洲船匠已经学会建造既能应对风浪抖振，又能抵挡重炮后坐力的船舶。虽然体积小、刚性低的帆船能在地中海、印度洋、中国南海安全行驶，但不能安装重型火炮，以免火炮后坐力损毁船体。因此，专为风大浪急的北大西洋建造的船在装载重炮方面独具关键优势。

多桅帆船、刚性船体和重炮在1400年至1500年间的一个世纪集中出现。葡萄牙人在船舶建造和风帆设计上走在前列。从1418年起，葡萄牙王子兼航海家恩里克系统性提升帆船质量，希望沿大西洋海岸探索非洲。到1460年恩里克王子去世时，葡萄牙船几乎每年都要南行一次。归来的每一位船长都要报告陆地发现和船舶改良情况。这些报告经对比研究后，成为下次远航探险的实践课程。通过这种方式，葡萄牙人迅速积累了风、洋流、暗礁和港口的可靠资料。他们又将这份匠心运用于船舶设计上，迅速提升了葡萄牙船的适航性和易操作性。人们将葡萄牙建造的这种新式远洋航船称为"小吨位快帆船"。

❧ 火炮的发展

火炮的历史与之不同。1240年至1241年，蒙古铁骑踏入中欧，带来了中国发明的火药。此后一个世纪里，欧洲工匠很可能深入研究了中国火药和火炮。在1346年克雷西会战中，欧洲人第一次使用火炮。隆隆炮声吓惊了战马，但没有造成实质性损害。欧洲火炮的发展与采矿业和冶金业紧密相关。早在1300年，欧洲人就已经在这两个领域达到了技艺精湛水平。因金属供应相对充足，1450

年左右，欧洲人在火炮制造方面天下无敌。比如，1453年，奥斯曼帝国苏丹穆罕默德二世包围君士坦丁堡，为攻破城门，就曾雇佣欧洲工匠在墙外铸造巨炮。可以这样说，这些工匠代表土耳其人摧毁了君士坦丁堡城。

❋ 航海术的发展

集坚固船体、容易操控、重型火炮于一体的欧洲船显然无人能敌。但在驾船探险之前，水手还必须学会如何在一望无际的大海上找到回家的路。这就需要借助航海术。在这方面，葡萄牙恩里克王子也扮演了关键角色。长期以来，欧洲水手习惯以北极星为指引，根据北极星与地平线的夹角判断南北距离。但船越过赤道后，这种方法不起作用。北半球有北极星，而南极附近没有明亮星星。为解决这一问题，恩里克王子聘任天文学家和数学家制作表格，显示在不同纬度下，每天正午太阳在地平线以上的高度。拿着这个表格，船长就能根据太阳在天空中的最高点，以及太阳与地平线的夹角，估算出北面或南面离赤道有多远。

恩里克王子的船长在沿非洲海岸发现新海角或新河口湾后，会立即上岸计算太阳高度，以便精确计量纬度。这意味着，一艘船可以直奔某一地点驶入远海，免受浅滩和岩石之患。到达正确纬度后，再向东航行，直到看见非洲海岸。使用这种办法，可在目的地五六十千米内看到陆地。

计算经度是另外一码事。这一问题直到1761年才得到解决。那一年，约翰·哈里森发明了海洋钟。遇有船体倾斜，这台钟表也能长时间准确计时。钟表上显示的是格林威治时间。通过观察太阳在正午时分的高度，就能知道船沿格林威治子午线东西两个方向上走了多远。再配合使用天文表，就能将表上的时、分、秒，以及格林威治子午线的东西方向轻松换算成随纬度变化的实际距离。

但在欧洲地理大发现时，船长还不知道如何判明东西航行距离，偏离航道时有发生。实际上，巴西正是在这种情况下被发现的。1500年，葡萄牙远征队本来要去印度，却在路过非洲西海岸后多走了一段距离，误打误撞发现了南美。

但在多数情况下，水手不会精确测量经度，而是根据一定的信息猜测大致方位。为此，需要知道船在水中的行驶速度，再根据洋流的速度和方向校正船速。船速测量办法非常有趣。具体操作如下：将一段细绳系在帆布做成的"海锚"上，每隔一段时间打一个结。海锚的作用是增加阻力，绳子在船一侧松开时，海锚保持不动。通过计算给定时间内船外绳结的数量，船长就能准确计算船速。

相比船速计算法的简单直观，水手不可能直接观测到洋流的存在。为此，船长记录航海日志，记下每天行驶的大致距离。如出现大误差，比如，将每日里程数相加后，发现船过早或过晚靠岸，就能据此认定船在行进途中遇到了洋流。通过比较不同航线的航行记录，就可以精确计算出洋流的走向和速度。在这方面，葡萄牙人精通经验算法。而当时，欧洲其他国家对大洋航行知之不多。

当时曾有人认为，地球是平的，船如果走得太远，就会从地球边缘掉下去，永远回不来。听信这种观念的水手不太敢出海远航。但欧洲航海者和学者对地球了解较多。葡萄牙人沿非洲海岸测量纬度，对地球体积有了精确的概念。因此，当哥伦布来到葡萄牙皇宫，说他计划西行前往中国和印度群岛时，里斯本的航海专家都知道印度要比哥伦布想象中远得多。他们认为，应绕过非洲抵达印度，哥伦布规划的航线绕了不少路。这一判断相当正确。在葡萄牙人眼中，让这样一个愚昧无知的陌生人出去探险，还把发现的所有东西都归了他，完全没有道理。所以，他们拒绝了哥伦布。

⸙ 航海秘密的价值

葡萄牙宫廷将非洲海岸信息和大洋航行视为国家机密，为的是让葡萄牙船独占海岸沿线贸易。在哥伦布和其他伟大探险家向欧洲展现新世界之前，葡萄牙船长和航海家到底对大西洋了解多少，人们对此仍有争议。也许，葡萄牙人在哥伦布出发之前已经知道巴西和美洲的存在。也许，神话故事和水手奇谈中所讲的西方那一片美丽土地，就是古埃及、巨石阵时代水手所说的亡灵要去的疆域。这些故事传说在中世纪保存下来，等待现代学者去破解隐藏在其中关于大西洋之外土地的零散信息。

可以肯定的是，维京人经格陵兰到过北美，并在那里建立了一个殖民地。该殖民地一直存续到14世纪40年代。公元1000年左右，莱夫·埃里克松首次到达"文兰"，并将消息带回了北欧。但维京人在新世界的殖民地并没有发展起来。不过，最近在加拿大北部的纽芬兰省发现了一处维京人殖民地。

在哥伦布发现新大陆的30多年前，渔民也开始向大西洋深处进发。我们可以这样推论，比斯开湾的巴斯克人和布列塔尼人曾横渡北大西洋捕捉鳕鱼。但渔民和葡萄牙宫廷一样,将信息秘不外宣,而且肯定没有诉诸文字,害怕别人知道最好的渔场在哪里。

组织探险面临的问题

不论真实情况是什么,有一点清楚无疑。即到1480年时,欧洲航海者和船匠已经解决了北大西洋航行问题。对他们来说,只要能渡过浪大风急的北大西洋,征服其他海域都不是问题。剩下的就是金钱和组织问题。谁愿意赞助远航船队,前往未知目的地呢?找到新土地后,该怎么处置呢?西班牙和葡萄牙,这两个引领欧洲海上交流的国家,对这两个问题给出了截然不同的答案。葡萄牙在恩里克王子的领导下,于1418年开始大洋航行探险。起初,规模很小。资金来自于恩里克王子率领的骑士团。该骑士团组建目的是倾尽资源,打败穆斯林。但恩里克王子认为,海上探险活动是侧翼包抄伊斯兰世界这一宏大计划的组成部分。当时欧洲有谣言说,一个名叫祭司王约翰的基督徒在亚洲,也可能在东非建有王国。恩里克王子希望绕过非洲,找到祭司王约翰的国家。他认为,只要能找到这个王国,双方就可以联手打败穆斯林,取得最终胜利。

祭司王约翰的故事之所以流传,有一定的事实根据。当时,埃塞俄比亚和印度都有基督徒(据说是圣托马斯传教的结果),中亚也有一少部分人信仰聂斯托利派基督教。但当葡萄牙外交家佩罗·达·科维良于1487年真正到达埃塞俄比亚时,眼前的情景令他失望。埃塞俄比亚基督徒并不愿意,或者说没有能力帮助欧洲基督徒,将包围自己王国的穆斯林驱逐出境。

仰仗祭司王约翰看来希望渺茫。而恩里克王子的骑士团很快入不敷出,无力装备海船每年出航。下一步面临着借款问题。欧洲银行家对借款给国王应付战事及其他皇家事务已经相当熟悉。只要能找到合适的抵押物,他们非常愿意给葡萄牙统治者筹款。起初,葡萄牙因国力不强,很难筹到款。但到了1444年,恩里克王子的船队经过荒芜的撒哈拉海岸,南行至塞内加尔河,与当地人开展互利贸易。非洲人提供给葡萄牙人的主要产品是奴隶、黄金和象牙,换回来的是工具、武器和小摆设。对这种商业形式,意大利和德国南部的银行家深表认同,愿意赞助葡萄牙在此地开展探险活动,便以借款和预付款形式支付给葡萄牙人,希望能从每次远航利润中抽成。

✕ 葡萄牙人的贸易和探险

非洲海岸贸易承担了持续探险活动的成本，而新探险活动又扩大了贸易范围。简而言之，这一过程是自给自足式的，带动葡萄牙人加快了探险步伐。因为出海有利可图，就很容易筹到新款，建造新船，改进装备，吸引有经验的水手和船长参与探险。

从以下几个例子我们就可以看出，一旦经营性问题得到解决，发展速度会有多快。1460年，恩里克王子去世。当是时，葡萄牙船已经向南远行到冈比亚河、佛得角岛。12年后，费尔南多·波到达非洲海岸大转弯的群岛，以自己的名字命名此地——费尔南多波岛。又过了10年，迪奥戈·康发现了刚果河河口。五年后的1487年，巴尔托洛梅乌·迪亚士绕过好望角。

1492年，哥伦布发现新大陆，葡萄牙与西班牙发生争执，探险步伐暂被打断。但非洲探险于1497年恢复。那一年，瓦斯科·达·伽马经大西洋中部南行至好望角纬度，又向东折返，直到非洲海岸消失在视野之中。在看不到陆地的情况下，达·伽马船队连续在海上行驶了97天。他们沿非洲东海岸航行，抵达蒙巴萨岛，并在当地找到一名向导，穿越印度洋，到达印度南部的科泽科德。葡萄牙人在科泽科德装上了珍贵的货物，于1499年荣归故里。非洲终被绕过。印度群岛之路终被发现。这是一个再清楚不过的事实。

⁂ 香料贸易

葡萄牙人着手开发印度洋贸易的多种可能性。"香料"在欧洲是紧俏商品。印度洋海岛及附近群岛出产的香料在欧洲有多种用途，调味、入药、染色均可。但以现代厨房中的常用香料——胡椒、肉桂、丁香最为重要。从中世纪起，欧洲富人大量使用香料，消费数量之大，令人惊讶。原因是，当时没有冷冻设备，肉类腐败变质司空见惯。为盖住坏肉味，改善口感，欧洲人大量调入胡椒及其他香料。此外，香料还能治病。因其烹饪和药用价值，香料价格昂贵，也因此变成人们对外炫耀的东西。

印度洋各地所产香料各不相同。达·伽马来之前，就有穆斯林商人采集香料，从印度南部或阿拉伯半岛南部，经红海船运到埃及。从埃及出发，这些香料又被转运至威尼斯等意大利城市，最后卖到西欧各地。这一贸易路线包含多次交易，层层加码后，价格大幅上涨。除了交易费用之外，红海各港口还要收取税费。为规避这些费用，达·伽马在印度南部收集香料，直达里斯本。所以，里斯本取代威尼斯成为欧洲香料集散大港。

达·伽马成功后，葡萄牙很快跟进，于1500年派舰队远航（就是这支舰队在去印度途中偶然发现了巴西），后来又派出多支舰队出海。葡萄牙人设计的这支绕非洲去印度的新航线对穆斯林商人造成了威胁。之前，穆斯林一直通过红海运送香料，借此养家糊口。但在波涛汹涌的大海上，穆斯林没有能力抵挡葡萄牙人。葡萄牙船装有火炮，能在90米开外击沉敌船。而漂在印度洋上的船多为轻型构造，承受不住重炮产生的后坐力，在装备上比不过葡萄牙船。1509年，穆斯林组织大型舰队攻击葡萄牙人。葡萄牙人仅派出几条战船就轻松击败对手，在印度西北部的第乌战役中赢得决定性胜利。

第乌战役标志着穆斯林印度洋海军战术的根本革命。两千年间，在地中海和印度洋海面上，海上作战办法一直都是先撞击后登船。但这种近战策略在火炮前是自取灭亡。面对海战模式的急剧变化，印度洋航海民族没有借鉴葡萄牙人的技术，而是屈服于人，缴纳通行费，把身家性命悬于葡萄牙人之手。

葡萄牙海外基地

在1509年充分展现海洋驾驭能力后，葡萄牙人面临的下一个任务是，攻取战略要地，控制海陆贸易。1510年，葡萄牙占领印度西海岸果阿港，以此为活动中心。1511年，攻取苏门答腊和印度尼西亚大陆间的马六甲海峡。1515年，攻克波斯湾港口，建立军港。自此，葡萄牙人掌握了印度洋海上控制权。他们又在非洲海岸建立军港，保证返航安全。再往东走，坐落着名副其实的香料岛——摩鹿加群岛，还有中国。1513年，葡萄牙探险者到达中国东海岸。1553年，葡萄牙人取得澳门居住权。1887年葡萄牙人继续占领澳门并将其辟为殖民地。1542年至1543年间，葡萄牙人第一次到访日本。

所有这些海上活动耗资巨大。起初，葡萄牙国王不用费多大力气，就能筹到装备舰队的钱款，远航到印度群岛，带回香料卖到欧洲各地，获得比成本高出一两倍的利润。但这笔意外之财很快打了水漂。穆斯林重新武装，再次与葡

葡萄牙船在日本

这一张屏风大画记录了欧洲海船到访日本的情景。绘画时间是公元 1542 年欧日开展贸易之后不久。显然，画家对船体结构细节很感兴趣，精确描绘了桅杆、瞭望台、风帆、缆索和火炮。前景中的白云是船首火炮炮示意释放的烟雾。岸上的朦胧烟雾中可能站着日方欢迎队伍。到访的欧洲人在前景中清晰可见，还能看到一匹马，可能刚从船上下来。当时的日本人对外国技术，尤其是火炮怀有浓厚兴趣。这幅画鲜明体现了日本最初与欧洲接触的反应特征。在欧洲人看来，日本是他们发现的新大陆中最遥远的国度，如能开展贸易，则获利丰厚。因此，在近一个世纪里，葡萄牙船在日本港口备受欢迎。

萄牙人抗衡。毕竟，绕道非洲的航线长度至少是红海航线的三倍，而且建造、维护坚船利炮要比制造于印度洋上航行的轻薄小船消耗更高的费用。因此，只要穆斯林能降低过路费、税金，以及沿线交易转手费用，就能扬长避短，调整香料交易模式，再次与葡萄牙人竞争。这一调整过程用了不到 20 年。

这意味着，葡萄牙更难筹到开展印度洋探险的钱款。地方驻军要自己想办法发兵饷。本土供应越发稀少。最初的探险热情渐渐消散。葡萄牙人成了印度洋上众多贸易队伍之一，不得不与其他各方竞争。葡萄牙舰队虽然具备特殊优势，但也有劣势。第一大难就是从遥远的本土获得充足补给，而葡萄牙财力有限。

尽管有此局限，葡萄牙人仍在一些地方获得了丰厚利润。比如，葡萄牙与日本、中国的贸易持续了将近一个世纪，从中赚取中间商利润。澳门就是在没有获得葡萄牙本土特别支持的情况下，通过扮演这种角色发展起来的。驻澳门的葡萄牙商人以中间商利润购买补给，装备海船。当然，这只是个例。中国政府认为日本商人都是海盗，严禁中日直接交易，但允许葡萄牙人做中间商。但其实从一开始,葡萄牙人从事的海盗活动并不比日本少。

在香料岛上,葡萄牙人也以掌管某镇或某岛为名,要求当地统治者提供丁香及其他贸易品作为酬谢。葡萄牙船和船员都配有武器,远比当地武器先进。如遇突发暴动,惩治违逆行为相对比较容易。当地经历过恐怖袭击的首领王公认为,听从葡萄牙人指令,让族人为葡萄牙人采办丁香等土产是明智选择。

地方贸易模式的变化

各种地方贸易模式在世界各地兴起。亚洲货物出口到非洲海岸,印度洋各地区之间交流不断,为葡萄牙人提供了一些贸易可能性。但从总体上来说,当地商人在发展商贸关系方面比葡萄牙人更具优势。因为相比这些欧洲闯入者而言,他们通语言,懂市场,深谙地方政治关系。不过,葡萄牙人手中有坚船利炮,可据此保护商船,收取费用,因此赚得盆满钵满。

葡萄牙人在印度洋和远东地区面临的持久障碍是:欧洲似乎没有什么产品能满足亚洲人需要。在印度、中国和日本消费者眼中,欧洲生产出来的东西粗制滥造,一点都不吸引人。即便在离欧洲较近的非洲,也还是廉价的亚洲产品更适应非洲需求。日本人从一开始就对欧洲的金属和火炮感兴趣。但在别处,这两项欧洲拳头产品市场很小。不过,对欧洲人来说,卖太多火炮,让别人把自己赶跑,显然愚不可及。

葡萄牙人面临的第二个问题难度也不小。葡萄牙国王找不到控制自己在非洲、印度和中国的代理人的有效办法。国王出资赞助大型远征活动,对贸易沿线要塞有统治权。早在1505年,葡萄牙国王就向印度委派总督,代表自己管理当地事务。实际上,在1961年果阿独立之前,葡萄牙一直向当地派遣总督。但即便是身处当地的总督,也不可能掌控散布在上万千米范围内的代理人。对葡萄牙国王的官方代表而言,自主开展贸易充满诱惑力。因为这样一来,赚钱的买卖能到自己的手里,而赔钱薄利的生意待在国王的账面上。结果是,葡萄牙国王从印度洋探险活动中收益甚少,找不到维持国外要塞和舰队运转的资助。而地方商贸活动照常进行,尤其是澳门。该葡萄牙殖民地没有受到国王支持不利的冲击。但到1520年后,葡萄牙减弱扶持力度,开辟遥远海域的活动陷于停滞。虽然从事商贸的个人还能获得丰厚利润,但国王,以及从探险之初就借款给国王的大银行家看不到投资回报,所以就不再投钱开展探险活动。

西班牙海外帝国的发展

西班牙人是从后门而入,建立海外帝国的。实际上,到 1492 年时,还不存在西班牙王国。1469 年,阿拉贡国王费尔南多二世和卡斯蒂利亚女王伊丽莎白一世成婚,但两个王国仍各自为政。伊丽莎白赞助哥伦布发现了新大陆,由她执掌的王国因此成为美洲的新主人。但卡斯蒂利亚王国是内陆国,在几个世纪里一直派出十字军,与穆斯林开战。1492 年,卡斯蒂利亚十字军与伊斯兰战争达到高潮。西班牙半岛上最后一个穆斯林政权——格拉纳达王国被征服。费尔南多和伊丽莎白乘胜而为,分别于 1492 年和 1502 年,将王国内所有不愿改信基督教的犹太教徒和穆斯林驱逐出境。至此,十字军东征运动在逻辑上完结。而就在此时,一个幅员辽阔的传教新疆域在美洲开辟,令西班牙统治者目瞪口呆。

哥伦布远航

伊丽莎白对哥伦布的重视本身也表明,西班牙在海外事务上经验很少。我们刚才已经了解到,葡萄牙人懂得更多,所以严词拒绝了哥伦布。但伊丽莎白被哥伦布的热忱打动。攻下格拉纳达后,她决定赞助哥伦布装备三艘小船。正是靠着这三条船,哥伦布找到了"印度群岛"。另外,伊丽莎白同意哥伦布做"海洋总司令",对发现的任一新土地拥有广泛权力。她脑中所想到的很可能是延续欧洲原有的领主和封臣模式。在她看来,不管哥伦布发现了什么,都是卡斯蒂利亚王国的封地。

1492 年 8 月,哥伦布从西班牙启航,南抵加那利群岛。该群岛自 1344 年起就隶属卡斯蒂利亚王国。离岛后,向西航行,发现了大巴哈马岛。此时,距离上次看见陆地的时间只有 36 天。加那利群岛位于信风带,哥伦布利用东北信风直穿海洋。返航时,他一直向北走,到达盛行西风的地区后,再向东折回西班牙。哥伦布精于航海术,知道如何利用顺风。实际上,从技术角度而言,哥伦布的著名远航难度一点都不大。其重要性体现在,哥伦布为欧美两洲开辟了定期联系。

极具讽刺意味的是，哥伦布一直到去世那天还不承认自己发现了新大陆。他坚称自己发现的岛屿位于亚洲海岸附近。1506 年去世之前，哥伦布又做了三次远航，发现了伊斯帕尼奥拉岛、古巴，以及加勒比海的其他岛屿，并在奥里诺科河附近的南美海岸登陆。在伊斯帕尼奥拉岛，他发现了少量黄金。消息不胫而走。有人谣传新大陆有数不清的财富，西班牙宫廷上下一片哗然。自由之身的贵族和身无分文的冒险者纷纷搭船出海，寻找财富。女王一如既往，将有待发现的土地授予自己掏钱组织远征的船长。

王室直接统治权的确立

发现美洲后，秩序失控，争吵不断，哥伦布无法收拾局面。于是，卡斯蒂利亚王朝派遣一名王室法官解决纷争。1499 年，哥伦布被遣返西班牙，锒铛入狱，其政治管理权力被撤销。王室在原则上实现了对大西洋彼岸新土地的直接管理权。

这一决定只不过是大洋彼岸王室政府和封建大贵族之间争斗解决方法的延续。王权想要加大土地控制权，封建大贵族拒不让步。最终，卡斯蒂利亚王室政府受阿拉贡费尔南多中央集权政府的影响快速夺权。因此，在哥伦布发现的新大陆上出现麻烦之时，官员立刻抓住机会在新发现的土地上确立王室直接管理。

这种政策在纸面上完美无缺。但在新大陆发现之初，政府收入有限，无力建造舰队，发放士兵、法官、地方长官及其他官吏工资，让王室管理落到实处。因此，原有的谁出钱组织远征，谁就能被授予大片土地的政策继续实施。因为没有人能记清楚一开始给的是哪块土地，土地授予时常出现交叉重叠现象。小规模内战和暴力威胁现象时有发生。王室法庭裁决和法律只能得到部分执行。原因很简单，要想实施理论权力，除了诉诸武力外，别无他法。

换言之，国王和贵族的激烈争斗战场由国内转向了国外。

西班牙和葡萄牙权利要求的调整

在一段时间里，哥伦布发现新大陆的消息在整个欧洲引起轩然大波。1493 年，教皇按随意划定的经度将世界均分给西班牙和葡萄牙。次年，两国政府同意将教皇划定的地界线向西移动 100 里格（约为 483 千米）。新地界将半个世界之外的巴西划归葡萄牙，但因为经度测量困难，没有人知道这条线在远东的确切位置。

欧洲其他国王不愿承认西班牙和葡萄牙的权利，但只有英格兰国王行动起来。1497年，亨利七世派乔瓦尼·卡博托渡过大西洋，向北方探索。卡博托没有发现通往中国或印度群岛的路线，而是找到了一片荒无人烟的森林。欧洲人对此了无兴趣。自此之后的一个多世纪里，英格兰完全放弃了西行探索活动，认为得不偿失。其他国家根本没有做这样的尝试。

韦斯普奇、巴尔波亚和麦哲伦的发现

在一段时间里，西班牙人认为整个探险活动会很快落空。一个又一个的远征队出发寻找传说中印度群岛上的财富，但每次发现的都是美洲新海岸。1507年，大多数航海专家都认为，已发现的陆地不是亚洲，而是新大陆。同年，德国学者马丁·瓦尔德泽米勒制作了一份地图，把能找到的所有探险者报告信息都放在地图上。关于南美海岸南部，他参考了意大利船长亚美利哥·韦斯普奇的报告。1502年，韦斯普奇曾向南远航到拉普拉塔河口。瓦尔德泽米勒认可亚美利哥·韦斯普奇的发现，提议将新大陆称为"美洲"。这个名字自此确定下来，无人提出异议。不过，最开始，"美洲"指代的仅仅是"南美洲"。公元1600年后，欧洲人认为该词应同时涵盖北美洲和南美洲。

其他关于新大陆的疑问随着西班牙人瓦斯科·努涅斯·德·巴尔波亚的发现而全部消散。1513年，巴尔波亚横渡巴拿马地峡，看见了我们今天称之为"太平洋"的大洋。此后不久，葡萄牙船长斐迪南·麦哲伦向西班牙行进途中，在南美南端发现了海峡，即"麦哲伦海峡"。后来，麦哲伦驶过美洲西海岸，也就是今天的智利，最终到达信风区。借东南信风之势，麦哲伦大胆向广阔的太平洋进发。这段漫漫航程危险重重，因为麦哲伦要找的是香料岛。而在他心目中，香料岛应该位于赤道以北。于是，他向西北方向航行，走到太平洋中部后，离开信风区，进入风平浪静的热带地区。在这一地区，麦哲伦船队行驶缓慢，无法全速前进。但麦哲伦精通航海术，最终抵达菲律宾群岛，与当地人发生冲突后被杀害。他的同伴继续前行，周游世界。三年海上漂流后，麦哲伦船队原有的五条船，仅剩一条于1522年返回西班牙。

麦哲伦的航海壮举激动人心，震撼世界，但也留下了一个有待解答的问题——西班牙海外探险者如何负担航海费用？哥伦布并没有从伊斯帕尼奥拉岛土著人那里拿到多少黄金。美洲出产的其他产品也没有快速在欧洲打开销路。西班牙人首次看到的美洲印第安人种田捕鱼，仅能填饱肚子，无法充当奴隶。因为，欧洲传染病一来，美洲印第安人快速死亡。

征服墨西哥、秘鲁和智利

卡斯蒂利亚王国的海外探险活动因埃尔南·科尔特斯迅猛摧毁墨西哥阿兹特克帝国而得以延续。1518年，科尔特斯带着600人和17匹马从古巴出发。沿墨西哥海岸航行一段时间后，他在韦拉克鲁斯登陆，准备向阿兹特克都城特诺奇提特兰进发。印第安部落憎恨阿兹特克人的统治，给西班牙人帮了忙。面对突如其来的西班牙人，阿兹特克统治者蒙特祖马二世十分困惑，以为他们是超自然物种，手足无措之下被西班牙人俘获，死于囚禁之中。1520年，阿兹特克人奋起反抗。科尔特斯被迫从特诺奇提特兰撤离，但于次年得到印第安盟友帮助，再次围攻该城，并将其夷为平地，在附近建立了墨西哥城，立为西班牙殖民地都城。

科尔特斯攻城建都为西班牙权贵所重。原因是他在阿兹特克都城发现了大量金银。也就是说，西班牙人终于找到值钱的东西去支付探险和开发成本。消息传开后，他们轻松筹到款子，渴盼去海外探险。

科尔特斯暴力攻取阿兹特克，在西班牙声名卓著。很快有人效仿此道。1531年至1536年间，弗朗西斯科·皮萨罗征服秘鲁。皮萨罗于1531年出发时只带了180人和27匹马。但他所要征服的印加帝国比阿兹特克面积更大、组织程度更高。不过，金银数量也比特诺奇提特兰更多。

听闻如此奇遇，西班牙人四散开来，寻找更多储备黄金的城市。因为有西班牙政府授予土地，又不用给同船的人许下太多承诺，西班牙海外探险者不难筹到款子，装备远征军。就是通过这一方式，埃尔南多·德·索托于1539年至1542年间对现今美国南部进行了探索，发现了密西西比河。1540年至1543年间，弗朗西斯科·巴斯克斯·德·科罗纳多发现了今天的新墨西哥州、得克萨斯州、俄克拉荷马州，以及堪萨斯州部分地区。玛雅人的家园——尤卡坦发现时间较早。1527年至1535年间，西班牙人对此地进行了探索，找到的财富不及墨西哥和秘鲁。西班牙人开展的其他探险活动还包括：1561年征服智利；1536年至

1538年间占领哥伦比亚；1541年从秘鲁出发顺亚马孙河航行；探索下加利福尼亚半岛及周边地区。

组织采矿活动

到1545年时，一切已经非常明了。所有大帝国尽被征服，印第安人集聚的金银财宝尽被西班牙人找到。但不到二十五年间，西班牙征服者的好日子就过到头了。是时候让官员、行政人员、传教士、官僚接管过来，把西班牙庞大的美洲帝国打理得井井有条。

第一步是组织采矿活动，让源源不断的贵金属流入西班牙本土。贵金属能买到一切东西，取悦当局者。美洲黄金分布广、储量小，多数以河床块金形式出现。但白银矿藏丰富。最大的白银矿位于安第斯山上的波托西，于1545年进入常规运营。此后不久，墨西哥中部银矿也得到开发。但秘鲁仍是最大的贵金属产地。西班牙人把欧洲最好的采矿技术应用于新世界。回报相当可观。年复一年，巨量贵金属运回欧洲。

安全运送白银回西班牙是一个难题。欧洲各国海盗不择手段，攻击满载财宝而归的西班牙船。护航制度由此设立。从秘鲁开采到的白银先是船运到巴拿马，放在驴背上驮到巴拿马地峡，经船运武装护航至加勒比群岛，再穿过1492年哥伦布首次经过的佛罗里达海峡回到西班牙。

矿业开采收入远超官员薪水。这意味着，只要能妥善组织贵金属流向，就有可能根据标准官僚制实施行政管理。探险早期设置的土地授予权被取消，西班牙新世界土地在秘鲁总督和新西班牙总督间分割。前者建都于利马，后者定都墨西哥城。总督即代国王，由西班牙国王任命，在新世界代表王室权威。一群高官组成的委员会协助总督开展工作，但所有重要事务必须经过一个特别委员会批准。该委员会设在西班牙国内，专司印度群岛事务。各行省比照总督职权设置办法，设立分委会，行使地方权力。每一城镇也设置委员会，由王室指定官员主持政务。

由此，西班牙征服者后代的恣意妄为得到有效控制。在涉及土地及其他财产所有权问题上，法律诉讼取代了赤裸裸地使用武力。原来最混乱无度、不守规矩的卡斯蒂利亚王国变成了最精密组织的治理单位。这种惊人的转变不仅是采矿工程师和律师努力的结果，也是天主教教会的工作成果。

⁂ 传教的推力

西班牙国王习惯和教会开展密切合作。在从穆斯林手中收复西班牙失地的漫长过程中,收回的新土地在王权与教权的共同努力下变成卡斯蒂利亚王国的一部分。王权和教权在西班牙差不多是一回事。1478年,费尔南多和伊丽莎白建立特别宗教法庭制度,即西班牙宗教法庭。目的是搜捕异端,并以自称是基督徒但仍然秘密忠于原信仰的犹太教徒和穆斯林为重点怀疑对象。1482年,教皇同意卡斯蒂利亚和阿拉贡君主全权任免各自王国内的教会高级职位。

最古老的美洲大教堂

这是位于多米尼加共和国的圣多明各大教堂西门。教堂内安放有克里斯多弗·哥伦布墓。不过,哥伦布的尸骨究竟在何处还存有争议。这座大教堂建于1540年。当时,圣多明各仍是西班牙在新世界的主要活动中心。因为印第安建筑工人没有石料建筑传统,所以完全采用欧化建筑风格。其规模气势展现了教会在西班牙殖民统治中的重要地位。该教堂所在的中心广场毗邻总督官邸。而官邸房屋原属哥伦布旧宅。这一地势上的巧妙安排表明,神职人员一半是世俗管理者的竞争对手,一半是辅助人员。双方共同效劳于西班牙国王,管理海外新子民。

这些新权力对王室极具重要管理意义,尤其是宗教法庭。该法庭是卡斯蒂利亚和阿拉贡王国内唯一一个自主运转、统一管理的机构。法庭有权逮捕任一嫌疑人,可经年累月实施关押,拷问其宗教观点"正确性"。这种方法的确揭露了不少假称基督徒的犹太教徒和穆斯林。但同样的方法也用在对王室管理有不同意见的人身上。即便找不到异端邪说,批评国王的人也会无限期消失在公众视线下。对此有疑问的人可能引火烧身。费尔南多和伊丽莎白通过逮捕异己很快化解了反对势力,为两个王国紧密协作铺平了道路。

❧ 新世界的教会

得知哥伦布发现新大陆后，西班牙君主首先要做的是，确保对印度群岛教会实施全面控制。1493年，教皇对此表示认同，并给予西班牙王室在所有海外领地上委任主教及其他教会领导的权力。但在1569年以前，新世界并没有设置宗教法庭。可能是当时还没有这方面的必要。

西班牙征服者每次出发时，都有牧师和修士跟船前往。西班牙教会认为，数百万灵魂等待拯救，因此下大气力，把传教士派往西班牙统治的每一寸土地。这些传教士关心印第安人间的宗教战争，成为土著人利益的特别发言人，其中以巴托洛梅·德拉斯·卡萨斯最为著名。卡萨斯（1474年—1566年）初为神父，后升为主教，于1502年到达伊斯帕尼奥拉岛。看到印第安人遭奴役后，坚定捍卫印第安人权利。卡萨斯的呼吁和抗争没有白费。1542年，美洲法典公布，将印第安人划分为西班牙王室的合法受供养人、受保护人，禁止奴役、虐待印第安人。当然，法律归法律，西班牙地主总能根据具体情况，找到别的办法控制印第安劳动力。

在采取系统性措施、使印第安人改信基督教方面，卡萨斯也是先行者。他希望在不动用武力的情况下，通过耐心劝说，让印第安人经自由选择变成基督徒。但印第安人有自己的想法。如果真的让他们自由选择的话，他们会遁入森林。因此，后期的传教活动采用了武力加劝说相结合的方式。修士和士兵把印第安人赶到一处，邀请他们接受基督教教义。在这种情况下，很少有印第安人会拒绝信教。

有时，一些印第安人会偷偷逃出传教现场。士兵再把他们追回来。但一般来说，印第安人愿意顺从修士和神父。在他们原有的宗教信仰中，祭司和巫师也要求完全服从。让这些简单纯朴的农民把忠诚和顺从之心从一个宗教转向另一个宗教并不难。尤其是，当地的宗教形式和政治组织不能有效抵御西班牙人时，宗教信仰的改变也就在所难免了。

1540年左右，西班牙征服活动终止，传教成为西班牙人继续对土著人施加控制的手段。虽然找不到囤积的黄金，但传教士并没有停止脚步。而且，每次布道时，他们都要自行承担费用。为此，他们让印第安人参与劳动。这样一来，西班牙传教士不仅让印第安人改信天主教，还让他们学会了新的技艺。

在西班牙人到来之前，印第安人就已经掌握了美洲粮食作物种植办法，所以对新式农耕不感兴趣。但新的金属工具——锄、斧子、铲子给美洲农业带来了巨大变化。在哥伦布登陆美洲前，印第安人从没见过牛、羊、马。如今，这些牲畜改变了墨西哥和南美部分地区的土地利用模式。传教士利用印第安人劳动力建造了宏伟的教堂，并教会印第安人制作手工艺品，满足教会仪式和族人日常生活之需。

因此，传教活动很快实现了自收自支。实际上，后来，巴拉圭以及新世界其他地方的传教士让传教活动变得有利可图。他们利用印第安劳动力制作产品，出口到欧洲，换成钱财后，再用到新世界其他地方。但这是后来发生的事情了。大部分传教活动仅够维持自身运转。不过，这足以让西班牙传教士和士兵连队在自己设定的范围内实现快速连续拓展。

在新世界西班牙版图的边缘区，传教体系发挥了重要作用。但在中央区以及白银开采区，这种传教模式分崩离析。印第安人不再制作手工艺品，而是去银矿劳动。因为，西班牙普通移民在新大陆发了财之后，不愿意再干力气活。他们赚钱的普遍手段是，借东西、借钱给印第安人。印第安人对借贷没有任何概念，而且一般偿还不起。根据法律规定，欠款人逾期不还，则应为债主工作。低廉的工资、宽松的借贷让印第安人处于永久性负债状态，对债主负有永久性义务。这种关系被称为"劳役偿债制"，仅在法律形式上与奴隶制有区别。

通过这种方式，西班牙人强迫印第安人种田耕地、干家务活、采矿做工。而与此同时，不论是印第安人还是西班牙人，都处于教区牧师和主教的精神控制下，跟欧洲情况别无二致。在理论上，教会仍努力保护印第安人，政府官员仍支持传教活动。但实际上，法律上的漏洞让西班牙移民有机可乘，强迫印第安人在新殖民社会干各种苦活累活。就社会地位而言，西班牙人处在上层，印第安人位于底层，中间阶层是父亲为西班牙人、母亲为印第安人的混血儿。在非洲奴隶贸易地区，也产生了其他混血群体，有的是黑人和印第安人混血，有的是黑人和西班牙人混血。

时间一长，这些中间阶层群体人数越来越多。这意味着，原有简单的西班牙—印第安人关系变得界限模糊。但教会和官僚机构一直高高在上。二者相辅相成，维持着新世界的社会秩序，不惜一切手段确保西班牙天主教移民的社会地位，对怀疑、反对教会的行为予以坚决镇压。其结果是，一个井然有序、庄

西班牙人在阿拉莫传教

这幅木版画作于18世纪，展现了西班牙边境传教活动中的社会结构。画面上，负责传教的神职人员从教堂里走出来，后面跟着一群人。这些人表情庄重肃穆。前景中，四个穿制服的士兵恭敬鞠躬。而背景中的印第安人反应不一。有的虔诚地跪在地上，有的站在一旁，瞪着眼睛看着。除了这三群人外，教堂一角还有一个人坐着，似乎对仪式完全不关心。从他穿着的欧洲服饰来看，他可能是当地的地主。这些人常与神职人员争夺印第安劳动力控制权。画家似乎有意刻画这样一个明显对宗教仪式不感兴趣的人物，以视觉形式展现弥漫在西班牙殖民社会中的紧张气氛。

严肃穆的社会在新世界诞生。这个社会靠闪耀的白银矿产和恢宏的教会仪式维持运转，受西班牙王室议会委任官员的精密控制。

葡萄牙传教活动

葡萄牙的传教活动有着不同的发展历史。从侧翼包抄伊斯兰曾经一度是恩里克王子的首要目标。瓦斯科·达·伽马最终绕过非洲发现新大陆后，这一使命仍未被遗忘。修士和牧师跟随葡萄牙探险者出海远航。他们不仅在海岸设立哨所，也建造教堂面向当地传教。麻烦在于，当地居民并不愿意接受传教士的布道。在印度和中国，基督教已耳熟能详，但印度教徒和儒家学者感觉基督教起不到什么作用。在他们眼中，只有无足轻重的局外人才会信仰基督教。这些人可能有坚船利炮，但肯定不懂得上帝和宇宙的奥妙所在。

在印度洋海岸上，伊斯兰教遍地开花。因此，葡萄牙传教士每到一处，都与穆罕默德的追随者形成了直接竞争关系。通常，穆斯林更有说服力。原因可能是，他们较少要求当地人改变原有风俗习惯。尤其是苏菲教派，教义弹性很大，修行方式灵活。简而言之，伊斯兰宣教者允许信徒以不同方式敬奉真主。而基督教要求遵守所有圣事，特别禁止一夫多妻。但在非洲和东南亚部分地区，富豪显要都娶有多位妻子，并认为妻室越多，身份越显赫。这种局面导致基督教受冷落。

就算是葡萄牙传教士在初期获得成功，长期效果也微乎其微。比如，在刚果王国，一个靠篡权走上王位的君主于 1506 年改信基督教，还给自己起了一个葡萄牙语名字"阿方索"。阿方索国王大力传播基督教，但同时也想垄断奴隶出口权。这一想法不得人心，刚果王国很快土崩瓦解，国王的基督教传播政策了无痕迹。

非洲人多倾向于坚守故俗，信奉原有宗教。非洲社会从未出现过摒弃传统仪式信仰的情况。另外，葡萄牙人和其他欧洲人与美洲开展奴隶贸易，也让非洲人觉得基督教不可信。

但在另一方土地上，基督教传教士受到了别样待遇。1549 年，圣方济·沙勿略抵达日本，引起强烈反响。很多日本人喜欢来自欧洲的新奇事物，甚至在一段时间里，模仿欧洲人的穿衣风格和行为习惯。作为外来事物的基督教自然也受到追捧。日本很快成立了基督教会，并在一个多世纪里兴盛发展。

除日本外，葡萄牙人的传教活动成绩平平。因此，葡萄牙帝国仍以海上防卫和贸易为主务，势力范围完全局限在港口和公海。葡萄牙人从来没有像西班牙人那样在新世界开辟幅员辽阔的内陆疆土。从这个角度来说，葡萄牙人给世界留下的是短暂的印迹，而西班牙人不仅征服了新世界的印第安人，还塑造、定义了中南美多数社会。

巴西是个例外。在这里，葡萄牙人遇到了与西班牙征服民族相似的印第安人。但葡萄牙政府没有像西班牙那样，设立中央政府管理机构，建立有序帝国。相反，巴西被分裂为一大批地方政权。而且，因为没有白银收入，官僚机构不能有效管理地方事务。葡萄牙人役使印第安劳动力开发种植园（尤其是糖料种植园），却导致了一场灾难。印第安人感染上了葡萄牙人和非洲奴隶携带的疾病，大批死亡。不久，糖料生产主要由非洲奴隶承担。

在这样的穷乡僻壤，传教活动几乎从来没有真正开展过。为获取劳动力，巴西的葡萄牙殖民者四面出击，为甘蔗田搜刮人力。这种环境产生不了西班牙保护性质的传教模式。种植园主既想剥削奴隶肉体，又想拯救其灵魂。被这样的主子奴役，巴西印第安人和非洲黑人根本不可能真正信仰基督教。

欧洲探险产生的间接影响

欧洲地理大发现深刻改变了流行于主要人种之间的人际关系概念。但除了意识上的变化，这一大发现还在世界范围内产生了三个具有根本意义的重要影响。这三大影响因沟通新模式导致，所以当代人很少或根本没有注意到。分别是：价格革命；疾病向新地区、新人口的传播；美洲粮食作物向欧亚非的传播。下面我们就每一影响简单解释如下：

价格革命

美洲白银供应量巨大，银币买不到相应量的商品，价格快速上涨。为买到同等数量的有用物品，需要更多白银。自然而然，价格革命最早在西班牙产生，西班牙人感受最强烈。一个世纪里，西班牙商品价格上涨了400%左右。在欧洲其他地方，也出现了小幅价格上涨，但涨幅要慢得多。不过，欧洲世界没有一个地方能逃过这一影响。因为，一个市场价格急遽上涨后，其他市场上的商品价格随之飞涨，最后趋于平衡。而且，这一影响并不局限在欧洲，还传到了奥斯曼帝国、印度和中国。

但随着价格革命传遍文明世界，价格的重要性有所降低。欧洲从事商品买卖的人数比亚洲大部分地区都要多。在亚洲，农民占人口绝大多数，很少买卖商品。他们要做的是，将余粮供应给社会上层，以实物形式纳税缴租。因此，中国的价格体系虽然也发生了变化，但并未在多大程度上改变农民和地主的关系。印度和伊斯兰世界大部分地区也是如此。而在欧洲，价格革命打乱了买卖双方、借贷双方、地主和佃户、政府和纳税人的关系。一些阶层得利，另一些阶层受损。每个人都感受到不确定性的存在。几乎每个人都认为，贪婪邪恶者在一定程度上推动了价格上涨。但在那个时代，没有人知道白银供应与白银衡量的价格水平之间存在什么样的关系，所以就很难找出价格上涨因素，确定哪个人难辞其咎。

缺乏现代金融常识，并不意味着传统日常关系的大动荡没有产生重要影响、变得容易让人接受。很多人受损，每个人都面临新的经济不确定性，欧洲公众急于找到替罪羊。德国路德教运动如火如荼，激起宗教纷争，很大程度上正是因为价格革命引起的经济混乱。价格革命导致的经济动荡贯穿欧洲未来数百年历史，在无数层面上真真切切地改变了人们的生活。价格变化得如此迅速、不平均，没有什么还会和以前一样。

疾病感染

第二大变化是通航导致的疾病传染。这一变化虽然列在第二位，但并不意味着重要性不及价格革命。在欧洲航海者登上新大陆前，当地人与外界接触很少。航海者得的病对他们来说完全是新病，具有毁灭性影响，尤以美洲印第安人染病身亡者为甚。这些病在欧洲是常见的儿童期疾病，但印第安人从未感染过，对此没有免疫力。因此，当麻疹、流感、百日咳，以及在欧洲都属于重病的天花在新大陆肆虐时，成千上万美洲印第安人殒命。没过多长时间，他们又不得不面对西非奴隶船上的流行病——黄热病、疟疾等等。

一波又一波致命疾病袭来，很多印第安部落遭受灭族之灾。在墨西哥和秘鲁，数以百万计的农民聚居生活。科尔特斯和皮萨罗初来时，染病身亡者人数更巨。有人估计，科尔特斯踏上墨西哥土地时，墨西哥中部人口在1100万至2000万之间。到了1650年，因天花、麻疹、疟疾感染，只剩下了大约150万人。存活下来的这些人中有混血儿，当然还有西班牙全体移民。换言之，在130年里，85%以上的人口消失不见。类似的人口剧减也在秘鲁以及南美其他地方出现。只要与欧洲人有过接触的稠密人口，此类情况都会上演。

旧世界人口对此反应不同。新瘟疫和流行病随海船到达欧洲和亚洲港口城市。虽然进出每一港口的船只数量不一，频度不等，但感染的差不多都是同一种病菌，不同的只是当地气候和生活习惯。

疾病变为地方病后，人口死亡率下降。患上各种典型地方病的儿童不外乎三种结局：要么死于襁褓之中，要么幼年夭折，要么获得足够的免疫力存活下来。如此一来，有一种情况不可能再发生，即某镇居民对某种疾病有获得性抵抗力，五十多年后该疾病再次爆发，导致半数以上人口死亡。

黑死病爆发时间最早，危害程度最深，在一个夏天里就能让某城镇大多数人口死亡，但只是突发疾病中的一种。到了1750年左右，整个文明世界沟通越来越频繁，染病水平达到一致，黑死病等瘟疫不再侵袭欧洲，对印度、中国和中东的影响也在减弱。

从 1750 年起，染病人口对流行病获得了新的免疫力，世界各地出现了前所未有的人口增长。

新作物和牲畜传播

世界海洋通航产生的第三个变化是，一些重要粮食作物和牲畜传播到新地区。美洲把烟草、玉米、土豆、甘薯、木薯、花生、西红柿传到世界各地，换来的是欧洲饲养的牲畜——马、牛、绵羊和山羊。马成就了北美大草原印第安人的生活革命。骑在马背上的印第安人能猎捕到更多水牛。他们过上了崇武善战的狩猎生活，与欧亚草原上生活的游牧人有一些饶有趣味的相似之处。顺便说一句，正是这样的印第安人走进了现代美国的西部传奇故事。但当东部牛仔来到西部，与印第安人就草原所有权发生纠纷时，还觉得印第安人的生活方式很奇特。

玉米和土豆变成欧洲和非洲的重要作物。在中国南部和西非，甘薯成为主粮，木薯和花生也繁茂生长。烟草改变了欧洲人和土耳其人的生活习惯，为英属北美第一个殖民地创下了财富。西红柿给印度人和中东人提供了宝贵的维生素来源。

总而言之，粮食作物从美洲到世界各地的传播增加了人类食物供给。比如，在玉米从美洲传入之前，非洲从来没有找到哪种高产谷物能适合非洲大陆的气候条件。玉米传入后，食物供给增加，非洲人口开始增长，能够承受奴隶贸易导致的损失。在中国南方，农民在不适宜种稻的陡峭山地上种植甘薯，大大增加了当地的食物来源。1650 年后，土豆和玉米也在欧洲发挥了与之类似的重要作用。

食物供应增加，流行病发病率降低，旧世界人口增长。世界其他地区流行新疾病，人口减少，为抗病经验丰富的文明人口的扩张提供了便利条件。总而言之，欧洲地理大发现彻底改变了文明社会与形式比较简单、更封闭隔绝的社会之间的平衡，使得结构更复杂、武装更先进、患病次数更多但更有抵抗力的文明人口更具优势。

结论

1550年后，葡萄牙、西班牙的扩张冲劲和活力渐渐消退。葡萄牙人靠收取通行费，开展贸易，维持亚、非两洲海岸驻地的运转。西班牙人在新大陆从事白银开采，实现了新帝国的自给自足。但那个大胆探险、做出惊人大发现、得到意外之财的时期一去不复返。

但自哥伦布发现新大陆、不到两代人的时间里，欧洲地理大发现从根本上改变了世界文明关系。世界各海岸成为最重要的区域，不同文明在此相遇。

可以肯定的是，自斯基泰人和亚述人时代起，曾在人类政治军事史上书写重要篇章的边境地区仍然是草原游牧人和文明民族交会的疆场。实际上，在欧洲大发现打开世界各大洋的几个世纪后，中国和印度都曾直接或间接地被北方草原人征服。

但欧洲海船停泊的港口开始赶超原有的草原边境，成为文明会合的关键区域。在这些港口，欧洲人有机会了解到其他民族的奇风异俗，而其他民族有机会学到欧洲的技艺和思想。商品、思想、殖民者、疾病、技术和艺术风格在海上迅速传播，速度超过内陆。

起初，海上运动新模式似乎没有在远东和印度产生多大影响。在葡萄牙船绕道好望角、抵达印度群岛前的几百年里，印度洋和中国南海的平静水域上一直都有商船来来往往。新来的葡萄牙人掌握了部分贸易权，占领了一些战略性港口，但随船而来的欧洲商品没有引起远东和印度人的多大兴趣，欧洲思想对他们来说也没有什么说服力。

葡萄牙人精通航海术，擅于在战舰上加装火炮，明显比这些地区有优势。即便如此，当地人也不愿改变原有的方式方法。在他们眼里，向葡萄牙人看齐，成本太高，需要就原有技艺做出诸多变动。传统造船办法价格低廉，完全能够满足普通贸易需求。在当地商人和航海者看来，唯一要做的就是付给葡萄牙人通行费，根本不用建造像葡萄牙人带到印度洋上的那种漂浮城堡，从而节省开支，无须应对彻底创新带来的所有不确定性。

相比之下，在美洲，欧洲人的到来改变了一切。美洲印第安文明被西班牙征服者无情抹杀。原有祭司和首领威信扫地。普通老百姓转而顺从西班牙人。本土传统降到乡村水平，阿兹特克和印加祭司的传说故事几被遗忘。

非洲与世界各地的联系更加紧密。海上贸易带来了新的可能性，西非和南非受惠最多。此前，非洲通过两种途径与文明世界联系——穿越撒哈拉沙漠向北而去；组织商队穿过开阔的稀树草原。在这两个方向上，与非洲社会产生联系的文明都是伊斯兰。但通过葡萄牙人的探险活动，非洲创建了与基督教的联系。从此，非洲常面临穆斯林和基督教文明风格的两向抉择。

伊斯兰教不仅在非洲，而且在东南亚和东南欧继续扩张。虽然欧洲地理大发现曾在一段时间里干扰了穆斯林香料贸易的开展，但几年之后，穆斯林再次占据上风。中国和穆斯林的陆路贸易也在一定程度上受到了欧洲和中国海上联系的影响。但因为奥斯曼土耳其人不断在战场上打赢基督徒，欧洲大探险活动似乎未能对伊斯兰教造成任何实质性影响。

但如恩里克王子所愿，伊斯兰已被侧翼包抄。整个美洲融入欧洲文明圈中，至少潜在形势是这样。欧洲船运渗入南部海域。也就是说，即便穆斯林商人不被葡萄牙人驱逐出海，也遇到了危险新对手。

事后来看，欧洲地理大发现的长期效果到1550年时才开始显现。实际上，新世界的发现最终使远西文明超越了亚洲对手。

新世界发现的最重要影响是，欧洲在世界各大洋开展航运，完成了自我发展。新财富、新思想、新视角、新历险全都涌进欧洲。那些似乎将欧洲文明冷冻在"中世纪"模式的多种内部僵局很快被甩在后面。欧洲大胆前行，持续不断实现自我转变。因此，历史学家将1500年至1650年定为中世纪和现代的分界线。我们将在下一章对转变的一些方面进行探讨。

第十五章
欧洲的自我转变

公元1500年　　　　　　公元1650年

维纳斯的诞生

这幅罗马爱神维纳斯像是意大利画家桑德罗·波提切利于1485年为佛罗伦萨一家富人宅邸所作的装饰画。这种对异教往昔的观照挑战、改变着中世纪欧洲人的基督教观,为时代新发现创造了更多空间。

1500年至1650年间，欧洲迈入新时代。1517年，宗教改革伊始。一代人之后，天主教改革取得进展。欧洲教会和宗教得以转变。欧洲各民族在宗教教义、王朝利益、经济资源上争斗不休，政治格局发生改变。美洲白银不断流入，引发价格革命；大型企业和长途贸易采用新形式组织商业活动。两种因素叠加，经济关系实现变革。远航探险和传教活动轰轰烈烈开展，将大洋彼岸那个宽广多样世界的信息源源不断传入欧洲，欧洲人的思想视野急剧扩展。

如此多的创新事物纷至沓来，造成了很大冲击。许多人感到沮丧惊恐。回到简单过去的想法成为那个时代的群众运动目标。但只有极少数富有冒险精神的人以不同方式回应，找到了行为思想新方式，抓住了眼前新机遇。而心怀怨怼、奋起抗议的欧洲大众落在后面，不得不去接受越来越多的新奇事物。因为，欧洲专家改进了人力及物质资源的组织、导向和控制方式，使新技术和新思想产出了更大效用。

1500年至1650年间，亚洲没有积极回应新奇事物。而此时，西欧开始在一些重要方面上领先于其他文明，为西方文明主导全球铺平了道路。

✄ 政治和宗教

自312年罗马皇帝君士坦丁与基督教会结盟以来，政治和宗教在欧洲历史上始终密不可分。中世纪教会一直深度参与政治。教皇是国际性政府首脑，在不同时间、与不同地方的世俗统治者共享威权。312年至1300年间，教皇权力不断扩大。此后，法国、西班牙和英格兰的王室政府在教会事务中发挥更大作用，教皇实权越来越少。但德国没有形成强大的国家政府。德意志民族神圣罗马帝国与教皇不和，国家遭受重创。1273年帝国复苏后，鲁道夫一世登上皇位。登基前，鲁道夫是小贵族，名气不大。登基后，鲁道夫不能与统治大诸侯国的大公爵和王公抗衡，导致国内诸侯割据。但鲁道夫也不是没有职权。他可以在继承人缺失的情况下重新分配封地。在位期间，奥地利封地无人继承，鲁道夫顺势盘踞，让自家人——哈布斯堡家族在此统治到1918年。

但皇权受到种种限制。1356年，一个名叫"金玺诏书"的宪法性文件对皇帝选任办法进行了界定。七大王公当选为选帝侯，有权选择皇帝。此外，德意志帝国设立议会（类似于英格兰议会），召集所有王公和自由城市代表参会。选帝侯和议会都想削弱帝国政府，扩大自己的权力。因此，即便设立了选帝制度和议会机构，德意志帝国仍然是诸侯林立。而各诸侯国又不能完全独立，所以局势一派混乱。皇帝在大部分时间里主持政务，但无法获得子民顺从，没有能力征税，制订的政策也得不到认同。

⦚ 哈布斯堡王朝查理五世

在经过一系列权宜婚姻后，哈布斯堡王朝获得了重要新土地，这种局面得以改变。首先，马克西米利安一世（在位时间1493年—1519年）与勃艮第土地继承人成婚，将低地国家（今天的比利时、荷兰和卢森堡）及周边地区纳入哈布斯堡统治疆域。其子菲利普迎娶西班牙继承人。1516年，费尔南多去世。其孙查理五世顺理成章登上西班牙宝座。查理五世还在1519年祖父马克西米利安去世后获选为神圣罗马帝国皇帝。

查理五世的江山幅员辽阔，但七零八散。当时的西班牙是欧洲第一强国。

从 1502 年起，西班牙军队占领了意大利部分土地。1521 年，科尔特斯征服阿兹特克帝国。1535 年，皮萨罗消灭印加帝国。贵金属源源不断从美洲送入西班牙皇室府库，西班牙海外帝国产生丰厚回报。除此之外，低地国家是整个欧洲大陆最富庶的地方之一。奥地利及周边境地又构成了第三大权力集中地。而且，查理五世可以皇权名义，占有日耳曼所有土地。自查理大帝之后，没有任何一个欧洲统治者能坐拥这么大的帝国版图。如果日耳曼王公能乖乖听命，就像费尔南多和伊丽莎白让西班牙贵族甘愿顺从一样，那么查理五世就有望在整个西欧享有至高无上的地位。

但查理五世的敌人和子民一样多。而且他名下的土地缺乏凝聚力。西班牙人、荷兰人、奥地利人和日耳曼人除了受同一人统治之外，很少有共同点。而且查理五世不能在一个执政中心、使用同一套法律进行管理。从 1522 年起，他将德国和奥地利统治权授予弟弟斐迪南一世，自己执掌西班牙和低地国家。

在查理五世眼中，最大的问题是谁来掌控意大利。1494 年，法国入侵意大利，搅乱了意大利十几个小公国之间的权力平衡。西班牙人从南面经海路攻取意大利，于 1504 年攻陷那不勒斯王国。教皇和其他意大利统治者争权夺势，在法国和西班牙之间的土地上施展权术，但无力摆脱外国控制。趁此局面，法国国王弗朗索瓦一世（在位时间 1515 年—1547 年）屡次攻入意大利。查理五世也来对阵。双方在意大利及欧洲各处结盟树党。每次都是查理五世占上风。渐渐地，西班牙势力从北面而来渗入意大利半岛，意大利政治独立局面不再（威尼斯除外），意大利文艺复兴文化中的异教元素被剔除，代之以西班牙天主教激进的十字军精神。

查理五世眼中的第二大问题和意大利命运一样关键——防御土耳其人。奥斯曼帝国建都君士坦丁堡，并将其改名为伊斯坦布尔后，依然尚武好战，对欧亚各国虎视眈眈。1499 年后，针对伊朗沙阿的战争让奥斯曼的注意力转向东方，但土耳其权力扩张并没有停止。1512 年至 1520 年间，塞利姆一世苏丹征服叙利亚、巴勒斯坦和埃及。其继承人苏莱曼一世（在位时间 1520 年—1566 年）将奥斯曼帝国推向国力之巅。1526 年，苏莱曼一世侵略匈牙利，杀死国王，控制匈牙利大部分国土，但匈牙利王位传给了哈布斯堡家族，因为匈牙利国王的妹妹嫁给了斐迪南一世。匈牙利部分土地为哈布斯堡家族所有，逃脱了土耳其人控制。这就意味着，土耳其人后来再攻打基督教国家时，将矛头对准的是哈布斯堡王室军队。1529年，苏莱曼一世围攻维亚纳，但未得手。边境战争常态化，而且每隔一段时间奥斯曼苏丹都要与基督徒在战场上决一胜负。1566年，苏莱曼一世就是在这样的远征中身亡。

由上可知，在防御土耳其人的问题上，需要投注更多精力的是斐迪南一世，而不是查理五世。同样的局面也出现在查理五世的第三大问题上——如何应对路德教在德国引起的混乱，以及路德与教皇的斗争中激发的宗教兴奋？在查理五世看来，他与土耳其人，以及为争夺意大利而与法国人较量的战争都是防御性质，为的是保护朋友和支持者不被敌人易位。但要想压制德国的异端邪说，需要拿出皇帝的手腕来，而几百年来，德国皇帝一直没有实权。另外，他的西班牙和荷兰子民并不愿意看到皇帝把钱财、军力用在巩固德国皇位上。综上所述，查理五世只投入了很少一部分时间精力对付路德教也就不足为奇了。因为，他手上要做的事情太多了。

但在欧洲历史上，1517年路德领导的宗教改革运动远比意大利的漫长战争重要得多。宗教改革将欧洲分裂为对立宗教阵营，在一定程度上改变了每个人的生活。要了解这一场大纷争，我们必须对路德生平及其对上帝拯救的看法作一番审视。正是这些经历让路德满怀信心，能说服众人，有勇气反抗教权王权，坚守自己的观点。

路德的宗教改革

马丁·路德生于1483年，父亲为矿工。大学期间，修习法律。毕业后改做修士、牧师。1512年，担任萨克森维滕贝格大学神学教授。这样的职业生涯不同凡响，因为路德年龄尚轻，但进步神速。路德对宗教的看法远比大多数人严肃认真。他之所以要做修士，就是要让自己的灵魂得到拯救。此后几年里，他殚精竭虑，力求救赎，但似乎一无所成。他认为自己是一个有罪的人，该下地狱。他，或者说其他人，应该怎么做，才能逃脱罪的惩罚？

这个问题让路德痛苦不堪。1515年的一天，他在阅读圣保罗写的《罗马书》时，看到了这样一句话："义人必因信得生。"简单一句话，击中了路德的心，让他看到了启示的力量。他的答案就在这里。上帝要求的只有信仰——完全的、毋庸置疑的信仰。其他的事情交给上帝去做。信仰让有罪的男男女女得到解放。靠忏悔善行洗刷罪恶徒劳无功。有罪之人以为这样做就能与上帝两不相欠，但实际上他们没有做到最根本的一点：信仰上帝，再把其他所有事托付给上帝。

路德只是渐渐才看明白，自己所持的这一观点产生了极其重大的影响。他并不是有意将基督教会一分为二。相反，他总是抱有这样的看法：上帝会统一所有基督徒。当他发现自己与教皇的争执无法和解时，便在大公会议上向所有主教求助，以为这个群体能改革教会。当然，这只是路德的一厢情愿而已。

❦ 路德对赎罪券的攻击

引发路德宗教改革的是一场筹款活动，目的是修建罗马圣彼得大教堂。教皇筹款的方式之一是兜售赎罪券，声称这些纸能一笔勾销罪罚。作用原理是，教皇将基督和圣徒积下的功德转移给需要帮助的灵魂。在虔诚基督徒眼中，买下这些赎罪券，就能让自己或他人免于炼狱罪罚。销售赎罪券成了教皇的重要收入来源。

这种名为洗刷罪恶、拯救信徒，实为集资的手法让路德震惊不已。1517年，趁赎罪券在附近城镇兜售之际，路德公然质疑赎罪券效用。他按照惯例，在维滕贝格教堂门前张贴了自己写的几篇论文。路德在论文中以简短声明形式，提出了几个有争议的问题，并表明自己愿意参加公共辩论。

博学多闻的神学家立即认定路德观点会导致异端邪说。如果基督徒仅需信仰就能得救，那牧师还有什么权力，通过教会仪式将上帝恩典赐予罪人？最终，路德公开承认在这一点及其他方面上，赞同扬·胡斯的看法。而胡斯是捷克异端，于1415年被烧死在火刑柱上。

虽然被迫承认自己所持观点会产生极端影响，但路德依然不改信念。他认为教皇绝对有错，深信自己有《圣经》语句为证，在信仰，以及最重要的事情——救赎上正确无误。1520年，他接连撰写了三个小册子，向德国公众发放。标题分别是：《告德意志基督教贵族公开书》《教会的巴比伦之囚》和《论基督徒的自由》。

路德铿锵有力地论证了自己的观点，指责教皇歪曲真正教义，邀请德国贵族遵照《圣经》改革教会。实际上，诉诸《圣经》、认为《圣经》是宗教真理的唯一可靠源泉，是路德论点的最有说服力之处。人们很快看清楚，教会许多仪式根本在《圣经》上找不到确切根据。比如，忏悔只是在1215年才被教皇英诺森三世定为圣事，但显然没有得到《圣经》任一段落的认可。

德国公众反应强烈。路德的观点打动了很多人。几乎每一个人都赞成教会需要改革,而且没有一个人愿意看着自己的钱被船拉到罗马去,建什么圣彼得大教堂。路德指责牧师,说他们手中的权力实际上就是每一个虔诚基督徒应该享有的权利。此话一出,很多人认同。毕竟,灵魂得救至关重要。而且,如果路德是对的,那就说明几个世纪以来教皇一直在误导基督徒。如果真是这样,有一些事情必须马上改变。

因此,查理五世一上台,就召集帝国议会,邀请与会者讨论路德问题。会议时间是1521年,地点设在沃尔姆斯城。路德在皇帝承诺其人身安全的前提下

路德和教皇利奥十世

这两幅画像暗示了宗教改革初期对立两方反差鲜明的性格特点。左图中,马丁·路德的清癯脸庞和沉思凝视揭示了其内心万千思绪和坚定信念。正是这份信念驱使他反对右图中深陷繁忙事务的教皇利奥十世。1513年,年仅37岁的利奥十世执掌基督教会。八年主政期间,教会经历风云变幻。身为文艺复兴期间佛罗伦萨统治者——洛伦佐·德·美第奇之子,利奥十世所作所为与自己身份相称。他让罗马成为艺术中心,盛况空前。兴建圣彼得大教堂只是他实施的众多计划之一,而兜售赎罪券也只是他的筹款手段之一。他更关注的是意大利政治。法国和西班牙侵略者两面对峙,要求包括教皇在内的意大利地方统治者结盟。面对此情此景,教皇不得不从中斡旋。相比这些形势危急的现实事务,路德对赎罪券销售的抗议也就微不足道了。1520年,利奥十世谴责路德持有异端邪说,但未做其他表态。次年,利奥十世去世。他的继任者仍卷在意大利战争(1494年至1559年)旋涡中不能自拔,无暇顾及路德教派和德国民众关于宗教方面的其他质疑。直到16世纪40年代,才将目光回转。

参会，重申了被神学专家斥之为异端邪说的观点。这正中皇帝下怀。查理五世说服议会，对路德下达帝国禁令。也就是说，任何杀死路德的人都不会在帝国法庭受审。这一禁令实际上置路德于被刺险境。

但萨克森选帝侯，即路德的直接君主坚持保护自己这位饱受争议的子民。出于安全起见，他让路德藏身于瓦尔特堡。路德在此隐姓埋名生活了近一年之久。在这段时间里，他将《新约》翻译成德文。后来，在懂希伯来语的人的帮助下，又翻译了《旧约》。路德翻译的《圣经》传者甚众。德国许多普通老百姓靠翻看这本书，自我找寻宗教真理。但他们对《圣经》的不同部分有着迥然不同的阐释，因此出现了严重分歧。

被称为"再洗礼派教徒"的少数激进者认为，婴儿不应受洗。因为《圣经》记载的洗礼只包括成年人在内，而且其他教义也包含这一思想。贫困愁苦的人们仔细回味着《圣经》中的末世段落，期望天空随时都能打开。如果末世真的临近，人们就应该放弃日常追求，不再犯下罪恶，在祈祷中等待末日来临。

路德谴责农民起义

这种宗教观点很容易引发人们对经济和社会的抗议。1524年至1525年间，德国西南部农民发动起义，摆脱向地主交常租、服徭役义务。激进宗教观点也成为该运动一部分。这令路德极为惊恐愤怒。他认为，农民歪曲了自己在小册子中阐释的基督教自由的含义。在他眼中，虔诚基督徒之所以是自由的，是因为他们按照自由意志自发帮助邻人，而不是因为他们对别人不负有任何义务和责任。路德还害怕农民和其他激进主义者会让德国王公贵胄对自己的宗教改革产生怀疑。为此，他又撰写了一份小册子，极力谴责农民起义者，敦促地主毫不留情杀死反叛者。

这次农民起义的确遭到血腥镇压。此后，路德派运动失去了在宗教改革前八年里的热忱与冲劲。路德及其追随者动手规范教会，也就是按照《圣经》规定，呼吁世俗统治者承担改革任务。很多，但不是所有德国王公和路德一起开展此项任务。这些王公都收到不少进益。因为路德决定，教会没有必要持有财产，修道院应遭到限制，教会人事任免组织应为政府官僚机构的一个分支（当然是极其重要的分支）。认可路德原则的统治者顺理成章没收了教会财产，大大扩充了自身实力。

到 1546 年路德去世之际，德国北部大部分地区和斯堪的纳维亚半岛坚持沿上述纲领推行改革。查理五世在意大利等地忙得不可开交，无力有效制约路德教派。等有时间顾及国内政时，为时已晚。土地被没收，修道院遭废弃，想要让德国王公让步，非战不可。查理五世动用武力贯彻意志，但以失败告终。1555 年，不得不在《奥格斯堡和约》上签字。和约规定，每一位德国君主都有权让子民信奉路德教或罗马天主教任一种。

让·加尔文和归正会

路德挑战教权的消息并没有封锁在德国国境之内。长期以来，法国、瑞士、英格兰和低地国家的市民一直对教皇心怀不满。所以，来自德国的消息如星星之火燃遍了整个欧洲。

在欧洲许多地方，改革派没有能力控制政府，只能审时度势，建立自己的教会组织。但在瑞士，地方州（或行政区）和城市实施自治，宗教改革者仅需说服市议会中的多数派，便可开展改革。1518 年，乌利希·慈运理（1484 年—1531 年）以激情满怀的布道，在苏黎世启动宗教改革。慈运理的思想与路德有很多相似点。但两位改革者在圣餐这一圣事的含义上见解不同。教会改革也传到了瑞士其他城镇，但山区的基督徒多持保守看法。内战爆发，慈运理在战役中身亡。没过多久，瑞士重归和平，允许各州自由选择宗教形式。

但慈运理的去世让瑞士宗教改革者失去了领导人。法国人让·加尔文（1509 年—1564 年）填补了这一空缺。1536 年，加尔文初到日内瓦。1541 年，他选择永久定居于此。加尔文远比路德头脑冷静。对自己的观点仔细斟酌、深思熟虑后，他会再用钢铁般的意志坚持到底。他博学多识，信念坚定，打动了周围所有人。

跟路德一样，加尔文也把《圣经》当作是宗教真理的唯一可靠来源。总体而言，他从《圣经》中获得了与路德同样的教益。他以《圣经》篇章为论据，写作《基督教要义》。该书论证严密，条分缕析。任何想要找出《圣经》关于拯救、宿命、信仰等说法的人都能在书里找到答案。《基督教要义》因此成为归正会的标准参考著作。

加尔文与路德的分野

但在一些问题上，加尔文与路德看法不同。跟慈运理一样，加尔文将圣餐阐释为耶稣基督与使徒的最后一顿晚餐，具有纪念意义，仅此而已。另外，加尔文强调宿命的意义，而路德仅接受宿命这一概念，并不认为有多大意义。在他看来，信仰上帝才最要紧。加尔文逻辑严谨，得出了这样的结论：一些人因信仰而得救，另一些人没有信仰，注定永世受罚。是得救还是受罚，要由上帝决断，个人对此无能为力。上帝自有主张，凡夫俗子无法理解。

换言之，加尔文认为上帝兼具裁判和统治者之职。不过，加尔文和他的追随者并没有静坐观望，无所事事，等待上帝裁决。相反，加尔文宗信徒遵循强烈的道德驱动。的确，没有人能完全确定上帝选择自己、拯救自己。但一个人可以竭力而为，按照注定升入天堂的上帝选民的标准生活起居。在加尔文的领导下，日内瓦变成了公义的学堂，不同意见消失。道德在布道训教下强化。如果布道训教不起作用，则由市政府自由处置。

加尔文关于教会和国家之间的正当关系的见解与路德大相径庭。1525年后，路德求助于德国王公，同意让他们在教会管理之外的所有领域实施完全控制。加尔文认真梳理《圣经》，寻找早期教会在管理方面的证据，得出了这样的结论：每一圣会应由牧师和长老负责。普遍性问题应由牧师和平信徒参加的代表大会决定。

很多年轻人受加尔文吸引，来到日内瓦，认真观摩研究加尔文宗教会，也即归正会。回去后，把加尔文的思想传遍欧洲全境。在苏格兰，约翰·诺克斯（1514年—1572年）激情四溢的布道打动了在皇权下焦躁不安的贵族，让整个王国改信加尔文宗。但在其他地方，加尔文宗主要为市民推崇。因此，加尔文宗信徒在法国和莱茵兰一直是少数派。1568年至1648年，荷兰与西班牙交战，最终独立。战后，加尔文宗在荷兰诸省变成主导教派。在波兰和匈牙利，加尔文宗拥护者甚众，以贵族信徒最多。后来，天主教传教士又让波兰几乎所有的加尔文宗信徒改信罗马天主教。在匈牙利，绝大多数人也回归天主教。但在匈牙利东部，几个重要的加尔文宗信徒群体仍然存在。

英格兰的宗教改革

英格兰的宗教改革始于亨利八世（在位时间1509年—1547年）所做的一个判断。他认为自己之所以没有子嗣，就是因为迎娶了哥哥的遗孀——阿拉贡的凯瑟琳。凯瑟琳是查理五世的姨妈，与亨利八世育有一女。他们的女儿名叫玛丽，从小体弱多病。亨利八世想要男性继承人,确保都铎家族稳坐英格兰王位。同时,他为宫中侍女安妮·博林的美色所动,希望娶她为妻。

麻烦在于,教皇拒绝宣布亨利八世与凯瑟琳婚姻无效。罗马的西班牙势力坚决反对此类行为。而且,亨利八世与哥哥遗孀的婚姻正是教皇的安排。现在撕毁婚约让教皇觉得很尴尬。苦苦等待无果之后,亨利八世于1534年请求议会宣布自己是英国国教会之主。此后,坎特伯雷大主教宣布国王婚姻无效,给予其迎娶安妮·博林的自由。但国王得到男性继承人的希望再次落空。安妮产下一女,取名伊丽莎白。亨利八世很快对安妮厌倦,以不忠之名治罪,让其殒命断头台。他后来又娶妻四次,终于得到子嗣,即爱德华六世(在位时间1547年—1553年)。

虽然曾与教皇有过不快,但亨利八世无意篡改基督教信条仪式。然而路德宗和加尔文宗思想先后传入英格兰。亨利八世趁势在旧秩序上打开了一道缺口,占有了修道院地产,增加了自己的收入。到爱德华六世时,新教话语进入官方批准的基督教仪式中。凯瑟琳之女、西班牙腓力二世之妻玛丽皇后(在位时间1553年—1558年)试图将英格兰扳回罗马天主教国家行列。她的继承人伊丽莎白一世(在位时间1558年—1603年)回归新教。1563年,英格兰议会通过三十九条信纲,总结了基督教教义。从此,三十九条信纲以议会法案形式成为英国国教会官方神学观点。

英王亨利八世

这幅亨利八世(在位时间1509年—1547年)画像是德国画家小汉斯·霍尔拜因作品,展现了一个自行其是、特立独行的人物形象。因第一任妻子未能产下男性继承人,亨利八世选择离婚。遭到教皇拒绝后,亨利八世发动宗教改革,自立为英国教会之首,顺理成章撕毁婚约,压制修道院,于不情不愿中让新教教义渗入英格兰。

这些纲要经字斟句酌后方才确立，得到了各类反教皇基督徒的认可，自通过之后一直在英格兰具备效力。在伊丽莎白女王统治下，新教教义和爱国主义紧密结合在一起，很多英格兰人对三十九条信纲做出的神学妥协表示满意。但仍有一些怀有宗教热忱的人认为，英国国教会需要进一步推行改革。这些人受到了加尔文宗的影响，被称为"清教徒"。关于宗教改革，清教徒内部看法不一。有人留在教会；有人退出，另立宗教团体，布道并践行他们所理解的纯正、纯净的基督教。

罗马天主教改革

在近二十年里，罗马教皇很少关注新教运动。他们和意大利其他统治者一样，为夺取意大利半岛控制权，深陷于法国和西班牙的复杂争斗中。1527年，查理五世率军攻陷罗马。教皇怎么可能跟这个皇帝合作镇压路德宗？另外，文艺复兴时期，教皇执掌政治大权，专攻纵横捭阖，以资助艺术为业，没有把路德太当回事。

而且，在很长一段时间里，宗教改革模糊不明。路德和加尔文一直忠于一个教会的理想，从来没有想过自立门户。在教皇腐败惩治问题上，他们的答案是宗教大公会议。这种办法听起来像是回归中世纪，教皇绝不希望重现此景。对提倡改革、削弱教权权威的任何人，教皇都抱以怀疑态度。

教皇保禄三世和特伦托大公会议

尽管如此，新教观点在欧洲大部分地区大行其道。教皇保禄三世（在位时间1534年—1549年）委任学者和虔诚信徒担任教会要职，启动改革进程。1540年，批准设立耶稣会。1542年，恢复宗教法庭。最终，在信徒广泛请求下让步，召集特伦托大公会议，商讨改革举措。这一会议从1545年一直持续到了1563年，中间休会多次。

特伦托大公会议回应了新教徒的主要质疑点，宣布《圣经》不是宗教真理的唯一来源。教会传统是连绵不断承继使徒而来，具有同等效力。在其他具体事宜上，会议以反新教的角度解释教义。两大宗教阵营间的隔阂由此清晰划定，这是以前从来没有出现过的情况。会议还重申了教皇对教会的最高统治权，委托教皇开展宗教改革。

耶稣会

耶稣会在特伦托大公会议决议形成中发挥了积极作用。会议召开时，该修会成立不久，创始人是西班牙贵族圣依纳爵·罗耀拉（1491年—1556年）。罗耀拉曾参军打仗。一次战斗负伤后，决意成为基督战士。他最初的想法是向异教徒布道，使其改信基督教。要做到这一点，就必须接受神学训练。为此，罗耀拉求学于巴黎大学，与志同道合者形成了一个小圈子。1534年，他们在罗马组织修会。6年后，得到教皇肯定，取名"耶稣会"。

耶稣会与其他修会存在以下几方面不同：耶稣会会士服从一切命令，而且像士兵一样，要宣誓绝对效忠于上级。修会之首是总会长，仅听从教皇命令。罗耀拉当选为第一任总会长。耶稣会与皇家常备军相像，训练有素，纪律严明，供教皇差遣。耶稣会会士很快崭露头角，担任神学教师、传教士、外交家之职，成为欧洲和全世界的一支生力军，其实力可与既定政权相比拟。

为提高战斗力，罗耀拉制订"神操"，规定每一会士必须参加一年一度的神操训练。如有必要，则应提高频度。每次训练时间为一个月。在此期间，参修者要与外界隔离，反思罪恶，祈求谅解，全身心学习教会关键教义。神操以其高强度情感训练，改变了参与者的性格。其终极目标是，强化个人品格，培育出自觉履行宗教义务、坚定果敢、高度自律、完全顺从的基督信徒。在这些方面上，圣依纳爵·罗耀拉大获成功。从罗耀拉在世时到现在，成千上万耶稣会会士因参与神操训练而在一定程度上获得新生。其他修会或宗教团体很难望其项背。

耶稣会会士很快遏制住了德国的新教运动。在东欧，他们是让波兰和匈牙利大部分地区改信天主教的主要力量。他们还发起长期攻势，试图让英格兰听命于教皇，但以失败告终。在美洲和亚洲，耶稣会会士是最活跃、最成功的天主教传教士。

罗马天主教会还采取其他重要举措，以巩固教会势力。比如，引入简单易学的教理问答法，便于信徒轻松了解基督教义；命令宗教法庭在意大利搜捕异端，对拒不改正者施以死刑；授意特伦托大公会议开列禁书目录，呈递教皇裁定，并随时更新；在与教皇合作的国家里，任何人不得印刷出售此类禁书，否则即为违法；扩大教育体系等等。耶稣会创办的学校在拉丁语和数学课程中融合宗教教育，教学质量享誉欧洲。

新教改革和罗马天主教回应所产生的结果是，欧洲人对宗教义务和基督教教义有了更自觉的认识。不论是德国、英格兰的新教教会，还是复苏于法国、意大利和德国的天主教教会，都比路德打乱宗教平衡时更虔诚敬心、博闻多识、勤勉认真。

但宗教分裂是每个人都不愿意看到的。大家都认为，只能有一个真正的教会、一部正确的教义。而且所有人都坚信，灵魂得救有赖于信仰和行为的正确性。有了这些假设，没有人能在面对宗教错误时保持阵脚不乱。因为，他们自己以及周围所有人渴求的灵魂永生都有赖于压制错误言论。因此，在新教徒和天主教徒都想让对方接受自己对宗教真理的阐释时，战争带有宗教性质也就不足为怪了。

宗教战争和王朝战争

1556年，查理五世逊位。1558年，他归隐修道院，不久去世。他将绝大部分财产留给儿子——西班牙国王腓力二世，但把奥地利土地和神圣罗马皇帝的尊号给了弟弟斐迪南一世。两支哈布斯堡家族继续在多数事务上展开合作。但除了土地和尊号，查理五世也把忧心事遗留给了儿子和兄弟：防范东边的土耳其；与法国竞争；扼制德国等地的新教运动。但腓力二世对轻重缓急排序不同。在他眼中，镇压新教最为紧要，跟法国竞争名列其次。

腓力二世这样排列，理由充分。1559年至1598年间，法国内政疲弱。起初，法国与腓力二世签订了《卡托－康布雷齐和约》，同意从意大利撤军，交出低地国家控制权。接下来十九年里，一个又一个懦弱无能之人登上法兰西王位。瓦卢瓦家族行将衰败是不争事实。王位继承问题箭在弦上。

就在同一时期，加尔文教徒在法国尤其活跃，并成立了胡格诺派。他们与吉斯家族为首的天主教宗派宗卷入一场又一场血腥内战。1589年，瓦卢瓦王朝最后一任国王去世，新教徒、第一位波旁家族成员——纳瓦拉的亨利登上王位。1594年，亨利放弃新教，改信天主教，被加冕为亨利四世，并说："为巴黎做一场弥撒是值得的。"但亨利四世的王位坐得并不安稳，与原来的胡格诺派盟友达成和解后才算尘埃落定。和解是通过1598年的特赦令实现的。敕令允许大贵族和部分市政保留加尔文宗崇拜形式，并保证加尔文宗教徒享有与天主教徒同等权利。南特敕令颁发同年，西班牙国王腓力二世撒手人寰，再也不用直面法国统一后国力复苏的问题。

在世时，腓力二世一直在地中海地区跟土耳其人交战。战事断断续续，一直打到了1580年，腓力二世与土耳其人讲和，承认土耳其拥有北非海岸以及向西远至阿尔及尔的控制权。这一协议对土耳其人极为有利，但事实上，他们从未能染指北非疆土。阿尔及利亚海盗肆意劫掠来往船只，对奥斯曼苏丹毫无忌惮。

腓力二世将精力集中在镇压异端邪说上，取得了不小成绩。我们已经了解到，从教皇保禄三世开始，罗马天主教会活力大增，宗教信念更为坚定。对此，西班牙人功不可没。哈布斯堡王室的两个分支与教皇密切合作。整个中欧和东欧都感受到了教权王权的合力。哈布斯堡王朝官吏、耶稣会会士和天主教学校联手镇压新教，整治异端邪说之势从意大利北部起始，翻越阿尔卑斯山，到达奥地利、德国南部、匈牙利和波兰。只有德国北部、斯堪的纳维亚半岛、土耳其统治下的匈牙利部分地区，以及新教徒德国王公统治下的莱茵兰逃脱了天主教的反攻。

哈布斯堡王权受限

但在西欧，腓力二世严重受挫。他的妻子、英格兰皇后玛丽未能让英格兰永久地回到天主教阵营。更糟的是，1567 年，荷兰暴动。身经百战的西班牙军重新征服了荷兰南部（大致是今天的比利时），但未能制服北方诸省。原因是，荷兰占据海上主导权，能快速运送补给，调遣部队，为西班牙陆路行军所不及。

荷兰叛军也得到了英格兰伊丽莎白女皇的部分帮助。另外，英格兰海盗约翰·霍金斯、弗朗西斯·德雷克等在公海上洗劫西班牙商船，在新世界掳掠西班牙市镇。这让腓力二世下定决心与英格兰清算，不再一门心思专攻荷兰。1588 年，腓力二世派大舰队北行，计划与荷兰南部的西班牙军会合后，攻打英格兰。

但腓力二世的计划落空了。他的"无敌舰队"在穿越英吉利海峡时，接连遭受伊丽莎白一世的战船攻击。西班牙大帆船遭受英格兰火炮重创，不得不放弃侵略计划。无敌舰队的司令没有穿英吉利海峡原路返回，而是绕道苏格兰和爱尔兰回到西班牙。但在北行途中遭遇大风暴，船上几乎无人生还。

1598 年，腓力二世去世，西班牙命运发生转折。在近一个世纪里，西班牙一直是欧洲最强国兼新世界霸主。腓力二世去世后，波旁王朝重新统一法国，挑战西班牙在西欧的政治主导地位。50 年后的 1650 年，法国君主明显比西班牙的哈布斯堡王朝更强大。在同一历史时期内，英格兰和荷兰共和国壮大海军军力，在世界各大洋扩张，西班牙和葡萄牙甘居下风。在欧洲境内，西班牙政府越来越难以维持必要军力，保护 1492 年至 1598 年间创下的帝国基业。

三十年战争

1618 年至 1635 年间，奥地利的哈布斯堡家族几乎控制了整个德国。哈布斯堡地位的巩固得益于天主教改革。见此形势，1618 年，信奉新教的波西米亚贵族试图摆脱哈布斯堡家族控制，由此引发三十年苦战，战火烧遍德国全境。战争双方分别是：神圣罗马皇帝、倡导天主教的斐迪南二世（在位时间 1619 年—1637 年）；结成不稳定联盟、时聚时散的新教徒王公。1620 年，斐迪南二世战胜波西米亚叛军，第一次使波西米亚王国完全臣服。因为波西米亚（今天的捷克共和国）比奥地利国土面积更大，经济实力更强，此番胜利让斐迪南二世有效权力大增。

斐迪南二世也发现自己有能力在国土之外，创建一支庞大军队。他的手下大将阿尔布雷赫特·冯·华伦斯坦靠掳掠劫杀维持雄厚军力。华伦斯坦每攻入新地，都要扫荡一光。随着占领区域的扩大，神圣罗马帝国军队造成了极大破坏。

1625 年，丹麦加入新教徒一方，但并未能扼制住皇帝的军队。1630 年，瑞典国王古斯塔夫二世参战，暂时扭转了战争平衡。几个世纪的积贫积弱之后，瑞典突然以强国形象出现在欧洲历史舞台上。登台实力源自两方面：一方面，瑞典国王发动农民力量，制伏瑞典贵族；另一方面，荷兰与波罗的海诸国开展海上贸易，向瑞典交纳通行费。古斯塔夫二世用这笔钱建军强军。他笃信新教，渴望开疆拓土，意欲在日耳曼土地上一展身手。

瑞典打了几次胜仗，但不能摧毁对手。1632 年，古斯塔夫二世战死沙场。两年后，斐迪南二世最劳苦功高的将领华伦斯坦遭暗杀。华伦斯坦曾与皇帝发生争执，可能打算拥兵自立，称雄德意志。

此时，战争破坏力空前，人人倦战。1637 年，风烛残年的皇帝斐迪南二世去世。斐迪南三世继位（在位时间 1637 年—1657 年），意欲讲和。因为当时的情况是，将领们矜攻自居，帝国军队劫掠成性，危及哈布斯堡家族安全，统一德意志似乎得不偿失。但战争还是打到了 1648 年。主要原因是，1635 年法军介入，意图让奥地利的哈布斯堡家族忙于战事，无暇救援西班牙亲眷。法西之战始于 1622 年，一直打到 1659 年，以西班牙战败，被迫割让荷兰几个城镇，以及比利牛斯山边境给法国而终局。

1648 年，《威斯特伐利亚和约》签订，三十年战争画上句点。德国惨遭重创，分裂为上千个小诸侯国。荷兰共和国和瑞典被正式承认为独立国家，不再是神圣罗马帝国的一部分。法国和瑞典脱颖而出，一个称强于西欧，一个傲视欧洲东北部。哈布斯堡王朝羸弱不堪，再也不是法国、瑞典和新教德国的对手。一个法国主导欧洲政治的新时代降临。

内部政局发展

1500 年,欧洲几乎每一个君主都得和子民在税收上讨价还价。为解决争执,通常是召集"三级"会议、帝国议会、国会,授权国王、王公就特定用途,在有限时间里征收一定税种。三级代表有贵族、神职人员和市民。其职责是纳税,或帮助国王向农民征税。仅意大利政府有常备军,有足够多的收入发给文官薪水。

到 1650 年时,西班牙、法国、意大利、德意志诸侯国的统治者都成为极权君主。这并不意味着他们能够为所欲为,但却意味着,他们不必向代表机构征求意见就能征税,可以把税收收入用于统治者本人及其佐臣视为正当合理的任一用途。法国宗教战争、意大利反宗教改革运动、西班牙内乱就是这种极权的结果。

实际上,欧洲统治者时刻把子民利益放在心上。他们很清楚,要想保住权力,就得向军队供给枪支弹药、衣食饱暖,以及士兵需要的所有东西。要想武装军队,就必须发展工业和贸易。因此,必须尽可能在王国内多收现钱,才能做到缺什么买什么。简而言之,武装军队有赖于银行家和商人合作无间。

欧洲有一个重要政权不遵此道。西班牙统治者大肆迫害非天主教徒,把犹太人和摩里斯科人(改信基督教的穆斯林)驱逐出境。犹太人和摩里斯科人曾一直是西班牙最活跃的商人。他们的离去将西班牙经济带到衰退边缘。1600 年后,西班牙尝到苦果。总体来说,西班牙政府最关心教会和神职人员利益。这种政策让西班牙人团结在国王周围,但削弱了本国经济。其他国家的君主并不热衷效仿。

1650 年前,位于欧洲中心周边的国家没有成为极权君主政体。不过,1485 年—1603 年间,英格兰在都铎王朝统治下离君主专制相去不远。议会差不多成了亨利八世和伊丽莎白一世的橡皮图章。但在伊丽莎白之后的斯图亚特王朝,议会在王室政策制订中再次发出声音,重新占据主导地位。后来,英格兰内战爆发。1688 年后,英格兰建立了完善的议会制政府。葡萄牙、爱尔兰和苏格兰贵族拥兵自重,继续伺机反叛国王。在波兰和匈牙利,贵族议会执掌政治军事大权,当选国王没有行政机器有效贯彻意志。

四散在欧洲腹地的是中世纪残留下来的城邦。在荷兰共和国和瑞士,这些城邦创造了强有力的联邦。荷兰成为世界海上强国,掌控欧洲全境大型商业团体的利益。至于瑞士人,他们精于战事,以充当雇佣军而声名远播。瑞士联邦由日内瓦、苏黎世、伯尔尼等自治市主导。荷兰共和国由阿姆斯特丹、鹿特丹和几个较小的城市主导政局。在意大利,威尼斯和20多个脱离德意志帝国的自由市发扬了中世纪共和自治政府的传统。但在这些老式城邦里,政治权力无一例外集中在享有特权、生活富足的社会上层手中。

只有少数持宗教极端见解的人认为,人民有权实施自我管理。上帝创造了不同的社会阶层,或者说人们通常所称的"三个等级",这一点似乎不言自明。一些人生为农民,一些人生来做工,还有一些人贵为国王贵族。社会就像人体,既要有头,也要有双脚双手。每一阶层,每一等级,都有不同角色需要扮演。如果哪一阶层拒绝履行特定职能,那么这个身体就会生病。失序状态持续下去,什么事情都做不对。穷人和富人、受教育者和没有受过教育的人、农民和主子之间的差距非常大。瞥上一眼,看看服饰的不同,就能看出尊卑高下。行为方式、步态腔调也能显露出一个人的社会阶层。每一阶层都享有自己的权利,也要履行相应的义务。而且,总有一些天资聪颖、运气好的人能进入政府做事,并受益于国王、王公的特许状签发权,变身为贵族。富商能买到这样的头衔,官员也可因尽忠职守,受封贵族。

在整个制度的最高一层耸立着国王和王公。二者享有上帝之下、万人之上的高位。之所以有这样的地位,是受了上帝的挑选。因此,他们以神权实施统治,而他们的子民要按照上帝的意志听命服从。以这样的标准衡量,革命永远有错。这个世界的任何不公正行为都应该在来世得到纠正。只有那些无望升入天堂的人才会信奉伪教,行谋反之事。因此,以下这一事实也就不足为怪了:在1500年至1650年的一个半世纪里,战争连绵,叛乱四起,参与者无一不是打着宗教的旗号。

这种社会理论上存在一个明显的缺陷,即统治者之间的关系不受任一规则限制。每一个统治者在自己的领土上行使绝对权力。每一位都有权与邻国发起战争、握手言和。学者孜孜以求,寻找自然法则,指导、引导统治者处理好彼此关系。荷兰人胡果·格劳秀斯(1583年—1645年)在其名著《战争与和平法》中,探讨了这一问题。但国王和王公只会在自己高兴的时候,才遵循格劳秀斯的法则。

实际上，这一问题自封建时代起就一直困扰欧洲人。到了 16 世纪，如何维持社会治安不过是转移到了不同层面而已。欧洲统治者镇压了作乱的贵族，实现了各自王国内的安定秩序，这是罗马帝国时代以来从来没有过的。但他们使用的手段并没有发生变化，依然是用军事力量互相征伐，最终导致了灾难性后果。德国三十年战争就是明证。

思想领域

在本章涵盖的历史时期内，欧洲思想文化史的一个基本事实是，不确定性四处可见。宗教改革让宗教权威问题变得尖锐。欧洲地理大发现证明，古代经典作家在地理上常常出现错误，对新世界动植物一无所知。公元 1600 年前，一系列重要发明问世，技艺专长者观察和测量事物的精度远超从前。1590 年发明的显微镜、1593 年的温度计、1608 年的望远镜、1643 年的气压计、1656 年的钟摆都使人类感觉更加灵敏，观测领域相比一个世纪前极大拓展。跟木星卫星的发现一样，水滴中微生物的发现也在当时引起了强烈震撼。以前人们做梦都想不到的东西突然间变得直白明显。但这种新知识也让旧权威不可信。那么，我们还该相信谁？还该相信什么？《圣经》真的是正确无误吗？

对确定性的找寻

欧洲人以两种截然相反的方式应对 1500 年至 1650 年间产生的巨大不确定性。一些人，很可能是绝大多数人，竭力填补原有的世界观缝隙，靠信仰找到一个适用于所有重要问题的答案。比如，加尔文和他的新教徒提出了这样一个基本假设：上帝已经在《圣经》中告诉了人类所有应该知道的东西。认真学习《圣经》就能回答所有重要问题。《圣经》中没有的东西都是细枝末节。至为重要的事是得到拯救，寻找公义，而这正是《圣经》的题中之意。加尔文宗之所以有吸引力，很大程度上在于两方面：第一，加尔文给出的假设简单易懂，符合逻辑；第二，加尔文有办法、有技巧，能在《圣经》中为当下热门话题找到答案。受到新教挑战的罗马天主教也提出了一套完善的信仰体系。这套体系由教会法和天主教神学组成。其中，天主教神学是在教父、自然理性、罗马法、教皇和大公会议决议，以及《圣经》的基础上发展起来的。教会法起源更复杂。如果二者不足以应对所有情况，则由天主教牧师为个人行为制订详细规则和知识体系。

在宗教找寻之外，这个时代最伟大的哲学家勒内·笛卡尔（1596 年—1650 年）也在为每一个重要问题寻找权威解答。笛卡尔生于法国，曾受过耶稣会训练。他酷爱数学，将代数和几何思想融合一起，发明了解析几何法。笛卡尔认为，

因不确定性而产生的痛苦

这是一幅圣坛装饰画的局部。由德国画家马蒂亚斯·格吕内瓦尔德于1515年宗教改革前夜在法国阿尔萨斯伊森海姆镇创作。从画面上我们可以看到,抹大拉的马利亚站在十字架下,看见基督即将死亡而绝望哀戚。她的两只手鲜明体现了因不确定性而产生的痛苦。基督的追随者都能感受到这种痛苦,他们本指望弥赛亚去耶路撒冷光复大卫王国。这种折磨也让路德的追随者感同身受。他们谴责教皇将基督徒带离获得拯救的正确道路。这幅画暗示着,路德的宗教改革运动在德国激发了强烈的宗教情感。这一推断并非臆想猜测,因为画家本人晚年时成为路德教徒。

数学推理能得出人人认同的真理。整个推理过程逻辑严密,每一步都能由上一步推出。通过推理,数学家仅用几个简单直白的假设,就能得出令人惊异的结果,并产生实际效用。为什么不把数学推理也用在解决神学和哲学问题上呢?要知道,人们对这两个领域的问题苦争已久,却依然找不到明确答案。

笛卡尔汲汲求证,发现除了不能从逻辑上证明自身存在之外,可以对一切问题提出质疑。"我思故我在"是他的至理名言。从这一简单假设出发,他又使用逻辑推理回答了所有重要问题:上帝的存在;灵魂的本质;太阳、月亮、星辰等世界机器的运转方式;动物身体的功能机理。笛卡尔认为,只要认真推理,这一切问题都能得到论证。

当然,麻烦在于《圣经》记述、天主教教义和笛卡尔的数学答案互不一致。三者虽然都有完整体系,言辞富于说服力,但不能让所有欧洲人信服。其实,这就是所有争论的焦点所在。如此多的迫害与杀戮也是因此而来。

面对这一令人沮丧的局面,少数思想家选择将精力集中在自己感兴趣的领域,对大问题避而不答。各门科学及不同分支取得了很大进展。有时,科学成就会动摇旧有的思想。这些思想是官方基督教教义的组成部分。如何应对这种情况?有两种不同意见。专家认为,应关注细节,务求精确。另一部分人认为,整体确定性才是唯一重要的事。加尔文虽然没有像教皇设立的宗教法庭那样，谴责伽利略做出的天文发现，但也不愿意看到专家学人推翻《圣经》教义。但最终专家学人取得了胜利，靠的是越来越认真谨慎的观察、测量和试验。

科学的发展

孜孜不倦去观察、测量和计算的科学家有自己的特殊理由。当时，有两大关于世界的理论相互冲突。一种理论建立在亚里士多德逻辑及其他著作的基础上；另一理论带有神秘色彩，提倡数学推理，是对柏拉图的回顾。亚里士多德的思维方式已经由圣多马斯·阿奎那为代表的中世纪经院哲学家巧妙融进了基督教模子中。公元 1500 年前，学者又根据最新信息对亚里士多德的物理学和天文学进行了修正。也就是说，这些领域已经没有什么重要东西值得人们去探索发现了。因此，罗马天主教会将亚里士多德科学定为官方学说。

但在文艺复兴期间，人们又重新发现了柏拉图和毕达哥拉斯学派。尼古拉·哥白尼（1473 年—1543 年）在意大利帕多瓦大学求学期间，接受了毕达哥拉斯学派关于数字的神秘力量和特殊性质的思想。后来他提出了自己的理论，认为地球沿正圆轨道围绕太阳转动。约翰内斯·开普勒（1571 年—1630 年）对哥白尼理论进行了修正，发现行星轨道不是正圆形，而是椭圆形。要得出这一结论，必须一丝不苟地观察和测量行星位置，还要算出不同行星运转轨迹之间的数学比例。这一比例创造了柏拉图和毕达哥拉斯所写的"音乐宇宙"。

在医学领域，也有一位卓异不凡的人物挑战了盖伦权威。这个人自称"帕拉塞尔苏斯"（1493 年—1541 年），认为自己超越了古罗马名医凯尔苏斯。自此之后，安德雷亚斯·维萨里等外科医生经过认真研究，发现盖伦用猪替代人体做解剖，导致结论错误。盖伦权威遭到质疑之后，医生开始实验新药、新疗法为患者治病。当然，这种做法给病人带来的伤害可能要大于疗效。但不管怎么样，知识不断增长。例如，英国医生威廉·哈维（1578 年—1657 年）发现心脏像是一台水泵，通过动脉静脉实现血液的全身循环，从而为现代生理学奠定了基础。但是他之所以得出这样的结论，也受到了柏拉图和毕达哥拉斯学派的影响。这两位古希腊先哲认为，人体就像是一个微型宇宙，心脏等同于太阳。而根据哥白尼的新理论，万事万物围绕太阳旋转。反观人体，心脏的地位也应如此。

与勒内·笛卡尔同时代的思想巨人还有弗兰西斯·培根（1561 年—1626 年）

和伽利略·伽利莱（1564年—1642年）。他们将欧洲科学引入新时代。培根是一位律师，在英格兰名气很大。但他利用业余时间，创造了一种新逻辑法则，改进了亚里士多德理论。培根认为，如果人们不再对抽象事物争论不休，转而利用多种感觉观察自然，认真记下所见所闻，就能发现一切有用新知识。培根并不是科学家，也不是笛卡尔那样的数学家。在世时，他的思想一直位于科学发展主流之外。而且，没有一个人采用他的科学法演绎，得出重要新思想、新理论。但培根挑战了亚里士多德逻辑学，赋予了英格兰人独特的思维方式——现实具体、注重实际。而欧洲大陆人更侧重理论。

伽利略也是欧洲大陆人。但他不仅关注理论，更注重实践，因伟大发明发现留名青史。与笛卡尔不同，伽利略没有用数学推理构建完整知识体系，而是找到测量天体运动的具体办法，并用数学形式表达结论。他从来没有像笛卡尔那样，尝试用数学回答所有问题，而是专注于有限范围，即我们今天所称的物理学和天文学。他以天才巧思设计实验，开创望远镜应用新途，不仅发现了木星的卫星和土星环，还看到了太阳黑子，于不经意间反驳了亚里士多德天体正圆形运行法则。

伽利略是当之无愧的现代科学奠基人。他通过观察实验检验理论，并以非凡的文字表达才能阐释清楚。晚年时，他被宗教法庭所迫，不得不公开承认自己的天文学发现虚假不实。但在私下里，他明确表示自己的观点并没有因教会当权人士而改变。

总而言之，理论方和实践方之间的张力和摩擦结出了丰硕果实。理论方意欲建立完整信仰体系，解答所有问题；实践方注重细节，不断探寻新信息、新知识。虽然有此差别，但两方都没有安于其成，认定不需要再发现新东西、捍卫新观点。

欧洲人沿多条路线追求真理。这也许是因为，不确定性如此之大，令人惊恐。消除不确定性意味着，知识迅速增加，每一思想和信仰都得到充分验证。现代科学产生了人们意想不到的结果。人类思维从未深入到如此富有成果、具有决定性的活动中去。在很大程度上，我们这个时代的科学和技术、思想和信仰、力量和风险都来源于伽利略、培根和笛卡尔引领的那个时代中科学的不断发展和实际应用。

新科学

伽利略生于意大利中部比萨城,原为比萨大学数学老师。在比萨大学校园里,能看到左上图中的大教堂钟楼。因地基设计失误,钟楼塔身倾斜。在伽利略时代,钟楼即因倾斜之姿闻名遐迩。在伽利略提出自由落体学说,反驳亚里士多德物理学说之后,有人编造了这样一个故事,说他为了验证观点,在比萨斜塔上扔下了几个尺寸不一的铁球。实际上,在伽利略从事这项数学物理新研究时,他远在意大利北部城市帕多瓦,从来没有返回故乡做这样的实验。

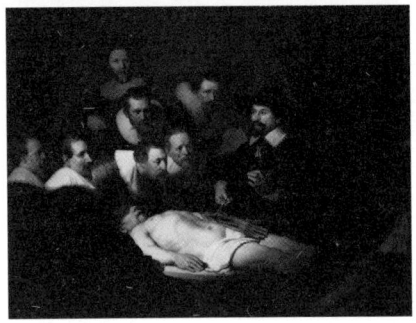

左下图的伦勃朗名画《解剖课》揭示了欧洲科学的另一面——仔细观察,并使用绘图法,记录发现成果。通过这种方法,人体解剖学成为精确科学,引起了画家和图中医学学生的浓厚兴趣。

中产阶层的舒适生活

尽管出现诸多宗教政治冲突,欧洲市镇在16至17世纪蓬勃发展,越来越多的家庭开始体验到舒适生活新标准。这幅画由荷兰画家扬·弗美尔(1632年—1675年)所作,展现了普通家庭渴望拥有的一些东西:采光透亮、遮风挡雨的玻璃窗;成套餐桌椅;银餐具;地图;铺在桌子上、搭在椅背上、能剪裁成衣的各种布料。弗美尔去世后,妻子生活潦倒。而他在世时,很可能也是家乡代尔夫特镇上的穷人。但他的画舒展着静谧闲适的气息,描绘了当时富裕市民的生活情境。

结论

1500 年至 1650 年间，欧洲经历纷繁变化。其共同特征是：西欧学会了在人类关注的每一领域拓展并强化活动。这意味着，西欧文明在欧洲内部以及其他文化传统交流中力量大增。

新的组织形式让一大群人无论和平战争都能通力合作。比如，1600 年后，股份公司制形式完善。人们参照公司章程，购买股票，按股份享有公司所有权。如果公司破产，共有人仅按出资额履行债务。当然，只要公司能继续发展壮大，共有人可高于买价出售股份。现代公司就是按照这样的原则建立的。这种形式的商业组织能让成千上万人在长时间内按照一小群经理人设定的目标配合工作。与家庭企业、合伙制相比，股份制企业能会聚储蓄、分担风险、充分利用专业技能。

政治方面，欧洲没有创造出类似股份制公司的新奇组织。官僚制和常备军都是非常古老的制度安排。但在这一时期，这两种制度变得更有效率，承担了越来越多的活动。地方自治制度和市镇政府的权威受损，贵族对农民的支配权受到削弱。与此同时，商人无须遵从地方同业公会规则，买卖活动遍布王国各地。

王室公国学会了调动子民拥有的大量资源，用于公共目的，以应对复杂时局。由地方农民扶持的一小撮骑士在战场上不再具备任何价值。十几门火炮、上千支滑膛枪和熟练使用这两种武器的人才能打赢战争。要创建、维持这样一支军队，需要的是能工巧匠、资本家、矿工、冶炼工、车夫、教官，以及成千上万名在其他领域有专长的人。因为，没有哪一个政权能在缺失军力的情况下防御邻国进攻，每一项新发明、新进展只要行之有效就会迅速推广。

思想和文化方面，欧洲人也找到很多新方法激发更大能量。比如，得益于书籍的印刷和销售，像伊拉斯谟这样的人能以著书立说为生，无须在大学或教会谋取职务也能养活自己。剧院通过收取入场费，为演员和莎士比亚等剧作家创造了收入来源。所有这一切变化拓展了世俗文学的疆域。

印刷机在快速准确传播新思想方面起到了重要作用。比如，路德的小册子让每一个识字的人都能了解到路德本人对教权的质疑，还能看到反对者的观点，无须再听别人转述。在争议较小的领域,印刷机也大大提高了信息传播效率。不论是旅行者讲述的新大陆故事、描绘新发现的木版画、根据最新信息绘制的地图、解剖图、植物图谱,还是数学验算、哲学神学观点,都能通过印刷广而告之。

这意味着,任何人都能轻松获取最新、最可靠信息,解答心中疑问。就算距离新发明、新发现之地非常遥远,也能如愿以偿。人类对广阔领域的热情和活力再次充分释放。每一项进入欧洲知识界的新思想都给人们提供了更多思维素材。正如装备精良、组织有力的军队能打胜仗一样,博闻多识的人也能以观点打动别人。正是这些学人丰富、扩大、拓展了欧洲的智力遗产。

1500年至1650年间,世界其他地区仍固守成规,没有发生根本变化。虽然欧洲的坚船利炮出现在亚洲海岸,世界那一部分的古老文明却并没有多大改变。穆斯林、印度教徒、中国人、日本人热衷于维持原状,仅在迫不得已时才会转变。只有欧洲人发现,从根本上质疑祖先提出的假设既有可能,又有必要。这种质疑让他们取得了丰硕成果。由此,欧洲人缓慢但坚定地将其他民族甩在后面。

第十六章
欧洲之外的世界

公元 1500 年　　　　　　　　公元 1700 年

非洲至尊

图中人物是西非强权国家贝宁的统治者奥博和他的两名朝臣。贝宁王国兴起于 13 世纪,一直蓬勃发展到 19 世纪,并维护着自己的艺术传统,从这尊铜像中可见一斑。巨大的头颅和短小的双腿是贝宁的传统艺术手法,展现了奥博的尊贵和权力。

1500年前后,欧洲航海者征服世界各大洋,创造了新的交流模式,但并未能立即打破欧亚主要文明之间的平衡。穆斯林和中华世界继续开疆拓土,一直到1700年后才告一段落。印度教徒虽然仍臣服于穆斯林,但也实现了宗教复苏,获得了新的能量和自觉意识。

在西欧之外的世界,只有美洲于1500年至1700年间经历了剧变。原因是,欧洲殖民者闯入,给美洲印第安人造成了灾难性影响。虽然奴隶贸易把一群群非洲人带到了新世界,但非洲仍与世界保持分离状态。另一方面,公元1700年前,澳大利亚和大洋洲几乎没有受到欧洲航海活动的影响。

1500年左右,新时代开启,文明民族受益良多。亚洲和东欧体现得尤为明显。文明民族以火炮装备步兵,比草原骑兵有着越来越大的军事优势。因此,到1700年时,中国和俄罗斯平分欧亚草原。曾在欧亚军事平衡中扮演关键因素的游牧人相形见绌,草原边境不再具备战略重要性,而欧洲商船频繁往来的沿海区域对世界各民族具有更大价值。

但欧洲思想和技术给其他文明社会带来的挑战并没有达到不容忽视的紧迫程度,似乎可以从长计议。1500年至1700年间,每一个亚洲文明都选择了这种方略。

因此,在欧洲海外扩张的前二百年里,亚洲文明史更明显呈现出连续性,而非变革性。在这一段时间里,只有日本和俄罗斯经历了旧有生活模式的深远剧烈变化。原因是,日本形成独立文明范式的时间较晚,而俄罗斯离西欧比较近,感受到的压力更强烈。

伊斯兰世界

1500 年,穆斯林依然坚信世界历史潮流与他们同进。但此时的伊斯兰世界政治统一不再,内战烽火连绵。穆斯林思想家不得不承认,伊斯兰世界遭遇政治失败。

穆斯林领土扩张

但让他们聊以自慰的是,穆斯林武士仍然在战场上所向披靡,伊斯兰宣教活动成果丰硕。在本章考查的这两个世纪里,伊斯兰教在非洲和东南亚广为传播。伊斯兰教之所以能不断扩张,不是受某个大事件的激发,而是地方宣教活动深入推进的结果。皈依伊斯兰教的人有的是部落领袖,有的是当地政治强权人物,是他们进一步推动了伊斯兰教在部落和城市的传播。而且,树立伊斯兰教信仰不可一蹴而就,靠一朝一夕的工夫。崇拜苏菲派神秘主义者的人先是接触了《古兰经》和伊斯兰教教法,再去熟悉伊斯兰教的整个文化遗产。要想读懂《古兰经》,必须先懂阿拉伯语。只有过了语言关,才能打开穆斯林学问宝藏的大门。

在战场上,穆斯林也取得了不俗成绩。1565 年后,印度教帝国——毗奢耶那伽罗王朝的统治权落入当地穆斯林统治者联盟手中,印度全境被穆斯林主导。爪哇的情况跟印度一样,于 1526 年变成伊斯兰国家。在基督教欧洲战线上,奥斯曼帝国捷报频传,于 1683 年达到势力巅峰。在地中海,土耳其和西班牙海军鏖战,以 1580 年双方签订停火协议、土耳其人得胜而告终。战后,土耳其人继续掌控地中海东部,将西班牙人逐出北非,只在大西洋海岸直布罗陀和梅利利亚对面的休达,留给他们几个小小的据点。陆路方面,奥斯曼帝国沿黑海布置军力,年年与哈布斯堡王朝开战,并占得上风。1683 年,奥斯曼帝国军队继苏莱曼时代后,再次包围维也纳,但仍未攻下。围城不得,双方苦战。这一战一直打到 1699 年,最终奥斯曼战败。这是土耳其人在欧洲遭遇的第一次严重挫折,不得不签订《卡尔洛夫奇条约》,将匈牙利大部分国土割让给哈布斯堡王朝。

穆斯林在草原受挫

这不是穆斯林第一次败给基督徒、遭遇重大领土损失。1552年，俄罗斯沙皇伊凡四世（在位时间1533年—1584年）征服喀山汗国。四年后，又攻取伏尔加河口的阿斯特拉罕城，开放伏尔加河上下游，为俄罗斯殖民和贸易活动提供了便利。与此同时，俄罗斯国土面积大增。旧主子金帐汗国从政治版图上销声匿迹。此后不久，俄罗斯派先遣队越过乌拉尔山，于1598年摧毁西伯利亚汗国，控制鄂毕河上游。此处即是欧亚草原中部区域。沿俄罗斯东部和南部边境，草原骑兵和文明民族步兵之间的关系就此清晰逆转。

穆斯林在东面也遭遇挫折。1515年，土耳其同盟之一乌兹别克人占领阿姆河、锡尔河流域，赶走了统治该地区的波斯化土耳其人。土耳其人向南逃往印度，并最终建立莫卧儿帝国。土耳其部落走后，佛教徒迁往中亚草原地区。

这种多米诺式的人口流动已经有很长时间的历史，完全属于传统行为。但这一次有所不同。原因是，乌兹别克人南下时撤离的区域被一个名叫"卡尔梅克人"的异教部落占领。卡尔梅克人并没有像乌兹别克人及之前的部族那样变成穆斯林，而是皈依喇嘛教。

因此，信仰别种宗教的游牧群落在亚洲东部和中部成型。虽然他们有意识地与伊斯兰国家和中国保持距离，但最终于1757年被中国征服。当时，卡尔梅克同盟在中国火炮骑兵夹击时感染天花，完全陷入崩溃。这一战后，最后一支草原骑兵力量被歼灭。东欧和北亚历史进入新篇章。

草原上经历的这些挫折没有激发伊斯兰世界的文明政权采取行动。因为，草原地区本来就是穷乡僻壤，没有什么发展前途。欧洲和远东的海上路线打通后，曾经穿梭在中国和亚洲西部草原的商队丢了大部分生意。这也不足为奇。毕竟，驮畜竞争不过船舶。

此后不久，穆斯林在北面的草原通道也被包抄。俄罗斯人开拓了北部林区。他们夏天乘船，冬天沿结冰河道滑雪橇。对他们来说，河道就是天然的高速公路。这种水陆联运系统路程相对较短，又便利快捷。而且，沿途大部分居民都是淳朴的猎人渔民。因此，这些以枪为正常装备的俄罗斯人一路顺畅无阻。1638年，俄罗斯探险者抵达西太平洋陆缘海——鄂霍次克海。当地盛产皮毛，俄罗斯人深受吸引。他们强迫当地人进贡皮毛，再出口到中国和欧洲。这两地对皮毛需求很大。卖出后，换回茶叶及中国其他商品，并沿原河道运回俄罗斯。

随着这种形式的长途陆路贸易移向北方，原有的草原商队路线失去重要性。因此，在控制穆斯林大帝国的人眼中，伊斯兰从贫穷落后的中亚草原撤出似乎不算什么大事。

萨非政权的崛起

在穆斯林眼中，始自1501年的宗教和政治变动才更具重要意义。当时，伊斯玛仪·萨法维公开宣称自己是第七任伊玛目后人，即穆斯林唯一一位真正合法的领导人。伊斯玛仪是什叶派信徒。也就是说，他所属的伊斯兰教派拒绝承认倭马亚哈里发，坚信只有穆罕默德的女婿阿里才有法定权力领导穆斯林社群。萨非派已经存在很多年了，而且成立了秘密宣传组织，思想远播伊朗和安纳托利亚东部。伊斯玛仪手下的土耳其士兵以部落为组织单位，与伊斯兰教创立之初穆罕默德的士兵组织方式如出一辙。什叶派激进好战，与最初凝聚起穆斯林社群的精神也一致。

因此，伊斯玛仪接连取得胜利。1502年，他攻占伊朗大不里士，自立为沙阿。1508年，攻陷巴格达和美索不达米亚。1510年，击败乌兹别克人。1514年，他的亲信夺取安纳托利亚政权，对抗奥斯曼苏丹。塞利姆一世不得不纠集全部军力，镇压什叶派叛军。血腥平叛后，塞利姆一世挺入大不里士，准备灭尽伊斯玛仪传染源。凭借手中的火炮，塞利姆一世克敌制胜，但却无力攻陷大不里士，也不能摧毁伊斯玛仪。

因此，塞利姆一世决定征服叙利亚、巴勒斯坦、埃及和麦加、麦地那等圣城所在的阿拉伯半岛部分，将沙阿伊斯玛仪同盟军消灭殆尽。这一战从1515年至1517年打了两年。但伊朗与伊斯坦布尔相距甚远，奥斯曼帝国军队无力长攻。而且，每打一战后，土耳其骑兵都要返回封地休养生息，苏丹要回到都城巩固个人对中央政府的控制权。因此，奥斯曼帝国军队的有效作战能力局限在维也纳和大不里士之间。因交通和奥斯曼军事组织所限，两个城市都久攻不下。

穆斯林的辉煌艺术

在奥斯曼帝国、萨法维王朝和莫卧儿帝国统治下，穆斯林艺术进入繁荣发展期。萨法维王朝沙阿阿拔斯一世（在位时间1587年—1629年）定都伊斯法罕，并使该都城成为世界建筑史上的奇迹。莫卧儿皇帝沙贾汗（在位时间1628年—1657年）在印度建造了泰姬陵。在这几个世纪里，波斯细密画也达到最高水平。画师聚集于宫廷，装点每一处建筑。在他们的画中，随处可见中国和欧洲画技踪影，但波斯细密画以宝石般闪耀色彩和微妙细节见长，跻身世界伟大艺术传统之列。

印度的莫卧儿宫廷也发展了与之紧密相关的绘画风格。印度教徒画家借鉴波斯技巧描绘印度教神话场景，创造了拉其普特艺术流派。地毯编织、家具设计、珠宝制作等艺术形式也在皇家工坊里达到很高造诣，迎合了王公贵胄的不凡品味。

⁂ 穆斯林思想和文学

新文学语言——土耳其语和乌尔都语分别在奥斯曼帝国和莫卧儿帝国宫廷出现，文学才免遭停滞之险。伊斯兰逊尼教派对中世纪波斯诗人推崇备至。因此，土耳其语和乌尔都语作家广泛借鉴波斯文学大家，但被逐出故土。原因是，波斯经典诗歌以微妙模糊措辞见长，蕴含宗教疑问，这让什叶派宗教教师无法容忍。

印度教的复兴

1565年后,只有遥远的巴厘岛还存有印度教独立政权。但印度教文化并未瘫痪。相反,印度教进入崭新发展阶段,抵御了穆斯林的冲击,让基督教传教士无功而返。之所以发生这一切,是因为有两位诗人和一个圣人让印度教找到了新焦点。这位圣人名叫柴坦尼亚(卒于1527年)。柴坦尼亚生为婆罗门种姓,年轻时开始强烈感受到神秘体验。据此,追随者认为他是印度教三大神克利须那的真身。

即便是在印度,道成肉身也非常事。一个宗教派别很快发展起来,在柴坦尼亚生活的孟加拉尤为兴盛。该派别摒弃种姓观念,伊斯兰教对印度人的主要吸引力由此大减。在柴坦尼亚出生前,孟加拉的低等种姓一般信仰伊斯兰教。等到这个新派别出现后,很少有人改信伊斯兰教。柴坦尼亚追随者通过公共仪式热烈表达执着信念。这种公共仪式远比伊斯兰教,甚至比苏菲派神秘主义更具吸引力。

两位伟大的印度教诗人苏尔达斯(卒于1563年)和杜勒西达斯(卒于1623年)从印度教两部史诗《摩诃婆罗多》和《罗摩衍那》中汲取素材,改用印度北部的日常语言娓娓道来。这与新教徒将《圣经》翻译为西欧通俗语言相似。有了这样的改造,就连普通人也能大段背诵两位诗人的诗句。孩子们在学校里朗诵识记。诗中强调的虔诚善行上升为行为标准。印度教徒的自觉意识和宗教均一性就此增强。

在两位诗人中,苏尔达斯影响较小。苏尔达斯晚年入仕阿克巴朝廷。他的诗带有波斯色彩,以克利须那为歌颂对象。而杜勒西达斯将宗教热忱倾注在罗摩身上,强调罗摩人神合一的角色,不掺杂任何异族色彩。他的诗歌深深浸润了后世印度教徒的宗教和文化生活。

实际上,这就是三个人对印度教的影响。崇拜者认同人神合一的圣人。印度教传统中的其他神祇和神话并没有完全被抛弃。但在实践中,每一个信徒只信奉一位神人。因此,印度教中出现了各种不同的宗教派别。有的宗派崇拜克利须那,有的宗派倾心于罗摩。但这两位神祇都是毗湿奴的化身,因此不存在根本冲突。

对早期印度教另一主神——湿婆的崇拜有所减弱。以简单魔法见长的密宗的影响力也随之减弱。但印度教的最古老元素——梵语仪式在人生所有危机事件中继续扮演不可或缺的角色。婆罗门在出生、成年、婚姻和死亡之时都要念诵外人听不懂的梵语经文。只有柴坦尼亚的追随者拒绝尊崇以种姓为念的婆罗门。

在实际层面上,印度教也仍然在莫卧儿帝国中发挥着重要作用。皇帝阿克巴大力启用印度教徒,管理政务,收取税金。他去世后,继承人仍遵循其道。很多印度教徒占有广阔封地,和说波斯语的土耳其人一同参军打仗。土耳其人是莫卧儿力量的核心所在。印度教徒上层吸收了穆斯林统治者的世俗文化,赞助拉杰普特绘画。

绝大多数印度人仍然信奉印度教。他们把维持莫卧儿帝国运转的一少部分异族视为一种形式的种姓,一个可以忍耐,但不会被仿效的外来群体。

在这种态度下,伊斯兰教宣教力量被钝化。普通老百姓从柴坦尼亚和两位诗人那里找到了印度教的情感吸引力,感觉没有必要再跟穆斯林辩论偶像崇拜问题。除了在印度最南部外,印度教神庙都被损毁。新的崇拜形式在户外公共场所举行,不再关注偶像,而以赞歌、祈祷词为庆祝形式。印度教徒认为,印度教经文历史久远、博大精深,远在《古兰经》和基督教《圣经》之上。换言之,印度教深植于印度全体人民的情感思绪中,外来信仰无足轻重。

但在爪哇,我们已经了解到,印度教败给了伊斯兰教。不过,在东南亚大陆和斯里兰卡,佛教依然充满活力。部分原因是,佛教能让缅甸人、暹罗人、越南人和僧伽罗人在面对伊斯兰等异族压力时,保留民族特性。

✗ 中华天朝

1513年，葡萄牙人首次抵达中国南部海岸。当时的明朝已经有衰退之征。农民苦于苛税，随时准备暴动。将领心生不服，阴谋夺权。朝廷税收不畅，北方和西方的边境游牧人躁动不安。

除此之外，明朝政府还要应对声势迅猛扩大的海盗攻击。这些海盗多数来自日本。到1555年时，日本海盗人多势众，驶入长江，远及南京，并包围了这座大城。中国人从来没有经历过这种威胁，明朝统治者手足无措。朝廷组建海军巡逻海岸，打击海盗。但任务完成后，皇帝为节约成本，不时将队伍解散。遣散的水手常加入海盗队伍。朝廷本来就对水手怀有疑虑，见此情形，不得不再次组织行动，打击海盗。

中国和日本的宫殿城堡

左图是中国的皇宫。1420年至1911年间，中国皇帝在这里居住休憩、处理政务。图中可见，"紫禁城"内外游人如织。但正如名字所示，这在当年是完全不可能的。只有与朝廷有公事来往的人才获准进入。但我们要知道，让闲杂人等不得入的不是要塞城防，而是中国社会的秩序纪律。中国人没有使用炮火就能守卫皇宫，想来让人惊诧不已。因为，在紫禁城布局形成之初的一个世纪里，战事革命正在进行，重炮投入使用，可以摧毁所有局部防御设施。在日本，军事革命产生了剧烈影响，从右图姬路城堡可见一斑。该城堡建于1581年，高耸在坚固的石头堡垒上，两侧精心设计缓坡，可在炮火下岿然不倒。军阀新贵丰臣秀吉建造此堡，意在辖制本州岛南部地区。两处建筑屋脊轮廓很相似，可见日本与中华文明的联系源远流长。

就在这种混乱局面中,葡萄牙人趁机而入。中国人很快意识到,葡萄牙商船具备超强的作战能力,便与之结成非正式联盟。葡萄牙人得到的报酬是,获准在广州附近的澳门从事贸易活动。1557年,他们向中国人承诺说自己会出手相助,打击日本海盗。但其实葡萄牙人也常见机行事,转为海盗谋取生计。

1592年,日本军阀丰臣秀吉预备征服中国,建功立业。他派一支日本大军侵入朝鲜,明朝军队被迫迎战。1598年,丰臣秀吉去世。这一漫漫苦战仍未决出胜负。其继任者直接撤兵。为稳定国内政治局势,日本新统治者江户幕府先是限制、后来完全关闭日本对外交流通道,立法禁止日本船出港远航。当然,也禁止外国船驶入日本港口,目的是肃清海盗威胁。因此,中国人再也不必殚精竭虑地提高海上防御能力,但也因此付出了高昂的代价。两个世纪后,欧洲用坚船利炮打开了中国港口。

中国和当时的日本统治者为镇压海盗、肃清海上活动而采取的激进策略产生了很大副作用。从16世纪50年代开始,欧洲人迅速填补了中日官方政策的真空,从美洲运输白银到亚洲,满足了亚洲人的需求。从1567年开始,每年都有西班牙大帆船载着墨西哥白银,直穿太平洋抵达马尼拉。美洲白银也经大西洋从欧洲本土运达亚洲。欧洲人用白银换回来的是一批批亚洲出产制造的原材料和商品:瓷器、茶叶、香料、丝绸、平纹细布等等。一个全球经纬的交流网络第一次在世界历史上形成,将新世界矿产与亚洲手工作坊连成一个市场,并在很大程度上由欧洲人管理。虽然这个网络最初只为昂贵奢侈品而设,但现代全球经济的晨曦仍冲破黑暗,迎来黎明。

满族南下中原

忽视海防让明朝内不能镇压叛乱,外不能应对北方攻击。1615年,满族骑兵结为同盟,蚕食中原领土。1644年,满族同盟指挥官以帮助明朝镇压叛乱为由,进入北京城。但入了城的满族人露出真实面目,不再效力于明朝皇帝,转而自立新王朝。满族军很快占领中国其他地方,但一直到1683年才攻下台湾,让其俯首称臣。

跟之前很多草原征服者一样,满族人将本族人与汉人分离开来。他们在大城外设立战略要地,驻守满族将士,严格执行军规军纪。但在吏治方面,仍完全依照汉人制度。实际上,早在南下中原前,满族人已被中原文化吸引,完全不带有让蒙古人不得人心的异族喇嘛教色彩。但满族军队仍招募了很多蒙古人。原因是,满族人口有限,不足以制衡中原汉族。一些汉族人也入编满族军,但职位不高。

新皇帝忙于加强战备,防范西面草原游牧人来袭,取得了丰硕战果。1762年,草原危险彻底消除。满族攻城略地,将西藏、新疆、蒙古,当然还有满洲纳入统治版图,缔造了我们今天所知的中国。中国皇帝统辖区域几乎翻了一番。传统上,中国仅在半空置的边境地区扩张领土。在满族皇帝治下,中国人从腹地出发,开始了长达数百年的迁徙拓边活动。

满族人也培育新儒教文化,在内政管理各环节效法历朝先人。中国人口迅速增加。有两方面原因:一方面,国内安定和平;另一方面,从美洲引入甘薯等粮食作物。这些作物适宜生长在无法种植水稻的陡坡上,对中国原有食物来源形成了补充。

中国的基督教传教活动

在当时的中国人眼中,所有外国人都是蛮夷。只有那些用心学习汉语,志守君子之道的外国人才能得到中国人的嘉许。创下此番功绩的第一个外国人是利玛窦。身为耶稣会传教士,利玛窦希望先从皇帝和朝廷入手,把中国转化为基督教国家。1601年,利玛窦获准进入北京城。精通中文的他得到了治理中国的官僚学者的认可。

其他耶稣会会士追随利玛窦而来,很快让中国朝廷明白,他们比钦天监掌握的天文和历法知识更精确。此后,有一位耶稣会会士任职钦天监,基督教传教工作获得官方认可。在中国,历法计算至关重要,良辰吉日要参照历法挑选。而历法是在准确记载天体运行后制订的。

中国人也对欧洲人的地理知识感兴趣,对耶稣会会士从欧洲带来的机械玩具和摆钟心仪不已。但这些都是细枝末节。中国有识之士信心满满,认为儒家传统智慧已经解决了所有重要问题,对耶稣会会士口中所说的基督教真理充耳不闻。不过,那些从传教士那里拿过吃的、看过病的中国人的确有人变成了基督徒。

传教士面临着一个饶有趣味的困局:怎样才能把基督教神学术语翻译成汉语?或者说,怎样才能把中国人的宗教思想融入基督教框架中?祭拜祖先是异教崇拜,还是单纯纪念而非崇拜逝者的家庭仪式?稍做犹豫之后,耶稣会会士认定,祖先祭奠行为根本不算是崇拜,仅仅是民间仪式。他们还认为,汉语中的"天"可与基督教中的"上帝"画等号。做出这些认定之后,耶稣会会士就可以理直气壮地告诉儒家学者,说他们其实已经是半个基督徒,无须认可《圣经》和天主教传统或移风易俗,就能成为真正的基督徒。

面对这种论调,很多中国人不为所动,让那些千里迢迢从欧洲来到远东,满怀热望改造异教徒的基督教传教士极度失望。耶稣会和中国朝廷就此产生严重分歧。这一纷争始于1628年,一直拖到了1742年。当然,在这期间,耶稣会会士坚持传教,著书立说,详尽描绘中国社会文化。从这些书里,欧洲知识分子获得了关于中国的全面信息,但这些信息有时趋于理想化。

欣赏中国艺术、钦慕中国政治原则的在欧洲大有人在。更重要的是,有不少欧洲人摒弃前人偏见,从整体上、本源上了解中华文明。这种尝试标志着新型文明关系的形成。

中华的文化保守主义

基于某种保守的态度,中国人很难革新文化。学者愈发严谨,决意铲除佛家道家思想,回归儒家本源。中国人仍大量创作诗画,认为每一个有修养的人都应该画得好画、写得好诗。但这些作品落入窠臼,陈腐而没有新意。今天的艺术专家认为,明清时期的书画作品水准低于前人。虽然这一时期印刷发行了描述市井生活的散文传奇,为中华文化增添了大众化新维度,留名于文学史,但也只是发生了这些变化而已,其他领域则停滞不前。

自宋朝以来,中国社会结构维持原状。美洲引进的粮食作物得到广泛种植,农业产量增加。与此同时,制造业和贸易不断发展。商人接受了儒家学说划定的低下的社会地位。为避免沦入社会底层,他们买田地,做乡绅,送子入学,走君子之道。由此,社会流动性增加,有抱负、有才能的人入仕做官,强化了已有的社会秩序。

因此,清朝的稳定是在一个繁荣忙碌、高度成功的传统秩序中呈现的。儒家最高理想已然实现。1700年,现实离中国社会普遍认可的原则更近了一步。这在中国历史上前所未有。

日本政策巨变

与亚洲其他民族相比，日本人对首次造访日本海岸的欧洲人更热情，对这些陌生人带来的东西抱有更浓厚的兴趣。1549 年，圣方济·沙勿略到达日本。他那傲然自雄的气场让日本人印象深刻。耶稣会传教活动很快扎实展开。日本人没有民族宗教，纷繁复杂的佛教教派、新儒学和当时尚未成型的神道教各有信徒。毫无疑问，这种局面对基督教的传播非常有利。

另一个有利因素是日本的政治分立。地主欢迎基督教传教士，觉得有利可图。凡是有传教士的地方，就能看到欧洲商船的踪影。因为传教士会告诉船员哪些港口热情接待欧洲人，哪些地方禁止传教。

欧洲商船有两方面重要作用。他们销售火炮。一两门欧洲火炮就能把城堡夷为平地。日本地方战事连绵不断，火炮能扭转战局。此外，因为日本海盗一直突袭中国海岸，中国政府禁止对日贸易。但日本上层离不开中国丝绸和其他精致高雅之物。葡萄牙人能进口中国商品，再从日本银矿装运白银到中国交换。葡萄牙商人从这种贸易中赚得盆满钵满。他们与基督教传教士密切合作，确保丝绸和火炮送到友好的日本人手中。

日本统一

尽管如此，日本接受基督教的只是一少部分人。传教士参与政治有得有失。这一点在战争愈发惨烈、丰臣秀吉控制日本全境后显现。丰臣秀吉（1537 年—1598 年）幼时以精明强干、刚戾残暴著称，于 1590 年走上权力巅峰。在丰臣秀吉眼中，外国传教士是政治对手。因此他于 1587 年下令驱逐传教士。但特别让人奇怪的是，他并没有执行这一禁令。也许是害怕太过强硬，葡萄牙人会切断与日本的贸易关系。而当时的他急需加强战备，以图侵略中国。

1592 年，丰臣秀吉入侵朝鲜，开启亚洲大陆探险之旅。最初，丰臣秀吉军获胜，之后与朝鲜军长期对峙，战争陷入僵局。1598 年，丰臣秀吉去世，日本军队快速撤退。原因是，丰臣秀吉的追随者争执不休，每个领主都想让自己的军队驻守家乡。1600 年，争执有了眉目，丰臣秀吉的中尉德川家康执掌大权。

日本统一者

丰臣秀吉（1537年—1598年）出身寒微，以政治胆魄、累累战功执政日本。初为士卒，后在贵族织田信长手下为将。织田信长去世后，丰臣秀吉自立门户。于1590年掌握日本大权后，迅即出兵朝鲜，意欲征服中国。丰臣秀吉去世后，其扩张探险计划告以终结。但他引发的军事动荡最终促使日本在德川幕府统治下实现了统一。

与丰臣秀吉相比，德川家康更谨慎小心。从夺权之争中脱颖而出后，德川家康以巩固权位为唯一目的。他定都东京，在日本大部分地区安插亲信，封侯赐地。但在边境地区，允许"外部领主"保持独立，维护所得。德川家康对所有领主心怀戒备，要求每一统治家族必须在东京留下人质，确保安分守己。另外，幕府限制使用和制造火炮。利剑再次成为战争决定因素，旧的武士阶层恢复了社会地位。有了这群忠实仆从，幕府不必担心会有新贵装备欧洲新式武器，夺权篡位。

皇室和朝廷仍设在京都，但德川家族费尽心思，确保天皇不掌握实权。新政府体系被称为"德川幕府"，政权一直持续到1868年。继承人在德川家族内产生，受家法制约。但德川家族势力范围广大，必须创设官僚机构，为家族成员管理土地。因此，虽然原有封建形式尚存，但一些迥然不同的东西在下面形成。

日本在德川幕府统治下走向封闭

在统治前期几十年间，德川家族战战兢兢，害怕武士阶层夺权。为除掉潜在敌手，他们在1615年杀死丰臣秀吉之子，并于同年颁布武士行为守则，强调武士要向封建领主尽忠。1617年，德川幕府开始迫害基督徒。1637年，日本基督徒叛乱。为此，幕府决意铲除所有外来宗教。当时，日本基督徒已达25万人。德川幕府为斩草除根，大规模施暴，血腥屠戮。所有外国传教士都被害身亡。拒绝弃教的日本基督徒惨遭极刑。

与此同时，德川幕府实施新政，与外部世界隔绝。1635年，禁止日本人离开本岛。违者不得返回日本。1638年,将葡萄牙商人逐出日本。3年后,与荷兰达成协议,允许荷兰商船每年来长崎一次,但仅限一艘,且只能停泊在长崎港中部的一个小岛上。德川幕府认为,实施闭关锁国政策能破坏外国阴谋,完全控制进口。

首批基督教传教士干预日本政治和军事事务,大获成功,但在不到一个世纪里,又引火烧身,从自己的信徒那里尝到了苦涩的代价。与此同时,因德川幕府实施闭关锁国政策,强迫日本船员留在本岛,不得以海盗为业,也不得从事海上贸易,使得日本在开始显现远东海域主导之势时,痛失缔造海上帝国的机会。

日本文化的多样形式

剧烈动荡的政局可能会创造出文化表达的重要新形式。日本就是一例。丰臣秀吉时代以狂放见称。他本人自高自大,对宗教持怀疑态度,无论何事皆求奢华、引人注目。他所敕造的宫殿为日本规模最大。入侵朝鲜时曾扬言先攻下中国,然后征服世界。

在丰臣秀吉时代,日本手工技艺迅速发展。中国和朝鲜的战俘建立、扩大了陶瓷和丝绸纺织产业。日本效仿欧洲制造火炮成效斐然。不过,因铁矿储量不足,军工产业受到制约。日本国内外贸易一派兴盛,新财富不断创造,城市生活水平提高。

德川幕府更趋谨慎保守。1608年,德川家康定新儒学为官学。其继任者扶持中国学术流派发展。原因是,儒家强调尊上顺从,有利于德川家族施政。但在内战时代快速形成的恣意而为的城市生活并没有随着政局的稳定而消失。相反,和平的到来为日本各岛之间的贸易活动提供了更大机遇。

因此,商人阶层和其他市民仍然喜欢流行于丰臣秀吉时代、注重感官享乐的大众文化。与这种传统形成强烈对比的是,武士阶层推崇英雄主义理想,摒弃所有形式的自我沉湎和放纵。在他们眼中,忠诚和英勇是至德。为尽忠显勇,身家财富皆可抛弃。如果不能实现武士理想,则可选择剖腹自尽,以守全节。在艺术领域,这种理想在华美剑器制造和茶道、插花等业余休闲活动中得到了淋漓尽致的表达。

因此,在德川幕府统治时期,日本形成了一种奇怪的双面性。在表面,是官方控制的、深受中国模式影响的传统。但在深层里，尤其是在城市，流行着一种迥然不同的文化基调。这两个世界之间的摩擦在所难免。横生的张力折射着政治压力，显现了德川家族和外部领主、幕府和天皇之间的权力摇摆。

  受这种局势影响，日本人保持开放心态，容易接受新思想。这一点与中国不同。在中国，理论和实践紧密契合。清朝建立后，没有人敢对世代相传的智慧和技艺的正当合理性产生怀疑。日本人与之相反。他们满怀好奇打量这样一种制度：强调武士技艺至上，但武士阶层却没有用武之地；在官方定义中，商人位于社会底层，但实践中却允许他们比忠诚的武士还富有。这种理论和实践的不相称意味着，德川政权就像是日本社会的紧身衣，把一些互相矛盾的东西包裹在内，却很难让这些东西融进官方框架。

俄罗斯独裁政权的崛起

威力强大的火器,加上像丰臣秀吉这样雄心勃勃的战争领袖,实现了日本统一。俄罗斯帝国在整个东北亚的迅猛扩张与之相似,也是火药武器推动战争革命的直接结果。

两百多年里,除北部的诺夫哥罗德外,莫斯科和俄罗斯其他市镇都要向金帐汗国纳贡。金帐汗国是一个游牧同盟,受成吉思汗后裔统治。政令中心位于伏尔加河上的喀山城。1480年,莫斯科大公伊凡三世拒绝臣服喀山政权,但继续收取贡金,发展军队和官僚体系。莫斯科由此成为俄罗斯最强大的城市。但与西方邻国瑞典和波兰相比,仍处于军事劣势。在财富、军备、商业发展和文化水平上,两国均比俄罗斯先进。

这给伊凡四世(在位时间1547年—1584年)和继任者出了一道难题:如何防止西方邻国侵吞俄罗斯土地。很显然,俄罗斯应该壮大军力,提高战备,但政府没有相应财力。伊凡四世的应对之策是发动上层革命,因此人们又称他是"恐怖伊凡"。具体措施是,没收贵族土地,分给亲信。伊凡自称"沙皇",要求

莫斯科圣瓦西里大教堂

这座美轮美奂的教堂建于1552年至1556年间,由沙皇伊凡四世敕造,目的是庆祝战胜喀山和阿斯特拉罕的鞑靼人。其穹顶、塔楼色彩绚丽,排列怪中见巧,展现了拜占庭、波斯和意大利的建筑传统,但主要设计元素是纯正俄罗斯风格。中世纪,人们以木头为建筑材料,筑造穹顶拱门齐备、气势恢宏的教堂。伊凡四世的建筑师改用石头为建筑材料。这座建筑丰碑永久展现了伊凡四世及其前人的政治功勋。他们迫使鞑靼人和欧洲人为莫斯科大公国效力,将沙皇的专制独裁权力用到极致。从这座教堂上我们可以看到,外国艺术传统与俄罗斯风格融会贯通,但又服从于俄罗斯风格。这一点与俄罗斯统治者借鉴外国军事管理技巧、满足自身需求的手法高度契合。

分到土地的人尽忠顺从。为让土地产生价值，强迫农民垦殖耕种，并收缴租金。为保证充足人力资源，俄罗斯政府制订法律，禁止农民弃田逃入森林，或南迁草原地带。一种负担沉重、近于奴隶制的农奴制枷锁牢牢捆在俄罗斯穷苦农民身上。

在理论上，这种制度大致公平。农民尽忠领主，领主尽忠沙皇，沙皇保护俄罗地土地和正教信仰不受外来侵蚀而尽忠上帝。而且，这种制度最终起到了一定作用。只要伊凡四世还活着，就能在割让小块边境的情况下钳制住西面的敌人。之前已经提到过，俄罗斯已消灭草原游牧人，向东南两个方向扩张领土，收益颇丰。但伊凡四世之子懦弱无能，皇位无人继承，俄罗斯陷入"麻烦时期"。波兰人侵占莫斯科数年之久。瑞典人也从波罗的海出发，占领了俄罗斯内陆领土。

混乱时期

俄罗斯国内，局势混乱不堪。贵族意欲光复权力。一群剽悍勇猛、倡导平等精神的哥萨克武士出现在遥远的南方草原上。哥萨克人反对贵族，同情穷苦农民，但在游荡过程中也劫掠乡人。伊凡四世扶持的"服役贵族"在沙皇合法继承序列中断后丧失了凝聚力和领导力。皇位争夺战打响，数人自称伊凡四世之子，局面更加混乱。

乱局之中，商人、市民和正教领袖扮演了关键角色。波兰人信奉天主教。他们入侵俄罗斯的部分目的就是要发起东征，把俄罗斯土地收归教皇。1595年，教皇同意东欧教会继续使用教会斯拉夫语主持宗教仪式，并保留自己的一些特色，比如，用三根手指而非两根表示十字架。乌克兰高层神职人员也相应做出让步，认可教皇为整个基督教会之首。同意这种让步的人组成了东仪天主教会，隶属于罗马天主教会。

但在俄罗斯的民族感情里，正教会只有一个。1453年君士坦丁堡陷落后，正教信仰在俄罗斯找到了归宿。在多数俄罗斯人看来，承认教皇的教会统治权不啻固守异端邪说。为此，俄罗斯教会之首、莫斯科主教呼吁俄罗斯人驱逐波兰天主教侵略者。商人和市民应声而起。受其鼓舞，伊凡四世的"服役贵族"和农民也团结起来，力图赶走波兰人，重建沙皇政权，捍卫正教信仰。

1613年，俄罗斯各阶层派出代表，参加国民大会，选择莫斯科主教之子米哈伊尔·罗曼诺夫为沙皇。不久之后，重新编排的俄罗斯军将波兰侵略者驱逐出境，再建独裁政权。早期的罗曼诺夫家族和德川家族一样，小心谨慎，采取疏离外来异族政策。区别在于，日本地处海岛，可完全封锁。而俄罗斯边境绵延千里，很难与外界绝缘。但罗曼诺夫家族在执政之初还是想办法减少了对外交流联系。比如，要求外国商人必须在城中特定区域生活；俄罗斯人无故不得与外国人联系等等。

教会改革

但西方不断施压，尤以耶稣会最为强势。在波兰，耶稣会肃清新教，大获成功。他们还不断向正教发起攻击，批驳正教"错误"。麻烦在于，俄罗斯的教会书籍的确因为误抄误译而错误连篇。耶稣会学者乐见其"误"，而且有一些错误太过明显，根本不可能视而不见。但俄罗斯神职人员害怕危及正教教义，不便于承认耶稣会学者所言属实。

1667年，莫斯科主教尼康决定扳牛角驯服公牛，直面问题。他以希腊语原文为参考，修改俄罗斯祈祷书和宗教仪式手册，对几百年里积累的错误一一修正。毋庸置疑，希腊教会成立时间要比罗马教会早得多。因此，向希腊教会书籍求解似乎最能抵挡天主教的宣传攻势。

但很多俄罗斯人对教会习惯用语的变化大为震惊。有人成立了"旧礼仪派"，拒绝接受尼康改革，并指责他是"敌基督"。

沙皇很快也将矛头指向尼康，解除其宗教职务，但继续实施教会改革。此时，沙皇面临这样一个严峻问题：如何对付那些拒绝接受教会修订仪式的人？最终，他诉诸宗教迫害，但未能把宗教异己赶尽杀绝，只是把他们逼到地下而已。

旧礼仪派遍布俄罗斯，在沙皇权力薄弱的边缘地区势力最强。其中一些组织发展了极端教义，期待世界末日即刻到来，《圣经》《启示录》预言成真，沙皇受到惩罚。

俄罗斯初次与西方交流的付出及收获

俄罗斯社会严重分裂。上层接受沙皇统治，认同教会改革。但"阴暗失聪"的穷苦农民认为，主子背弃纯正宗教信仰，亵渎社会公义。农民起义爆发，但常遭镇压。惨痛教训更让旧礼仪派相信，"敌基督"正大行其道，世界末日为时不远。他们虽渴望上帝匡扶正义,但大部分时间仍处于沉默被动状态。当时,沙皇彼得大帝(在位时间1682年—1725年)发动新一轮上层革命,俄罗斯得以充分接触西欧世界。但彼得大帝启动改革的时间是在1698年,我们将在下一章探讨其人其事及对俄罗斯和世界的重要意义。

但在这里,有必要强调一点:虽然俄罗斯在与西方打交道、扼制波兰人和瑞典人时遇到了大麻烦,但在东南两个方向春风得意。也就是说,正是俄罗斯与西方尖锐对抗时,俄罗斯大帝国成型。罗曼诺夫家族的前几位沙皇征服了西伯利亚和阿穆尔河流域远东地区,并于1667年吞并乌克兰。

新世界

和俄罗斯人一样，美洲印第安人也在 1500 年至 1700 年间迅猛转变，以调整适应西欧人。但因为美洲印第安人和欧洲社会存在巨大落差，新世界的居民没能像俄罗斯人那样，得到"弊"外之"利"。相反，凡是与欧洲人有过密切接触的美洲印第安社群都遭受严重冲击，丧失了独立性。

美洲的西班牙帝国

在新世界最发达地区——墨西哥和秘鲁，西班牙推行传教政策，将印第安人转化为基督徒，但保留了村庄的传统制度。新疾病肆虐，印第安人口锐减，西班牙不得不将印第安大部分的剩余劳动力投入矿井及其他经济活动中。为此，他们置法律保护条款于不顾，想方设法破坏印第安村庄。

主要办法是，让还不上债的印第安人以役抵债。西班牙法律认可这种办法。由此，西班牙牧场主获得了稳定的劳动力供给。矿山劳动力需求更大，面临困难较多。但劳动力短缺也促使矿主改进生产方法，节省人力。当时的墨西哥因一流采矿技术领先世界。1650 年后，疾病不再造成巨大破坏。但到那时，墨西哥中部地区人口从 1100 万至 2000 万下降到 150 万。此后一段时间里，人口增长缓慢，死亡率居高不下。在加勒比海群岛和海岸地区，殖民者引入非洲奴隶，替代当地易感染欧洲疾疫和非洲热带病的人口，为西班牙化美洲增加了第三个种族和文化混合元素。

尽管出现本地人口急遽减少，西班牙化美洲仍在公元 1700 年前成为西班牙天主教文明发展兴盛之地。按欧洲标准衡量，墨西哥城和利马是繁华都市，发展水平远超英国和法国的殖民地。西班牙美洲政权还在当地创办大学，培养牧师和法学人才，并与欧洲学术界保持密切联系，在第一时间引进了笛卡尔哲学思辨类学科。

西班牙美洲政权不仅排斥印第安人参与这些活动，还破坏其文化传统。可以肯定的是，印第安人仍和从前一样忙碌于田间地头，原有的宗教仪式也依然罩在教会礼袍之下。但美洲文明的政治文化思想和技艺湮没不闻。西班牙权力和文化在新世界无人撼动，但只有极少数西班牙人有权享用。

葡萄牙治下的巴西

在巴西，葡萄牙殖民者大量引进非洲奴隶，垦耕糖料种植园，社会秩序更趋多元无序。这些种植园很快成为葡萄牙殖民地的兴盛之源。因为很少有葡萄牙女性离开欧洲来到新世界，葡萄牙男性多迎娶非洲或印第安女子为妻，并使其子嗣合法化。巴西逐渐出现种族混合，比西班牙—印第安—非洲人社会等级更加复杂。而且，非洲奴隶带着自己独有的文化传统来到新世界，为印第安和葡萄牙文化增添了非洲元素，让巴西文化遗产独具特色。

巴西政治史也比西班牙美洲帝国的官僚体系复杂。法国人和荷兰人先后侵入巴西，遭到葡萄牙殖民者驱逐。富有探险精神的巴西人深入亚马孙热带雨林，搜捕奴隶种植糖料。后来又到美洲内陆寻找奴隶开采黄金和钻石。当时，耶稣会传教士控制了巴拉圭说瓜拉尼语的印第安人，西班牙人定居在拉普拉塔河畔，这让巴西人非常恼火。他们四处突袭劫掠，快速扩张了殖民边界。

北美的法属和英属殖民地

与西班牙美洲帝国，甚至是与巴西相比，公元1700年前北美英法殖民地生活贫困，发展水平低。殖民活动局限在沿海地区。而且北美殖民社会在很大程度上是英法两国模式的粗糙翻版。1607年，英国在詹姆斯敦建立第一个永久殖民地。次年，法国在魁北克开拓据点。但这些殖民地还处在萌芽阶段，发展缓慢。首批殖民者期望在这里轻松赚取财富，却未能如愿。这些殖民地条件恶劣，食物短缺，气候不宜。1620年，旧世界的宗教歧见人士——清教徒到达马萨诸塞州，为英格兰的新世界殖民地增添了桀骜不驯的新元素。清教徒崇尚勤奋劳作，克己自律，愿意筚路蓝缕，开发新英格兰石质土壤。但他们倾向自理自治，不愿遵从远在英格兰、对自己所属教派持怀疑态度的政权。

跟西班牙人一样，法国人也下大气力推动印第安人信仰基督教，并保护他们不受唯利是图的商人侵害。但心怀善意的牧师也带来了欧洲疾病，让印第安人遭受灭顶之灾。在加拿大和美国东北部，只有一少部分印第安人扛过疾疫，活了下来。

加拿大的法国殖民者从事皮毛贸易，获利丰厚。他们驾驭独木舟，在内陆水道穿梭往返。从圣劳伦斯河出发，到达五大湖，把货物送上密歇根湖，再转运到密西西比河支流。因阿巴拉契亚山脉阻隔和法国人侧翼包抄，英国殖民者无法深入北美腹地。法国人在北美建立新法兰西，受到巴黎中央政权的严密控制。国王直接任免总督，管理一切重要事务。

英国殖民地更加多样化。弗吉尼亚和马萨诸塞两州由英王特许的公司创立。纽约州是1664年英荷战争的战利品，英王送给弟弟约克公爵做礼物。宾夕法尼亚州是英王室赐给威廉·佩恩的土地。其他很多殖民地最早也都是私人财产。

1640年至1660年间，英格兰饱受内战之患。1688年，这个北美殖民地母国再次爆发革命，卷入欧洲战争，直到1714年才从烽火硝烟中走出来。在这期间大部分时间里，殖民地获准实施自我管理，偶尔受到英格兰监督。英格兰政府希望对殖民地实行中央控制，但遭到强烈反对。比如，弗吉尼亚和马萨诸塞皇家宪章废除后，英格兰国王派总督前往北美，管理殖民地公共事务，却发现当地已成立地方代表大会。总而言之，在英国殖民地，从来没有出现过像西班牙、法国那样系统完整、威严有序的政权形式。相反，英属北美殖民地变成了天主教徒、贵格会教徒、清教徒等宗教歧见人士，以及不适应英国社会的群体避难场所。

与印第安人的关系大多由地方自主决定。殖民者很早就发现，使役印第安人不可能，便试着以礼相待。威廉·佩恩就是这方面的典范。但大部分殖民者以自我利益为中心，肆意践踏印第安人权利。

印第安人除了请法国人帮忙对抗英国人外，没有自我防御能力，不能伸张政治权利。就算他们手里有法国人给的枪，与闯入的英国人决一死战，也不能收复自己的土地。受到攻击的殖民者愈发相信，印第安人残忍暴虐，不值得信任。

在印第安人和欧洲殖民者发生冲突的边境地区，通常会发生这种情况：印第安人无力抵抗，败退消失。染病身亡是一大因素。另外，欧洲人有渊博知识、精干技能，印第安人处于劣势。

非洲和大洋洲

1500年左右,欧洲探险者开放世界各大洋,改善全球交通条件。这意味着,那些与海岸线仅咫尺之遥的简单社会面临着和北美印第安人一样的危险。但距离造成的障碍需要一定时间才能克服,尤其是在小岛星罗棋布的太平洋上。公元1700年以前,这里大体处于未开发、未受干扰状态。澳大利亚北海岸遍布红树林沼泽,无法通行,也与外界隔绝。除了距离、沼泽地造成的障碍外,还有冰雪障碍。北极圈沿海地区冰雪覆盖。英格兰商人从1553年起和1670年起分别在白海和哈得逊湾有过一些活动。在这些地区,古老的狩猎采集社会生活照旧,几乎没有受到外界干扰。

非洲和奴隶贸易

非洲大陆情况更复杂。除尼罗河外,探险者不能驾船深入非洲腹地。原因是,在非洲所有河流的河口附近,河水湍急,不利航行。更严峻的问题是,黄热病、疟疾、昏睡病等热带疾病有致命危险,外来人口在撒哈拉以南非洲有性命之忧。当地人在成长过程中已经对这些病产生了一定抵抗力,而新来者并不具备这种抵抗力。从这个角度来说,非洲与美洲刚好相反。在美洲,土著人对欧洲人和非洲人带到新世界的疾病没有抵抗力,所以在跨洋交流开始后的一个半世纪里遭遇人口骤减。

从远古时代起,这种疾病模式上的差异就对非洲历史有根本意义。这意味着,从撒哈拉沙漠以北闯入的陌生人不能制伏有丰富抗病经验的当地人。就算是当地人组织程度不高,装备条件不好,也是如此。因此,非洲人仍然是非洲人,完全能够自主掌握命运和历史发展范式,这是美洲印第安人所做不到的。

毋庸置疑,非洲人口承受的疾病重负既对他们形成了保护,又给他们造成了障碍。比如,携带疟原虫的人不能像健康人那样卖力工作,生产效率不可避免受到影响。虽然有此重负,在葡萄牙人首次来到西非海岸时,西非和东非王国已有上千年发展历史。更不用说北非的埃及是人类文明的发祥地。1418年至1486年间,葡萄牙人完成了西海岸全线探险活动。在这几十年中,非洲贸易增长,王国兴起，与外界联系增多。

1499 年，葡萄牙人绕非洲航行一圈，发现非洲海岸没有什么吸引人的地方，便把主要精力放在传说中遍地金银的印度群岛上。不过，他们也在非洲设立了不少海岸驿站（有的驿站建在离岸海岛上），与当地人发展贸易，劝其改信基督教。非洲和欧洲文化新边境由此形成。这一边境从直布罗陀海峡一路延伸到非洲东海岸中部。

这一新边境是对非洲和穆斯林之间原有交会区域的补充。穆罕默德（辛于 632 年）在世时，伊斯兰教不仅传遍阿拉伯本岛，也传到了非洲。到 700 年时，整个北非变成伊斯兰国度。与此同时，穆斯林商人沿东非海岸开展贸易。在接下来的几个世纪里，伊斯兰世界和非洲内陆的联系变得愈发重要。一个重大里程碑是，1076 年，摩洛哥穆斯林征服西非的加纳。之后，西非多数王国的统治者都变成了穆斯林。穿越撒哈拉沙漠的商队使西非和伊斯兰世界腹地保持了密切联系。

另一股迁徙和文化影响巨流激荡在撒哈拉以南的开阔草原上。1504 年，信仰基督教的努比亚王国覆灭。此后，游牧部落自西向东迁徙。穆斯林趁机将非洲之角到大西洋海岸全线牢牢控制，但无力制御东非稀树草原地区。部分原因是，东非采采蝇传播的昏睡病形成了一道有力屏障，外人无法从海岸穿越进入内陆。不过，1100 年后，位于非洲南部内陆地区的津巴布韦仍建起了强大王国。津巴布韦统治者向东海岸的穆斯林城市出口黄金和象牙。但与西非情况不同的是，他们仍保留异教信仰。

在政权兴起以及支撑皇宫官吏的贸易和战争方面，我们对非洲内陆其他地方了解甚少。但在 1483 年，葡萄牙人第一次来到刚果河口时，发现这一地区建有数个强大王国。其中几个很可能刚建立不久。再往南去，生活着迥然不同的民族。桑人（又称布须曼人）和科伊科伊人（又称霍屯督人）仍过着狩猎游牧生活。在班图语族非洲黑人到来前的几百年里，他们一直处于撤退状态。班图人以农耕放牧为生，知道如何制作铁器。他们不仅修建了宏伟的石头防御工事，还擅长开采冶炼矿石。津巴布韦的班图人就是这样。

外界对非洲的最初印象是，这个大陆盛产黄金、象牙、盐和奴隶。但给欧洲人和美洲人留下永久意识印记的却是奴隶贸易。非洲奴隶贸易由来已久，公元 1500 年后达到鼎盛发展阶段。在伊斯兰世界，非洲黑人一般充当家奴，间或担任要职，比如，奥斯曼帝国苏丹后宫总管。但在16世纪，奴隶贸易规模扩大，重要程度上升。当时，欧洲殖民者先后在巴西和加勒比群岛发现了糖料种植法。糖料生产需要投入巨大劳动力。从收获茎秆，到加工汁液变成结晶，再把成品运输到遥远的市场，全程需要众多劳动力参与。美洲印第安人在欧洲疾病来袭时脆弱不堪，殖民者完全没有办法强迫他们在糖料种植园劳动。但非洲人习惯了旧世界的各种疾病，甚至比欧洲人还有抵抗力。非洲的热带传染病越过大西洋传到欧洲，有很多欧洲人染病身亡就是明证。因此，从16世纪20年代起，欧洲人开始向新世界输入非洲奴隶，开垦糖料种植园。

最初，奴隶贸易规模不大。公元1700年前，主要集中在安哥拉。因为从安哥拉越洋，正对面的巴西就是奴隶劳动力需求最旺盛的地方。随着糖料生产规模扩大，越来越多的非洲奴隶被运送到新世界。渐渐地，加勒比群岛和巴西糖料种植区内居住的大部分人口都是非洲奴隶的后裔。后来，北美大陆的烟草和棉花种植业开始依赖黑人劳动力。北美南部的英国殖民地上生活着大量黑人。所以我们可以这样说，欧洲殖民扩张与非洲奴隶迁居运动同步进行。

欧洲人习惯以拯救灵魂为由捍卫奴隶贸易。因此，来到新世界的非洲奴隶一般都会接受洗礼，变成基督徒。但洗礼洗不掉奴隶身上的文化传统。1492年后，非洲人、欧洲人和美洲印第安人都走进了美洲文化和民族交会圈中。

在撒哈拉以南非洲，奴隶贸易在某些年份里造成了毁灭性影响。突袭者以海岸城市为据点，远入内陆劫掠奴隶。很多受害者在锁链加身、被送往海岸或上船之后即已死亡。搜寻奴隶的这些人暴力迫使原来与世隔绝的群落与外界接触，毁掉了无数村庄。到1700年时，多达190万非洲人被贩为奴隶，运往新世界。但我们不能据此认为，整个非洲大陆遭受人口灭绝。在这里我们也顺便了解一下伊斯兰世界的奴隶贸易情况。公元1500年后，被贩往伊斯兰世界的非洲奴隶人数似乎也有所上升。但当地禁止家中男奴结婚生子。因此，伊斯兰国度没有出现新世界那样独具特色的黑人社群。

为什么奴隶贸易越来越频繁，非洲人口却没有减少？原因之一是，非洲从美洲引进粮食作物，食物供应量增加。这些作物中，以玉米最受重视，最终成为非洲主粮。木薯、花生和甘薯在西非也具有重要地位。没有人知道这些新作物究竟是在何时从沿海地区传入非洲内陆的。而且，我们也不可能在食物供应增多、人口增加与奴隶贸易人口损失之间建立平衡关系。我们只能说，因为美洲高产粮食作物传入非洲，非洲人口在被贩为奴隶的同时保持在应有水平。两者互相中和，使得非洲人能在军事化、商业化程度逐渐加深的社会大背景下存活下来，并保持了原有的生活方式。

欧洲人和亚洲人不耐受热带疾病，无法在非洲内陆生存，奴隶劫掠和运输到岸的权利一直掌控在非洲人手中。统治者和商人以奴隶为交换手段，进口欧洲布料、铁器和火炮。火炮改变了非洲战争和奴隶抢劫手段。不过，老式骑兵仍在非洲大陆长期存在。部分目的是满足奥约等宫廷的仪式需求。奥约位于今天的尼日利亚西部。

虽然贸易网络扩大，遍及非洲大陆，各种各样的政权和民族积极与非洲开展贸易，但非洲人仍保留了独具特色的传统和技艺。即便是那些信仰伊斯兰教和基督教的非洲人也仍然守护着地方风俗。非洲艺术就是地方传统和技艺保持连续性的鲜明例证。非洲人取材人和动物形象，制作面具和雕塑，用于宗教仪式。其轮廓内涵难以为现代博物馆游客所理解，但这些作品仍在观者心中唤起强烈的美感。在信仰异教的非洲地区，艺术风格千差万别。与伊斯兰世界联系紧密的地区以伊斯兰艺术为标准形式。原因是，到1500年时，北非、西非稀树草原和东非海岸成为伊斯兰世界组成部分。这要归功于穆斯林商人的宣教活动。因此，随着贸易联系不断扩大，伊斯兰教信徒人数在广阔的非洲大陆持续增加。相比之下，基督教传教活动进展不大。不过，在欧洲影响力集中的西海岸，也有一些人改信基督教。

欧洲人仅在非洲大陆最北端和最南端建立了殖民地。这些地区气候较为凉爽，热带病患病率较低。1652年，荷兰人在非洲最南端的开普敦建立了海岸驿站。1700年，荷兰农民和牧人向内陆迁徙，用暴力夺取了科伊科伊牧民定居点。1830年，法国在阿尔及利亚建立殖民地。在此之前，非洲其他地方仍完全是非洲人口生活地。

总而言之，在1500年至1700年间，非洲与世界联系愈发紧密，既受其利，又承其弊。欧洲地理大发现后，非洲实际上处于两面夹击之中。一面是，不断向北部和东部扩张的伊斯兰世界；另一面是，不断向美洲和印度洋扩张的欧洲世界。从1520年起，奴隶贸易越过大西洋，将大量黑人输送到美洲热带和亚热带地区。在接下来的两个世纪里，非洲本土与外界的远距离联系愈加紧密，社会变化加速，美洲粮食作物提供了食物新来源，伊斯兰继续保持拓展之势。当然，非洲从来没有与世界其他地区完全隔绝过,但在公元 1500 年后与世界经济体系越来越紧密地捆绑在一起。因热带疾病肆虐,异族殖民不利,非洲人能够主导自己事务,建立王国,开展贸易,在与外界打交道时占据主动优势。简而言之,非洲能够完整保留自身特色。而美洲,因大西洋彼岸欧洲殖民者的闯入,经历了人口剧减,文化连续性无以为继。

第十六章 欧洲之外的世界

✕ 结论

欧洲水手、士兵和殖民者打乱了美洲秩序,并逐渐摧毁了几乎所有的早期印第安人社会。放眼全球,这一剧烈影响无处可觅。因为,亚洲海港已对民族交融现象司空见惯。不过,虽然欧洲人知识渊博、技艺精通,但穆斯林、印度教徒和中国人没有放弃故风旧俗。在他们眼中,守护对自己有利的东西,并让欧洲人追随自己,似乎不言自明。

但世界并没有停滞不动。各大洋通航后,美洲粮食作物传到世界各地,人口增长,价格革命波及文明世界各地。这一点我们在第十五章中已有了解。这些变化产生了深远影响,具有重要意义。在1500年至1700年的二百年间,另一个重大变化在欧亚大陆和非洲发生。古老的骑兵无力维持战场优势。产生这一结果的原因是,步兵装备火炮和火枪,能够打破骑兵冲锋。

自公元前700年起,欧亚大陆草原游牧人就对农耕民族占有攻击优势。炮枪出现后,这一优势消失殆尽。文明社会随之快速扩张,占据草原地区。但在这一切发生之前,印度和中国遭受最后一轮草原人征服活动。在印度,这一征服的结果是1526年莫卧儿帝国的建立。而中国在1644年至1912年间一直受清王朝统治。

炮枪的发展也意味着,在所有文明国家,中央政府越来越比地方权威有优势。即便城堡城墙固若金汤,也能让火炮打出洞来。但攻城火炮造价高昂,而且容易让人察觉,因此中央政权垄断了火炮生产,让地方领袖更加俯首帖耳。

自然而然,在1500年至1700年间,文明世界各地的政治单位实现了规模和权力的拓展。身处遥远地域的统治者也能强力贯彻个人意志。在欧亚大陆,处于文明政权之间的缓冲区域被快速蚕食。俄罗斯和中国从中收益最大。实际上,这两大国领土扩张的速度和广度毫不逊色于美洲的西班牙帝国。

世界各大海岸之间沟通更加频繁,社会变化步伐加快。许多力单势孤的群落消失不见。实际上,只有非洲人(可能还有新西兰人)有能力应对陌生文明方式所带来的挑战。

世界关系发生的这些变化对人类历史至为重要。但过分强调新生事物所带来的影响也是错误的。旧世界每一个主要文明传统仍沿原有熟悉路径继续发展。穆斯林继续在每一边境上宣教。印度教徒迎来了宗教复苏，在穆斯林统治下保存了文化传统的活力。中国以传统方式经历了朝代更迭危机。但他们仍和原来一样，迅速应对，建造了强大富庶的国家，并以治理之术让许多欧洲人钦美不已。

毋庸置疑，西欧世界权力扩张迹象尽显。欧洲人在幅员辽阔的北美和南美大陆建立殖民地。虽然在公元1700年前，新世界大部分地区尚未被欧洲殖民者占据，但有一点清楚无疑，美洲印第安人既不能挡住欧洲人开拓北美西部的步伐，也无力守住南美温带地区。

在欧洲东缘，俄罗斯和西方的联系越来越紧密。这种关系让俄罗斯人大为光火。他们想守护自己的正教信仰，不受西欧摆布，保持文化独立。但他们又不得不借鉴西方技艺，引进西方工匠，变得越来越像是西欧民族。其实，俄罗斯在1500年至1700年间的经历是其他文明民族陷入困境的前兆。因为到后来，穆斯林、印度人、中国人和日本人被欧洲强国所迫，不得不去关注那个偏远的亚洲半岛——"欧洲"发生了什么事情。

第十七章
欧洲旧制度

公元 1650 年　　　　　　　　　公元 1789 年

如何做到敏捷高效

这幅蚀刻画旨在教会荷兰士兵使用火绳枪。火绳枪的装弹和射击动作可分解为四十二式。本图展示的动作是"射击",即扳动扳手,让火绳缓慢燃烧,并与火药盆中的火药接触。正所谓熟能生巧,欧洲军队使用这样的图画训练新兵,确保每一个动作都能熟练完成。

1648年,《威斯特伐利亚和约》签订,三十年战争结束。1789年,法国大革命开始。在这两个节点期间,欧洲度过了一段平静期。但这种平静也只是与随后出现的风起云涌相比较而言。战争并没有停止。但作战双方都是职业军人,都十分清楚谈判桌上随时可能出现形势逆转。胜者可能接管败方某省。在这种情况下,谁愿意接手一个满目疮痍的废墟呢?欧洲也没有停止对新思想的质疑。但推动者是职业作家和科学家,不必穿行于大街小巷耽搁时间,就能宣传思想。这是此前那个时代的宗教改革者和下一个时代的政治改革者所做不到的。

这是一个中和与妥协的时代。在很多事情上,人们能做到和而不同,不无惊讶地发现,分歧之下仍能和睦相处。详细的行为守则为人际和阶层冲突提供了缓冲手段。要想做到有礼貌、有教养,就必须扮演某种角色,掩盖内心感情和个人性格。在一定程度上能做到这一点的人就能变成自己想要伪饰的人,如尊贵的国王、谦卑的奴仆。不过,礼貌伪饰的确有助于消解困难,制止暴乱。

那种在宗教战争时代撕裂欧洲的躁动活力转向外在。其结果是,欧洲帝国在美洲、印度、欧亚大陆森林和草原区域广泛扩张。以西北欧为中心和聚焦点的文化传统得到了俄罗斯贵族和美洲先驱者的共鸣。严格意义上的西欧文明不复存在。简而言之,欧洲文明不再局限于地理上的诞生地,而成为西方文明。

但相对意义上的平静并不意味着无所作为和剧烈变化的终结。国王和王公建立职业常备军,高效组织暴力活动。多数统治者享有极权。但所谓的极权君主也面临着各种权力边界。很多地方团体仍然拥有中世纪传下来的权利和特权。士兵和官吏因高效执行绝对王权而获利。为维护特权地位,他们反对变化,害怕殃及自身,即便是理论上持有极权的统治者发起的变化也不例外。

极权主义也受到了通信网络的冲击。这一网络纵贯政治边界,在有相似利益或追求的人之间延伸。几个世纪以来,牧师、银行家和商人一直维护着这样的网络。在欧洲旧制度下,科学家、作家、音乐家、农业家等发展了常规手段,用于交流新发现、新成就等专业信息。因此,旧制度下的欧洲虽然出现了诸侯割据,分裂为上千个理论上完全独立的政权,但在文化方面却"空前绝后"团结一致。此前,宗教藩篱将欧洲分裂成互有敌意的几部分;此后,欧洲又出现了民族差异。

社会和经济变革

旧制度下的欧洲取得了卓尔不凡的成就。在国外,欧洲殖民者、商人和君主向地球新区域扩张。在国内,经济活动的速度和强度加快。因此,在旧制度终结时,更多欧洲人口改善了生活条件,用上了一些重要新商品。

人口增长

人口增长具有根本性意义。18世纪,欧洲各地出现人口增长。流行性疾病暴发次数较少,危害程度降低。1663年至1684年间,欧洲最后一次暴发大范围腺鼠疫。1720年至1721年间,腺鼠疫肆虐马赛。但因隔离政策有效实施,这次疾疫只在法国南部小范围传播。此后,传染病这种历史上导致人口减少的因素不再为害西欧,现代人口爆炸自此启程。西欧人口年均增长率达到1%左右。

在这一变化之初,医学没有起到多大作用。因为,当时的医生对发病原因知之甚少,没有办法有效抗击疾病。外来船只和旅客隔离措施可能起到了一定作用。但当时的人们并不知道,危险因素不是人和船,而是人体和船上携带的跳蚤、老鼠及其他病原体。1796年,英国医生爱德华·詹纳(1749年—1823年)成功研发天花疫苗,防病抗病局面才得以改变。起初,詹纳让人感染天花较轻症状的做法遭到了一些人的反对。后来,疫苗接种法得到西班牙和俄罗斯帝国政府的支持,很快成为全球通用做法。

农业革命

在促进人口增长方面,农业进步比医学起到了更重要的作用。公元1700年后,全球气候变得更加温暖,北欧庄稼歉收情况越来越少,多数年份都是丰年。更重要的是,17、18世纪,两种宝贵的美洲粮食作物缓慢但稳步地传遍欧洲。玉米在西班牙部分地区、意大利和巴尔干半岛地区扎下根来,但其重要性不及同是美洲原产的土豆。北欧气候凉爽,多沙质土壤,利于土豆生长。在这些地区,土豆亩产量一般是燕麦和黑麦的近四倍。也就是说,靠从土豆中获得营养的人口是吃燕麦黑麦面包人口的近四倍。所以,爱尔兰差不多完全用土豆替代了上述两种谷物。但在别处，即便是最贫困阶层也还是以原有的谷物面包为主食，土豆和玉米只是补充。

除了这两种增加人类营养的新作物外，欧洲农民还掌握了高效农耕办法。他们认识到，在谷物用地上种植车轴草、苜蓿和饲草，不用休耕也能恢复土壤肥力。在中世纪，大约有三分之一的可耕地必须每年休耕一次，才能除掉杂草，再连续种植两季。车轴草和苜蓿有固氮作用，能提高土壤肥力，还能在冬季当马牛饲草。

有了更优质的冬季饲料，就能把牲畜养得膘肥体壮。犁也得到改进，大大节省了人力畜力。中世纪，要拴上四到六头公牛才能拉犁耕地。现在两匹马足矣。细心的农人在生长季节成畦轮番种植萝卜，既除掉了杂草，又收获了饲料。总而言之，欧洲人修建排水控涝工程，使用各种肥料开展系统性试验，改进犁、镰刀、铁锹、农用推车等设计，最终降低了生产成本，增加了粮食产量，为不断增长的人口创造了更大的食物供给。

农业进步的重要意义

荷兰和英格兰引领农业进步。欧洲其他地方落于其后，还有一些地区几乎没有发生任何变化。17、18世纪的农业进步主要体现在种植新方法、新作物、新工具上，促进了产量和效益的大幅提升。农民是系统性试验先驱。他们在使用新技术后，准确记录亩产量，以及种子和劳动力投入量，并在农业杂志和时事通信上公布成果，与感兴趣的地主交流沟通。因此，任何有价值的发现都能在土壤和气候适宜的地方快速广泛传播。

从事农业生产的人易墨守成规，认为只有固守祖法才能有好收成。对这一观念的驳斥是现代取得的最根本性突破。我们今天觉得质疑前人似乎再简单不过。但农耕方法也可以变动改进的思想撼动了古老的生活方式，将绝大多数人从固定常规中松绑。而只有社会多数成员开始在重要方面上改变行为方式时，历史变化的广度和进度才能大大跃升。当然，这一变化出现在现代，时间是在1650年左右，地点是在西北欧。

回首历史，我们会清楚地看到，农业革命比历时二百年、重塑欧洲和世界的工业革命要早。没有土地上发生的深远变化，难有欧洲今天的工业发展成就。因为工业革命需要乡村提供粮食和劳动力，而且这两大要素必须在量上不断增长。英格兰和荷兰的几百个农民、地主、科学家实验农业技术,并将其系统性应用实践,让这一切变成现实。

贸易和金融

人口增长和农业进步因贸易活动的增强而实现,反过来又促进了贸易的发展。交通条件改善后,商品运输更加便利。运河将法国各大河连在一起。筑路工人修建路基排水设施,铺设碎石路面,及时填补缝隙,慢慢铺成了平坦的全天候公路,便于轮式车辆四季通行。各大城市间有驿站马车往来。只要付出一定的价钱,任何人都能借此行驶一二百千米,不用担心赶不上行程。今天的我们很难想象这些进步有什么重要意义。但只要想想没有冬季公路,没有公共交通,生活会是什么样子,就会马上明白这些日常生活便利设施的改善有多大意义。

贸易、商业及其他经济活动也因银行业的发展而强化。人们找到了大额资本会聚手段,再用这些资本组织规模庞大、造价不菲的项目。由此,欧洲人以越来越大的规模调动人力物力,发展公共事业。欧洲人学会了赊欠打仗,调动越来越多的资源,追逐胜利,缔造大国。

制造技术

战争经费很大程度上付给了商人和制造商。他们向欧洲军队提供上千件物资。其结果是,原有行业扩大规模,新行业形成,交通系统改进。有的战时物品稍作调整便可满足日常生活之需。

但形势并非一派大好。1650年至1750年间,因森林面积急剧减少,西欧面临着一场危机。欧洲人一般在森林里放牧牛羊,并从中获取木材和燃料。但随需求日增,大树愈发稀少,造船业和冶金业受到严重影响。缓解造船业木材短缺问题的唯一出路是进口木材。木材的来源地包括美洲和北欧的瑞典、俄罗斯。为应对燃料短缺问题,英国铁匠找到了一种更为高效的燃料,那就是焦炭。

在西欧部分地区,普通煤储量丰富。但这种煤杂质太多,不能把铁矿石炼成有用的钢铁。举例来说,只要煤里含有微量磷,就会渗到熔铁里。炼出的铁又硬又脆,没有用处。因此,人们常用木炭炼铁。但要找到足够多的木炭,就要找到大量木材。18世纪头几十年里,瑞典和俄罗斯的钢铁工业独具优势,就是因为他们森林面积大，不愁找燃料。

早在 1709 年，英国铁匠亚伯拉罕·达比发现，将煤炭半烧后可以去除煤中不利于炼铁的化学物质，跟半烧木材制造木炭原理一致。用这种煤炭纯化法产生的焦炭和木炭一样，都能炼好铁矿石。在很长一段时间里，达比的铁厂对焦炭制作法秘而不宣。因此，一直到 1750 年后，这种新技术才得以广泛推广。当时，煤炭是西欧的重要燃料，既用于家庭取暖，也用在多道工艺中。因此，发现焦炭制作办法后，煤炭重要性大大提升。

新动力源

早在 1698 年，人们就发明了蒸汽机，将煤炭热能转化为机械动能，带动水泵从煤矿矿井中抽水。但最初的蒸汽机工作效率极低。直到詹姆斯·瓦特（1736 年—1819 年）发明了无冷却便能让蒸汽凝结的发动机，才使蒸汽动力产生重要意义。即便有此进步，如何让活塞和汽缸紧密契合仍是当时无法解决的难题。因此，蒸汽和动力驱动机械的时代一直到 1789 年后才蹒跚启程。

在旧制度时代，水磨、风磨和设计完备的大型船舶是比蒸汽更重要的动力源。在欧洲，农耕方法改进，为系统化养殖的役马提供了更多更好的饲料。役马个头变大，力量增强。因为马是农业和陆地交通的基本动力源，所以这种变化的意义最为重大。

总而言之，1650 年至 1789 年间，新技术让欧洲人调用的肌肉力量和机械力量增长了好几倍。这种进步具有根本意义，为人类日常活动开辟了各种各样的新可能。

精密工具和奢侈工艺品

旧制度下，欧洲技艺在其他方面也达到了新水平。钟表匠、枪匠、镜片研磨工、玻璃吹制工、首饰切割工和磨具制作工能够精准塑造金属及其他坚硬材料。钟表是欧洲技术造诣的例证。即便放在颠簸的海上，欧洲钟表也能准确计时，几个月下来误差不过几秒钟。有了钟表，船长就能计算经度。1761 年，英国人约翰·哈里森（1693 年—1776 年）发明经线仪，实现了经度的精确测量。哈里森的巧思来源于中世纪以来欧洲悠久的机械传统。人类第一座机械钟表就是在中世纪发明的。这些钟表放在教堂里，为全镇人记录时间。

欧洲手工艺人和发明家在主动创造之余，也乐于借鉴别人，改进外国技艺为己所用。在这方面，有两个例子值得一提。中国人对陶瓷制作工艺一直严格保密。欧洲人通过模仿中国人学会了制作瓷器。他们又从印度人那里学到了纺织技艺，在欧洲设立工厂，与印度手工艺人展开竞争。但印度棉纺工人花不了多少钱就能养家糊口，而北欧气候恶劣，生活成本高。因此，欧洲制造商只有发明省力设备，才能接近印度生产成本。从1770年开始，他们不懈研发，取得了惊人成就。但和蒸汽机一样，新纺织技术产生的主要影响也是在后来才开始显现的。

在旧制度时代，奢侈品贸易繁荣发展。当时，欧洲人日常使用的大部分器具差不多是20世纪美国普通家庭的家当。1648年至1789年间，欧洲家庭过上了舒适洁净的生活。他们使用陶瓷碗碟，置办轻便坚固、美观大方的家具，安装透明玻璃大窗，裱糊印花墙纸。最初，只有社会上层才买得起这些新家当。商品实现批量生产后，越来越多的人能够安享惬意生活。

领土扩张

关于欧洲殖民地在北美洲的发展历程，美国人耳熟能详。英属北美殖民地获得独立时，人口大约为400万，差不多是英格兰本土人口的一半。在某些地方，殖民边界甚至超过了阿巴拉契亚山。皮毛商人走在殖民扩张的前列。他们向西走到落基山脉和马更些河。俄罗斯人和西班牙人沿北美太平洋沿岸活动。二者活动区域常有交叉重叠，但实际上俄罗斯和西班牙的势力范围之间有一个空位区。因为，俄罗斯人从事皮毛贸易，很少到温哥华岛以南做生意。而西班牙殖民地向北最远延伸到旧金山。

在拉丁美洲，印第安人口于1650年左右降到最低点。此后，开始缓慢增长。再后来，增长速度越来越快。拉普拉塔河区域和巴西内陆的殖民活动与同时期的北美相似。在拉普拉塔河区域，当地人以畜牧为主业。巴西殖民者于1695年左右发现了金矿和钻石矿，开始向内陆进发。与此同时，殖民者在巴西沿岸地区和加勒比海群岛建立糖料种植园，役使大西洋彼岸的非洲奴隶，获得了丰厚利润。盛产糖料的群岛在国际贸易中处于极其重要的地位。1763年，法国为了保住马提尼克群岛，放弃了加拿大殖民地。有记录显示，1773年，英国与加勒比群岛贸易额超过英国与北美殖民地大陆交易额。

虽然西班牙和葡萄牙本土国力不强,但两个帝国却在17、18世纪的绵绵战争中屹立不倒。部分原因在于,1648年后,加勒比群岛的土著人对非洲奴隶带来的黄热病有了抵抗力,而英法两国侵略军却不胜其患。岛上携带黄热病毒的蚊子能在几个星期内将任何一支欧洲远征军消灭殆尽。这意味着,加勒比海岸上最薄弱的防御设施也能在长时间里起到防御作用。黄热病让装备优越的侵略军陷于瘫痪状态。

1650年至1750年一百年间,美洲印第安人口骤减,西班牙海外帝国经济萧条。1750年后,西班牙在新世界的势力和财富开始复苏。在西班牙海外帝国的大部分地区,白人和印第安人的后代——麦斯蒂索人数量最多。但在巴西和加勒比低地,种族融合程度加深,黑色人种也加入其中。随着人口增多,贸易和制造业呈上升趋势,城镇化进程启动,欧洲新思潮不断涌入。法国启蒙运动思想在西班牙帝国部分地区生根萌芽。1776年,英属北美殖民地独立。南美一些人认为应该以北美为楷模,反抗西班牙人。

▓ 欧亚大陆上的东向运动

欧洲在美洲海外扩张的同时,也沿欧亚大陆东向扩张。1699年,哈布斯堡

从欧洲文明到西方文明

这两座建筑分别代表美国和俄罗斯。相对于欧洲文明中心,两国一个远立西方,一个遥矗东方,但都是西方文明的组成部分。因为,欧洲文明区域不再局限于欧洲本土。左图是费城的美国独立纪念馆。1776年7月4日,《独立宣言》在此签署,首届新政府也设在这里。右图是彼得格勒(今圣彼得堡)冬宫。冬宫于1762年叶卡捷琳娜二世在位期间完工。18世纪,俄罗斯多数政要都在该建筑里处理政务。美国和俄罗斯的政府规模差别体现了在旧欧洲边缘兴起的两个前沿社会的结构差异。一个强调自由平等;另一个注重服从管控。但二者也存在根本联系。两处建筑彰显的欧洲古典风格就是有力证明。

王朝从土耳其人手中夺走了多瑙河沿岸人烟稀少的土地。在此之后的 75 年里，奥地利政府和哈布斯堡贵族承担着向匈牙利中部草原移民的任务。再向东走，俄罗斯人占领黑海北部草原并垦殖。还有一些欧洲人翻越乌拉尔山，进入西伯利亚，沿伏尔加河下游迁徙，抵达里海。我们不可能计算出，到底有多少先驱者参与了这场东向移民运动，但人数很可能和横渡大西洋前往美洲的殖民者、奴隶一样多，甚至更多。

前沿社会特色

新世界和东欧的两个前沿社会比欧洲文明中心简单粗犷。两地人口稀少，与土地等资源不成比例。这里不存在欧洲民族内部产生的不同层次和等级，呈现出两个特点。第一个特点是，个人和家庭崇尚自力更生。虽然这意味着要放弃文明生活带来的许多好处，但因为两地环境条件恶劣，生活贫穷，培养不出教师等专业人士，人人处于"自由平等"状态，自然也就强调靠一己之力改变现状。实际上，美洲边境地区和西伯利亚部分地区正是靠这种精神开拓成型，由此造就了一群目无法纪、勇猛剽悍、处于半野蛮状态的人。这些人特立独行，极不情愿屈服上层。

第二个特点是，使用暴力维持一定形式的社会秩序。在欧洲，穷人要养家糊口，就得为富人做工。在前沿社会，要想让别人为自己做工，只能奴役劳动力。奴隶制、劳役偿债制、债役奴役等劳动力强迫形式在新世界扮演着重要角色。这些合法手段的存在使得一小部分种植园主高高在上，比手下奴隶掌握更多文化知识。同样的模式也主宰着欧洲东向运动。当时，殖民地迅速扩张，劳动力极为短缺。法律规定，地主有权支配农奴。俄罗斯政府认为，除了这种政策之外，其他政策都不具有可操作性。原因是，他们需要地主到政府当差，填补军官空缺。有了一支强大高效的军队，就能赶走西面的袭击者，威慑南面和东面的敌手。而在英属北美殖民地，社会松散自由，强调独立个性。原因就在于，北美殖民者不用像俄罗斯人那样，建立训练有素、装备精良的军队挫败印第安人。当然，欧洲殖民者在新世界土地控制权上曾爆发过激烈争执，但参与争斗的主要是英格兰、法国和西班牙三国。而且参战士兵是经欧洲本土政府训练、武装和供养的。因此，在北美前沿社会，社会天平倾向于自由和平等，而这两种权力在俄罗斯大地上遭到系统性（并非完全）压制。

政治和战争

集权和扩张也是欧洲政治主题。到 1715 年时，法国在强军强政方面走在欧洲前列，主宰历史舞台。与欧洲其他政权相比，法国士兵和官僚能够调集庞大资源，既能决定是否发动战争，又能决定是否要在凡尔赛给自我标榜为"太阳王"的路易十四（在位时间 1643 年—1715 年）建造宫殿。

法国领土扩张

1648 年至 1653 年，法国投石党发动武装暴动。当时，路易十四还是一个孩子，而且坐上王位时间不长，看到一群手持兵械的人闯入卧室，大为惊恐。成年后，他巩固了手中权力，下定决心铲除所有内敌。为此，他建立了一支常备军，势力远比法国贵族强大，能同任何一个外国统治者抗衡。路易十四之所以有能力维持常备军运转，是因为法国土地富饶，而且自百年战争以来，国王一直享有法定征税权。

路易十四是一位谨慎认真、奋力开拓的君主。他挑选的大臣都是能充分开发法国资源的人。特别是财政大臣让 - 巴普蒂斯特·柯尔贝尔（在任时间 1662 年—1683 年）。柯尔贝尔鼓励发展新产业，管理原有产业，统一税收，简化征收办法，确保法国国王富裕强大。在他的努力下，王室政权接管了很多原属于市镇同业公会和地方政府的管理职能。柯尔贝尔精心管理财政，成效斐然。路易十四建立了欧洲历史上最强大的军队、最富丽的宫廷。

国王自己开疆拓土，把比利牛斯山、阿尔卑斯山和莱茵河变成法国的自然边界。1659 年，路易十四与西班牙签订条约，同意沿比利牛斯山划定法西边界。后来，又尝试拓展到莱茵河畔，但遭到荷兰钳制。1689 年后，受到英格兰和荷兰共同制约。1700 年，西班牙国王去世。因为没有直接继承人，便订立遗嘱委托路易十四之孙腓力五世执政西班牙。由此，路易十四开始了在位期间最后一次大冒险。正在法国确保腓力五世稳登西班牙王位时，一场大战爆发。英格兰、荷兰、奥地利的哈布斯堡王朝，以及欧洲其他几国统治者组成大联盟，扼制法国。双方势均力敌，苦战不决，法国资源消耗殆尽。最终，双方达成妥协，分别于 1713 年、1714 年签订《乌得勒支条约》和《拉什塔特条约》，承认腓力五世拥有西班牙王室继承权，但将西班牙在意大利和低地国家（今天的比利时）的土地出让给奥地利。条约还规定，英国从西班牙手中获得直布罗陀，从法国手中得到加拿大新斯科舍省和纽芬兰省。

西班牙王位继承权之争表明，在战争和政事管理方面，奥地利的哈布斯堡王朝和英国政府都与法国有冲突。相比之下，荷兰国力不济，法国传统盟友瑞典、波兰和土耳其均被削弱。从 1715 年开始，法国对邻国不再具备优势。相反，那些临近欧洲文明扩张边缘的政权占据有利地位。它们拓展疆域，扩充资源，而法国却遭到一个又一个敌军联盟的阻挠，无力施展抱负。

英国领土扩张

从这些新机遇中渔利最多的西欧国家是英国。1707 年，英格兰、苏格兰和

太阳王和凡尔赛宫

1643 年至 1715 年间，路易十四任法国国王。对于王权，路易十四看得很重。他认为，既然上帝挑选他统治法国，他就要主动作为，完成国王使命。为此，他夙兴夜寐，勤于政事，发号施令，以威临朝。这幅画作于 1701 年。当时，路易十四 53 岁，正处在权力巅峰。画中富有戏剧化的形象是路易十四亲手塑造的。为了演好王权这一角色，路易十四需要观众。他把上千名贵族会聚宫廷之中，规定每天必须晨见。他仁慈的话语、睥睨的姿态引得每一个人或俯首，或侍立，以讨取国王欢心。为方便朝见，路易十四在凡尔赛建造了气势恢宏的新宫殿，如右图所示。这座宫殿里住有万人。因为，每一个贵族都有成群奴仆，他们聚在一起维护宫廷的生活气派，向伟大国王致意。

爱尔兰结盟成立英国，雄霸海上。每次英国和法国在欧洲开战时，战火便从地球各大洋一路烧到海外殖民地。有时，殖民地战争先行引爆，欧洲大陆再现硝烟。这种情况在1754年鲜明展现。法国人和印第安人在北美开战。两年后，战争全面升级，法国和英国在欧洲打得不可开交。这一战被称为"七年战争"，从1756年打到了1763年，以英国在美洲和印度双战场得胜告终。1763年，英法签订《巴黎条约》。法国将加拿大和印度拱手让于英国。

当然，法国其他领土、西班牙、葡萄牙和荷兰帝国依然矗立不倒。但根据1713年《乌得勒支条约》规定，英国获得有限权力，与西班牙殖民地开展贸易。而且，英国通过走私实际上控制了南美和中美贸易大头。此外，英国还与荷兰和葡萄牙展开常规密切合作。1763年后，英国在贸易和海军两个领域首屈一指，独霸海上。

但好景不长。英王乔治三世（1760年—1820年）和北美的13个殖民地发生争执。1775年，争执上升为战争。此时，不仅有宿敌法国，还有西班牙，甚至连俄罗斯都通过直接开战、"武装中立"等方式，公然挑战英国海上主导权。英国不得不进行让步。1783年，各方签订第二个《巴黎条约》，同意英属北美殖民地独立，法国在路易斯安那重建殖民地。这让法国王公贵胄顺心遂愿。他们一直心仪路易斯安那的糖料等热带土产，感觉这块土地远比冰天雪地、荒无人烟的加拿大有吸引力。

尽管遭此挫折，英国海外贸易总量仍为世界最大，建立在贸易基础上的大英帝国仍是世界第一大国。英国权力和财富快速增长。英国商业模式和议会制政府让一些法国人称羡不已。1688年，"光荣革命"爆发，荷兰人威廉三世入主英国。议会制政体再次发扬光大。相比之下，1715年后，法国陷入颓势。一些法国人认为英国的强大归功于优越的政治制度。

东欧扩张

在东欧，海陆两个方向扩张差不多同步进行。原有组织涣散的政权湮灭不存，三个新帝国强势崛起。这三个帝国分别是，多瑙河流域的奥地利哈布斯堡王朝、北德平原上向东延伸的普鲁士王国、北面和东面的俄罗斯帝国。

❧ 俄罗斯农业拓展

在这三个帝国中,数俄罗斯局势最为有利。跟英国一样,俄罗斯也处于欧洲的世界边缘,比较容易扩张领土,建立庞大帝国。但俄罗斯也有自己的特殊问题,那就是农业效率低下,囿于农奴制的农民不愿出卖劳动力。另外,俄罗斯承继的文明和生活范式部分可追溯到中世纪的拜占庭帝国,与西欧生活一直都有差异。1610 年至 1613 年,波兰占领莫斯科,俄罗斯进入"混乱时期"。自此后,俄罗斯政府希望捍卫国家传统,与西方保持距离。

这种政策收效甚好。1667 年,在经过与波兰的漫长较量后,俄罗斯攻占乌克兰,将一块广阔沃土纳入版图。但这里有两个问题:如何把人迁居过来,耕种这片空旷土地?收获粮食后,上哪儿去卖?这两个问题一直到 1774 年才得到解决。那一年,俄罗斯挫败土耳其人,签订条约获得了黑海海峡船运权。此后,乌克兰经济繁荣发展,俄罗斯政府开始从这块富庶的农业新基地得利。

❧ 彼得大帝的西式路径

在此之前很长一段时间里,俄罗斯社会上层已经习惯了西欧的很多做法。这要得益于沙皇彼得一世,即彼得大帝(在位时间 1682 年—1725 年)精心出台的政策。1698 年,彼得大帝到访西欧。回国后决意推行革新,改造俄罗斯。他要求朝臣剃须,穿西式服装;以法国女性为样本,教习俄罗斯宫女;要求有贵族头衔的人担任国家职务,为国效力。这些人中有的主持政务,但多数在海陆两军中任职。为武装军队,彼得大帝设立军需工厂,生产各种物品,从火炮到军服、绑腿纽扣,无一不备。

在位期间,彼得大帝实现了自己的首要目标——壮大军力。1721 年,在经过漫漫苦战后,他强迫瑞典人交出波罗的海沿岸要地。不等硝烟散去,就在这块海边新疆图上缔造新都,取名圣彼得堡,并使其成为"西方之窗"。法国女教师和德国家庭教师纷至沓来,教俄罗斯贵族后裔学习欧洲礼仪和思想。

彼得大帝有能力推动俄罗斯与过去决裂,原因之一是,大多数农民把他当作"敌基督"。也就是说,在他们眼中,不管彼得大帝的行为有多邪恶也属正常。彼得大帝每给人一次震撼,似乎都在释放一个信号:世界末日即将到来,上帝会惩恶扬善,匡扶正义。抱有这种态度的保守俄罗斯人对统治者和贵族主子的所作所为相当消极。即便是彼得大帝执掌神圣正教会，罢黜莫斯科主教，让普通官员管理教会事务，俄罗斯也没有人站出来大声反对。而且，因为尼康推行的教会改革不得人心，俄罗斯教会已经不能再激起信徒的宗教热情。

彼得大帝顺利推进改革的另一个秘诀是训练贵族为己所用。他要求贵族子弟必须以列兵身份，服役于特殊"禁卫军"，学习朝廷新政。出类拔萃者会被选中，担任外交官、工厂管理人员、省长、舰长等等。表现优异者，可尽享财富权力。但贵族出身不是晋升的唯一条件。彼得大帝一直在寻觅既有才能、又听命顺从的手下，所以对外国人、乡野之人，以及各种背景的人一律持欢迎态度。对这些人来说，只要自己能力强、运气好，就会有出头之日。这使得贵族阶层几乎完全隔离于俄罗斯社会，高度依赖沙皇。

❧ 叶卡捷琳娜二世统治下的俄罗斯

彼得大帝的继任者多为女性，她们不得不与贵族保持良好关系，执掌俄罗斯土地。叶卡捷琳娜大帝（在位时间1762年—1796年），即叶卡捷琳娜二世在其中最不具有继承权，但却创下了最大的基业。她是德国公主、沙皇彼得三世之妻。因朝臣结党，杀死彼得三世，最终走上皇位。在叶卡捷琳娜二世统治下，俄罗斯成为欧洲强国。她干预瑞典政治，把瑞典变成俄罗斯附庸，几乎征服了土耳其，并与奥地利和普鲁士瓜分波兰。

在叶卡捷琳娜二世统治期间，俄罗斯的贵族、官僚、军官和税吏坚信自己能够建功立业。他们为农业开辟新田，建造新城镇，让俄罗斯更加强大，紧跟世界形势。而普通老百姓则不得不违背自己意志，为贵族主子卖力，给国家创收。1773年至1775年间，俄罗斯农民在哥萨克人叶梅利扬·普加乔夫的领导下，发起声势浩大的暴动，将叶卡捷琳娜二世政权和老百姓之间的鸿沟显现无疑。但绝大多数贵族效忠沙皇政权，认为只要让俄罗斯人民服从管教，就有可能实现俄罗斯西化。因此，这种制度相当有效力。未来俄罗斯的强势优越与西欧小政权形成鲜明反差似乎已成定局。

❧ 奥地利扩张

另外两个国力渐增的东欧政权是奥地利和普鲁士。奥地利受哈布斯堡王朝统治，世代承袭"神圣罗马皇帝"称号。但权力中心位于哈布斯堡家族的世袭土地上——奥地利和波西米亚。从这两个中心出发，奥地利政权于 1683 年至 1699 年间打赢土耳其，随后继续往东南两个方向扩张。1714 年后，哈布斯堡王朝又从西班牙手中夺走意大利土地，将低地国家纳入帝国版图，实力大增，但从未实现行政上的统一管理。每一个公国、侯国、王国都有自己的政治形式和行政管理体系。皇后玛丽亚·特蕾西亚（在位时间 1740 年—1780 年）及其子约瑟夫二世（在位时间 1780 年—1790 年）曾尝试统一法律法规，但未取得实效。和德国、意大利一样，奥地利公国各有差异，一直处于四分五裂状态。哈布斯堡帝国权力遭到削弱，不能全面调动资源，实现统治目的。而就在此时，法国、英国、俄罗斯势力渐增。

普鲁士扩张

普鲁士是欧洲集权程度最高、管理最为严明的政权。从大选侯腓特烈·威廉（在位时间 1640 年—1688 年）时代起，普鲁士将强军列为首要任务。普鲁士土地多为沙质土壤，农业条件不佳，人口稀少。实施强军政策后，国力大为提升。这一地位在 1701 年凸显。那一年，勃兰登堡选侯腓特烈升为普鲁士国王。

1740 年至 1748 年，奥地利王位继承战争爆发。1756 年至 1763 年，七年战争打响。普鲁士军队在这两场战争中骁勇善战，名震欧洲。战争初期，普鲁士国王腓特烈二世（在位时间 1740 年—1786 年）从奥地利手中夺走西里西亚省。但在七年战争中遭遇敌军结盟，处境凶险。当时，较量了几个世纪的法国和奥地利忽然联手对抗普鲁士，俄罗斯也加入其中。情势岌岌可危。英国出手相救，向普鲁士提供财力物力支持。1762 年，俄罗斯倒戈。普鲁士扭转逆势，转负为赢，法国和奥地利求和。此后，腓特烈二世联手前敌——奥地利和俄罗斯瓜分波兰，使普鲁士国力更加雄厚。

绝对王权面临的新挑战

腓特烈二世统治下的普鲁士、约瑟夫二世的奥地利、叶卡捷琳娜二世的俄罗斯有一个共同点——三国都受集权且自诩开明的君主统治。这首先意味着，这些君主都不信仰传统基督教。也意味着，他们尝试过，或者口头承诺过，动用国家政权促进人民福祉，增加社会财富。还意味着，行政管理职能和权威集中在对统治者及其大臣言听计从的官僚手中。18世纪，这些政治原则在东欧收效甚佳，保证了官僚和贵族地主对人数越来越多的农奴实施统治。但在西欧，因为法国、英格兰和荷兰的城镇社会比俄罗斯复杂，绝对王权无力应对。

法国

法国一度是欧洲政治楷模，各种既得利益者能对国王大臣起到扼制作用，防止既定规则和办法被篡改。但到了后来，卖官鬻爵盛行，许多要职靠买卖而得。国王调转不灵，行政体制僵化，税收难以维持政府运转。陆海两军经费拮据，法国人在英国人和普鲁士人手下忍辱受败。越来越多的作家公开抨击社会现状。专业人士和商界领袖感觉自己声音微弱，不能左右政府决策。他们开始把目光投向英吉利海峡对岸，看到英国同行能参政议政，在国会中扮演重要角色，欣羡不已。

英格兰

英国内政发展方向几乎与法国完全相反。1603年，斯图亚特王朝的第一个国王登上王位，希望建立像法国那样的高效政权，但很快与议会交恶。这个成立于中世纪的机构拒绝授权国王征收必要税种，并与反王权团体一道，就宗教和税收事宜向国王发难。1642年，查理一世与议会彻底搞僵，内战爆发，议会胜出。1649年，英国成立特殊委员会，认定查理一世没有履行对议会的承诺，当处极刑。但砍掉查理一世的头颅非但不能解决任何问题，还让很多英国人大为惊骇。

王权和议会权之争只是争议的一部分。很多英格兰人认为，应按《圣经》

教义和加尔文宗改革、净化教会。这群被称为"清教徒"的宗教改革人士主导了议会，并组织军队向国王开战。最终，议会赢得内战，但也面临着一个棘手任务——教权和王权该怎样重新组织。对此，议员无法达成一致意见。军方推出议会之首、护国公奥利弗·克伦威尔主持政局。英格兰建立军事独裁制。这种制度很快遭到公众声讨，而且实际上也违背了克伦威尔自己的意愿。

1658年，克伦威尔去世，政权分崩离析。几近绝望之中，一群将军和其他政治首脑将斯图亚特王朝继承人推上王位，封为查理二世（在位时间1660年—1685年）。查理二世在法国长大，不愿再次流亡国外。总体而言，他与议会关系较好。不过，查理二世仍想办法与路易十四达成了一项秘密协议，赢得了一笔不小的款子，摆脱了议会的财政控制。作为回报，查理二世同意在路易十四攻击英格兰邻国时保持缄默，以守住英格兰的莱茵河地界。

1685年，詹姆斯二世登上英格兰王位。国王与议会之间的猜忌再次上升为危机。詹姆斯二世信奉罗马天主教。议会据此认为，国王想让英格兰重新变回天主教国家，并且怀疑国王与法国有秘密勾当。1688年，英格兰爆发政变。荷兰人威廉三世与妻子、詹姆斯二世之女玛丽共同执政。詹姆斯二世下台，政变成功。但议会迫使新君主接受《权利宣言》。该宣言限定王权，在一定程度上对议会有利。自此之后，英格兰国王处于当其政而无统治权状态。具体体现在，国王未经议会授权，不得征税。如若违反，即视为违法。王室不得在英格兰建立常备军。军队须宣誓效忠于议会。

威廉三世精力充沛，但主要关心与路易十四的陆上战事。在他眼中，只要有人支持他参战，他就乐于把执政权交到议会认可的大臣手中。安妮女王（在位时间1702年—1714年）、乔治一世（在位时间1714年—1727年）、乔治二世（在位时间1727年—1760年）也奉行同一政策。后两位国王都不太会说英语，因此很少参加大臣召开的政策讨论会。他们把大臣委任权交给了罗伯特·沃波尔。沃波尔虽是普通议员，却赢得了君主和议会多数的信任。通俗地说，他就是首相，由他委任的大臣就是内阁。

1760年，乔治三世登上王位，一直执政到1820年。在此期间，他一度亲临政务。议会、内阁政府的规定和传统由此建立。乔治三世力推亲信担任议员，并亲自委任大臣。但当他计划加强对美洲殖民地的控制时，遭到殖民地强烈反对，并引发英法战争。不久之后，乔治三世陷入间歇性疯癫状态，王权遭到更大程度削弱。权力重回议会及议会领袖手中。

在旧制度下得到发展的英国政治制度具备实实在在的优势。议员代表英国有产阶层的利益。完备的选举流程有利于新利益群体在议会发出自己的声音。通过这种方式，人们可以就政治决策权展开激烈较量。英国社会实现了自动平衡。另外，与法国相比，英国政府和社会上层合作更为紧密，政策更易获得支持。

其结果是，英国议会于1600年初建时还像是过时的中世纪产物。到1700年时，这一主权组织控制着欧洲规模最大、增长最快的政权之一。英国政府取得的这一辉煌胜利使得议会制和内阁政府在后来几十年间变成欧洲大陆改革家心目中的政权模型。这些改革家厌恶自己国家的极权王室政府。

在实施专制政体的俄罗斯，社会分裂为贵族和农奴。军事模型主导着行政管理的方方面面。普鲁士代表社会和政治组织的一种极端。而英国代表另一极端：中产阶级权力最大，宗教及其他多元文化形式比欧洲大部分地区都普及。欧洲其他国家位于这两个极端之中。

总而言之，欧洲在旧制度下取得的巨大成功，以及这一成功的表现——领土扩张意味着，与以前相比，西方文明圈在社会、经济和政治层面上更趋兼容并蓄，更加多元多样。

✕ 欧洲文化

多元、多样也是旧制度下欧洲文化的特色。不同社会阶层、不同民族，更不用说不同职业、不同派别都发展出了独具特色的思想行为方式。通用模式仍然存在，但并不鲜明，也从来没有阻止个人群体的自我发展。

法国艺术和文学领先欧洲。尤其在叶卡捷琳娜时代，波兰和俄罗斯社会上层深受法国文化影响。但西班牙、意大利和奥地利文化也有一定的影响范围。这一范围建立在哈布斯堡王朝基础上，将天主教反宗教改革传统带入18世纪。英国和荷兰自成一体。1770年，德国浪漫主义诗人热烈宣告德国从法国文化独立。

与艺术和文学相比，科学更具国际性。不过，法国的笛卡尔追随者与英国信奉牛顿学说的人发生冲突；德国的莱布尼兹与牛顿也有立场纷争。但他们的争执部分带有民族主义色彩。虽然有此纷扰，科学家以观察和测量为手段，快速解决了多数争议。而在其他领域，品味是不二法门。语言、宗教、个人情绪、地方联系等偏好因素造就了一批文化圈子。

旧制度文化的典型特点是专业化程度加深。在这个时代，作家开始靠销售作品为生，创造了一种独立于教会和政府之外的新职业。与之相比，画家和音乐家仍要依赖贵族赞助或教会委托维持创作生命。科学家时而任教于大学，时而供职于政府。比如，瑞士数学家莱昂哈德·欧拉（1707年—1783年）在23岁那年受聘为圣彼得堡国立大学教授。1741年，应腓特烈二世之诏前往柏林，但在1766年返回圣彼得堡。旧制度下的科学家享有很高的社会声望。英国数学家、天文学家艾萨克·牛顿（1643年—1727年）在世时即被视为巨擘丰碑。去世后，与英格兰历代国王女王葬在西敏寺。

⁂ 自然科学

1650年后，现代科学获得巨大新能量。对世界上所有的动植物进行观察、记录和分类是一桩艰巨任务。欧洲人用显微镜、望远镜、温度计、气压计、六分仪观察记录事实，其准确程度远超以往。因为收集整理信息任务繁重，多数科学家终日埋头钻研，让科学事业生机焕发。每个人都知道正在开展中的研究项目具备什么样的意义，没有人再去怀疑欧洲是否已在知识领域远超先人和其他民族。当然，要想建构学术，必须制订实用有效的分类办法。在这方面，有两位欧洲学人成就卓著。一位是发明植物属种分类法的瑞典学者卡尔·林奈（1707年—1778年）。该法流传沿用至今。另一位是法国博物学家布丰（1707年—1788年）。他以动植物为主题，创作四十四卷巨著《自然史》。

牛顿时代

但对后世影响最大的科学发现是数学和抽象科学。牛顿是其中关键人物。牛顿在伽利略去世同年出生，实际上也是伽利略的思想继承人。牛顿阐述了微积分理论，在数学方面建树颇丰。德国人戈特弗里德·莱布尼茨（1646年—1716年）也被认为发明了微积分，并创建了二进制算数。时至今日，这一计数法仍在使用。后来，两位伟人的追随者对微积分原创者是谁的问题争执不休。

但牛顿的不朽成就集中体现在物理学和天文学两个领域。他用棱镜做实验，发现太阳光既可分解为彩虹色彩，又能合成白色光。他还发明了反射式望远镜。在某些方面，这种望远镜比使用透明镜片的望远镜还先进。但牛顿主要以重力理论闻名于世。1687年，他发表了《自然哲学的数学原理》一书，阐述了重力理论。牛顿假设，所有物体都因一种力而互相吸引。这种力与两物体间距离的平方成反比。从这一假设出发，牛顿证明月球和行星的运动，以及地表附近下落物体的运动都遵循同样的法则。他用数学形式表达这些法则。也就是说，只要有重量、距离和速度数据，就能计算出物体运动方式，还能推算出过去数据。

牛顿理论为他的同时代人提供了新的启示力量。人们突然发现，天体运动竟然与球的运动轨迹、苹果在风中的坠落轨迹相契合。用几个简单的数学公式就能解释万事万物。这让有些人认为，神秘"重力"在远处悄然起作用。但无数个观察结果都证实了牛顿理论，行星和炮弹的运行轨迹被牛顿公式言中，谁还会去怀疑这种新理论的准确性呢？很多人觉得诗人亚历山大·蒲柏所言不虚——"上帝说，让牛顿来吧，一切变为光明。"

在英格兰和欧洲大陆，像牛顿一样的一流实验学家和数学家还有很多。他们创立各种专业学会，其中以伦敦皇家学会最负盛名。各学会互通信函，并公开发表会议内容和所收论文。一个由科学家和学者组成的生动活泼的沟通网络就此形成，涵盖从伦敦到圣彼得堡，从佛罗伦萨、马德里到斯德哥尔摩的广阔地域。就连远在北美的本杰明·富兰克林（1706年—1790年）都能把自己的闪电实验结果告知欧洲同仁，证明闪电是电流的一种，并获得了欧洲世界的认可。这一科学沟通网络保证了数据和思想的持续流动，让科学真正成为国际性事业。

可与牛顿成就相媲美的天文学和物理学理论突破直到1789年才出现。但安托万·拉瓦锡（1743年—1794年）引领化学登上精确新高度。拉瓦锡准确测量出了化学反应前后的物质重量。并在这一基础上，解释了燃烧过程，发现并测量了氧气的消耗、二氧化碳及其他气体的释放。拉瓦锡还清晰界定了元素和化合物之间的区别。很多由他命名的化学元素名称一直沿用至今，如氧气等。正是由于拉瓦锡的开创性工作，化学在旧制度接近尾声时已做好准备，全力迎接19世纪的所有技术成就。

社会理论

牛顿思想从根本上改变了欧洲人的世界观。如果浩瀚无垠的宇宙空间都遵守同样的运动法则，上帝怎么还会干预人类事务呢？上帝似乎是一位数学大师，一位造诣深厚的工匠，按照自然法则创造世界，不太可能会亲手毁掉自己的劳动成果，或者承认其不完美、有缺憾，再以奇迹形式修正。这样一来，宗教改革时代建立的世界观遭到全面质疑。

而且，如果上帝和宇宙控制论观点发生变化，政治理论也要做出相应调整。那种上帝挑选国王统治世界万物，以贤明之君奖赏子民，以暴虐之主实施惩罚

新世纪一位不情愿的先知

1687年，艾萨克·牛顿爵士（1643年—1727年）发表名作《自然哲学的数学原理》，阐释运动法则，并认为这一法则适用于太阳、月亮、行星，以及地球上的所有运动物体。从这一角度来说，牛顿把天堂和人间连为一体，彻底否定了旧有思想观念，世界变成了一个运动轨迹可清晰预测的大机器。可是，照这样说来，会不会出现奇迹？上帝会不会干预人类事务？这些问题让牛顿大为困惑。为此，他在晚年竭力证明《圣经》预言真实不虚。

的说法越来越不具备说服力。但如果国王不是上帝挑选的，他们有什么权力治国理政？为此，理论学家找到的最佳答案是契约论，即统治者和被统治者签立了一份隐含而非真实的契约，对国王的正当权力做出了规定。但这种理论的说服力完全有赖于契约条款。比如，托马斯·霍布斯（1588年—1679年）认为，个人之间因惧怕彼此，没有安全感，因此签订契约，把绝对权力让渡给统治者。约翰·洛克（1632年—1704年）与之观点相反，认为如果统治者危及子民的生命、自由和财产安全，即被视为违反契约条款。子民可将其推翻。因为，子民之所以同意服从统治者权威，目的只有一个，就是要统治者保护自己的自然权利。让-雅克·卢梭（1712年—1778年）将这一观点发展到民主极致，认为国王或其他统治者要受社会契约束缚，必须遵守人民的"普遍意志"。如果做不到，则人民有权利、也有义务将其推翻。

其他学者将注意力放到经济学方面，希望找到主宰市场领域人类行为的自然法则。两位苏格兰人，约翰·罗（1671年—1729年）和亚当·斯密（1723年—1790年）大胆预测，成就不凡。罗将自己的银行借贷和货币管理理论应用于法国，引发了投机涨落，其思想和政策实践均受到质疑。现在看来，这种质疑可能有失公平。亚当·斯密执教格拉斯哥大学，于1776年发表专著《国富论》。该著作为后世经济学理论奠定了根基。亚当·斯密的观点与牛顿的思想具有同等重要意义。亚当·斯密认为，如果允许个人按自我偏好决定经济事务，则开明自利实际上会创造出最佳生产和交换模式。如同重力保持行星不偏离运转轨道一样，亚当·斯密认为，个人对自我利益的计算也是一种普遍存在的力量，能保持经济机器高效运转。

哲学和文学

旧制度下，形式哲学遭遇重大挫折。起初，勒内·笛卡尔（1596年—1650年）、巴鲁赫·斯宾诺莎（1632年—1677年）、戈特弗里德·莱布尼茨（1646年—1716年）还希望用数学严谨性推理出一套完整的真理体系，解释世界万物。他们的分歧点主要在于，人能不能了解所有事物。对这个问题探究得越深入，似乎越找不到确切知识。约翰·洛克（1632年—1704年）、乔治·贝克莱（1685年—1753年）、大卫·休谟（1711年—1776年）证明，人不可能了解事物本质。哲学走入死胡同。伊曼努尔·康德拯救哲学僵局，指出，就算人类永远不了解事物的本质，也依然可以探索认识的本质。而且，因为还没有发现不能被思维能力认识的事物，哲学家可以先去了解思维的性质和能力，再去认识可知事物的特点和局限。

只有很少一部分人对这种抽象思想感兴趣。但还有一部分人也自称"哲学家"。他们撰文讨论社会政治问题，寻找途径改造周边世界。这些哲学家与文学界紧密相连。他们创作小说、戏剧、诗歌，观点生动深刻，易于为读者接受。这种类型的"哲学家"主要聚集在法国。1715年后，他们似乎增加了批评政府和社会的力度。

孟德斯鸠男爵夏尔·德·塞孔达（1689年—1755年）是第一个表达对法国政府不满的人。身为贵族的他希望和他一样身份的人能在政治中发挥更大作用，并认为要想达成善政，就必须实现立法权、行政权和司法权三权分立。他的这一思想，以及约翰·洛克的思想深刻影响了起草美国宪法的人。

但最负盛名的法国"哲学家"当属伏尔泰（1694年—1778年）（原名弗朗索瓦-玛利·阿鲁埃）。他以小册子和书籍形式创作戏剧、诗歌和历史。中心思想是，人能以理性和理智为指引行为处事。只要牧师和其他既得利益者不再发布迷信观念，让人们心生恐惧，理性之光就能自由闪耀。总而言之，伏尔泰以抨击宗教迷信、传播理性之光为一己使命。他撰写的所有著作都是为这一总目标服务。

伏尔泰及其支持者认为，传播科学真理能够帮助人类。启蒙他人的任务虽然无比艰巨，但具有重要意义。只有传播理性和知识，才能推动社会进步。而传播知识的最有力手段是整理一部大百科全书。这种书按字母顺序排列，将太阳之下万事万物展现在人类面前。1751年至1772年间，法国百科全书陆续出版。领军人物是德尼·狄德罗（1713年—1784年）。类似的作品很快在英国和德国发行。在旧制度时期，百科全书、字典等参考书籍为所有人准确快速查阅资料提供了便利。

我们在这里就不详细讨论欧洲主要作家的文学作品了。只作以下简要说明。悲喜剧两种类型的诗歌、戏剧在法国和英格兰蓬勃发展。路易十四时代法国三大"古典"剧作家分别是：皮埃尔·高乃依（1606年—1684年）、莫里哀（1622年至1673年，原名让·巴蒂斯特·波克兰）、让·拉辛（1639年—1699年）。约翰·弥尔顿（1608年—1674年）和亚历山大·蒲柏（1688年—1744年）是同时代最杰出的英格兰诗人。英格兰也是现代小说奠基人塞缪尔·理查森（1689

年—1761年）和亨利·菲尔丁（1707年—1754年）的诞生地。其他国家未能产生享誉欧洲内外的作家。不过，在这一时期即将结束时，德国涌现出了一群才华横溢的作家。戈特霍尔德·埃夫莱姆·莱辛（1729年—1781年）、弗里德里希·席勒（1759年—1805年）、约翰·沃尔夫冈·冯·歌德（1749年—1832年）是其中佼佼者。

这三大德国作家和英国文坛巨匠——罗伯特·彭斯（1759年—1796年）、威廉·华兹华斯（1770年—1850年）都从人民群众的日常语言中寻找创作灵感。他们认为，个人情感和自我表达是打开伟大艺术之门的钥匙。这种"浪漫"思想强调自觉意识，与早期"古典"正确原则形成对立。和"哲学家"的批判思想、新蒸汽工厂冒出的烟雾一样，"浪漫主义"运动指向了一个推翻旧制度的时代。

※ 艺术和音乐

旧制度不是一个视觉艺术大变革的时代，但在这一时期，欧洲音乐快速演变为"古典"形式。

路易十四在凡尔赛建造的宫殿专为彰显皇室气派。为达到这一效果，建筑师让门窗和装饰元素实现了尺寸和形式上的平衡。公元1700年后，每一部分严格平衡的风格被刻意抛弃，轻盈优雅的洛可可风格成型。但到了18世纪末，"古典"简洁和几何规整风格重新流行。

这些风格流变多从法国兴起，再传播到欧洲大部分地区。绘画趋于多元化。法国的安东尼·华托（1684年—1721年）、英格兰的托马斯·庚斯博罗（1727年—1788年）、西班牙的弗朗西斯科·戈雅（1746年—1828年）、荷兰的梅因德尔特·霍贝玛（1638年—1709年）各自代表了不同的民族传统。但他们之间差别甚微。文艺复兴时期意大利阐发的绘画理想仍是欧洲常规。

1648年至1789年间欧洲音乐经历的变化与两个半世纪前的绘画颇为相像。欧洲音乐家在新乐器或新加改进的乐器上弹奏音符。其中以小提琴和拨弦键琴最为动听。通过研究声音，音乐家从理论角度深入了解音高、音阶、音色。文艺复兴时期，意大利画家发展了油画颜料、画布画架。现在，欧洲音乐家也有了自己赖以谋生的工具。

在这些新工具的帮助下，一个又一个伟大作曲家创造了今天仍然盛行的音乐形式和作品。约翰·塞巴斯蒂安·巴赫（1685年—1750年）、格奥尔格·弗

18世纪的贵族

这两幅肖像画虽然一个来自法国，表现的是路易十五的情妇——蓬帕杜尔夫人，一个来自中国，刻画的是一位不知名的宫女，但却惊人相似。两幅画都创作于18世纪中期。当时，中国式装饰风格风靡欧洲。为蓬帕杜尔夫人画像的弗朗索瓦·布歇就受到了中国风的影响。这两幅肖像画之所以有相似点，可能与此有关。18世纪以前，文明交流以宗教异同为出发点，鄙视跟自己信仰不同的民族。而欧洲人对中国文化推崇备至，没有半点鄙薄之意。这意味着，世界主义生根发芽。这就是两幅肖像画的真正相似之处，即在欧亚大陆东西两方的宫廷里，画中的女性都扮演着装饰性角色。

里德里希·亨德尔（1685年—1759年）、沃尔夫冈·阿马德乌斯·莫扎特（1756年—1791年）、弗朗茨·约瑟夫·海顿（1732年—1809年）蜚声国际，最为我们耳熟能详。总体来说，他们取得了以下两方面成就：第一，器乐成为核心，声乐退居其次。当然，当时的音乐家也尝试混合乐声和人声，创作各种风格作品。

第二，歌剧、交响乐等世俗音乐发展得和教堂音乐一样精致典雅，甚至在重要性上超过后者。这反映出了音乐家在宫廷和贵族宅邸扮演的演艺角色。他们仅比仆人高一等级。也就是说，在那个时代，莫扎特和海顿的社会地位并不高。要想让音乐跻身艺术之列，得到更多人认可，就必须建设音乐厅，面向公众开放，销售演出门票维持日常运营。这种情况直到1789年后才变为常态。在不能凭借公共表演谋生以前，音乐家只有两条出路，要么依靠富人赞助，要么像巴赫一样，去教堂做事。

结论

上述分析虽然简略，但有一点清楚无疑：在旧制度时代，欧洲获取知识和权力的速度远超以往。欧洲人继续全方位拓展，从未间断。随着拓展力度越来越大，欧洲社会变化更快，更加多元复杂。宗教战争之后达成的政治和社会平衡不断发生变动。到1789年时，工业主义在英格兰兴起，民主政治思想在法国和美洲找到主阵地。法国爆发革命，绵延四分之一世纪，旧秩序土崩瓦解。

虽然革命后的几代人激烈抨击革命不彻底，使得旧制度留有残余。但我们这些后人不应该无视旧制度漫长历史中欧洲取得的积极成就。没有哪个时代能比这一时期更辉煌灿烂、成绩斐然。文艺复兴和宗教改革时期，欧洲人与中世纪框架决裂。这一过程充满艰辛，但在旧制度时期见到成效。旧制度下的欧洲处于相对和平状态，能够理解和欣赏世界百态，与各种各样的民族通商、交战。至于欧洲旧制度对世界其他地区产生了什么样的影响，将是我们下一章的主题。

第十八章
世界对欧洲扩张的反应

公元1700年　　　　　　　公元1850年

澳大利亚袋鼠狩猎

18世纪和19世纪初,世界人口交往越来越频繁。这意味着,居住在澳大利亚的狩猎者和采集者曾在一千年间一直维持着原有的生活方式,现在不得不突然做出改变,适应闯入的陌生人。而这些闯入者在与澳大利亚原住民同处一地时,也必须改变自己的生活方式,但其改变力度要比原住民小得多。

1500年至1700年间,在几乎每一个宜居海岸,都能看到欧洲商人、探险者、士兵和传教士的身影。当地人对这些初来乍到者心怀好奇,有时给予盛情招待。但从一开始,穆斯林和中国人就对外来者持怀疑态度、冷漠相向。一旦欧洲人威胁到,或者可能威胁到当地人珍视的东西时,统治者就会切断联系,害怕招来麻烦。而在旧制度下,欧洲各国国力增强,其他民族越来越觉得受到威胁。除俄罗斯外,世界其他地区的反应是切断或减少与欧洲这一麻烦源头的联系。1700年至1850年间,亚非两洲的民族和政权就采用这一政策,处理对欧关系。

对欧洲人避而不交

势强地远的民族能隔绝欧洲影响,但距离欧洲较近的弱小民族不太可能做到这一点。因此,每一个亚洲文明社会都切断了与欧洲人的有效联系。虽然奥斯曼帝国和穆斯林统治下的印度不得不忍受外族人生活在本国土地的现实,但他们采取了这样的政策,即固守旧传统、旧行为模式,对欧洲人说的话充耳不闻,希望闯入者会在一段时间后自行离去。日本人和暹罗人(今天的泰国人)把这项政策执行到极端,完全禁止国人与欧洲人接触。中国人将对外贸易局限在广州港,并将此项业务委托给专门的商业群体——公行。

但在世界其他地区,势力较弱、发展程度较低的社会无法抽身而出,隔绝掉欧洲人带来的影响。这就是美洲印第安人、太平洋诸岛民族、澳大利亚土著人、南非人的命运。在所有这些地区,欧洲人、欧洲人后裔,或受欧洲文化影响的人不断追捕土著人,攫取农田牧场,传播疾病,蔑视、摧毁传统社会习俗。

在非洲内陆,热带疾病和组织程度较高的王国挡住了欧洲人渗透的步伐。在撒哈拉以南非洲,每条河流的河口附近都有瀑布,构成了内陆旅行的天然屏障。从非洲海岸登陆的陌生人不仅要渡过这些瀑布,还要应对满怀敌意的当地人,抵抗昆虫滋生的传染病。因此,虽然奴隶贸易波及非洲大陆大部分地区,但在 1850 年前,欧洲人未能渗入非洲内陆。

从全世界范围来看,为防欧洲相扰、避而不交的做法代价高昂。因害怕面对尴尬现实而封闭思维是固守窠臼、重走老路。相比之下,欧洲人渴求新技艺、新知识。这种态度上的反差迅速拉大了欧洲和世界其他地区在成就上的差距。

1850 年至 1860 年间,面对西方强势,亚洲几大文明手足无措。他们固守旧传统和熟悉行为方式,却事与愿违,于 1850 年后陷入极度痛苦的境地,多样生活方式被打乱。但在 1700 年至 1850 年间,没有人能预料到会发生什么。而且在远东,退守绝缘的政策似乎还收到了良好成效。

人口增长

1700 年至 1850 年间,世界场景又增添了一重维度,使得"固守"政策在短期内容易实施,但从长远来看危险重重。这一维度就是文明民族出现了前所未见的人口剧增。日本是一个例外,日本人崇尚晚婚,而且有这样一种社会风俗,孩子生下来不想要,可以扔到荒郊野外任其死亡。因此,日本人口未发生大的改变。但在中国、印度,以及伊斯兰世界,人口急剧增长。

从世界范围来看,有四个因素导致人口骤增:第一个因素是流行病逐渐消失。第二个因素是美洲粮食作物增强了人口稠密地区的食物生产能力。1700年至1850年间,甘薯在中国南方扎根,木薯和玉米变成非洲本土作物,玉米成为南欧粮食作物,土豆在北欧和俄罗斯茁壮生长。这些作物为上亿人口提供了口粮。

第三个因素是火炮的发展,使得寥寥数个政治权威中心能够有效控制大帝国。清王朝在中国建立了更高水平的安定秩序,其疆域之大、统治时间之长,世所罕见。在世界其他地方,王国和帝国的规模逊于中国。但在制服土匪和小规模暴动方面,欧亚两洲的统治者占据更有利地位。因此,在疾病死亡率下降和食物供应量增加的同时,地方暴力导致的死亡人数也在下降。

第四个因素是,庞大新帝国建立后,地方当局和商人发展了粮食存储和市场体系,能够应对地方粮食歉收导致的饥荒。只要能找到可耕地,实现集约耕种,就能让粮食供应速度跟上人口增长速度。由此,一切发展顺利,传统生活方式不仅没有因为人口增长而削弱,反而日益强化。但当传统方法用到极限后,人口不再增长,而且有一种局面无可回避:农民普遍感到绝望无助,传统政治方法无能为力。

这种危机仍然影响着今天的世界,并在不同时期波及不同区域。比如,中国从1775年起遭遇危机。同一时期,奥斯曼帝国的几个欧洲行省也陷入低谷。从亚洲几大文明的视角来看,1850年后,自己已经承受不起欧洲在外部施加的压力。与此同时,内部问题不断累积,引发大规模农民起义。只有日本因人口增长有限,得以逃过此难。

事后来看,我们能够清晰洞见,非西方民族之所以付出沉重代价,是因为他们对欧洲人不断探索发现的新生事物视而不见,没有在国内推行根本变革。但在当时,欧洲也并没有因为工业革命而壮大实力。而且,对穆斯林、中国人和印度人来说,保守隔绝的政策足以应对当时局势。也就是说,这一政策能大致实现预期和现实相吻合。所以,我们不应该不做具体分析而进行谴责。

✕ 伊斯兰世界

从先知穆罕默德时代起一直到公元 1700 年左右，历史进程与穆斯林的预期大致相符。尽管从 750 年起，穆斯林遭遇政治解体，1258 年成吉思汗的铁骑攻陷巴格达，但穆斯林宣教者和统治者仍继续将新土地纳入伊斯兰国度。穆罕默德的追随者从未失去任何大块或重要领土。一千多年来，在与欧洲基督徒的边境战争中，在亚非两洲与印度教徒及其他非伊斯兰教徒的斗争中，都是穆斯林占据上风。

穆斯林军事实力的衰败

因此，对穆斯林来说，公元 1700 年后政治军事局面的突然失衡不啻为重大打击。1699 年，奥斯曼帝国不得不向奥地利哈布斯堡王朝屈膝求和，将匈牙利大部分领土拱手相让。奥斯曼土耳其人被迫向强大的基督徒军队做出战略性撤退，这是历史上从来没有发生过的。

不久之后，印度的莫卧儿帝国开始走向衰败。1707 年，奥朗则布去世，暴乱四起，帝国风雨飘摇。自此之后，莫卧儿国力再未恢复。整整半个世纪后，英国商人拥有印度全境最强大的军事实力。莫卧儿皇帝变成东印度公司的傀儡。穆斯林再也无力统治印度，这是人人皆知的事实。

第三大伊斯兰帝国是位于伊朗和阿塞拜疆的萨法维王朝。从 1709 年起，阿富汗发生暴乱，萨法维王朝土崩瓦解。政治乱局下，俄罗斯甚至连英国情报人员都开始干预萨法维政治。虽然穆斯林老式骑兵仍英勇果敢，风驰沙场，但决定其胜负的弹药补给越来越靠外国供应，尤其是基督教国家。原有实力和自主性荡然无存，无可挽回。

在这些戏剧性的军事政治挫折背后是草原武装的失势。他们不再是欧亚势力平衡中的主要力量。与其他文明不同，穆斯林对草原民族持开放态度。他们之所以在印度和欧洲取得胜利，很大程度上是因为，草原武装力量从中亚到欧亚大陆边境的迁徙途中同非穆斯林异教徒展开圣战，捞取丰厚战利品。但到后来，骑兵不再是决定战争胜负的关键因素。穆斯林大帝国凭依的所有军事政治传统过时无效。

❧ 土耳其禁卫军

在伊斯兰国家中,只有奥斯曼帝国下大气力装备火炮,打造高效步兵。在苏莱曼一世时代,土耳其禁卫军火力强大,军纪严明,立下赫赫战功。但后来,这支部队不再从巴尔干半岛基督徒村庄招募新兵,战斗力不敌欧洲部队。原因是,在原有征兵政策下,村童应征入伍,就此离开故土,没有家庭羁绊,能够接受严苛纪律约束。而且身为苏丹奴隶的他们,深知自己接受训练的目的就是全力效劳苏丹。但到了1638年后,禁卫军从部队子弟中征募新兵,性质随之快速发生改变。而且,苏丹发放的兵饷不足以维持日常开支,禁卫军不得不在冬季赋闲时节从事各种手工贸易,以贴补生活。

不久之后,他们和城镇里的穆斯林工匠打成一片。到1700年,或1750年时,来自欧洲行省的很多穆斯林手工艺人也在禁卫军当差。军职变成了自由买卖的商品。很少有人去核查入职者是否接受过军事训练,是否服从军纪。禁卫军战斗力受损,但却掌控了苏丹及其大臣。为保护自己的特权和传统,他们随时准备暴动夺权,绝不容许任何新武装与自己分权。

❧ 印度军队

有奥斯曼例子在先,其他穆斯林统治者自然不愿意组建火力强大的步兵武装。莫卧儿帝国和萨法维王朝都无动于衷。与旧制度下的欧洲军队相比,莫卧儿军备匮乏,训练不力,无帅少将。但武装欧洲火炮、穿上制服、配备教官之后的印度士兵也极具战斗力。具有讽刺意味的是,正是这一点为英国东印度公司顺利执掌印度创造了可能。十几个从大不列颠群岛来的公司职员就能以欧洲方式组建印度军队。到1763年时,这支部队成为印度有史以来战斗力最强的军队。

中部的印度教徒叛军——马拉塔人也削弱了莫卧儿国力。锡克人在印度西北部独立。地方总督虽然在理论上接受莫卧儿皇帝的任免,但实际上也处于独立状态。印度北部频遭洗劫,先是有伊朗沙阿纳迪尔沙率军而入,后有阿富汗突袭武装越山而来。

内有印度教徒兴兵作乱,外有阿富汗侵略突袭,很多穆斯林王公不得不求助英国保护。为此,东印度公司执行"间接统治"政策,即保留现有政权和税收体制,但参与政事。在多数情况下,英国人给出的建议都会付诸实施。这种政策一举多得。东印度公司没花费多少钱就打开了贸易之门,很少遭到当地人反对,维持了和平局面。

但天鹅绒手套里的那只铁手时不时就会伸出来。1818 年,马拉塔人要求独立,遭英军镇压,自此再未能成气候。1839 年至 1842 年间,英军越过印度西北边境,入侵阿富汗,贯彻东印度公司意志。当时,曾经不可一世的莫卧儿帝国变成一道影子,穆斯林在印度的统治权化成一具空壳。穆斯林王公及其附庸不得不恭顺屈服。大多数印度教徒政治惰性强,对此无动于衷。在他们看来,外国主子换来换去没什么区别。在英国人眼中,只要能保证印度兵军纪不松弛,英国在印度的地位就无可撼动。

俄罗斯国力的增长

在中亚和原属萨法维王朝的土地上,阿富汗人、乌兹别克人、波斯人、哈萨克人、卡尔梅克人和阿塞拜疆人进入混战状态。纳迪尔沙(在位时间 1736 年—1747 年)等胜出者快速建立庞大帝国,但也很快覆亡。

自此之后,俄罗斯向南挺进,乱局进一步升级。1723 年,俄罗斯军队向南远征,将彼得大帝的威权扩展到里海南岸。随后,俄罗斯不时撤军。但不论进退与否,总对俄罗斯有利。因为进退之中,俄罗斯军队不断和欧洲对手过招,战略战术得到磨炼,所以比中亚的穆斯林势力更强。

俄罗斯南扩行动中的主要里程碑有:1800 年吞并格鲁吉亚;1849 年占领咸海以南的阿姆河流域。最终结果是,1850 年后不久,俄罗斯边境延伸到中亚,与中国接壤。阿富汗和波斯(今伊朗)成为两国缓冲地带,将俄罗斯边境与英国在印度西北省份的势力边界隔开。在阿富汗和波斯两国,部落酋长挑拨俄罗斯和英国情报人员关系,因此诈谋横行,暴乱不断。虽然原有的部落生活没有中断,但到 1850 年时,这个曾经是世界交叉路口的地方变成了穷乡僻壤,与一切重大事件隔绝。

奥斯曼撤退

奥斯曼帝国情况更复杂,但也处于节节败退之势。1699 年,奥斯曼割让匈牙利给哈布斯堡；1718年，割让巴尔干半岛给奥地利。但公元1739年至1740年间，奥斯曼暂时扳回军事败局。因奥地利将领鲁莽行军，土耳其人赢得几次战役。但这些胜利对土耳其人来说并不是什么好事。他们错误判断形势，以为自己打胜仗的原因是对原有军事建制的微调。只要如法炮制就能对抗欧洲军队。所以，在随后的二十五年里，奥斯曼帝国没有推行军事改革。当俄罗斯打完七年战争，又养精蓄锐，于1768年入侵奥斯曼时，土耳其人仓皇临阵，措手不及。俄罗斯大获全胜。1774年，双方签订《库楚克—凯纳吉和约》，俄罗斯控制黑海，获得黑海海峡自由通行权。

面对打击，土耳其人无力回应。有人认为，应该在欧洲国土上推行军事改革，但因禁卫军暴动无疾而终。地方总督拥兵自立。塞尔维亚人、希腊人和阿拉伯人奋起反抗。奥斯曼帝国似乎时日无多，进入弥留之际。

因欧洲强国外交干预，奥斯曼帝国才免于覆亡，将国运维持到了1918年。法国和英国先后向土耳其人伸出援手。方式有以下几种：发出外交照会、派出战舰、提供军事咨询。虽有此援助力度，土耳其人仅取得了有限成就。奥斯曼帝国的边缘行省或是独立（1809年埃及独立；1830年希腊独立），或采取自治（1815年塞尔维亚自治；1828年罗马尼亚自治）。其疏于管理的省份——阿尔及利亚于1830年被法国吞并。不过，在此期间，苏丹对帝国剩余版图的统治权得以巩固。1826年，禁卫军被毁，新军建立。1839年，苏丹宣布大刀阔斧推行改革。土耳其人借鉴欧洲做法，实施法律行政改革，但从未取得实效。

如何借鉴欧洲？奥斯曼帝国风格

左图是奥斯曼苏丹塞利姆三世。1789年至1807年间，他因建立欧式新步兵，损害禁卫军特权地位，而遭到杀害。实际上，从他授意画家创作这幅肖像画本身就可以看出他对传统的叛离。从画面上我们可以看到，他披的斗篷与欧洲国王相仿。严格意义上来说，这种服饰不合伊斯兰先例。但他的盘腿坐姿却是伊斯兰统治者上朝时的典型体态。毕竟，塞利姆三世并没有打算大量借鉴欧洲思想。

穆斯林改革运动

多数穆斯林对效仿西方怀有很深的疑虑。效仿西方与他们内心深处的信仰相左，实际上就等于承认伊斯兰不是真正的信仰。而体现伊斯兰教教旨的伊斯兰教教法不允许虔诚穆斯林效仿欧洲法律习俗。所有穆斯林都相信，安拉统治世界，并将意志向穆罕默德揭示，抛弃古法愚不可及。当然，虔诚穆斯林身上也有缺点，因此激怒了安拉，让他不再青睐穆斯林。该怎么办？答案不言而喻。那就是回归先知时代的执着与严谨，完全遵从伊斯兰教教法，耐心等待安拉重施恩典。

艺术和文学

在这种情况下，期望伊斯兰世界出现重要的新文学艺术形式是不现实的。政治动乱之中，没有人关注原有形式是否维系。艺术家、建筑师、诗人无法靠官方赞助创作作品。但正所谓利弊相连，传统模式的崩溃为崭新的开始创造了条件。比如，阿基夫帕夏（1787年—1845年）重塑奥斯曼土耳其语，使其更接近日常用语。阿基夫帕夏虽然在文学方面未取得卓越成就，但他将波斯语和阿拉伯语剔除出土耳其书面用语，开创了今日土耳其使用的文学语言。

穆斯林宣教活动

1700年至1850年间，穆斯林虽然在伊斯兰腹地时运不济，但稍可安慰的是，伊斯兰宣教活动仍然在非洲和东南亚取得成功。个人和小团体，尤其是初涉贸易领域的人感到伊斯兰律法很有用处。伊斯兰教为他们踏入大千世界打开了方便之门。19世纪90年代前，欧洲商业活动尚未发挥重要作用。阿拉伯半岛南部的阿曼人便以桑给巴尔群岛为基地，活跃于东非奴隶贸易中。在印度洋彼岸，马来海盗和商人往来于中国南海上，同棉兰老岛、婆罗洲等周边岛屿开展贸易。和几个世纪前的先人一样，这些商人扮演着伊斯兰教宣教者的角色。印度洋曾是穆斯林的势力范围，现在却已完全自治。因此，这些地区虽然皈依伊斯兰教，也只能算是品质不佳的替代品。不论在陆地上，还是在海上，穆斯林江河日下。

信奉印度教和佛教的亚洲

穆斯林很难接受欧洲人。相比之下，东南亚的印度教徒和佛教徒对欧洲人的态度要随和得多。此前，穆斯林侵入东南亚，强迫印度教徒和佛教徒服从统治，并与其开展贸易。所以，印度教徒和佛教徒已经对闯入者习以为常，感觉欧洲商贸公司和穆斯林并没有多大不同。

从印度教徒视角来看，与穆斯林打交道时形成的习惯也完全适用于欧洲人。他们把欧洲人看作是另一个种姓。如果一个虔诚的印度教徒不得不与欧洲人打交道，而且感觉自己受到了亵渎，他会立即举行适当仪式清除污秽。也就是说，印度教充满活力，能抵御基督教的传教攻势。宗教和生活方式息息相关。这意味着，印度教徒没有意愿探寻欧洲思想，对欧洲文明不感兴趣。

印度教和欧洲文化的互动

英国人对印度充满好奇。1837年前，印度一直采用乌尔都语作为政务语言。这种融汇了波斯语和土耳其语的语言是莫卧儿帝国的通用语言。这意味着，和莫卧儿人打交道的英国官员和信奉印度教的文职人员必须学说乌尔都语。学习的结果是，英国人多多少少开始用穆斯林的眼光打量印度。但还有一些英国人对印度其他语言产生了兴趣。威廉·琼斯爵士（1746年—1794年）是这方面的先驱。他将波斯语、阿拉伯语和梵语翻译成英语，并创建了孟加拉亚洲学会。他发现梵语和欧洲各语言之间存在关联。这一发现让欧洲学术圈子大为振奋，梵语学习一时成风。这些热情四溢的学者推测，梵语是印欧语系中最古老的语言。从这一点推测出发，他们认为梵语比其他任何人文传统都更接近欧洲先祖的思想和语言。

欧洲学者的梵语学习热情也来源于印度教哲学及其神秘教义的吸引。许多思维敏锐的欧洲人对基督教教义充满怀疑，但又觉得牛顿论证的宇宙机械空洞，因此对强调感官世界空虚本质的印度教教义很感兴趣。实际上，对印度的兴趣成为德国浪漫主义运动的典型特征。

基督教传教运动

基督教传教士为印度教世界和欧洲世界开辟了第二个迥然不同的沟通渠道。1813年前，东印度公司刻意与传教士保持距离，不允许其担任公司贸易职位。他们认为，任何攻击地方宗教习俗的行为都会损害贸易，危及公司地位。但到了1813年，英国议会要求东印度公司聘用传教士。这些传教士到了印度后，决定使用当地方言传达信息。为达到这个目的，他们需要发展印刷业，规范语言使用。现代书面语孟加拉语即由此发展而来，并很快被印度教作家采用。这些传教士还开办教会学校，教习基督教教义，设立世俗学科，让印度人接触到了欧洲思想。

佛教的退隐和疏离

1850年前，类似这种联系并没有缩小东南亚佛教民族和外部世界之间的差距。这些民族生活在斯里兰卡、缅甸、泰国、老挝、柬埔寨和越南。其中多数王国遭到两种势力挤压。北面有强大的中国，海上有英国等欧洲列强虎视眈眈。中国皇帝依照传统对东南亚所有国家，以及来往中国港口的英国和其他欧洲商人行使概念模糊的统治权。1766年至1769年间，清缅战争爆发，清朝巩固权威，但只在短时间内达到目的。

对这些政权来说，海上强国英国更难对付。1802年，斯里兰卡的康提王国屈服于英国的炮口之下。1824年至1826年间，缅甸将沿海部分地区割让给英国。1768年至1824年间，泰国失去了马来亚控制权。在这期间，马来亚的穆斯林统治者投靠东印度公司代理人，不再向暹罗国王效忠。

虽然有此不利局势，东南亚佛教民族从未在中国和英国的压力下彻底改变传统生活方式。和阿富汗、伊朗的穆斯林一样，这些民族和王国虽然明显缺乏自我防御能力，无力抵抗欧洲侵略者，但因远离欧洲踩出的文明路线，所以能够循规蹈矩。

中国的角色倒置

清朝先后在康熙与乾隆两个皇帝统治下繁荣发展。这两位皇帝在位时间都很长。1662年至1722年间，康熙执掌皇权，第一次成就清王朝的稳固政局。

1736 年，乾隆皇帝登基，1795 年逊位。乾隆在位时间虽然短于康熙，但在 1799 年去世前一直幕后掌局。在这两个皇帝统治期间，中国实现了安定重礼的政治理想。孔子界定的"德"蓬勃展现。学术一派繁荣。皇家赞助的瓷器厂生产出了精美绝伦的艺术品。绘画和诗歌在万千笔端流淌。

国内一派祥和。在遥远的中亚边界线上，中国军队摧毁了最后一个藐视清朝皇帝意志的游牧政权。1728 年，中俄签订《恰克图条约》。俄罗斯承认蒙古和突厥斯坦属中国领土。

1700 年至 1850 年间，中国人口从 1.5 亿迅速增长到 4.3 亿。手工制造业和出口贸易兴盛发展，为少部分新增人口提供了就业岗位。但中国绝大多数人仍生活在乡村，稻田近在家园。

中国的儒家模子

1775 年以前，似乎一切皆好。新增人口只是令中国庞大的人口根基更加厚实而已，并未造成危机。想开辟新地无非是再向山上爬爬，往沼泽地深处走走，再找找其他边际耕地。只要下力耕种，就能填饱肚子、养家糊口。除此之外，农民别无他求。农民人口增加后，养活了更多地主。地主子孙学习儒家经典，一级级地参加科举考试，以期谋得一官半职。求得官职后，就有机会积累财富，享受权力，赢得声望，因此入仕之争愈发激烈。

为求得功名，相应要投入大量时间和精力。中国人幼年即开始学习儒家经典，夜以继日，苦读不辍。因为一次考不中，还可以再考，很多人一直学到中年。为通过科举考试、变成社会统治者和领导阶层，中国知识分子被装进了儒家模子中，对考试之外的任何东西视而不见。

朝廷也直接赞助读书人，委托博学多识者整理古代典籍，编纂各种参考书籍，如文献、引语、字典、百科全书、"佳作"表等等。劳动规模之宏大难以想象。比如，1728 年，中国学者编纂完成了厚达 5020 册的百科全书。与如此浩繁的劳动量相比，新作贫乏。中国统治者将注意力放在过去。在他们眼中，有一点似乎不言自明：东西越老，越有价值。

当然，并不是所有人都能通过科举考试。落榜者形成了一个自我沉湎的地下文化世界。小说、浪漫文学等反映了这种悠然闲适，但无法行走仕途的人的生活。其中最为著名的当属曹雪芹的《红楼梦》。这种作品常被视作对学问无所进益，因此作者在世时没有公开发表。《红楼梦》详尽描绘了一个中国大家族的家庭生活。现代读者会觉得饶有趣味，但在曹雪芹的同时代人看来，似乎有揭扬家丑之嫌。

▶ 基督教遭质疑

至于欧洲思想和技艺，中国学者官僚没有时间玩味这些"细枝末节"。1715年前，中国皇帝常聘用耶稣会传教士完成各种技术类任务，如铸造火炮、根据天文观测绘制中国地图等。这些都是传教士的专长。但在欧洲，教会对儒家问题已激烈争执多年。1715年，教皇认定耶稣会对儒家礼仪认识有误。这在深以学问为傲的中国皇帝眼中是奇耻大辱。因为，皇帝刚刚在几年前肯定了耶稣会对"上帝"一词的中文译法。中国人义愤填膺，认为教皇班门弄斧，竟然要教中国人学用中文。

随后，朝廷开始全面质疑基督教传教活动。耶稣会会士因擅长编制精确历法，被许可留在中国，但不得传教。如若不然，即视为亵渎法律。因此，传教活动只能转为地下，信徒以城市里的穷苦老百姓为主。但在学者阶层眼中，地下传教活动让他们更加坚信欧洲思想没有什么可取之处。

18世纪中国的新旧气象

这两幅画疑是耶稣会传教士郎世宁（1688年—1766年）所作。郎世宁第一次将欧洲绘画技巧引入中国。对中国君子而言，绘画是重要造诣。因此，郎世宁用的明亮色彩和达到数学精确程度的透视画法在中国宫廷里一时引起轰动。至于外国新奇事物能在中国走多远，我们可以从图中身着欧洲铠甲的皇妃身上窥出一二。在色彩运用方面，中国画家认为明亮色彩庸俗不堪，而欧洲使用单一消失点的画法似乎限制了卷轴画创作。因此，欧洲新奇事物被斥之为无用无益。中国朝野仍继续忠于古代模式。一直到19世纪40年代后，这种观念才有所改变。

※ 农民起义

1774 年的一场农民起义搅乱了中国的和平秩序。虽然此次起义遭到镇压，但与之相关的秘密社团组织，如白莲教等继续发展壮大。原因是，人口增长，可耕地供应有限，穷苦农民在传统生活方式下无以为继。如果还不上所欠债务，则连耕地也会失去。一个心怀怨愤的无地阶层就此产生，各地起义不断。有的仅仅产生了轻微动荡，有的则让朝廷处于守势。清王朝精心维系的和平繁荣局面于 1775 年后以最让人忧心的方式出现逆转。

※ 贸易问题引发战争

几乎与此同时，中国对外贸易开始出现严重问题。1757 年，皇帝下诏仅开放广州港，供外国商船停靠。东印度公司是中国主要对欧贸易伙伴，享有英中贸易法定垄断权。荷兰和法国商船偶尔也可停靠广州港。1784 年后，美国商船也获准进出广州港。但中国通过公行这一商人协会完全控制对外贸易。

从欧洲人视角来看，最大的问题是找到中国人想要买的东西。中国商品在欧洲市场和世界各地紧俏抢手，但中国人只想要白银做交换。欧洲人不愿看到自家白花花的银币在中国有进无出。后来，他们发现鸦片市场行情旺盛，感到自己找到了一件能同中国人交易的商品。鸦片产于印度，成本低廉。有了鸦片在手的英国人第一次发现自己能从中英贸易里获得滚滚利润。

公元 1834 年，英国政府废除东印度公司的法定垄断权，将对中贸易放在与世界其他地区贸易的同等基础上。法令一下，私商涌入广州港，渴望从鸦片贸易中分得一杯羹。

鸦片在中国吸食成风，中国朝廷很快警觉。皇帝下诏禁止鸦片生产销售，但不起作用，鸦片买卖转入地下。欧洲商人和社会三教九流交易往来，大规模流氓走私团伙甚嚣尘上。1839 年，清政府决意出手整治。作为朝廷钦差的林则徐领旨从北京出发，打击鸦片非法贸易，开展禁烟运动。短短几个月里，这名钦差就收缴了近两万箱鸦片，大有收拾乱局之态，因此与英国当局发生冲突。

▶ 鸦片战争

冲突起于一件小事。有几名英国水手在广州斗殴，并杀害了一名中国人。中国人强烈要求将其中一位水手正法。从中国人视角来看，这只是一起普通命案，行使主权合情合理。但英国人从拒不配合的视角来看，没有罪证、不经审判就将人砍头骇人听闻，损害正义。因此，当事人所在的商船船长拒绝交出嫌疑人，并得到了英王亲命的贸易专员的支持。不仅如此，英国政府还以中国禁止鸦片为由派出皇家海军特遣舰队向中国施压。遭到拒绝后，便诉诸武力。

来到中国海岸的英国海军舰队发现局面完全在自己的掌控之中。中国港口没有海防设施，中国军队行进缓慢，不能应付威胁。双方爆发冲突后，中国士兵的战斗力远在英国特遣舰队之下。1842 年，满怀疑惑又气愤填膺的中国人不得不求和，与英国签订《南京条约》，另外开放四个港口，方便英国贸易，进口关税统一为 5%，割让香港，并正式承认英国商船停泊于中国港口时，不代表英国女王向中国皇帝进贡。

▶ 不平等条约

法国和美国紧随其后，与中国签订类似条约，进一步渔利。1844 年，美国获得治外法权。也就是说，在中国土地上犯法的美国公民，只能由美国领事按美国法律审判。同年，法国获准在中国港口城市传播基督教。这些条约都载明"最惠国条款"，即中国授予某国的特权适用于所有国家。因此，从英国发动鸦片战争起短短五年里，中国就成了一个又一个不平等条约的受害者，无力抵御外族入侵。

中国人深受打击。所有蛮夷都应纳贡的天朝顷刻间不复为世界中心。不为孔子所知的陌生民族出现在中国土地上。古圣先贤并没有告诉中国人该如何处理这种局面。最初，中国学者和官僚深感惊异、沮丧。震惊之下，他们无暇采取任何建设性行动。而新一轮战火——太平天国运动从 1851 年一直烧到 1864 年。清王朝元气大伤。

在这里，我们需要强调一下，中国衰落是何等迅速。1839 年以前，中国几乎没有内忧。儒家行为模式久经验证，运转良好。每一个受过教育的中国人都坚信，中国威临蛮夷，天经地义。换句话说，中国知识分子阶层已经被高度同质化，面对突然而至的危机茫然无措。庞大的中国凌乱无助、盲目愤怒，对中华民族遭遇的一桩桩角色逆转事件完全没有任何防备。

旭日之地

1700 年至 1850 年间的日本历史几乎与中国完全相反。在中国陷入边境战争时,日本安定和平。在中国人口实现三倍速增长时,日本人口几乎没有变动。当中国学者沉浸于过去、排斥万物时,日本知识分子在官方强力实施隔离政策之际,仍探索若干知识领域,并高度关注欧洲时局。

幕府的政治不安全感

从一开始,德川幕府就不得不面对一些挥之不去的尴尬问题。作为统治集团的德川幕府和被排斥出中央政府的"外部领主"都意识到,整个体制可能会再次瓦解。因此,日本人没有中国人的自鸣得意。对连绵内战的痛苦回忆和对幕府的政治警惕意识维护着和平局面。但日本人没有忘记,曾经有一个时代,德川幕府与其他贵族平起平坐。也没有忘记,天皇虽然被幕府隔离出权力中心,但仍是名义上的最高统治者。无论是谁篡改历史,也改变不了这样一个事实:幕府靠篡权夺位才执掌乾坤。

武士和商人之间的经济不平衡

幕府在维持和平局面的同时也面临着另一重难题:武士阶层在无仗可打时变成无业游民。1603年,德川家康下令所有领主每年必须在都城东京待上一段时间,受幕府直接管理。若离开东京,则需留下后嗣及其他近亲属为人质。因此,所有领主都不得不在都城建房立宅,但他们在此处无事可做。

这种政策产生了两种后果:第一,领主要把以大米为形式的部分收入兑换成金钱,以便在都城买地置业。这就需要商人从乡村买进大米,销往东京等城市。因此,城市变成人口和其他资源会聚地。

第二,组织大米和其他必需品流通的商人变富,而以商人价格买进卖出的领主变穷。或者至少可以这样说,领主的财富达不到东京等城市快速发展起来的奢侈生活水准。为迎合富商品味,这些城市专辟娱乐休闲区域,提供歌舞节目,佳肴美食,专人相陪。在城市无所事事、消磨光阴的武士很难抵挡住此类诱惑,为此不惜债台高筑。

结果是,现实状况和多数日本人心中期望之间存在尖锐差距。与商人相比,武士和统治者更穷。但根据儒家观念,商人是害虫、社会寄生虫,社会地位应低于辛苦劳作的农民。领主和农民决定一道抨击现状,竭力纠正社会不公。政府有时出面直接没收商人财富,但多以诏令形式,全部或部分否认商人持有债权，或者将货币贬值，便于债务人偿款。但所有这些措施都失败了。商人通过提高服务价格，很快弥补损失。只要幕府禁止领主常年待在封地上，商人的服务就不可或缺。因此，商人占有经济优势。

在本章探讨历史时期行将结束之际，一些领主为解决自身经济问题，在自有封地上开采矿山，开发其他商业项目。新作物、新技术得到传播，尤其是桑蚕养殖技术。日本第一次实现了丝绸的自给自足。为走出经济困境，领主采取的另一项对策是与商人家庭通婚。这一婚姻可谓两全其美：贵族武士枯竭的财源得以充盈，而商人的社会地位得以提升。虽然武士行为准则禁止以这种方式模糊阶层界限，但通婚对双方极具诱惑力，因此这样的例子越来越多。

官方思想

面对这些困境，幕府的政策是以乐观态度静观其变。当时，新儒学是日本的官方思想。政府禁止学习其他思想流派，大力强调忠诚观念，并通过法令、文学作品和戏剧对武士阶层的行为准则做出明确规定。但越强调忠诚，幕府不忠于天皇这一事实就越发显得尴尬。实际上，老百姓对天皇表达忠诚是在向幕府表示不满。但这种情绪从表面上看来正确无误、合理恰当，日本政府无法压制。

▶ 日本神道教的发展

一个强调神圣起源和皇室后裔的思想流派渐渐形成。这一流派的专家阐发礼节仪式，纪念日本传说故事中记载的大事件。这些礼节仪式被称为"神道教"。神道教很快发展成为有组织的宗教，设有专门神职人员，分为不同宗派，有完整的仪式应对生老病死、婚丧嫁娶。神道教在发展过程中似乎吸收了基督教和佛教仪式，但更强调日本本土元素，而非中国思想。

正当神道教崇拜在日本老百姓中传播时，少数学者开始学习西方思想。荷兰人成为媒介。当时，日本政府允许一艘荷兰商船每年进出长崎港，并对其贸易活动严加监管。外文书通过这种途径传入日本。一些人开始阅读，并将医学和数学书翻译改编成日文。

钦慕荷兰学问的人和培育日本传统的人相处融洽。双方都反对幕府立下的官方新儒学思想，都秘密支持嫉恨德川家族的"外部领主"，都在寻求官方之外的行动路线。因此，当1854年外国向幕府施压，要求日本对外开放贸易时，日本国内已经有一部分人对西方文明的基本特征非常熟悉。

❧ 艺术生活

日本特殊的社会结构在艺术上得到了体现。一方面，官方文化严格遵循中国模式。盛行于日本宫廷的画作与中国绘画大师作品难分难辨。日本汉诗成为日本历史载体。日语使用汉字表意，并全盘引入汉语词汇，以体现儒家思想。汉语的这些影响似乎把日本变成了中华文化行省。

另一方面，在东京和其他城市的娱乐区内，旨在迎合商人及其他未受过教育人士的庸俗艺术生活蓬勃发展。歌舞伎和艺伎艺术就是这种文化传统的代表。美术家制作出价格便宜、色彩绚丽的图片，生动展现了旧日本城市生活的欢悦美好，赢得了艺术批评家和历史学家的赞赏。另外，这一时期的小说和探险传奇故事也是这种生活方式的文学表达。

德川幕府末期，中国风格画作和流行风格作品之间的界限日趋模糊，忠实反映出商人和武士阶层之间不再泾渭分明。日本社会和文化更加多元、多样、复杂，与西方文明的多元多样略有相似之处。1854 年，日本开始打开国门，效仿借鉴西方，拥抱复杂新世界。

❧ 世界欠发达地区

徘徊于文明生活边缘的人口聚集在撒哈拉以南非洲。这块陆地上的民族因奴隶贸易走向海外。他们对世界其他地方了解不多，世界对他们也知之甚少。

❧ 非洲奴隶贸易的影响

1700 年至 1850 年间，非洲人经历了两大矛盾变化。从 18 世纪初至 18 世纪 80 年代，奴隶贸易规模和重要程度不断上升。年复一年，越来越多的非洲人被俘为奴，运往大洋彼岸。因需求旺盛，猎奴活动遍布非洲大陆。猎奴者原来聚集在西非海岸，后来也从东非海岸向内陆俘获非洲人。但随着奴隶贸易的发展，英格兰和法国批评声渐起。1807 年，在经过几十年的争辩后，反奴隶制改革者在英国议会获得优势地位，立法禁止奴隶贸易。与拿破仑对决结束后，英国皇家海军派战舰前往大西洋阻止奴隶贸易船。最初，海军船少势弱，不足以撼动奴隶贸易。19 世纪 40 年代，跨大西洋奴隶贸易再度兴盛。巴西和古巴是主要接收国。此后，离开非洲的奴隶人数急遽减少。到 19 世纪 60 年代时，只有东非的桑给巴尔苏丹和少数葡萄牙奴隶主还往来于安哥拉和巴西之间，继续从事奴隶贸易。

奴隶贸易的常盛与猛衰给非洲生活产生了破坏性影响。猎奴者凶残袭击没有防御能力的村民，给当地造成毁灭性打击，但似乎没有出现人口大面积减少现象。据推测，新世界粮食作物产量较高，改善了非洲的食物供给，养活了更多的孩子，抵消了猎奴活动中的人口损失。但没有人确切知道具体数字。

但目前历史学家已经掌握了渡过大西洋的奴隶数量。因为有专门船只从事奴隶贸易，出发抵达时间由港口记录在案，载重量可精确计算。在这一基础上，历史学家认为，跨越大西洋的非洲奴隶数量共有 1130 万左右。其中有三分之二，也就是 750 万是在 1700 年至 1810 年间运到美洲的。1810 年后，尽管有英法两国呼吁禁止奴隶贸易，仍有 190 万非洲人被迫离开家园。1880 年左右，奴隶贸易才完全停止。

这些数字都不是小数字。1800 年时，到达新世界的非洲人是欧洲人的四到五倍。因为猎奴者不费多大力气就可以把非洲人弄到手，抵达美洲的很多非洲奴隶被禁止婚配生育。新世界非洲后裔大多在 1810 年后出生。那时，英国海军开始拦截奴隶船，强迫奴隶主把俘虏送回非洲。在这种干预政策下，新世界很多奴隶主发现，让奴隶繁衍后代比从非洲贩运过来更划算。1815 年，法兰西帝国禁止奴隶制（虽然后来奴隶制又死灰复燃，但于 1848 年完全被禁）。1832 年，英国废除奴隶制，并派皇家海军沿非洲海岸拦截奴隶船。但美国奴隶制一直维持到 1863 年，古巴和巴西分别于 1886 年和 1889 年才终结这一制度。奴隶解放后，凡是有糖料种植园的地方，非洲奴隶后裔成为最大人口。因此，奴隶贸易产生了大量海外非洲人人口，尤以巴西、加勒比群岛、美国最为明显。

对非洲大陆而言，1850 年后奴隶贸易的萎缩可谓利弊参半。非洲的政治经济制度在很大程度上围绕奴隶贸易建立。随着奴隶出口人数骤减，相应产生了巨大冲击。原来从猎奴活动中获得权力和收入的政权只有两条路可走，要么找到新的政权基础，要么土崩瓦解。有的政权得以留存，并繁荣发展。比如在 18 世纪，阿散蒂联邦从加纳中部崛起，一跃成为非洲强国。加纳一直都有奴隶贸易之外的经济生产和贸易形式。阿散蒂联邦之所以能够维持政权，逃脱崩溃命运，就是因为实现了从奴隶贸易向橄榄油以及其他农产品出口的转变。

在非洲其他地方，奴隶出口贸易的衰落产生了不同的、甚至是毁灭性的影响。这在非洲南部表现得尤为明显。从 1779 年开始，这里的白人和黑人农牧民为争夺土地战争不断。1836 年后，上万名布尔人渡过奥兰治河和大鱼河北迁，战况再度加剧。这些定居好望角的荷兰移民后裔之所以要迁居，是因为英国人。1815 年，拿破仑战争结束。英法两国签订和约，好望角归属英国。1834 年，英国总督遵照议会法令，废除南非奴隶制。靠非洲劳动力承担脏活粗活的布尔人为了维护原有生活方式，坚决反对废除奴隶制。为此，他们踏上大迁徙之旅，并于 1852 年至 1854 年间在非洲内陆建立了两个共和国。

布尔人有步枪，遇有非洲人反抗，不恤开枪射击。当地部落只有矛枪，无法有效还击。但在两个布尔共和国以东的纳塔尔，恰卡领导族人成功开展军事革命。1816 年，恰卡成为祖鲁小氏族首领。1828 年，被同母异父兄弟暗杀。但在这短短 12 年间，恰卡为武士配备短矛枪，训练近距离格斗，创造了一种凶猛彪悍的战争新形式。起初，南非部落战争采用单兵作战。参战者远距离投掷标枪，杀伤几个敌人后，战斗即告结束。但恰卡决意取胜。他命令士兵对反抗者不留活口。战败部落只有两条路可走，要么逃跑活命，要么送本族壮丁为祖鲁效力。恰卡军力因此迅速壮大，年年扩大作战范围。

灾难随之袭来。在恰卡统治的 12 年间，他的军队所向披靡，摧毁了南非大部分地区。所到之处，当地人四散而逃，北迁大湖地区，南到好望角殖民地边境。恰卡的血腥胜利引发了南非政治动荡，实际上为布尔人占领土地提供了便利。原因是，祖鲁军破坏了南非的部落社会，帮助布尔人消灭了反对力量。

在非洲其他地方，传统政治经济模式没有像南非那样出现急剧迅猛的瓦解态势。但在 1850 年左右，已有种种迹象表明，非洲各政权和民族正在面临一场大危机。沮丧不满的迹象之一是，穆斯林掀起一场场改革运动，希望重拾真正信仰。1850 年前后，这些以军事行动为基础的宗教改革运动让西非大部分地区波诡云谲，骚动不安。

在非洲大部分地区，原有的生活方式已经饱受重压。原因是，防止外人进入的疾病屏障被打破。当时，医学还没有出现重大突破。但到 1850 年后，欧洲人能够控制疟疾这一非洲最致命的发热性疾病。办法是，从秘鲁原产树种——奎宁树的树皮中提取奎宁，制成药物，预防疟疾。从 16 世纪起，欧洲人就知道奎宁的疗效，但无法获得稳定供应。后来，荷兰商人从秘鲁野生奎宁树上采摘种子，到印度尼西亚发展种植园。19 世纪中叶，欧洲获得稳定可靠的奎宁供应源。

这样一来，虽然其他热带疾病仍会给缺乏抵抗力的外来者带去生命危险，但非洲探险活动要比以前安全得多。

在这种有利局势下，欧洲人开始系统性开发非洲内陆，并不断取得成功。比如，伦敦及欧洲各地的地理学会出资赞助尼罗河源头、尼日河、刚果河河道探险活动。19世纪80年代前，非洲以外的人们对非洲内陆的重要特征还一无所知。但在19世纪40—70年代期间，这个欧洲人称之为"黑暗大陆"的许多秘密被一一破解。商业活动、传教活动和军事行动迅速跟进。其便利条件是，19世纪中叶，非洲各政权和民族进入无序化状态，危机一触即发。其激化因素是，欧洲各国互相为敌，争斗不断。

所以，在欧洲势力和技术优势达到巅峰时，非洲人在世界上的特殊地位走向终结。这一特殊地位体现在两个方面：一方面，非洲人不得不与穆斯林和欧洲腹地接触；另一方面，因外来人口在热带疾病前脆弱不堪，非洲人受到保护。1850年后，整块非洲大陆突然遭受欧洲的政治经济支配。这一结果虽然仍让我们感到诧异，却也不可避免。

探索太平洋

与非洲相比，太平洋周边境地人烟稀少。在航海大发现后的几年里，欧洲船几乎停止了探险活动。原因是，澳大利亚等海岸贫瘠荒凉，土著人拿不出什么东西跟欧洲人贸易。此外，太平洋广阔无垠，长途航行面临不少严峻问题。1761年前，还没有精密航海仪器，无法测量小岛经度。所以，从浩瀚无边的太平洋返回陆地的可能性微乎其微。而且，水手在长途航行中因缺乏维生素，易患坏血病。因此，没有哪个船长敢在方位不明的情况下，为了找到一个海岛而在大片海域上四处巡游。

18世纪，欧洲海军承担了探险任务，并在短时间内绘制了太平洋海岸线全图。第一位官方任命的探险者是俄罗斯海军舰长维他斯·白令。他在1728和1741年两次航行中分别发现了以他名字命名的海峡、阿拉斯加大陆，以及阿留申群岛。白令海峡发现后，俄罗斯皮毛商纷至沓来，在海峡两岸设立贸易点。1767年至1769年，法国派路易斯·安东尼·布干维尔环游太平洋。1768年至1779年，英国派詹姆斯·库克三次环游太平洋。库克船长首次带航海时计出海，测量了沿途海岸和岛屿的经纬度，绘制出了第一张精度高、实用性强的太平洋地图。他还让船员吃德国泡菜,补充维生素 C,预防坏血病。后来,英国海军发现青柠汁(lime juice)预防效果更好。英国水手的昵称"英国佬"(limey)即由此而来。

▶ 太平洋地区的殖民模式

捕鲸者很快跟来。他们从拥挤船舱中走出来,身上散发着鲸脂油味,在大溪地、夏威夷和太平洋其他不知名小岛上吵吵嚷嚷。他们把身上携带的疾病传染给波利尼西亚人,造成了毁灭性影响。原有海岛生活一去不复返。

在太平洋海岸周边,欧洲殖民者和商人于 1850 年前留下印迹。西班牙北入努特卡岛,挡住俄罗斯前往阿拉斯加通道。1808 年后,地方暴乱不断,西班牙美洲大帝国开始瓦解。1821 年,墨西哥从西班牙独立。1846 年,美国对西班牙发起攻势,占领了加利福尼亚。1848 年,加利福尼亚发现黄金,淘金客纷至沓来。

1788 年,欧洲殖民澳大利亚。英国政府将囚犯放逐于此,任其自生自灭。从 1793 年开始,普通移民到达这里。新来者对澳洲土著产生了剧烈影响。土著人被驱逐到沙漠横亘、热浪逼人的北部和内陆。此外,殖民者引进动植物,急剧破坏了原有的自然平衡。比如,欧洲兔子在澳洲没有天敌,泛滥成灾。

欧洲移民的最后一个重要地区是新西兰。1840 年,英国殖民者第一次来到这里。与澳大利亚土著相比,新西兰的毛利族部落抵御住了西方文明的冲击。因此,在遭遇疾病损失和随之出现的社会失序后,毛利人依靠土豆这一新食物来源,从冲击中惊人恢复。近年来,他们积极参与新西兰政治生活,现已享受普通公民权利。

▶ 美洲印第安人的退守

美洲印第安人的命运与毛利人不同。一些部落完全被毁,留下的也处于支离破碎状态。一直到 1890 年,大草原上的一些印第安人才开始武装反抗白人殖民者,但这只是世纪末的最后一点星火。从很大程度上来说,他们是单方作战、孤立无援。印第安人一次次和白人签订和约,但只能眼睁睁看着白人进入本应专属于自己的土地。只有那些贫瘠荒芜、白人不想要的土地才会变成印第安人的永久财产。在南美洲,反抗殖民侵略战争的最后的星火分别于 1841 和 1871 年点燃。当时,智利人向南美最南端开拓,阿劳干印第安人奋起抵抗,但以失败告终。

当时,以秘鲁、墨西哥及周边地区的印第安人口最多。他们祖祖辈辈生活在村落里，以种地为生。虽然西班牙牧师和统治者带来了铁制工具和饲养家畜，改变了他们的生活，但他们仍按祖法种植玉米及其他传统作物。当地印第安语种和文化传统因顺从于西班牙地主、适应市镇和官僚生活而留存。

1808年后，美洲西班牙白人爆发革命，但并未对印第安人产生多大影响。1810年，墨西哥印第安人参加暴动，反抗西班牙统治。但在其他地方，印第安人仍是西班牙美洲帝国中的消极政治元素。

只有在遥远偏僻的亚马孙丛林，在冰天雪地的北极圈，当地生活才没有因为掌握西方文明技艺和思想的新世界人的出现而改变。除此之外，文明生活方式产生深远影响。比如，金属短柄小斧屡经转手后，远远超越欧洲商人面对面交易范围，来到终端使用者手中。即便是最简单的工具也会出人意料改变生活模式。从这个角度来说，我们可以肯定，到1850年时，地球上凡是有人居住的地方都受到文明冲击，而在那些隔绝封闭区域，虽然仍有简单社会存在，但其所占范围正以前所未见的速度快速缩小。

✣ 结论

与我们现在的世界相比，1850年的地球仍然是一个相对广阔的地方。要把人员、商品和新闻从地球一端移动到另一端需要好几个月的时间。中国发生的事情不会立刻对欧洲、非洲或美洲产生影响。反应时间滞后和沟通缺陷给当地人留下了回旋空间，不会立即吸引到世界强国注意，不必担心他们会干预本国内政。但当时，欧洲已经开始工业革命。在此之后不长时间里，电报发明，全球即时通信变成现实，一个新时代由此开启。我们将在本书的最后一部分审视这个时代。

但在这一审视之前，我们必须回到欧洲和西方，近距离凝视两个伟大运动——民主革命和工业革命。这两大革命改变了1850年后的世界。

第十九章
民主革命和工业革命

公元 1776 年　　　　　　　　公元 1850 年

伦敦水晶宫

这幅蚀刻画记录了 1851 年第一届世界博览会开幕式场景。世博会意在展示世界范围内改变人类生活的新发明。从图中可见，召开世博会的这座建筑采用全新方式，以钢铁和玻璃为建筑材料，生动贴切地象征了那个时代取得的技术进步。

1776 年，西欧各政权感受到了俄罗斯大国威胁。叶卡捷琳娜二世专制政府调动庞大资源和巨量人口，建立强大军队，其训练程度和装备水平与欧洲相当。而且，俄罗斯国力一直处于上升态势。1772 年，波兰将东部诸省割给俄罗斯。1774 年，土耳其俯首称臣。叶卡捷琳娜二世精心筹备，计划在奥斯曼帝国废墟上建立附庸于俄罗斯的希腊帝国。1772 年，瑞典因皇室政变，才免于沦为俄罗斯行省或保护国。奥地利大公约瑟夫二世见此局势，决定不与俄罗斯为敌，而是与其联手对付土耳其人。找不到同盟者应付俄罗斯咄咄攻势的普鲁士也得出了相同的结论，分别于 1772 年、1793 年、1795 年三度与俄罗斯和奥地利瓜分波兰。一个独立的波兰版图被完全擦去，俄罗斯边境与普鲁士、奥地利东部边境线交叉重合，中间没有任何缓冲地带。

在四分之三个世纪里，俄罗斯快速掌握了西方所有军事技能和组织技巧。到 1775 年时，俄罗斯在这两方面上与西欧各国并驾齐驱。俄罗斯的广袤疆域不再是一项掣肘缺陷，而是变成了一个巨大优势。德国分裂为 300 多个主权诸侯国，其最高统治者——神圣罗马皇帝淡化为一道影子，显然无法与俄罗斯相抗衡。就连一度称雄西欧的法国在俄罗斯的规模和资源面前都相形见绌。更不用说当时的法国政府忙着与英格兰一决高下，而国内各阶层摩擦不断，根本没有心思关注东欧时局。

✈ 欧洲新制度成型

四分之三个世纪以后,欧洲大为不同。1850年时,俄罗斯固守陈规。沙皇帝国在工业组织、政治组织和军事方面再次落到西欧之后。叶卡捷琳娜二世时期全方位扩大俄罗斯国力的开拓热情让位于循规蹈矩的保守政策。国内遭遇的种种难题开始困扰农奴占多数和特权阶级占少数的俄罗斯政权。

1775年和1850年的局势之所以出现根本不同,原因在于西欧各民族能够再次创新组织,达到更高水平,领先于俄罗斯和世界其他地区。因此,西欧人民推迟了一个世纪才得以提高自我组织能力、直面庞大的俄罗斯帝国。

西欧的惊人复兴能力体现在两个方面。没有人预先谋划,也没有人能预见结果。法国在政治上独领风骚,英国在经济上卓异不凡。这两个国家改变了欧洲生活,将欧洲大陆从旧制度抬升到新制度。政治变革的原则非常简单。政府和民众建立更加紧密的合作关系。更多人为实现共同目标而团结一致。地方生活常规,尤其是村庄生活被打破。服兵役成为每一个成年男性公民的义务,政府不再是"国王的"政府,而是"自己的"政府。旧制度下,社会底层在政治上消极对待,新制度下却期望积极参与。因此,政府能自由支配权力、财富和能量,并与人民达成积极合作关系,远远超越了路易十四、叶卡捷琳娜二世所能想象的界限。

这一"民主革命"之所以取得成功,很大程度上是因为与工业革命同步进行。工业革命的本质是发现新方法利用机械力,制造有用物品。蒸汽机驱动纺织机和其他大型机械运转。动力供应提升后,欧洲人发明、设计大机器和新工艺,生产出越来越多的廉价商品,拉动了消费增长。蒸汽和电力投入使用后,交通和通信领域发生了革命性变化。工业化国家能够从世界各地获取食物和原材料,供应本国人口和工厂。工业革命先驱者坐享巨额财富。部分新财富服务于国家需要,西欧国家同步实现了富裕和强大。随着财富增长速度越来越快,人们无须在私用和公用、民事和军事资源使用方面做出艰难抉择。

旧制度下的欧洲也实现了权力和财富的快速拓展。所以,欧洲在18世纪70年代以来的发展进步并非空穴来风,经济和技术革新速度不断加快。工业农业、中产阶级和贵族之间的内部平衡急剧偏向前者，由此引发政治变革，中产阶级领导政治生活，表达公众舆论，让欧洲各国新政府留神倾听。

因此，从风云变幻的法国大革命战争中出现的 1815 年新制度在一定意义上是中产阶级制度。商人和专业人士取代了此前专属于贵族的角色地位。只要个人有技能、有个性、运气好、受过良好教育，就能获升高职、走到高位、赢得财富。这种机动灵活性便于社会能量快速转向，到利润高、意义重大的新活动中释放。

民主革命和工业革命的熔炉让西欧旧制度的所有特质更加精粹。西欧再次转变，并保留了革新本色，以更加鲜明姿态主导全世界。

美国革命

英属北美殖民者既要忍受印第安人的敌意，又要与加拿大和路易斯安那州的法国人竞争。也是因为如此，这些殖民者们没有向英国政府公开表达反对意见。毕竟，跟母国有太多争执是不稳妥的。因为遇到战事，英国海军可以为殖民者提供保护。但是1763年后，法国撤出北美。这意味着北美殖民者不再需要防备邻人。西班牙人远在南美，且软弱无力。没有了法国人武装的印第安人根本没有抵抗力量。

英王乔治三世感觉殖民者过于独立。驻守伦敦的英国诸位大臣认为殖民地应该为战争买单，服从议会的征税决定。殖民者对此予以拒绝。因为没有人就此事与他们协商，他们在英国议会也没有代表。在殖民者看来，英国人之所以要在1642年至1649年打内战，就是要给自己选举出的代表争取权利，让他们认定哪些税应该收，哪些不应该收。殖民者最终得出了这样一条结论：乔治三世专制残暴，企图操纵议会选举，为了贯彻王权，把议会变成橡皮图章，侵害了英国人的神圣权利。

很多英格兰人赞同殖民者的观点。争论先是引发公共暴力事件，后来引爆战争。但议会中仍有一派议员抨击国王，公开同情殖民者的反叛论调。不过，在英属北美殖民地上，也有一些人认为，公然反叛国王不合情理。双方展开激烈争论。战争打响后，殖民者的爱国主义论调更趋激进。他们认为，反对英国政府不仅是"英国人的权利"，还应该是"人的权利"。1776年，殖民者发表《独立宣言》，正式阐明政府权力来自被管理者。自由和平等成为爱国组织的座右铭。当然，他们中很少有人认为要实现自由和平等，必须废除奴隶制，实现财产均等。也就是说，他们眼中的自由和平等具备以下政治含义：有健全心智和中等财富的普通男性有权选举代表，参加立法会议，制订政府政策。

法国支持北美殖民地独立革命

法国人对美洲叛乱很感兴趣。很多法国人对本国君主的一手遮天很是不满，北美殖民地的政治权利理论让他们满心振奋。对法国政府来说，扶持殖民者能扭转七年战争的颓势。就算不能争回殖民地，也可以通过扶持北美殖民地独立的办法达到削弱英国海外地位的目的。

法国最初以非官方名义支持北美殖民地，但最终于 1778 年走上战场。法军和乔治·华盛顿手下衣衫褴褛的美军并肩作战。1781 年，英军在约克镇投降，见证胜利的法国人比北美殖民者还要多。除此之外，法国军舰巡游海上，给英军带来极大不便。法国还通过外交手段鼓动西班牙和荷兰与英王乔治兵戎相见。与此同时，俄罗斯人也加入波罗的海各国，对英国展开外交攻势。大不列颠孤立无援。1783 年，英王乔治不得不向各方求和，承认北美殖民地独立，将佛罗里达州退还给西班牙。

美国宪政

胜利之后，摆在殖民者面前的难题是如何有效实施自我管理。战争期间，各殖民地已于 1777 年签订《邦联和永久联合条例 / 邦联条例》，同意成立永久联邦，并称其为美利坚合众国。但各殖民地或各州仍自主征税，导致中央政权收入不足。1785 年，各州同意将西部土地控制权转让给联邦政府。1787 年，在弗吉尼亚州提议和美国国会支持下，新一届制宪会议召开。经四个月讨论之后，与会代表同意制订一部宪法，赋予联邦政府更大权力。经三分之二州批准后，新政府体制于 1789 年 5 月正式启动实施。

在当时很多欧洲人眼中，这种全体人民选举代表、讨论磋商设立新政府的理性方式充分彰显了政治智慧。个性粗野、头脑简单的美洲人有能力根据理性原则建立符合自身利益的政府。当然，仍有一些人持怀疑态度，认定美国宪法中体现的制度安排会分崩离析。欧洲贵族很难相信，仅凭普通老百姓一腔热情就能打乱政府秩序。毕竟，几个世纪以来的政治经验似乎都表明，共和政府只能在小型城邦运转成功，而要把一个地域辽阔的国家治理起来非得君主制不可。

美国革命的影响

然而不论是同情美国的理性自治实验，还是坐观美国自取失败，凡是对政治问题感兴趣的欧洲人都不可能对美国革命漠不关心。人权和公民权理论已经在法国人客厅里被热议了几十年，这也是欧洲全境的热门话题。如今美国人勇敢尝试，让理论变成现实。美国人越成功，欧洲人越对自己无权选任统治权威、对该权威没有法定控制权感到躁动不安。换言之，美利坚合众国变成了一座闪光的灯塔，向那些对人民自治有信心的人做出了证明：理性公民不需要听从国王、贵族和牧师的吩咐也能够实现自我管理。

今天，政府由人创设、经人为选择而改变的事实已被普遍认同。所以我们很难想象这样的思想放在1789年是多么新颖，多么激动人心。欧洲各国当时皆受国王和皇帝统治。统治者的权力来自上帝，得到贵族和官员的辅佐。从"法不同施"这个角度来讲，贵族和官僚相对于普通老百姓是特权阶层。除此之外，他们的服饰穿着和言谈举止也跟社会其他阶层不同。他们希望别人把自己当作人上人对待。

中产阶层不再相信这种陈旧的观念，即社会是一大有机体，劳心者制人，劳力者制于人，生活状态出生时即已设定。在中产阶层看来，比他们社会地位高的人很多都是庸俗无能的。而且，很多人已经改变了社会地位。理论和现实的落差非常大。美国人践行的简单真理值得自由理性的人追求。得不到被管理者认可的政府无权继续存在，应被取而代之。这种观念尤为法国少数派推崇。他们满怀热忱向公众宣传自己的政治观点。他们这样做可谓乘势而为。因为当时的情况是，法国王室政府虽然在1783年占据英国上风，但僵化之势显露无遗。

法国大革命

1774 年至 1792 年路易十六统治期间，法国陷入经济困境。公众普遍对政治体制不满。1778 年至 1783 年对英战争耗资巨大，而法国税收有限，政府面临破产。从理论上来说，路易十六是极权君主，只要发一道诏令就能合法征税。但在实际上，本应顺从国王的官僚体制有了自己的主张，许多官职公开拍卖，购得官职的人自然觉得买到手的东西就是自己的财产，除非有利可图，绝不会对现状做出改变。在法国，国王法令是由高等法院"表述"的。法院的职责是确保新法令不与其他法律相冲突。如有冲突，则提请国王注意。视国王意愿，新法律既可载入成文法，也可进行修改，以避免不必要的冲突。然而当国王提出新的税收法令后，却遭到了巴黎高等法院的拒绝，法官因此成了人民英雄。国王手下的大臣不能再冒着被高院反对的危险征收新税。

1787 年，王室政府召集贵族参会，希望王公贵胄认同新税法。但贵族怎么可能同意多交税？遭到拒绝后，国王决意恢复中世纪的三级会议制度。这一组织和英国议会很相像。其成员代表着中世纪政治理论的三个等级：神职人员是第一等级，贵族构成第二等级，除此之外的所有普通老百姓组成第三等级。三级会议第一次召开时间是在 1302 年。当时，腓力四世与教皇卜尼法斯八世发生争执，希望寻求支持。最后一次召集是在 1614 年，路易十三上台执政不久。

三级会议

三级会议曾经是来自法兰西王国各地的代表们参加的会议。但是到了 1789 年，代表的选择问题出现了很大不确定性。更严峻的问题是投票问题。如果采用各级代表分别开会、分别投票的办法，那么三级会议势必会被保守神职人员和贵族控制。但如果三个等级的人聚在一起的话，贵族和很多神职人员会跟改革人士打成一片。这些人的改革目的是确保国王和大臣能经常与国家代表磋商国事。

这些不确定性在法国引发了一场政治辩论，出现在无数本小册子里。每一个选区都授意代表撰写观点。最终，各种意见和改革项目都呈现于纸面，使得那些原来对社会现状比较满意的人也开始意识到政治不公的严峻性。所以，在 1789 年 5 月三级会议召开时，很多人渴望法国来一场根本性改革。

第三等级的反叛

路易十六和大臣同意到一定时间后推行改革。实施新税无疑很有必要，但路易十六从不认为除了收税之外还有别的改革项目。国王本意不坏，但意志不坚。到了 1789 年春天，路易十六还没有制订出召集会议和举行投票办法。庆典会议召开后，他仍犹豫不决。1789 年 6 月，路易十六决定让每一等级分别开会、分别投票。但就在他向各级代表宣布这一决定时，有人把第三等级开会的房间门给锁上了。代表们就此认定，有人早有预谋，要解散会议。1789 年 6 月 20 日，他们移至附近的网球场。群情激奋，庄重宣誓，称如果不制订法国宪法，他们就永不解散。

这种举动带有革命性质。第三等级代表宣布他们要限制绝对王权。路易十六对此不愠不火。他坚持要求代表按等级分别开会、分别投票，但遭到第三等级拒绝。在接下来的几天里，越来越多的神职人员和贵族参加第三等级会议。一星期后，国王让步，下令三个等级所有代表一起参会、分别投票。自此，三级会议变成国民会议。会议目的是制订出和美国一样的成文宪法。

国民会议

法国全国上下一片欢腾。路易十六完全信不过国民会议，一些人还劝他召集军队，动用武力解散这些惹是生非的代表。军队行动激怒了巴黎人民，他们自发组织的革命权威巴黎公社控制了整座城市。1789 年 7 月 14 日，一大群人攻陷了巴黎的王室要塞——巴士底狱。后世将这一事件发生的日子定为法国大革命诞生日。在这一事件中，巴黎人民成为革命新元素。此后数年里，他们采取极端措施，在多个关键场合压制反对声音。

巴黎事件极具感染力。激进改革者占领了其他城市。农民也开始攻击地主房舍，烧毁契约，以为把文件烧毁后，地主就不会收租子，强迫他们服劳役。

紧张忙碌一夜后，1789 年 8 月 4 日至 5 日，国民会议宣布"废除封建制度"，三级代表轮流发言，谴责特权。从那时起，所有法国人都在法律面前享有平等权利，至少在理论上是这样。所有法国人都是公民，都对国家负有同等义务和责任,享受同等权利,受国家保护。废除法定阶层、等级和特权团体。自由平等的黎明从此降临。此后不久,革命纲领中又加入了第三条标语:兄弟情谊,意为自由平等公民之间应该亲如兄弟。这三条理想不仅在法国激荡热情,也在欧洲其他地方震动人心。英国诗人威廉·华兹华斯写道:"在这样的黎明,活着是多么幸福。"在英格兰、德国、意大利,年轻的男男女女感受到了同样的情愫。

财政问题

但事态不可能静止,国民会议不可能从容制订法国宪法。法国政府的财政问题尤其不能等。出于权宜考虑,国民会议决定出售教会土地、发行纸币。这种解决方案极具诱惑力,法国政府印刷了越来越多的"纸券"以缓解政府债务,并将逃亡贵族的土地和王室领地也拿来出售,导致纸券票面价值远远超出所售土地价值。纸币无法按原计划退出市场流通,物价飙升,通货膨胀,工薪阶层受损,商人和借贷者坐收渔利。

国民会议出售教会土地、将教会重新组织为国家机构并向牧师和主教发放工资的做法遭到教皇严厉谴责。革命队伍出现第一次大分裂。很多虔诚信仰天主教的法国人认为国民会议反对教皇,因此不予支持。路易十六也反对教会重组。但眼下,他已经孤立无援。他曾秘密向欧洲其他君主求援,但无果而终。后来人们发现,路易十六背叛了法国大革命。

1791 年宪法

1791 年夏天,新宪法最终出炉。该宪法规定,法国实施有限君主制。最高权威被授予给一个经选举产生的立法议会。该议会管理税收,行使最高司法权,有权向王室大臣问责。换言之,主权从国王转交给经选举产生的法国人民代表。但国王仍握有重要权力,如委任大臣、军官和外交官权,以及否决立法权。但立法议会对立法事宜有最终决定权。

这些规定效力不长,但 1791 年宪法中关于地方政府重组的规定一直延续至今。法国全境被划分为规模几乎均等的部门。教区、司法管辖区和行政区边界相互契合。各种形式的垄断和特权被一扫而光。简单统一的行政体制将个体公民和政府直接联系在一起。

这些变化产生了如下影响:遇有危急时刻,中央政府能够调动公民做更多事情。旧制度下的政府办不到这一点。旧制度下的特权组织之所以是棘手问题，是因为国王的大臣多与同业公会、市镇政府、高等法院、各省议会打交道，很少亲自与公民沟通联系。因此，推翻特权阶级，迎来自由的黎明产生了一种意义。这种意义让革命者既深以为傲，又始料不及。自由、平等、兄弟情谊意味着，不管是应召入伍的士兵还是纳税人，都应平等向国家效力。

1791年宪法的致命缺陷是，路易十六已经对革命没有一丝同情，无法再相信他所掌握的任何权力。1791年6月，路易十六乔装外逃，被认出并遣返法国。国民会议不能没有国王，彻底的共和主义在当时仍不可想象。尽管如此，到1791年10月新立法议会召开时，人们对国王是否认同宪法抱有深刻怀疑。

法国对普鲁士和奥地利战争爆发，局势危急。几个月来，路易十六和保守派贵族试图说服两国君主干预法国大革命。1792年4月，法国向奥地利宣战，普鲁士参战。国王和保守派贵族万分欢迎。令人奇怪的是，立法议会中的最激进派别也欢迎这场战争。这些人来自法国南部行政区吉伦特，组建了吉伦特派，热切盼望把自由、民主和兄弟情谊带给欧洲其他民族。吉伦特派还认为，对外战争能激发法国公民团结一致，共图革命大业，从而平息日益尖锐的内部摩擦。

吉伦特派的渴盼最终被证明和国王的期待一样虚妄。只有革命热情打不赢战争。奥地利和普鲁士兵临城下。有人谣传国王路易十六与敌人通信叛国。消息一传，巴黎群众再次行动起来。他们在乔治·雅克·丹敦（1759年—1794年）的领导下，包围立法者，要求国王停职。无奈之中，立法议会重新组织选举，召集国民公会再次修改宪法。

极端阶段：国民公会

舆论风向很快转变，危机随之出现。1792年9月，法军扭转战局。几个星期后，进军奥属尼德兰（今比利时），当地人以解放者相迎。普鲁士也从法国撤军。也就是说，1792年9月国民公会召开后不久，法军就以胜利者雄姿驻守莱茵河畔。但就在此时，路易十六写给奥地利和普鲁士的叛国信件被发现。国民公会快速回应，废除王权，宣布法国为共和国。在接下来的几个月里，"公民路易·卡佩"（即路易十六）在国民公会前受审，以叛国罪论处，并于1793年1月被推上断头台。

这一事件震动欧洲上下。各国国王和贵族感到岌岌可危。就连在法国大革命初期对革命持同情态度的人也觉得国民公会的行为不合情理。英国、荷兰、撒丁、西班牙随即和奥地利、普鲁士联手攻打法国。法国国内怨声载道。国民公会面临叛乱内战之虞。

国民公会内部也饱受派系纷争之扰。一年前还是极端党派的吉伦特派受到新派系——雅各宾派的挑战。该派以马克西米连·罗伯斯庇尔（1758年—1794年）为领导人。后来，雅各宾派变成了巴黎群众之首，召集群众示威活动，以宣传政策，壮大声势。吉伦特派与持有较温和观点的各行政区打成一片。丹敦试图置身党外，却与两派相疏离。虽然国民公会的许多代表不隶属于任何一个派系，却在危急时刻不断摇摆。

1793年夏天，革命似乎走向败局。夏尔·弗朗索瓦·迪穆里埃将军率领部分将士主动迎敌。英国包围法国南部港口土伦。普鲁士人渡过莱茵河，逼近法国领土。1793年6月，吉伦特派被逐出国民公会，雅各宾派执掌全局，叛乱浪潮席卷法国。

恐怖统治

面对危机，雅各宾派在巴黎人民的支持下孤注一掷。行政权集中在以罗伯斯庇尔为首的公共安全委员会手中。恐怖统治降临。一批批被怀疑不忠于革命的人还没有经过仔细审判就被推上断头台。征兵法颁布，规定所有成年公民都必须服兵役。忙乱之中聚集并武装庞大新军的行动很快结出了果实。1793年秋天，革命力量再次处于攻势，危险内乱被镇压。

想让危险折戟，需要强大的中央控制。国民公会设立特别"代表团"，统辖各省区。如果地方政要办事不力，或有不忠嫌疑，即被草草处决。另外，法国所有要镇都建有雅各宾学会。这些学会与巴黎雅各宾俱乐部保持密切通信往来，实际上是雅各宾派的地方宣传机构，负责把巴黎最新政令传给各地。这些学会也监督地方官员。官员如被发现有懈怠情绪，一封写给巴黎雅各宾俱乐部的书信会立即让被指控者丢掉官位，甚或身首异处。同样的制度也在军队付诸实施，以防军官惹是生非。

在这种方式下，整个法兰西民族几近全民动员。"人民"相互支持，组建雅各宾学会，而他们的政府也成效斐然。欧洲旧制度军队不能与法国革命军相抗衡。在欧洲各地，法国人都处于攻势。革命成果再次稳固。

但在战场得胜无助于解决法国政治体制问题。罗伯斯庇尔提出"美德共和国"概念,这让国民公会的很多代表大为惊恐。他们害怕自己不能满足罗伯斯庇尔对美德的要求。另一方面,巴黎老百姓希望实现经济平等,认为食品价格上涨是贪婪的面包店主和粮商从中作梗。对这种论调,罗伯斯庇尔先是不置可否,最终拒绝听从。为平息恼人的批评声,他分别于 1794 年 3 月和 4 月把巴黎公社领袖和丹敦送上断头台。而他自己离断头台也越来越近。同年 7 月,他被公共安全委员会的同事逮捕。消息传遍巴黎,一群崇拜者希望解救罗伯斯庇尔,但巴黎人不为所动。在支持者制造的混乱局面下,这个极端主义革命者遭到枪击,几小时后殒命黄泉。

法国大革命的两张面孔

这两幅画均由雅克-路易·大卫(1748 年—1825 年)创作。他在法国大革命中担任官方艺术总指导,受命筹划 1794 年巴黎圣母院"至上节"等革命庆典活动,并将革命大事件描绘在画布上。左图作于 1789 年,名为《网球厅宣誓》,表达了第三等级代表不制订法国宪法誓不解散的决心。右图是法国王后玛丽·安托瓦内特速写。图中,玛丽双手被捆绑在后。这一场景发生在 1793 年,她被带往巴黎一处广场砍头示众。《网球厅宣誓》并未准确描述事件本身,因为大卫当时并不在现场,而且这幅画是在事件发生后很久才创作的。但大卫通过刻画第三等级代表的英姿,捕捉到了那一瞬间热烈激昂的情绪,以及 1789 年支撑法国大革命的团结精神。虽然大卫本人对革命满腔热情,但仍描绘出了被押送断头台的玛丽对对手的不屑和蔑视。图中,衣着平平的她与巴黎普通家庭主妇无异,但她和旧制度其他捍卫者对革命的决然反对之情跃然纸上。

反响和巩固

那些密谋反对罗伯斯庇尔的政治家无意终结恐怖统治,也不愿大动政策。但罗伯斯庇尔的倒台在法国上下引起强烈反响。草菅人命式的司法形式走向终结。雅各宾派不再执掌国民公会。1794 年 11 月,国民公会开会地点被关闭。吉伦特派残余代表再次聚集。1795 年 10 月,新宪法起草并获通过,国民公会闭会。

督政府

新政府由五名督政官执掌。督政府的政策是保持国内稳定,打赢对外战争。在拿破仑·波拿巴等年轻有为的将领的辅助下,督政府在执政初期取得不小成绩。1796 年至 1797 年,拿破仑(1769 年—1821 年)率褴褛之师进入意大利,大败奥地利军队。普鲁士和奥地利相继向法国求和,各自签订条约。借条约之力,法国革命军在短短几年里,就实现了路易十四将法国领土扩张到莱茵河畔的雄心壮志。此外,法国还在荷兰和意大利北部建立了巴达维亚共和国和奇萨尔皮尼共和国两个傀儡国,将影响力和革命原则远播欧洲。虽然重组德国的计划还没有清晰界定,但法国、普鲁士和奥地利都急于扭转 1648 年以来德国百千诸侯国林立局面。

大不列颠仍然是一个大问题。英国海军严防英格兰海岸。法国虽然称雄陆上,却无法强迫英国政府求和,让英国人承认法国革命军所获领土。1798 年,拿破仑提请攻打埃及,目的是对印度造成威胁,向英国施压,使其与法国和平共处。害怕拿破仑得势的督政官希望他远离国土,便迫不及待同意了拿破仑的计划。

此后不久,英国施展外交手段,发放财政拨款,组建抗法联盟。俄罗斯、奥地利和普鲁士加入联盟,派军攻打驻守意大利和荷兰的法军。法国人被逐出意大利,俄罗斯人乘胜翻越阿尔卑斯山,但因补给匮乏未能侵入法国。拿破仑在埃及初战告捷,广受国人赞誉。虽然此后也吃了败仗,但在法军兵败意大利消息前没有引起太大注意。因此,1799 年 11 月拿破仑突然回到法国时,法国人把他当作救星看待。拿破仑没费多大气力,就成功发动政变,自立为第一执政官,成为法国实际统治者。

民族主义者对法国统治的反抗

但拿破仑坐的位子上有一道道很深的裂缝。英国海军仍未被打败,英国人仍然有钱出资鼓动欧洲大陆任何一个地方对抗法国。拿破仑的海上雄心只培育了不长时间,《亚眠和约》就告中止。1803年,他把刚从西班牙手中买到的路易斯安那州欣然卖给美国。在欧洲本土,法国人激起了西班牙民众的反抗。没过多久,英国远征军为西班牙游击队战斗增加了权重。在德国和意大利,很多人发问,为什么法国如此强大,自己的国家如此弱小?换言之,民族主义情绪开始将矛头指向法国,形成了一股气势威猛、不可逆转的反拿破仑潮流。

爆发点出现在1812年。当时,沙皇亚历山大一世与拿破仑发生争执,倒向英国。拿破仑组建大军入侵俄罗斯,直逼莫斯科。但寒冬临近,俄罗斯仍没有停止反抗。不可一世的法军不得不撤退,沿途饥寒交加,损失惨重。拿破仑战败的消息传遍德国。普鲁士向拿破仑开战,奥地利紧跟其后。1813年莱比锡大战中,同盟军获胜,拿破仑折戟。

虽然同盟军内部多有争执,但仍合力抗击,于1814年迫使拿破仑投降。胜者将拿破仑流放到意大利海岸一个名叫厄尔巴的小岛,开始为和平做准备。此时,战争风云已笼罩欧洲23年。战胜国在维也纳召开和会,但发生激烈争执。拿破仑趁局势之便,秘密动身回到法国。法国人民和军队再次团结在他的旗帜下,同盟军重又聚合。英国和普鲁士迅速召集军队,在距离法国边境不远的比利时滑铁卢与法军短兵相接。1815年,法军战败。拿破仑再度投降,被遣送到大西洋南部的圣赫勒拿,于1821年罹患癌症死亡。

维也纳会议

维也纳会议重新担负起恢复欧洲权力平衡的任务。路易十六之弟路易十八代表波旁家族恢复了法国的君主制(按王制,路易十六之子虽从未行使统治权,仍应被称为路易十七)。恢复王制的路易十八颁发了宪制法令,规定人民选举产生的议会行使立法权。总体而言,他并没有做出多少逆历史潮流的举动。人民和政府能够、也应该团结协作的基本革命思想已深入人心。当然,并不是所有人都能参加投票选举。只有受到良好教育的富人才会受邀担当此任。虽然民主原则受限,宪制法令仍然让光复后的波旁政府隐约带有"自由"的意味。

在德国和意大利,拿破仑改革已将旧边界破除,也不可能回到旧制度。奥地利从法国手中接过了监管意大利的任务,而普鲁士负责看护莱茵河边境。借此机会,普鲁士将波兰领土送给俄罗斯,并以此为交换条件,吞并了莱茵兰地区的广阔疆土。

通过这些领土安排,以及其他许多复杂交易,欧洲大国达成了微妙权力平衡。在这种局面下,没有哪个国家能主导全局,但法国和俄罗斯仍然是两大威胁,至少在奥地利王子梅特涅和英国外务大臣卡斯尔雷子爵看来是这样。这两位政治家夹在法俄中间做了不少妥协。沙皇亚历山大一心认为自己是欧洲救星,曾多次筹划建立新秩序,还提出过要用人民意志统一德国和意大利的想法。身为一国之君,他让波兰走向复苏,也动过十字军东征打败土耳其人的念头。但他还是把希望寄托在神圣同盟上,盼望基督教君主融洽合作,相互磋商,终结给欧洲造成如此浩劫的漫长战争。

法国海外革命

法国大革命在法国和西班牙海外殖民地引发动荡。1791年,法属加勒比海殖民地中人数最多的海地黑奴宣布自己与白人和穆拉托人一样享有自由平等权利。国民公会最终接纳了这些反叛者的逻辑,在法兰西帝国全境取缔奴隶制。但拿破仑对此持反对态度,因此法国到1815年才永久取缔这一制度。

拿破仑出兵海地,以重树法国权威,初战告捷。黑奴领导人杜桑·卢维杜尔投降。但此后不久,海地黄热病肆虐,法军士兵遭受重创。1804年,拿破仑撤兵。海地爆发种族战争,白人几近消亡,黑人上台执政,海地获得独立。

墨西哥和南美的西班牙帝国也积极响应自由平等的革命理想。1808年,拿破仑推翻西班牙国王。叛乱兴起,宣布为独立而战。拿破仑将哥哥约瑟夫·波拿巴推上西班牙王位。地方叛军以此为由,宣称仅效忠于王位合法继承人——费尔南多七世。但费尔南多于1813年重获西班牙王位后,转而反对自由原则,希望恢复王制。因此,除阿根廷独立外,所有独立运动均以失败告终。

但费尔南多很快引火烧身。西班牙殖民地白人已经习惯参与公共政策制订。因此,当西班牙派来的新官员舍弃此道后,叛乱再次爆发,并取得胜利。1825年,西属南美殖民地全部宣告独立。西蒙·玻利瓦尔、何塞·德·圣马丁等人在其中发挥领导作用,功不可没。

墨西哥的独立路线与之迥然不同。1810年，叛乱开始，很多梅斯蒂索混血儿参与其中。但当贫苦的梅斯蒂索人开始认真吸纳自由平等思想时，白人地主和墨西哥上层惊慌失措。1815年后，自由平等运动失败。地主和社会上层不无欢欣。1820年，西班牙再次爆发自由革命，抵制费尔南多反动政府。墨西哥精英统治阶层为保住自己的社会地位，于1821年宣布独立。

自治理念也吸引了巴西人的注意。1822年，巴西效仿西班牙殖民地，脱离葡萄牙独立。但巴西仍实施君主制度，受葡萄牙国王之子佩德罗一世统治。佩德罗热爱巴西，反对父亲向巴西施权。

古巴和波多黎各仍然是西班牙殖民地，直到1898年才获得独立。而加勒比海的大多数岛屿在20世纪末以前一直受欧洲统治。原因之一是经济困难。1815年后，欧洲各国在国内种植甜菜，实现了糖料自给，不再依赖进口。

与之形成对比的是，南美大陆人口增长，新土地得到开发，经济发展进步，城市生活继续扩展。虽然发展速度赶不上美国，但也依然很快。美洲印第安人在政治上仍处于被动状态，许多人住在偏远乡村，与外界几无联系。因此，新成立的拉丁美洲政府管理的是一个分裂的社会。社会上层的白人和部分梅斯蒂索人参与政治商业事务。下层是印第安农民，仅能维持温饱，有时还要向白人地主交租子、服劳役，但在别的方面与群落外联系甚少。

革命与欧洲反应

在厌战情绪高涨的欧洲，沙皇亚历山大一世设想的神圣同盟最终变成了一纸协议。最初，几国同意不时碰面，遇有危机联合行动。1822年，同盟会议召开。但英国于会后退出，整个体系轰然坍塌。梅特涅说动亚历山大一世，让对方深信欧洲有人阴谋发动"革命"。因此，沙皇对自由思想不再感兴趣，转而全力反对革命。东欧三个君主制国家——奥地利、普鲁士和俄罗斯坚定捍卫现状。相比之下，英法两国同情革命，不认同以镇压自由运动为目的实施国际干预。这一立场在英国拒绝三国提议镇压拉美革命运动时清晰显现。1823年，美国总统詹姆斯·门罗发表宣言，认为欧洲对新世界的干预是一种不友好行为。英国对此持善意态度。1821年，希腊爆发叛乱，反对土耳其人，得到法国和英格兰的广泛声援。1825年，沙皇亚历山大一世去世。俄罗斯也加入声援行列。1830年在国际社会支持下，希腊获得独立。

1830 年 7 月，法国发生不流血政变，将"公民国王"路易·腓力推上王位。两年后，英国议会通过《1832 年改革法案》，旨在按人口分布重新分配议会席位，赋予中产阶级纳税人投票权。在法英两国，自由主义者得以巩固地位，中产阶级稳掌政治领导权。在德国和意大利，自由主义原则和保守主义原则相互碰撞，难分高下。再往东去，奥地利和俄罗斯仍对政府应为人民负责的理念嗤之以鼻。

1848 年，新一轮革命从法国肇始，传遍德国、意大利和奥地利大部分地区，梅特涅下台。但革命者在国家统一方面达不成一致意见，德国和意大利未能建立代议制政府。1850 年，频频遭受失败打击的德国人和意大利人不再秉持法国大革命精神，转而向社会主义抒发革命热情。法国大革命时代终结。

但从 1789 年开始，欧洲发生深刻变化。在西欧各地，政府和人民结成了更加紧密的伙伴关系，中产阶层积极参与政治。大众舆论前所未有受到重视。政权更迭决于民意。而得到人民热情支持的政府能够触及社会深层，在战争与和平两个时期焕发更大能量，这是旧制度政府所做不到的。公众主要通过报纸发出声音，政府由此发现问题、讨论问题、解决问题。总而言之，欧洲人以非凡精力投入到各种形式的公私事业中去。

城里人不再只是一国的子民，还以市民身份、通过代表参与公共事务，维护自身利益。城外的农民和雇农仍不常发声，不太参与政治公共事务。但那个时代的尖锐问题除了体现在战争和外交领域外，全部集中在城市生活变革上。这一变革随工业革命而来。

工业革命

"工业革命"一词于 1880 年左右流行。英国历史学家阿诺尔德·汤因比用其指代乔治三世统治时期（1760 年—1820 年）。但同时代的人却发现这一时期战火连绵、政治动荡不断。实际上，在这一时期，还发生了一件大事。曼彻斯特棉花制造商在光线不好、条件恶劣的工厂里使用新机器，赚到了大钱。不做棉花生意的人很难注意到这一点。

但从我们这个时代的有利视角来看，曼彻斯特及其他城市工厂生产方式的变化对世界历史有重要意义。聪明机智的发明家和工场主利用没有生命力的能量形式，为人力战胜自然增加了新纬度。煤、蒸汽、电力在重要性上与新石器时代的农业相当，两者都开辟了一系列全新可能。农业先是创造了定居村庄，后来创造了城市和文明。而能量驱动的机械会创造什么，我们仍需拭目以待。但已经清楚无疑的是，凡是在新技术发展最快的领域，人类都从古老的农事循环中获得解放。工业社会让我们离开土壤，不用根据季节需要播种收获，可以生活在与祖先迥然不同的环境里。虽然关键性突破已在两百多年前实现，我们仍未充分探索到这一变化对普通人的日常体验有多大影响。

蒸汽机的发明

纺织机械的重要进展贯穿于整个 18 世纪。但在当时，羊毛和亚麻制品生产牢牢建立在家庭手工业基础上，由数不清的全职或兼职手工艺人完成。这对机器运用规模造成了局限。1712 年，英格兰人汤玛斯·纽科门发明蒸汽机，用于煤矿抽水。在接下来几年里，人们又制造了其他类型的发动机，但用途相同。

詹姆斯·瓦特（1736 年—1819 年）改进了纽科门的发动机，做到了无须冷凝水蒸气就能冷却汽缸，大大减少了煤炭消耗量。后来，瓦特进一步简化设计，将活塞在汽缸中的往返运动改为回转运动，并通过齿轮或皮带传输到其他类型的机器。工业革命的关键点由此实现。

1769 年，瓦特申请了第一批专利。但他发明的机器经过几十年设计改进后才运转良好。尤其在批量生产阶段，瓦特遇到了新困难。活塞必须与汽缸紧密

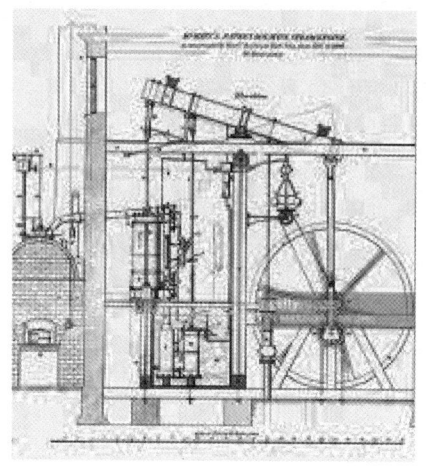

改变世界的机器

这是詹姆斯·瓦特申请专利的十马力蒸汽机简图。以今天的眼光看,这台机器做工粗糙,将垂直运动转变为回转运动的齿轮和控制杆则过于复杂。但在当时,这台机器新颖灵便,只要锅炉里有煤可烧,就能创造相对大量的能量来源,不知疲倦地驱动纺织机及其他机械。自此,生产不必再依赖人体肌肉力量,或可变的风力水力,产量大大提升,工业革命进程启动。

贴合,水蒸气才不会从边缘大量溢出,导致能量消耗。手工锉平活塞需要高度技巧和极大耐心。没有两个汽缸是完全一样的,一个活塞只能配一个汽缸。稍微挫得不好,就会毁掉整个活塞。用这种办法不可能大规模生产蒸汽机。1797年,亨利·莫兹利发明轧车床,能够精确切割金属,误差仅为千分之一英寸。

第一个"机器工具"的重要性怎么说都不为过。有了车床等特定用途工具后,熟练手工艺人就可以精确制作蒸汽机和其他机器部件。人们不必反复试验将每一机器贴合在一起,而是组装标准部件,制造标准、实用机器。就算暂时遇到毛病,也能找到标准零部件,稍作调整后,让整个机器再度运转。

对今天的我们来说,这些东西似乎再简单不过,但要让机械原理落实到工业实际则需要时间和技巧。在很长一段时间里,就连微调锉刀和凿子都得找能够熟练组装、修理机器的"工程师"。第一个提出可替代部件理论的生产商是美国人伊莱·惠特尼(1765年—1825年)。除此之外,惠特尼还发明了轧棉机,并制造毛瑟枪。

机器时代的劳动力

新机器产生的第二个问题在于人,而不在于机械。当蒸汽动力在新工厂开启时,所有机器都开始运转。但如果没有人侍立在机器旁,就会出现一些问题,甚至导致严重损害,因此所有操作必须做到十分精准。但纺织工已经习惯了按自己的时间点在作坊里做工,不太容易按钟表时间操作。为此,工厂主和工头使用高压手段，强迫工人使用新机器。女人小孩比较好控制，能看护好新机器。但是在今天的人们看来，他们的生活工作环境、工头强迫他们守时细致而采取的残忍手段，以及他们待在机器旁的时间之长骇人听闻。他们工资很低，勉强能糊口。但在1799年前，英国工会一直是非法组织。法国国民会议、同业公会等也禁止工人组建工会。

工厂生活产生的问题因煤场附近工业城镇的迅速发展而成倍增加。工人住房条件恶劣，房价高企。家庭生活常常崩溃瓦解。尤其在纺织工厂，劳动力多为女性，或者是清一色的女性，男性对自己扮演的家庭角色不满意。他们不愿靠妻子的工资生活，希望保住颜面。供水、垃圾处理、学校等城市基本服务在当时并不存在，而且也没有人觉得提供这些服务有什么必要。

对早期工厂生活的调整

人类的创造性在新机器方面展露无遗，而这种创造性并未长期缺失于社会领域。改革者开始呼吁立法，为新工厂危险环境下长时间工作的工人提供保护。在英国，这样的法律直到1833年才在议会通过，而有效的监督和执行则来得更晚。市政服务和新工业城镇上的地方政府也只是在1832年后才系统组织起来。但英国工人等不了这么长时间。因为，英国的纺织业、煤炭业、钢铁业，以及相关产业在法国大革命期间（1789年—1815年）即已蓬勃发展。因此，英国在工业化进行两代人后，通过立法保护改善了国人生活条件。

在建立新工厂和矿山的市镇上，工人通过两种渠道调节单调乏味的生活。一个是教堂，另一个是酒吧。上万个循道宗教堂在工业城镇里建成，为新涌现的工人阶层提供"因信称义"的新教教义，以及基本的自治经验。英国日后很多工会领导和工党政治家最开始都是循道宗教会的平信徒传道师，或者父亲是平信徒传道师，因此耳濡目染受到影响。酒吧提供了另外一个聚会场所。酒精让辛苦劳作的工人与命运达成了和解。在下一代工人里，工会和罗奇代尔公平先锋社等自主协会在英国出现。现代零售合作社运动就是从这些组织发展而来。

因此，在英国，通过工人阶层主动而为和议会立法保护，新工业化的最严重影响于1850年变成过去。其他国家延迟了调整举措。毋庸置疑，在工业化初期，原有社会网络大面积瓦解，给人类造成深重痛苦。但随着工业化从英国传到欧洲大陆，政府政策和正式管制跟进速度越来越快，实施力度不断加大，地方临时举措和私人倡议空间越来越小。

拿破仑战争和英国经济

1792年至1815年法国战争期间，英国繁荣发展。政府对制服的需要为纺织贸易创造了特殊需求。机械化从棉纺厂扩展到毛纺厂。18世纪80年代，英格兰棉纺厂不但没有取代手工艺人，还为没有技能的妇女儿童创造了就业岗位。但在战争需求枯竭后，毛料加工中使用的动力机械对英格兰手工业产生了冲击。机纺布料价格便宜，手纺布无法与之竞争。而贫穷的纺织工人又不可能离开田地和小作坊，迁到别处另寻生计。

对火炮战船以及海陆两军其他装备的军事需求也影响了金属贸易的发展。动力机械用途更广，使用规模更大。矿井越钻越深，需要更多发动机抽水排涝。各领域运用蒸汽动力提高生产率、降低成本。

繁荣和衰退急剧交替，英国经济加速转变。交替的契机是，英国发动对法战争，与欧洲大陆盟友签订协约，承诺为其补给军需，此后与工厂大量签订合同。但战争一结束，或某个盟友见法国得胜、倒戈相向时，合同自然作废。繁荣不再，经济衰退，劳动力和资源流向新产业，创造全新技术，为繁荣期埋下伏笔。而到了衰退期时，效益不好的公司关门大吉，老式方法遭到淘汰。所以，可以这样说，旷日持久的拿破仑战争在塑造英国经济方面起到了胡萝卜加大棒式的作用。1815年战争结束后，英国以经济效率领先世界。

战争和法国经济

1780年前，法国在新工业方法上与英国保持同步。战争也促进了法国一些经济分支的发展，但法国缺少大煤场，因此在利用蒸汽动力方面处于劣势。早期蒸汽机耗煤量巨大。这意味着，把劳动力和原材料带到煤场要比把大量煤从矿区运输到别处便宜得多。所以，缺煤少矿的国家并不太热心使用蒸汽机。这制约了法国在1792年至1815年战争期间的产业发展。

此外，法国把大量人力调入军队和政府部门，将人的能量和创造性从工业实际生产过程抽离。上百万法国人将青春年华荒芜在欧洲边地，或驻守某处，或四方行军。很多人丧命。侥幸活命的人没有养成新工业化的习惯，对生产技能和机会不感兴趣。1815年，战争结束，法国士兵回到小农场、小城镇。法国经济几乎没有被战争改变。

欧洲其他地区

欧洲大陆其他地区差不多也是这种情况。煤炭在欧洲呈带状分布，穿过比利时、德国鲁尔区和萨克森州，进入西里西亚、乌克兰和中亚。这些资源在未来成为巨大财富。但在铁路贯穿欧洲内陆以前，陆路运输大宗货物成本高昂，因此这些煤场的工业价值几乎为零。而英格兰的煤场和铁矿靠近或位于可通航水域。当时，陆运极其昂贵，水运廉价便利，所以英格兰坐享地利。比利时曾经是拿破仑铸造火炮的地方。这里的煤场也靠近通航流域，为比利时在 1830 年后按照英国模式快速发展工业提供了基础。

战后工业进步

从战后到 1850 年，英国在产业增长方面领跑欧洲。1815 年至 1818 年间，英国政府开支急剧缩减，新市场没有立即跟进挽回颓势，英国人处境艰难。但海外销售给了英国一臂之力。英国产品采用机械制造，一般比手工产品售价更低、质量更好。因此，在穿越半个地球而来的英国布料的竞争下，印度棉纺产业几乎被消灭殆尽。拉美贸易也差不多落到了英国人手里。为促进贸易发展，英国不时采用外交斡旋、武力征服手段，中国就是鲜明例证。经过长时间外交磋商后，奥斯曼帝国最终于 1839 年打开大门，允许英国产品自由进入，将奥斯曼手工艺人猛然暴露于竞争之下。

英国开创的快速廉价的机械运输方式为日后德国、美国和俄罗斯跃至头等工业国家奠定了根基。蒸汽铁路是关键发明。第一台蒸汽机车于 1814 年投入运行，但第一条铁路直到 1825 年才筑成。此后，发展速度加快。到 19 世纪 40 年代时，欧洲大陆都在修建铁路。

铁路加速了陆路交通，极大降低了运输成本。人和货物能在几小时内行进几十或几百千米。铁矿石和煤炭即便相隔甚远，也能聚集到一处，供应钢铁生产，为越来越多的新机器提供原材料。铁路本身就要消耗大量钢铁。1815 年至 1850 年间，钢铁用途拓展到上万种，建成桥梁、汽船和煤气储藏罐。而煤气点亮了城市生活。

一些关键发明和突破

18世纪80年代到1850年间，主导欧洲工业的炼铁业迅猛发展，冶炼铁矿石的新燃料功不可没。在整个18世纪，欧洲钢铁生产因木炭稀少而受到限制。木炭是传统炼铁燃料。1750年后，从煤炭中提炼焦炭的方法在英格兰推广。炼铁业从此有了必备燃料，实现了大发展。

和其他新发现一样，焦炭发现过程中也产出了几件有用副产品。这些副产品以意想不到的方式改变了欧洲人的生活。焦炭制作工艺留下的"煤焦油"是染料、阿司匹林，以及19世纪下半叶生产的十几种产品的重要化学原料。1850年前，煤炭和焦炭转化过程中产生的"煤气"为家庭、街道、公共会议场所提供了廉价照明来源。而价格低廉的人工照明又开辟了各种可能。如果没有人工光源照亮舞台和音乐厅，19世纪的戏剧和音乐会生活不可想象。

还有两项关键发明值得一提。1814年，《伦敦时报》印刷所里安装了第一台轮转印刷机，高速印刷成为可能。报道几小时、几天之内事件的日报使政府官员、其他社会领袖和读报公众产生关联。如果没有这种社会上层和中层的纽带联系，19世纪的欧洲社会不可能做到机动灵活，也不可能释放如此巨大的能量。

第二项关键发明是后膛装填式手枪，又称"撞针枪"，发明时间是1836年。第一个采用该新式武器的组织是普鲁士陆军。其优越性能于1866年有所体现。当时，普鲁士士兵趴在地上向奥地利军射击，而后者必须保持站姿才能给毛瑟枪上膛。

有了这项发明，欧洲军队必须改变训练方式。此前，为用好前膛装填式武器，士兵站成紧密队形，听从指令装弹射击。装备新武器后，疏散队形成为战争胜利关键。为有效控制散兵线，必须采用新式训练法。为此，欧洲军事专家花了很长时间调整战术，满足后膛装填式武器要求。

与上述发明发现相比，这一时期还有很多发明以不太剧烈的方式改变了人类活动特点。马拉收割机（1799年）、左轮手枪（1835年—1836年）、船用螺旋桨（1836年）、照相机（1839年）、自行车（1790年）、电报（1837年）和缝纫机（1790年）只是其中几例而已。发明不再是误打误撞的偶然成就，而是深思熟虑的活动，备受社会各阶层关注。发明家在自家后院或地下室里敲敲打打，希望交到申请专利、发家致富的好运。他们中很少有人懂科学理论。当时，发明还是技师的天地。他们凭借朴素常识,靠着一双巧手和三维立体想象叩开发明发现迷宫。在很大程度上,晦涩复杂的数学计算、物理化学理论知识与1789年至1850年间改变欧洲城市生活纹理的发明类型没有关联。

思想文化发展

民主革命和工业革命的风云变幻在思想艺术品位的变化上得到了体现。这一时期被称为"浪漫主义",与启蒙运动理想相对。然而"浪漫主义"有多种含义,并不能用来界定19世纪上半叶的欧洲文化创新。

比如,德国的浪漫主义与强烈的个人情感表达紧密相关,充分彰显了德语相对于法语的语言价值。法国大革命前,法语风靡于宫廷圈。德国哲学家约翰·戈特弗里德·赫尔德(1744年—1803年)认为,每一种语言都表达了独特的民族精神。以约翰·沃尔夫冈·冯·歌德(1749年—1832年)为代表的德国作家满怀热忱使用德语创作诗歌散文,探索卓尔不凡的德意志民族灵魂。在英国,威廉·华兹华斯(1770年—1850年)、罗伯特·彭斯(1759年—1796年)等浪漫主义诗人用街谈巷语表达激昂情感。

在音乐方面,最伟大的浪漫主义作曲家是路德维希·范·贝多芬(1770年—1827年)。和浪漫主义诗人一样,贝多芬的音乐比沃尔夫冈·阿马德乌斯·莫扎特(1756年—1791年)等古典作曲家蓄积更多情感。但在视觉艺术方面,"浪漫主义"一词似乎意味着,艺术家更有兴趣刻画充满异国情调的地域和环境。在建筑方面,浪漫主义集中体现在哥特式尖顶和拱门的使用上。伦敦议会大厦就是这一风格的典型代表(该大厦于1840年至1867年间重建)。

在思想学术领域,有两个相互对立的创新趋势在这一时期加速发展。一方面,以德国哲学家格奥尔格·威廉·弗里德里希·黑格尔(1770年—1831年)为代表的哲学家运用理性为基督教信仰创造替代思想。黑格尔认为,现实处于永不止息的变动之中,以"辩证法"模式从正题走向反题,再走向合题。合题反过来又成为弥漫整个宇宙的精神的下一个阶段。有一些哲学家倾向于重申基督教真理。法国哲学家勒内·德·夏多布里昂(1768年—1848年)对法国革命者的无神论既感到惊恐,又受到不少启发。还有一些哲学家体验到了个人归正。约翰·卫斯理(1703年—1791年)及其追随者在英国和美国各处建立循道宗教会和奋兴布道会。

受黑格尔哲学吸引的知识分子虽然在社会上很有影响力，但数量不多。与之相比，强调亲身体验上帝的思想引起了更强烈反响，无疑具有更重要意义。比如，1815年，俄罗斯沙皇突然改信基督教神秘主义教派，使得国际政治趋向保守。民主革命和工业革命给欧洲百万普通老百姓的日常生活带去了前有未有的压力，但因为有了基督教信仰，欧洲社会实现了更高程度上的稳定。

结论

　　1775 年至 1850 年间，西欧发展出了两个高度成功的新动力源。一个在政治方面，政府和人民（至少是社会上层和中产阶层）结为紧密联盟。这一联盟由美国在 1776 年至 1789 年间首创，由法国在 1789 年至 1815 年间深入发展。1815 年，拿破仑战败，但民主革命并没有逆转。因为拿破仑的敌人之所以取胜，正是因为他们和本国公众在一定程度上达成了合作关系，形成了一定组织，创造了革命制度。而且，法国君主制光复后，仍继续从这些组织寻求支持。

　　西欧的第二个重大创新体现在技术方面，英国引领的工业革命。主要成就是，发明家找到方法，开发以煤炭和蒸汽为主的无生命动力源，使其驱动各种新机器，方便人类生活。新工业形式产生了两大结果。第一个结果是，商品种类增加，且能做到物美价廉。第二个结果，或者说是不太让人愉快的副产品是，城市居民的生活条件发生剧烈变化。

　　更多更廉价的商品加之政治领袖和公众的更紧密合作为实现这两个转变的国家和民族提供了更强大的可支配力量。在这些国家中，英国是领路人，比利时、德国和美国紧跟其后。法国、东欧，以及地中海所有国家在工业领域落在后面。世界其他地区落得更远。到 1850 年时，这些后进国家完全没有能力抵御西欧带来的力量新形式，不管在商业上，外交上，还是军事上都是如此。

　　欧洲力量异军突起之时正是其他文明丧失独立性之际。沟通和交通条件的改善为世界各地紧密互动奠定了技术基础。1850 年后，中国人、日本人、印度人和穆斯林民族，更不用说非洲人、澳大利亚人和美洲人，无法再守护独有生活方式。这种人类关系的变化既标志着一个历史时期的终结，也开启了我们正在生活的全球化时代。这个新时代的诞生是欧洲民主革命和工业革命最为重要的历史成就。

第三部分结语：世界情势

从文明发轫到 1850 年，这个世界有足够大的空间容纳十几种不同的文明，承载上万个社会。沟通和交通模式为国家规模设立了明确界限。比如，奥斯曼帝国的边界超不出从伊斯坦布尔行军三个月的半径范围。原因很简单。如果行军三个多月才能到达战场，苏丹就不可能取得决定性胜利。其他帝国也存在类似局限。政治疆域界限只是其他沟通形式的外在表征。这些界限划定了人际持续沟通圈，创造并维护着单一文明。

▲ 让其他文明无法抗拒的欧洲发明

到了 1850 年，人类互动局限被打破。欧洲各项发明为世界范围内的互动交流创造了可能。1825 年后，铁路将人们带入内陆。最遥远的村庄与外部世界的距离不过是最近的火车站之遥。1837 年，电报发明，开拓了更令人称奇的时空。只要穿越陆地海洋架设电线，就能实现全球即时沟通。较之电报，汽船的革命性影响较小。在汽船发明以前，世界各大洋就已经是连通宜居海岸的高速公路。但廉价快速的海洋交通将世界沟通联系网编织得更加紧密。

1850 年，这些沟通新方式虽然已经存在，但尚未运用到欧洲和北美以外的地方。因此，其全球性影响有待在未来显现。但欧洲人显然有意志、有手段将整个世界捕捉到他们设计的这张新网中。工业革命对武器、交通和沟通方式都产生了影响。其结果是，欧洲各国政府将坚船利炮和精兵控制在自己手中，在军事方面领先世界。

因此，要想武装反抗欧洲人完全不可能。中国人在 1840 年至 1842 年鸦片战争期间发现了这一事实，惊骇沮丧至极。土耳其人在拿破仑战争中也学到了同样的一课。当时，英法俄三国轮番与苏丹周旋，时而为友，时而为敌，但在军事行动上明显占优势。在印度，英国势力于 1818 年达到巅峰。在中亚，俄罗斯停住了开拓步伐。原因有两方面：第一，距离遥远，不便行军；第二，中亚遍布沙漠草原，土地贫瘠，俄罗斯沙皇没有兴趣将这种土地并入帝国版图。在美洲，欧洲人的军事优势在西班牙征服者踏入新世界的那一刻起即已展露无遗。澳大利亚也一样。在所有宜居陆地上，只有撒哈拉以南非洲挡住了欧洲人前行的脚步。但长期以来保护非洲不受外人相扰的疾病屏障最终在19世纪50年代被击碎。欧洲人学会了如何保护自己，不感染疟疾以及其他由蚊子传播的疾病。

▲ 欧洲的领导角色

因此到了1850年后，世界上没有哪个角落能让欧洲人望而却步。而且，欧洲军械库里还有一件威力稍显逊色的武器——廉价商品。借助机器之力，欧洲工厂批量生产消费品——锯、短柄小斧、长柄大镰刀、随身小折刀、缝纫机、烹饪锅、纺织品，以及其他比手工产品物美价廉的上千种物件。欧洲商人希望能自由销售这些商品，换回原材料及其他补给。当地人一般对这些新产品持欢迎态度。当地政府除了接纳欧洲人之外选择余地不大。抵制贸易行动往往徒劳无功。中国在鸦片战争中的失败就是鲜明例证。自此之后，没有哪一个文明大国敢做如此尝试。

只要有旺盛需求，机器就能无限量制造廉价商品。但这给世界各地依靠手工生产的传统社会造成了根本破坏。换言之，每一个文明社会都要唯欧洲马首是瞻。手工产品的破坏意味着传统城市生活的解体。而城市往往是文明中心。

世界以人们前所未知的方式化为一体。北京、德里、阿克拉、伊斯坦布尔发生了什么，取决于伦敦、巴黎、纽约和汉堡想什么、做什么。文明相互隔绝再无可能。所有人都变成单一世界交互整体的一部分。欧洲人扮演领导角色，在新世界平衡中占有最大优势。从1850年至1865年短短十五年间，亚洲三大文明几乎同时遭遇灾难性解体。而世界欠发达地区也更强烈感受到了欧洲影响。部落和其他地方社会形式普遍遭到破坏。

▲ 世界主义

在很长一段时间里，欧洲以及欧洲以外的西方世界对其他民族正在经历的事情几乎一无所知。从西方视角来看，人类不断进步，基督教文明传至四方，科技发展从未止歇。传统的思考和行为方式虽然在民主革命和工业革命中得到调整，但仍是以欧洲生活和思想为基本框架。表面上看来，欧洲生活和思想无须根本修正。欧洲人满怀好奇，不断进取，世界在眼前展现。所有事情都在朝着对欧洲有利的方向发展。浸润在欧洲文化中的民族似乎找不到能与自家成就相媲美的对手。这种情况下，怎么可能需要修正？

但自从世界文明、文化结束隔离状态后，又过去了很长时间。在这段时间里，有一个事实浮出水面。1850年起始的世界范围交流互动并非单面、单程。世界主义不仅要求其他民族习惯与西方人相处，也要求西方人习惯与不同背景的人生活在一起。

第一次世界大战从1914年打响，到1918年结束，持续四年之久。欧洲满目疮痍。欧洲文明部分瓦解。和亚洲人、非洲人一样，欧洲人也开始感到，传统生活方式需要彻底重组。但欧洲最终未能达成一致意见。俄罗斯发动共产主义革命，提供了一条路径。美国申明另一条路径。意大利和德国爆发法西斯革命，显示了通往未来的第三条路径。法西斯主义未能成功，但引发了第二次世界大战（1939年—1945年）。1991年，苏联共产主义瓦解。但在那时，将民主政府和自由市场融为一体的美国也面临着一项新挑战。美国无法与日本，以及处于西欧经济融合中心的德国同步实现经济增长。拉美和非洲的贫困人口对现状不满，也给美国世界领导权提出了另一项挑战。除此之外，美国还面临两个问题：如何恢复俄罗斯秩序？如何与中国打交道？

本书最后一部分将探索世界主义初期的喧哗和骚动，以及地球各民族加速互动的场景。离现在越近，越难以缕清事态。现在看来无关紧要的事情可能在未来某时具有重大意义。相反，今天看来关键要紧的事情可能在几十年后缩为细枝末节。人类一直面临这种盲目性，因为我们不可能预知未来。但不管怎么样，只有理解当下，我们才能在公私两个领域高效睿智行事。把事情做好关乎全局。未来成败与否取决于我们现在知道什么，相信什么，如何智慧行动。

第四部分　世界主义发轫

公元 1850 年

第二十章
关键之年

公元1850年　　　　　　　公元1865年

无知邂逅

在没有照片的年代，画家创作相应场景描述新闻事件。这是美国画家笔下的1853年大事件。当时，马休·佩里携带礼物登陆日本，为的是融洽关系，实现条约权利。画中除了海军制服和美国商品与当时情况相符之外，其他东西都画错了。帐子、电报线、木结构建筑都不是日本风格，服装也没画对。当然，当时的日本人对美国人的看法也不准确。

1850年至1865年间,各民族交往互动达到新水平。在这短短十五年里,欧洲工业革命波及全球各地。亚洲文明不能把欧洲人、美国人挡到门外。中国人、印度人、穆斯林、日本人束手无策。越来越多的亚洲有识之士对原有制度、习惯和风俗产生怀疑,但对如何处理先制意见不一。麻烦时期自此开始。西方世界之外的所有民族被迫试验新法,处理日常危机。实际上,到目前为止,世界仍未走出这一麻烦时期。所以,要了解现状,就必须对1850年至1865年予以特别关注。

传统社会秩序的解体

欧洲航海者打通世界各大洋标志着现代的开始。这一时代不仅属于欧洲,也属于全世界。海洋不再是人类活动的障碍,而是多元背景下人际沟通交往的纽带。人际沟通的规模和频度前所未有。1492 年,哥伦布首航。在这之后三十年间,发生了几大突破:1497 年瓦斯科·达·伽马绕过非洲;1519 年至 1522 年麦哲伦周游世界。

从 1850 年开始,又一项重大突破出现。借助交通和沟通新技术,欧洲人几乎能做到随心所欲渗入内陆。此后十五年中,亚洲传统文明解体。从一定意义上来讲,"解体"是指这些文明的领导人不能再遵从惯有方式,被迫对欧洲行动做出回应。

可以肯定的是,西欧并未受到特别影响,至少在初期是这样。欧洲外交官、海陆两军、传教士、商人、探险者、技工、科学家和殖民者能够闯入地球上几乎任何一个人类社会,无须担心所作所为是否会影响到当地风俗或利益。欧洲优势似乎毋庸置疑。

1850 年时,欧洲人自信满怀,很少有人愿意去理解外来民族和不同文明。18 世纪,很多欧洲人推崇孔圣先贤智慧。但到了 19 世纪,欧洲人觉得"异教徒中国佬"行为怪异、不足可取。所以,带着这种自大情绪的欧洲人并未因 1850 年至 1865 年间世界内陆开放而受到特别影响。

19 世纪 50 年代,廉价的美国粮食开始通过铁路和跨大西洋汽轮到达英国,传统乡村生活遭到严重破坏。乡村时运维艰,但为城市提供了必要劳动力,繁荣了城市经济,也为大英帝国的海外殖民地输送了一大批移民。因此,在英国大多数人看来,村民遭受的大灾似乎是进步和拓展。

世界其他遭受打击的民族不能拿这种念头聊以自慰。他们困惑迷茫,不明白为什么祖宗奉行的行为规则不能再产生一如期待、一如往常的结果。19 世纪 50 年代,传统政治、社会和经济模式在中国、日本、印度和奥斯曼帝国土崩瓦解。这种态势为 1840 年至 1842 年鸦片战争和另外两场战争所预见并加速。这两场战争分别是:1853 年至 1856 年克里米亚战争;1857 年至 1858 年印度兵变。

在接下来的十年里,俄罗斯和美国都经历了极为痛苦的转变。1861年,俄罗斯废除农奴制,以法律形式表达了俄罗斯社会上下所经历的变化。这一变化因旧制度俄罗斯战败克里米亚所触发。1861年至1865年,美国爆发南北战争。1863年,美国黑奴解放,以更激进方式表达了美利坚民族成长的烦恼。

✵ 难以抵抗的欧洲影响

传统社会秩序在大范围内的急剧瓦解是由地方和世界两方面因素造成的。第一，工业革命在英国进行二分之一到四分之三世纪后，才于1850年后影响到更远地区。影响的滞后体现在两个方面：军事和经济。首先，1850年时，欧洲武器装备和军事组织领先全球。英国用新工厂生产的武器弹药武装海陆两军，使其具备空前机动性。

其次，坚船利炮打碎了政治藩篱，让物美价廉的欧洲商品占尽地方优势。欧洲商品改变了消费者品味，毁掉了当地手工艺人，传统市镇社会结构被彻底破坏，无法修复。世界大多数民族遭遇痛苦危机。没有动力机械和工厂的社会、政府只有两条出路：要么白手起家，平地创造；要么屈服于外国经济主导优势。原有静观其变、对欧洲所作所为不管不问的常规完全行不通。因为，此时手中握有大炮的欧洲人已决意为自家廉价产品打开销路。

当然，工业化并非导致变化的唯一因素。在组织程度上，欧洲人远超世界其他民族。他们拥有装备精良、训练有素的海陆常备军，能离开国土跋涉上万千米作战，并获得增援和补给，收到战略指令。在贸易方面，银行和其他公司能协调国内外数十名、上千名，甚至上万名雇员。时间跨度几十年，空间跨度为世界各地。其他任何文明无法在远距离内开展如此高效行动。

第二，欧洲人对自己所言所行确定无疑。亚当·斯密和其他学者已经证明，自由贸易是一件好事。如果欧洲人能在19世纪50年代至60年代比其他民族获得更大贸易利益，则足以证明节俭精明是经商之要。而且，在欧洲人看来，他们从基督教文明中得到宝贵恩赐。其他民族之所以在政治上屈从他人，正是因为这些民族信仰异教，历史被黑暗笼罩。

欧洲拿着三件道德武器四处探险，将其他民族长久珍视的偶像砸碎。除自由贸易、基督教文明外，第三件是对英勇功绩的重视。欧洲人崇尚勇悍果敢，愿意冒天下之大不韪。在西班牙征服美洲的时代，探险者以寥寥数人之力深入地球陌生荒蛮区域，为殖民管理者踩平道路。19世纪的欧洲人主要从古希腊、古罗马经典作品中汲取英雄主义理想。男孩们在学校阅读普鲁塔克、蒂托·李维、恺撒作品，模仿古代英雄行为处事。而在最黑暗的非洲，在信仰异教的亚洲，在荒无人烟的澳洲，学童们要么读书治学，要么无书可读，整日玩耍嬉戏，翻越灌木篱墙，追逐狐狸。

这三件武器让 19 世纪中期的欧洲人不可抗拒。正如修昔底德笔下的古雅典人："他们生来即不事休息，也让别人不得安宁。"

欧洲文明的对手

与此同时，我们认为，中国和伊斯兰文明存在特别缺陷。这两大文明都曾在几个世纪里处于心理上的守势。

中国

1368 年，大明王朝将蒙古人驱逐出境。自此之后，王朝统治者和思想家的首要目标便是净化自身，远离蛮族带来的野蛮的新习惯。清朝统治者无疑也是少数民族，中原人从来没有忘记这一点。但至少满族人有风度完整接纳中华文明和传统。中国社会上层对那些不愿花费气力学习汉语、掌握儒家经典的少数民族没有任何兴趣。若是这些人惹是生非，则对其严惩不贷。

我们已经了解到，1775 年前，这种政策一直收效甚佳，成就了中国的繁荣强大，但也导致中国在很多方面落在欧洲世界之后。因此，在 19 世纪 40 年代中国和欧洲列强发生军事冲突时，中国人在思维和传统两方面完全没有准备，无力应对危机。中国人面前似乎只有遵循过去成功经验这一条路可走。因为，承认他人在知识和技能方面优于自己伤害自尊。承认这一事实就等于承认中国实施的儒家政策完全有误。实际上，中华传统文明缺失某种关键东西这一事实越明显，当众说出来就越有叛国之嫌。等到想要说出来的时候已经晚了，欧洲闯入者肆意践踏不可避免。

伊斯兰

伊斯兰与中国遭遇相似，但历史完全不同。1500 年左右，穆斯林在技能和知识方面与欧洲存在巨大差距。1499 年，萨法维王朝沙阿伊斯玛仪一世对盛行于伊斯兰社会的折中态度提出质疑。但在伊斯兰与欧洲主要交会点奥斯曼帝国，这种革命性宗教运动遭到了行政手段和军事力量的控制。公众钳口不言。官方逊尼派依附于奥斯曼帝国的行政结构。由此，逊尼派，这个真理和知识的官方守护者失去了自由思考能力，但求记忆《古兰经》及古代评注以明哲保身。

在这种态度的指引下，奥斯曼帝国的穆斯林不再关注基督教欧洲在文艺复兴和宗教改革时代产生的新思想，对逊尼派官方教义之外的所有东西不闻不问。隔壁邻人生发的所有炫目新思想、新技术一律被奥斯曼帝国和其他伊斯兰社会刻意漠视，而等到想要赶上精力充沛的欧洲人时，已经太迟。领土败退成为必然现实。只有施展外交手段才免于完全沦陷。和中国一样，追赶欧洲的时间、意志和手段在伊斯兰土地上完全缺失。

日本和印度

日本和印度本土的印度教徒社会所处局势较为宽松。印度教徒曾经受过穆斯林统治。受种姓和宗教观念影响，他们比较容易接受欧洲人。毕竟，换哪个外国主子都差别不大。而且，欧洲人能够提供政府文员工作，让很多聪明有抱负的年轻人有机会了解英语世界。1834年后，英国政府在印度开设了这样的学校，让年轻人有资格担任公职。

日本与印度几乎完全相反。日本人从来没有被异族征服。日本统治者大开国门，与欧洲人和美国人接触，因为他们知道传统军事防御设施已经无法把外国人拒之门外，所以最好尽快把西方人的秘密学到手。只有这样，日本才不会有异族征服之忧。犹豫动摇片刻后，日本民族积极向西方学习，实现了科技、军事和政治现代化，同时保存了传统社会结构，捍卫了原有价值观。

在非西方世界的其他地方，不论是文明民族还是未达到文明水平的民族，西方道路和当地传统碰撞的结果无一例外都是原有领导模式的破坏。这一过程充满苦痛，让人迷惑。而困难越来越多。外国白人总有东西可要，让人无法拒绝，新思想、新理想、新领导疲于应付。一个世纪的瘫痪或半瘫痪状态由此产生。穆斯林、印度人、中国人，更不用说其他人数较少、实力较弱的民族全都感觉孤立无援，无法联合起来，朝着清晰可实现的目标迈进。愤怒沮丧情绪随之产生。偶发暴动后，这种情绪得以释放，但仍以败给欧洲人终局。在等待风暴停息之时，人们普遍感到气馁绝望，不得已被动撤退。指引各行各业的传统纲领和里程碑于瞬间坍塌，局势一片混乱，没有一个人能够力挽狂澜。

相比之下，西方人在1914年前很少有这种踌躇犹疑情绪。虽然有一些思想家、艺术家的确预见到了以资产阶级、资本主义者、议会制度、渐进改良、自鸣得意为特点的欧洲新制度的崩溃，但绝大多数人置若罔闻。在跟弱小民族打交道时，西方人收起所有疑虑，不让外人知晓。

这两种情绪的强烈反差主宰着1850年至1950年的世界历史。在此之后，一个新时代降临。西方在亚非两洲的帝国土崩瓦解，当地民族重回独立。两次世界大战后，西方遭遇严重冲击，自信心大减。

虽然我们现在对西方文明的独特优越性产生怀疑，但这一想法在1950年前的一个世纪里并不存在。当时，欧洲人所向披靡，四处宣示实力。在1850年至1865年短短十五年间，阻碍西方霸权的旧藩篱在世界各处零落一地。

革命和民主革命，不断壮大国力。而俄罗斯挣扎不前，被甩得越来越远。

远东堡垒的坍塌

1840 年，英国强行向中国销售鸦片，并先后两次发动鸦片战争后，导致清王朝的国力严重受损。1850 年，中国清朝皇帝和日本德川幕府都陷入了大麻烦。关键问题出在内部。在中国，大群农民纷纷起义。在日本，"外部地主"骚乱不宁。但在两国，传统政治体制似乎都无法有效应对新情况。朝廷内部滋生沮丧情绪和不确定感。没有人知道该做些什么。

中国

中国面临的形势远比日本危急。1842 年，清朝皇帝被迫和英国签订条约，开放关键港口，便利欧洲贸易。九年后，洪秀全，一个寂寂无闻的农民宣布建立太平天国。洪秀全曾在一个新教传教士开办的学校里学习过一段时间，后来看见幻景，便将中国孔孟思想与基督教末世论和耶稣再临的教义结合起来。

要在平时，像洪秀全这样的人说出的话不会引起多大注意，但在 1850 年，他却能让阴燃多年的怒气熊熊烧起。太平天国运动主要是农民起义。数以百万计的穷苦农民对天国这一许诺热烈回应，以为天国一立，就不会再有租税。当然，没有一定形式的税收不可能建军养兵。因此，当太平天国建立起一支足以抗衡清廷力量的军队时，就不得不面临一场始终困扰农民起义的危机：如何组建强大新政府，既能实现有效运转，又能保证起义农民自由行动、不必向任何人付款？

太平天国领袖没能解决这一问题。洪秀全虽看见幻景，但不善管理。他的追随者擅长领兵打仗，但从未在后方建立起常规管理机构。因此，太平军靠劫掠为生，失去了农民支持，最终让官军得胜。但在太平天国这一愿景仍清新闪亮的头几年里，其核心劣势并不明显。太平军从中国南方起家，向北挺进，渡过长江，并于 1853 年攻占南京。当时，南方大部分地区都受太平军掌控，而北方农民翘首以待，希望加入起义。

西部几省穆斯林也发动起义，其他少数群体纷纷效仿。有几省土匪活动猖獗。而让事态更加恶化的是，清朝廷与英法两国再起争执。1857 年，英法两军采取敌对行动，中国军队再次蒙辱。1858 年，清朝签订《天津条约》，暂得和平。但当中国推迟设立租界时，英法联军对北京发动军事突袭，并于 1860 年放火烧毁圆明园。这一行为加深了中国人对洋人的厌恶和鄙视。但时下清政府别无选择，只能处处让步。朝廷再次与英法美俄签订条约，允许上述几国外交官、传教士、商人和探险者出入北京以及任何一地。

在这些灾难岁月里，黄河改道。几百年来，这条大河注入山东半岛以南的大海。但在这些年里，黄河决堤，沿新河道流入原河道以北的大海。新河堤尚未修建，滔滔洪水涌入下游地势较低的平原。上百万中国人死于洪患。但洪水却拯救了清王朝。当时，太平军起义不久，捷报频传，准备北上挺入北京，各地农民视其为解放者。而洪水就在这时肆虐成灾，挡住了他们前进的步伐。

此后，太平天国运动开始遭遇败绩。此时，官军虽然士气低落，不能有效抗敌，但清朝管理框架并未完全崩溃，皇帝仍能调军遣将。与此同时，太平军又起内讧。洪秀全期待奇迹降临，却只能眼睁睁看着心愿落空。官军开始扭转战争颓势，于 1864 年镇压太平天国叛乱。洪秀全饮鸩自尽（一说为病死）。

在这些年里，因社会动荡和自然灾害，数以亿计的中国人丧身。但这场灾难却也使幸存者的生活得到些许改善。可用土地增多，旧债在纷乱中一笔勾销。因此，1865 年后，中国人获得了喘息空间。但清政府却错失了这一时机。

原因不难理解。太平军虽然来势汹汹，却照样被传统手段镇压。在接下来

中国广州的欧洲贸易

这是 19 世纪初广州港一景。当时，广州是中国唯一对欧通商口岸。画家很可能是中国人，但他的画风迎合了欧洲品位，着重突出欧洲六国国旗以及岸上隶属各国的交流机构。港中小船是为内河和运河交通而设。前景出现三艘大船，可能是为了突出欧洲巡洋船外观。但从这里也可以看出，画家对船了解不多。因为欧洲船有多张风帆，每只桅杆上都有桁端。画中的双船首也完全不合实际。这些不实之处表明，鸦片战争（1840 年—1842 年）爆发前几十年，中国和欧洲互有认知差距。而鸦片战争使中国大门突然洞开，为欧洲侵略提供了条件。

的几年里，官军又成功对其他叛乱群体采取军事行动。毋庸置疑，西方人是中国人的眼中钉、肉中刺。但因为中国农村一贫如洗、动荡不安，干扰了贸易的正常进行，传教士生活岌岌可危，西方影响有所弱化。中国几乎所有的统治者和有识之士都打心眼里痛恨、鄙视欧美白种蛮夷，认为他们粗野凶残，希望假以时日将其驱逐出境。与此同时，他们又觉得最好的办法就是尽量对这些闯入者不理不睬。

这种政策注定失败，因为中国当时面临的问题太多，无法补救。一个世纪前达到辉煌高度的传统秩序面对内乱西侵无以为继。农民问题打成死结，只能向后推延。西方挑战更难于应对。与印度土地上的情形一样，中国旧秩序破败不堪，不可修复。但是没有人知道要做些什么，新的行动方案无法达成一致意见，困惑迷茫情绪弥漫。这是面对西方优越性时大多数国家都会有的反应。

日本

日本走了一条完全不同的道路。一小群改革者决意谋得权势，壮大日本国力，确保国家安全。他们很快意识到，必须发展现代工业，武装海陆两军。但现代工业需要新技术、新知识，为此要建立新教育体系，多方面改变日本传统生活。一旦踏上根本变革之路，日本领导人在实施下一必要步骤时从不退缩。

卓绝发展的第一个里程碑奠定于1854年。幕府废除自1638年起实施的闭关自守政策。促成这一决定的导火索是马休·佩里率美国海军前往日本。1853年，美国战舰首抵日本，遭到拒绝，无法进港。次年，佩里率军重返，日本政府顺从，同意开放两个港口停泊外国船只。1858年，日本与美国签订了一份详尽的通商条约，后来又分别与荷兰、俄罗斯、英国和法国签立。

眼见幕府软弱无能，向外国人屈膝顺从，爱国武士和觊觎德川家族权位的氏族领袖挺身而出，强调向天皇本人尽忠。当时，神道教日益成为公共宗教，也为光复天皇权力提供了正当理由。但矗立在幕后政治中心的却是军事家族。他们之间或结成非正式联盟，或互相争斗。

因继承权不明，幕府权位遭到削弱。德川家族的直接继承人都已去世，后期掌权者皆懦弱无能。而且，他们完全不确定开放国门、对外交流的新政策是否明智，是否会危及自身利益。最终，德川幕府内部四分五裂，力量涣散。而在此时，他们的政治对手却在爱国口号和天皇背后的人物领导下日益团结紧密。

1867 年政变将这一幕推向高潮。德川幕府逊位,一位年轻天皇接管所有事务。"外部氏族"成员占据了天皇身边的所有要职。但在升上权力高位的路途中,这群日本新统治者遭到当头一击。1864 年,英法荷美联合舰队轰炸并摧毁了日本若干海岸要塞,以示对日本各地反外活动的不满。看到西方炫耀军威,1867 年掌权者更加确信,如果不能壮大国力,捍卫国家,单纯靠实施反西方政策行不通。因此,他们权宜变通,放弃反西方路线,力学强大之策。

决定一旦做出,便破釜沉舟,不再犹豫踌躇。凡是有利于建设现代海陆两军的东西,他们都决意拥有。这意味着要大刀阔斧地实施教育、社会和政治改革,发展全新工业科技。为此,日本领导人毫不退缩。农民和普通老百姓顺从形势,领导人执掌全局。仅在一代人时间里,现代日本即以疾风迅雷之势屹立远东。

在做出向西方开放这一命运攸关的决定时,日本人当然意识到了中国遭遇的困境。19 世纪 60 年代,英国挺入缅甸,法国入侵越南、老挝和柬埔寨。这一消息传遍了东南亚。日本也尽人皆知。鸦片战争以后,中国摇摇欲坠,东南亚附庸国也战栗不止。面对欧洲武装力量,东南亚统治者很少抗争。暹罗保持独立,但更像是英法两个帝国势力范围内的缓冲区,而不是因为统治王朝有什么内力。又过了十年,东亚只有朝鲜仍与外界隔绝,保持独立之势。但到了 1876 年,这个远东文明圈的边远堡垒也开放港口,为西方贸易提供便利。

美国南北战争

正当亚洲经历急剧深远的变化时，美国羽翼丰满，成为西方文明参与者。1846 年，美国与墨西哥交战，吞并加利福尼亚、得克萨斯及中间领土，成就现有国境线。1853 年至 1854 年间，盖兹登购地将美国版图扩展到最南方的新墨西哥和亚利桑那，为修建州际铁路创造了便利条件。1867 年，联邦政府从俄罗斯手中购得阿拉斯加，美国达到现有陆地面积极限。

在一段时间里，局势似乎不太明朗。美国疆域如此辽阔，联邦政府有没有能力统一各地？因为当时的美国人多拥护本州，地方意识强。受这种情绪影响，大型强权政治集团于 19 世纪 50 年代成型。导致各州分立的情绪因素是奴隶制。在美国南方各州，维护黑奴制这一"奇怪制度"的呼声甚嚣尘上。部分原因是南方人对奴隶解放前景极度恐惧。经济灾难、流血革命是困扰他们的噩梦。与此同时，厌恶奴隶制的北方人日渐增多。在他们看来，奴隶制不文明、不人道，让美国蒙羞。北方极力呼吁废奴，而南方狂热支持奴隶制。达成妥协愈发艰难。

1860 年，联邦瓦解。亚伯拉罕·林肯当选总统，但未赢得绝对多数。而且，支持他的势力全部来自北方和西方。南方对这个新任共和党领袖兼发言人又害怕又不信任，因此退出联邦，以美国独立战争精神组建南部邦联。但林肯和北方各州认为退出不可接受。战争接踵而至，漫长、惨痛、令人绝望。最后，北方因人多势众、工业实力强得胜。但一直到战争结束前夕，南方仍奋力反抗。这种韧性给一个国家政府出了一道难题。因为，该政府秉持的政治理论是，权力来自被管理者的授意。

最初，奴隶制存废问题并没有进入政府管理视野。但到了 1863 年，林肯决定发表《解放黑奴宣言》。随后，联邦军以解放黑奴姿态挺入南部各州。1865 年至 1870 年间，美国通过第十三、十四、十五个宪法修正案，赋予被解放黑奴完整公民权利。但在实际中，对黑人公民的歧视仍广泛存在，成为美国社会生活的显著特征。

漫漫内战创造了对军需品的巨大需求。铁路里程快速增加，为钢铁产业打开了庞大新市场。北方经济欣欣向荣，美国一跃成为工业生产大国。工厂技术与英国和欧洲最新工艺接轨。在农业机械化等领域,美国引领全球。小麦出口量大增。这意味着,即便在战争年份,虽有大量农业人口参军打仗,仍能做到农田不荒芜、粮食有保障。

因此,北方的胜利也意味着工业进一步发展、农业实现机械化。锄耕采摘式的棉花生产方式在南方又维持了八十多年之久。但正是这种农业生产生活方式导致南方战败。美国的未来不能建立在一个高度分化的社会上。在这样的社会里,奴隶被迫劳作,为的是养活少数富裕的种植园主。最终,美国建立了一个更加复杂多样的社会。个人社会地位和商品生产销售由市场价格和个人精明眼光决定,至少在理论上是这样。

美国新社会与大西洋彼岸的英格兰和西欧存在一些差别。贵族元素几乎缺席美国场景,限制个人提高社会阶层的藩篱也比欧洲稀疏。尽管有此不同,美国人仍充分借鉴西欧技术和思想。1865年,美国东北部地区差不多赶上了英格兰和法国的发展水平。此外,美国开始将美洲大陆上精通技术的群体植入政治边境。除战败的南方以外,下一代美国人利用良好工作条件和先进手段,一心一意提高生产技能。

美国的成功与俄罗斯、中国、印度和伊斯兰世界所怀疑虑、所遇困境形成

美国南北战争

19世纪60年代,摄影术应用于事件记录。因此,美国南北战争的真实影像与十年前爱国主义画家的绘画形成惊人反差。这张照片记录了1863年钱斯勒斯维尔战役中,联邦军攻打几小时后留下的一堵墙、一道战壕。照片上随处可见丢在地上的武器和南部联军阵亡士兵,而非画家笔下在马背上挥舞军刀的将士。但欧洲军事观察者仍然认为,美国南北战争性质并未发生改变。他们也觉得,美国人缺乏作战技巧,打不好速战速决战,不能取得像1859年至1871年间意大利和德国统一那样的战争效果。

了鲜明对比。但我们不应忘记,美国是在绕过南方战败产生的问题后才取得成功。美国工业发展热潮中很少能看到南方的身影。那里仍然贫穷落后,愚昧无知,游离在繁忙喧哗、渴求发展、日益城镇化的北方之外。而这一切在南北战争后突然发生。

世界其他地区

1850年至1865年间,通信交通条件改善,西方强国对亚洲文明施加了沉重压力,世界其他地区也受到不小冲击。原因之一是,欧洲各国政府组织远征活动,对欧洲制图师没有绘制出的地方进行探索。因通信交通之便,原先阻止欧洲人到未知土地旅行的许多障碍都得到化解。

地球三大区域尚有待欧洲人探索。其中两个,南北两极冰雪覆盖,荒无人烟。另外一个,地处热带的非洲因致命疾病流行,让人望而却步。19世纪40年代,两个英国探险队进入北极和南极海域。1840年至1843年间,詹姆斯·克拉克·罗斯首次接近南极。他沿南极大陆海岸线行驶很长一段距离,发现了一个山脉起伏的海岸、一座巨大的冰架和一片大海。该海域最终以他的名字命名。1845年,约翰·富兰克林驾船从大西洋出发,渡过加拿大以北的海洋和海峡,驶入太平洋,寻找"西北航道",但困于冰面,探险队成员无一生还。在接下来的十年中,有人组织救援队探明情况,最终发现了事故遗迹,并在寻找过程中首次绘制加拿大以北的大部分岛屿。自哥伦布时代以来,英国探险者就梦想经"西北航道"驶入太平洋。约翰·富兰克林事故查明活动让欧洲人了解到"西北航道"的现实情况和航行障碍。20世纪前,南北两极一直是人类禁区。1909年,几支探险队步行抵达北极。1911年,南极上也留下了人类足迹。

要想在非洲安全旅行,情况大有不同。19世纪40年代,欧洲人首次从荷属印度尼西亚种植园发现奎宁,并获得稳定供给。这为他们深入非洲腹地,对抗疟疾、提高生存概率创造了条件。有了奎宁的保护,探险者相继抵达欧洲制图师未知区域。这些人中以苏格兰传教士戴维·利文斯通最有名。1853年至1856年间,利文斯通步行穿越非洲东西海岸,并在赞比西河上发现了维多利亚瀑布。后来,他又探索非洲部分大湖,于1873年在坦噶尼喀湖岸露营时死亡。但人们一直没有弄清楚非洲大湖与尼罗河、扎伊尔河(即刚果河)源头的关系。1874年至1877年间,美国人亨利·史丹利探索扎伊尔河上游地区,才最终揭示河湖源流谜团。

当然,探险活动只是欧洲扩张的一部分。1850年至1865年间,英国迅速殖民澳大利亚和新西兰。1851年和1861年，殖民者分别在澳大利亚和新西兰发现沙金，引发淘金热。1855年，英国政府废除罪犯殖民地，在澳大利亚建立自治殖民地。1856年，新西兰自治政府成立。这两片土地尤其适合饲养绵羊。因此，在黄金淘洗一空前，商业化农业已经是澳大利亚和新西兰的经济支柱。

因为新来者需要圈地养羊，英国殖民活动引起当地土著居民激烈反抗。新西兰毛利人骁勇善战，不断回击。虽然在1843年至1848年和1860年至1870年间两度战败，但也赢得了英国部分殖民者的尊敬，得以在随后几十年里获得完整公民权利，与白人建立起了相对融洽的关系。相比之下，澳大利亚土著人没有组织起有效反抗武装。他们仍处在石器时代，以狩猎采集为生，与殖民者有不可弥合的差距。此外，毛利人是波利尼西亚人的一支，相貌俊朗、体型魁梧。而澳大利亚土著人个头小、皮肤黑，不为欧洲人所喜。所以，毛利人最终和欧洲白人实现种族和解，与相貌外形有一定关系。种族歧视加剧利益冲突。殖民者把土著人逐出澳大利亚富庶之地。从这一驱逐过程中幸存下来的土著人不得不在中部和北部的荒野中求生。

在非洲，种族情绪也破坏了黑白两个种族对彼此的认知。几个世纪以来，欧洲人一直使役非洲黑人为奴。虽然奴隶制已于19世纪废除，但欧洲人并没有明显改变对黑人的态度。在非洲大陆，剧烈冲突主要集中在南部。布尔人、英国人和非洲黑人小战不断、大战数场。最终，布尔人在非洲内陆建起两个共和国，英国人在好望角和纳塔尔成立两个自治殖民地。布尔人强迫非洲人劳动，工作条件之恶劣接近旧式奴隶制。英国殖民地实施保护黑人和科伊人混血后裔的政策。不过，只有少数"开普有色人种"才拥有和白人完全平等的法律权利。

在撒哈拉以南非洲其他地区，当地民族政权生活运转如前。最初，少数几个欧洲探险者的出现并没有产生多大变化。因为探险者到来后很长时间才有传教士、商人和士兵追随足迹而至。欧洲从政治和经济两方面控制非洲是在19世纪70—80年代以后的事了。

拉丁美洲

在拉丁美洲，1850年至1865年这段时间并没有格外引人注目之处，但墨西哥是一个例外。1861年，墨西哥政府拒绝支付政府债券利息，法国、西班牙和英国出兵干预。1864年，法国派大军扶助哈布斯堡王室成员、奥地利大公马克西米连登上墨西哥皇位。墨西哥"自由主义者"对抗法国人。在法国人到来之前，自由主义者视教会为大敌，希望没收教会土地。法国人的干预扩大加深了自由主义者和教会之争。印第安人后裔农民首次加入到反对马克西米连的队伍中。

1865年，美国内战结束。美国政府申明，法国对墨西哥以及新世界任何一个地区的干预行为属于不友好举动。因此，法国从墨西哥撤军。1867年，马克西米连被害。自由主义者领袖、萨波特克印第安后裔贝尼托·胡阿雷斯（卒于1872年）执政。占人口多数的印第安人和梅斯蒂索混血儿发动革命，首次挑战少数纯正西班牙后裔上层的政治主导地位，但没有取得多大成果。

结论

虽然拉丁美洲没有在1850年至1865年间实现转变,这些年对西欧也不具备特别重大的意义,但在世界其他地方,这一时期意义非常。穆斯林和远东世界剧烈动荡。俄罗斯和美国对欧洲工业革命和民主革命的反应迥然不同。凡西方人所到之处,各种藩篱轰然倒地。环绕世界的通信网络将所有民族连为统一互动整体。以西欧为中心的世界主义新时代以丰满姿态和整装待发之势跃动而来。人类再也不是原来那个模样,欧洲也与此前相别。我们将在下一章仔细审视欧洲即将发生什么。此后再去研究第一次世界大战之前世界对欧洲扩张的反应。

第二十一章
欧洲

公元1850年　　　　　　　公元1914年

掌控自然：巴黎埃菲尔铁塔

图中这一巍然耸立的建筑高达300米，于1889年为庆祝法国大革命而建。20世纪30年代前，埃菲尔铁塔一直是全世界最高的人工建筑物。时至今日，它依然表达着对人类掌握新工程技术的自豪。这一技术启发了桥梁建造师古斯塔夫·埃菲尔（1832年—1923年），为他的精妙构思提供了灵感。

19世纪末至20世纪初,欧洲的政治、经济和文化生活在很大程度上是积极向上、充满自信的。在欧洲中产阶级看来,他们自己以及全人类会在这个伟大时代越变越富有,越来越有智慧,而且随时间推移,生活可能会变得更好。虽然并不是每一个人都相信人类会取得进步,但在大多数欧洲人的笔端和言谈中,进步这个概念不言而喻。

这种自信理由充分。新机器、新知识,尤其是物理科学知识以加速度呈现在人类面前。而且,每一台新设备,每一个新思想似乎都明显优于被替代者。人类生活得更加舒适惬意,医疗技术发展进步,健康水平随之提高。在政治方面,越来越广的人口圈开始参与选举和政党组建。教育普及。富裕人口增加。就连穷人和没有一技之长的人也开始从欧洲财富增长中收到实惠。

当然,进步之下另有一重世界。女性在财产权、投票权等方面附属于男性。穷人害怕失业,遇有疾病损失惨重。工厂和矿山的工人常常面临危险环境,薪水微薄。工人通过罢工、组建社会主义政党表达内心怨愤。这些问题困扰着欧洲中产阶级,但真正让他们丢掉社会领袖这一特权地位的却是国际不稳定局势。欧洲各大国都在海外争权夺利,希望在亚洲、非洲及其他偏远地区扩大政治经济权力。类似争斗也在欧洲本土上演,搅得法国和德国不和,俄罗斯与奥地利有隙,巴尔干半岛一团乱麻,西欧外交家迷惑沮丧。

最终结果是1914年第一次世界大战打响。这一血腥战争打了四年,把欧洲对自己生活方式的自鸣得意优越感震得粉碎。

政治变革

1848年春天,一股自由革命浪潮席卷欧洲,从巴黎一路袭至柏林、维也纳。1849年末,欧洲建立宪政政府的希望落空。在法国,路易·菲利普一世辞职,第二共和国诞生。但在1848年6月,巴黎街头爆发血腥争斗,一方是想要改善经济命运的穷人,另一方是常备军。"六月革命"以后,法国中产阶级和乡村有地农民呼吁建立强有力政府。他们分别于1848年和1852年推选拿破仑的侄子路易·拿破仑担任共和国总统和皇帝。

1848年至1849年,几场革命均告失败。在欧洲大陆,秉持自由主义的中产阶级丧失信心。国王、官吏和地主仍占据权力高位,对中产阶级要求参与公共事务的呼声置之不理。更糟糕的是,在中欧,当选代表对国家边境线的划分问题争执不休。德国人和捷克人,德国人和匈牙利人,匈牙利人和克罗地亚人吵得最凶,不愿和平相处。连人民选出的代表都有如此严重分歧,谁还能相信人民自治这一自由主义理想呢?

还有一种恐惧侵蚀着自由主义信念。社会底层能让人信得过吗?工业革命中迅速壮大的工人真的应该平等参与自治政府吗?他们会不会抢走别人的财产,投那些鼓动社会主义、共产主义人的票?许多商界领袖和专业人士得出了这样一条结论:革命危险重重,徒劳无功。似乎有必要与军警王侯联手,让底层安分守己。

一些激进思想者坚守人民自治政府信念,甚至呼吁将平等理想扩大到经济领域。这种思想的最重要代表是两位青年作家:卡尔·马克思(1818年—1883年)和弗里德里希·恩格斯(1820年—1895年)。两人在1848年欧洲革命爆发前夕发表了一份激情洋溢的小册子,名为《共产党宣言》。这本小册子阐明所有历史都是阶级斗争。先有奴隶主,后有封建地主,最后是资本家靠占有"生产资料"主宰社会(生产资料首先是土地,在近代是机器和金钱)。但马克思还认为,资本主义制度将财富越来越集中在少数人手中,制造出越来越多的无产工人,是在自取毁灭。

马克思在做出这一预测时揭示了这样一个事实:机器制造的商品让欧洲各

地和世界其他地区的手工艺人遭遇破产之灾。他们失去财产、工具、商铺，不得不靠日薪维持生计。很多手工艺人咬牙坚持，与机器竞争，但只落了个心灰意冷。马克思假设，在极少数大制造商控制整个工业流程之前，独立手工艺人的毁灭仍将继续。他预测会有一天，上百万无产阶级将从资本家手中夺取生产资料。这一革命将开启最后一个历史阶段——共产主义社会。到那时，国家消亡，友爱、自由和平等大行天下。

社会主义理想并非诞生于1848年。早在法国大革命时期，就有激进主义者宣扬平等思想。法国社会改革者曾开展实验，创建公社，目的是平等劳动、平等收入。但这种行为鲜有人支持，马克思斥之为乌托邦。他希望组织国际性革命团体，让生产资料所有权被推翻、强制性政府消亡、共产主义理想传扬世界的那一天提前到来。因此，从1848年开始，欧洲民主革命生出了社会主义和自由主义两翼，二者对社会改革方式意见迥异。

德国和意大利的统一

害怕社会主义的中产阶级自由主义者在民族主义中找到了另一条出路。马克思主义认为，工人不占有任何财产，因此没有真正的祖国。爱国主义是有产者给穷人玩的把戏，挡住了穷人的真正兴趣——全世界工人阶级的国际大团结。尽管马克思主义论证严密，包括工厂工人阶级在内的大部分人对建设强大国家更感兴趣，而不是任何一种国际主义。这一问题在中欧尤其尖锐。当时德国和意大利仍处于四分五裂状态。

1853年至1856年克里米亚战争后，欧洲进行外交调整，打开种种新可能。意大利和德国的政治领导人乘势而为，让"地理概念"于1871年落实为国家政权。自由主义者从一开始就支持意大利统一运动。在德国，他们最初反对奥托·冯·俾斯麦的"铁血"政策，提倡通过选举，解决争端。1866年，俾斯麦打败奥地利，将德国北部政权统一于普鲁士，对他持批评态度的多数自由主义者不再喧哗。俾斯麦继续发力，与法国挑起事端，并于1870年打败路易·拿破仑，说服德国南部各政权与北部一道建立德意志新帝国。1871年，帝国建立，普鲁士国王称帝。看到俾斯麦接连建功立业，反对诈力谋权的自由主义者销声匿迹。他们以"民族自由主义者"自居，愿意和俾斯麦这样的保守主义者合作，带领德意志新帝国走向繁荣。

卡米洛·加富尔伯爵（1810年—1861年）采用和俾斯麦同样的手法统一了意大利。二者不同之处在于，意大利统一之基撒丁王国实力有限，不能把奥地利人赶出意大利。因此加富尔与路易·拿破仑达成协议。协议规定，法国同意扶持撒丁王国，打赢奥地利。路易·拿破仑想要和叔叔一样，在意大利荣耀加身，还希望打破维也纳和约，赢得民心。他又让加富尔承诺将尼斯和萨瓦两小块领土割给法国，以便把法国边境扩展到阿尔卑斯山。

1859年，加富尔与奥地利挑起争端。法国前来助阵，在意大利北部击败奥地利军，但在意大利尚未完成统一大业时，力图促成和局。意大利民族主义者对此表示不满，在中部各地制造群众起义。朱塞佩·加里波第率领"红衫军"远征，攻取那不勒斯王国，将南方并入意大利王国版图。

1866年前，东北部的威尼斯一直受奥地利控制。教皇仍然统治罗马。但教权之所以能付诸实施，是因为拿破仑三世同意在罗马驻军，帮助教皇对抗意大利民族主义者。1870年，拿破仑三世误打误撞跟德国交手，仓促从罗马撤军。意大利政府趁势进军，将罗马定为统一后意大利首都，遭到教皇拒绝。意大利教权和政权之争一直持续到1929年，以双方签订和约而划清界限。和约规定，教皇对其罗马居住区（即梵蒂冈宫及周边地区）享有完整主权，但应让出罗马其他地区和意大利中部教皇国主权。

国际新调整

在意大利和德国面前，奥地利是一大输家。之所以有此败局，是因为老盟友俄罗斯和普鲁士拒绝再维持中欧现状。但在一定意义上而言，俾斯麦是彻头彻尾的保守主义者。他和俄罗斯沙皇、哈布斯堡皇帝一样，认为必须建立强大威权政府。因此，在创建德意志新帝国后，俾斯麦急于和奥地利、俄罗斯恢复保守同盟关系。正是这一同盟使欧洲各政权于1815年至1859年间保持稳定。

在一段时间里，哈布斯堡皇帝弗朗茨·约瑟夫一世（在位时间1848年—1916年）梦想复仇。但在1870年至1871年败给法国后，他放弃复仇计划，于1879年同意和德国结盟。这一举动背后的主要原因是，奥地利帝国多民族内讧不断。1867年，奥地利修改宪法，匈牙利族获得特权，捷克人和其他斯拉夫人政治胃口大开，也希望赢得类似特权。但奥地利的日耳曼人和匈牙利人不愿与斯拉夫人共享政治特权。国内对抗因此而生。哈布斯堡君主不择来路，急需外部支持。1879年奥德同盟完美解决了这一问题。

1882年，俾斯麦与意大利结盟，三国同盟达成。1887年，又秘密与俄罗斯签订和约。总体来说，俾斯麦在1871年后开展的所有外交活动目的只有一个：挫败法国复仇图谋。

1870年至1871年，德法相争德国胜，法国自尊心严重受挫。此外，德国还把法国边境两省——阿尔萨斯和洛林占为己有，纳入新帝国版图。这两省居民多数说德语，但绝大部分人还把自己当法国人。法国爱国人士对此耿耿于怀。但只要俾斯麦继续执掌德国外交政策，法国人就找不到任何盟友，只能忍气吞声。为此，他们将精力集中在建造非洲和东南亚的法国帝国上，但又因此不断与英国发生摩擦。

1890年俾斯麦离任，威廉二世（在位时间1888年—1918年）登上德意志皇位。新皇帝对德国怀有宏图大愿。到1890年时，德国建成世界上最高效的工业体系。面对经济上的巨大成功，德国公众希望自己的国家也能到海外建立帝国。海军军官认为，德国需要建设一支强大舰队，保护本国海外商贸。威廉二世表示赞同，并认为应与俄罗斯切断联系，与英国达成谅解。为此，他革了俾斯麦的职，着手谋划行动，力争使德国不仅称强欧洲，还雄视全球。

威廉二世说服英国、从世界强国分一杯羹的计划完全落空。相反，俾斯麦最担心的事情接踵而至。先是法俄于1893年结盟，后是法英于1904年解决殖民地争端，最终英俄于1907年重归于好。结果是，三大强国——法国、英国和俄罗斯在德奥意三国同盟外围成一圈。而且，意大利在1914年前就已经明确释放信号，让德国人觉得这个盟友靠不住。德国越加强海军实力，越宣称自己在欧洲理事会上就殖民地一事有平等发言权，外围三国圈就越是怒目而视。从1905年第一次摩洛哥危机开始到1914年，德国接连卷入外交危机旋涡。而1914年危机触发了第一次世界大战。当时的同盟体系是这样运转的：不论世界哪个地区发生争执，欧洲列强都会结成对立两派。而且，每次有一国或一方退出后，都会保证自己下次会找准阵营，不再中途离开。因此，1914年的欧洲各国政府好像被施了催眠术一般进入战争，将欧洲和全世界抛向剧烈动荡的新时代。在这个时代里，欧洲很多地标轰然坍塌。

第二十一章 欧洲

✄ 经济和社会

1850年至1914年欧洲历史的核心情况是工业的兴起和发展。德国工业极大繁荣，将欧洲诸国甩在后面。从1890年起，俄罗斯也开始大规模发展现代工业，创造了1917年危机前的国内稳定局面。在欧洲其他地区，城市规模不断扩大，乡村生活重要性下降。但我们不应该忘记，到1914年时，还是有很多欧洲人靠务农为生。在欧洲列强中，只有英国人口半数以上生活在远离土地的市镇上。

⁂ 保守社会力量

欧洲农业人口基本持保守态度。欧洲上下两个社会阶层间的指挥和顺从模式完整保留。原因是，当时仍然有很多人生活在乡村，或者刚刚离开乡村进入城市。地主对雇农、父亲对子女、男人对女人的权威是对乡村习俗的传承，依然塑造着大部分欧洲人的日常行为，连生活在大城市的人也是如此。

宗教是另一股重要保守力量。19世纪初，许多人对法国大革命领袖的宗教怀疑论持反对态度。后来，自由主义和民族主义运动再度流行，欧洲多数教会予以反对。教皇庇护九世（在位时间1846年—1878年）谴责欧洲当时盛行的所有新运动。1869年至1870年，他召集第一次梵蒂冈大公会议，寻求舆论支持。当时，罗马教皇政府行将覆灭。会议适时而动，宣称教皇在信仰和道德领域正确无误。

教皇的立场让西欧各国犯难。俾斯麦曾强迫德国天主教会遵从新帝国法律，而非教皇命令。这种做法不仅没有起到作用，反而促使德国天主教徒变成了政治反对党。俾斯麦最终不得不从这场争斗中脱身而出，因为他觉得社会主义威胁更大。在英国，天主教问题变成了爱尔兰问题。爱尔兰信仰天主教，贫穷落后，受到大英帝国压迫。但爱尔兰议会能在自由党和保守党之间保持势力平衡。法国的大问题是学校控制权问题。1901年至1905年，这一问题演化成一场危机，最终以教权和政权分离、多数教会学校受到抑制而化解。

欧洲面临的另一问题是来自美洲的低价粮食。1870年左右，粮食价格成为尖锐问题。当时，西方各国修筑铁路，建造汽船，降低了小麦从美国中西部和阿根廷大草原运到欧洲各港口的成本，美洲粮食价格低于欧洲生产成本。英国坚持自由贸易政策，国内农业几乎被毁。欧洲其他政府征收特别关税保护农民和地主。当然，这一政策抬高了城市食品价格，城镇工人阶层受损。

工业化的新问题

类似这种问题长久困扰着欧洲政治领导人。几个世纪以来，教权和政权、关税和税收问题一直处于欧洲政治核心。但工业飞速增长产生的问题更加难解，因为这些问题都是新问题，以前从来没有出现过。在欧洲各地，甚至在俄罗斯，政府都在尝试得到工人阶级支持。到1914年时，欧洲各国政府都接受了这样一种观念：所有成年男性都应在某种形式的代表大会中享有投票权。但在德国、奥地利和俄罗斯，这种代表大会权力有限。在东欧，皇帝、大臣及其他高官享有最终决定权，他们与普通工人互不信任。在西欧，统治者和工人之间的差距和东欧差不多大，但得到工人投票支持的西欧政党有实力影响官方政策走向。

社会主义政党的崛起

卡尔·马克思和其他革命党人倡议通过极端方式解决欧洲社会问题。1864年，他们组织了第一国际，传播《共产党宣言》，为社会主义革命铺平道路。但在马克思吸引到众多追随者之前，革命党人内部发生了严重分歧。

而且在1871年，巴黎又逢危机。许多巴黎人感觉政府内部有很多叛徒，因此才会与德国人讲和，把阿尔萨斯和洛林拱手让人。巴黎遭到愤怒的市民围攻好几个月，损失惨重。后来相继发生政变和地方政府选举，革命者组织巴黎公社上台执政。巴黎公社领袖认为，巴黎曾于1793年团结法国上下反抗外国暴君。应继承弘扬这种英雄精神。他们急切希望重现英勇壮举，却苦于没有机会。但这番抱负不仅没有施展，反遭法国政府血腥镇压。社会主义者以群众暴动从资本家手中夺权的计划受挫。法国大革命提供的巴黎群众左右政局的模式严重过时。1876年，第一国际解散。

但马克思没有心灰意冷。欧洲多数国家组建了马克思主义政党。其中以1875年建立的德国社会民主党声势最壮。俾斯麦将社会主义运动列为违法运动。所以在1890年以前，德国社会民主党一直游离于法律之外。1889年，第二国际成立。但这一次，各国政党不再过多谈论国际大团结一事，而是在主要问题上走自己的道路。到 1914 年,社会主义政党在欧洲各大议会中赢得实质代表权。法国的一个社会主义政党甚至与资产阶级政治家联合组建政府,但执政时间不长。还有几个社会主义政党提议,暴力革命可能没有必要。应该推动改革,为工人争取权利,渐进迈入社会主义。

非社会主义政党政见

政治篱墙的另一侧是俾斯麦等保守主义者。他们希望做一些事情,改善工人艰辛的生活条件,纾解不满情绪,抵挡社会主义者宣传攻势。为此,俾斯麦政府出台了一系列社会保险法案,规定国家需在雇员患病或致残时承担义务。与此同时,德国政府还优化市政服务,宣布工会和社会主义政党合法化,改善了很多工人的生活境遇。

英国道路与之不同。英国曾开展社会主义实验,以期重塑社会全局,但于 19 世纪 30 年代失败。英国工人对马克思及其革命党极度不信任。从 19 世纪 50 年代开始,工会组织在英国出现。目的是与雇主谈判,改善工作条件,如有必要则发动罢工。起初,工会领导人来自技术行业,以避免参与政治为原则。

欧洲资产阶级全盛发展期

这幅画展现了 19 世纪 80 年代巴黎富人在塞纳河小岛公园悠闲惬意享受周日下午的场景,表达了欧洲在那个时代自信满怀、自鸣得意的情绪。在当时欧洲富人眼中,一个雅致舒适的世界不存在任何缺陷。这个世界虽然不是人人都能享有,但仍有少数人能充分利用商业机会和专业特长,过上闲适优雅的生活。

这幅画深有意趣,还因为画家乔治·秀拉充分利用了当时关于光线和视觉感知的最新科学知识。秀拉运用对比色小点描绘画面。他知道不论是谁看这幅画,都会把一个个的点混合成清晰可辨的模式,并把其阐释为人物、树木和其他别的东西。秀拉认为,如果能让观察者参与进来,对眼中所见赋予意义,绘画就会大有魅力。科学发现和技术进步是那个时代的主旋律。因此,这幅画不仅展现了资产阶级新特权阶层的沉静自若,也反映了 19 世纪欧洲取得的成就。

1884 年，英国将投票权扩大到所有成年男性，矿工和工厂工人多支持自由党竞选议会席位。但在 1900 年至 1906 年间，工会改变政策，开始支持新政党，工党。但与欧洲大陆的社会主义政党不同，英国共产党不太关注马克思主义思想，希望通过议会立法，而非暴力革命推行政策。

因此，19 世纪 70 年代到 1914 年，工人和社会其他阶层之间的紧张关系虽未消除，但趋于缓解。跟中产阶层一样，工人阶层也通过法律途径发出声音，让政府最高机构听见。在这一时期，社会主义似乎和原有既得利益达成了妥协。这种情况和 1850 年至 1870 年间革命自由主义相同。

在现代工业和工厂体系没有建立起来的欧洲地区，依然有很多人支持暴力革命。随着人口快速增长，年轻人不能继承足量土地，生活条件甚至不如父辈，传统乡村生活无以为继。在意大利、西班牙和俄罗斯，无政府主义盛行，愤怒绝望情绪弥漫。从 19 世纪 80 年代开始，无政府主义者鼓动恐怖暗杀，发动若干袭击事件。

但在巴尔干农村，沮丧失望情绪激起了与无政府主义大相径庭的民族主义运动。1876 年后，游击队组织游荡乡村。他们互相争斗，掠夺农民，希望征服新领土一劳永逸解决本民族所有问题。

工业组织新形式

要对工业化做出调整，不只是要将新工人阶层放到欧洲原有社会结构中去，还要创制有利于商业发展的新法律形式。有限责任公司（美国称为"有限公司"）满足了这一需求。银行业和资本供给跟劳动力和原材料一样关键。除此之外，还要划定并不断调整私人企业和利润、国家运营和税收的边界。

英国的自由放任政策

总体而言，英国政策趋于极端。一直到 19 世纪晚期，英国政府还不愿意干涉经济社会问题，也没有建立起一个规模庞大、训练优良的官僚机构。而欧洲大陆大部分政府在 18 世纪就已经建立了官僚组织。英国政治家允许工人组织工会、开设酒吧、建立小礼拜堂，放手让商界领袖开办公司、发展自由贸易、设立货币金本位。在英国政治家眼中，经济机器应自主运转，政府尽量减少干预。这种政策被称为"自由放任"。该词汇借用了 18 世纪法国经济理论家的说法。

英国经济的确是自主运转的，但英国制造商落在了德国人后面。部分原因是，德国人认为1775年至1850年间让英国领先世界的工业组织形式理应得到改良。

德国的计划制

德国工业化较晚。德国盛产煤炭，但如果不修建铁路，不能降低陆路运输成本的话，德国煤场就没有什么价值。从1850年起，德国工业迅速发展。到1900年时，德国在几乎所有生产分支领域超过英国。有三方面因素促成了德国成就。

第一，德国一些有身份、有地位的实业家秉持这样一种思想，即理论科学大有可为。从19世纪90年代开始，德国化学电力企业开始招聘化学物理专业大学毕业生。这些人不用从事实际生产，唯一的工作职责就是发现产品生产和销售新方法。

今天看来，这种用人办法司空见惯，但在1914年前却是极端前沿的新思想。为什么放着好好的钱不花，却给一些人发工资，让他们发现新方法，淘汰掉公司赖以盈利的机器？这样做到底图什么？早先，发明家在自家阁楼后院鼓捣出新机器、新方法后，会去申请专利。想要用这项发明的人都得付一笔费用。发明家有两种选择，要么把专利卖给别人，要么自己开办企业，让发明产生最大利润。如果有人找到更好的方法和设备，这项专利就废了。从这一角度来说，公司忙着发明新东西把自己的专利弄得一文不值，该是多么荒唐！

但一项项实例充分证明荒唐合情合理。正是因为他们淘汰旧方法、旧机器的速度超过任何人，德国电气和化学工业才于1914年前领先全球。成就这一地位的直接原因是，德国工厂主雇佣德国学堂、大学培养出的科学家和工程师。

第二，德国银行和企业组织卡特尔，规模之大，无可比拟。卡特尔是特定商品生产者之间签订的协议，目的是分割市场，以固定价格出售商品。这种安排能增加企业利润，便于经理人准确制订生产计划，跳出"繁荣和萧条"模式，免于遭受英国和美国式巨大浪费。另外，德国信贷集中程度更高，有利于企业在更大单位、更长时间里做出借贷和生产计划。德国公司能在负债累累的情况下，延长新技术、新产品回报时间。这是英格兰银行业所不容许的。而且，因为新技术耗资巨大，必须开展大规模试验，德国的金融安排和卡特尔组织可以在经理人强力推动下承担风险，引入新事物，小规模企业难以望其项背。

第三，与英国政府相比，德国政府在经济政策中扮演着更积极角色。德国铁路归国家所有。政府随时调整运费，以鼓励或打击某项事业。在确定钢厂及其他关乎国计民生的工厂地址时，德国政府不仅看地理位置，还会计算一吨铁矿石或一吨煤从原产地运输到加工地的成本。在设立运费标准时，将军事作为一大考量因素。德国将领关注枪支弹药来源地，希望建立铁路网络，比敌人快一步到达边境。因此，身负铁路管理和运费定价的官员握有强大工具，能够左右德国工业，实现国富军强。

其他地方的工业化

欧洲其他政府位于英国和德国两个极端之间。没有哪个政府像英国一样倚重私有企业，也没有哪个国家能像德国那样通过政府和准政府（银行和卡特尔）行为，调控、指导工业增长。南欧落在后面。这一地区没有煤场。1914年前，南欧工业几乎完全建立在煤炭衍生能源基础上。当时，水力和石油刚开始扮演替代能源角色。但南欧油田瀑布皆无。东欧农业发展落后，一直赶不上西欧。虽然俄罗斯开办了几家大矿山和工厂，仍然没有改变这一落后局面。

这一切背后是人口快速增长。19世纪，大约有6000万欧洲人迁往美洲和世界各地。虽然有这么多人离开，但欧洲大陆人口从1800年的1.87亿增长到1900年的4.01亿。我们现在还不完全清楚影响人口增长的因素，但有一点似乎非常明了。医学发展进步，医生和官员能够采取有效措施，防止饮用水污染致病，婴儿死亡率下降，由此引发我们这个时代熟悉的全球人口大爆炸。

思想和科学

在 1850 年至 1914 年工业革命和民主革命的双重推动下，欧洲不断实现自我转变，成就卓尔不凡。内部压力和斗争互相叠加，促成进步，亲历其中的每一个人都能看见。科学和艺术领域同样充满活力、多元多样，不断扩展可能边界。

我们似乎应将 1850 年至 1914 年的欧洲思想和科学领域分为三个流派："硬""软"和"疯狂"，或者用正式语言表示为：系统性、演变性和非理性。硬科学包括数学、物理、化学、天文学以及争议较多的经济学。学术目标是找出适用于所有情况、所有时间的法则或行为模式。其基本观点已在 17 世纪由现代科学伟大先锋——伽利略、笛卡尔和牛顿阐述一清。19 世纪后半叶，科学家总结前人奠定的科学法则，并运用于工业科技，开辟无数条应用途径。

系统性科学

在理论方面，数学家取得了惊人成就，比如，计算出若干非欧几何算式和规则，将一个数学体系转化为另一个体系。化学家发现分子和原子能够按照可预测模式组合。物理学家分辨出机械运动、热、光和电磁辐射光谱都是能源形式，并计算出相互转化规则。物理学关键人物是苏格兰人詹姆斯·克拉克·麦克斯韦（1831 年—1879 年）。麦克斯韦是第一个认识到光从属于更宽的电磁辐射光谱的科学家。没有哪一个化学家可与麦克斯韦物理成就比肩。但俄罗斯人德米特里·门捷列夫（1834 年—1907 年）首次将化学元素排列到周期表中。该表格显示了未知元素缺口。后续研究确定了其中所有缺失元素，表明门捷列夫设想的模式正确无误。准确程度之高，令人惊异。

19 世纪末，物理学家和化学家开始将注意力集中在电子上。电子既是化学家深感兴趣的物质的最小构件，也是让物理学家着迷的辐射能量的粒子。让人困惑的问题越来越多。电子有时不像是微型台球，更像是波浪。物质有时会自主发射辐射。辐射本身有时似乎以集束形式呈现。

❧ 相对论

天文学家也从一个迥然不同的路径出发,找到了超出常理的数据。他们发现,水星似乎并不完全遵从牛顿运动定律。更让人迷惑的是,从地球这一旋转平台上发出的光不论方向如何,似乎都按同一速度传播。这既与牛顿运动定律相悖,也不合常识。因为,在一些方向上,地球运动应该增加地表光速,而在其他方向上应该降低穿过太空的同一束光线的速度。但即便使用高灵敏仪器,也探不到这种光线。

1905年,犹太裔瑞士人阿尔伯特·爱因斯坦(1879年—1955年)提出相对论,解答了上述部分谜题。11年后,他又提出广义相对论,并于1929年发表专著,详尽阐述自己的思想。爱因斯坦使用了牛顿物理学的四个基本术语——空间、时间、物质和能量,并认为这四个方面并不是所有自然物质存在的单一固定框架。相反,这四个方面相互交会。空间、时间和运动的测量值彼此相关。物质和能量可以相互转化,所依据的是一个简单的数学公式——$E=mc^2$,即能量等于物质乘以光速的平方。在本章历史时期行将结束时,爱因斯坦重新界定物理学基本术语,做出了最伟大的总结。

❧ 经济理论

经济学以不可预测的人性作为研究对象,但仍有志于成为硬科学。经济学家不断寻找通用法则,以求客观公正解释市场。他们甚至希望自己能像物理学家、化学家和天文学家那样,找到预测市场的办法。在一定程度上,他们和其他硬科学家一样成功。也就是说,一代又一代的经济理论学家将越来越多的数据类型引入经济学体系中。19世纪80年代,英国经济学家阿尔弗雷德·马歇尔(1842年—1924年)提出边际效用理论,使之成为分析价格、利率、工资和租金的万能钥匙。虽然马歇尔体系论证严密,令人信服,但未能解释清楚商业循环中的繁荣和萧条模式。

硬科学因实际应用而备具威望,尤其是化学。这一学科能创造染料、药品、电镀金属等许许多多新产业、新产品。1879年,美国人托马斯·爱迪生(1847年—1931年)发明白炽电灯,取代煤气灯点亮了家庭和办公室。留声机、电话等其他电气发明相继问世。但我们已经看到,在本章历史时期结束之时,科学理论和制造技术工艺才在德国得到系统性结合，其作用方式非常有限。而且，这种结合的潜力也只是在 1914 年才显现于世人。

软科学

相比之下，软科学似乎不切实际，在工业中没有什么鲜明的用途。但软科学对于人类过去、现在和未来有全新见解。这一见解影响了人的行为，进而改变了欧洲生活条件，其力度并不亚于硬科学催生的技术变革。

相比硬科学探寻精确、永恒、普遍法则而言，软科学的基本哲学思想出现较晚。所有软科学领域都强调时间流逝中的变化，但在 1800 年前，没有人能阐释清楚一个不断变化、普遍变化的世界的全部内涵。格奥尔格·威廉·弗里德里希·黑格尔（1770 年—1831 年）认识到了这样一种现实幻象。黑格尔认为，万事万物都在变化，不断循环往复运动，从一个极端走向另一个极端。套用他自己的话来讲就是——正题对抗反题，二者渐渐被吸收为合题。合题再变为正题，从而不断展现事实。

进化论

时间发展概念尤其适合于描述生物学和人事。19 世纪初，地理学家发现不少动植物化石都与现存形式有区别。动植物分布研究也表明，生物之间存在一定异同模式。这让人们对物种分别创造的传统思想产生了质疑。查尔斯·达尔文（1809 年—1882 年）汇总观察结果，提出生物进化论。1859 年，他发表专著《物种起源》，全面阐述论点，即成年生物数量少于出生数量，生存竞争持续进行。为了活下去，生物发生变异。幸存者繁衍后代，数量越来越多。不同环境、不同特点有利于个体生存。时间一长，不同点越来越多，一个物种分化为两个以上不同物种。

达尔文理论暗含对宗教的怀疑，因而激起怒议。一些新教徒认为，《圣经》创世纪说是基督教根本，必须一字不差完全信仰。如果《圣经》在一个段落上出错，谁还会坚信不疑？争议因以下事实变得更加复杂。从文艺复兴时代起，德国学者就开始采用古代手稿研究方法——批判法审视《圣经》文字。他们认为，《圣经》是人为创作，其中蕴含多条脉络。这种研究也让人们对基督教信条产生怀疑。

现代思想的四位塑造者

1859 年至 1916 年间，图中四人改变了关于世界和人生的流行观点。图 1 的达尔文于 1859 年提出进化论，引发生物学革命。图 2 的阿尔伯特·爱因斯坦于 1916 年提出相对论，促成物理学革命。在这两个年份之间，图 3 的卡尔·马克思于 1867 年发表《资本论》，认为无产阶级革命不可避免，届时将会恢复人类社会久已失去的平等和自由。从 1895 年起，图 4 的西格蒙德·弗洛伊德探寻了人类思维潜意识层次，让强调理性力量的观点显得幼稚简单。这四人著作经无数学人补充后，展现了一个不断演化的宇宙。在这个宇宙里，物理学和生物学现实随时间地点不断发生变化。

为此，有人做出了这样的回应：宗教真理和其他事物一样，也随时间不断发展变化。一代人眼中的真理和见解到了后世可能不再具备同等含义或重要性。上帝的启示是一个发展、渐进的过程，就连达尔文的惊世骇俗新理论、黑格尔的哲学思想也在不断变化。1870 年，第一次梵蒂冈大公会议召开。罗马天主教会严厉谴责这种"现代主义"信条。新教徒对此看法不一。有人认为应该完整信仰《圣经》真理；也有人在不同程度上接受了宗教真理和知识随时间发展变化的思想。

人类社会研究

经济学之外的社会科学也强调发展思想。利奥波德·冯·兰克（1795 年—1886 年）创立研讨会式培训，并在德国各大学推广，历史学在细节上愈发精准。在进步思想指引下，大量事实以松散形式快速积累。"进步"概念集中体现在有限宪政、个体自由、法律面前人人平等。在以进步史观聚焦欧洲历史者中，以英国阿克顿男爵（1834 年—1902 年）最有造诣。法国人奥古斯特·孔德（1798 年—1857 年）也秉持进步思想，创建社会学，使之成为独立学术分支。人类学和社会学情况相近。人类学最初研究原始风俗和宗教。美国人路易斯·亨利·摩尔根（1818年—1881年）重新组织人类学，假定人类发展历程分为三步：奴隶制、野蛮未开化和文明。早期文明是历史学、人类学和社会学研究核心。考古学家以越来越详尽丰富的细节揭示文明伊始。而地理学家研究沉积岩层，向时间深处探寻。

这些专门领域研究共同描画了事物性质全景。在这一景致中，变化无处不在。如果按地质时间标尺或生物进化标尺衡量，人类的地球探险历程可以缩短到最后一瞬的繁华。但在一个万事万物不断变化的世界里，就连宗教真理都在变化，除了变化本身之外，还有什么能让人相信呢？

非理性主义

这一冷冰冰的结论在1914年前就已经让很多人困惑不已。而在1914年，第一次世界大战爆发，惊动亿万人，全球急剧动荡，满目疮痍。在整个19世纪，少数思想家强调理性软弱无力，进步空洞不实，时代愚蠢不明。聆听这些绝望使徒声音的人主要有文学家和艺术家。他们较少参与抽象辩论，更多诉诸情感。但当几个哲学家运用推理论证理性的确是软弱无用时，却没有得到科学家和专业人士的认同。

第一次世界大战爆发前夕，心理学家西格蒙德·弗洛伊德（1856年—1939年）在维也纳开展研究，探索人类思维的潜意识层次。他发现许多行为根源于性驱动和嫉妒心理，由此得出结论：人类行为很大程度上由阴暗不明的原始冲动控制，意识控制的范围非常有限。第一次世界大战前，弗洛伊德的思想只得到了身边一小群人的认同，产生广泛影响是后来发生的事情。其他思想家，如意大利人维弗雷多·帕累托（1848年—1923年）强调社会行为非理性，认为政治领导人别无所长，只会用神话和夸大其实的口号动员追随者。还有一个思想流派将达尔文生物进化论运用到社会领域，认为历史是一场适者生存、优胜劣汰的较量。这种理论常与种族主义结合。欧洲人以此自我安慰，觉得白种人征服了其他人种，所以高高在上。社会达尔文主义者还认为，贫富冲突根源于生存竞争。任何扶危济困的政治干预措施从长远来看都危险重重，因为这样做会让不适者生存。

这种观念，加之弗洛伊德等人强调的人类行为非理性思想，构成了对民主政治理论的直接挑战。民主政治理论于18世纪首次阐发。当时，所有人都认同，人能以理性方式判断政治领袖给出的选择。而现在，如果这一切都与事实不符，那么民主自治政府不合情理，必须抛弃。

当时的欧洲人没有找到这一问题及其他终极问题的答案。但欧洲思想家从未放弃求索。因为回避问题不合常理，危险重重。方方面面的态度和思想在求索的大脑中翻腾。新见解、新理论、新信息迫切需要关注。从这个角度来讲，对于欧洲富裕的中产阶层而言，1850年至1914年可以算是黄金时代。

艺术和文学

19世纪的艺术家和作家视新颖原创为最大价值。他们都认为，即便有高超技艺，但风格沿袭从前，也不能算是艺术天才。在这种态度的指引下，结果不言自明。随着时间流逝，人们发现脱俗反叛越来越难。原因是，没有一个既定的标准可以去衡量艺术家的独特风格。

从历史学家视角来看，19世纪艺术生活的这种特点让人很难评判国别、时代和艺术家的高下优劣。这一时期杰出艺术家荟萃，不便一一摘举。不过，我们大致可以19世纪上半叶和下半叶为界。上半叶，"浪漫主义"艺术蓬勃发展；下半叶，"现实主义"占据主流。但浪漫主义态度贯通整个世纪。此处我们所称的"浪漫主义"是指，艺术家努力表达内心深处的个人情感，有强烈欲望探索遥远的时空、幻想、民间传说、奇情怪事、新鲜主题、神秘事物。现实主义者更多关注贫穷卑微之人的生活，以更加坦诚的姿态观照前人不愿关注的、人类生活种种丑陋残忍之处。但这只是程度上的差别。因为，被丑陋不堪、令人反感的事物吸引的现实主义者以他们自己的方式诠释了浪漫主义。他们和浪漫主义者一样，也把内心情感投射到外部世界上。他们描述欧洲新工业城市中出现的贫民窟，也是在找寻奇异神秘的主题。

新科技的影响

改变19世纪艺术形式的一大因素是新技术和新材料。建筑方面，钢筋混凝土创造出了比以前更高的建筑。1889年为举办巴黎世博会而建的埃菲尔铁塔高达300米，展现了钢材的惊人力量。19世纪80年代，商用摩天大楼在芝加哥首次落成。钢筋混凝土建造技术具备实际用途。音乐家用新乐器创造新曲新调。画家借化学新发现之功调制新色调。还有一些画家应用光线和视觉科学理论，在画面上挥洒色彩斑斓的小点，让观察者在远处洞察生趣盎然。纯色画面无法做到这一点。文学局限于已知词汇里，因此语言在19世纪发展缓慢。从这一角度来说，文学是当时最保守的艺术形式。

※ 绘画和音乐

与文学相反，绘画是最激进的艺术形式。1875年前，人们一直将15世纪40年代意大利创设的画法奉为圭臬。根据这种传统，绘画应该看起来像"真人真物"。画家应严格遵循三维错觉规则在二维平面上创作。但在19世纪下半叶，以法国为主要创作地的部分画家开始排斥这种思想。他们希望自己的作品不再是让人们观看的"假窗子"，而是被观察的事物本身。为此，他们使用与自然色彩迥异的鲜艳色彩，用扭曲失真的图案模糊表达常见物体。其代表人物保罗·塞尚（1839年—1906年）、文森特·凡·高（1853年—1890年）和保罗·高更（1848年—1903年）斩断旧规则、旧限制羁绊，探索二维空间作画的种种可能性。

一战爆发前十年，新一代艺术家抛弃熟悉的形状，以俏皮新颖的方式扭曲视觉体验。亨利·马蒂斯（1869年—1954年）和巴勃罗·毕加索（1881年—1973年）是此类创新的佼佼者。他们扭曲日常形状、形式，抽取片段放在画里。让人感到奇怪的是，如果在不同时间、不同角度观察，这些画似乎预见了欧洲传统文化行将在两次世界大战冲击下断裂。艺术常常是社会的一面镜子。在两次大战爆发前的岁月里，欧洲画家以异乎寻常的敏锐观察力洞见社会全景。这种独具一格的个人化表达方式，以及孜孜求索的态度对欧洲社会和欧洲文明具有普遍意义。

音乐家对十二音阶等新奇概念开展实验，但成效甚微。约翰·塞巴斯蒂安·巴赫（1685年—1750年）和路德维希·范·贝多芬（1770年—1827年）创造的经典音乐范式无人撼动。理查德·瓦格纳（1813年—1883年）尝试创作融汇音乐、诗歌、戏剧场景为一体的最高艺术形式。他从德国民间故事和异教神话中搜寻歌剧主题，坚信歌剧可以瞥见、表达德意志民族精神。崇拜敬慕瓦格纳者不少。但他的观念——歌剧应扮演牧师角色也让很多人难以接受。秉持传统古典思想的音乐家有约翰内斯·勃拉姆斯（1833年—1897年）。在一定程度上，古斯塔夫·马勒（1860年—1911年）也是这种思想的捍卫者。

※ 文学和新闻学

从16世纪开始，欧洲文学分裂为几大语言板块。19世纪，法语丧失通用语言地位。而在路易十四时代，凡是受过良好教育的人都会说法语。欧洲文学更加多元化。作家自觉朝这一方向创作，向读者呈现个性化作品。这意味着，文学批评家不可能按照一个标准评价欧洲文学。但有一个因素对各地作家产生了影响。在欧洲各国，每个人都必须接受公立教育，有阅读能力的人越来越多。从 1850 年起，西欧大国又设立了公共图书馆和借阅图书馆，实现了人人有书可读。

阅读普及的结果是，实用书籍、宗教论著、爱情故事、探险小说、儿童文学和其他通俗读物如洪流一般滚滚而来。靠写作小说、剧本、诗歌能够衣食无忧。著名作家尽人皆知，少数作家甚至成为民族政治英雄。比如，法国诗人、小说家维克多·雨果（1802 年—1885 年）。小说家将人类创造力发挥到极致。当时，小说还是一个比较新的文学形式，致力于细致入微地探索人类境况复杂性。这个时代的小说巨匠有英格兰的查尔斯·狄更斯（1812 年—1870 年）、法国的居斯塔夫·福楼拜（1821 年—1880 年）和维克多·雨果，俄罗斯的伊万·屠格涅夫（1818 年—1883 年）、费奥多尔·陀思妥耶夫斯基（1821 年—1881 年）和列夫·托尔斯泰（1828 年—1910 年）。这些作家使用通俗易懂、简洁明了的语言，赢得了广大读者的青睐。但作家也会朝相反方向追寻独创性。19 世纪末，一群法国诗人，即象征主义者，将日常语法措辞用到极限，与同时期力破常规的巴黎画家如出一辙。

和伟大小说家一样，新闻记者也力求简洁明了。19 世纪，报纸发行量剧增，周刊、季刊互为补充，政治、学术和文学问题得到广泛讨论，新闻记者作用日显。这些出版物塑造了公众舆论，并从 1853 年至 1856 年克里米亚战争起开始左右政府政策和外交局势。19 世纪末，欧洲政府和新闻记者互相施加影响，手段不外乎以下几种：透露小道消息、秘密赞助、以法律诉讼相威胁。除此之外，各大报纸为赢得发行量之争，采编低级趣味、耸人听闻的"黄色新闻"，专以揭露名人桃色事件和贪腐勾当为乐，并随意将公共事务诠释为个人和国家竞赛。

体育和大众娱乐

1850 年后，体育赛事引起新闻记者关注。报纸发布比赛结果，公众对几项新运动产生兴趣。19 世纪 70 年代，足球比赛规则确定，英格兰成立了全国性组织，自此风靡世界。足球有如此大热度，很大程度上是因为设备简单，推广成本几乎为零。19 世纪 70 年代，英格兰发明网球。最初，网球运动和同时期发明的美国大学足球一样，参与者以中产阶级和社会上层为主。19世纪60年代，自行车赛车风靡法国，流行程度和棒球在美国内战后的地位相当。借新闻报道之力，赛马、拳击、保龄球、板球等古老运动也壮大了观众队伍。1896年，奥林匹克运动复苏。各国以业余爱好、个人参与这一奥林匹克运动精神开展体育竞技。

其他大众娱乐形式也在欧洲工业城市繁荣发展。歌舞杂耍表演在各省巡回上演，为乏味单调的小城镇带去了一丝繁华都市气息。神父牧师和奋兴派人士往返各地布道，激烈声讨现代社会种种腐坏堕落之处，捍卫基督教真理。在这两个极端之间，还有许多合唱团、文学俱乐部、慈善组织和互助性教育联合会，给普通老百姓的生活增添了色彩。

1850年后，西欧传统乡村文化全线撤退。义务教育实施，农家子弟和城里孩子一起学习城市标准的语言和行为。有人倡议回归乡村旧俗，得到部分响应。比如，少数苏格兰人开始在庆典场合穿着褶裥短裙。但这是人为刻意举止。只有经济发展落后的东欧和南欧才将乡村生活范式完整传承到20世纪。

我们要去哪？为什么去？

一战前夜，艺术家偶尔会表达日常生活表层下隐藏的紧迫和恐惧。而当时，欧洲正处在权力巅峰，不可一世。上图是挪威画家爱德华·蒙克的《呐喊》，创作时间是1895年。下图是意大利画家、雕塑家翁贝托·薄邱尼的《空间中连续性的唯一形体》，成于1913年。前者描画了噩梦般的恐惧感；后者表现了一个人以机械僵硬体态，奔向没有人性、不可预知的未来。1914年前十年，焦虑情绪日益侵袭欧洲学者和文化巨擘。19世纪70—80年代，欧洲人深信进步不可逆转。而在此时，这种信心开始衰减。

翁贝托·薄邱尼：空间中连续性的唯一形体（1913年）

1913年青铜铸造。
尺寸：43 7\8 × 347\8
藏于纽约现代艺术博物馆，莉莉·P·布里斯遗赠。

结论

本章给读者留下的深刻印象应该是：丰富、多元和困惑。欧洲艺术家和思想家志在高远。虽然他们未能如愿，但在这一失败的探寻中，极大扩展了人类成就和知识的边界。但他们取得的成就也成了我们今天仍力争破解的问题。因为，真善美容易在太多的真、太多的美、善恶驳杂中迷失。历史学家的使命是找出一个问题，引起众人关注。但在嘈杂喧哗的声音、磅礴复杂的理想中，我们应该聆听、寻求哪一个？这一个能否与其他所有相契合？这一切寻求是否有意义？1914年前，问题的答案隐而不见。此后发生的一切非但没有澄清答案，反而加深迷惑。在这一迷惑中，西方人、人类找到了自己。

但对于大多数生活在那个时代的人，以及回首历史的我们来说，知识、力量和敏锐洞察力对人类大有裨益，值得不懈探索。在人类历史上，19世纪是进步的时代。这个时代要将我们引向何方，尚有待观察。但在1850年至1914年间，欧洲文明最终开出花朵。这一阶段过后，欧洲文明和世界其他文明一样，汇入勃兴于20世纪的世界主义汪洋大海。

与其他文明相比，欧洲坚守传统、捍卫崇高自信的时间要长一些。因此，我们可以提出这样一个矛盾命题：欧洲既领先于世界其他地区，又落在其后。"领先"是因为世界其他地区不得不根据欧洲行为思想调整步伐。"落后"是因为1914年前，欧洲一直自鸣得意，在自有文明的宽广边界内沾沾自喜，却没有意识到，自己的做事方法只是众多方法中的一种，不总是、也不尽然是最佳路径、最优选择。而在此时，其他民族已经被迫意识到这一点。

第二十二章
世界对欧洲成就的反应

公元1850年　　　　公元1914年

欧洲帝国主义者

这张照片显示了19世纪末欧洲人在非洲人眼中的咄咄逼人之态。

1850 年至 1914 年间,三大发展改变了几乎所有人的生活。第一,交通和沟通条件大为改善;第二,人口迅速增长;第三,欧洲在众多关键技术领域占据优势,导致欧洲与世界其他地区不平衡。

交通和沟通

1850年前，在世界几乎所有内陆地区，人们都过着自给自足的生活。30～80千米半径之外的消息偶尔才会传过来。长途运输货物困难重重，几乎所有生活必需品都得在同一半径内获取。多数人靠种田为生。地里能长出什么就吃什么。余粮通常就近出售。因交通不便、旅费高昂，哪里能找到食物，人们就生活在哪里。很少想过要把别处的食物运到居处。

水上交通相对廉价，蔽塞狭隘的地方观念得以修正。借水路之便，中国、俄罗斯、奥斯曼等大帝国得以维持运转。有了运河、河流、海洋，就可以把食物及其他补给送到千里之外，养活中国都城北京、俄罗斯莫斯科（后为圣彼得堡）和奥斯曼君士坦丁堡的稠密人口。相比之下，倚赖陆路运输的印度莫卧儿帝国国力不昌。原因就在于，四轮马车和驮畜队不能将足量补给运送到某一中心点，确保皇帝比地方长官更有权势。

19世纪40年代，英国兴修铁路。19世纪50年代至70年代，欧洲大陆和北美大陆也开始修建铁路。1870年至1910年，铁轨延伸到其他大陆。阻碍人和商品流动的界限消失不见。千里之外的城市不再遥不可及。后来，铁路系统与远洋汽船连成一片，世界各大陆地和海洋在一定程度上被纳入一个机械动力交通运输网中。

交通运输网络对人类社会的影响可与中枢神经系统在动物进化过程中的作用相比拟。起初，人类社会就像协调松散的细胞组合一样在地球表面繁衍。刺激物从一个部分传导到另一部分，但速度缓慢、秩序紊乱。因为传导性能不良，在很长一段时间里，很多刺激物不能从世界某一区域传导到另一区域。铁路、汽船、电报、电话、大众化报纸出现后，刺激物开始以不可阻挡之势迅速传导至各处。

全球各地专家借此交流经验看法。芝加哥小麦、加尔各答黄麻和圣保罗咖啡的价格，以及伦敦货币汇率影响着半个世界之外的决策。专业技能、政治思想和艺术风格快速流动，让相关领域专业人士目不暇接。某一剧变会对地球最遥远的区域产生影响。比如，19世纪80年代，日本意欲起草宪法。在认真研究欧洲和美国模式后,他们认为俾斯麦德国的宪政安排最适合日本国情。有时候,刺激物以其他途径传导。19世纪90年代,巴黎艺术家之所以能借鉴非洲庆典面具主题,是因为法国兵劫掠西非,把抢到手的非洲面具以极其低廉的价格在巴黎"跳蚤市场"出售,连那些穷困潦倒的艺术家也能买得起。

  起初,交通和沟通新网络主要由欧洲人控制。而且,随着铁路伸向内陆,欧洲扩大商品销售范围,享有更多的政治、军事和金融优势。但1869年苏伊士运河和1914年巴拿马运河的开通改变了世界战略格局,预示着欧洲主导优势的衰落。苏伊士运河让中东重新成为旧世界交通中心。而巴拿马运河壮大了美国军力,巩固了美国在世界上的地位。但在1914年前,这些变化并没有从实质上损害欧洲的政治、军事和文化主导地位。

人口增长

世界大部分地区经历人口增长，对交通和沟通新网络的发展构成限制。农民生活困苦，挣扎在饥饿边缘，极少能在铁路电报开辟的新可能中受益。他们仍然过着和祖辈差不多的生活，是世界社会里的一大保守因子。但农民阶层也滋养着叛乱起义的力量。他们充满惰性、孤独无助，但又饥肠辘辘、心有怨恨。而且，农业人口增加后，农民手上可怜巴巴的土地还要一次又一次分割，原有生活方式越来越难以为继。

我们现在还不完全清楚，当时世界人口何以会急剧增长。在一些地区，医疗手段更加完备，遏制了疾病的传播，所以出现人口增长。但在1914年前，中国和印度并不具备多少医疗设施，仍然经历了人口大增。原因可能有改良种子，优化耕作方法，施用肥料提高土壤肥力，增加灌溉面积，引进新作物，控制病虫害，粮食供给由此增加。另外，随着沟通网络的改善，地球上大片区域安享和平，地方暴力事件减少，死亡率降低。饥荒救济工作也发挥了重要作用。尤其在印度，铁路把大量食物运到庄稼歉收地区。而随着交通条件的改善，病原菌随商品、思想的流通传播，人们不断接触到各种传染病，流行病的危害性下降。这也是世界人口爆炸性增长的因素之一。

亚洲传统政权不能应对人口增长压力。驻守印度的欧洲管理者、远赴中国的传教士对此也无能为力。只有日本创造了工业新就业岗位，吸收了农业剩余人口，化解了快速增长的人口压力。但在美洲、非洲和东南亚部分地区，仍有不少扩张空间。1850年至1914年间，在这三个地区，人们依然不用费多大力气就能找到可开垦的新土地，也无须变更传统农耕办法。

因此，美洲社会在一战前没有经历巨变。欧洲在非洲设立的行政管理机构对多数非洲人影响甚微。原有做法仍大行其道。新世界也是这种情况。中南美洲的欧洲、非洲族裔，以及美洲印第安农民仍然过着原来的生活。

⚔ 欧洲技术的影响

沟通条件改善和人口增长所产生的影响在很大程度上是无意识的。没有人能预见到这一点，并相应采取行动。但欧洲高超技术对其他民族的影响却是有意识决策的结果。西欧之外的民族不得不承认，欧洲社会和文明要比当地优越。虽然农民可以忽略这一问题，但他们的文化和政治领袖却不可能坐视不管。

也许我们应该区分一下"内环"和"外环"这两个概念。"内环"指的是在一定程度上继承欧洲遗产的民族，外环则不是。东欧俄罗斯人和巴尔干半岛基督徒半进半出于欧洲文明圈，并因此感到羞愧而又自豪。在海外，美国、英联邦国家，以及定居在拉丁美洲、不靠美洲印第安人和黑人劳动力生活的西班牙人和葡萄牙人也属于"内环"。他们面临的问题是，开发周边空地，使精致文明生活自主发展，赶上欧洲水平。

"外环"面临更艰难抉择。中国人、印度教徒和穆斯林必须在舍弃珍贵历史和赶超欧洲之间作一权衡。日本选择全盘西化，很快迎头赶上。除日本外，其他以古老文明为荣的民族都不能、也不愿意做出艰难抉择。他们犹豫不定、心神不宁、踉跄挣扎、苦挨忍耐。

在本章历史时期中，撒哈拉以南非洲和中美印第安人受欧洲统治。美洲印第安人对这一境况并不陌生。公元 1600 年以前，他们就已眼睁睁看着西班牙人毁掉了自己的政治统治中心，本族高雅文化自此湮灭不闻。相比之下，非洲的王国和部落只是在 19 世纪末才受到欧洲管理者的控制。欧洲人改变非洲文化和政治组织的程度差别很大。总体来说，英国人尽量保留原有政治和社会体系。而法国人，和征服美洲的西班牙人一样，将自己的政治和教育模式强加给非洲被统治者。

世界范围内沟通条件的改善让弱小民族生活维艰。比如，在澳洲大陆上生活上万年的土著人，不能调整方式，应对侵入的白人。

塔斯马尼亚人、太平洋群岛部分民族、爱斯基摩人、北美及南美南端的印第安部落都是如此。这些地区与外界接触的结果是，流行病肆虐，人口大减，社会习俗瓦解。虽然在多数情况下，这些民族并没有消亡，但他们惯有的生活框架急剧崩坏。

※ "内环"应对之道

当时,美国是"内环"最重要的海外因子,与半欧化的陆地大国俄罗斯有很多相似之处。俄罗斯与巴尔干基督徒以及西方斯拉夫人(波兰人、捷克人和斯洛伐克人)的关系和美国与加拿大、拉美关系相似。1850年至1914年间,俄罗斯和美国在国内发展方面既存在有趣相似点,又有重要不同。

美国民主和帝国增长

到1850年时,美国已在民主革命和工业革命之路上走了很远。美国人可以豪迈宣称自己是民主自治政府的先驱和世界工业潮流的引领者。美国缺乏的是资金、人口和文化修养。1865年南北战争结束后,美国人迅速补上了这三个短板。

资金从欧洲而来,尤以英格兰为多,形式是中短期借款。另外,康内留斯·范德比尔特(1794年—1877年)、安德鲁·卡内基(1835年—1919年)、约翰·戴维

1894年的纽约和布鲁克林

19世纪,纽约成为美国主要商业金融中心。1845年至1914年间,上百万欧洲移民从农村来到纽约,肩扛手抬建起了图中的城市。这张照片展现了连接布鲁克林和曼哈顿的布鲁克林大桥。该桥于1869年破土动工,因遭遇一系列工程技术难题,修了14年,于1883年建成通车。当时,布鲁克林大桥是建筑奇迹,全长1825米,是全世界跨度最大的桥。巨大敦实的桥塔从东河耸立而出,钢丝将桥身从桥塔上吊起来。这种建筑工艺也是史上首例,表明美国不仅赶上了欧洲技术,而且还实现了超越,靠的就是将新材料、新方法运用到工程技术和工业项目中。

森·洛克菲勒（1839年—1937年）、亨利·福特（1863年—1947年）等精明强干的实业家很快掌握了投资利润、积累资本之道。钢铁、石油和汽车生产成本高，导致竞争不充分（理论上，价格应紧贴生产成本）。因此，上述实业家能自由设定市场价格，并将高额利润重新投入到新工厂，迅速创造巨额财富。到1914年时，虽然美国在国际货币市场上还是"债主国"，但已经开始将大量资本出口到加勒比海地区、墨西哥、夏威夷等地。

人口增长通过欧洲移民和美国现有人口的自然增长两个途径实现。几十年后，来自英伦诸岛、德国和斯堪的纳维亚半岛的移民流渐渐变小。南欧和东欧族裔人数逐渐增多。意大利人、波兰人、捷克人、克罗地亚人、犹太人、希腊人、乌克兰人及多种族裔纷至沓来，涌入美国各大城市。他们为新工厂、建筑工地，以及其他卑微粗重的工作提供了劳动力。

❧ 国内政治问题

资本增长和移民潮给民主政治体系造成了种种问题。农民和小企业主常感觉自己受铁路及其他利益阶层的挤压，因而愤愤不平。1887年，美国通过铁路运价管理条例，在一定程度上疏解了民怨。但因公众长期呼吁降低借贷利率，美国无法将美元同金本位脱钩。同样，公众反移民运动不仅没有产生收益，反而关闭了中国人和日本人这两扇"廉价劳动力"大门。1886年，美国劳工联合会成立，工会获得稳定生存地位。起初，只有少数技术行业有工会组织。在这些行业中，不懂技术的廉价移民劳动力人数较少。

1890年前，美国边境仍可开辟为农田。任何人只要愿意种地，不用花多少钱就能买到公共土地。新旧移民、工人和资本家之间的政治冲突因此缓解。有了这一资源，对社会现状不满的人能够重新开始。生活的艰辛、内心的怨愤就能减轻很多。最初，美国西部移民人数较多，西南干旱地区则无人想去。因此，1912年前，亚利桑那和新墨西哥这两个地方还没有建立州政府。与此同时，美国向海外扩张领土，将菲律宾群岛和波多黎各纳入政治版图。其中，波多黎各是1898年美西两军开战，美国取胜后从国运衰落的西班牙帝国购得。

❧ 美国海外扩张

通过美西战争，并对巴拿马、尼加拉瓜、海地、墨西哥及其他拉美国家实施外交和军事干预措施,美国迅速扩大帝国势力圈。德国也在同一时期达到同等水平,要求获得"太阳下的位置"。英国实际上为美国和日本腾出了空间。日本组建海军,并在1894年至1895年甲午战争中战胜中国,在远东缔造日本帝国。在日本和美国势力范围内,英国让出了海上控制权。面对德国咄咄逼人的竞争势头,英国采取其他政策似乎都是不切实际的。为防御德国,英美两国在没有签订任何正式联盟协议的情况下,建立了和谐亲善关系,成为一战期间最重要盟友。

美国文化和社会

在政治军事扩张方面,美国取得了实实在在的成功。从物质层面上来讲,美国快速赶超欧洲最发达国家,这一点毋庸置疑。但文化平等更难实现。范德比尔特、卡内基、洛克菲勒、福特等工业领军人物无一例外都把私人财产的一大部分用于建设教育机构,提高美国文化生活品质。1890年后,大学、图书馆、交响乐团、歌剧公司及类似组织在美国各大城市如雨后春笋般出现。不过,虽然美国政府提供了大量的物质和财政支持,文化创造力仍落后于欧洲。

1914年前,美国的一流艺术家、思想家人数寥寥。实际上,少数学养深厚的美国人,如小说家亨利·詹姆斯(1843年—1916年)甚至选择离开美国,旅居欧洲。原因是,他们发现自己的同胞粗鲁无礼、冷漠无情。虽然美国社会各阶层投入不少金钱,积极自觉培养国民文化修养,但在1914年美国文化仍然没有摆脱偏狭庸俗的习气。

美国生活的落后状态在南北战争前的南方体现得最明显。南北战争后,政府曾花了一定气力让黑人参与政治生活,但以失败告终。到19世纪70年代时,黑人仍受"吉姆·克劳法"的种族隔离限制。黑人佃农种植棉花烟草的方式几乎与1863年前的奴隶没有任何差别。他们所受的教育、所掌握的技能、所拥有的投票权,以及对现代新生活的了解程度都比奴隶制下的情形好不了多少。为了寻找更好生活机会,一些黑人迁居城市。南方城市是他们的主要落脚点。而且爵士乐实际上就是新奥尔良的黑人音乐家发明的。我们还要说明的是,爵士乐是第一个真正具备独创性、带有强大文化创造力、贴有"美国制造"标签的文化现象。但在1914年,爵士乐仍隐藏在新奥尔良、孟菲斯、堪萨斯城的穷街陋巷中。美国绝大部分人和世界各地的人是在一战后才发现这一美国原创音乐形式的。

加拿大和澳大利亚

几乎在所有方面，加拿大比美国差不多落后了一代人的时间，但其发展曲线与美国大致相同。澳大利亚和新西兰在一个重要领域里与美国不同。19 世纪 80 年代起，两国都通过立法增加非英裔移民难度。这种政策减缓了两国人口增长速度。另外，两国都细化法律条款保护工人，因此工业发展速度比同时期的美国要慢。1901 年，澳大利亚殖民地联合成立了澳大利亚联邦。1907 年，新西兰也建立了自治政府。两国都倚重农业，农村和城市界限分明。农村人口分布在辽阔无边的草场上，以饲养绵羊为生。城市人口高度集中在两三个港口城市，从事进出口贸易和原材料加工出口生意。

很显然，这样的社会还有很长的路要走，才有望达到欧洲的复杂成熟。但和美国、加拿大一样，生活在"地球另一边"的人常常宣称他们的生活方式优于旧世界。在他们眼中，旧世界文明之所以发达，部分是因为建立在富人剥削穷人的基础上。这一点完全正确。

南非

南非情况与上述国家不同。荷兰殖民者后裔布尔人保留了自己的语言。而且在 1901 年前，就已经用枪炮武装自己，抵抗英国入侵，捍卫乡村生活方式。起初，布尔人退守内陆。1867 年和 1886 年，布尔人在自有土地上分别发现钻石和黄金。英国人纷纷来此采矿，遭到布尔人驱逐。面对此景，大英帝国宣布，从开普敦到埃及开罗的东非所有地区归英国所有。呼吁英国扩张的人中以塞西尔·罗兹（1853 年—1902 年）最为积极。罗兹以开采金矿起家，后来投身政治。他的这一倡议引发了 1899 至 1902 年英布战争。双方势均力敌，战争难决胜负。最终英国人把布尔妇女儿童赶到戒备森严的"集中营"里，并切断布尔军补给，烧毁农舍建筑，赢得战争胜利。

南非生活的另一特点是，班图语族非洲人，以及混合欧洲、印度尼西亚和科伊科伊人种的"开普有色人种"人数众多。1910 年，南非联邦建立，布尔人、英国人和"开普有色人种"都获得了投票权，但班图人被排斥在外。布尔人认为，班图人生为仆佣，低人一等。英国人虽然和布尔人态度不同，但认为班图人应维持部落政府，实现向现代生活的平稳过渡。

南美

南美另有不同。阿根廷、巴西南部和智利仍对欧洲移民敞开怀抱。但南美距离欧洲较远，越洋去美国的移民人数较多。铁路修建后，农业迅速向内陆扩张。外国资本起到重要作用，其中多数来自英国。"南锥体"重视农业出口，巴西咖啡、阿根廷牛肉和谷物供应世界市场。组织出口贸易者为地主上层。他们的生活方式与南北战争前美国南部种植园主相似。而在田野草原劳作的农牧人过着混乱无序的边疆生活。

巴西最南部省份的矿主、咖啡种植园主和企业家把黑人、印第安人聚居区视为殖民地。巴西曾和阿根廷结盟，推翻了巴拉圭政权。而在巴拉圭，耶稣会传教组织被毁，三位军事独裁者相继执政，招募瓜拉尼印第安人，打造纪律严明的军队。1864年至1870年，巴拉圭战争爆发。巴拉圭人死伤惨重。

此后，智利人再次向世人证明，一个掌握欧洲技术的人口能够施加军事强权。1879年至1883年，智利、玻利维亚和秘鲁三国为争夺储藏在南美海岸荒漠中的珍贵海鸟粪而干戈相向。最终，印第安人占人口多数的玻利维亚和秘鲁战败。智利夺得这些富含磷酸盐的鸟粪，掌控1914年前世界上最廉价、最优质的化学肥料。

亚洲"外环"

俄罗斯社会上层和农民阶层之间的差距与中国人、日本人、印度教徒、穆斯林之间的差距相当。后者的差距体现在,一小部分人深谙欧洲文明,但绝大多数人无知无觉。所以在这方面,以及其他很多方面,俄罗斯一半是欧洲社会,一半是亚洲社会。

中国

1895年前,中国统治阶层仍秉持原有思想方式,几乎不曾变动。经历过太平天国运动(1851年—1864年)这一严重危机后,中国暂得喘息机会。但这一机会白白流失,中国在这段时间里如一潭死水静滞不动。

麻烦在于,幼年熟读儒家经典的中国知识分子没有一个人真正意识到中国政治需要根本的变革。清政府曾委托外国人推行了一些改革。1863年,英国人赫德组建中国海关,使之成为效率最高的中国政府部门。1896年,中国在全国范围内设立邮政系统。该部门原隶属海关,实际上担负着培训中国现代官僚的使命。

清政府有意创建现代海陆两军,但没有下多大气力。1875年至1878年间,中国陆军攻打中亚穆斯林和土耳其人,将中国边境恢复到原有水平。中国对西藏和蒙古的控制较弱,但从未放手。另一方面,俄罗斯侵入满洲,法国于1883年占领越南,英国于1886年征服缅甸,原有承认中国宗主权的外围领土越来越少。

欧洲和美国传教士深入中国腹地。19世纪80年代,铁路将西方商品运往中国内陆。华北的煤矿和铁矿也以西法开采运营。但所有这些东西都未能改变中国人的信念:要想活命,就得靠老法子,别的方法不顶用。

随后,日本和中国就朝鲜问题发生争执。1894年,中日战争爆发。开战不久,日本捷报频传,中国大伤自尊。半个世纪以来,中国人不得不忍受这样一个事实:西方蛮夷有秘招打赢战争。但中国人没有用心找出这个秘招到底是什么。而现在再明显不过的事实是:就连日本人都知道了这个秘招。要知道,日本起步时的技术水平比中国高不到哪去。无所作为再也行不通。激烈决绝势在必行。

※ 对外国列强的反应

行动之所以如此紧迫，是因为此时欧洲人正加紧计划，意欲在中国划定势力范围。1897年至1898年，德国从清政府租借山东半岛，引发其他列强的疯狂争抢。他们都急于争到新权利。内陆铁路通行权迅即成为利害攸关的大奖。俄罗斯获得满洲铁路控制权，英国计划用汽船和铁路打开长江，法国聚焦南方，从河内修通北上云南的铁路。德国人来得比较晚，将势力范围锁定在北京近郊，把其他列强挡在京城外。而美国则提倡"开门"政策，希望每一国都平等享有中国全境通行权。

中国人的第一反应是奋力赶走外国人。秘密社团组织"义和团"宣扬，中国人理应仇视一切外来者。但他们用错了办法，企图借魔力挡住欧洲人射来的子弹。1900年，义和团攻击欧洲驻京公使馆，被工作人员赶走。欧洲列强派远征军增援，将义和团残忍射杀，并要求中国政府赔偿西方人损失。

面对义和团运动的失败，中国人纵有不情愿，也不得不直面改革现实。1905年，清政府废除古老的官吏选拔制度——科举制度，不再考查士人君子对儒家典籍的掌握情况。这一变化对中国影响深刻。原来还对古圣先贤的著述字斟句酌的年轻人如今涌入传教士学堂学习，希望找到西方强大的秘密，并在政府谋得一官半职。不少年轻人东渡日本求学。美国决定从庚子赔款中抽出一部分，赞助中国学生到美国大学学习。

显然，西式教育需要一段时间才能产生效果。语言这一障碍很难跨越。洋学堂什么时候才能培养出新一代？当时的中国人心急火燎，无暇思考。秘密结党发动革命一直是古代中国社会的一个特点。1894年至1895年甲午战争后，这些党会重获新生。同盟会领袖孙中山（1866年—1925年）从西方和日本政治论著中汲取营养，希望找到适合中国情况的思想，最终提出一套融合民族主义和社会主义的革命观点。

1911年，辛亥革命爆发。次年，年仅六岁的皇帝逊位，清王朝终结，但人们对前路却越来越迷惘。此时，封建军阀希望建立新王朝，反对彻底革命。身为国民党党首的孙中山对封建军阀提出挑战。西方列强加剧外交干涉和商业利益争夺，中国苦难深重。而日本于1910年吞并朝鲜，此时已显露真面目，意图挑选傀儡登上中国皇位。

到 1914 年时，中国的政治统一和独立局面行将崩溃。中国曾满怀文化自豪，对外部世界置若罔闻，如今尝到苦果。

日本

日本历史的方方面面都与中国的不幸遭遇形成鲜明对比。1867 年，天皇"复辟"，决意实施彻底改革。日本的运气好就好在登上皇位的这位年轻人——明治（在位时间 1867 年—1912 年）聪颖睿智、意志坚定。危急关头，他一次又一次选对佐臣，力挽狂澜。在明治天皇治理下，日本保持了政策的连续性，取得了惊人成就。

政治改革

明治政府的首要目标和中心任务是壮大日本国力，让大和民族不再畏惧外国的坚船利炮。推翻幕府政权的武士一派很快认识到，要实现上述目标，必须进行深远的变革。1869 年至 1871 年，他们废除了"封建主义"。这意味着武士阶层没有权力再向农民征收米租，但他们因此得到了一笔收益丰厚的政府债券作为补偿。

邮政、日报、以开办西学为务的教育部随后跟进。1872 年，天皇下诏实施普遍兵役制。这一诏令具有激进意味，不深入思考很难理解其对日本社会的重大意义。诏令实施前，携带兵器是武士阶层令人艳羡的特权。而现在，商人、贫苦农民，甚至是让人瞧不起、只能干粗活脏活的人也能参军入伍。军队提拔军官看的不是出身和传统社会地位，而是能力资历。这为人才打开了一扇职业大门，对贫寒农家子弟尤其有吸引力，但也招致了守旧武士的不满。1877 年，他们发动武装叛乱，遭到新军镇压。胜利之后，旧秩序土崩瓦解，完全无望东山再起。

日本人从不执于过去。1889 年，天皇以德国俾斯麦帝国体系为蓝本，颁布新宪法，将投票权限制在富裕阶层中。选举产生的日本国会（即议会）权力非常有限。但国会也为有政治地位的日本人提供了向政府最上层表达意愿的通道。这其实正是国会的使命所在。随后，日本政府按照欧洲财产权和司法程序思想修改各项法律。1897 年，日本确立日元金本位制度。

与此同时，日本政府大力引进现代工业，装备海陆两军。在日本，一般是政府牵头实施创新，工厂接力生产合意产品，政府承担销售任务，有时会以极低价格卖给私人创业者。这意味着，企业初创成本是由政府承担的。而政府有税收兜底，能经受住初始损失。但私营企业主接手后，自由市场价格便开始发挥作用。日本政府对欧美进口工业品设置低税率，因此日本企业必须提高生产效率，才有望占领市场。到1914年时，一些日本产品，尤其是纺织品，开始在远东出口市场上与欧美产品抗衡。

日本首度开放国门时，曾与西方列强签订条约，赋予西方人治外法权。1899年，西方强国放弃该权利，可以说是对日本改革成就的认可。两年后，英国与日本结成军事同盟。1904年至1905年，日本在满洲击败俄罗斯人，把他们赶到阿穆尔河对岸，让整个亚洲和欧洲大部分国家刮目相看。1895年，日本打败中国，吞并中国台湾。1910年，镇压朝鲜叛乱，控制朝鲜。

纵观日本历史，日本农民一直勤勤恳恳，安分守己。虽然贫穷困苦，挣扎在饥饿边缘，但有冲劲、有抱负。最初，日本工业发展所用资本多来自于农民上缴的重税。后来，工业从产品销售利润中获得发展资金。再后来，日本建立起了一个东亚殖民帝国，将该负担转嫁给朝鲜、中国等其他国家。

成功因坚定不移的社会自律而造就。几千年来，日本社会形成了上有命令下顺从的习惯。权力原来控制在军事氏族领袖手中，现在转移到天皇及其身边的重臣手上，最终又被少数几个普通人稀释。虽然出现了这样的变化，但目标并没有发生多大变化。那就是，提高军事实力、壮大日本国力不再是为了某一氏族，而是为了整个日本。

日本普及初等教育，民众得以了解到西方文明技术之外的方方面面，但对19世纪兴盛于西方的自由平等思想印象不深。换言之，民主革命并没有随着工业革命来到日本。日本之所以能快速顺畅吸收西方工业和军事科技，靠的是旧式不平等思想。

印度

信奉印度教的印度与日本有一个相似点。很多印度人就读于欧式学堂，对欧洲文明有一定了解。但日本和印度之间的差异性要远远大于相似性。印度政府按英国自由原则施政，很少插手经济事务，认为经济事务归属私人企业。但除少数印度拜火教徒和外国人外，印度其他人不像日本人那样热衷发展现代工业，引进新技术。

最终结果是，印度虽有四通八达的铁路网、高度廉洁的政府、法律保障的行动自由，在工业上却进展缓慢。印度政府实施自由贸易政策，本土制造商不得不与英国工厂竞争。日本与西方列强签订条约，关税税率降到极低，因此在工业发展之初同样处处受限、举步维艰。但正如印度民族主义者经常所说的那样，不能把所有错都推到自由贸易上。印度工业发展不力基本上是因为，没有一个要人显贵有意志推动工业生产。对于受过英国教育的印度人来说，官职荣身，其他职业了无进益。

人口增长后，饥荒频发，危害严重。从1883年起，印度政府采取一系列措施，赈济庄稼歉收灾民。但这不仅没有解决问题，反而让问题恶化。因为，农耕水平维持不变，而太多人指望着从已有土地上吃饱吃好，结果可想而知。

相比经济领域，印度人参政热情更高。1885年，印度国民大会党召开第一次会议。与会代表讨论各类政治问题，要求在政策制订过程中扮演更重要角色。国大党领袖认为，英国自由议会制理想值得追求。虽然英国人并没有完全满足他们的要求，但渐渐让印度代表进入高层议事会中。

1905年，印度总督决定将富裕大省孟加拉一分为二，疑声四起。有人认为，英国实际上是在走分而治之的老殖民路线，意欲把孟加拉分成两部分，一部分让穆斯林占多数，另一部分交给印度教徒。抗议活动在加尔各答等城市上演。参与者不仅有受过教育的社会上层人士，还有普通老百姓。一少部分人策划暗杀活动，以示反对英国政策。英国出兵镇压，但在1911年，经仔细斟酌后，决定将孟加拉重新合二为一。

除孟加拉政治骚乱外，多数印度人依然有很强的政治惰性。1911年，印度迁都德里。英国国王乔治五世前往印度接受加冕，登上印度皇位，场面富丽盛大。印度各大王公列席参加，以示对英王效忠，表达英国统治下印度民族的满足之情。

伊斯兰

很少有印度穆斯林去英国学堂读书，在印度政府任职。他们多在军队扮演重要角色。但总体来说，穆斯林很难适应基督徒统治。其他国家的穆斯林也是这种情况。到 1914 年时，伊斯兰世界绝大部分地区已受欧洲控制。1830 年，法国攻陷阿尔及尔，殖民北非。1881 年，又占领了东部的突尼斯。1912 年，法国对摩洛哥的宗主权得到国际认可。在此之前，这一权利遭到德国反对，引发两次国际危机。法国势力还越过撒哈拉沙漠，向南部扩张，侵占了西非多数穆斯林王国。而逃过法国人的非洲穆斯林被英国人征服。

意大利与土耳其交战，于 1911 年攻取的黎波里。1882 年，埃及落入英国人之手。在苏丹，一位世俗领袖自称是马赫迪（真主委任的所有虔诚穆斯林的领袖），并将埃及管理者逐出国境。英国出兵苏丹，对其实施英埃共管。红海、波斯湾海岸线、波斯和阿富汗南部也在英国势力范围之内。这些地区名义上保持独立，实际上接受英国补贴补给。亲英派上台，反英者遭逐。

在内陆，穆斯林的日子也好不到哪去。1884 年，中国和俄罗斯将中亚最后一个独立汗国挤了出去。1907 年，俄罗斯和英国达成总协定，控制了波斯北部三分之一领土。在巴尔干半岛，保加利亚、阿尔巴尼亚、塞尔维亚、希腊于 19 世纪上半叶纷纷独立。奥斯曼土耳其丢疆丧土，节节败退，看不到一丝希望的曙光。简而言之，穆斯林在所有战场上败绩连连。这让他们难以忍受。因为自先知穆罕默德以来，穆斯林在战场上所向披靡，安拉恩佑穆斯林的念头在他们头脑里根深蒂固。

内忧

土耳其人、波斯人和阿富汗人仍在名义上保持独立。他们各有各的历史、语言和军事传统。但这其中最强的两个民族——土耳其人和波斯人面临着一个两难窘境：如果完全保留民族特色，则帝国地位不保，不能控制其他民族。

比如，1908 年，军官、改革者秘密结社，成立"青年土耳其党"，在奥斯曼帝国发动革命。他们希望把奥斯曼变成一个世俗政权，结束长久以来穆斯林和基督徒的纷争，最终实现不论信仰何种宗教，人人争做"奥斯曼人"的理想。青年土耳其党认为，土耳其人理应继续统治奥斯曼帝国。看到议会选举中保加利亚人、希腊人、亚美尼亚人、阿尔巴尼亚人及其他民族固守自我利益时，青年土耳其党十分不满，于是发动政变，建立威权政体。该政权领导人奉行以泛土耳其主义取代奥斯曼主义，目的是激发居住在中国和俄罗斯的突厥语族人，让他们意识到自己和奥斯曼土耳其人同呼吸、共命运。青年土耳其党领袖梦想缔造一个庞大的亚洲帝国，让土耳其人成为人口多数。一战中，土耳其政府站在德国一边。因为，俄罗斯帝国不解体，泛土耳其主义就不可能实现。

至于波斯人，他们的子民多说土耳其语。自萨法维王朝以来，这些土耳其"波斯人"就已信奉什叶派伊斯兰教。因此，任何对传统宗教基础的背离都会立刻导致波斯帝国解体，没有哪一个波斯人愿意看到这一点。

在所有穆斯林中，数阿拉伯人和印度穆斯林最为困惑。阿拉伯人举棋不定，不知道是应该建立埃及、叙利亚那样的地方政权，还是泛阿拉伯帝国。犹豫不决的根源是，他们不知道是应该建立强大世俗政权，还是尽忠于伊斯兰教教法。但事实再清楚不过：世俗政权和伊斯兰教教法互相干扰，鱼和熊掌不可兼得。一直到1914年，阿拉伯人还没有找出问题的答案，因此闷闷不乐、怒气满怀。而印度穆斯林两面邻恶：他们没有自己的国家，既害怕身边占人口多数的印度教徒，也不愿委身于英国人。

诚然，在世界一些地方，穆斯林仍然处于上升势头。在非洲大部分地区以及整个东南亚，伊斯兰宣教活动面临基督教竞争，但皈依穆罕默德信仰的人数持续增加。伊斯兰教为这些民族提供了一种文明信仰，让他们走出隔绝状态，并得到各种实惠：读书识字，告别愚昧；有世界观，解答所有根本问题；有准则，规范日常行为。还有两个好处是：一夫多妻（这一点对奉行多配偶制的民族非常重要）；不必和占政治主导优势的欧洲白人发生关联。虽然穆斯林宣教活动在世界这些地区不断取得成功，但这不能让身处穆斯林腹地的人得到多大安慰。他们很难知道那些遥远的地方发生了什么，即便是知道，也无助于解决眼前迫切问题。

结论

　　1850年至1914年间,安第斯山脉村庄几乎不受世界大事件影响。全球其他地区也存在类似村落。但有一点确凿无疑:世界远比从前联系得紧密。欧洲人像一只巨大的蜘蛛,环绕全球织出了铁路和电报线路网,将所有人类网罗在内。那些逃脱畏缩,希冀回到过去美好时光,与异族和陌生客不相往来的人都不可能遂心如愿。在接下来几章里,我们将按十年一经纬审视全球,看看迄今为止人类如何观照新事态,应对前所未有的新机遇、新难题。而且,我们不应该忘记,每一部分、每一阶层、每一群体、每一个人加在一起组成了人类。

第二十三章
20世纪的世界战争

公元1914年　　　　　公元1945年

解放（1945）

在人类世界中,毁灭和建设密不可分。这幅画作于二战末。可能是因为20世纪战争对美国破坏较小,美国画家本·沙恩(1898年—1969年)可以从容礼赞人类面对废墟的达观态度。该画现由纽约现代艺术博物馆收藏,詹姆斯·萨尔·瑟比遗赠。

20世纪的两场大战：1914年至1918年的第一次世界大战和1939年至1945年的第二次世界大战，有很多相似之处，可以合并讨论。两场战争都从欧洲肇始，都是德国与盟国交战，以德国战败告终。但德国战败仅仅是在美国将资源和人力投入到欧洲战场后才发生的。到1945年时，美国国力明显超过其他所有国家，不仅傲视欧洲，而且称雄全球。当然，美国只是暂时领先。但美国的兴盛，以及此后苏联和日本的崛起标志着16世纪以来西欧执掌世界领导权时代的结束。

从另一种意义来说，两场大战也标志着一个时代的结束。1914年前，民主议会制政府，以及个人对市场利益的追逐似乎是未来的浪潮，是进步的通道，所有民族最终有望沿着这条路走向和平繁荣的未来。但两场大战让人们看到事情没有那么简单。战争的血腥残忍明显与人们此前对文明进步的信心不相调和。还有一点清晰无疑：凌驾于私利规则上的政治组织在增加生产、提升国力方面远比人们想象的效率要高。经济体经管理后能创造奇迹，不经管制的私利不可能望其项背，这一事实在二战中体现得比一战更明显。

民主代议制政府也遇到了新挑战。1917年，俄罗斯建立共产主义政权。1922年，意大利成立法西斯政府。二者都以团结为政治理想。在俄罗斯，这一理想体现在对列宁及其追随者的阶级团结，在意大利是对墨索里尼及其追随者的民族团结。共产主义者和法西斯分子都认为，民主政党和选举活动会放纵个人追逐私利。这种行为不仅邪恶不道德，而且效率低下。相反，社会主义管理形式或公司组织可以更好满足人类需求，能破除战前社会旧资本主义的自私自利。德国和意大利战败后，法西斯臭名远扬。二战后，俄罗斯式共产主义的效率也越来越低。总而言之,1914年一战爆发前,人们认为民主、自由、代议制普遍适用,是善政之方。二战后,这一信心再未能完全恢复。

一战和二战也改变了公众对战争的态度。1914年,数百万欧洲人按照早已制订好的动员计划应征入伍,对短期内打赢战争信心满怀。战争似乎是一场适者生存的检验,一个彰显国力的方式,一种有用的治国工具。数年后,经过两场全球战争,数百万人惨遭杀戮,战争的荣光和英勇气概几乎荡然无存。不过,虽然人们对战争不无恐惧,却并未中止备战姿态。越来越昂贵的军备竞赛在1945年后展开,激烈程度甚于1914年前。

从所有这些角度来说,20世纪两场大战构成了国际事务的转折点。其全面含义和深远影响,我们仍未知晓。不过,事情看起来似乎是这样:这两场大战标志着我们通常所称的世界现代史的终结。"现代"发轫于1450年左右,在1945年画上句点。新时代叫什么,我们还没有起好名字。生活在其中的我们只能心怀好奇,驻足等待,看看事情最终会变成什么样子。

⚔ 一战爆发

1914年6月28日,在波斯尼亚首都萨拉热窝,一个名叫加夫里洛·普林西普的年轻人愤怒射杀了奥匈帝国皇储弗朗茨·斐迪南大公。普林西普是塞尔维亚人,奥地利人因此认为塞尔维亚政府应为此次暗杀负责。在此之前,塞尔维亚和奥匈帝国君主之间的摩擦已经非常激烈。塞尔维亚人生活在两国边境线上,塞尔维亚民族主义者希望建立主权统一国家。暗杀事件后,奥地利政府决定借势给塞尔维亚人上一课。他们错误地以为,欧洲其他国家政府也不会支持暗杀活动。而且,如果奥地利对塞尔维亚政府的要求不那么苛刻,或者塞尔维亚政府不那么尽力满足奥地利要求,那么这场危机可能仅仅局限在巴尔干半岛,就此终局。

但自1907年以来,欧洲列强各自结盟,形成对立阵营,把一次外交危机演变成了一场灾难。俄罗斯支持塞尔维亚,德国力挺奥地利,法国站在俄罗斯一边反对德国。英国在犹豫之后,试图找到和平解决方案,但最终和法俄站在一起。只有曾经与德国和奥地利结盟的意大利没有加入。危机全面升级为战争。7月28日,奥地利向塞尔维亚宣战。8月3日,英国向德国和奥地利发动战事。

危机升级为战争的原因之一是,欧洲列强已经提前做好了详细周密的动员计划。只要一下令,就会立即生效。一旦更改,就会陷入乱局。每一计划都包含精确计算的时间表,经铁路运送部队和补给到战略地段,能够在最短时间里调集最大兵力。哪支部队战斗力最强,出兵速度最快,就能成功实施对敌战略计划,并有望在短短几周内赢得决定性胜利。所有决定速度、人数、物资和作战质量的东西都会到达战场。第一动员令一旦生效,就绝不允许有片刻延迟或犹豫。因此,在奥地利做出攻打塞尔维亚的决定后,俄罗斯立即调军,德军、法军接连出动。如果敌方动员计划也于此时生效,则作战双方都没有回头路。

事实证明,德国战争计划效率最高。德国向比利时大举进军,计划穿过法国北部,包围巴黎后,到后方将部署在德国边境沿线的法军击溃。这一计划在头几个星期里发挥了作用。但到了9月初,德军离巴黎越来越近,两支先遣纵队间出现了一道口子,法军乘隙而入。因害怕先遣部队被切断,德军决定于

一战导火索

1914年6月28日，加夫里洛·普林西普在萨拉热窝枪杀哈布斯堡王朝皇储弗朗茨·斐迪南大公。这张照片记录了普林西普（图左）行刺后被捕的情景。被捕之前，普林西普吞下了一粒装有毒药的胶囊，但并未死亡。后来，他接受了奥地利当局的审判。当时，普林西普只有18周岁，尚未达到法定行为能力，被判最多20年监禁。1918年4月，他感染肺炎身亡。六个月后，哈布斯堡王朝在他引发的战争中覆灭。照片中人物所着服装风格多样，既有西式军装和便装，又有当地传统服饰，可见当时波斯尼亚国内正在发生文化冲突。穆斯林头戴圆筒形无檐毡帽，方便祷告时将额头抵在地面。基督徒戴檐帽或无檐帽，彰显身份不同。

1914年9月9日撤到马恩河后。

僵局和战争激化

撤军意味着德国计划已告失败。但法国也未能直接越过边境攻打德国。进军东普鲁士的俄罗斯人也于9月15日折返。就连计划征服弹丸小国塞尔维亚的奥地利军也未能如愿。机关枪和步枪杀伤力巨大，超出所有人预料。步兵为了活命，只能拼命挖壕修堑。

1914年底，法国挖通了南起瑞士边境、北到英吉利海峡的战壕。接下来四年里，敌方屡次攻打，始终未能打破战壕防线，因此西线未能取得决定性胜利。在东面，战壕受地理间隔无法连接成线。部队能够采取攻势，一次前行或撤退几十、上百千米。但在1917年前，东线也为僵局所困。就算是有一方大胜，也无法保持战果。因为，进攻方不可避免会走到弹尽粮绝境地，而战败方可以逼近粮食弹药供应源，恢复战斗力。

在这种胜负未知的情况下，欧洲各国政府看到了两种获胜之道：一种是找到新盟友，扩大前线，壮大自身实力，击败敌人。到 1916 年时，受外交压力和希腊政变的影响，以及领土进益的诱惑，欧洲大部分地区分成两派。意大利、罗马尼亚、希腊与法国、英格兰、俄罗斯一道，组成协约国。保加利亚、奥斯曼土耳其和德国、奥地利一起结成同盟国。1915 年，德国、奥地利和保加利亚联合发起攻势，占领塞尔维亚，但塞尔维亚仍以希腊为根据地继续反抗。同盟国虽然在比利时和法国北部初获大捷，进军波兰时也赢得胜利，但仍处于四面被围状态。因此，在 1917 年美国参战以前，交战各方不可能通过缔结同盟扭转战局，取得决定性胜利。这种政策只会让更多国家和民族卷入战争旋涡中，让战后和约的缔结更加复杂。

欧洲政府找到的第二条获胜之道是，扩充兵力，加强军备。军事专家达成一致意见，认为应在战争初期调用万门火炮，轰炸敌军战壕，取得关键性突破。但这一计划的缺陷在于，1914 年挖掘的明沟战壕演变成越来越复杂的地下工事，能够抵挡长时间轰击，阻碍突袭战术实施。

尽管战局不明，欧洲各国还是加紧动员后方，为前方提供军事装备。这一政策产生了重要影响。各参战国政府把整个国家变成了军事装备生产公司，将作战计划放在优先位置，实现了商品和士兵产出的最大化。配给紧缺商品、分配关键物资、确保工业生产满足军队需求变成政府施政要素。战争能力被提到难以想象的高度。但这一切都是无用功。双方打了一仗又一仗，还是没有看见预期结果。

⸹ 1917 年至 1918 年：决定性的一年

相比之下，还是有一些政府组织水平更高，更能有效调动资源。比如，德国帮助奥匈帝国君主弥补国内弹药和其他军事装备生产缺口。随着战争时日迁延，奥匈帝国内不同民族间摩擦加剧。到 1918 年时，帝国陷于瘫痪状态。奥斯曼土耳其也依赖德国补给军事装备。到战争最后几个月时，土耳其政府与部分阿拉伯子民间的摩擦进入爆发临界点。

国内危机程度最深的国家还要数俄罗斯。沙皇政府在扩大军事装备生产方面取得了显著成绩。但到 1917 年时，食物及其他民用必需品开始从生产枪炮军械的城市消失。许多乡村男性被抓走服兵役，食物总产量因此下降。而此时，城里已经没有东西可买，留在土地上的人消费更多粮食。

经济困境滋生民众怨气。很久以前，俄罗斯就有革命党。在饥人众多的城市里，以列宁为首的少数马克思主义者赢得了广泛支持。因民众不信任，士气低落，沙皇政府遭到削弱。1917年3月，军械厂等工厂工人在俄罗斯首都举行罢工。社会上层批评声日渐高涨。沙皇被劝逊位。临时政府提议选举，召开立宪会议，为俄罗斯起草新宪法。与此同时，俄罗斯不得不继续参加一战。

食物及其他生活必需品愈发匮乏。因此，当列宁喊出"和平、土地、面包"的口号时，俄罗斯人积极回应。很明显，要实现"和平"必须拨乱反正。"土地"对生活在地主庄园上的农民有莫大吸引力，他们渴望夺取自己耕种的土地。"面包"对饥肠辘辘的城市居民意味着活命。不过，大家都没弄明白该怎样把面包拿到手。结合俄罗斯时局，列宁的口号极具诱惑力，尤其是对农民。那些参军入伍的农民决定赶紧回到村庄，拿到自己应得的那份土地。逃兵越来越多，军纪日趋涣散。俄罗斯不可能继续参战。

1917年11月6日晚，列宁在俄罗斯首都彼得格勒（原名圣彼得堡，后命名为列宁格勒）夺取政权。城市工厂工人组编的赤卫军是他的支持者，但列宁权力的真正基础却在于宣传口号和苏联共产党。马克思主义认为，无产阶级社会主义革命注定要在最发达工业国家首先发生，而非农业大国俄罗斯。因此，在掌握政权后，列宁坚信德国、法国和英格兰会随时爆发革命。为推动社会主义革命，他单方面宣布和平，谴责继续参战的资本主义政府，并将一份秘密协约公布于世。这份协约是沙皇政府与法英意所签，目的是瓜分奥地利和奥斯曼。

列宁掌权后，俄军随即解散。德国人恣意向东线发动进攻，但他们不愿意走太远，倒是希望从俄罗斯垮台中得利，好把兵力集中在西线，赢得决定性胜利。仍有一小部分德军留在东线。1918年，德国与苏共在布列斯特签订和约。波兰、乌克兰、外高加索地区和波罗的海诸省从俄罗斯独立。

但德国必须也在西线打败英法两国，才能显出东线胜利意义。1917年4月6日，美国参战，德国胜利希望愈发渺茫。在整个一战中，美国靠向协约国供给食物弹药兴盛发达。为此，德国在大西洋开展无限制潜艇战，击沉数艘美国军舰。伍德罗·威尔逊总统请求国会宣战。要将美军训练成型，并送到法国参战需要花费时间。但因俄军解散，美国新军变成俄罗斯垮台的平衡力量。

而且，美军的宣传口号强大有力，部分抵消了列宁社会主义革命的吸引力。1918年1月，威尔逊总统阐明美军参战的十四点目标，内容包括"民族自决权"、为和平解决未来国际争端设立国际联盟等。威尔逊宣布，美国参加战争是为了结束战争，是为民主求得世界安全。这一纲领应用于中欧和东欧，同列宁的马克思主义一样具有革命性，对世界各地苦战厌战的人具有强大吸引力。

  1918年初，德军在西线展开最后攻势。在一段时间里，德军似乎取得了关键性突破，但疲惫不堪的英法两军挺了下来，新到的美国军队急忙参战。天平很快向协约国一侧倾斜，德军开始撤退。但在战线拉到德国边境前，德军后方爆发革命。社会主义者在德国组建新政府，并于1918年11月11日签订休战协议。而在此之前几周里，土耳其、保加利亚和奥地利也纷纷投降，一战终于结束。

✄ 和约：1918 年至 1923 年

休战协议结束了战争，但对和平条款只字未提。俄罗斯和美国都对协约国在战时签订的战后领土安排协定持反对态度。美国总统威尔逊倡导"公开契约、公开缔结"，希望以当地多数人口的意见为基础，重新划分国家边境。列宁继续谴责资本主义制度，希望在欧洲其他国家发动革命，让马克思主义者掌权。俄罗斯共产党政府拒绝与官方指称的"同盟及联合国"有任何往来。这意味着，1921 年前，东欧一直没有实现和平。乌克兰和其他东欧国家的内战打到 1921 年才宣告结束。近东和平之路走得更坎坷。希腊与土耳其战争一直持续到 1923 年。

在远东，中国的动荡局势贯穿于整个一战期间。不过在 1922 年，日本侵略扩张暂时受到遏制。一战期间，日本侵占了德属远东殖民地，要求在中国获得特权。而在俄罗斯帝国摇摇欲坠之际，日本又出兵俄罗斯远东诸省。

进入调停进程后，胜利方各有打算。美国希望在远东扼制日本攻势，在欧洲建立民主政府，迅速回归"常态"。英国与美国目标相似，但也希望控制巴勒斯坦和伊拉克，守护入印通道。法国意欲收复 1871 年失地——阿尔萨斯和洛林。但根本目标是，扼制德国东山再起，确保法国安全无虞。意大利人想要 1916 年允诺给他们的亚得里亚海和地中海东岸领土，作为参战回报。

但战胜国并不能完全控制局面。东欧局势一片混乱。战前，这里是奥地利、奥斯曼和俄罗斯控制领土。战后，社会主义者和民族主义者发生冲突。敌对民族对几乎每一块领土、每一个省份的归属权都有争议。德国也陷入混乱之中。欧洲各地的社会主义者分裂为两派。一派支持列宁的革命方案，另一派选择与西方列强合作。从一定意义上来讲，中东欧面临两个选择：一个是威尔逊的民主和民族自决理想；另一个是列宁的无产阶级革命理想。但英法意愿也不可忽视。而且，两国背负对美国的战争债务，希望惩罚德国，让其大笔赔款，偿付战争开支。

因此，1919 年巴黎和会召开时，问题就是如何将威尔逊民主自决原则与对德惩罚合二为一，同时希望列宁不再挑战现有社会秩序。由此促成的和局差强人意。1919 年，德国在《凡尔赛和约》上签字，接受单边裁军，割让部分领土给波兰，使之获得入海权，规定德奥永不得合并。几乎所有的德国人都觉得这样的条款违反了威尔逊关于民族自决的承诺。更让他们愤恨的是"战争罪责条款"。该条款宣称，发动战争，咎在德国。因此，德国必须赔偿战争所有开支。这一条款实际上不可执行，阻挠了国际联盟的发展。而国际联盟是威尔逊构想的未来和平载体。

东欧大事件远比巴黎决议更重要。1918年德国垮台引发了原沙皇统治土地上共产主义者、俄罗斯白人以及各民族之间的内战。英法派远征军进入俄罗斯港口，为"白人"提供帮助。美国也出兵俄罗斯远东诸省，有两方面目的：一是注视日本人一举一动；二是对抗共产主义者。但东欧和西欧一样，厌战情绪弥漫。到1920年时，内战各方讲和，并签订一系列条约。旧俄罗斯帝国西部边境上的所有政权都归于独立。俄罗斯与芬兰、爱沙尼亚、拉脱维亚、立陶宛、波兰等新独立政权的边境线和此前军事界线高度契合。但乌克兰、外高加索地区和远东诸省在短短几年里又回归俄罗斯。

饥馑遍地，疾疫流行。1921年，列宁宣布实施"新经济政策"，允许私人交易。这让人觉得西方批评者所言属实，生产资料公有制的共产主义原则似乎行不通。的确，列宁和威尔逊一样与现实达成妥协。但在随后几年内，新经济政策帮助旧俄罗斯帝国（1922年重命名为"苏维埃社会主义共和国联盟"）初步实现了国内稳定。欧洲似乎即将步入新范式，德国裁军，法国与东欧多数新生政权结盟，成为欧洲大陆第一大国。

事实证明，巴黎和会为奥斯曼帝国准备的条约不具备执行效力。根据该条约规定，爱琴海东岸领土归属希腊。这让土耳其民族主义者非常反感。因此，在希腊执行条约之际，穆斯塔法·凯末尔临时整编军队，打败希腊，并把基督徒赶出爱琴海亚洲版图。150万难民逃往希腊。希腊针锋相对，把土耳其人和保加利亚人驱逐出境，为新来者腾挪空间。1923年，《洛桑条约》签订，对这一人口大交换做出了规定。

奥斯曼帝国的阿拉伯领土变成英法两国托管地。其中，叙利亚和黎巴嫩被法国托管，巴勒斯坦和伊拉克被英国托管。"托管"是一种法律干预新手段，要求管理国将托管领土视为国际联盟监管下的临时受托物。根据规定，托管地最终实施民主自治。德国在非洲和太平洋的殖民地也变为托管地，被分配给包括日本在内的战胜国。对这种安排，托管地人民时有反抗，如叙利亚，但持续时

1919年讲和/1939年开战

左图拍摄于 1919 年至 1920 年巴黎和会期间,展现了"三巨头"街头散步情景。左边是英国首相大卫·劳合·乔治,中间是法国总理乔治·克列孟梭,右边是美国总统伍德罗·威尔逊。在公正持久和平问题上,三位领导人存在分歧,但最终达成妥协。1920 年,体现这一妥协的《凡尔赛和约》对德国实施。几乎所有的德国人都认为这一合约没有做到公平公正。20 世纪 30 年代,阿道夫·希特勒上台。德国逐步撕毁《凡尔赛和约》。希特勒首先重整军备,占领莱茵兰。随后,他要求生活在其他国家的日耳曼人回到他建立的第三帝国。希特勒将德国边境拓展到奥地利和捷克斯洛伐克的日耳曼人生活区。当他还想要吞并日耳曼人和波兰人散居的波兰部分领土时,英法两国被迫迎战。右图显示了 1939 年 9 月 1 日德国国会大厦内景。希特勒宣布进军波兰,解放同胞,第二次世界大战开战。

间不长。

巴勒斯坦问题更复杂。一战中,英国政府支持犹太人在巴勒斯坦建设民族家园。从 19 世纪 90 年代起,这种犹太复国主义理想就开始在欧洲犹太人中盛行,但遭到巴勒斯坦阿拉伯人的强烈反对。英国新政府对犹太人和阿拉伯人双方看法都不认可,希望找到妥协折中办法。

在远东,日本不断对中国和俄罗斯远东诸省采取军事行动,引起美国强烈怀疑。英国自 1902 年起与日本结盟,但此时感觉不得不与美国合作。日本人看透了英美两国的心思,决定从上述两地撤军。1922 年,三国在华盛顿举行谈判,签订海军限制条约,界定世界海军强国的军舰数量。英美日同意三国主力舰数量比例为 5∶5∶3。尽管日本总体上处于劣势,但却巩固了远东水域上的已有优势地位。因为不论是英国,还是美国,都不可能把整支舰队调到远离国内的海军基地上。但 1922 年华盛顿条约对稳定中国局势没有任何帮助。起始于 1911 年推翻清王朝的革命导致的内乱使中国处于军阀割据状态。

因此，1918 年至 1923 年间签订的一系列和约非常片面、充满缺陷，为未来埋下隐患。这在欧洲体现得尤为明显。1922 年，失望沮丧的意大利人把一个野心勃勃的法西斯政府推上政治舞台，而德国人把对《凡尔赛和约》的憎恨深埋心中。

✕ 稳定和危机再起:1923 年至 1933 年

新经济政策下,苏联经济缓慢复苏。列宁遭暗杀者枪击后并发中风,于 1924 年去世,苏共政权受到削弱。1920 年,因国会拒绝签署《凡尔赛和约》,美国退出欧洲事务。剩下的两个战胜国也因法国于 1923 年占领德国部分地区、强迫赔款而出现关系紧张。德国经济陷于崩溃,面临共产主义和法西斯革命的危险。美国重新介入,提出"道威斯计划"。美国银行家借钱给德国,偿付英法赔款。而收到赔款的英法两国还要分期向美国偿付战争借债。在一段时间里,这一安排发挥了作用,甚至还刺激了德国的工业增长。美国安享战后繁荣。消费品实现批量生产,汽车、收音机、洗衣机等走进越来越多美国人的家里,深刻改变了旧有生活模式。

1929 年,繁荣转为萧条。其实这一循环已经存在了几个世纪之久,但没有一个人真正弄清楚。奥地利银行破产,引发美国恐慌。维持德国经济复苏的贷款突然之间难以为继。金融恐慌中,美国工厂也借不到款。制造商只有两个选择,要么关门大吉,要么急剧紧缩生产。早先,这种危机是可以忍受的。因为多数经济活动集中在农业领域,工厂倒闭后,失业工人还能去投奔农村亲戚,等待新工作机遇。但在 20 世纪 30 年代,这种情况在德国、美国等国不可能出现。太多人生活在城市里,找不到可以投靠的农村亲戚。

失业工人要想不挨饿,也可以找私人慈善和公共救济。但为什么会出现工厂停工不能生产?为什么会出现工人待业买不起生活必需品?当时没有一个人能给出合理解释。马克思主义关于资本主义危机的预言似乎即将实现。而且,从 1928 年起,约瑟夫·斯大林领导下的苏联政府制订了宏伟的工业发展五年计划,苏联在建设现代发电厂和工厂方面不断夺取新胜利。但就在此时,西方遭遇经济萧条,数百万人生活困顿。这一对比让局面更加复杂尖锐。苏联农民为斯大林快节奏工业化提供了粮食和劳动力,却没有得到任何回报。因此可以说,苏联工业化成本由苏联农民承担。但在当时,这一点并不明晰。

⚔ 移向战争：1933 年至 1939 年

虽然德国和美国都遭遇经济萧条，民怨载道，但两国的政治取向却大为迥异。在德国，阿道夫·希特勒（1889 年—1945 年）和民族社会主义德国工人党（简称"纳粹"）于 1933 年 1 月夺取政权。同年 3 月，富兰克林·德拉诺·罗斯福（1882 年—1945 年）当选美国总统，启动新政，应对经济大萧条。虽然他们的支持者意见纷纭，但希特勒和罗斯福有一点是相同的：他们都采用一战国家动员法，应对大萧条危机，并实现了自我目的。当然，两个政权存在根本不同。希特勒是狂热民族主义者，意图推翻《凡尔赛和约》；而罗斯福是民主党人，心态乐观向上，对国际事务没有多大兴趣。

意大利建立法西斯政权较早。但希特勒着意建立效率和实力远超意大利的专制统治。1922 年至 1927 年间，意大利法西斯党党首贝尼托·墨索里尼（1883 年—1945 年）巩固专制地位。墨索里尼认为，应加强国内团结，加紧国外扩展。这一论调在意大利反响不一。旧有农民生活模式仍在南方盛行，罗马天主教会和其他保守主义者是第二个制约力量。最初，墨索里尼意图吞并南斯拉夫和希腊，建立地中海帝国，但遭到英法两国在国际联盟中的钳制。1933 年，墨索里尼攻打埃塞俄比亚，为 1896 年意大利战败复仇。国际联盟大为光火，但未能如愿阻止。1936 年，意大利征服埃塞俄比亚全境。

希特勒上台之前，部分以墨索里尼的法西斯党为模子，组建纳粹党。但希特勒界定的国家社会主义与意大利法西斯主义的区别在于种族态度。希特勒宣称，"雅利安"种族至高无上，但日耳曼雅利安人已被犹太人等劣等种族败坏。因此，他在 1933 年上台后的目标之一就是把德国各阶层犹太人驱逐出境。希特勒还希望重振德国军威，解决数百万选民的失业问题。大型市政工程，尤其是道路铺设项目，降低了失业率。1935 年后，德国解决失业问题，希特勒羽翼已丰，便公开谴责《凡尔赛和约》，重整军备。

1936 年，英法联名反对意大利入侵埃塞俄比亚，墨索里尼因此与希特勒结盟。1936 年至 1939 年间，意大利和德国扶持弗朗西斯科·佛朗哥（1892 年—1975 年）打赢西班牙内战，建立法西斯政府。而在法国，因国内经济不振，人民士气低落，不愿接受战时动员令。希特勒趁机巩固军备，希望逃脱执行 1919 年和约中规定的德国东部边境领土处置决议。他借民族自决权一说，吞并奥地利，并于 1938 年瓜分捷克斯洛伐克。1939 年，他又将视线投向波兰，遭到强力抵抗。但希特勒决意攻取波兰，第二次世界大战爆发。

美国虽然从经济大萧条中复苏，但在 20 世纪 30 年代末以前一直处于岌岌可危状态。20 世纪 30 年代末，美国加强战备，应对德国和日本侵略威胁，并因此解决了大部分失业问题。起初，美国并不愿意重整军备，但欧洲大事件，以及日本再次图谋亚洲大陆的举动让美国国内的舆论倾向天平失衡。

日本对中国的侵略始于 1931 年，因中国连年战乱，各地军阀割据而社会矛盾激化。蒋介石（1887 年—1975 年）似乎有力量统一中国。蒋介石在第一次国共合作时期成为国民党党首。但在 1927 年，他与共产党发生争执，大肆屠戮国民党内的共产党员。幸存者逃到乡村。在毛泽东（1893 年—1976 年）领导下，中国共产党最终落脚延安，从苏联获得些许补给继续发展。在中国其他地方，旧军阀或屈从于蒋介石，或被其消灭。

但在中国军阀割据时期，日本人就已插手满洲地区。他们迅速占领东北三省，宣称清王朝末代皇帝为伪满洲国皇帝。国际联盟谴责这一行径，但未能遏制日本侵略步伐。不论是中国人，还是美国人都不承认伪满洲国这一远东新政权。敌对气氛越来越浓厚。1935 年，日本侵略华北，并沿东部海岸向南方逼近，企图将中国庞大版图据为己有，但未能得逞。日本在中国东北地区快速建立重工业，为日军提供补给。日军不仅在日本国内扮演着越来越独立的角色，在亚洲大陆也是如此。日军侵略中国成为第二次世界大战的亚洲战场。实际上，认定二战于 1939 年 9 月 1 日爆发的传统说法是片面武断的。亚洲战事起始于 1931 年。也就是说，从远东视角来讲，战争已于 1931 年引爆。

在讲述二战以前，我们先来简单了解一下世界上其他地方的情况，看看这些地方在二战期间表现如何。20 世纪 30 年代的经济大萧条对倚靠原材料出口的国家打击最大。价格下跌，需求疲软，农场上、矿山里堆满了卖不掉的产品。地方政府完全没有办法解决问题。但在以温饱型农业为主要经济形式的地方，大萧条影响较小。城里的失业者还能回到农村，投靠亲戚找活路。

因此，殖民统治下的非洲处于政治平静状态。虽然意大利征服了埃塞俄比亚，但非洲大陆其他地方没有受到明显影响。相比之下，印度是英国统治者和国大党之间的是非之地。国大党领袖莫罕达斯·甘地（1869年—1948年）主张印度独立，实现民族自决。甘地提倡消极抵抗，通过"精神力量"战胜压迫。这让英国处境尴尬。他们怎么可能在欧洲支持民主自治，而又在印度否定这一原则呢？甘地曾因违反英国法规数次入狱，但这更壮大了他在印度的支持力量。另一方面，印度穆斯林对甘地领导的运动心怀忧虑，害怕印度独立后会变成印度教徒的天下，损害穆斯林的宗教身份和社会地位。20世纪30年代末，印度一些穆斯林开始为建设独立政权奔走呼号。这在短期内可能有助于英国在印度巩固统治地位。但从另外一种意义上来讲，却也鼓励了印度其他群体，加入到反英浪潮中。

两次世界大战期间，拉美并未发生明显变化。巴拉圭和玻利维亚之间的激烈战争于1935年结束，经调停后，两国重立边界。再往北去，墨西哥和美国之间的关系于1933年后进入相对友好期。罗斯福总统倡导睦邻友好政策。这实际上意味着，美国原来要求墨西哥政府赔偿1911年革命前后没收财产，但现在不予追究。

在太平洋诸岛，以及加拿大、澳大利亚、新西兰等英联邦自治领，政府忙于摆脱经济大萧条困境，但没有找到解决方案。

世界事务被欧洲政治戏剧主导。20世纪30年代中期，希特勒挑战既定国际关系的欲望日益明显、愈发迫切。1939年9月，欧洲爆发战事，并迅速传遍全球，升级为世界战争，比1914年至1918年战争更像是世界大战。

⚔ 第二次世界大战：1939 年至 1941 年轴心国先胜

1939 年 9 月，德国侵略波兰，英法两国不情愿中伸出援手。一战的记忆仍历历在目。1914 年时，欧洲人满心期待战争。而现在，这种情绪了无踪影。但希特勒政权比 1914 年的德国政府更为机巧，已下定决心为胜利打下根基。1939 年 8 月 23 日，希特勒和斯大林签订互不侵犯条约，秘密约定瓜分波兰。希特勒提出的条件是，苏联必须为德国供应食物和其他战争用的原材料。斯大林此前极度憎恶希特勒，但此次改弦更张。希特勒和斯大林的约定使德国免于重蹈一战封锁覆辙，战时经济受损较小。

闪电战

希特勒也为敌人准备了闪电战，动用坦克、卡车和飞机加快军事行动速度。坦克纵队，辅之以摩托化步兵和低空飞机能够突破狭窄阵地，深入后方数千米，并袭击总部，破坏敌军指挥控制系统。在这种情况下，很难弄清楚是谁包围了谁。坦克耗费大量燃料弹药，没有补给寸步难行。而与总部切断的部队，面对着后方有敌人，头顶有敌机盘旋，很可能惊慌失措。但装甲部队也可以深入敌人后方，夺取敌军汽油，从而保持前进态势。

希特勒坚信采用闪电战术可以速战速决，再次让战争有利可图。他的长期目标是攫取东欧领土，确保日耳曼"族"获得广阔地理空间，最终称强世界。要想办到这一点，就必须把斯拉夫人赶走。但在 1939 年，希特勒还希望跟英法两国合作。让他感到惊讶的是，自己与苏联签订互不侵犯条约后，英法两国竟然没有从战争中退出的意思。不过，当时的同盟国还没有做好进攻准备，而是在法国边境修筑防御工事，等待事情发生。

事情的确发生了。首先，斯大林着手收复俄罗斯帝国在一战中丢掉的土地，以巩固个人地位。他派兵进驻爱沙尼亚、拉脱维亚、立陶宛、芬兰，但遭到芬兰抵抗，于 1939 年至 1940 年冬天被赶出芬兰。英法认为，可以趁机中断苏德合作关系。两国派远征军经挪威进入芬兰，同时占领外高加索地区油田，切断苏德石油供给。

但在同盟国有所行动之前，希特勒主动出击，先派兵侵入挪威和丹麦，后于 1940 年 5 月攻打法国、比利时和荷兰。时局重新回到 1914 年，不过这次有两方面不同：一是坦克飞机行进速度远远超过人和马匹；二是德国在东线无战事。法军一蹶不振，短短六周法国即已沦陷。英国远征军丢下所有辎重，乘小船撤离敦刻尔克。但法国无处撤离，只得于 1940 年 6 月 22 日签订停战协定，地点正是在 1918 年停战协定签订的同一列火车车厢里。从各种迹象来看，希特勒胜局已定。

但英国拒绝承认失败。因德国占领挪威事件，英国出现政局更迭。温斯顿·丘吉尔（1874 年—1965 年）当选首相，决心不惜一切代价迎战德国。他开展广泛动员，向美国采购物资，弥补国内生产短板。最重要的是，他在欧洲多地资源任凭希特勒调遣、德国似乎胜券在握的时刻，接连发表演讲，激发英国人民同仇敌忾打败纳粹。

希特勒并没有做好侵略英国的准备。德国海军无力控制英吉利海峡。如果使用驳船登陆，则易受英国海军攻击。但希特勒仍下令做好入侵准备，并对英国飞机场发动空中袭击。但这一切未能把英国飞机从天上赶下来。德国人随即轰炸伦敦等城市，仍未改变战略局势。1940 年 9 月，希特勒的侵略计划不得不暂告中止。后来证明，这一计划永久搁浅。

侵略苏联

与英国打持久战背离了希特勒的主要目标——占领东欧，建立大德意志。1940 年 11 月，他决定入侵苏联，以为将共产党政权摧毁后，英国就会与德国讲和。这一决定是对纳粹的致命打击。我们事后看来简直鲁莽至极。为什么要在斯大林愿意与德国合作无间的时候，还要在两个战线上都挑起战争呢？但在那时，几乎所有的军事专家都认为，苏联军队组织涣散、缺乏斗志。苏联红军在对阵芬兰军时表现不佳。20 世纪 30 年代末，斯大林又以忠诚为标准对军官进行大清洗。这些事件不由得使局外人怀疑苏联军队的战斗力。希特勒希望对苏联速战速决，就像对波兰和法国那样。此外，攻击俄罗斯共产党政权还能让他兑现选举承诺，因为纳粹宣传攻势的主题之一就是谴责共产主义。

但在侵略计划付诸实施前，希特勒在巴尔干战场上分了心。德国侵法战争结束前不久，墨索里尼向英法两国开战。驻埃英军与驻昔兰尼加（利比亚）意军开火，意大利数次败阵，局面尴尬。1940 年 10 月，墨索里尼攻打希腊，以图重塑威望，但再次战败。1941 年春，英军从埃及赶来助阵希腊，威胁德国侧翼。因此，1941 年 4 月，希特勒下令攻打南斯拉夫和希腊。和此前一样，德国很快取胜，英军撤回埃及。

1941 年 6 月 22 日，对苏作战计划制订几周后，德国战争机器终于启动。起初，闪电战术收到奇效。首战未完，很多苏军投降。但俄罗斯地域辽阔，德国纵队每次走不上 160 千米就得停下来补充供给。道路艰险难走。德军越往俄罗斯腹地走，越难维持战备、发起新攻势。苏军士气消耗，但未气馁。最终，寒冬降临，纳粹军队没有做好过冬准备，甚至连零度以下穿的衣物都没有，机动性大为减损。1941 年 12 月 6 日，纳粹离莫斯科只有数里之遥，而且几乎包围了列宁格勒，但希特勒取消攻势，下令德军严守已有战果。

轻松取胜变成黄粱美梦。德军再次面临双线作战。而且，战局因美国参战更加恶化。美国总统罗斯福同情英国，厌恶纳粹，决意为希特勒的敌人提供所有军事装备。最初，美国向英法两国出售军火及其他战略物资。后来，英国作战资金日渐匮乏。1941 年 3 月，美国国会通过《租借法案》，同意向英国和希特勒其他敌人免费提供物资。依据原则是，反对希特勒有助于增进美国安全。战争期间，这些国家不必向美国支付实际使用的物资费用，但战争结束后，需将剩余物资归还，或按事前约定价格偿付。通过这种方式，战争债务等有损战时国际关系的因素不至于不断累积。美国的打算是，变成"民主兵工厂"，不必再把士兵送到战场。

珍珠港事件和日本首战告捷：1941 年至 1942 年

1941 年 12 月 7 日，局势出现新转折。就在德国告停俄罗斯攻势之后的第二天，日本袭击珍珠港美国海军基地，击沉了停靠在港的美国战舰。当天，美国航空母舰巡洋出海，因此毫发无损。

日本战略家认为，如果能让美国太平洋舰队陷于瘫痪，就能拿下荷属东印度群岛（印度尼西亚）上的油田，确保海陆两军石油供应。日本还希望在东南亚、中国和太平洋诸岛建立一个庞大的"东亚共荣圈"，无限期扼制反攻态势。鉴于当时的作战方式，以及登陆防守海岸的种种困难，日本的这种希望并非不切实际。

珍珠港事件六个月后，日军的所有打算似乎都已兑现。前线频传捷报，菲律宾、马来亚、缅甸、荷属东印度群岛全在日本掌控之中，就连太平洋西南小岛上都有日军驻守。"亚洲人的亚洲"这一口号曾对生活在英法荷前殖民地的许多居民有吸引力，但日本很难把当地人对欧洲殖民主义的敌意转化为对日本东亚帝国的积极支持。与此同时，中国抗日战争仍在进行。印度人几经犹豫后，决定安于英国管理，筹建庞大新军，保护与缅甸接壤边境，阻止日军再度进攻。

⚔ 逆转潮头：1942年至1945年美国动员和盟军攻势

日军虽首战告捷，但若遇美国全力调动资源，则不是美国对手。珍珠港事件后，美国启动全面动员，利用所有人力资源，以最快速度建起强大海陆两军。在全面战争管理方面，英国根据一战先例制订出了详细方案。所以，美国政府可以参照英国经验，建立高效体系，并根据参谋长联席会议设定的战略计划，配置战争资源。以前看起来遥不可及的生产目标现在不仅能够实现，还能做到绰绰有余。得益于工农业生产高效率，美国可以将租借物资源源不断输送给英国、俄罗斯等盟友的同时，壮大自有军力，前往海外参战。

珍珠港事件刚刚发生，希特勒就向美国宣战。当时，日本并没有告诉他日军作战方案，而且拒绝德军请求，不愿攻打远东的苏联。希特勒宣战后，美国更坚定了与英苏协同作战的决心。三国商定，尽管日本袭击珍珠港，但仍将兵力集中在对付德国上。原因是，如果任由希特勒攻打俄罗斯，一旦希特勒得手，就很难再制服。因此，盟军的军事行动远比德意日组织程度高。

美国动员和盟军计划效力开始在1942年底显现。当时，德国东线战场上的军事行动规模最大。1942年8月，德国对俄罗斯发动第二次进攻，但在伏尔加河岸的斯大林格勒受挫。因船运紧张，到达苏联的租借物资仍然很少，苏联不得不自力更生。但乌拉尔山以及东面国土上的工厂能大量生产坦克枪炮。而且，纳粹残暴统治昭然若揭，苏联人民紧紧团结在苏共领导下。

在其他前线上，局势也开始于1942年下半年向盟军倾斜。6月，美国赢得中途岛海战，日本胜局结束。1942年下半年，在太平洋西南部瓜达尔卡纳尔岛上，美日展开殊死决斗，美国再次得胜，这次是陆战告捷。对德作战方面，英美取得的第一个重要胜利是在大西洋上。德军潜艇一度击沉美国多艘战舰，阻碍美国到海外部署力量。1942年仲夏，这一危险大致克服。11月，美英在北非开展大规模登陆行动。此前几星期内，英军在埃及挫败德意联军，取得决定性胜利。到1943年5月，地中海南岸尽属盟军之手。以此为据点，英美联军于1943年8月攻破西西里，9月攻占意大利大陆。多数意大利人急盼和平，罗马发生政变，墨索里尼下台。德国迅速回应，控制意大利北部。希特勒派特遣部队解救墨索里尼出狱,但此时的墨索里尼不过是一个软弱无能的傀儡而已。

在苏联前线,德军于1943年7月发起第三次攻势,但很快被击溃。自此之后,苏联红军处于攻势,德军绝望反击。到1943年时,美国租借物资极大补充了俄罗斯国内生产的不足。美国生产的卡车、鞋子和食物保证了苏联红军的机动性。

和平问题

苏联不断取得胜利,美英苏三国领导人统一步调很有必要。1943年11月,斯大林、罗斯福和丘吉尔第一次聚首德黑兰,商讨未来战略。英美两国承诺,不管在法国海岸登陆有多少实际困难,也要在1944年打到英吉利海峡对岸。每个人都相信如登陆成功,德国必败无疑,因为苏联也承诺在法国登陆的同时,在东线发起大攻势。

1944年6月6日,盟军登陆诺曼底。几周后,德军被逐出法国。但盟军在进入德国前,遭遇恶劣天气。1944年12月,希特勒发动反攻。东线苏军攻入波兰,但未打入柏林城。1945年5月,苏美在易北河会师。盟军在欧洲战场的胜利姗姗来迟。会师前几天,希特勒自尽,纳粹运动终结。但在此之前,数百万犹太人和欧洲其他民族在灭绝集中营里惨遭屠杀,欧洲多数地区蒙受重创。

如何安排战后地图是盟军争议焦点。在摧毁希特勒之前,盟军一直通过提前磋商,统一不同意见。比如,1945年2月,罗斯福、丘吉尔和斯大林第二次在雅尔塔会面。但此时,德国彻底瓦解,必须做出艰难抉择。而且很明显,苏联想要在东欧建立的"友好"政府不符合英美民主标准。在一段时间里,美国仍对友好磋商化解分歧抱有希望,期待苏联伸出援手抗击日本。

1944年底,日本作战能力局限越来越明显,美国对苏联协助远东战场的愿望也相应减弱。美国潜水艇击沉日本多艘军舰,日本无法再利用"共荣圈"资源。1943年初,美国开始把特遣部队从基地调到千里之外,并在保障供给情况下对有防御设施的海岸发动袭击。这意味着,日本在太平洋的防御体系变得不堪一击。就算守军再骁勇无敌,在被切断与本土联系、缺粮少弹情况下也活不了多长时间。迈出这些大步子后,美国首先进入菲律宾,随后逼近日本岛。

最后一击迅疾到来。1945年8月6日和8月9日,美国空军将新研制的核弹分别投往广岛和长崎。8月9日,苏联进军中国东北地区。重重灾难面前,日本政府于8月15日求和。正式投降仪式安排在1945年9月2日。此时距离欧洲战争开始仅隔六年零一天。

二战三巨头

这张照片拍摄于1945年2月雅尔塔会议召开间隙。正中坐着的三位是英国首相温斯顿·丘吉尔、美国总统富兰克林·德拉诺·罗斯福、苏联最高统帅约瑟夫·斯大林，后面站着的是他们的高级参谋顾问。这是三位政府首脑第二次聚首商讨制订作战计划、方针政策。1943年，三人在德黑兰已就法国第二战线达成了一致意见。雅尔塔会议更关注欧洲未来政治问题。在远东，虽然斯大林的确按照雅尔塔会议安排，于欧洲战场结束3个月内参加对日战争，但军事合作似乎不及政治协议重要。那些或被解放，或被征服的土地应在战后采取什么样的政体？对这一问题，合作之路已被证明走不通。雅尔塔会议上的政治构想未能付诸实践。在这张照片拍摄之际，二战伟大联盟已有松动之势，两年后完全解体。

二战骇人场景

1914年至1918年间，战壕中长期存在的僵局击碎了人们对战争的浪漫幻想。1939年，希特勒采用闪电战战术，战争重回运动战形式。如果二战没有演变成血腥持久争斗，运动战也许能恢复战争胜利荣光。二战最终因盟军强大的工业生产和战略合作而终结。胜利临近之际，两则消息让人不寒而栗。上面的照片拍摄于1945年5月，地点在布痕瓦尔德纳粹集中营。画面中，犹太人和纳粹政权的其他敌人濒临饿死边缘。美军来到他们身边。很多人已经死亡，尸体堆集在露天大坟场。这些照片让美国公众极度震惊。此前，曾有人报道过纳粹集中营，但人们一直以为那是战争造势手段。这张照片确凿无疑证明了人们前所未见的残暴和大规模屠杀的存在，可以说是一种新的骇人听闻。下面这张照片显示了1945年9月日本长崎上空升腾起的蘑菇云，标志着另一种骇人听闻——核武器造成的大规模破坏。

结论

第二次世界大战结束了，至少在官方层面上是这样。还有不少问题亟待解决。但日常生活喧哗躁动，抉择无处不在。没有人有时间思考20世纪两场世界大战及其变化是否标志着一个时代的结束。但二战已经过去了半个多世纪，从当今视角来看，历史学家很可能需要给二战后时代贴上一个新标签。

15世纪后半叶，欧洲引领航海大发现，西欧主导世界，现代开始。但1945年后，欧洲殖民帝国土崩瓦解，欧洲世界权力终结。与此同时，新的超级大国崛起，原有世界领导权中心分裂为东西两部分。毋庸讳言，苏联和美国都从西欧承继、借鉴了很多东西。但不论是美国人，还是俄罗斯人，都与战前统治地球的西欧民族不尽相同。

两次世界大战时代也标志着，欧洲资产阶级公共事业和私有企业微妙平衡被打破。这一平衡最初于14世纪的意大利和莱茵兰的几个城邦中达成，于16、17世纪扩展到荷兰、英格兰和法国，并在18、19世纪被中欧和东欧粗略模仿。这一平衡为私有资本积累留下了广阔空间，促使人们按照私人利益最大化原则谈判买卖价格，大胆追逐利润。政治和军事权威对市场的干预一直非常重要。税收和关税影响市场价格。发生危机时，政府和军方常对食物及其他生活必需品强制实施固定"公平"价格。但与其他时代、其他地区相比，资产阶级占主导地位的欧洲给市场留下的自由空间更大。

两次世界大战改变了这一趋势。定量供应、价格管控、劳动力流向、强制服兵役、工业计划生产成为定则。在各大参战国里，军事和市政规划专家首先要确保经济生产满足战略规划需要。事实证明，精细计算和管理能够创造奇迹。看似不可能实现的目标在实践中一遍又一遍达成。只要大家认为努力值得，上百万普通老百姓就愿意忍受战时物资匮乏窘迫。当时，"计划"经济效率优于传统"市场"经济无人否认。

国家干预市场的效力经此番显示后，资本主义社会和之前再也不一样。当然，在和平时期实施国家干预要比战时难得多。1917年后，苏联对资本主义自由市场规则嗤之以鼻，着手建立社会主义新社会。"资本主义"民主国家选择折中之道，兼用自由市场和计划两个原则管理经济。但在世界所有地区，政府作用和审慎公共计划比1914年前增加了不少。国家出台各种新规定，推行新税种，缩小贫富差距，或通过其他方式实现政治目标，追逐私利的空间相应压缩不少。从这个角度来看，以及世界领导权从西欧转移到美苏两国这一事实来看，20世纪的两场世界大战似乎标志着世界历史新时代的到来。

我们将在本书剩余章节中对这个新时代的一些特点进行探讨。

第二十四章
1945年以来的世界公共事务

公元1914年　　　　　　　　　　公元1943年

核能/亨利·摩尔作

这尊雕塑位于芝加哥大学校园内。1942年12月,恩里科·费米等物理学家在这里第一次实现了核能的控制释放。该雕塑鲜明生动地表达了实验的内在危险和前景。雕塑顶端呈圆形,让人想起费米实验产物——原子弹爆炸时产生的蘑菇云。其蹲坐的形态和凸出的头部与人类胚胎形状相似,与生命第一阶段蕴含的所有潜能寓意相同。

离今天越近，人们就越难以确定公共事务的轻重缓急。原因很简单，我们不知道未来会发生什么。今天看来不起眼的创新可能会产生巨大影响，而莫衷一是的喧哗骚动可能会烟消云散。亘古至今，历史进程总出人意料。本章从现代视角出发，筛选出过去半个多世纪里具有重大意义的事件。当然，我们十分清楚，视角观点会随时间流转不断变化。

✕ 两大突出现象

从 1996 年视角来看，两大主题似乎主宰着 1945 年以来的人类公共事务。一个主题是，富国强国展开政治经济竞争。政治方面，美国、苏联及其盟友于 1945 年至 1991 年间进入冷战。"冷战"这一叫法恰如其分。1991 年，苏联解体，加盟共和国纷纷独立，自 1917 年起树立的共产主义信仰遭到抛弃。经济方面，两个超级大国开展军备竞赛。这一竞赛耗资巨大，既稳定了两国的国内局势，又限制了两国在全球市场上与日本和德国的竞争。具有讽刺意义的是，德国和日本这两个二战战败国虽被和约所限，不能组织军工生产，却在战后成为民用产品制造强国。不过，20 世纪末，两国在一些生产线上被太平洋沿岸"亚洲四小虎"赶超。

二战后第二个公共事务大变革在经济不发达、以农业为主的亚洲、非洲和拉丁美洲集中呈现。这三个地区都经历了人口大增、社会巨变。农村人口大量迁居城市。与此同时，温饱型农业在留守村庄里遭到破坏。

不发达国家人口增长产生的一个负面影响是，越来越多的人越过政治文化边界，向生活更富裕、发达程度更高的国家寻找生计。而在城镇化率高的发达国家，二战后出现"婴儿潮"，但在 1960 年后又遭遇生育率骤降。这意味着，一些生活最富裕、城镇化率最高、工业最发达的国家出现死亡人口多于新生人口现象。如果持续下去，且人口走向时而会出现急剧变化，那么不同文化传统、不同外表特征、不同期望的民族将在更广范围内杂居混合。同时，传承自美国和法国大革命的政治理想——有明确边界的主权民主政府将越来越难以适用于发达国家中的混杂人口。

✈ 1945年至1991年政治经济敌对

⸹ 1945年至1953年冷战肇始

二战结束前，战胜国之间已经出现争执。1945年2月，罗斯福、斯大林和丘吉尔在雅尔塔再次会面。三方同意将承诺诉诸纸面，但仍未解决苏联和英美两国就欧洲战后安置问题上的分歧。1945年7月，盟军首脑在柏林近郊的波茨坦会面，摩擦更趋激化。但因为对日战争、和约安排、战败德国管理问题尚未完结，盟军才没有解散。年初，盟军曾召集五十国代表在旧金山开会，认为国际联盟饱受质疑，应重新设计，并组建国际性权威——联合国。这一新组织的职责是维护长久和平，解决其他国际问题。但开局不利，盟军在多数事务上不能达成一致意见，不可能再假扮合作姿态。

公开争执成为常景。斯大林在东欧划分势力范围，派兵执行个人意志。与之等量齐观的英美势力范围在西欧形成。但到1946年底时，英国很明显无法再扮演大国角色。因此，到1947年时，美国对抗苏联，丘吉尔将这种政策戏称为"铁幕"。欧洲分裂为共产主义政权和非共政权两部分。战败德国分化为两个敌对集团。

亚洲也出现了类似分裂局面。日本落入美国势力范围。中国于1949年成立中华人民共和国。朝鲜、越南同德国一样，也分成北部共产党政权和南部非共政权。

美苏势力范围分界线日益明晰，双方将竞争焦点放在恢复各自控制土地的经济上。美国占据巨大优势，因为美国在战争期间就已经实现经济繁荣，而苏联却遭受战争重创。因此，美国有能力于1948年至1952年间实施"马歇尔计划"，给自己的朋友提供巨额贷款，鼓励西欧政府完成经济重建任务。在战争期间发挥巨大作用的管理技能和工业技术突然应用于经济重建中，很快收到奇效。尤其值得一提的是，西德创造"经济奇迹"，引领英法等西欧国家复苏进程。

东欧也很快复苏，但苏联无力向这些国家提供贷款。二战刚刚结束后几个月里，苏联劫掠东德及其他占领土地，服务于国内重建项目。不过，在经历最初的困境后,计划经济在东欧显现卓著成效。大群农民在农闲季节离开村庄,到工业建设项目上做工。这与战前俄罗斯一样。与西欧相比,东欧条件艰苦,生活水平从未超过西欧。但在复苏速度上,实施计划经济的苏联及其卫星国——波兰、罗马尼亚、匈牙利、保加利亚、阿尔巴尼亚、捷克斯洛伐克和东德丝毫不逊色于欧洲其他地区。因此,苏联共产主义者能够理直气壮宣称自己铺就的未来之路可与西方改良资本主义一争高下。

日本的经济复苏最开始以朝鲜战争副产品形式呈现。1950 年,朝鲜战争爆发。此时,美国仍未能适应共产主义者在中国取胜的现实。美国总统哈里·杜鲁门决定利用联合国,组织力量对抗这起明显的共产主义"侵略行为"。事有凑巧,当时苏联代表走出联合国安理会会场,对另一起事件表示抗议,因此未能对美国这一倡议投反对票。所以,以美军为首的联合国军队支援南朝鲜(现韩国),把北朝鲜(今朝鲜)军队驱逐出境。此时似乎胜局已定,但中国出兵,将联合军部队赶到战争开始时的分界线位置。随后,双方展开漫长谈判,于 1953 年签订休战协议。这一协议至今仍有效力。

朝鲜战争期间,联合国军队为方便起见,多从日本采购补给。这一需求刺激了日本工业复苏,并最终实现经济繁荣,将其他所有国家抛在后面。日本的经济成功靠的是优质低价,这同时也彰显了日本民族的高超技艺和高度自律。他们和生活在农村的先祖一样,推崇勤奋工作,并将这一传统与严谨的教育体系、高效的国民经济管理结合起来。

战后头几年里,美苏并未完全主导公共事务。在此期间,第二个关键政治进程当属欧洲海外帝国的解体。这一进程始于 1947 年,标志事件是英国撤出印度。英国在当时别无选择。二战期间,为打赢日本人,英国在印度组建庞大军队。这支军队听命于那些决心赢得印度独立的军官,遇有必要,不惜拿起武器抗击英国战友。但印度人中也有不少是穆斯林,他们要求与占人口多数的印度教徒分离开来。经仓促磋商后,英国人把自己的印度帝国一分为二,一个是穆斯林新政权——巴基斯坦(由东西两部分组成);另一个是印度教徒占主导地位的印度。在国土面积上,印度面积较大。此后,印度教徒和穆斯林在多地爆发激烈冲突。印度独立总设计师、非暴力运动倡导者莫罕达斯·甘地平息暴乱,印度恢复秩序。1948 年,甘地遭极端印度教信徒暗杀。

1948 年以色列国家主权的建立是去殖民化进程中另一座里程碑。但这一里程碑的风貌与上不同。一战和二战期间,犹太复国主义者从巴勒斯坦的阿拉伯人手中买到了一些土地。1945年后,从纳粹大屠杀中幸存的欧洲犹太人涌入巴勒斯坦,决心建立自己的国家。当时,巴勒斯坦是国际联盟托管地,由英国代为管理。但英国既无力阻止犹太人迁入,也说服不了巴勒斯坦的阿拉伯人接受犹太人建国,就把这件事提交给了联合国。联合国迅速对既定事实表示认可,即犹太人击败了巴勒斯坦的阿拉伯人,将上万名阿拉伯人从已经生活了几百年的土地上赶走。联合国决定一出,犹太新政权和流离失所的巴勒斯坦人之间敌对状态升级,因为后者获得了周边阿拉伯各国政府的同情及有限支持。

综上所述,在二战后头几年,印度和巴勒斯坦都出现了根源于宗教传统的敌对局面。这对国际政治造成了一个问题。这个问题之前就已存在,但被小心翼翼遮掩。对于"第三世界",也就是不在美苏势力范围之内的所有民族和政府来说,要想在未来盖过宗教势头,赢得公众支持,还有两个希望:一个是民族独立;另一个是社会主义和马克思主义。马克思主义者常从苏联人那里寻求帮助;民族主义者则向美国人张望。一般来说,宗教运动对这两个超级大国持反对、不信任态度。但政治领袖把民族主义和社会主义合二为一,把传统宗教认同与新信仰掺杂在一起。因此,亚非拉美与超级大国的政治结盟处于试探阶段,非常不稳定。

二战期间,中国共产党提出抗日民族统一战线,获得中国人民的支持而发展壮大。在1949年建立了中华人民共和国。这成了20世纪的大事件之一。

岌岌可危的稳定:1953年至1973年冷战

1953年至1973年二十年间,国际事务归结于美苏两国之间的尴尬平衡。这两个超级大国中没有一个胆敢过分干预对方的势力范围。但第三世界可以随意抢夺,于是两个敌对政府争相对中东、非洲、拉丁美洲和东南亚提供援助、供给武器,秘密帮助朋友,推翻敌人,以获得威望和影响力。美苏虽争斗激烈,却没有爆发公开战争。主要原因是,两国都害怕快速扩散的核弹头会毁灭地球。

二战期间,美国首先发展了核武器。此后不久,美苏先后发现了威力无比的氢弹制造办法,但双方都极度恐惧爆发全面冲突。1957年前,两国都开始制造携带核弹头的火箭。这种火箭能穿越北半球各大洋,将城市夷为平地。当时没有任何办法可以拦截这种导弹。如果两大国爆发战争,则有可能顷刻间导致两国生灵涂炭，地球生态系统将遭到破坏，人类甚至可能就此灭绝。没有人希望看到这种灾难上演。为此，美苏双方开始远离全面战争爆发事态。

这种僵局产生了一种让人意想不到的负面效应：其他国家有更多空间周旋于两个超级大国之间。1948年，南斯拉夫与苏联发生冲突，斯大林没有办法推翻南斯拉夫共产党领袖铁托。美国很快给南斯拉夫提供了些许支援，使其保持独立状态。但到1956年匈牙利与苏联闹翻时，美苏恐怖平衡再次形成。美国及1949年成立、旨在防卫西欧的北约联盟没有采取干预措施，而是坐视莫斯科武力恢复共产党政权。与之类似，1961年，东德政府竖起高墙防止公民逃到西德，美国和北约也没有采取行动。

除此之外，美国还见证了不少尴尬局面。1957年，欧洲经济共同体成立。1966年，法国撤出北约。日本和欧洲经济一派欣欣向荣。美国工业，尤其是汽车业和电子加工业开始面临日本和德国两面白热化竞争。

更麻烦的是，从1955年开始，美国在南越支持建立反共政权，却逐渐被吸入战争泥潭，最终落败。

冷战期间，美苏平衡岌岌可危，未能阻止欧洲殖民帝国陷于崩溃。1954年后，法国无心在越南培植权势。如上所述，美国希望扶持法国留下的南越政府，却不得人心，白费气力。1956年至1962年间，在100多万法国殖民者生活的阿尔及利亚，法国苦战当地势力，终因不堪军费之巨，勉强同意阿尔及利亚独立。相比之下，英国较少反对殖民地独立运动。但在肯尼亚，最肥沃的土地差不多都为白人殖民者占有。在马来亚，英军和当地人展开惨烈游击战争，最终不得不退出。在大英帝国其他地方，英国政府向当地政治领袖的政权交接活动进行得较为平稳。交接活动从1956年苏丹和1957年加纳开始。经阿尔及利亚一败后，法国也仿照英国做法。欧洲其他政府也如法炮制。欧洲海外帝国仅在香港（1997年回归中国）及少数岛屿上留有余迹。

从殖民地变成独立国家后，第三世界在联合国大会获得不少投票席位，但并没有因此增加权势，也没有实现发达繁荣。相反，这些新政权不得不倚靠发达国家援助（以军备形式为主）。虽然他们竭尽全力提高本国生活水平，但成就不大。大部分原因在于，人口增长速度和全球进出口价格完全超出控制。

而且，殖民地时期划定的边界与地方现实不相契合。部落、种族和宗教团体林立，内战时有爆发，尤以非洲为甚。在许多新成立的国家里，军队是社会中凝聚力最强、最易动员的因素，因此军事专政广泛存在。但其他社会阶层对军事领袖或不闻不问，或刻意疏离，所以这种政权一般没有多大执政效力。

中东仍在伊斯兰国家和以色列新政权间四分五裂。在1956年、1967年和1973年三场战争中，以色列速胜埃及、叙利亚和约旦，占据了整个耶路撒冷（原来分属以色列和巴勒斯坦），并将控制边界扩展至约旦河。其他政府，即便是那些与以色列最亲善的政权，也不承认这些战争成果的合法性。流亡中的巴勒斯坦人成立巴勒斯坦解放组织，不断向联合国反映本族遭遇，并组织难民以及在以色列生活的巴勒斯坦人反抗以色列。

宗教引发的对抗冲突也扰动着南亚。1965年，印度和巴基斯坦就克什米尔问题交战，但未决出胜负。1971年至1972年，印度军队帮助巴基斯坦东部的孟加拉穆斯林赢得独立，建立孟加拉国新政权。

美国民权

19世纪70年代，美国南方多数城市在公交车等公共场所实施黑人隔离法律。在北方，私人约定禁止黑人在白人社区购买或租住房子的现象也非常普遍。图中人是向种族隔离法律、习俗及类似歧视形式发起挑战，并取得成效的第一人。马丁·路德·金是一位浸礼会牧师。他借鉴莫罕达斯·甘地的非暴力不合作思想，组织大规模抗议活动，抨击不公正法律。1955年，他首先在亚拉巴马州首府蒙哥马利抵制公交系统。一年后，蒙哥马利废除隔离座位制度。此后不久，他又在美国全国开展民权运动。这张照片摄于1963年。当时，金正处于政治运动生涯巅峰。拍照瞬间，他站在华盛顿林肯纪念堂台阶上，向一大群民权运动支持者发表演讲，讲述自己对实现种族平等和兄弟友爱的梦想。在金的呼吁下，美国国会于1964年通过《公民权利法案》，禁止种族隔离。他本人也因此获得诺贝尔和平奖。四年之后，他遭人暗杀，中弹身亡，时年39岁。起因是，他在一次演讲中自比摩西，这样说道："也许我不能同你们一起到达应许之地，但是今晚我想告诉大家，人民一定会走到那里。"

在世界一些地区,种族是一大分裂因素。比如,南非白人为占人口多数的黑人划定居留地,希望同他们分而居之。但这一种族隔离政策自1948年实施以来就一直备受谴责。

美国种族关系朝相反方向发展。1948年,杜鲁门总统废除美国军队种族隔离政策。1954年,美国最高法院判定,实施种族隔离的公立学校违反宪法。次年,马丁·路德·金(1929年—1968年)借鉴甘地非暴力思想,向南北战争以来实施的种族隔离法律提出抗议。金的抗议活动赢得广泛支持,促使美国国会于1964年通过《公民权利法案》,禁止实施美国社会此前视为合法的黑白不平等行为。但《公民权利法案》以及由其产生的实际行为的改变并没有消除美国国内种族摩擦。政府努力纠正原有不公正现象,却时而导致白人受到歧视,这让白人深恶痛绝。而一些黑人领袖倡导黑人文化和经济分离主义,也加剧了种族紧张关系。

相比之下,在巴西和拉美其他国家,种族关系要融洽得多。虽然存在不平等现象,但穷人和弱势群体并不以种族界限为区分。这在很大程度上是因为拉美人口以混血者居多。在其他地方,比如马来西亚,马来人和华人发生冲突;在斐济群岛,印第安人遭到土著斐济人反对,种族问题有时会上升为政治问题。但在世界多数地区,普通公民权的理想受到推崇,超越了宗教、种族及其他分歧。

这一理想随1953年至1973年间经济大扩张而充实。发达工业国家生产率提升,人民生活水平大幅改善。比如,1960年至1970年间,美国国民生产总值翻了一番。在共产党执政国家,生产率增长速度于1960年后落后于发达国家,但仍让数百万人摆脱了贫穷落后的农村生活,成为工厂工人。

新窘境和冷战的结束:1973年至1996年

在二战结束的头二十五年里,两种经济体系似乎克服了古老的繁荣—萧条经济循环。这两种体系分别是:苏联势力范围内共产党管理的计划经济;美国势力范围内以利率、税收和政府支出微调为特征的市场经济。但在1973年,以色列战胜阿拉伯邻国,中东石油生产国联盟——欧佩克将石油价格调高三倍,实行石油生产配额制,并达成一致意见,仅在新价格下销售。此举一出,世界市场发生波动。石油进口国受到剧烈影响,世界范围内出现经济大萧条。但这一举动却帮助苏联缓解了国内经济问题，便于其增加石油出口量，买进粮食及其他必需品。

国民经济财政管理手段运转失灵。1945年以来，这一手段在西欧和美国成效甚佳。大萧条发生后，欧美政府无力实现充分就业和稳定繁荣，只能调整税率利率，却引发通货膨胀，繁荣之势不再。没有人知道该做些什么。世界发达工业强国突然间落到了和不发达原料加工国同样的境地。在战后经济繁荣中，石油和其他商品的国际贸易增长迅速，主要工业国的国内经济受世界市场支配。贫穷落后、经济不振的国家早已处于该境地。而现在，最强大工业国也陷入同等窘境。二战期间，为服务于战争动员，国内经济管理技术被创造出来，并得到完善，却无力应对不断壮大的全球经济。结果是，穷国富国都面临经济危机，政府无能为力。

跨国经济管理可以解决部分问题，但不足以调控国内经济。毋庸置疑，欧洲经济共同体仍继续发挥作用，并吸纳英国等国为成员国，经济规模增大，但结构比较松散，仍受制于世界市场。另一方面，欧佩克卡特尔极大扩充成员国数量，但因各国生产量超过配额量迅即解散。1970年至1980年间油价大跌，就是因为欧佩克不能执行原有规则。

石油进口国从中受益。但好景不长。亚洲环太平洋地区劳动力低廉，并据此展开竞争，欧美实业家深受其扰，就连实力强劲的日本都被迫从一些生产线上撤回。20世纪80年代至90年代，国际劳动力迅速分工。公司要想盈利，只有两条路可选：要么把制造部门建在国外；要么从国外买进零部件。但在原有工业中心，出现了工厂倒闭、工人失业景象，国家政府束手无策。该怎么办？与其他国家切断联系似乎能触动问题根源，但显而易见代价高昂。石油从哪里来？其他所有必需品从哪里进口？只要这些问题解决不了，参与全球经济不仅不可回避，还痛苦非常。

美国对这一问题的回应因以下事实而变得更加复杂，即，石油危机与越南撤军时间重合。1968年后，越来越多的美国人反对越战。但也有一些人认为，国家威望和自由事业与战争胜利息息相关。1973年，越战成本超出任何可预期收益，美国政府不得不撤兵，南越傀儡政府随之垮台。美国各政治派别陷入严重危机。在很长一段时间里，越战的额外成本掩盖了二战后美国经济管理模式的失灵。

越战结束后，经济繁荣景象迟迟没有出现，美国鲁莽借债发展经济。罗纳德·里根总统（任职时间1981年—1989年）开出自信、减税、扩充军备的执政药方。后一项被称为"星际大战"，目的是拦截敌方火箭。里根借此希望终结20世纪50年代以来美苏两个超级大国之间的恐怖平衡。但事与愿违，美国背负的债务在十年内翻了一番。时至今日，财政赤字仍困扰着美国的政治生活。

但苏联承受的压力比美国大得多。1962年古巴导弹危机后，苏联政府决意建立强大海军，防止美国海军拦截苏联赴古巴船只的羞辱再度上演。苏联本来在军备方面就已入不敷出，该政策一出，军费又增。而且，为了与里根的高科技军备项目一争高下，军费支出问题更加尖锐。

但苏联困境的根本原因是，苏共经济管理方案出了问题。1928年，苏联推出第一个五年计划，并成功实施。20世纪60年代，完成战后重建工作。但自此之后，经济管理效率开始降低。计划经济浪费人力物力。而且这里存在一个隐蔽问题：只要还有未开发资源、未充分就业劳动力，就算生产浪费严重，也能增加国家财富，引得政府将数目庞大的国家资源用于军事装备制造，以及太空探索等增添国家威望的高科技项目上。

但在1940年后，苏联生育率陡降，集体农场再无剩余劳动力转移到城市生产率更高的部门中去。而且，随着优质自然资源——煤场、石油储备、坝址等开发完毕，想要靠物质资源发一笔意外之财已经不可能。经济扩张必须靠效率实现，但苏共经理人不懂得高效生产之道。在他们管理的工厂里，经常发生供给短缺危机。为了完成计划，他们囤积材料，储备劳动力，随意定价，关注产出数量。其结果是，产品质量受损，尤其是消费品。

在这种状态下，苏联不仅没有扩大财富、提高生产率，反而出现经济衰退，农业领域表现最为明显。从1963年起，苏联连年歉收，不得不从国外大规模进口粮食。人民生活水平远远低于西欧国家水准，国人对苏共许诺的美好未来不抱信心。

1979年至1989年，苏联在阿富汗遭遇意外的军事挫折，局面异常尴尬。民心涣散成为公开事实。阿富汗的穆斯林游击队多由美国武装。苏联希望打击该组织，扶持建立共产党政权，却遭到失败。因此，阿富汗战争对苏联的打击与越战对美国人的打击相当。1985年，米哈伊尔·戈尔巴乔夫出任苏共总书记，决定推行"公开""重组"，改变现状。这对苏联意味着三件事。第一，公开承认过去的失败；第二，从阿富汗撤军；第三，选拔青年有为的经济管理人才。

但戈尔巴乔夫很快发现，仅在上层小修小补不能解决问题。为此，他先后在东欧和苏联国内大刀阔斧推动改革，其激进程度超设想。而且，在他犹豫之时，又有苏共其他领导人走上前来，呼吁怨气越来越多的公众支持改革。这其中最知名的当属鲍里斯·叶利钦。

第一个效应是，在戈尔巴乔夫推行改革的头一年，东欧国家接连推翻本国共产党政权，摆脱苏联主导局面。遭遇阿富汗失败后，戈尔巴乔夫决定不再武力压制东欧乱局，同意将苏联卫戍部队调回国内。

1991 年，苏联解体，加盟共和国各自获得主权独立，戈尔巴乔夫职位不保。叶利钦出任俄罗斯共和国总统，成为继承国领导人中最有权势的人物。他说服多数继承国和俄罗斯一起组建松散联邦，但一些族群不满意这种安排，谋求完全独立。激烈冲突随之发生，最引人注目的当属车臣武装反抗。俄罗斯极力镇压，但成效不大。

苏联危机因经济管理而起。政治风云变幻无助于解决问题。叶利钦推行企业私有化，引入市场经济，但触发新的不满。因为在这一过程中得利的只是少数掮客钻营者，没有触动俄罗斯工农业效率低下问题。而且，只要这一问题继续存在，不满怨气就难以消散，很有可能发生新的动乱。没有人能预测未来会发生什么，更说不出俄罗斯和东欧执政走向。

苏联解体、俄罗斯政府摒弃社会经济管理的共产主义方案，这两大变化都来得异常突然，却又惊人平静。以马克思主义为指导，或不以此为指导，而回到计划经济都不无可能。因此，1991 年世界关系的急剧变化也许不会产生剧烈影响。

但在当时，这一变化至少宣告了冷战的结束。世界政治呈现新的形状，但这种形状究竟是什么样子，我们不得而知。世界各地依然纷争不断。忠诚和信仰之争仍在各处上演。只有回头去看，历史学家才能看清楚哪些事情至关重要。就现在而言，只有迷茫一片。

尽管如此，有一些显著变化值得在这里提及。面对苏联解体，中国政府的回应是重申对马克思主义的信仰。1980 年后，邓小平决定实行社会主义市场经济政策，同时将政治控制权牢牢把握在中国共产党手中。实施这一方针后，中国农业产量迅速增加，工业产出快速增长。中国开始出口一些工业产品，规模前所未有。

1973年后，中东也经历了政治剧变。这一地区的种族和宗教纷争也必然会以人们意想不到的方式影响世界未来。原因很简单：世界多数石油储备分布在波斯湾沿岸。

1979年，中东转折点出现。一群受宗教启发的反对派推翻沙阿残酷统治。启发因自伊斯兰教教法专家鲁霍拉·霍梅尼。霍梅尼原在海外流亡，有人将他的布道录了音，偷偷运回伊朗国内。霍梅尼回国后，继续为新政府出谋划策，指导其遵照伊斯兰教教法管理伊朗社会。

伊朗革命震动了整个伊斯兰世界。激动的人群在德黑兰挟持美国外交官为人质，并谴责美国为"大撒旦"。在惨败于西方人几个世纪后，穆斯林开始大胆构想：无须抛弃祖宗先人的信仰习俗也能取得政治成功。但穆斯林教派林立，民族众多，四分五裂，难于言和。因此，当伊朗革命政府试图将沙阿追随者从伊拉克世俗政府救出来时，伊拉克在美国怂恿下，于1980年主动宣战。这场血腥战争长达八年，双方精疲力竭，在联合国调停下签署停火协议。

1990年，伊拉克总统萨达姆·侯赛因出兵占领石油资源丰富的科威特，并有意恫吓（或征服）科威特邻国、世界石油储量第一大国沙特阿拉伯，中东阴云密布。以美国为首的石油进口国不愿让伊拉克控制波斯湾地区所有石油，遂将矛头指向萨达姆·侯赛因，并授权联合国将伊拉克部队逐出沙特阿拉伯。美军装备先进，而且包括沙特阿拉伯及其他阿拉伯国家在内的许多国家都象征性派出了分遣队，因此轻松击败伊拉克。1991年，双方签订停火协议，伊拉克被迫废除军备。至今，联合国仍在实施该停火协议规定。

穆斯林分裂不和局面在海湾战争中显露。在伊斯兰世界，没有人愿意看到这种局面，但仍有人发动宗教性质的革命运动，甚至使用恐怖主义达到一己目的。在这种战火一触即发的气氛下，美国试图说服以色列与阿拉伯邻国讲和。相关方取得实质性进展，但成果有限。1982年，以色列与埃及讲和，从西奈半岛撤兵。1995年，又与约旦构和，并与巴勒斯坦解放组织秘密谈判。此后，以色列从加沙和巴勒斯坦部分地区撤军。但以色列及其邻邦能否真正实现和平仍问题重重。

在南非，白人政府废除了种族隔离政策。1994年，南非第一次举行黑白平等投票总统选举，非洲人国民大会党领袖纳尔逊·曼德拉当选。因曼德拉有个人影响力，愿意对过往不公正报以宽容，新政府在处理种族关系方面卓有成效。但卢旺达出现了截然不同的景象，一直融合杂居的胡图人和图西人开始互相屠杀。

就世界范围而言，政治大潮逆流而动。许多种族要求建立自治政府，组织地方武装暴力反抗政治当局。种族多元国家，如斯里兰卡（泰米尔人对抗僧伽罗人）、土耳其（库尔德人对抗土耳其人）、西班牙（巴斯克人对抗卡斯蒂利亚人）、俄罗斯（车臣人和其他地方民族对抗俄罗斯人）等长期罹患分裂主义暴力之乱。加拿大也深受法语公民和英语公民争端困扰。捷克斯洛伐克分裂为捷克人和斯洛伐克人。而在波斯尼亚，塞尔维亚人、克罗地亚人和穆斯林交战三年，于1995年达成停火协议，但仍存在分裂风险。

但在世界重要区域，国家主权让位于新跨国组织。北约是国防事务采用跨国管理的典型，欧洲经济共同体（1991年重新命名为"欧盟"）是迄今为止国家主权在经济领域让步的最明显例子。1993年，墨西哥、加拿大和美国签订北美自由贸易协议，创立三国共同市场，也在朝着相同方向迈进。如果北美自由贸易区和欧盟能够维持繁荣态势，南美、苏联国家、东南亚等地区也可能会建立地区性自由贸易区。

大型跨国组织如经妥善管理，可能会纠正经济不公，缓解公众失望情绪。但要在跨国层面制订共同政策不是一桩易事，而且所有政策都会产生利益不均问题。与此同时，经济全球化程度加深。因此，对经济管理方式的争端肯定会持续下去。另外，大型跨国组织能否在适用于所有民族的前提下控制全球经济进程，还不得而知。

还有一些因素注定会导致纷争：宗教、种族和意识形态。公共事务肯定会波澜不平，这在有文字可考的历史上已屡次证明。新加因素是，人类建设和破坏的能力边界。这一因素让风险剧增，使未来既显得前景光明，又危机四伏。只有时间能告诉我们事态如何发展。

人口和社会

人口增长

人口统计学家估计，1995 年全球人口增长 1 亿左右。这是有记载以来增长量最大的一次。如果未来几年没有大灾难，年人口增长数在此基数上将会再增长几百万人。目前人口增长速度相当惊人。1800 年左右，世界人口第一次突破 10 亿关口。1930 年，人口达到 20 亿。但此后速度骤增，见下表所示：

世界人口估计总量	
1930 年	过 20 亿
1960 年	过 30 亿
1974 年	过 40 亿
1990 年	过 50 亿
来源：《大不列颠百科全书》第 25 卷，第 1041 页，"人口"条目	

我们几乎可以确定的是，公元 2000 年前，地球人口达到 60 亿以上。也就是说，在不到三代人的时间内，人口总数将增长两倍多。这种人口爆炸之势可谓前所未见。20 世纪下半叶在人类历史上留下独特印记。

这一切多要归功于公共卫生的发展。20 世纪 50 年代世界卫生组织开展消灭传染病活动以前，全球约有三分之一至二分之一的儿童死于传染病。此后，地方政府与世卫组织密切合作，推广疫苗接种，改善卫生条件，使用各种新抗生素，取得瞩目成就。1977 年，传染病一大杀手——天花被彻底消灭。其他传染病发病率急剧降低。人类突然间减轻了一个致命重负。

儿童很少再像以前那样夭折。几乎所有儿童都能茁壮成长，像父母一样生育后代。生育率大于死亡率，人口猛增。人们感觉到，突然之间，大多数婴儿都能存活下来，长至成年。人类社会仍在适应这一巨变。

20世纪60年代，人口增长率达到顶峰，年增长率约为2%。此后，生育率开始下降，但因为绝对数量快速增长，出生总数和年增长数仍在上升。当然，这期间肯定会发生某些变化，遏制人口增长势头，而且有些变化已经很明显。随变化发生，我们这个时代的人口史将越来越波澜壮阔。

城镇化和村庄自治的结束

今天，世界半数以上人口生活在城镇，所吃食物不是自己亲手种养。这是一种巨变。自农业发明以来，大多数人在村庄附近耕种土地，生产自己吃的粮食。一直在二百年前，城市人口还占少数。他们从乡村收租收税，与农村人口交换商品和服务。而如今，世界大多数居民靠一买一卖维持日常生活，这在人类历史上是第一次。无数穷苦农民买进肥料，为的是庄稼高产，养家糊口。但他们也向往广播电视中描绘的城市生活的舒适便利。对他们来说，为了能让桌上有饭吃，让美好生活梦想部分成真，除了多下力、多产粮、多卖粮之外别无他法。

这样一来，原来横亘在城乡之间的巨大差距现在开始缩小。但城市仍处于优势地位，经常能享受到政府出台的低粮价优惠政策。卖力干活的穷苦农民总觉得城里人不老实、不守规矩，靠贱买贵卖就能讨生活。弥漫在农村的这种不满情绪造就了共产党人的胜利，如1917年的俄罗斯，1949年的中国，以及1954年至1975年的越南。农村愤怨情绪不会轻易消散。非洲、拉丁美洲和亚洲部分地区的动乱和游击战争反映了农村不满情绪，以及个人对当地人口过剩和土地分配不公的沮丧失望。只要人口快速增长，农村人不得不卖力干活糊口谋生，愤恨不满情绪就会一直留存。这种情况削弱了第三世界的政府权力，因为有太多村民感觉当官的偏袒城里人，双方关系紧张疏远。

而数百万跨过文化政治边界迁入城市的村民感觉日子也不好过。求职竞争激烈，城市贫民窟生活条件极其糟糕。而且，指导传统农村社会个人行为、涵养亲密人际关系的村落在城市环境下消解，进城务工者不得不每天与陌生人打交道。在这种环境下，道德困境和个人苦恼叠加，让经济困境更加严重。但农村村落也处在压力之下。买卖重要性不断增加，旧法故俗不相适应。之前，农人用剩余产品庆祝丰收，拉近彼此感情。而现在，人们觉得庆祝活动浪费个人资源，转而出卖剩余产品购买城里货以备家用。因此，道德困境也困扰着乡村。地球多数人口变成了一个心有不满、具备政治宗教不稳定性的聚集体。这一群体会不顾一切艰难险阻寻求美好生活。

这一点很可能是当代社会的最根本特征。在大多数人看来，原有村庄生活方式曾经原封不动地维持了上千年，现在却开始土崩瓦解。村庄不能实施自治。农村人都希望用城里人的方式过日子，都向往着城市生活。21世纪，人类社会可能面临三大关键问题：如何重新界定个人对好日子的标准？如何在变动不定、繁闹喧哗的全球经济中重建充满生机活力的社会？如何在全新环境下跨代传递手艺技能和为人处世之道？

我们正在经历的转变似乎同狩猎采集者不得不学会加工食物以求活命一样急迫。遥远岁月中形成的村落已经不再是自治独立单位。但我们祖先中绝大部分人就生活在这样的村落里，而维持城市运转的人也从这样的村落里走出来。没有什么东西能立马取代乡村生活及其哺育之物。但人类是社会性动物，我们需要生活在一个能够指导个人行为、能够赋予生命意义的群落里。这样的群落如何在一个日益城镇化和全球化的世界里创立发展，仍需我们拭目以待。

但困境就在我们眼前。20世纪下半叶，城市居民和半自治农村社会之间的古老平衡被打破，而这一平衡是所有历史文明的依托。以城市为中心的交换活动迅速吞没了世界各地的村落。食物生产者和食物消费者之间在市场交换中建立了越多越密切的新联系。但人们只有认同一定的道德愿景，才能巩固这种联系。否则，在我们这个时代，全球经济参与者之间的关系仍然会是危险重重，极有可能怒气横生，断裂不贯。

城市化社会的人口衰退

1950年后，越来越多的人口总数让地球大约四分之三居民经历了揪心的变化。与此同时，一个相反趋势在少数富裕城市人口中出现。这一趋势同样产生了复杂尴尬的后果。

二战后，美国等国家纷纷遣散老兵。人口学家惊讶地发现，这些地区出现"婴儿潮"。但在1960年后，欧洲所有发达工业国家、欧洲海外殖民地和日本都再次经历战前低生育率。最终，这些国家的生育率降到了没有外来移民就不能满足本国人力资源需求的程度。

在一段时间里，人口迁徙掩盖了真实情况。移民多为农村来的年轻人，生育率相对较高。政府在做人口统计时，没有对新来者和本国土生土长的公民作一区分。结果就出现虽然人口增长率远低于亚非拉，但人口数字不断上升的情况。如果将新来者单独计算，就会看到总人口实际增长得非常缓慢。比如，1961年后，德国将南欧和土耳其移民标记为"客工"。从1973年起，德国人口绝对下降趋势开始显现。这是因为，虽然客工人数不断增长，但德国人口相对较少，因此总人口增长缓慢。不过，人口的种族构成迅速发生变化。

类似的发展趋势也在包括苏联在内的欧洲其他国家以及美国呈现。其结果是，在大多数发达国家，与原有人口存在种族和文化差异的移民人口不断增长，填补了很多本国人不愿意干的工作空缺。这些新来者最终可能会被原有人口同化。另外，在生育率低于死亡率的发达工业国家，也可能会出现新型种姓结构。也就是说，不同种族和文化群体有鲜明社会分工，承担不同类型工作，有与之相匹配的社会地位。

日本所走道路与西方世界不同。在所有工业国家中，日本面临最严峻的人口冲击。二战前，日本生育率相对较高。战败后，出生率骤降。农村人口进城务工，日本工业在战后实现大发展。但城市住房经常处于短缺状态，进城务工人口只能选择少生孩子。因此日本生育率低于欧美。不过，面对劳动力短缺问题，日本人拒绝吸纳移民，而是在海外建厂，让外国人承担工业生产任务，而不是在本国招募外籍雇员。这与欧美情况相反。

日本因此避免了20世纪80—90年代欧洲和美国出现的新来者与本国公民的摩擦问题。美国素来欢迎移民。但即便在美国、加拿大以及其他移民国家，因原有人口数量减少，外来移民人口不断增加，二者在杂居交往过程中产生紧张冲突，既定社会政治行为备受压力。法律平等地位能否如民主理论所言，转化为共同国籍和共有国家生活，我们还不得而知。

三个因素让新来者的同化过程难于19世纪。第一个也是最重要的因素是，在欧洲土地上，外貌特征差异因穆斯林和基督徒的宗教差距而强化。欧洲多数移民来自土耳其和北非，俄罗斯移民多来自中亚。这些外来者把伊斯兰教信仰也带到了新土地。

第二个因素是，现代交通及通信工具便于移民和故乡保持联系。19世纪，跨过大西洋移民美洲的人被迫斩断旧根。而现在，这些新来者能跟亲戚家人通电话，还能回乡探望。实际上，在我们生活的时代，人们完全有可能同时生活在两个截然不同的世界，无须切断旧有联系，也不必以最快速度适应新环境。

第三个因素是，犹太人在大屠杀中的残酷经历，黑人在美国持续遭遇的困境，让人们开始思考，统一国家文化和行为标准的同化理想是否值得追求。我们很难预见到，在不把社会分裂成单个、不相等部分的基础上，多样文化和生活方式能否共生共存。但同化理想遭到严重质疑的事实也意味着，不论同化活动会在长期产生什么样的社会影响，新来者都更易保留自身独特性。

综上所述，城镇化水平高的国家出现人口衰减，农村社会经历人口迅速增长。两种现象叠加后，贫者富人都背负沉重压力。迄今为止，贫苦村民遇到的挑战最为艰难。传统自给自足的村落难以容纳增加的人口。农民不得不下苦力养家糊口。但生活富裕的城市人口也难以在维护全球经济、享受高品质生活和接纳移民之间找到平衡。

城市环境下的文化和生物连续性

1945年以来，城市快速发展，随之出现另一重困境，并产生深远影响。在村庄里，孩子们伴在父母身边，靠观察父母起居种田，学到成年人必须掌握的东西。从幼年起，他们就要帮父母干家务活。而且，因为村子里的人都是这样，所以小孩帮大人分担家务是理所当然。公开违逆父母不合常情，非常罕见。因此，年轻人在成长过程中自然而然了解到了长辈的习惯风俗、看法观点。每日常规具备重大文化连续性。

城市生活迥然不同。一般来说，工作地点和家庭住址不在一处，孩子不愿随父母工作，也很少有雇主允许带孩子上班。代际相传的技能和工作态度自此断裂。学校弥补了一些缺失，但正规学校教育把青少年按年龄段分隔开来，让他们形成了自己年龄段特有的态度见解。他们常常有意识地与老师和其他成年人作对。在这种环境下，青少年叛逆空间很大。代际文化连续性变得非常脆弱。

简而言之，从生物学和文化学两个视角来看，城市似乎不利于人类繁衍生息。在以前的时代里，城市传染病肆虐，影响生育，从乡下来的人只能干脏活累活。到了20世纪，虽然传染病得到控制，城市依然遭遇出生率陡降，不得不从农村招工。

与乡村生活的根本连续性形成对比的是，城市一直是文化变化集中的地方。

但当动力机械和高科技通信手段兴起，工厂和办公室替代家庭作坊时，当女性婚后加入劳动力大军时（主要在二战期间和二战后发生），父母和子女之间张开了一道前所未见的缺口，加快了世界范围内城市文化的变化速度，让人们对成人行为准则和过去所有成就产生了质疑。与此同时，传统态度和价值观传递失序，愤怒保守心态滋长。没有人知道最终结局是什么，但有一点似乎不言自明，人类生活和社会的基本连续性要比以往更难以保证。

结论

对于所有这些新生事物,人类仍将做出调整,部分靠审慎行动,但大部分还要靠其他手段。毋庸置疑,人口猛增趋势不会无限期持续。当这一趋势减弱时,打乱我们这个时代农村生活的主要现象将逐渐消失。虽然绝对人口仍在增加,但因生育率下降,人口增长率已经开始降低。

此外,微生物和病毒不断进化。已有迹象表明,其进化速度正在赶超人类发现新抗生素的速度。耐药菌株已经出现,但治愈方法尚未找到。

20世纪50年代至60年代,人类运用医学抗击传染病,并取得确凿无疑的胜利。今天看来可能只是一个过渡阶段而已,人类仍要与病原体长期共存。如果是这样的话,导致近代人口爆炸的主要因素将消失不见。医务人员将从基因和分子层面,寻找摧毁致病病毒和细菌的新方法。

从生态视角来看,人口增长已达到绝对限制,可能很快就会停滞。原因是,我们过快开发自然资源,环境不可持续。比如,北大西洋鱼类种群已消耗殆尽,人类重要食物来源急剧减少。为发展农业,人类不断开垦土地,导致土壤侵蚀加剧。在非洲部分地区,因过度放牧,撒哈拉沙漠吞噬了降雨量本来就很稀少的草地。从20世纪70年代开始,非洲部分地区不断发生严重饥荒。

工厂把化学物质排入空气和水中,改变了全球大气,影响了淡水(最终也会影响海洋)。但化学物质究竟会以哪种方式影响淡水,我们的认识还没有完全到位。人类活动（以二氧化碳排放为主）、太阳活动，以及其他全球性（甚至宇宙性）变化相互作用，导致气候变化。这些变化可能会打乱地球无数有机体之间长期存在的错综复杂关系，从而损害人类及其他生物形式。

实际上，人类正在对一个自己不完全了解的系统修修补补。而且，修补的规模越来越大。技术日趋发达，人口增长的影响被放大。突发性危机可能近在咫尺，对局部地区、甚至全球人口的生存产生影响。但人类有卓越创造力，能在遭遇局部生态灾难后想出解决方法。近年来，海洋和大气发生变化，全球性大灾难阴影重重，给人类带来前所未有的生存体验。但我们相信，未来人们仍有可能成功找到应对方案。

从已知事实和人类活动对周围世界影响的推测来看，过去五十年的趋势不可能持续到未来。也许，我们正行在浪尖上，机遇和危险赫然耸立。和周围万事万物一样，人类也是庞大进化过程的一部分。过去隐约可见，未来晦暗不明。在这一大冒险中，人类用智力和想象找到了新方法，得到了自己想要的东西，可以说是成就斐然。虽然我们仍面临复杂问题，但仍葆有思考和想象的能力。谁知道未来人类创造力会达到何种境界？灰心绝望是愚人所为，盲目自信亦为智者不齿。摸索前行是人类社会的行进方式。或许，下一个世纪也应如此。

第二十五章
思想和文化

公元1914年

人的先天与后天

这尊雕像是英国人亨利·摩尔（1898年—1986年）所作，展现了人类与其他生命的区别。刚出生时，软弱无助。经过父母、老师和同龄人教导后，一代又一代人能够改变现状，不断用新思想、新技能、新行为撼动周围世界。

自1914年以来，人类思想行为方式发生深远变化。国与国之间差别巨大。即便在一国之内，不同年龄群、不同经济阶层、不同种族、不同宗教团体之间有时也会产生根本分歧。或者也可以这样说，在阅读新闻头条、倾听不同论见的人眼里，现实似乎就是这种情况。

大势很难为人察觉。诚然，沟通手段日益丰富。与先辈们相比，我们看得更远，懂得更多。从长远来看，这可能会消弭分歧。但在短期内，人们会越来越注意到彼此之间的分歧。更频繁的接触可能只会加剧争吵和分裂。

第一次世界大战以来，科学家以极快速度掌握了各种新秘密。原子物理、基因密码、大爆炸宇宙理论、板块漂移、进化论等许多领域为人类打开壮美新视野。但我们也了解到，人类行为在很大程度上依赖于无意识冲动。为此，艺术家用文字、视觉艺术探索和表达人生的无意识层面。

有人认为，如此多变化扑面而来，会让所有文明传统土崩瓦解。另一些人则认为，西方世界正在经历内部变革。该变革性质与中世纪到现代早期、旧制度到19世纪工业自由社会的转变类似。目前为止，没有人知道哪种判断能经受住时间考验。被裹挟其中的我们无法预见结局，也弄不明白正在发生的事件含义。因此，我们只能在本章稍作尝试，找出一些看似有重要意义的事物。这些事物可能具备持久价值，也可能昙花一现，空无意义。

流行文化的兴起

如果能拍摄一帧特写镜头的话，我们就可以看到，自1914年以来，艺术思想的专业化和职业化程度越来越高。艺术家的作品卓尔不凡，无人能晓，很容易在一个艺术领域独树一帜。学者学有专攻，通晓其观点的人寥寥无几，很多大学都请他们传道解惑。此前，地方民俗文化和社会上层的关注领域之间存在落差。而现在，专家学者和我们普通人之间的落差更大。但借助大众传播手段，流行文化获得新活力。而在此之前，要想实现代际传播，必须靠口口相传、典型示范。

从世界范围来看，流行文化的典型特征是断裂于各种民俗传统。只要经济条件允许，农民和进城务工者就会以最快速度把地方传统生活格调抛在身后。对于从传统农民生活走出来的人而言，邮购目录和杂志广告就是最生动有趣的城市文明入门书，从中了解到自己应该向往什么。下一步就是拥有一辆自行车，买一屋子家用电器，最终开上汽车。但在这样的社会里，汽车仍专属于极少数爬到上层的人。

大众传媒的影响

期望曲线呈上升趋势。在曲线的某个中间位置，人们开始认真关注大众传媒。起初，一般是政府为农村和城市贫民窟修公路、通广播。比如，二战期间，美国新闻署向世界多地乡村发放廉价无线电扬声器，数量过万。这些扬声器一般装在村庄中心公共区域，与国家广播电台相连。有了扬声器后，那些收听不到官方宣传和新闻消息的村民每天都能听广播。一种全新的政治生活成为可能。

即便是最热衷演说、宣传政见的政治家也有缄口不言的时候。这意味着，国家广播电台和电视台可以利用这段时间，插播其他节目，让亿万人接触到新的文化表达形式。流行音乐和流行电视节目有国别之分，但共同点都是缩小城乡差距。表演者通过广播电视吸引听众和观众。新艺术形式也开始成型：西部片、犯罪片、肥皂剧、智力问答、爵士乐、摇滚乐，等等。

大众传播新形式对人类生活的影响才刚刚开始显现，但肯定会非常深刻。

毕竟，满足心理和失望情绪是从人对自己、对别人的期望中生发出来的，而这要借助沟通手段才能实现。在以传统温饱型农业为主要生产形式的村庄里，每年丰收前几周可能会出现粮食不够吃的情况。如果遇到灾年，则人人挨饿。但只要各家没有多大经济差别，而且这种差别能够反映出干活卖力程度，就不会有人感到贫穷。因为艰难困苦本来就是人生的一部分，所有人都尝过艰辛的滋味。习俗习惯维持着个人生活，也对个人和集体的期望做出界定。

买卖活动引入了新的复杂因素，创造了新的经济分化可能。村民与城里人接触后，发现他们从来不用下地干活，但却比农村人生活舒适得多。这样比较下来，农村生活就显得清苦乏味。而且，地主和放贷者完全不用劳动，生活得却比城里人还舒适。很多个世纪里，这些反差一直存在于文明社会。村民一般把城里人和地主看作是跟自己不同类的外人，因此能在一定程度上接纳不平等现象，守护群体价值观和生活方式，淡然面对村子外面发生的事情。

产生这种封闭心理的条件是：村落规模小，绝大部分村民一辈子生活在村庄背景下，一年只与外人交往几次。只要村民与外界沟通的方式仍停留在口头交流和面对面交流上，这种农村人口多数与城市人口少数之间的古老接纳模式就能持续下去。对于从事专业工作的城里人而言，印刷术极其重要，但对农村影响缓慢。1850年前，欧洲农村几乎没有学校。而在世界其他地区，农村教育实施时间更晚，直到今天仍然没有普及。但在20世纪，电影、广播和电视为农村居民开辟了一条了解城市的捷径。

电影在一战前诞生，但到20世纪20年代时自成一体，变成大众娱乐新形式。30年代，欧洲和美国的广播网络吸引了一大批听众。二战后，广播在不发达国家扮演重要角色。40年代，电视节目诞生。虽然电视接收器售价不菲，很少有人能买得起，但电视节目一经公共场所播出，能让上千万人看到，因此很快超过广播。电影也是这种情况。70年代起，录音带为沟通新形式增加了另一重纬度，为越过政治边境偷传违禁信息者创造了便利条件。

所有这些沟通形式具备一个重要特征：对受众教育程度和读书识字水平不做要求。只要电影配音、广播语言能让听众听懂，就能达到面对面交流效果。而电视影像能让受众身临其境，如同去异地旅行，体验新奇社会。

这些沟通手段产生的政治影响不言而喻。因此，几乎所有的国家政府都垄断了国内电视广播控制权，有时甚至干扰屏蔽国外信息。

在西欧及其他民主国家，法律规定，所有政党都可在竞选期间使用电视广播进行宣传。但关于每日新闻呈现方式的决策能在长期内塑造公共舆论，赋予媒体控制者极大政治权力。

在一些国家，广播电视遭到严密控制，为的是防止不同政见者批评官方政策，并公之于众。在这种环境下，录像带时而扮演着重要角色。

美国与其他国家不同，将广播电视控制权转交给私人公司。这些公司主要关心的是从付费广告中盈利。制作节目就是为了最大限度吸引受众，增加广告收入，政治社会影响退居其次。就连政治活动也开始在付费广告的赞助下开展。各大候选人和政党都可以利用广播电视做正式演讲，美国政治选举由此商业化。

事实证明，性、体育和犯罪暴力最能赢得受众关注。为震撼观众，各种节目都极力打破传统和法律边界。电影走得更远。美国法院判决，反对色情的法律为无效法律，色情电影由此找到了新市场。

这些节目可能会对行为态度产生什么样的影响，是美国及世界其他国家的热议话题。没有人知道确切影响，但有一点无须怀疑：电影、广播和电视已经改变了政治宗教态度、家庭关系以及现代社会其他方面。

在世界发达国家，现代沟通手段促进了青年文化的兴起。这种文化通过音乐录像，以及刺激感官兴奋的表演进行表达和宣传。在不发达国家，家庭联系更为紧密，而且多数年轻人买不起吉他、牛仔裤等表达青年叛逆精神的物质媒介。但流行文化的吸引力非常大。在共产党执政国家，政府采用各种手段防止公众被资本主义腐化，但欧洲青年文化的外在印记仍然在年轻人心中生根，最开始是秘密流行，1985年后越来越公开化。

这就是现代沟通手段的另一重要特征：无论政府批准与否，都能跨越政治边界。因媒体煽动情绪引发的1979年伊朗革命是蔑视既定政府权威的一个鲜明实例，东欧共产党政权的突然垮台是另一例证。

美国媒体的影响

世界大国政府每天都要面向外国听众，播送新闻节目，以期在国境外影响公众舆论。而娱乐节目暗含更加微妙的政治及其他信息，可在不知不觉间影响受众意识。美国电影电视节目正是因为具备这种效用，而在外国土地上广泛传播，成为我们这个时代最为显著的文化现象。

大众传媒出口并没有被美国垄断。其他国家在娱乐节目出口方面也取得了一定成就。比如，英国制作的一些节目在美国播出；埃及电影在穆斯林土地上广泛传播；印度电影在东南亚和非洲部分地区有一定市场。但这些与美国电影录像的销量相形见绌。美国电影录像之所以风靡全球，是因为其中不含直白的政治信息，能够引起人类基本情感共鸣。而且最重要的是数量多、种类全，可以填补小国家地方制作节目的播出档期。

相比美国本土，广播电视对贫穷落后国家的影响更加隐晦不明。很多外国观众把电视上播放的洛杉矶等美国城市看成是世外桃源，感觉那里发生的事是童话故事。但对于生活在离美国很远、家庭传统和期望与美国人有深刻差别的人而言，西部电影、肥皂剧以及美国娱乐业其他形式中展现的个人行为模式意味着新的可能。新旧能否合二为一还有待观察。个人行为模式似乎必然会在不同元素混合中发生变化。但现在下判断为时尚早。

美国广播媒体的商业化造就了大众文化。这其中涌动着一股强大逆流。世界许多国家都会自制广播电视节目，以便彰显、维护地方传统和价值观。一些国家部分或全面禁止美国娱乐形式，想要传播的人只能暗地行事。1989年前的苏联和多数共产党政权都是这种情况。许多伊斯兰国家也禁止美国节目播出或执行审查制度。

即便在美国本土，以及大众传媒没有受到官方管控的国家，个人和组织也对商业化大众娱乐中蕴含的部分或全部价值观持反对态度。在美国社会，维护旧有确定性的宗教团体是抵制商业化大众娱乐的最重要力量。一些宗教团体还利用广播电视宣传教义，与世俗娱乐展开直接竞争。一些种族群体在受美国熔炉文化吸引的同时，也会利用广播报纸维护特有文化传统。

类似运动也在世界各地上演。人们希望自己的国家能实现富强和现代化，但同时也希望挡住外部世界所有诱惑和腐败堕落因素，守护自有风俗、语言、宗教等特质。几乎每个人都受到新旧两方面吸引。因此，我们不太确定，会不会有某一特定群体或国家选择其他道路。

更不能确定的是，个人通过电脑获取信息和娱乐的方式会对传媒业产生什么样的影响。思想和品味的传播可能会出现个性化趋势，新闻评论员对大众舆论的影响可能会减弱。但互联网以及其他联系媒介尚处于发展阶段，我们无法猜测出其重要程度。

第二十五章 思想和文化

科学

自1914年以来，大量新数据得以收集。而且，爱因斯坦于1905年至1915年间相继提出狭义相对论和广义相对论。但有预测功能的硬科学并未取得任何重大新突破。毕竟，物理学家需要时间去适应爱因斯坦公式中蕴含的宇宙图景。而普通人对时空并非清晰可分，波和粒子、物质和能量是同一事物不同形式的理论更加迷惑不解。

计算机及其应用

二战期间，容量大、性能稳的电子计算机得到发展，对人类生活影响更大。在发达国家，计算机已经以无数种方式改变了日常生活。比如，杂货店收银台实现计算机化；航班票务信息和飞行信息也是如此。个人电脑具备多种数据库。联网后，可以为用户家庭和办公室带去海量信息和丰富娱乐。商业企业在电脑上记载物流和现金流信息。政府用电脑收税拨款。随着储存容量和信息检索速度的提升，计算机新功能将会逐年增加。

计算机对工程项目和工业生产具备同等重要意义。工程师使用计算机测验新产品，排除潜在故障，再用真材实料构建测验模型。编程后的计算机可用在流水线上，控制自动化机械。装配程序的"智能武器"能够精确瞄准目标。此外，计算机使用者只要学会保存、检索、删除信息等功能后，就能更快速、更精确完成绘图、印刷、写作等任务，而且还能修改和更新。另外，相关人士还可根据个人兴趣和能力，对计算机适当编程，为学习者量身定制教学项目。

计算机也能适应给定条件，计算问题，找出答案，其速度远超人脑，因此为理论科学开辟了新的可能。以前不可解的数学问题现在有望解决。计算机还可以调查人脑处理数据方式，从而变得越来越灵活，越来越像人脑。最终，人脑和电脑各自得出的理论见解能够互相触发。

通过理解电脑模拟、超越、落后于人类智力的方式，人们会重新认识语言和逻辑。如果有足够多的数据描述人类生活，再交给电脑分析，则社会学和历史学可能会发生转变。原因是，借助数据，社会学家和历史学家就能精确总结社会。但计算机革命的这几个纬度还有待规划，也有可能是虚妄之谈。人类可能无法将行为和思想的情感维度计算机化，也无法使用计算机积累数据、定量分析。

但计算机在储存、处理、检索信息,影响科技、工业生产、武器和社会管理方面远未达到极限。因此,随着计算机程序和网络扩展全球,人类日常生活工作仍将发生深远变化,人类互动模式也将发生彻底变革。

地球科学

自1914年以来异常活跃的另一科学领域是地球和太空探索。二战后,火箭成为人类探索大气层和近地空间新手段。新数据快速收集,整套理论得以成型。

1957年,第一枚火箭载着人造卫星从哈萨克斯坦发射升空。自此之后,上千枚火箭将其有效载重送往地球轨道,执行各种新任务:拍摄地表图像;传播环地广播电视信号;精确测量重力、磁场和其他变量。它们不会受到大气层干扰,能够清晰地观察天体。还有一些火箭完全逃脱地球重力,深入探索金星、火星和木星,但是发回信息有限。不过,人类探索太空的最宏大气势定格于1969年。美国人第一次登上月球。美国月球飞行成效斐然,不仅将多个"传感器"(对物理刺激做出回应的仪器)放置到位,探测月震及月球上出现的其他变化,还从月球表面不同区域收集岩石样本带回研究。

美国探月活动还收获了震人心魄的照片,以及大量关于月球的详细信息。太空探索也为人类冒险精神和技术成就写下了新篇章。但迄今为止,这些将人类支配领域拓展到太空边缘的活动对地球和太空理论知识贡献不大。

二战后,人类向更深处探索世界各大洋。通过精确绘制洋底,人们认识到,洋脊和深海存在复杂模式,海底岩石也大有区别。这些观察新结果证明,北美和南美正从欧非两洲缓慢漂移而去,导致大西洋越来越宽,太平洋越来越窄。地震和造山运动都与这种新发现的大陆块漂移模式有关。而且,随着认识越来越深入,人们有可能在未来某日对地球深处运动做出预测。

但这仍是遥不可及的未来。迄今为止,新数据主要应用于提高天气预报精度上。卫星可以不间断拍摄地球广大区域,并将图像传到地面,绘制出风暴路径图,准确预测走向。此外,太空照相侦察显然具有重大军事意义。轨道摄像机让军事保密工作难上加难。

分子生物学

生物学方面的全新思想于 1953 年成型。弗朗西斯·克里克和詹姆斯·杜威·沃森破解脱氧核糖核酸（DNA）的螺旋结构。DNA 是每一种生命形式中携带代际生物遗传信息的大分子。其螺旋形链条很长，但结构相对简单。在这种分子里，几组原子序列的微小变化将使人类遗传信息大变，甚至连细菌、藻类等最简单的生命形式也是如此。

还有很多发现虽然不如 DNA 令人瞩目，但细化了人类对生物进程的理解认知。活体组织内发生的情况越来越可以用化学术语解释。此后，人们又将这种知识应用于医学。医生发现了不少治疗办法，治愈了不少原本认为是不治之症的疾病。有些突破于偶然间完成。比如，1928 年，亚历山大·弗莱明"搞砸"实验后，发现培养皿中长有某种霉菌，并确定就是该霉菌破坏了培养皿中的细菌。这一发现促使 1929 年青霉素发明。青霉素是第一个抗生素，挽救了无数生命。

社会科学进步

在硬科学领域，共产主义和非共产主义世界区别不大。斯大林曾在一段时间里让苏联科学家接受马克思主义语言学和生物学。但斯大林死后，该政策停止实施。不论国别籍贯，物理学家、化学家、数学家和地球科学家能明了对方思想，在新发现上达成一致意见。

社会科学和历史新视角

一战后的半个世纪里，西方世界诞生了三种新思想，产生了深远影响。第一种思想是"新经济"，由约翰·梅纳德·凯恩斯（1883 年—1946 年）于 1936 年提出，并在批评者和追随者那里进一步发展。凯恩斯诠释了 20 世纪 30 年代经济大萧条。当时，在他的祖国英国等地，同时存在工人失业、机器停产和社会需求得不到满足的现象。凯恩斯认为，政府可以、也应该采取反周期支出和税收政策，以熨平繁荣萧条节奏。二战期间，凯恩斯理论广为应用。英美两国政府开始收集国内数据，将经济活动引向新路，取得了实实在在的成功。

二战后，主要资本主义国家在全国范围内实施宽松式政治经济管理政策。我们已经看到，这些经济管理新法在 1973 年前运转良好。1973 年后，各经济大国遭遇困境，无法实现既定经济目标。凯恩斯的思想和声誉趋于暗淡，经济学家对公共政策走向莫衷一是。尽管如此，在列宁和凯恩斯之后，没有人怀疑经济管理能深刻改变经济活动走向。但单靠宏观经济管理不可能从根本上解决繁荣萧条循环问题。原因是，经济政治各有边界，且分隔甚远，国家控制难以奏效。

弗洛伊德学说是20世纪20年代西方世界盛行的第二大思潮，且涌动四十年之久才从严肃思想前沿退去。西格蒙德·弗洛伊德（1856年—1939年）在维也纳行医时开始研究癔症。此后不久，他扩大心理学调查范围，坚信人类行为多由无意识驱动。1914年前，他出版多部专著，建立心理模式，对人类潜意识动机分门别类。他所使用的术语——自我、超我、本我等与人类大脑结构没有联系，因此在今天广受诟病。但弗洛伊德以完整彻底、令人信服的方式向世人证明，人类行为多出自无意识冲动，而且最深层次的冲动因性而起。对于20世纪20年代的很多人来说，弗洛伊德思想离经叛道。但正是因为这一点，弗洛伊德心理学对一战后桀骜不驯、急于摆脱传统束缚的人具有莫大吸引力。

正如凯恩斯和其他经济学家证明的那样，在某些条件下，政治可以控制经济。弗洛伊德及其追随者也证明，人类并不完全是，或者甚至可能很少是理性的。虽然凯恩斯理论和弗洛伊德学说最终因细节不严谨失去说服力，但这两种思想改变了西方世界几乎所有专家研究人类社会的方式。这两种观念本质上并不复杂，但余波回响犹在。这并不奇怪。因为这两种观点实际上，或者说看起来是相互矛盾的。凯恩斯理论旨在扩展理性管理人类行为的新边界；而弗洛伊德学说则认为人类行为受非理性主导，语言常掩盖真实动机。对他人潜意识动机的有意识操纵可能会调和这一矛盾。但操纵者的潜意识动机是什么？而且，再往大处说，人类如何实现理性和情感的契合，以便为个人、社会和人类群体服务？这一问题仍有待解决。

第三个让人惊奇的科学转变是，现实发展观扩大应用范围，把天文学、物理学、地球科学、生物进化、人类历史看作是一个无所不包的单一时间变化流。这种观点植根于19世纪的地质调查和达尔文物种起源。但在20世纪前，牛顿物理学和天文学仍然不可撼动。而且，生物学、地质学、历史学等科学因缺少数学形式，不具备天文学和物理学的预测功能而处于劣势。

20世纪20年代，物理学家发现亚原子粒子具有不确定性，物理学自此失去预测功能。二战后，物理学家和天文学家接受了这样一种观念：物理宇宙起始于一百亿年前的大爆炸,并由此得出结论——恒星不永恒,至少经历三代才达到目前的复杂状态。这意味着,现存恒星、星系和物理学法则突然间变成物理现实的一个过渡阶段。有物理学家认为,宇宙注定收缩成一个宇宙蛋,之后可能会再发生一次大爆炸,也可能不会。也有物理学家预测,宇宙最终达到完全熵状态,能量稀薄、均衡消散在空间中,物质逐渐溶解。虽然对遥远未来预测不一,但物理学家一致认为,牛顿理论中稳定、可预测的天文宇宙只是暂时、局部现象。他们通过观测、计算得知,宇宙紊乱无序、变化不定。而且从长远来看,完全不可预测。

在天文学家和物理学家以历史的、发展的观点看待现实时,考古学家和历史学家也拓展了研究领域。毋庸置疑,以天文学标准来衡量,考古学家和历史学家探索的时间和空间是微不足道的,但累积扩展成果却十分惊人。目前,考古学家和历史学家对一百多万年前的人类发展历程有了新的精确认知,且范围不断扩大。

1914年,多数西方人还对其他文明知之不多,也不甚关心。欧美很多人认为,亚洲民族没有历史。在他们眼中,只有西方才会发展进步。但随着世界各地发生变化,这种对事实的幼稚误解已没有任何合理性可言。不论是亚洲学者,还是西方学者都开始抱着认真态度,发现并书写非西方世界历史。

与此同时,考古学家分别于20世纪20年代和20世纪30年代发现了苏美尔文明、中华文明和印度文明发源证据。1914年时,考古学家还以为埃及文明最为古老。但到了20世纪40年代,人们发现这一结论并不真实。因为古埃及人从苏美尔人那里借鉴了一些重要内容。20世纪50年代,非洲考古发现揭示了史前人类和人类进化的诸多新细节。

沿这些脉络求索的结果是,我们现在已经看清楚,国家、文明、野蛮民族和狩猎采集社会的历史不是各成一体,而是人类大探险历程的一部分。关于这一历程的细节和整体模式,各派学者还有诸多分歧。奥斯瓦尔德·斯宾格勒(1880年—1936年)和阿诺尔德·约瑟夫·汤因比(1889年—1975年)认为,文明兴衰遵循统一模式,但各有差别。本书观点正好相反。笔者尝试同时描绘不同文明和其他复杂程度较低的社会。相信这些文明和社会从一开始就互为作用和反作用。其他模式也不乏支持者。比如,马克思主义认为,所有社会都经历奴隶、农奴和雇佣劳动三个发展阶段。不管还有多大争论空间,有一点至今仍然适用。即，过去五十年来，历史学研究不断取得进步，人类过往图景变得更加广阔、更加包容。曾经是科学养子的历史，现在已经渗进所有知识领域。创立于19世纪的真理进化论观点似乎在20世纪末成为通用学说。这可能是我们这个时代最深刻的思想变化。

音乐、艺术和文学

20世纪20年代，音乐家、艺术家和作家对各种新形式开展实验。爵士乐可能是这期间最有价值的音乐创新。这种音乐形式从新奥尔良和孟菲斯的黑人贫民窟中走出，于20世纪20年代后传遍世界。在高雅音乐层次上，一些作曲家实验了十二音体系和电音，但没能取代古典音乐在世界音乐厅中的荣耀席位。

画家传承了一战前风格。他们将平凡的视觉体验从背景中抽离出来，或将其扭曲到观者无法识别的程度。他们着力寻求影响潜意识的符号标志。有几位巨匠一战前即已成名。巴勃罗·毕加索（1881年—1973年）、乔治·布拉克（1882年—1963年）、亨利·马蒂斯（1869年—1954年）位列其中。

非写实绘画与文艺复兴理想决裂，自主得出逻辑结论。皮特·蒙德里安（1872年—1944年）和瓦西里·康定斯基（1866年—1944年）是非写实画派先锋。该画派的理想是"纯设计"，体现数学几何学之美，让绘画像音乐一样，按潜在原则流淌。

在德国，一群有影响力的建筑师和工业设计师受同一思想启发，于20世纪20年代创造了建筑的国际风格。特点是：自由运用混凝土、钢材、玻璃等新材料建造墙壁，造型为长方形，修饰简约。国际风格的一大优势是建筑成本低廉。玻璃墙壁墙体更轻，造价更低，且能创造开阔明亮的室内空间。因此在短短几十年里风行世界。

小说家詹姆斯·乔伊斯（1882年—1941年）、诗人托马斯·斯特恩斯·艾略特（1888年—1965年）等作家以词汇为载体开展写作实验。他们使用破碎的句子和牵强的语法创造新表达方式，以期在潜意识层面上影响读者。这种方式与画家差不多。但即便是文学巨匠，也会因刻意雕琢语言导致文意晦涩难懂。所以该领域探索前景并不可观，不能与画家的探索创新相提并论。因此，二战后，这一文学发展脉络中断。作家转而集中于其他方式，力求不落窠臼。手法之一是，探索过去被禁主题，如性等，以震惊读者。另一手法是歌颂非英雄主角，即创造虚拟角色。该角色与荷马时代以来的英雄不同,不会把自我意志施加给别人和周边事物,最终孤独无助,沦为自身境遇的牺牲品。

在种种推陈出新的手法中,我们很难预见哪些会持久留存,哪些会衰败没落。我们能确定的是,未来的高雅文化正在被我们这个时代的音乐、艺术和写作塑造。后人将以此为基础,做出回应,深化阐发。

现代雕塑:全新和陈旧

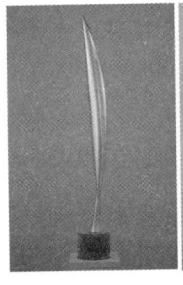

罗马尼亚雕塑家康斯坦丁·布朗库西的《空间之鸟》(左图)和英国雕塑家亨利·摩尔的《国王和王后》(右图)都与艺术佳作旧观念有别,创作理念都是不完全模仿自然事物,使其具备现代风范。但这两个作品也互为对立面。布朗库西的作品虽然命名为"鸟",但其纤巧几何造型从底座飞腾而起,更像是火箭,生动恰切地表达了20世纪科技战胜自然的卓越成就。摩尔的人像形容憔悴,脸庞只有一半似人,让人联想到潜藏在意识深处的神秘记忆,表达了20世纪科技成就的另一面。

如何在建筑上做到与众不同

建筑的国际风格产生了一种相反趋势,即强调与众不同。这两幅图中的建筑是与众不同的典型。上图是澳大利亚悉尼歌剧院,背景中的桥连接悉尼港。歌剧院拱顶采用混凝土浇制,为船帆造型,让人遥想起首批英国殖民者乘坐的帆船。这座美轮美奂的滨水建筑于20世纪60年代落成,是欧洲殖民者和欧洲文明突然植入陌生新环境的生动象征。下图为墨西哥大学中央图书馆。直线造型简约利落,立面饰有色彩绚丽的马赛克画,两者糅成中和。马赛克画成于1950年,设计者是胡安·敖皋曼。创作目的是,描绘阿兹特克时代以来的墨西哥历史,赞颂墨西哥特质,展现墨西哥文化与印第安文明和欧洲传统的汇合交融。

结论

1945年以来，人类社会、思想和文化快速发生深刻转变，目前仍未见止境何在。此前发生快速深远转变的年代历时一般不过两三代而已。但此次转变打破了原有种种界限。人类多数不必在田间地头辛苦劳作，养活养尊处优的少数。现代机器和工艺流程使得少数人能够养活多数人，这在人类历史上尚属首次。至于这种转变会产生什么样的文化后果，我们还不甚明了。但我们的所思所为都反映着、促进着文明社会生活范式的变化。因此，可以这样说，我们这个时代是向未知探险的时代。

后人会怎么评价这个时代，我们不得而知，但琢磨思考一番必定意趣盎然。如果变化的速度最终慢下来——这在长远看来似乎是不可避免的，则会存在这样一种可能：遥远的后人会认为我们这个时代波澜壮阔、英姿勃发。虽然我们跌跌撞撞，对很多事情没有把握，又急于求成，但他们的社会规则是由我们奠定的。迷茫困惑似乎主导着我们这个时代的方方面面，就连科学领域也弥漫着这一思绪。但我们也为后人提供了诸多模型，供他们择选。这也许就是20世纪历史的长远意义所在。

第四部分结语：历史研究及其意义

这是一本尝试描绘人类在地球历险全程的书。行将搁笔时，作者希望提醒读者，本书虽然给出了种种结论判断，但依然属于试探性质，充满不确定性。近几十年来，历史学家快速扩展了对人类过去的认识。但历史学家视线中、思维中重要的东西既受到了构造叙事语境所用材料的限制，也受到了他们那个时代敏感事件和关注点的影响。毋庸置疑，与历史相关的信息量浩如烟海，并且不断增长。但所有这些事实的意义和价值，以及如何把它们编织成一个清晰明了的图景一直备受争议、未有定论。

过去多奇事。而近代，苏联解体也让我们看到，时事会出现多么惊人的转折。我们总是对一些迹象视而不见，又习惯于夸大那些趋于衰亡、甚至已经消解的形势和问题的重要性。实际上，我们应该提醒自己，也许是那些现在看来寂寂无闻的局外人掌控着未来，就如昔日的佛陀、耶稣和穆罕默德那样。或者说，也许生物化学家会发现全新方法手段影响人类行为，并以我们难以想象的方式改造自身及他人。

没有人知道未来会带给我们什么，而且在未来到来之前，我们需要不时修正过去现在的意义和轮廓。每一代人都需要重塑自己对近现代的认识，以便契合现在，迎接不可避免的转变，迈向与过去现在都不相同的未来。虽然关于遥远过去的轮廓变化缓慢，但历史学家肯定会从自己所在的时代出发，记录事件，汲取经验，获取新信息，提出新问题。

但如果历史的意义如此多变、如此不确定、如此受制于特定的时间和地点，那么人们自然会问这样一个问题：探寻历史的意义到底值不值得？要记住那么多名字、过时的思想、消失的制度！满眼都是残暴，又错误连篇！这样的过去又有什么可学？为什么不直接甩在脑后，去缔造一个更好的世界？

实际上，世俗革命者和宗教改革者常常抛却过去，重新开始，改变身边的社会。有时，这种改变的力度还相当猛烈。但不管他们多么希望与过去一刀斩断，都无法逃脱过去，无法抹去新旧之间的联系。那是因为，成年人不可避免要接纳过去，将其融入最内在的自我。从孩提时代，我们就必须从周围人身上学会如何行为处事、怀抱何种观点见解。实际上，正是不同环境下无数人凝聚的经验法则将我们塑造成人。

历史超越个人际遇，将个人经验向时空纵深处延伸。历史的主要功能是，定义个人所属群体，并告诉人们，他们是谁、该在公共事务中做出何等行为。家庭等小型团体在日常活动中将本团体历史口述传递给成员。这些谁做了什么、特定问题如何解决的故事能够确保该团体按惯例故俗持续运转。当然，道德规则和宗教禁令也为人类行为提供了普遍指导意见。但这些规则和禁令只有以历史实例的形式加以呈现，其实在、实用意义才会清晰显现。

当行为惯例对较大团体的指导作用减弱之时，成文历史开始发挥作用。人们在发明文字后不久，又将法律、一般原则和宗教启示书写下来，为大型团体提供指南。但在小型的、可以面对面交流的组织中，人们仍以故事形式，讲述前人做过什么，祖辈是怎么度过危机的，并举例说明遇到类似情况该怎么处理。一般规则由此得到生动阐释。

我们都知道，在过去两个世纪中，最重要的历史写作形式是民族政治史。这种情况并非偶然。18世纪末，美国和欧洲经历民主革命，民族国家权力大大扩展，需要公民明确自己的权利义务。但仅有法律和抽象原则并不足够。从19世纪中叶起，公立学校开始教授民族历史，目的是弘扬爱国主义，培育好公民，有效实施公共目的。这正是自由这一抽象理想的意义所在。随着这一理想的实现，民族政权的实际权力迅速增长。

法国、英国和德国各自编写民族史，让孩子们明白，身为法国人、英国人和德国人意味着什么。新英格兰人编写了美利坚民族史，将清教徒放在核心位置，而将其他殖民地创始人放在边缘位置。随着民族主义的传播，其他民族也编写了本民族历史，而且这一过程仍在地球"新民族"中持续进行。因民族史广为认同，爱国主义情感和参与性公民身份，这两个形成于19世纪欧洲国家的特殊标记变得更加鲜明。公民由此获得共同身份感，为和平时期国内团结和战时同仇敌忾创造了可能。

在包括美国在内的几乎所有现存社会里，学校都将民族史教育放在中心位置，以塑造和维持紧密有致的公民主体。但美国有一点与别国不同。在美国多数学校里，学生们除要了解美国历史外，还要先后学习英国史、欧洲史、西方文明史和世界史。其中，西方文明史是在一战后不久开设的，而世界史为二战后新设课程。

为什么美国人觉得有必要在民族史之外，补充学习别国历史和世界史呢？原因是，美国文化传统从大西洋彼岸而来。另外，近代以来，美国学校将学习重点从欧洲史转到世界史。这一转变反映了两大事实：第一，自 1941 年以来，美国开始参与全球事务；第二，近年来，美国接收的亚非拉移民数量越来越多。其他国家在补充民族史、开拓全球化视野方面落在美国后面。迄今为止，美国在中小学世界史教育方面，是当之无愧的先驱。在大专院校世界史教育方面，稍显逊色。

民族史和世界史的调和不会自动实现，也并非易事。读者可能已经注意到，本书对美国各历史时期着墨不多。这部分是因为，作者假定，读者已经对美国的过去了解甚多。但很多民族史都认为，美国之所以独具特色、卓异不凡，是因为条件得天独厚、公民品德优良。还有一些民族史浓墨重彩强调各民族特质。但像本书这样的世界史挑战民族特性观，重点讲述民族和文明边界之间发生的事情。作者认为，唯有如此才称得上是世界史，而非单一地区、单个民族的历史。

毋庸置疑，在公元 1500 年以前，地球各地历史的确自成一体。因此，任何一个有头脑的历史学家都会把美洲早期历史、非洲内陆和澳大利亚与欧亚历史区分开来。但自从欧亚技艺水平远超世界其他地区，自从通晓这些技艺的欧洲人开始环游世界各大洋、改变其他民族的生活后，公元 1500 年前发生在欧亚大陆上的事情便开始具备主导性，能够界定世界大势。这就是为什么美国人感觉有必要以世界史补充美国史的原因。只有补充之后，美国人才会从更大图景中审视自身，看清自己和其他民族一样，都完整因袭人类历史。美国与其他历史悠久的民族只有两方面差别：第一，美利坚民族史显然不足以阐释公元 1500 年前的世界；第二，这种不足之态随着世界范围内的趋势、影响互相交织而愈发明显。

相比之下，欧洲几大民族技精势强，中华文明蔚为大观，常常呈现自有渊源、自成格局之象。但这些民族和文明的历史也越来越与全球经济信息交易网融为一体。因此，这些国家也和美国一样，有必要以世界史的某种形式补充民族史和文明史。

要朝这一方向迈进，有两方面考量因素：一方面，民族政权无法再对国境边界内的经济事务实施全面控制。这一事实日趋明显。如果要维持现有财富水平，就必须从国外大量进口产品和服务。虽然进出口贸易活动受制于世界市场，还有可能遭受战争或自然灾害的毁灭性打击，但自给自足依然代价高昂，所以不足为虑。

在这样一个互相依存的世界，了解和我们共享一个地球的其他民族显然有利有益。熟悉他们的历史以及整个人类的历史有助于消除误会。

用世界史补充民族史还有第二个方面的考量因素。该因素与民族主权在经济事务上的弱化相关。一般来说，公民学习民族史后，对发动战争抱有更大热情。但战争一旦在持有核武器的国家之间爆发，则会对日常生活赖以维持的经济交换网络构成最严重的威胁。

世界各民族、各国政府如何处理这一问题，还有待观察。虽然各国已通过联合国做出正式承诺，决心以和平手段解决争端，但核战争阴云依然没有消散。没有人能预测未来。当前，仇恨和恐惧情绪弥漫。一个走入绝境的民族有可能会在某个鲁莽草率的领导人鼓动下，冒天下之大不韪，发动突然袭击。

另一方面，凡是思考过全面核战争风险的人都会意识到，发动核战争的成本与可预见收益严重不对等。我们不难看出，全人类都有强烈意愿避免这种灾难上演。换言之，民族和其他地方利益、身份与人类大身份存在互竞互容关系。正如民族史是创造和维护民族意识的最有效方式之一，世界史研究很明显有助于创造和维护全球意识，抑制最强势民族政府孤注一掷参与核战争。

毋庸赘言，经济和政治变得越来越全球化。世界史，也只有世界史，才能让我们看清当代全球化局面是从造就最古老文明的交易模式中演变而来，而且随着交通和沟通方式的改善逐渐扩大、更趋复杂。这就是本书要讲的故事。同时，本书也一路追溯改变人类生活的关键发明发现，让读者了解到，人类是如何获得战胜自然、打败彼此的技能、知识和能力。了解我们所居住的这个世界，必须从了解世界史开始。因此，也许我们对世界史的认识还不全面，但投入精力时间了解一番依然会有所收益。

△ 历史的意义

如果我们思考一下从远古时代到现在的人类历史，问一问所有这一切意味着什么，答案很容易浮出水面。迄今为止，人类虽然互相伤害，而且破坏了自然世界，但至少在地球探险方面获得了成功。之所以称其为成功，是因为我们的先人于点滴之间学会了如何高效满足自身物质需要，并将地球表面越来越多的能量流服务于自身目的。

毋庸讳言，毁坏的力量始终与建设的力量保持同速。人类改变自然生态平衡的力度越来越强，风险收益不断叠加。此外，能力越强、财富更多不必然意味着人生更幸福。恰恰相反，个人念想期望通常超出身家所有。而且，占有的物质越多，就越容易嫉妒比自己更幸运的人。我们每个人都希望在日常生活中得到别人的尊重、顺从和眷爱。但一人之成功可能是另一人之沮丧。因此，虽然满足物质需求可能是幸福的必要条件，却不必然保证人生美满。

从大处来说，人类成功故事有着实实在在的心理和社会界限。当然，肯定也存在人类力量和财富增长的物理界限。因为地球是有限的，而人类到其他星球或外太空殖民的前景非常暗淡。但不管是什么样的物理界限，我们目前还未触到。对一代人来说似乎是不可解的问题可能会在后来迎刃而解。人类总能利用自身聪明才智，为原来不可能做到的事情找到解决方案，这已被人类历史反复证明。计算机、纳米科技、生物科技闪耀在人类成就地平线上。还会有什么更奇怪的可能，我们不得而知。这些科技成就和潜能前景可能足以应对人口预计增长问题，也可能不会。但我们可以预见，随着交通和沟通应用新技术，实现新发展，城乡差距会消解，其他不公正现象也可能会得到纠正。

但人类也可能朝着相反方向迈进。也许，争吵和怨言不断增多，数亿人类于近年来体验到的财富增长和生活改善就此发生逆转。不难想见，若全球经济遭遇大灾，大规模饥荒会接踵而至。或者，高度传染性致命新病肆虐，上亿人不治身亡。人类已在过去遭受相似灾难，未来也可能难逃此难。没有人能预见前路。

但如本书阐明，人类地球生涯的总体模式让人稍感宽怀。我们的先人经历过无数局部灾难，并在过去一千年里大大扩展了对地球资源的占有份额。人类有思考能力和适应能力，能在一定程度上应付困难。后代人很可能也会做到这一点。而且，目前还没有什么明显的界限阻碍人类发明发现进程。正是得益于这些发明发现，人类才从其他生物中脱颖而出，在地球上大展身手。也许这一成功故事会无限期载入未来。

但我们永远无法摆脱这一事实：人类力量一直处于模棱两可状态。人类攫毁自我和其他生物的能力远超从前。我们的后人能否学会和其他人、其他生命形式互相接纳，共享地球，依然是未解之题。从今天视角来看，这一问题是人类面临的最大难题。结局无人知晓、无人能料。因此，只要人类仍居住在地球上，并持续改变地貌，历史的终极意义依然没有确切定义。

图书在版编目（CIP）数据

5000年文明启示录/(美)威廉·麦克尼尔(William H. McNeill)著；田瑞雪译.—武汉:湖北教育出版社，2020.02
ISBN: 978-7-5564-3258-5

I.①5…
II.①威…②田…
III.①世界史
IV.①K1

中国版本图书馆CIP数据核字（2019）第261184号
著作权合同登记号　图字：17-2019-245号

Authorized translation from the English language edition, entitle A HISTORY OF HUMAN COMMUNITY by William H. McNeil published by Pearson Education, Inc, Copyright© 1997 by Prentice Hall Inc.
All rights reserved. No part of this book may be reproduced or transmitted in any form or by any means, electronic or mechanical, including photocopying, recording or by any information storage retrieval system, without permission from Pearson Education, Inc.
CHINESE SIMPLIFIED language edition published by HUBEI EDUCATION PRESS CO., LTD., Copyright© 2020.

5000年文明启示录

5000 NIAN WENMING QISHILU

出版发行	湖北教育出版社
邮政编码	430070　电　话　027-83617853
地　址	武汉市洪山区雄楚大道268号
网　址	http://www.hbedup.com
经　销	新华书店
印　刷	唐山富达印务有限公司
地　址	唐山市芦台经济开发区农业总公司三社区
开　本	880mm×1230mm　1/16
印　张	40.5
字　数	656千字
版　次	2020年2月第1版
印　次	2020年2月第1次印刷
书　号	ISBN 978-7-5564-3258-5
定　价	168.00元

如印刷、装订影响阅读，请联系010-83670070进行调换